Anonymus

Raccolta Delle Opere Minori

Anonymus

Raccolta Delle Opere Minori

ISBN/EAN: 9783741176807

Manufactured in Europe, USA, Canada, Australia, Japa

Cover: Foto ©Angelika Wolter / pixelio.de

Manufactured and distributed by brebook publishing software
(www.brebook.com)

Anonymus

Raccolta Delle Opere Minori

RACCOLTA

DELLE

OPERE MINORI

DI

LUDOVICO ANTONIO MURATORI

BIBLIOTECARIO

DEL SERENISSIMO SIGNOR

DUCA DI MODENA.

EDIZIONE PRIMA.

TOMO VIGESIMOPRIMO.

IN NAPOLI MDCCLXIII.

NELLA STAMPERIA DI TOMMASO ALFANO, ED A SPESE DEL MEDESIMO.

CON LICENZA DE' SUPERIORI.

ANECDOTA,

QUÆ EX AMBROSIANÆ BIBLIOTHECÆ CODICIBUS NUNC PRIMUM ERUIT,

NOTIS, AC DISQUISITIONIBUS AUGET

LUDOVICUS ANTONIUS MURATORIUS

IN EADEM BIBLIOTHECA AMBROSIANI COLLEGII DOCTOR,

DEINDE

SER.MI DUCIS MUTINÆ

BIBLIOTHECÆ PRÆFECTUS.

TOMUS QUARTUS.

SERENISSIMO

JOANNI CORNELIO

Venetiarum Duci.

Liceat mihi, Serenissime Dux, geminos Anecdotorum meorum Tomos Tibi sistere, Opuscula nempe quædam veterum Scriptorum numquam antea, ut puto, publici juris facta. Non eos quidem elegantia, neque ipsa fortasse materies prima fronte commendet; attamen habent ii, quod se ad Serenitatem Tuam fidenter invitet, ubi recogito, quantopere Tibi non minus, quam præclarissimæ Genti Tuæ, in more semper fuerit, cum Literarum studia fovere, tum earum promovere sortem: cujus rei exempla is tantum ignorat, qui celeberrimam Corneliam Gentem, ejusque illustria facta atque splendorem nondum, si fieri potest, novit. Quamobrem quum ista, qualiacumque sint, eruditæ vetustatis fragmenta non uni usui esse possint graviorum Disciplinarum studiosis: cur Serenitati Tuæ non placeant, cui quæcumque bonarum Artium commoda, immo vel minima ornamenta placent? En igitur illa Nomini Tuo dicata in mei erga Te obsequii pignus, atque ingrati etiam animi tesseram, postquam publicæ lucis beneficium nulli alii debent, quam Venetæ ditionis Urbi. Nunc restat, ut meum istud tributum, & me quoque, ea, qua ceteros soles, humanitate ac benevolentia excipias. Quod utique

mibi

mihi polliceor a Te, *Serenissime Princeps*, quem Nobilissimi Senatus vota eum in locum perduxere, ubi omnium Virtutum, quae in Te confluxerunt, munia facilius & eminentius exerceas. Sospitet diutissime Deus Optimus Maximus Serenitatem Tuam, & fausta quaeque tribuat inclytae Reipublicae Tuae, cujus felicitas non nostrae modo Italiae, sed etiam Christianae Reipublicae, felicitas est.

Serenitatis Tuae

Mutinae III. Non. April. MDCCXII.

Humillimus, Addictissimus, & Obsequentissimus Famulus
Ludovicus Antonius Muratorius.

IN-

INDEX OPUSCULORUM

TOMI TERTII.

TErtulliani Libellus de Oratione completus cum notis Guidonis Panciroli, & Ludovici Antonii Muratorii. 1

Stephanardi de Vicomercato Ord. Præd. Poema de gestis in Civitate Mediolani sub Othone Vicecomite Archiepiscopo. 39

S. Cyrilli, seu Anonymi, qui vixit circ. Annum Christi DCCCX. Liber de Computo, sive de Kalendario. 178

S. Hildeberti Cenomanensis Episcopi Epistolæ V. & Sermones II. una cum Epistola Ivonis Carnotensis. 151

Oezonis Abbatis Derthonensis Liber de Corpore & Sanguine Christi. 167

Æneæ Silvii Picolominei Episcopi Senensis, qui ad Pontificatum Maximum evectus Pius II. appellatus est, Oratio habita coram Callisto Papa III. de *Compactatis Bohemorum*. 212

Q. SEPTIMII FLORENTIS TERTULLIANI
LIBER DE ORATIONE.
PROLEGOMENA.

Plurimos Tertulliani editos libros, paucos vero Manuscriptos in Bibliothecis numerimus. Hinc factum, ut ne adhuc quidem accuratissime typis descripta illius opera habeamus; quaedam mutila, squalidisque vulneribus lacerata in publicum prodierint; nonnulla autem desiderentur, quae a Tertulliano evulgata scimus, & nobis ab edacitate temporum omnino erepta aeque suspicamur, & dolemus. Mulieribus satis benigne gavisus non est liber *De Oratione*, quem primus omnium Parisiis e vetustissimo Codice evulgavit Joannes Gagnaeus Parisiensis Theologus A. C. 1545., et minime integrum, ut illustri complete destitutum. Neque huic editioni reliquae subsequentes opem tulere prae Codicum inopia. Unus tamen Rigaltius V. C. mutilum esse librum animadvertit, & aliquot duntaxat lineis in calce additis, medicinam aliis propinandam reliquit. Quum itaque ego inciderim in vetustum Ambrosianae Bibliothecae Codicem, ubi legebantur quae in ceteris desunt, continuo Anecdotis meis addidi, veluti gemmas literariae Reipublicae in primis gratas. Quaecumque enim e Tertulliano, omnium certe sui temporis eruditissimo, literis consignata sunt, eaque praesertim, quae in castris Catholicorum scripsit, quanti fiant apud omnes Ecclesiasticae rei cultores, vel ipsis tyronibus patet. Ambrosianus autem Codex non ab Orationis Dominicae expositione, uti in editis habemus, sed ab iis, quae hujusmodi expositionem subsequuntur, Opusculum exordiebatur cum hocce titulo: *Incipit Tertulliani diversarum rerum necessariarum*. Tum Caput primum, cujus initium est *Compendiis paucorum verborum* &c. Ita praenotabatur *Anacephalaeosis*. *Posse nos superaedificare*, titulus erat sequentis Capitis. Reliqua etiam Capita suos titulos praeferebant, quos iisdem in hac nostra editione retinendos censuimus. Quod superest, Opusculum istud quibusdam exornare, ac illustrare adnotationibus placuit; ne quod reliquis Tertulliani libris eruditissimi viri praestitere, huic desit, & ne tenebrae, & frequens [illegible] Scriptoris hujus stylum delicatuli quidem [illegible], ab ejus lectione avertant. Nullum denique inter veteres Christianos auctorem ostendas, cui eruditionis, & Scholiorum lumina magis admovenda videantur, quam Tertulliano, a quo obscuritas in dicendo nescio utrum evitari ullo pacto potuit, an ut delicium haberetur.

Quae quidem omnia quum digessissem pro viribus meis, [illegible] non ingratum Eruditis futurum, si notis meis illas quoque subjicerem, quas Guido Pancirolus Jurisconsultus Regiensis in eundem de Oratione librum conscripserat. Eaque [illegible] consilium meum probatum iri sperabam, quod animadverterem pauciorem Clarissimi viri operam in obscuris Tertulliani sententiis exponendis positam, quam contra ego historicam potius ac eruditam libelli hujus [illegible] mihi illustrandam proposuissem. Dolendum autem est, neminem adhuc in Italia fuisse, qui ad nostrae gentis gloriam cuncta Panciroli in Tertullianum Commentaria edenda curaverit. Vix brevem de iis commentationem a Thomasino in Panciroli vita, a Dupinio, Guilielmo Caveo, aliisque paucis Scriptoribus habemus; imo vix iis [illegible], eorum quidquam superesse. Meliore profecto sorte dignus erat labor ille Panciroli viri celeberrimi, qui non Jurisprudentiae solum, sed sacrae etiam & profanae eruditionis laude eximium inter literatos sibi comparavit locum. Et quidem opinor, uti & Possevinus in Apparatu opinabatur, uberrimos illos in Tertullianum Commentarios, quos Beatus Rhenanus, Pamelius, La Cerda, Salmasius, atque alii doctissimi viri luci consignarunt, obstitisse, ne isti prodirent; [illegible] iis, quibus postquam Panciroli fama condi futura erat, si partam ulterius operam [illegible], si eandem denique eruditorum palato exhiberent. Verum non is est Tertullianus, qui paucis contentus sit Interpretibus; & quum recentiores ejus Interpretes ab antiquiorum conatibus minime destiterint, quemadmodum & fere illi profecerunt, cur Panciroli lucubratio de [illegible] consilio dejicere debeat incommoditate hac nostra? Facile vero est, ut [illegible] in [illegible] explicationem [illegible], diversisque ingeniis, ejus mens ac scripta clariora in dies fiant, [illegible] a [illegible] liberentur aut ex antiquitate temporum, aut ex incuria librariorum, [illegible] auctoritate [illegible]. Quae quamquam de singulis [illegible] de Tertulliano sunt afferenda, quum post tot Interpretum [illegible] habemus [illegible]. Eodem autem tempore, quo Pamelius in Tertulliano explicando exercebatur, [illegible], nobisque plures reliquit Commentarios in omnia illius scripta ad mortem usque [illegible]. Horum vero autographum Regii Lepidi in ejus patria latet. Mihi videre ac describere contigit ejus [illegible] exemplar, quod accuratissime [illegible] in sua Bibliotheca servat P. Johannes [illegible], Franciscani Ordinis, ut vocant, de Observantia ornamentum. Et quidem hujus munere factum est, ut quod mihi de MS. illo opere placuerat, haurire possem, hanc Epistolam quoque dare simul [illegible] Commentariis [illegible]; inde enim palam fiet, quae in Tertullianum Pancirolus praestiterit. Ita ergo scribit ille [illegible]

Ad Lectorem

PANCIROLI PRÆFATIO.

Felicem mihi adventum Patavio Taurinum ex eo potiſſimum fuiſſe exiſtimo, quod inter alios, quos inveni, doctiſſimos viros, in primis Vincentius Laurus Montisregalis Epiſcopus, & S. D. N. Gregorii XIII. Pont. Max. apud Sereniſs. Emanuelem Philibertum Sabaudiæ Ducem Nuncius Apoſtolicus, ac Cardinalis in omni diſciplinarum genere verſatus occurrit, qui dum me domeſticis colloquiis ſuis dignum putavit, doctrina meliorem ſemper fecit, & ſicut M. Tullius Cicero *in Lælio, ſive de Amicit.* a Q. Mutii Scævolæ latere doctior diſcedebat, ita ego ex eruditiſſimis ſermonibus ſuis non pauca exhauriens locupletior abii. Modo enim res ab orbe condito geſtas enarrabat, modo Philoſophiæ arcana depromebat, aut obſcuros aliquos Auctores explicabat, vel mendoſam lectionem ex probatis exemplaribus emendabat, vel ex ſuo pio inſtituto aliqua ex ſacris Literis interpretabatur. *S. Hier. de Script. Eccl. in Tertull.* Quum vero Tertulliani ſcriptis mirifice delectatus, eum velut alter Cyprianus quotidie in manibus haberet, valde dolebat, ita obſcurum inveniri, ut nullus quandoque ex illo ſenſus erui poſſet. Sed quum multis obrutus negotiis, quæ ſibi Montisregalis Antiſtiti ex ſua ditione imminebant, & tanquam Summi Pontificis Legato, vel Romæ demandata, vel ex Subalpinis, undique emergentia occurrebant, hunc Auctorem explanandi otium non haberet, aliquem alium quærebat, qui tanto oneri ſubeundo poſſet ſufficere. Videbat ad hominem omnibus diſciplinis imbutum, ac Linguæ Græcæ, hiſtoriarumque peritiſſimum interpretandum opus eſſe viro, qui plurium rerum, & in primis Juris Civilis notitiam haberet, quum Tertullianus ipſe, ut ſcribit Euſebius Hiſt. Eccl. lib. 1. cap. 2., Juriſconſultus plurima ex Jure civili depromta paſſim ſcriptis inſerat. Sed etſi alii Doctores non deerant, qui id exactius præſtare potuiſſent, plura tamen ſibi de me, quam ferre poſſem, pollicitus ad hoc munus aptum eſſe exiſtimavit. Dum enim me diu Patavii, & aliquot annis Taurinorum Auguſtæ Jus Civile profeſſum eſſe animadvertit, ac nondum ingenii mei tenuitatem agnoſcens, publico profitendi, ut arbitror, mihi munere demandato deceptus, ad tantum onus ſubeundum idoneum judicavit, ut qui non modo tanquam Juris interpres, hunc Juriſconſultum, ſed etiam plura ejus obſcuriora poſſem interpretari.

Hanc itaque provinciam mihi primo obtulit, & ſemel iterumque recuſanti inſtitit doctum, & pro ſua auctoritate impetravit, ut mandata ſuſciperem. Cernebam quidem multa mihi tenuioris doctrinæ homini ad tantum Auctorem explanandum deeſſe, & mediocre n

cre n

civem legum cognitionem ad plura, quæ ex reconditis Hiſtoriis, Philoſophia, Medicina, ac ſacris Literis accipit, explananda non ſufficere; nec id tempus pluribus fori negotiis implicito permittebat: Sed quod me non poſſe dicebam, ille nolle credebat. *Virg. Egl.* 1.

Quid facerem? neque ſervitio me exire licebat,
Nec tam præſentes ſic non cognoſcere divos.

Illi itaque reſiſtere non licuit, parendoque malui ab illo ingenium meum, quam voluntatem queri, & imbecillitatem, quam contumaciam reprehendi.

Collum igitur jugo ſubjeci, & quod nec meæ vires patiebantur, nec tempus commode permittebat, ſubſecivis horis agere cœpi. Sed dum illi morem gero, vereor ne mihi eveniat, quod Sergio Galbæ *Tacit. lib. 1. Hiſt. ſeu Annal. l. 17.* contigit, qui privatus imperio dignus eſt judicatus, princeps vero factus ad illud ineptus apparuit. Ego quoque dubito, ut qui tacens illi aliquid ſcire videbar, loquens indoctiſſimus omnibus detegar. Quidquid tamen futurum ſit, juſſa capiendo, quid poſſim ſua auctoritate experiri volui. Inveni autem Tertullianum ſuo ſtylo, ut & Lactantius Firmianus, *div. Inſt. l. 5. c. 1.* & D. Hieronymus *Ep. 13. ad Paulin.* indicat, obſcurum, dum aut omiſſa verba vult ſubaudiri, vel minus uſitata uſurpet, & novam etiam phraſim ſibi format. Ego ut legentes ſublevarem, horum proprium indicem compoſui, ut in quo ſenſu dictiones, aut verba accipiat, cuique appareat. Quam vero majorem depravati Codices difficultatem afferant, plura emendavi, ſed ex his tantum, quæ idem Auctor ſæpe repetit, vel D. Hieronymus aliique poſt eum recitant. Ex meo vero capite præter literam, aut ſyllabam nihil mutare ſum auſus, maluique ambiguos permanere, quam falſos aut extraneos ſenſus inducere, & aliquid potius deſiderari quam corrumpi. Nihil tamen intactum omiſi, ac in magnis obſcuritatibus ſatius eſſe duxi, ingenium meum periclitari; quam confuſos lectores dimitti. Et ſicut Protogenes, *Plin. l. 35. c. 10.* quamquam egregius pictor, quum anhelantis equi ſpumam, vero tamen levem exprimere non poſſet, indignatus arti, ſpongia omnibus coloribus impacta, & animantis labiis admota, caſu quod optabat perfecit: ſic ipſe, dum mentem pluribus involvo, aliquo conatu evenire poſſe putavi, ut aliquem forte Auctoris ſenſum aſſequerer, quod & apud Philoſophos Averroes in Ariſtotelem, & apud noſtros Angelus Ubaldus in Novellis Conſtitutionibus Juſtiniani explicandis male in aliam linguam verſis effeciſſe cenſentur. Hiſtorias quoque omnes, quas attingit potius quam narrat, ubi opus fuit, ex probatis Auctoribus enarravi; ne cui dubitandi ſcrupulum relinquerem. In quibus liber *de Corona militis, ad Martyres, de Cultu feminarum, de Spectaculis,* & *Apologeticus,* ſed in primis opuſculum *de Pallio* non mediocre mihi negotium exhibuerunt. Quædam ex his aliqui explicarunt; ſed quid illi, & ipſe præſtiterim, aliorum erit judicium. Ceterum levioribus quibuſcumque, & iis, quæ facilia visa sunt, prætermissis; difficilia tantum explicui; ipsaque Opera Tertulliani, mutato ipsius ordine, in tres partes in gratiam studiosorum pro materiæ varietate distribui.

Si quid autem legentes adjuvero, Deo omnium vero lumini acceptum: si contra, meæ imbecillitati, atque facilitati illius, qui malum interpretem elegit, imputabo. Magnum certe, & antiquorum Ecclesiæ rituum magistrum ab omnibus legendum Auctorem habemus, qui & recentiorum Hæreticorum errores contundit, dum sæpe Eucharistiam veram Corpus Christi esse tradit (de quo tamen nemo umquam usque ad Berengarium dubitavit, aut dubitare potuit) Exhomologesim peccatorum faciendam monet, pro defunctis oblationes fieri consuevisse indicat, Romanæ Sedis auctoritatem prædicat, animasque defunctorum igne purgari, jejunia, aliaque his similia, quæ longum esset recensere, comprobat. Sed insanis non facile est rationibus, aut auctoritatibus persuadere. Has igitur meas lucubratiunculas benigne accipies, & æqui bonique consules. Vale.

IN TERTULLIANI LIBRUM
DE ORATIONE
ARGUMENTUM
e Guidone Pancirolo.

HUnc sermonem ad suam plebem velut Presbyter habuit, quemadmodum & Epistolam de Cibis Judaicis. Dicturus autem de Oratione, & interpretaturus Orationem Dominicam; primo a Christo eam institutam esse ostendit, & ipsam tribus constare, mox illam interpretatur. Deinde hanc Orationem omnium Scripturarum mandata in se continere demonstrat. Ultimo de pluribus circa orandum observandum differit: quæ quum sint distincta, quisque ea per se poterit animadvertere. Tertullianum imitatus D. Cyprianus & ipse de Oratione Dominica luculentum tractatum composuit, in quo non pauca hinc excerpsit. D. quoque Johannes Chrysostomus variis in Matthæum locis, & de Oratione Dominica Homiliam nonam, & de orando Deum lib. 1. & 2. de hac luculentos sermones habuit, aliique alii scripsere.

Q. SEPTIMII FLORENTIS TERTULLIANI DE ORATIONE

CAP. I.

DEi (1) ſpiritus, & Dei (2) ſermo, & Dei ratio, ſermo (3) rationis, & ratio ſermonis, & ſpiritus, utrumque Jeſus Chriſtus Dominus noſter, nobis, diſcipulis novi Teſtamenti novam orationis formam determinavit. Oportebat enim in hac quoque ſpecie *novum* (4) *veſtimento*. *Matth. c.6. vinum novis utribus recondi*, & *novam plagulam novo adſui* & *c. 9. 16.* Ceterum quidquid retro fuerat, aut (5) demutatum eſt, ut Circumciſio; aut ſuppletum, ut reliqua Lex; aut impletum, ut Prophetia; aut perfectum, ut Fides ipſa. Omnia de carnalibus in ſpiritualia renovavit nova Dei gratia ſuperducto Evangelio (6) expunctore totius retro vetuſtatis, in quo & Dei Spiritus, & Dei ſermo, & Dei ratio approbatus eſt Dominus noſter Jeſus Chriſtus ſpiritus; (7) quo valuit, ſermo quo docuit, ratio (8) qua venit. Sic igitur oratio a Chriſto conſtituta ex tribus conſtituta eſt: ex ſermone, quo enunciatur: ex ſpiritu, (9) quo tantum poteſt: ex ratione, qua ſuſcipitur. Docuerat & Johannes diſcipulos ſuos adorare, ſed omnia Johannis Chriſto præſtruebantur, donec ipſo aucto, ſicut idem Johannes 3. 30. prænunciabat, *illum augeri oportere, ſe vero deminui*, totum præminiſtri opus cum ipſo ſpiritu tranſiret ad Dominum. Ideo nec extat, in quæ verba docuerit Johannes adorare, quod terrena cœleſtibus ceſſerint 3. 31. *Qui de terra eſt*, inquit *terrena fatur*; & *qui de cœlis adeſt, quæ vidit ea loquitur*. Et quid non cœleſte, quod Domini Chriſti eſt; ut hæc quoque orandi diſciplina? Conſideremus (10) itaque, benedicti, cœleſtem ejus ſophiam in primis de præcepto ſecrete (11) adorandi: quo & fidem hominis exigebat, ut Dei omnipotentis & conſpectum & auditum ſub tectis, & in abditis etiam adeſſe confideret: & modeſtiam (12) fidei deſiderabat, ut quem ubique audire, & videre fideret, ei ſoli religionem ſuam offerret, ſequente (13) ſophia in ſequenti præcepto; quod etſi proinde pertineat ad fidem & modeſtiam fidei, ſi non agmine verborum adeundum putemus ad Dominum, quem ultro ſuis proſpicere certi ſumus: attamen (14) brevitas iſta, quod ad tertium Sophiæ gradum faciat, magnæ ac beatæ interpretationis ſubſtantia fulta eſt: quantumque ſubſtringitur verbis, tantum diffunditur ſenſibus. Neque enim propria tantum orationis officia complexa eſt, venerationem Dei, aut hominis petitionem, ſed omnem pene ſermonem

nem Domini, omnem commemorationem disciplinæ, ut revera in oratione breviarium totius Evangelii comprehendatur.

ADNOTATIONES.

1. *Dei spiritus*. Non hic tantum, sed & alibi Christus a Tertulliano *Dei spiritus* appellatur, ut videre est in Apolog. cap. 21., & adversus Marcion. lib. 1. cap. 10. & lib. 3. cap. 6. & 16., & lib. 4. cap. 21., & adversus Praxeam cap. 26. Appellatio certe nostris nunc auribus male sonans, at veteribus quibusdam, Hæreses, quæ deinde obortæ sunt, ante oculos non habentibus, innocenter usurpata. In ea potissimum erravisse fuit Lactantius Firmianus, teste S. Hieronymo in Epistola ad Pammachium & Oceanum de Erroribus Origenis. *Lactantius*, inquit ille, *in libris suis, & maxime in Epistolis ad Demetrianum, Spiritus Sancti omnino negat substantiam, & errore Judaico dicit eum vel ad Patrem referri, vel ad Filium, & Sanctificationem utriusque personæ sub ejus nomine demonstrari*. Idem ab Hieronymo repetitur in Comment. ad Cap. 4. Epist. ad Galatas. Quare quia & hic Tertullianus errasse, dubitandum non videretur. Quum tamen alias in libris a Patre ac Filio Spiritum Sanctum apertissime distinguat, tertiumque *Nomen divinitatis, & tertium nomen majestatis* appellans, ideo Christum *Dei spiritum* ab illo vocatum arbitror, quod generali nomine Deum dici *spiritum* crederet, Johanne Apostolo scribente: *Deus spiritus est*. *L. A. Muratorius*.

1. *Dei spiritus*. Interpretaturus Orationem Dominicam, præmittit, quis illam docuerit. Fuit autem Christus, quem pluribus appellat nominibus; est enim *spiritus*, qui miracula edidit, & *sermo Dei*, *ratio*, seu *sapientia*, quæ venit in mundum, ut infra subjicit. Idem Tertullianus in Apologet. cap. 17. *Quod colimus*, inquit, *Deus unus est, qui totam molem istam cum omni instrumento elementorum, corporum, spirituum, verbo, quo jussit, ratione, qua disposuit, virtute, qua potuit, de nihilo expressit in ornamentum majestatis suæ*. G. *Pancirol*.

2. *Dei sermo, & Dei ratio*. Λόγος proprium Filii Dei apud Græcos nomen varias Latinas interpretationes habuit, nempe *Verbi*, *Sermonis*, *Rationis*. Latinis hisce nominibus promiscue usi sunt veteres Ecclesiæ Scriptores, ut idem significarent. Nunc libentius *Verbum* interpretamur. *Muratorius*.

3. *Sermo rationis, & ratio sermonis*. Cur Deum Patrem *Sermonis* quoque & *Rationis* appellatione hic Tertullianus donet, mirabitur quisquis veterum loquelam e recentiorum sermone metiri velit. At quum τὸ λόγος vox anceps *rationem*, *cogitationem*, *mentem*, ac *intellectionem* significet, eo sensu Patri quoque facta est communis & τὸ λόγος, & *rationis*, & *sermonis* appellatio. Quamobrem λόγος ἐκ λόγου, *Verbum de Verbo* a nonnullis Patrum dictus est Filius; & S. Irenæus lib. 2. cap. 48. Patrem λόγον, seu *Verbum*, & *mentem* appellat ita scribens: *Deus autem totus existens mens, & totus existens Logos, quod cogitat, hoc & loquitur, & quod loquitur, hoc & cogitat. Cogitatio enim ejus Logos, & Logos mens, & omnia concludens mens, ipse est Pater*. Verum, quocumque modo appellentur Pater, & Filius, semper ac dubia divinitatis vocabula inenarrabilis rei magnitudine & majestate excelluntur, modo id confiteamur, ut Filium a Patre distinguamus, unamque in iis, ac in Spiritu Sancto essentiam & naturam prædicemus. Ita præclarissime sensit S. Ambrosius in lib. de Filii divinitate cap. 5., cujus verba producere volumus, ut pateat, non a Tertulliano duntaxat, sed ab aliis quoque scriptoribus Ecclesiasticis tum Patrem, tum Filium nominibus *Verbi*, seu *rationis*, & *Sermonis*, ac *spiritus* fuisse designatos. *Hæc est autem*, inquit, *nominis ratio, ut in Patre, & Filio unitatem substantiæ credas, licet rem ipsam, quæ est inenarrabilis, definire non possis: ut sive lumen de lumine dicas, sive Verbum de Verbo, sive Spiritum de Spiritu, sive Dominum de Domino, quodcumque de eo dixeris, unius tamen essentiæ Patrem & Filium credas*. Vide & S. Irenæum Lib. 2. Cap. 48. *Idem*.

4. *Novum vinum*. Alludit ad illud, quod legitur in Matthæo cap. 6. ubi dicitur *Novum vinum novis utribus committi, & novam plagulam*, idest fragulam, *novo assui vestimento*. Scilicet conveniebat, novæ Legis institutorem novam docere Orationem. Novo sudore *plagula* est linteum tegumen. G. *Pancirol*.

5. *Aut demutatum est, ut Circumcisio*. Quæ mutata est in Baptismo; & ita quod fuit antea, aut mutatum est; aut antiquum supplementum, ut reliqua Lex, quæ est apud Matthæum *Non concupisces mulierem, videndo eam*; item *Diligite inimicos vestros*, & alia, quæ ibi habentur; aut est impletum, ut Prophetia; aut perfectum, ut Fides: in veteri Testamento Fides dirigebatur in Christum, in quo nunc perfecta est. Et hæc gravis est sententia. *Idem*.

6. *Expunctum*. Abolitum. *Idem*.

7. *Spiritus, quo valuit*. Edendo miracula. *Idem*.

8. *Ratio, qua docuit*. Legem, qua venit in Mundum, Dei Sapientia. *Idem*.

9. Et

9. *Ex spiritu, quo tantum potest*. Idest quo plurimum potest. Ista admirativa, quoniam spiritu perveniturus ad Deum, & omnia exornantur, & miracula eduntur. Deest tertium, quod est Sophiæ, quæ docet de modo orandi, de quo infra dicetur. *Idem*.

10. *Considerentur itaque*, &c. Quæ sunt hæc tria de Oratione præcepta, seu potius consilia, quæ hîc & in sequentibus enumerat Tertullianus, istic recall ab Evangelio Johannis cap. 6. n. 6. intelliges, ubi Christus divina Sophia, sive Sapientia in hujusmodi verba loquitur: *Et quum oratis, non eritis sicut hypocritæ, qui amant in Synagogis, & in angulis platearum stantes orare, ut videantur ab hominibus*. En primum præceptum, videlicet ut ambitionem in orando fugiamus, quasi nos audire, & conspicere, in propatulo tantum, possit Deus, atque ut *Dei omnipotentis & conspectum & auditum sub tectis & in abditis etiam adesse confidamus*: quod ad *fidem hominis* pertinet. *Tu autem*, pergit dicere Christus, *quum oraveris, intra in cubiculum tuum, & clauso ostio ora Patrem tuum in abscondito*. En alterum præceptum, nempe, Tertulliano ita explicante, *ut quem ubique audire & videre sciamus, ei soli religionem nostram offeramus*: quod ad *fidei modestiam* spectat. *Orantes autem*, sequitur divinus Magister, *nolite multum loqui, sicut Ethnici; putant enim quod in multiloquio suo exaudiantur*. Tertium hoc est præceptum, scilicet ut cum Tertulliano loquar, *ne agmine verborum adeundum putemus ad Dominum, quem ultro suis prospicere certi sumus*. *Mercerius*.

10. *Considerentur itaque*. Hoc est tertium, ex quo constat Oratio, scilicet Sophia, quæ nos docet modum orandi. Duo enim in hoc præcipit: primo ut secreto & in abdito loco oremus; secundo ut breviter, prout habetur in Matthæi cap. 6. *Quum oraveris, intra in cubiculum tuum, & ostio clauso ora Patrem tuum in abscondito, & Pater tuus, qui videt in abscondito, reddet tibi. Orantes autem nolite multum loqui, sicut Ethnici faciunt; putant enim in multiloquio exaudiri*. G. Pamelius.

11. *Secreto adorandi*. *Ad abundat pro orandi*. Hunc locum imitatus D. Cyprianus lib. de Orat. Domin. ait: *Dominus secreto orare nos præcipit in abditis, & semotis locis, in cubiculis ipsis, quod magis convenit fidei, ut sciamus eum ubique præsentem esse, audire omnes, & majestatis suæ plenitudine in abdita quoque & occulta penetrare*. *Idem*.

12. *Et modestiam fidei desiderabat*. Idest ut breviter oremus, credamus Deum omnia scire, & audire. Et hoc appellat *modestiam fidei*. *Idem*.

13. *Sequentem Sophiæ*. Quod sequentes Sapientia in sequenti præcepto, ut simus breviloqui, pertinet ad fidem, & modestiam, ut confidamus etiam paucis nos exaudiri. *Idem*.

14. *Et tamen brevitas ipsa*. Idest, brevitas Orationis Dominicæ habet plenam interpretationem, & quantum verbis coarctatur, tantum sensibus diffunditur. Continet enim omnem disciplinam fidei. Brevitas autem orandi pertinet ad tertium gradum Sophiæ, idest quem significavit Dei Sapientia, & eius Filius. Primus enim gradus est, idest primum præceptum est, ut secreto oremus; secundus, ut cum fide; tertius, ut breviter. *Mercerius*.

C A P. II.

INcipit (1) a testimonio Dei, & merito fidei, quum dicimus PATER QUI IN COELIS ES. Nam & Deum oramus, & fidem commendamus, cujus meritum est appellatio. Scriptum est: *Jo.* 1. 12. *Matth.* 7. 5. & *c.* 10. & *c.* 16. *Qui in eum crediderint, dedit eis potestatem ut filii Dei vocentur*. Quamquam frequentissime Dominus patrem nobis pronunciavit Deum imo præcepit, *Matth.* 23. 9. *ne quem in terris patrem vocemus, nisi quem habemus in cœlis*. Itaque sic adorantes etiam (2) præceptum obimus. Felices qui patrem agnoscunt. Hoc est, quod Israeli exprobatur, quod (3) cœlum ac terram Spiritus contestatur *Filiis*, dicens *Esa.* 1. 2. *genui, & illi me non agnoverunt*. Dicendo autem patrem, Deum quoque cognominamus. Appellatio ista & pietatis, & potestatis est. Item in patre filius invocatur. *Ego enim*, inquit *Jo.* 10. 30., *& pater unum sumus*. Ne mater quidem Ecclesia præteritur. Siquidem in filio & patre mater recognoscitur, de qua constat & patris & filii nomen. Uno (4) igitur genere aut vocabulo & Deum com cum suis honoramus, & praecepti meminimus, & oblitos patris denotamus.

ADNOTATIONES.

1. *Incipit a testimonio Dei*. Hoc incipit interpretari Orationem Dominicam dicens, primis verbis testimonium Dei, & fidei meritum contineri, quia Deum patrem testamur. Alia addit D. Cyprianus ubi supra. *G. Pamelius*.

2. *Et praeceptum obimus*. Et paremus, Deum patrem verum vocantes. *Idem*.

3. *Quod caelum & terram Spiritus contestatur*. Idest Spiritus Sanctus dicendo per Esaiam cap. 1. *Audi caelum, & auribus percipe terra, quia Dominus locutus est: filios genui, & illi me non agnoverunt*. *Idem*.

4. *Uno igitur genere* &c. Orationem Dominicam ita exordiur Tertullianus: *Pater, qui in Caelis es*. Vox *noster* praeteritur, quae tamen in Codice quodam MS. legitur. Sed a Tertulliano omissam fuisse ejus explicatio suadere satis videtur; etenim indefinito hoc nomine non nos tantum filios Dei designatos ostendit, sed & ibi invocatum quoque divinum Filium affirmat, cujus nomen tacite significatur, quando generale vocabulum Patris exprimitur. Praeterea Patris, ac filiorum mentione facta, Ecclesiae quoque nomen subintelligendum Tertullianus inquit; non enim est pater sine filiis, neque filii sine patre ac matre. Quae quidem argumentandi ratio quamquam in divinis sit fallax, Tertulliano tamen, quod est ad nos Dei filios, placuisse videtur, ut quoties appellamur filii, praeter Deum patrem nostrum Ecclesiam itidem matrem nostram, quae nos per Christum Deo genuit, intelligamus. Uno igitur vocabulo *Patris Deum cum suis*, idest Deum Patrem, & Filium ejus aeternum, & Matrem Ecclesiam honoramus. *Praecepti* vero *meminimus*, quod Christus Matthaeo teste edixerit, ne quem in terris patrem vocemus, nisi quem habemus in Caelis. Quod ad Ecclesiae nomen huic adscriptum eruditissimus Albaspinaeus attulit, facile amplecti non possumus. Censet enim vir Clarissimus, Spiritum Sanctum per hoc vocabulum a Tertulliano significari, quem in lib. de Bapt. cap. 6. Ecclesiam in Patre, & Filio, & Spiritu Sancto constitutam affirmat; & in lib. de Pudicit. cap. 21. haec habeat: *Nam & ipsa Ecclesia proprie & principaliter ipse est Spiritus, in quo est Trinitas divinitatis Pater, Filius, & Spiritus Sanctus. Illam Ecclesiam congregat, quam Dominus in tribus posuit*. Tum Albaspinaeus: *Quibus locis existimat Tertullianus, Ecclesiam esse in Patre, Filio, & Spiritu Sancto, sed praecipue in Spiritu Sancto. Unde concludit, hoc loco mentionem fieri Spiritus & Ecclesiae in oratione Dominica, quando dicimus Pater noster. Qui enim invocat Patrem, Filii quoque, & Matris Ecclesiae, seu Spiritus Sancti nomen implorare videtur; atque ita una mentione, Patris videlicet, tres personas invocantur*. At nolim e libro de Pudicitia loci hujus explicationem peti, siquidem certum mihi videtur, non alium ibi Spiritum Sanctum intelligi, quam Haeresiarcham Montanum, cujus deliramentis ut Tertullianus afflaretur, Ecclesiam in eo *proprie & principaliter* constitutam somniavit, immo ipsum esse *Ecclesiam* lepidissima opinione est arbitratus. Contra quam hucusque S. Hilario teste creditum fuerit, librum *de Oratione* a Tertulliano Catholico scriptum fuisse, nescio quam bene huic libro lucem afferre possimus, productis alterius libri nugis, ac somniis. Si vero Ecclesiam in Patre, Filio, & Spiritu Sancto constitutam dicamus, quod recte dici posse non inficior, ne ita quidem ab hisce ambagibus nos expediemus, ut sano cogitanti pateat. *Muratorius*.

5. *Oblitos patris denotamus*. Nam Dominus dixit: *Ne quem dixeritis patrem; unus est enim pater vester in Caelis*. Hoc est praeceptum, de quo loquitur Tertullianus. *G. Pamelius*.

CAP. III.

NOmen Dei patris nemini proditum est. Etiam (1) qui de ipso interrogaverat Moyses, aliud quidem nomen audierat. Nobis revelatum est in filio. Jam enim (2) filius novum patris nomen est. *Ego veni*, inquit, *Jo. 5. 42. in nomine Patris*. Et rursus *Pater glorifica nomen tuum*. Et (3) apertius, *Nomen tuum manifestavi hominibus*. Id ergo ut SANCTIFICETUR postulamus. Non quod deceat homines bene Deo optare, quasi sit & alius, de quo ei possit optari, aut laboret

nisi

nisi optemus. Plane *benedici Deum Psal.* 103. 22. omni loco ac tempore condecet, ob debitam semper memoriam beneficiorum ejus ab omni homine. Sed & hoc benedictionis vice fungitur. Ceterum quando non Sanctum & Sanctificatum est per semetipsum nomen Dei, quum ceteros sanctificet ex semetipso? Cui illa *Angelorum circumstantia non cessant dicere Sanctus, Sanctus, Sanctus. Esa.* 6. 3. *Apoc.* 4. 8. Proinde igitur & nos Angelorum, si meminerimus, candidati jam hinc cœlestem illam in Deum vocem, & officium futuræ claritatis edicimus. Hoc quantum ad gloriam Dei. Alioquin quantum ad nostram petitionem quum dicimus: *Sanctificetur nomen tuum, Matth.* 6. 9., id petimus ut sanctificetur in nobis, qui in illo sumus: simul & in ceteris, quos adhuc gratia Dei expectat, ut & huic præcepto pareamus, *orando pro omnibus etiam pro inimicis nostris. Mat.* 5. 44. Ideoque suspensa enunciatione non dicentes: Sanctificetur in nobis in omnibus dicimus.

ADNOTATIONES.

1. *Etiam qui de ipso.* Subaudi: etiam qui de ipso Deo interrogaverat Moyses, nomen Dei quod esset, aliud quidem nomen audiverat. Roganti enim Moysi Exodi cap. 3. *Si dixerint mihi, quod est nomen ejus, quid dicam eis? Dixit Dominus ad Moysen: Ego sum qui sum.* Idest summum essentia, qui sum per me ipsum, & a me pendeo; unde aliud nomen & diversum a nostro Moyses audivit. Sed Filius nobis hoc nomen manifestavit; prodendo enim se esse Filium, manifestavit Patrem. G. *Pamelius.*

2. *Jam ipso Filio novum patris nomen est.* Dei nomen Moysi quidem patefactum; at nomen Dei Patris nemini, & ne ipsi quidem Moysi, proditum fuerat. *Patris* ergo nomen novissime cognitum, quum Filii nomen in Christo innotuit. Si enim Christus Dei Filius, ergo & Deus Pater. *Muratorius.*

3. *Et aperiunt.* Manifestavit nomen Dei, quia fecit ut sui pater agnosceretur. Alii interpretantur, quod Deum gentibus ignorantibus manifestaverit, & impletum est illud Psalmi 21. *Narrabo nomen tuum fratribus meis*, ubi Euthymius sequitur interpretationem Tertulliani. Idem habetur apud Paulum ad Hebr. cap. 2. G. *Pamelius.*

CAP. IV.

SEcundum (1) hanc formam subjungimus FIAT VOLUNTAS TUA IN COELIS ET IN TERRA, non quod aliquis obsistat, quominus voluntas Dei fiat, & ei successum voluntatis suæ oremus; sed in omnibus petimus fieri voluntatem ejus. Ex interpretatione (2) enim figurata carnis & spiritus, nos sumus cœlum & terra. Quamquam etsi simpliciter intelligendum est, idem tamen est sensus petitionis, ut in nobis fiat voluntas Dei in terris, ut possit scilicet fieri & in cœlis. Quid [illegible] vult, quam incedere nos secundum suam disciplinam? Petim[illegible] substantiam, & facultatem voluntatis suæ subministret nobis, [illegible] simus & in cœlis, & in terris; quia summa est voluntatis ejus, [illegible] eorum, quos adoptavit. Est & illa Dei voluntas quam Dominus administravit prædicando, operando, sustinendo. Sic enim ipse pronunciavit, *non suam, sed Patris facere se voluntatem. Jo.* 6. 39. Sine dubio quæ faciebat, ea erant voluntas patris, ad quæ nunc nos velut (3) ad exemplaria provocamur, ut praedicemus, & operemur, & sustineamus ad mortem usque. Quae ut implere possimus opus est Dei voluntate. Ita dicentes, *Fiat voluntas tua*, vel eo nobis bene optamus, quod nihil mali sit in Dei voluntate, etiam si quid pro meritis cujusque secus irrogatur. Jam hoc dicto, ad sufferentiam nosmetipsos praemonemus. Dominus quoque quum sub instantiam passionis infirmitatem carnis demonstrare jam in sua carne voluisset, *Pater*, inquit *Luc.* 22. 42., *transfer poculum istud. Et recordatus* (4), *nisi quod* (5) *mea non, sed tua fiat voluntas*. Ipse erat (6) voluntas, & potestas patris; & tamen ad demonstrationem sufferentiae debitae, voluntati se patris tradidit.

ADNOTATIONES.

1. *Secundum hanc formam*. Idest ordinem ipsius Orationis Dominicae. Et transfert se ad illud, idest *Adveniat Regnum tuum*. *G. Pamel.*

2. *Ex interpretatione enim figurata*. Nostra caro terram, spiritus caelum praefert. S. Cyprianus ubi supra haec e Tertulliano mutatus ait: *Nam quum corpus e terra, & spiritum possideamus e Caelo, ipsi Terra, & Caelum sumus, & in utroque, idest corpore & spiritu, ut Dei voluntas fiat, oramus*. *Idem*.

3. *Velut ad exemplaria provocamur*. Ut ejus exemplum, actusque sequamur. *Idem*.

4. *Et recordatus*. Scilicet ejus, quod docuerat, & volebat, ut subjicit. *Idem*.

5. *Nisi quod*. Veruntamen. *Idem*.

6. *Ipse erat voluntas, & potestas Patris*. Recte, & cum Theologis melioribus tum Graecis, tum Latinis, qui Filium voluntatem, ac potentiam Patris appellarunt. Magnus Athanasius in Orat. 3. *ἔστι γὰρ ὁ λόγος τοῦ Θεοῦ δημιουργὸς, καὶ ποιητὴς, καὶ αὐτός ἐστιν ἡ τοῦ πατρὸς βουλή*. *Est enim Verbum Dei artifex, & effector, & est ipse Patris voluntas*. Cui consentit S. Augustinus lib. 15. de Trin. cap. 20., ubi Filium dici ait Voluntatem de Voluntate. *Quidam*, inquit, *ut Filium consilii, vel voluntatis Dei dicerent unigenitum Verbum, ipsum consilium seu Voluntatem Patris idem Verbum esse dixerunt. Sed melius quantum existimo dicitur consilium de consilio, & Voluntas de Voluntate*. Faustinus itidem in lib. contra Arianos cap. 1. *Pie ergo dictum est, quod Filius Voluntas est Patris*. Idem senserunt Origenes, Clemens, & Cyrillus Alexandrini, Gregorius Nyssenus, Hieronymus, Ambrosius, Marius Victorinus, & alii. Quum praeterea Deus omnia per Filium fecerit, hinc est quod Filius *potentia*, seu *potestas*, & *vis*, & *virtus*, & *manus*, & *brachium Patris* appellatur. Cujus rei testimonia producere superfluum puto. *Muratorius*.

CAP. V.

VENIAT quoque REGNUM TUUM, ad id pertinet, quod & *Fiat voluntas tua*, in nobis scilicet. Nam Deus quando non regnat? *in cujus manu cor omnium Regum est*. *Prov.* 21. 1. Sed quicquid nobis optamus, in illum auguramur, & illi deputamus, quod ab illo exspectamus. Itaque (1) si ad Dei voluntatem, & ad nostram (2) suspensionem pertinet Regni Dominici repraesentatio, quomodo quidam protractum quemdam seculo postulant, quum Regnum Dei, quod ut adveniat oramus, ad consummationem seculi tendat? Optamus maturius regnare, & non diutius servire. Etiam si (3) praefinitum in oratione non esset, de postulando Regni adventu, ultro eam vocem protulissemus, *Heb.* 4. 11 *festinantes ad spei nostrae complexum. Clamant ad Dominum invidia* (4) *animae Martyrum sub altari: Quousque non ulcisceris*, Do-

Domine, sanguinem nostrum de incolis terrae ? *Apoc.* 6. 9. Nam utique illorum a seculi fine dirigitur. Imo quam celeriter *veniat, Domine, Regnum tuum.* *Mat.* 6. 10. Votum Christianorum, confusio nationum, exultatio Angelorum, propter quod conflictamur, imo potius propter quod oramus.

ADNOTATIONES.

1. *Itaque si ad Dei voluntatem.* Scilicet si a Dei arbitrio pendet Regni coelestis adventus, neque illud sancte optare, atque expectare in recitanda oratione Dominica profitemur, cur quidam seculi mundique finem ferius desiderant, quum Regnum Dei, ac aeterna felicitas, quam verbis prosequimur, non nisi consummato seculo & mundo, impetrari possit? Quibus ex verbis facultas intelligas, quod aliis in locis apertissime Tertullianus scribit, nempe animas piorum e corpore solutas a coelesti beatitudine arceri, donec novissimum Judicium a Christo in fine Mundi instituatur. Quum vero in eadem opinione non pauci ex antiquis Patribus fuerint, illam Tertulliano veniam libentissime impertimur, quam reliquis negaremus, si post emanata Conciliorum decreta idem sentire & scribere pergeret, cujusmodi sunt nostris temporibus Graeci Schismatici in eadem sententia perseverantes. *Muratorius.*

2. *Ad nostram suspensionem.* Quia non semper suspensi expectantes, quando ad suum Regnum nos Deus vocabit. Quare ergo quidam protractum quemdam, idest prorogationem quamdam postulent, ut in hoc seculo diutius vivant? *G. Pam.*

3. *Etiam si praefinitum.* Etiam si in Oratione Dominica non esset positum *Adveniat Regnum tuum*, illud optare deberemus. *Idem.*

4. *In visu animae.* In visione, ut in Apocalypsi cap. 6. *Idem.*

CAP. VI.

SEd quam eleganter divina sapientia ordinem Orationis instruxit? ut post caelestia, idest post Dei nomen, Dei voluntatem, & Dei Regnum, terrenis quoque necessitatibus petitioni locum faceret? Nam & edixerat Dominus *Matth.* 6. 33. *Quaerite prius regnum, & tunc vobis etiam haec adjicientur.* Quamquam PANEM NOSTRUM QUOTIDIANUM DA NOBIS HODIE, spiritaliter potius intelligamus. Christus enim panis noster est, quia vita Christus, & vita panis. *Ego sum*, inquit, *Jo.* 6. 35. *panis vitae.* Et paulo supra, *Panis est sermo Dei vivi, qui descendit de Coelis.* Tum quod & corpus ejus in pane (1) censetur. *Hoc est Corpus meum. Luc.* 22. 19. Itaque petendo panem quotidianum, perpetuitatem postulamus in Christo, & individuitatem a Corpore ejus. Sed & quia [illegible] admittitur ista vox, non sine religione potest fieri, & spiritalis disciplinae. Panem enim peti mandat, quod solum fidelibus necessarium est; *cetera enim nationes requirunt.* Ita & exemplis inculcat, & parabolis (2) retractat, quum (3) dicit: *Numquid [illegible] defert, & canibus tradit?* *Matth.* 25. 26. Item: *Numquid [illegible] lapidem tradit?* *Matth.* 7. 9. Ostendit enim, quid a patre [illegible]. Sed & (4) nocturnus ille pulsator panem postulabat. *Luc.* 11. 5. [illegible] adjecit: *Da nobis hodie*, ut qui praemiserat: *Nolite de crastino [illegible] quid edatis.* *Luc.* 12. 16. Cui rei parabolam quoque accommodavit *illius hominis, qui provenientibus fructibus ampliationem horreorum, & longae securitatis spatia cogitavit: is ipsa nocte moritur.*

ADNOTATIONES.

1. *Corpus ejus in pane censetur*. Tria intelligi posse per verba illa *Panem nostrum*, Tertullianus monet, scilicet alimenta corporea, tum alimenta spiritalia, denique vivificum sacrae Mensae cibum, & realitatem Corporis & Sanguinis Dominici in Sacramento Altaris. Postremum hunc sensum eruditissimus Pamelius illustravit, inde probans, vere Corpus & Sanguinem Christi secundum Tertulliani mentem in Eucharistiae Sacramento contineri. Praeter illa, quae Pamelius adfert, possunt & alia Tertulliani verba referri idem probantia dilucidius. Lib. 5. contra Marcionem cap. 8. haec ille scribit: *Proinde Panis, & Calicis Sacramento jam in Evangelio probavimus Corporis & Sanguinis Dominici veritatem adversus phantasma Marcionis*. Christi carnem non veram, sed phantasticam, atque apparentem damnatus, impius Marcion arbitrabatur. Si ergo per Sacramentum Panis & Calicis probatur veritas Corporis, & Sanguinis Dominici, quis non intelligat, verum & substantiale in augusto Sacramento haberi Corpus & Sanguinem Christi? Alia colligas e reliquis ejus in Marcionem libris. Tum in lib. de Idol. cap. 7. haec animadverte: *Ad hanc partem zelus fidei perorabit, ingemens Christianum ab idolis in Ecclesiam venire, de adversarii officina in domum Dei, attollere ad Deum patrem manus matres idolorum; his manibus adorare, quae foris adversus Deum adorantur; eas manus admovere Corpori Domini, quae Daemoniis corpora conferunt* &c. Ubi in Christianos Idolorum artifices invehitur, qui manibus iisdem, quibus Idola formabant, Christi Corpus, uti ferebat eorum temporum consuetudo, recipiebant. Vide etiam cap. 14. lib. contra Judaeos. Proinde *Corpus ejus in pane censetur* (verbum *censetur* idem significat ac *Est* secundum Jurisconsultos) indicat, nos sub nomine Panis petere vivificum Christi Corpus, ita ut, postulato Pane, Dominicum Sacramentum, & *individuitatem a Corpore Christi* postulemus. *Muratorius*.

1. *In pane censetur*. Habetur. *G. Pancirol.*

2. *Parabolas recitas*. Tradas, & confirmas. *Idem*.

3. *Quum dicit: Numquid panem filiis* &c. Intelligit quod legitur in Matthaei cap. 15. & Marci cap. 7., quando Cananaea rogabat Dominum, ut filiam suam a Daemonibus liberaret, ipse respondit: *Non est bonum sumere panem filiorum, & dare canibus*, idest Ethnicis, ubi in parabola intelligit Corpus suum sub nomine panis, & canes Ethnicos. Tertullianus vero illa verba aliquantum mutat, sed idem est sensus. Hoc omnibus vult probare, panem pro corpore Christi accipi. *Idem*.

4. *Sed & nocturnus iste pulsator*. Qui petiit panes ab amico media nocte, & eos habuit. Lucae cap. 11. *Idem*.

CAP. VII.

Consequens (1) erat ut observata Dei liberalitate, etiam clementiam ejus precaremur; quid enim alimenta proderunt, si illi reputamur revera quasi (2) taurus ad victimam? Sciebat Dominus se solum sine delicto esse. Docet itaque, petamus DIMITTI NOBIS DEBITA NOSTRA. Exomologesis est, petitio veniae; quia qui petit veniam, delictum confitetur. Sic & poenitentia demonstratur acceptabilis Deo, quia vult (3) eam, quam mortem peccatoris. *Ezech.* 33. 11. Debitum (4) autem in Scripturis delicti figura est, quod perinde judicio debeatur, & *ab eo exigatur, nec evadat justitiam exactionis, nisi donetur exactio, sicut illi servo Dominus debitum remisit*. *Matth.* 5. 25. Hoc (5) enim spectat exemplum parabolae totius. Nam & quod idem servus a domino liberatus, non perinde parcit debitori suo, ac propterea delatus penes dominum tortori delegatur ad solvendum novissimum quadrantem, idest, modicum usque delictum, eo (6) competit, quod remittere nos quoque profitemur debitoribus nostris. Jam & alibi (7) ex specie orationis: *Remittite*, inquit, *& remittetur vobis*. *Luc.* 6.

Luc. 6. 37. Et quum *Interrogasset Petrus*, *si septies remittendum esset fratri*: *Imo*, inquit, *septuagies septies*, *Mat.* 18. 22. ut legem in melius reformaret, quod in Genesi 4. 24. *de Cain septies, de Lamech autem septuagies septies ultio* (8) *reputata est*.

ADNOTATIONES.

1. *Consequenter enim*: Nunc exponit illa verba *& dimitte nobis debita nostra*, postquam dixit de liberalitate Dei, qui nos alit. *G. Pamel.*

2. *Quasi reatus*. Qui [illegible], ut occideretur. Idem esset de nobis, nisi delicta remitterentur. *Idem*.

3. *Qui vult eum*. Solvendi magis; & est elegans loquutio. De hoc Ezechiel cap. 33. *Idem*.

4. *Debitum autem*. Nomine debiti significat delictum, & est ejus typus, seu figura, & significatio, quia sicut exigitur in judicio a debitore, nisi remittatur delictum, ita & de delicto. *Idem*.

5. *Huc enim spectat*. Ad hunc locum pertinet tota illa parabola servi, cui dominus debitum remisit; ipse vero a conservo debitum suum exequebatur. Significat autem, non dimitti nobis, nisi et ipsi injurias aliis dimiserimus. *Idem*.

6. *Ea competit*. Ad id pertinet, & hoc significat. *Idem*.

7. *Jam & alibi &c.* De hac petitione, ut nobis delicta remittantur, quemadmodum nos aliis remittimus, alibi est dictum. *Idem*.

8 *Ultio reputata est*. Idem facit. Quum enim Lamech occidisset virum, idest Cain, dixit Gen. cap. 4. *Septuplum ultio dabitur de Cain*; *de Lamech vero septuagies septies*. Aliqui interpretantur septies iri ultum illum, qui occiderit Cain. Sed D. Hieronymus Ep. 125. ad Damasum quaest. 1. intelligit, non iri liberatum Cain, nisi in septima generatione, quod fuit quando occisus est a Lamech; nam tunc a tremore est liberatus et poena, quam hic patiebatur. Peccatum vero Lamech, quod fuit initium mundi, & sanguinis, liberatum est septuagies septies, idest septuagesima septima generatione, in qua fuit Christus, qui etiam orbem liberavit a sanguine; nam ipse fuit septuagesima septima generatio ab Adam, Lucae cap. 3. Verum Tertullianus intelligit, quia septies vindicandum erat peccatum Cain, & septuagies septies peccatum Lamech. A nova quoque lege jussum est Matthaei cap. 18., ut toties peccatum dimittatur, idest septuagies septies, sed ibi ponitur numerus finitus pro infinito, & significatur semper esse dimittendum, ut D. Hieronymus lib. 3. Comment. in cap. 18. Matthaei, & alii interpretantur. *Idem*.

CAP. VIII.

ADjecit ad plenitudinem tam expeditae orationis, ut non de remittendis tantum, sed etiam de avertendis in totum delictis supplicaremus, NE NOS INDUCAS IN TENTATIONEM, idest ne nos patiaris induci, ab eo utique qui tentat. Ceterum absit ut Dominus tentare videatur, quasi aut ignoret fidem cujusque, aut dejicere gestiens. Diaboli est & infirmitas & malitia. Nam & Abrahamum non tentandae fidei gratia, sacrificare de filio jusserat, sed probandae, ut per eum faceret exemplum (1) praecepto suo, quo mox praecepturus erat, neque pignora (2) Deo cariora habenda. Ipse a Diabolo [illegible] & artificem tentationis demonstravit. Hunc (4) locum [illegible] confirmat: *Orate*, dicens, *ne tentemini*. *Luc.* 22. 46. Adeo [illegible] sunt Dominum deserendo, qui somno potius indulserant, [illegible] tioni. Eo respondet clausula interpretans quid sit, *Ne nos deducas in tentationem*. Hoc est enim SED (6) DEVEHE NOS A MALO.

ADNOTATIONES.

1. *Exemplum praecepto suo.* Quod postea dedit Matthaei cap. 26., ut oraremus, ne incideremus in tentationem. *G. Pamel.*

2. *Neque pignora Deo cariora.* Pignora appellat filios, quos Christus se cariores non habendos jusserat; ait enim Matthaei cap. 10.: *Qui amat filium, aut filiam plus quam me, non est me dignus.* *Idem.*

3. *Praesidem, & artificem tentationis.* Scilicet Diabolum esse demonstravit. Matthaei cap. 4. *Idem.*

4. *Hunc locum.* Quod Diabolus sit princeps tentationis, posterioribus, scilicet, verbis Evangelii demonstrat. *Orate*, dicens Matthaei cap. 26., *ne intretis in tentationem.* *Idem.*

5. *Adeo tentati sunt.* Idest: itaque sunt tentati, quia non oraverunt. *Idem.*

6. *Sed devehe nos a malo.* Non heic, ut vulgo accipere solemus, *Malum* intelligit, seu mala, quae homini contigere, contingunt, aut contingere possunt; sed *Malum*, hoc est *Malignum*, seu Diabolum, a quo nos liberari cupimus, ne in tentationem, atque in delicta inducamur. Cum qua lectione potissimum consentiunt Graeca Orationis Dominicae verba, ubi legitur ἀπὸ τοῦ πονηροῦ, idest a Cacodaemone, seu maligno. Chrysostomus quoque, & plures alii Patres hujusmodi interpretationem adhibuerunt. Vocem quidem *ῥῦσαι*, quam nos *libera* Latine reddimus, rude atque aspere Tertullianus per vocem *devehe* expressit; revera enim significat *protege*, *defende*, *tuere*, *eripe*, ac *libera*. *Muratorius.*

CAP. IX.

Anacephalaeosis.

Compendiis (1) pauculorum verborum, quot attinguntur edicta Prophetarum, Evangeliorum, Apostolorum, sermones Domini, parabolae exempla, praecepta? Quot simul (2) expunguntur officia? Dei honor in patre, fidei testimonium in nomine, oblatio obsequii in voluntate, commemoratio spei in regno, petitio vitae in pane, exomologesis debitorum in deprecatione, sollicitudo tentationum in postulatione tutelae. Quid mirum? Deus solus docere potuit, ut se vellet orari. Ab ipso igitur ordinata religio orationis, & de spiritu ipsius, jam tunc quum ex ore divino ferretur, animata suo privilegio ascendit in Coelum, commendans Patri quae Filius docuit.

ADNOTATIONES.

1. *Compendiis pauculorum verborum* &c. Editi libri habent *paucorum*. Hinc Ambrosianus Codex MS. exordium sumit. Recte autem *Anacephalaeosis* inscribitur hoc caput, quum compendiosa tota Dominicae Orationis expositio ante legentium oculos exhibeatur. *Muratorius.*

1. *Compendiis paucorum.* Nunc epilogat, quomodo omnia mandata Scripturarum contineat Oratio Dominica. *G. Pamel.*

2. *Quot simul expunguntur officia?* Legere maluissem *exponuntur*. Sed nulla Tertulliano barbarice scribenti de sermonis puritate sollicitudo. Aliis in locis, ac praecipue lib. 3. & 4. & in fine lib. 5. adversus Marcionem eodem utitur verbo; at sane significatione diversa. Pari tamen sensu usurpasse videtur cap. 1. de Cor. Militis, ubi loquitur *Proxime factum est: liberalitas praestantissimorum Imperatorum expungebatur in castris.* Scilicet exponebatur, [illegible] tur, ac implebatur Caesarum liberalitas in milites. Sumta fortasse metaphora e [illegible] tationibus, quae *expungi* dicuntur, quum absolutae, & confectae emergunt. Capite [illegible] hujus libri ita ille scribit: *Ne verbo quidem malo iram Dei permittit expungi*, [illegible] dat, ut ira in contumelias erumpat, ac propagetur. Alibi *expungere* pro per[illegible] *ficere* adhibuit. Vide etiam infra Cap. XIII. *Muratorius.*

2. *Quot simul expunguntur officia?* Idest tot verbis Dominicae Orationis

in Deum, quia quum dicimus *Pater noster*, eum et Patrem honoramus. In illis vero verbis *Sanctificetur nomen tuum*, fidem in ejus nomine habere testamur. Oblatio vero obsequii est in voluntate, quum dicimus *Fiat voluntas*; & commemoratio est spei in regno in illis verbis, *Adveniat regnum tuum*. Mox petitio victus in pane, ibi *Panem nostrum quotidianum da nobis hodie*; Exomologesis, idest confessio delictorum, quod deliquerimus in Deum, quando dicimus, *Et dimitte nobis debita nostra*; sollicitudo tentationum, idest solliciti sumus, ne tentemur, ubi petimus, ut nos tueatur, ibi *Et ne nos inducas in tentationem*. G. *Pancirol.*

CAP. X.

Posse nos superadjicere.

QUoniam (1) tamen Dominus prospector (2) humanarum necessitatum, seorsum post traditam orandi disciplinam, *Petite* inquit, *& accipietis*, *Luc.* 11. 8.; & sunt quae petantur pro circumstantia cujusque, praemissa legitima & ordinaria oratione quasi fundamento, accidentium (3) jus est desideriorum, jus est (4) superstruendi extrinsecus petitiones, cum memoria tamen praeceptorum, ne quantum a praeceptis, tantum ab auribus Dei longe simus.

ADNOTATIONES.

1. *Quoniam autem.* Addit posse nos & alia petere. G. *Pancirol.*
2. *Prospector.* Sollicitus est. *Idem.*
3. *Accidentium jus est desideriorum.* Idest possumus petere quae, prout accidit, desideramus, praemissa legitima & ordinaria oratione, idest Dominica Oratione pro fundamento. *Idem.*
4. *Jus est superstruendi.* Praeter generales Orationis Dominicae petitiones, quae cuilibet Christianorum sunt communes, alia saepe a Deo, [illegible] propria [illegible], [illegible]. [illegible] quandam addere [illegible] pro [illegible], & [illegible], dummodo petitionibus nostris divina praecepta non adversentur. In primis [illegible] nobis a Deo praecipitur, ne [illegible] ad Altare accedamus, nisi prius cum fratribus nostris [illegible] pacem, ac odia deposuerimus; Hoc Tertullianus cap. seq. ostendit. *Mercerius.*

CAP. XI.

[illegible] *nans patrem fratri irascaris.*

M[illegible] viam orationibus sternit ad coelum, quorum [illegible] *prius ascendamus ad Dei altare, quam si quid* [illegible] *contraxerimus, resolvamus.* Matth. 5. 23. [illegible] Dei recedere (3) sine pace? ad remissio-n[illegible]? Quomodo placabit patrem, iratus [illegible] interdicta sit nobis? Nam & [illegible] patrem, *& me*, inquit, [illegible] monuit. Alias enim (5) vi[illegible] (6) via orationis constituti, [illegible] aperte Dominus amplians le[illegible] superponit (8), ne verbo quidem [illegible] *endum est, non ultra solis receptum,* ut ut Apostolus *Ephes.* 4. 26. admonet. Quam autem temerarium est, aut diem sine oratione transigere, dum cessas fratri satisfacere, aut orationem perseverante iracundia perdere.

ADNOTATIONES.

1. *Ne prius*. Monet prius fratri esse conciliandum, quam oretur. *G. Pamirol.*
2. *Quid est enim*. Idest: quam observandum. *Idem*.
3. *Recedere*. Pro reverti hanc vocem usurpasse videntur Sallustius, atque Horatius. Quam tamen dubiam sensum habeant illorum exempla, & *secedere* etiam significat, vellem liceret mihi per Tertullianum hoc in loco scribere non *recedere*, sed *accedere*. *Muratorius*.
4. *Nos scilicet monuit*. Supple: idem opere debere. *G. Pamirol.*
5. *Alias enim vie &c.* Unde *homines vie* primo dicti sunt Christiani, ut est in Actis c. 9., ubi Paulus acceperat literas, ut *homines vie* comprehenderet, idest Christianos; quamquam verendum non erat *hujus vie*, & dictio *hujus* delenda est, quum sit articulus Graecus. *Idem*.
6. *Tum ne in vie*. Subaudi: est observandum. *Idem*.
7. *Iram in fratrem homicidio superponit*. Expresse in veteri lege prohibita non videtur ira, sed quidem homicidium. At Christus *ampliavit legem*, hoc est perficiens, & novis disciplinae praeceptis amplificans, homicidio damnato, irae quoque damnationem ac prohibitionem addidit, sive *superposuit*. Omnis quidem ira ab initio interdicta est nobis, ut supra Tertullianus dixerat Genesis testimonio; verum quum aperte non videretur interdicta, expressis illam verbis a Fidelium cordibus removere, ac arcere Christus voluit. *Muratorius*.
8. *Superponit*. Adjicit, ut est apud Matthaeum cap. 5. *G. Pamirol.*
9. *Expungi*. Impleri iram convicio. *Idem*.

CAP. XII.

Etiam omni animi confusione vacuum esse debere.

NEc ab ira (1) solummodo, sed omni omnino confusione (2) animi libera debet esse orationis intentio, de tali (3) spiritu emissa, qualis est spiritus, ad quem mittitur. Neque enim agnosci poterit a Spiritu Sancto spiritus inquinatus; aut tristis a laeto, aut impeditus a libero. Nemo adversarium recipit; nemo nisi comparem suum admittit.

ADNOTATIONES.

1. *Nec ab ira*. Docet orantem tranquillum esse oportere, ut est Spiritus Sanctus, ad quem oramus. *G. Pamirol.*
2. *Confusione*. In MS. Codice Ambrosiano habetur *contusione*. *Muratorius*.
3. *De tali spiritu emissa*. Nil orario prosit, nisi a puro, & minime inquinato spiritu ad Spiritum devenerit, qui purissimus est, imo ipsa puritas refertur. Neque enim Spiritui Sancto placere animus terrenis maculis infectus poterit. Hunc autem Tertullianus ad cap. 1. Sapientiae respicere videtur, ubi legitur: *Spiritus Sanctus disciplinae effugiet fictum*. *Idem*.

CAP. XIII.

De lavatione, [illegible].

CEterum (1) quae ratio est, manibus quidem ablutis, spiritu vero sordente orationem obire? quando & ipsis manibus spiritales

tales munditiæ sint necessariæ, ut a falso, a cæde, a veneficiis, ab idololatria, ceterisque maculis, quæ spiritu conceptæ manuum opera transiguntur, puræ allevcntur. Hæ sunt veræ mundtiæ, non quas plerique superstitiose curant, ad omnem orationem etiam cum lavacro totius corporis aquam sumentes. Id quum scrupulose (2) percunctarer, & rationem (3) requirerem, comperi commemorationem esse in Domini deditionem. Nos Dominum adoramus, non dedimus. Imo & adversari debemus deditoris exemplo, nec propterea manus abluere, nisi (4) quod conversationis humanæ inquinamentum conscientiæ caussa lavemus.

ADNOTATIONES.

1. *Ceterum quæ ratio*. Hic docet, manus non aqua abluendas, sed a nequitiis mundas esse servandas. *G. Pamelius.*

2. *Ceterum quæ ratio est* &c. Mearum, imo totius quandoque corporis lotio orationem præcedere solebat, non apud Christianos tantum, sed & apud Ethnicos, atque Judæos. Nempe abluto corpore, manibusque potissimum purgatis, quæ facilius plerumque sordes contrahunt, lavari quoque ac emundari a culpæ sordibus animum, nonnulli arbitrabantur. Sed animo puro & purgato hominem ad Deum accedere debere, cum ratio, tum religio suadebant. Hunc autem apud Gentiles invaluisse morem, omnium antiquissimo teste probabo. Homerus videlicet in Odyssea Penelopem nobis exhibet aqua sese ante preces abluentem. Eius etiam filius Telemachus

Χεῖρας νιψάμενος πολιῆς ἁλὸς εὔχετ' Ἀθήνῃ.
Lotis in ponto manibus sic Pallada adorat.

Macrobius vero Saturnal. lib. 3. cap. 1. *Constat*, inquit, *Diis superis sacra facturum corporis ablutione purgari*. Alia hujusce ritus exempla e Virgilio profert eo in loco Macrobius. Lactantius quoque Firmianus eosdem Ethnicos ridet, qui *se pie sacrificasse opinantur, si cutem laverint, tamquam libidines intra pectus inclusas ulli amnes abluant, aut ulla maria purificent.* Judæis pariter id moris fuisse, auctor est Pseudo-Aristeas in lib. de LXX. Interpret. *Rege consalutato*, ait ille, *ad diversa loca diverterunt, atque ut mos est Judæis omnibus, manibus prius in mari lotis, Deo preces effundunt*. Vide Spencerum de Leg. Hebr. L. 3. Diss. 3. c. 3. Transiit postea ad Christi fideles hujusmodi consuetudo, & fortasse quidam ab ipso Apostolo in 1. ad Timoth. cap. 2. id præceptum fuisse censuerunt, ubi nos jubet *ἐπαίρειν ὁσίους χεῖρας*, *manus puras ad cælum tollere*, quasi & de externa manuum puritate, ac ablutione, velut internæ puritatis indicio, Apostolus loqueretur. Idcirco Apostolicarum Constitutionum Auctor lib. 8. cap. 32. *πᾶς πιστὸς*, inquit, *ἢ πιστὴ ὄρθρου ἀναστάντες ἐξ ὕπνου, πρὶν ἐργάσασθαι, νιψάμενοι προσευχέσθωσαν*. *Omnis Christianus, vel Christiana mane e somno surgentes, antequam opus faciant, manibus lotis, Deum orent*. Verum hoc apertius patebit considerantibus, posita antiquitus fuisse in Templorum atriis labra, fontes, ac vasa, ut antequam ad orandum Fideles accederent, manus abluerent. S. Paulinus in Epistola ad Severum:

Sancta atrium famulis intersit cernere lymphas.
Cantharus, ingressumque manus lavet. ——

Chrysostomus pluribus in locis, & præsertim in Homil. 37. [illegible] V. pag. 390. ejusdem rei fidem his verbis facit. *Κρήνας ὥσπερ ἐν τοῖς προθύροις τῶν εὐκτηρίων [illegible] παρέστησαν, ἵνα οἱ μέλλοντες εἰσιέναι τῷ Θεῷ, πρότερον ἀπονιψάμενοι τὰς χεῖρας, οὕτως αὐτὰς εἰς εὐχὴν ἀνατείνωσιν: Ut in atriis domuum, in quibus oratur, fontes [illegible] constitutum est, ut qui orare volunt, prius abluant manus, & tunc demum eas ad preces [illegible] Eamdem consule in Homil. 82., & 108. Tom. VI. & Homil. 43. in 1. ad C[illegible] Chrysostomus ipse, videlicet in Homil. 6. in 1. ad Timotheum, eum [illegible] it hiem, interna cordis puritate non accedente, irridet, eumque appella[illegible], *γέλωτα καὶ παιδίων ἀθύρματα*, *risum, nugas, jocos, & puerorum ludicra*. Ex [illegible] llani sententia est, alios redarguentis, qui manibus quidem ablutis, spiritu ve[illegible] orationem obeunt. Ceterum apud quosdam Orientis populos, ac potissimum ap[illegible] sectatores, nostris etiam temporibus hujusmodi consuetudo viget. *Muratorius*. [illegible]

3. *Id quum scrupulose percunctarer*. Quare manus ante preces abluerent, nonnulli a Tertul-

liano interrogati, se id facere respondebant in commemorationem Dominicæ deditionis, quod videlicet Pilatus, priusquam Christum dederet Judæis, manus lavit. Hanc rationem facile Tertullianus retundit; *nos enim*, inquit, *Dominum adoramus, non dedimus*. *Idem*.

3. *Et rationem requirentes*. Quare aliqui se lavent oraturi, compertum id eos facere in memoriam Domini a Juda proditi, ut factum illud exsecrentur, & velut ab ipso se mundent. *G. Pamel.*

4. *Nisi quod*. Nisi aliquod inquinamentum conversationis humanæ lavemus causa conscientiæ, postquam lotionem exegimus. *Idem*.

CAP. XIV.

Apostrophe.

CEterum satis mundæ sunt manus, quas cum toto corpore in Christo semel (1) lavimus. Omnibus licet membris lavet quotidie Israel, numquam tamen mundus est. Certe manus ejus semper immundæ sanguine Prophetarum, & ipsius Domini cruentatæ in æternum. Et ideo conscientia (2) patrum hereditarii rei nec attollere eas ad Dominum audent, nec exclamet aliquis (3) Esaias, nec exhorreat Christus. Nos vero (4) non attollimus tantum, sed etiam expandimus e Dominica passione (5) modulatum, & orantes confitemur Christo.

ADNOTATIONES.

1. *In Christo semel lavimus*. Hoc est in Baptismo, in quo manus *cum toto corpore* lavimus. Quibus verbis innuitur baptizandi ritus, quando nudi homines ter in aquam mergebantur. At in lib. de Baptismo hæc apertissime Tertullianus tradit, & post illum complures alii. *Muratorius*.

2. *Conscientia patrum &c.* Heredes rei conscientiæ patrum suorum appellat Judæos, a quibus conclamatum est: *Sanguis ejus super nos, & super filios nostros*. *Idem*.

3. *Ne exclamet aliquis Esaias*. Ne aliquis spiritu Esaiæ plenus cum illo exclamet, ac Deum ita loquentem inducat: *Quum extenderitis manus vestras &c.* Atque hoc est emphatice dictum. *Idem*.

3. *Ne exclamet aliquis Esaias*. Abundat *aliquis*, ut sæpe alibi. Intelligit quod dicit Esaias cap. 1. *Quum extenderitis manus vestras, avertam faciem a vobis: manus enim vestræ sanguine plenæ sunt. Lavamini, mundi estote, auferte nequitias ab animis vestris*. Et ideo dicit: *ne exclamet Esaias*. Et hoc monet, Hebræos immundas manus semper habere, quæ nulla aqua possunt mundari. *G. Pamel.*

4. *Nos vero non attollimus &c.* Quandoquidem Judæi immundas, & ipsius Domini sanguine cruentatas manus attollere nec audent, nec debent, nobis Christi filiis gaudendum est, qui non attollere tantum, sed eas expandere possumus e *Dominica passione* eruditi: suas enim expandit in Cruce Mundi Servator. Quapropter ea verba *e Dominica passione modulatum* aliam desiderare vocem mihi videntur, cujusmodi esset *capientes*, *habentes*, aut quid simile, ut in sensu: *Nos vero non attollimus tantum, sed etiam expandimus manus, modulatum*, hoc est *mensuram*, e Domini Cruce capientes, ubi nos ille docuit manus expandere. In lib. de Pallio *Lunæ modulamina menstrua* Tertullianus dixit, ut mensuram Lunaris motus significaret. *Muratorius*.

5. *E Dominica passione modulatum*. Formatum, ut tenebat Dominus manus in Cruce. Ita orabant passis brachiis, & manibus. *G. Pamel.*

CAP.

CAP. XV.

De expositis penulis.

SEd (1) quoniam unum aliquod attigimus vacuæ (2) observationis, non pigebit cetera quoque denotare, quibus merito vanitas exprobranda est; siquidem sine ullius aut Dominici, aut Apostolici præcepti auctoritate fiunt. Hujusmodi enim non religioni, sed superstitioni deputantur, affectata, & coacta, & curiosi potius, quam rationalis officii; certe vel eo coercenda, quod Gentilibus (3) adæquent. Ut est (4) quorundam, expositis penulis orationem facere; sic enim adeunt ad idola Nationes. Quod utique si fieri oporteret, Apostoli, qui de habitu orandi docent, comprehendissent; nisi si qui putant, Paulum (5) penulam suam in oratione penes Carpum reliquisse. Deus (6) scilicet non audiat penulatos, qui tres sanctos in fornace Babylonii Regis orantes cum (7) sarabaris, & tyaris suis exaudivit?

ADNOTATIONES.

1. *Sed quoniam* &c. Quia attigimus unum, quod est vanum de lavandis manibus, alia etiam dicemus non minus vana, ut est deponere penulas causa orandi, de quo subjicit. *G. Pancirol.*

2. *Vacuæ observationis*. Inanem scilicet ac superfluam appellat manuum ante preces ablutionem, nisi prius & animus a criminum sordibus purgetur. Pergit autem vanitatis arguere illorum quoque consuetudinem, qui depositis gravioribus vestibus ad orationem accedebant. *Muratorius.*

3. *Gentilibus adæquent*. Pro adæquentur, & fiant, prout observant ipsi. *G. Pancirol.*

4. *Ut est quorundam, expositis penulis* &c. Penula vestium genus fuit, quas pluvio frigidoque cœlo veteres induebant. Has antequam precibus operam darent, quidam e Christianis deponendas arbitrabantur. Quod vero Tertullianus ait, id consuevisse fieri a Nationibus, hoc est ab Ethnicis Idola adeuntibus, Æschyli Græcus interpres confirmare videtur. Nescio quid etiam de mutationibus vestium in Gentilium sacris ipse Tertullianus habet in lib. de Pallio cap. 4. *Muratorius.*

4. *Ut est quorundam positis penulis* &c. Ita orabant Gentiles. Penula vero vestis erat, qua pluviæ vel itineris gratia utebantur. Lampridius in Alexandro: *Penulis*, inquit, *intra urbem frigoris caussa ut senes uterentur permisit, quum id vestimenti genus semper itinerarium, aut pluviæ fuisset*. Juvenalis Sat. 5.

Et multo stillaret penula nimbo.

Cicero in Orat. pro Mil. *Quum alter*, inquit, *veheretur rheda penulatus*. Penulam pro lacerna veteres posuisse videntur. *G. Pancirol.*

5. *Paulum penulam suam*. Mandat enim Timotheo, ut penulam ad se deferat: 2. ad Timoth. cap. 4. *Idem.*

5. *Paulum penulam suam*. Hæc sunt Pauli verba: *Penulam, quam reliqui Troade apud Carpum, veniens affer tecum*. Ironice itaque Tertullianus ait: nisi hoc faciendum est ad exemplum Pauli, qui penulam Troade penes Carpum reliquerat orationi vacaturus. Vide Octavium Ferrarium de Re Vest. part. 2. l. 3. ubi de *Penulis* multa. *Muratorius.*

6. *Deus scilicet*. Ironice loquitur. *G. Pancirol.*

7. *Cum sarabaris*. De sarabaris & tyaris dictum est in lib. de Resurrect. carn. cap. 58. num. 601. *Idem.*

7. *Cum sarabaris*. Tres pueri in fornacem cum braccis suis, & tyaris, & calceamentis, & vestibus conjecti fuere. Septuaginta Interpretes pro femoralibus, seu braccis habent σὺν τοῖς σαραβάροις, cum sarabaris. Quare non aliud hoc vocabulo significari video, quam quædam cu-

orarium, aut femorum integumenta. In libro etiam de Trinitate (si quidem Tertulliani sit) & de Pallio hanc vocem usurpatam invenias. *Muratorius*.

CAP. XVI.

De assidendo post Orationem.

ITem quod (1) adsignata oratione, assidendi (2) mos est quibusdam, non perspicio rationem, nisi si (3) Hermas ille, cujus scriptura (4) fere Pastor inscribitur, transacta oratione non lectum assedisset, verum aliud quid fecisset, id quoque ad observationem vindicaremus. Utique (5) non. Simpliciter enim & nunc (6) positum est: *Quum (7) adorassem, & assedissem super lectum*, ad ordinem narrationis, non ad instar disciplinae. Alioquin nusquam erit adorandum, nisi ubi fuerit lectus. Imo contra scripturam fecerit, si quis in cathedra aut (8) subsellio sederit. Porro quum perinde faciant Nationes (9), adoratis sigillaribus (10) suis residendo, vel (11) propterea in nobis reprehendi meretur, quod apud Idola (12) celebratur. Eo apponitur & irreverentiae crimen, etiam ipsis Nationibus, si quid saperent, intelligendum. Siquidem irreverens est assidere sub conspectu, contraque conspectum ejus, quem quammaxime reverearis, ac venereris; quanto magis sub conspectu Dei vivi, Angelo adhuc (13) orationis astante, factum istud irreligiosissimum est, nisi exprobramus Deo, quod nos oratio fatigaverit.

ADNOTATIONES.

1. *Item quod adsignata oratione*. Perfecta, ut infra dicit, ac transacta. Damnat eos, qui sedere post orationem consueverant. Non video, inquit, hujus instituti rationem, nisi forte trahant hoc ex libro Pastoris condito ab Herma, quem alibi de Pudicit. cap. 10. apocryphum esse vult, in quo narrat se post orationem lecto assedisse. Sed ibi narrat rem gestam, non praecipit, ut id nos agamus. Quid ergo, inquit, si aliud fecisset, hoc imitaremur? nequaquam. *G. Pamelius*.

1. *Adsignata oratione*. Absolutam, & peractam orationem significat, metaphora deducta e signis, & sigillis, quae tum epistolis, tum testamentis aliisque tabulis jam confectis apponi solebant. *Muratorius*.

2. *Assidendi mos est*. Christiani aut stantes, aut in genua procumbentes Deum adorabant, precesque fundebant. Talis est observatio. Verum nonnullis eorum post orationem sedendum esse videbatur, non quod defatigati sedibus indigerent, sed superstitiosis forsan rationibus ducti. Eorum consuetudinem Tertullianus redarguit. *Idem*.

3. *Nisi si Hermas*. Hic est Hermes, quem Paulus jubet salutari ad Rom. cap. ult. Dicitur composuisse librum, qui *Pastor* inscribitur, de quo Nicephorus ita loquitur lib. 2. Hist. Eccles. cap. ult. *Accipimus inter ambigua quoque auctoritatis scripta esse Actorum Pauli librum, & eum, qui Pastoris titulum habet, quem Hermae quidem adscribunt ei, cui in Epist. ad Rom. Paulus salutem nunciari jubet. Nihilominus autem & plerisque necessarius esse videtur, eis praecipue, qui prima pietatis discunt rudimenta, [illegible] afferens maturi fructus, & utilitatis. Nec passim quidem apud antiquos in usu fuit*. Eundem Eusebius Caesariensis commendat Hist. Eccles. lib. 3. cap. 3. & cap. 25. & lib. 5. cap. 8. Tertullianus vero in lib. de Pudicitia hunc librum impurum vocat, & ab Ecclesia etiam damnatum scribit. Quum vero heic illud opus non damnet, Catholicus fuisse credendus est, quum haec scripsit. *G. Pamelius*.

3. *Nisi si Hermas*. Hermae antiquissimi Scriptoris librum, cui titulus est *Pastor*, Latine tantum habemus. Quanto in pretio fuerit, eruditis omnibus compertum est, ita ut quidem

inter

inter Canonicas Scripturas ipsam referrent, alii vero illum vel inter apocrypha & contemnenda rejicerent, modum excedentes utrinque; non enim librum hunc veluti Canonicum suspicere fas est, sed certe tanquam Fidei Catholicæ utilissimum, plurimique faciendum judicare debemus. Quod autem ad hunc locum pertinet, recte ex hujusmodi verbis conjicimus, Librum de Oratione a Tertulliano, Catholico adhuc, fuisse conscriptum. Nam quam sibi *Pastoris* auctoritatem objiciat, non damnando repellit, sed explicando sibi conciliat. Quin addit, si Hermas revera post orationem ex quadam religione consedisset, id *ad observationem vindicari*, scilicet ad ejus imitationem, fieri merito potuisse. Accedit quod infra *Scripturam* nominans, Hermæ librum Canonicis Scripturis conjungere videtur. Contra ipsemet Scriptor in Montani castra, hæresimque delapsus, Pastoris fidem, atque auctoritatem totis, ut ajunt, nervis elevare, & infringere conatur, ut ex ejus libro de Pudicitia cap. 10. & cap. 20. constat, quem certe postremum librum in Hæreticorum officina procudit. *Maratorius*.

4. *Scriptura fere*. Subaudiendum *ab omnibus*, aut addendum. *G. Pamel.*

5. *Utique non*. Scilicet: illud non vindicaremus ad orandi observantiam; ergo neque morem in lecto sedendi. *Idem*.

6. *Et nunc positum*. Lego: est hoc positum. Scilicet quod federit in lecto, est simpliciter positum, non ut traderetur hæc observatio, sed ut res prout gesta est exponeretur. *Idem*.

7. *Quum adorassem*. Sunt ipsa Pastoris verba in Procemio lib. 2., quæ in editis ita se habent: *Quum orassem domi, & consedissem supra lectum, intravit vir quidam* &c. Hæc igitur, ut Tertullianus inquit, non refert Hermas, ut sedendum post orationem nos doceat, sed ut Historiæ suæ narrationem persequatur. Et quid si, addit, *in cathedra, aut subsellio* post preces peractas quis sedeat, num in Scripturam, hoc est contra Hermæ præceptum peccabit, qui in lectulo, & non in subsellio, sive in Cathedra sedit? *Muratorius*.

8. *Aut subsellio sederit*. Deridet eos, qui ex Pastoris libro post orationem argumentatum sedendi sumunt, quod quum ipse in lecto sederit, in scamno non sit sedendum; nam id esset contra illam scripturam, ubi ipse in lecto sedit, non in cathedra. *G. Pamel.*

9. *Quum perinde faciunt Nationes*. Similiter faciunt Ethnici, qui sedent adoratis sigillaribus suis. Ita enim appellabant sua Idola, & signa, ut alias dictum est lib. de Anima cap. 7. num. 114., & advers. Valentin. cap. 12. & cap. 18., & est apud Macrobium lib. 1. Saturnal. *Idem*.

10. *Sigillaribus suis*. Sigillaria, seu sigilla, erant signa parva, seu iconculæ, & imagunculæ, ac simulacra Deorum modo palmaria, modo cubitalia, ita membris artificiose compacta, ut nervis tracta, vel sibilum mota vivere, obambulare, & reliquos humani corporis motus exercere, atque imitari possent. Nostro quoque ævo similia habemus, quibus Romæ nomen est *Puppazzi*, & in Gallia *Marionettes*, iisque Comœdias interdum actas vidimus. Νευρόσπαστα Græci appellabant. Ad hujusmodi simulacra alludens Horatius ajebat:

> *Tu mihi qui imperitas, aliis servis miser, atque*
> *Duceris, ut nervis alienis mobile lignum.*

Præter Aristotelem, qui in lib. de Mundo *Sigillaria* eleganter descripsit, ut apud Apulejum illius interpretem videre est, de iis quoque mentionem fecerunt Herodotus in Euterpe, Xenophon in Symposio, Lucianus de Dea Syra, Gellius lib. 14. cap. 1., & M. Antoninus Imperator in lib. 8. de seipso; atque hic postremum *Sigillaria* expresse appellat. *Sigillariorum* autem in Ethnicorum sacris multus erat usus, nimirum Deos ipsos eorum superstitio sub hisce iconculis plerumque ligneis exhibebat, movebat, eodem plebeculam ad venerationem simul concilians, atque adorationem. Hinc Arnobius lib. 6. contra Gentes hujusmodi morem irridens ajebat: *Et absistetis a ritu, quum pro Diis immortalibus, sigillaria hominum, formis supplicetis humanis? Quinimo Deos esse sigillaria ipsa credetis, nec præter hæc quicquam venerandis habere divinum*. Infra vero addit: *Sæpenumero videmus ab artificibus has figuras* (hoc est Deorum simulacra) *modo parvulo fieri, & palmarem in minutiem contrahi; modo in immensum tolli, & admirabilem in amplitudinem sublevari. Ratione hac ergo sequitur, ut intelligere debeamus in sigilliolis parvulis contrahere se Deos; & alienis ad corporis similitudinem mensoribus* &c. Tertullianus igitur ut falsa Numina, eorumque signa decenti nomine insigniat, *Sigillaria* vocat, quod vera careant anima, atque alieno tantum ope moverentur. Ab eodem Auctore in lib. advers. Valentin. cap. 18. *Sigillarius dictus* nominatur his verbis: *A quo artifice nihil sentiens, & velut sigillario* [illegible] *ducta, in omnem operationem ministrabatur*. In libro etiam de Anima cap. 6. *sigillarius* [illegible] ratione appellatur, qui sit externa vi, & operatione impellente. *Muratorius*.

11. *Vel properare*. Ob id solum a nobis est reprehendendus mos sedendi, quia apud Idololatras id celebratur, seu frequentatur. His accedit, quod sedere est Irreverentiæ crimen, etiam apud Christianos, si saperent. *G. Pamel.*

12. *Apud*

ADNOTATIONES.

1. *Corpus ejus in pane censetur*. Tria intelligi posse per verba illa *Panem nostrum*, Tertullianus monet, scilicet alimenta corporea, tum alimenta spiritalia, denique visibilem sacræ Mensæ cibum, & realitatem Corporis & Sanguinis Dominici in Sacramento Altaris. Postremum hunc sensum eruditissimus Pamelius illustravit, inde probans, vere Corpus & Sanguinem Christi secundum Tertulliani mentem in Eucharistiæ Sacramento contineri. Præter illa, quæ Pamelius adfert, possunt & alia Tertulliani verba referri idem probantia dilucidius. Lib. 5. contra Marcionem cap. 8. hæc ille scribit: *Proinde Panis, & Calicis Sacramento jam in Evangelio probavimus Corporis & Sanguinis Dominici veritatem adversus phantasma Marcionis*. Christi carnem non veram, sed phantasticam, atque apparentem dumtaxat, impius Marcion arbitrabatur. Si ergo per Sacramentum Panis & Calicis probatur veritas Corporis, & Sanguinis Dominici, quis non intelligat, verum & substantiale in eodem Sacramento haberi Corpus & Sanguinem Christi? Alia colliges e reliquis ejus in Marcionem libris. Tum in lib. de Idol. cap. 7. hæc animadverte: *Ad hanc partem zelus fidei perorabit, ingemens Christianum ab idolis in Ecclesiam venire, de adversaria officina in domum Dei venire, attollere ad Deum patrem manus matres idolorum; his manibus adorare, quæ foris adversus Deum adorantur; eas manus admovere Corpori Domini, quæ Dæmoniis corpora conferunt* &c. Ubi in Christianos Idolorum artifices invehitur, qui manibus iisdem, quibus Idola formabant, Christi Corpus, uti ferebat eorum temporum consuetudo, recipiebant. Vide etiam cap. 14. lib. contra Judæos. Proinde *Corpus ejus in pane censetur* (verbum *censetur* idem significat ac *Est* secundum Jurisconsultos) indicat, nos sub nomine Panis petere vivificum Christi Corpus, ita ut, postulato Pane, Dominicum Sacramentum, & *individuitatem a Corpore Christi* postulemus. *Muratorius*.

1. *In pane censetur*. Habetur. G. *Pamelius*.

2. *Parabolis recitatis*. Tractat, & confirmat. *Idem*.

3. *Quum dicit: Numquid panem filiis* &c. Intelligit quod legitur in Matthæi cap. 15. & Marci cap. 7., quando Cananæa rogabat Dominum, ut filiam suam a Dæmonibus liberaret, ipse respondit: *Non est bonum sumere panem filiorum, & dare canibus*, idest Ethnicis, ubi in parabola intelligit Corpus suum sub nomine panis, & canes Ethnicos. Tertullianus vero illa verba aliquantum mutat, sed idem est sensus. His omnibus vult probare, panem pro corpore Christi accipi. *Idem*.

4. *Sed & molestus iste pulsator*. Qui petiit panem ab amico media nocte, & eum habuit. Lucæ cap. 11. *Idem*.

CAP. VII.

Consequens (1) erat ut observata Dei liberalitate, etiam clementiam ejus precaremur; quid enim alimenta proderunt, si illi reputamur revera quasi (2) tauros ad victimam? Sciebat Dominus se solum sine delicto esse. Docet itaque, petamus DIMITTI NOBIS DEBITA NOSTRA. Exomologesis est, petitio veniæ; quia qui petit veniam, delictum confitetur. Sic & pœnitentia demonstratur acceptabilis Deo, quia *vult* (3) *eam, quam mortem peccatoris*. Ezech. 33. 11. Debitum (4) autem in Scripturis delicti figura est, quod perinde judicio debeatur, & *ab eo exigatur, nec evadat justitiam exactionis, nisi donetur exactio, sicut illi servo Dominus debitum remisit*. Matth.5. 25. Huc (5) enim spectat exemplum parabolæ totius. Nam & quod idem servus a domino liberatus, non perinde parcit debitori suo, ac propterea delatus penes dominum tortori delegatur ad solvendum novissimum quadrantem, idest, modicum usque delictum, eo (6) competit, quod remittere nos quoque profitemur debitoribus nostris. Jam & alibi (7) ex specie orationis: *Remittite*, inquit, *& remittetur vobis*. *Luc.6.*

Luc. 6. 37. Et quum *interrogasset Petrus, si septies remittendum esset fratri: Imo*, inquit, *septuagies septies*, *Mat.* 18. 22. ut legem in melius reformaret, quod in Genesi 4. 24. *de Cain septies, de Lamech autem septuagies septies ultro* (8) *reputata est*.

ADNOTATIONES.

1. *Confitemur enim*: Nunc exponit illa verba *& dimitte nobis debita nostra*, postquam dixit de liberalitate Dei, qui nos alit. *G. Pamelius*.
2. *Quasi taurus*. Qui jugulatur, ut occidatur. Idem esset de nobis, nisi delicta remitterentur. *Idem*.
3. *Qui vult enim*. Subaudi magis; & est elegans loquutio. De hoc Ezechiel cap. 33. *Idem*.
4. *Debitum autem*. Nomen debiti significat delictum, & est ejus typus, seu figura, & significatio, quia sicut exigitur in judicio a debitore, nisi remittatur delictum, ita & delictum. *Idem*.
5. *Hoc enim spectat*. Ad hunc locum pertinet tota illa parabola servi, cui dominus debitum remisit; ipse vero a conservo debitum sibi exactum. Significat autem, non dimitti nobis, nisi ut ipsi injurias aliis dimiserimus. *Idem*.
6. *Ex composito*. Ad id pertinet, & hoc significat. *Idem*.
7. *Jam & alibi &c.* De hac petitione, ut nobis delicta remittantur, quemadmodum nos aliis remittimus, alibi est dictum. *Idem*.
8. *Ultio reputata est*. Idem facit. Quum enim Lamech occidisset virum, idest Cain, dixit Gen. cap. 4. *Septuplum ultio dabitur de Cain; de Lamech vero septuagies septies*. Aliqui interpretantur septies iri ultum illum, qui occiderit Cain. Sed D. Hieronymus Epist. 125. ad Damasum quaest. 1. intelligit, non iri liberatum Cain, nisi in septima generatione, quod fuit quando occisus est a Lamech; nam tunc a tremore est liberatus ut poenis, quam hic patiebatur. Peccatum vero Lamech, quod fuit initium mundi, & sanguinis, liberatum est septuagies septies, idest septuagesima septima generatione, in qua fuit Christus, qui totum orbem liberavit a peccatis; nam ipse fuit septuagesima septima generatio ab Adam, Lucae cap. 3. Verum Tertullianus intelligit, quia septies vindicandum erat peccatum Cain, & septuagies septies peccatum Lamech. A nova quoque lege jussum est Matthaei cap. 18., ut toties peccatum dimitteretur, idest septuagies septies, sed ibi ponitur numerus finitus pro infinito, & significatur semper esse dimittendum, ut D. Hieronymus lib. 3. Comment. in cap. 18. Matthaei, & alii interpretantur. *Idem*.

CAP. VIII.

Adjecit ad plenitudinem tam expeditae orationis, ut non de remittendis tantum, sed etiam de avertendis in totum delictis supplicaremus, NE NOS INDUCAS IN TENTATIONEM, idest ne nos patiaris induci, ab eo utique qui tentat. Ceterum absit ut Dominus tentare videatur, quasi aut ignoret fidem cujusque, aut dejicere gestiens. Diaboli est & infirmitas & malitia. Nam & Abrahamum non tentandae fidei gratia, sacrificare de filio jusserat, sed probandae, ut per eum faceret exemplum (1) praecepto suo, quo mox praecepturus [illegible] erat, neque pignora (2) Deo cariora habenda. Ipse a Diabolo [illegible] praesidem [illegible] & artificem tentationis demonstravit. Hunc (4) locum [illegible] confirmat: *Orate*, *dicens*, *ne tentemini*. *Luc.* 22. 46. Adeo [illegible] sunt Dominum deserendo, qui somno potius indulserant, [illegible] orationi. Eo respondet clausula interpretans quid sit, *Ne nos deducas in tentationem*. Hoc est enim SED (6) DEVEHE NOS A MALO.

ADNOTATIONES.

1. *Exemplum præcepto suo*. Quod postea dedit Matthæi cap. 14., ut orarentur, ne inciderent in tentationem. *G. Pamel.*

2. *Neque pignora Deo cariora*. Pignora appellat filios, quos Christus se cariores non habendos jussurus erat; ait enim Matthæi cap. 10.: *Qui amat filium, aut filiam plus quam me, non est me dignus*. *Idem*.

3. *Præsidem, & artificem tentationis*. Scilicet Diabolum esse demonstravit. Matthæi cap. 4. *Idem*.

4. *Hunc lenem*. Quod Diabolus sit princeps tentationis, posterioribus, scilicet, verbis Evangelii demonstrat. *Orate*, dicens Matthæi cap. 26., *ne intretis in tentationem*. *Idem*.

5. *Adeo tentati sunt*. Idest; itaque sunt tentati, quia non oraverunt. *Idem*.

6. *Sed devehe nos a malo*. Non heic, ut vulgo accipere solemus, *Malum* intelligit, seu mala, quæ homini contigere, contingunt, aut contingere possunt; sed *Malum*, hoc est *Malignum*, seu Diabolum, a quo nos liberari cupimus, ne in tentationem, atque in delicta inducamur. Cum qua lectione potissimum consentiunt Græca Orationis Dominicæ verba, ubi legitur ἀπὸ τοῦ πονηροῦ, idest a Cacodæmone, seu maligno. Chrysostomus sane, & plures alii Patres hujusmodi interpretationem adhibuerunt. Vocem quidem ῥῦσαι, quam nos *libera* Latine reddimus, crude atque aspere Tertullianus per vocem *devehe* expressit; revera enim significat *protege*, *defende*, *tuere*, *eripe*, ac *libera*. *Muratorius*.

CAP. IX.

Anacephalæosis.

COmpendiis (1) paucolorum verborum, quot attinguntur edicta Prophetarum, Evangeliorum, Apostolorum, sermones Domini, parabolæ exempla, præcepta? Quot simul (2) expunguntur officia? Dei honor in patre, fidei testimonium in nomine, oblatio obsequii in voluntate, commemoratio spei in regno, petitio vitæ in pane, exomologesis debitorum in deprecatione, solicitudo tentationum in postulatione tutelæ. Quid mirum? Deus solus docere potuit, ut se vellet orari. Ab ipso igitur ordinata religio orationis, & de spiritu ipsius, jam tunc quum ex ore divino ferretur, animata suo privilegio ascendit in Cœlum, commendans Patri quæ Filius docuit.

ADNOTATIONES.

1. *Compendiis pauculorum verborum* &c. Editi libri habent *paucorum*. Hinc Ambrosianus Codex MS. eandum somit. Recte autem *Anacephalæosis* inscribitur hoc caput, quum compendiosa tota Dominicæ Orationis expositio ante legentium oculos exhibeatur. *Muratorius*.

1. *Compendiis paucorum*. Nunc epilogat, quomodo omnia mandata Scripturarum contineat Oratio Dominica. *G. Pamel.*

2. *Quot simul expunguntur officia?* Legere maluissem *expuntur*. Sed nulla Tertulliano barbarice scribenti de sermonis puritate solicitudo. Aliis in locis, ac præcipue lib. 3. & 4. & in fine lib. 5. adversus Marcionem eodem utitur verbo; at sane significatione diversa. Pari tamen sensu usurpasse videtur cap. 1. de Cor. Militis, ubi inquit: *Proxime factum est. Liberalitas præstantissimorum Imperatorum expungebatur in castris*. Scilicet expendebatur, exerceba tur, ac implebatur Cæsarum liberalitas in milites. Sumta fortasse metaphora e calculis, & rationibus, quæ *expungi* dicuntur, quum absolutæ, & confectæ emergunt. Capite vero XI. hujus libri ita ille scribit: *Ne verbo quidem malo iram Deus permittit expungi*, hoc est mandat, ne ira in contumelias erumpat, ac propagetur. Alibi *expungere* pro *perficere*, & *præstare* adhibuit. Vide etiam infra Cap. XIII. *Muratorius*.

2. *Quot simul expunguntur officia?* Idest tot verbis Dominicæ Orationis implentur officia

in

in Deum, quia quum dicimus *Pater noster*, eum ut Patrem honoramus. In illis vero verbis *Sanctificetur nomen tuum*, fidem in ejus nomine habere testamur. Oblatio vero obsequii est in voluntate, quum dicimus *Fiat voluntas*; & commemoratio est spei in regno in illis verbis, *Adveniat regnum tuum*. Mox petitio vitae in pane, ibi *Panem nostrum quotidianum da nobis hodie*; Exomologesis, idest confessio delictorum, quod deliquerimus in Deum, quando dicimus, *Et dimitte nobis debita nostra*; sollicitudo tentationum, idest solliciti sumus, ne tentemur, ubi petimus, ut nos tueatur, ibi *Et ne nos inducas in tentationem*. *G. Pancirol.*

CAP. X.

Posse nos superadjicere.

QUoniam (1) tamen Dominus prospector (2) humanarum necessitatum, seorsum post traditam orandi disciplinam, *Petite* inquit, *& accipietis*, *Luc.* 11. 8.; & sunt quae petantur pro circumstantia cujusque, praemissa legitima & ordinaria oratione quasi fundamento, accidentium (3) jus est desideriorum, jus est (4) superfluendi extrinsecus petitiones, cum memoria tamen praeceptorum, ne quantum a praeceptis, tantum ab auribus Dei longe simus.

ADNOTATIONES.

1. *Quoniam tamen*. Addit posse nos & alia petere. *G. Pancirol.*
2. *Prospector*. Scilicet est. *Idem*.
3. *Accidentium jus est desideriorum*. Idest possumus petere quae, prout accidit, desideramus, praemissa legitima & ordinaria oratione, idest Dominica Oratione pro fundamento. *Idem*.
4. *Jus est superfluendi*. Praeter generales Orationis Dominicae petitiones, quae cuilibet Christianorum sunt communes, alia saepe a Deo, singulorum propria hominum, petenda se offerunt. Communi itaque orationi quaedam addere licet pro cujusque necessitate, & voto, dummodo petitionibus nostris divina praecepta non adversentur. In primis autem nobis a Deo praecipitur, ne cogitari ad Altare accedamus, nisi prius cum fratribus nostris universam peram, ac odia deposuerimus. Hoc Tertullianus cap. seq. ostendet. *Marmerius*.

CAP. XI.

Ne orans patrem fratri irascaris.

MEmoria praeceptorum viam orationibus sternit ad coelum, quorum praecipuum est, *ne* (1) *prius ascendamus ad Dei altare, quam si quid discordiae vel offensae cum fratribus contraxerimus, resolvamus*. *Matth.* 5. 23. Quid est (2) enim ad pacem Dei recedere (3) sine pace? ad remissionem debitorum cum retentione? Quomodo placabit patrem, iratus in fratrem, quum omnis ira ab initio interdicta sit nobis? Nam & Joseph dimittens fratres suos ad perducendum patrem, *Et ne*, inquit, *irascimini in via*. *Gen.* 45. ad nos (4) scilicet monuit. Alias enim (5) via cognominatur disciplina nostra. Tum ne in (6) via orationis constituti, ad patrem cum ira incedamus. Exinde aperte Dominus amplians legem, iram (7) in fratrem homicidio superponit (8), ne verbo quidem malo permittit expungi (9) *etiamsi irascendum est, non ultra solis receptum*, ut ut Apostolus *Ephes.* 4. 26. admonet. Quam autem temerarium est, aut diem sine oratione transigere, dum cessas fratri satisfacere, aut orationem perseverante iracundia perdere.

ADNOTATIONES.

1. *Ne prius*. Monet prius fratri esse conciliandum, quam oretur. *G. Pancirol.*
2. *Quid est enim*. Idest: quam observandum. *Idem*.
3. *Recedere*. Pro reverti hanc vocem usurpasse videntur Sallustius, atque Horatius. Quum tamen dubium sensum habeant illorum exempla, & *secedere* etiam significent, vellem liceret mihi per Tertullianum hoc in loco scribere non *recedere*, sed *accedere*. *Muratorius*.
4. *Nos scilicet monuit*. Supple: idem agere debere. *G. Pancirol.*
5. *Alius enim viæ* &c. Unde *homines viæ* primo dicti sunt Christiani, ut est in Actis c. 9., ubi Paulus acceperat literas, ut *homines viæ* comprehenderet, idest Christianos; quamquam vertendum non erat *hujus viæ*, & dictio *hujus* delenda est, quum sit articulus Græcus. *Idem*.
6. *Tum ne in via*. Subaudi: est observandum. *Idem*.
7. *Iram in fratrem homicidio superponit*. Expresse in veteri lege prohibita non videtur ira, sed quidem homicidium. At Christus *ampliens legem*, hoc est perficiens, & novis disciplinæ præceptis amplificans, homicidio damnato, iræ quoque damnationem ac prohibitionem addidit, sive *superposuit*. Omnis quidem ira ab initio interdicta est nobis, ut supra Tertullianus dixerat Genesis testimonio; verum quum aperte non videretur interdicta, expressis illam verbis a Fidelium cordibus removere, ac arcere Christus voluit. *Muratorius*.
8. *Superponit*. Adjicit, ut est apud Matthæum cap. 5. *G. Pancirol.*
9. *Expungi*. Impleri iram convicio. *Idem*.

CAP. XII.

Etiam omni animi confusione carentem esse debere.

NEc ab ira (1) solummodo, sed omni omnino confusione (2) animi libera debet esse orationis intentio, de tali (3) spiritu emissa, qualis est spiritus, ad quem mittitur. Neque enim agnosci poterit a Spiritu Sancto spiritus inquinatus; aut tristis a læto, aut impeditus a libero. Nemo adversarium recipit; nemo nisi comparem suum admittit.

ADNOTATIONES.

1. *Nec ab ira*. Docet orantem tranquillum esse oportere, ut est Spiritus Sanctus, ad quem oramus. *G. Pancirol.*
2. *Confusione*. In MS. Codice Ambrosiano habetur *contusione*. *Muratorius*.
3. *De tali spiritu emissa*. Nil oratio prodest, nisi a puro, & minime inquinato spiritu ad Spiritum divinum, qui purissimus est, imo ipsa puritas, feratur. Neque enim Spiritui Sancto placere animus terrenis maculis infectus potest. Hic autem Tertullianus ad cap. 1. Sapientiæ respicere videtur, ubi legitur: *Spiritus Sanctus disciplinæ effugiet fictum*. *Idem*.

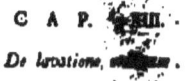

CAP. XIII.

De lavatione, [illegible].

CEterum (1) quæ ratio est, manibus quidem ablutis, spiritu vero sordente orationem obire? quando & ipsis manibus spiritales

tales munditiæ sint necessariæ, ut a falso, a cæde, a veneficiis, ab idololatria, cæterisque maculis, quæ spiritu conceptæ manuum opera transiguntur, puræ alleventur. Hæ sunt veræ munditiæ, non quas plerique superstitiose curant, ad omnem orationem etiam cum lavacro totius corporis aquam sumentes. Id quum scrupulose (2) percunctarer, & rationem (3) requirerem, comperi commemorationem esse in Domini deditionem. Nos Dominum adoramus, non dedimus. Imo & adversari debemus deditoris exemplo, nec propterea manus abluere, nisi (4) quod conversationis humanæ inquinamentum conscientiæ caussa lavemus.

ADNOTATIONES.

1. *Cæterum quæ ratio*. Hic docet, manus non aqua abluendas, sed a nequitiis mundas esse tenendas, *G. Pamel.*

2. *Cæterum quæ ratio est* &c. Manum, imo totius quandoque corporis lotio orationem præcedere solebat, non apud Christianos tantum, sed & apud Ethnicos, atque Judæos. Nempe abluto corpore, manibusque potissimum purgatis, quæ facilius plerumque sordes contrahunt, lavari quoque ac emundari a culpæ sordibus animum, nonnulli arbitrabantur. Sed animo puro & purgato hominem ad Deum accedere debere, cum ratio, tum religio suadebant. Hunc autem apud Gentiles invaluisse morem, omnium antiquissimo teste probabo. Homerus videlicet in Odyssea Penelopem nobis exhibet aqua sese ante preces abluentem. Eam etiam filius Telemachus

Χεῖρας νιψάμενος πολιῆς ἁλὸς εὔχετ' Ἀθήνῃ.

Lotis in ponto manibus sic Pallada adorat.

Macrobius vero Saturnal. lib. 3. cap. 1. *Constat*, inquit, *Diis superis sacra facturum corporis ablutione purgari*. Alia hujusce ritus exempla e Virgilio profert eo in loco Macrobius. Lactantius quoque Firmianus eosdem Ethnicos ridet, qui *se pie sacrificasse opinantur, si cutem laverint, tamquam libidines intra pectus inclusas ulli amnes abluant, aut ulla maria purificent.* Judæis pariter id moris fuisse, auctor est Pseudo-Aristeas in lib. de LXX. Interpret. *Rege consalutato*, ait ille, *ad diversa loca discesserunt, atque ut mos est Judæis omnibus, manibus prius in mari lotis, Deo preces effundunt*. Vide Spencerum de Leg. Hebr. L. 3. Diss. 3. c. 3. Transiit postea ad Christi fideles hujusmodi consuetudo, & fortasse quidam ab ipso Apostolo in 1. ad Timoth. cap. 2. id præceptum fuisse censuerunt, ubi nos jubet *χεῖρας ὁσίους ἐπαίρειν, manus puras ad cælum tollere*, quasi & de externa manuum puritate, ac ablutione, velut internæ puritatis indicio, Apostolus loqueretur. Idcirco Apostolicarum Constitutionum Auctor lib. 8. cap. 32. *πᾶς πιστὸς*, inquit, *ἢ πιστὴ ἕωθεν ἀναστάντες ἐξ ὕπνου, πρὶν ἔργου ἅψασθαι, νιψάμενοι προσευχέσθωσαν. Omnis Christianus, vel Christiana mane e somno surgentes, antequam opus faciant, manibus lotis, Deum orent*. Verum hoc apertius patebit consideranti, positas antiquitus fuisse in Templorum atriis labra, fontes, ac vasa, ut antequam ad orandum Fideles accederent, manus ablueren, S. Paulinus in Epistola ad Severum:

Sancta nitens famulis interluit atria lympha.

Cantharus, [illegible]que manus lavat. ——

Chrysostomus pluribus in locis, & præsertim in Homil. 37. [illegible] V. pag. 390. ejusdem rei fidem his verbis facit. *[illegible]* Ut in atriis domorum, in quibus oratur, [illegible] constitutum est, ut qui orare volunt, prius abluant manus, & tunc demum eas ad preces [illegible] consule in Homil. 62., & 108. Tom. VI. & Homil. 43. in 1. ad C[illegible] Chrysostomus ipse, videlicet in Homil. 6. in 1. ad Timotheum, [illegible] Hom, interna cordis puritate non accedente, irridet, eumque [illegible], *[illegible]*, *risum, nugas, jocos, & purrorum ludicra*. Ex [illegible] sententia est, illos redarguentis, qui manibus quidem ablutis, spiritu [illegible] orationem obruunt. Cæterum apud quosdam Orientis populos, ac potissimum [illegible] sectatores, nostris etiam temporibus hujusmodi abluendo[illegible]. *Muratorius*.

3. *Id quum scrupulose percunctarer*. Quare manus ante preces abluerent, a nonnulli a Tertul-

Annot. III. lis

lium interrogati, se id facere respondebant in commemorationem Dominicae deditionis, quod videlicet Pilatus, priusquam Christum dederet Judaeis, manus lavit. Hanc rationem facile Tertullianus retundit; nos enim, inquit, Dominum adoramus, non dedimus. Idem.

3. Et rationem requireremus. Quare aliqui se lavent oraturi, comperi id eos facere in memoriam Domini a Juda proditi, ut factum illud execrentur, & velut ab ipso se mundent. G. Pamelius.

4. Nisi quod. Nisi aliquod inquinamentum conversionis humanae lavemus conscientia, postquam idolum tetigerimus. Idem.

CAP. XIV.

Apostrophe.

Ceterum satis mundae sunt manus, quas cum toto corpore in Christo semel (1) lavimus. Omnibus licet membris lavet quotidie Israel, numquam tamen mundus est. Certe manus ejus semper immundae sanguine Prophetarum, & ipsius Domini cruentatae in aeternum. Et ideo conscientia (2) patrum hereditarii rei nec attollere eas ad Dominum audent, nec exclamet aliquis (3) Esaias, nec exhorreat Christus. Nos vero (4) non attollimus tantum, sed etiam expandimus e Dominica passione (5) modulatum, & orantes confitemur Christo.

ADNOTATIONES.

1. *In Christo semel lavimus.* Hoc est in Baptismo, in quo manus cum toto corpore lavimus. Quibus verbis innuitur baptizandi ritus, quando nudi homines ter in aquam mergebantur. At in lib. de Baptismo haec apertissime Tertullianus tradit, & post illum complures alii. *Muratorius.*

2. *Conscientia patrum* &c. Heredes rei conscientiae patrum suorum appellat Judaeos, a quibus conclamatum est: *Sanguis ejus super nos, & super filios nostros. Idem.*

3. *Ne exclamet aliquis Esaias.* Ne aliquis spiritu Esaiae plenus cum illo exclamet, ac Deum ita loquentem inducat: *Quum extenderitis manus vestras* &c. Atque hoc est emphatice dictum. *Idem.*

3. *Ne exclamet aliquis Esaias.* Abundat *aliquis*, ut saepe alibi. Intelligit quod dicit Esaias cap. 1. *Quum extenderitis manus vestras, avertam faciem a vobis: manus enim vestrae sanguine plenae sunt. Lavamini, mundi estote, auferte nequitias ab animis vestris.* Et ideo dicit: *ne exclamet Esaias.* Et heic monet, Hebraeos immundas manus semper habere, quae nulla aqua possunt mundari. *G. Pamelius.*

4. *Nos vero non attollimus* &c. Quandoquidem Judaei immundas, & ipsius Domini sanguine cruentatas manus attollere nec audent, nec debent, nobis Christi filiis gaudendum est, qui non attollere tantum, sed eas expandere possumus a *Dominica passione* eruditi: sic enim expandit in Cruce Mundi Servator. Quapropter ea verba *e Dominica passione modulatum* aliam desiderare vocem mihi videntur, ejusmodi esset *expansas*, *habentes*, aut quid simile, ut ita sensus: Nos vero non attollimus tantum, sed etiam expandimus manus, *modulatam*, hoc est *mensuram*, a Domini Cruce capientes, ubi nos ille docuit manus expandere. In lib. de Pallio *Lunae modulatinem menstruae* Tertullianus dixit, ut mensuram Lunaris motus significaret. *Muratorius.*

5. *E Dominica passione modulantes.* Formatum, ut [illegible] Dominus manus in Cruce. Ita orabant passis brachiis, & manibus. *G. [illegible].*

CAP.

CAP. XV.

De expositis penulis.

SEd (1) quoniam unum aliquod attigimus vacuæ (2) observationis, non pigebit cetera quoque denotare, quibus merito vanitas exprobranda est; siquidem sine ullius aut Dominici, aut Apostolici præcepti auctoritate fiunt. Hujusmodi enim non religioni, sed superstitioni deputantur, affectata, & coacta, & curiosi potius, quam rationalis officii; certe vel ea coercenda, quod Gentilibus (3) adæquent. Ut est (4) quorundam, expositis penulis orationem facere; sic enim adeunt ad idola Nationes. Quod utique si fieri oporteret, Apostoli, qui de habitu orandi docent, comprehendissent; nisi si qui putant, Paulum (5) penulam suam in oratione penes Carpum reliquisse. Deus (6) scilicet non audiat penulatos, qui tres sanctos in fornace Babylonii Regis orantes cum (7) sarabaris, & tyaris suis exaudivit!

ADNOTATIONES.

1. *Sed quoniam* &c. Quia attigimus unum, quod est vanum de lavandis manibus, alia etiam dicemus non minus vana, ut est deponere penulas causa orandi, de quo subjicit. *G. Pamel.*

2. *Vacuæ observationis.* Inanem scilicet ac superfluam appellat manuum ante preces ablutionem, nisi prius & animus a criminum sordibus purgetur. Pergit autem vanitatis arguere illorum quoque consuetudinem, qui depositis gravioribus vestibus ad orationem accedebant. *Muratorius.*

3. *Gentilibus adæquent.* Pro adæquentur, & fiant, prout observant ipsi. *G. Pamel.*

4. *Ut est quorundam, expositis penulis* &c. Penula vestium genus fuit, quas pluvioso frigidoque cœlo veteres induebant. Has antequam precibus operam darent, quidam e Christianis deponendas arbitrabantur. Quod vero Tertullianus ait, id consuevisse fieri a Nationibus, hoc est ab Ethnicis idola adorantibus, Æschyli Græcus interpres confirmare videtur. Nescio quid etiam de mutationibus vestium in Gentilium sacris ipse Tertullianus habet in lib. de Pallio cap. 4. *Muratorius.*

4. *Ut est quorundam positis penulis* &c. Ita orabant Gentiles. Penula vero vestis erat, qua pluviæ vel itineris gratia utebantur. Lampridius in Alexandro: *Penulis*, inquit, *intra urbem frigoris causa ut senes uterentur permisit, quum id vestimenti genus semper itinerarium, aut pluviæ fuisset.* Juvenalis Sat. 5.

Et multo stillaret penula nimbo.

Cicero in Orat. pro Mil. *Quum alter*, inquit, *veheretur rheda penulatus.* Penulam pro lacerna veteres posuisse videntur. *G. Pamel.*

5. *Paulum penulam suam.* Mandat enim Timotheo, ut penulam ad se deferat. 2. ad Timoth. cap. 4. *Idem.*

5. *Paulum penulam suam.* Hæc sunt Pauli verba: *Penulam, quam reliqui Troade apud Carpum, veniens affer tecum.* Ironice itaque Tertullianus ait: nisi hoc faciendum est ad exemplum Pauli, qui penulam Troade penes Carpum reliquerat orationi vacaturus. Vide Octavium Ferrarium de Re Vest. [illegible] 2. l. 2. ubi de *Penulis* multa. *Muratorius.*

6. *Deus scilicet.* Ironice loquitur. [illegible] *Pamel.*

7. *Cum sarabaris.* De sarabaris [illegible] dictum est in lib. de Resurrect. carn. cap. 58. num. 601. *Idem.*

7. *Cum sarabaris.* Tres pueri in fornacem cum braccis suis, & tyaris, & calceamentis, & vestibus conjecti fuere. Septuaginta Interpretes pro femoralibus, seu braccis habent σὺν τοῖς σαραβάροις, cum sarabaris. Quare non aliud hoc vocabulo significari vides, quam quoddam

orarium, aut sacrarum integumenta. In libro etiam de Trinitate (si quidem Tertulliani sit) & de Pallio hanc vocem usurpatam invenias. *Muratorius*.

CAP. XVI.

De assidendo post Orationem.

ITem quod (1) adsignata oratione, assidendi (2) mos est quibusdam, non perspicio rationem, nisi si (3) Hermas ille, cujus scriptura (4) fere Pastor inscribitur, transacta oratione non lectum assedisset, verum aliud quid fecisset, id quoque ad observationem vindicaremus. Utique (5) non. Simpliciter enim & nunc (6) positum est: *Quum (7) adorassem, & assedissem super lectum*, ad ordinem narrationis, non ad instar disciplinae. Alioquin nusquam erit adorandum, nisi ubi fuerit lectus. Imo contra scripturam fecerit, si quis in cathedra aut (8) subsellio sederit. Porro quum perinde faciant Nationes (9), adoratis sigillaribus (10) suis residendo, vel (11) propterea in nobis reprehendi meretur, quod apud Idola (12) celebratur. Eo apponitur & irreverentiae crimen, etiam ipsis Nationibus, si quid saperent, intelligendum. Siquidem irreverens est assidere sub conspectu, contraque conspectum ejus, quem quammaxime reverearis, ac venereris; quanto magis sub conspectu Dei vivi, Angelo adhuc (13) orationis astante, factum istud irreligiosissimum est, nisi exprobramus Deo, quod nos oratio fatigaverit.

ADNOTATIONES.

1. *Item quod adsignata oratione*. Perfecta, ut Iafre dicit, ac transacta. Damnat eos, qui sedere post orationem consueverant. Non video, inquit, hujus instituti rationem, nisi forte trahant hoc ex libro Pastoris condito ab Herma, quem alibi de Pudicit. cap. 10. apocryphum esse vidimus, in quo narrat se post orationem lecto assedisse. Sed ibi narrat rem gestam, non praecipit, ut id nos agamus. Quid ergo, inquit, si aliud fecisset, hunc imitaremur? nequaquam. *G. Pamel.*

1. *Adsignata oratione*. Absolutam, & perfectam orationem significat, metaphora deducta a signis, & sigillis, quae tum epistolis, tum testamentis aliisque tabulis jam confectis apponi solebant. *Muratorius*.

2. *Assidendi mos est*. Christiani aut stantes, aut in genua procumbentes Deum adorabant, precesque fundebant. Trita est observatio. Verum nonnullis eorum per orationem sedendum esse videbatur, non quod defatigati sedibus indigerent, sed superstitiosis forsitan rationibus ducti. Eorum consuetudinem Tertullianus redarguit. *Idem*.

3. *Nisi si Hermas*. Hic est Hermas, quem Paulus jubet salutari ad Rom. cap. ult. Dicitur composuisse librum, qui *Pastor* inscribitur, de quo Nicephorus ita loquitur lib. 3. Hist. Eccles. cap. ult. *Accipimus inter ambigua quoque authoritatis scripta esse Actorum Pauli librum, & eum, qui Pastoris titulum habet, quem Hermae quidem adscribunt ei, cui in Epist. ad Rom. Paulus salutem nunciari jubet. Nonnullis autem is admodum necessarius esse videtur, iis praecipue, qui prima pietatis discunt rudimenta, utpote afferens maturi fructus, & utilitatis. Non pauci quidem apud antiquos eo sunt usi*. Eundem Eusebius Caesariensis commendat Hist. Eccles. lib. 3. cap. 3., & cap. 25., & lib. 5. cap. 8. Tertullianus vero in lib. de Pudicitia hunc librum impurum vocat, & ab Ecclesia etiam damnatum scribit. Quare vero hunc illud opus non damnet, Catholicus fuisse credendus est, quum haec scripsit. *G. Pamel.*

3. *Nisi si Hermas*. Hermae antiquissimi Scriptoris librum, cui titulus est *Pastor*, Latine tantum habemus. Quanto in pretio fuerit, eruditis omnibus compertum est, ita ut quidam

inter

inter Canonicas Scripturas ipsum referrent, alii vero illum vel inter apocrypha & contemnenda rejicerent, modum excederent utrinque; non enim librum hunc veluti Canonicum suspicere fas est, sed certe tanquam Fidei Catholicæ antiquissimum, plurimique faciendum judicare debemus. Quod autem ad hunc locum pertinet, recte ex hujusmodi verbis conjicimus, Librum de Oratione a Tertulliano, Catholico adhuc, fuisse conscriptum. Nam quum sibi *Pastoris* auctoritatem objiciat, non damnando repellit, sed explicando sibi conciliat. Quum addit, si Hermas revera post orationem ex quadam religione consedisset, id *ad observationem vindicari*, subjicit ad ejus imitationem, fuit merito potuisse. Accedit quod infra *Scripturam* nominans, Hermæ librum Canonicis Scripturis conjungere videtur. Contra ipsemet Scriptor in Montani castra, hæresimque delapsus, Pastoris fidem, atque auctoritatem totis, ut aiunt, nervis elevare, & infringere conatus, ut ex ejus libro de Pudicitia cap. 10. & cap. 20. constat, quem certe postremum librum in Hæreticorum officina procudit. *Muratorius*.

4. *Scripturæ fere*. Subaudiendum *ab omnibus*, aut addendum. *G. Pamelius.*

5. *Utique non*. Scilicet: illud non vindicaremus ad orandi observandam; ergo neque morem in lecto sedendi. *Idem*.

6. *Et nunc positum*. Lego: est hoc positum. Scilicet quod sederit in lecto, est simpliciter positum, non ut traderemus hanc observatio, sed ut res prout gesta est exponeretur. *Idem*.

7. *Quum adorassem*. Sunt ipsa Pastoris verba in Proœmio lib. 2., quæ in editis ita se habent: *Quum orassem domi, & consedissem supra lectum, intravit vir quidam &c.* Hæc igitur, ut Tertullianus inquit, non refert Hermas, ut sedendum post orationem nos doceat, sed ut Historiæ suæ narrationem persequatur. Et quid si, addit, *in cathedra, aut subsellio* post preces peractas quis sederet, nam in Scripturam, hoc est contra Hermæ præceptum peccabit, qui in lectulo, & non in subsellio, sive in Cathedra sedit? *Muratorius*.

8. *Aut subsellio sederit*. Deridet eos, qui ex Pastoris libro post orationem argumentum sedendi sumunt, quod quum ipse in lecto sederit, in scamno non sit sedendum; nam id esset contra illam scripturam, ubi ipse in lecto sedit, non in cathedra. *G. Pamelius.*

9. *Quum perinde faciunt Nationes*. Similiter faciunt Ethnici, qui sedent adoratis sigillaribus suis. Ita enim appellabant sua Idola, & signa, ut alias dictum est lib. de Anima cap. 7. num. 114., & advers. Valentin. cap. 12. & cap. 18., & est apud Macrobium lib. 1. Saturnal. *Idem*.

10. *Sigillaribus suis*. Sigillaria, seu sigilla, erant signa parva, seu iconculæ, & imaginculæ, ac simulacra Deorum modo palmaria, modo cubitalia, ita membris artificiose compacta, ut nervis tracta, vel filibus mota vivere, obambulare, & reliquos humani corporis motus exercere, atque imitari possent. Nostro quoque ævo similia habemus, quibus Romæ nomen est *Poppazzi*, & in Gallia *Marionettes*, usque Comœdias interdum actas vidimus. Νευρόσπαστα Græci appellabant. Ad hujusmodi simulacra alludens Horatius ajebat:

Tu mihi qui imperitas, aliis servis miser, atque
Duceris, ut nervis alienis mobile lignum.

Præter Aristotelem, qui in lib. de Mundo *Sigillaria* eleganter descripsit, ut apud Apulejum illius interpretem videre est, de iis quoque mentionem fecerunt Herodotus in Euterpe, Xenophon in Symposio, Lucianus de Dea Syra, Gellius lib. 14. cap. 1., & M. Antoninus Imperator in lib. 8. de seipso; atque hic potissimum *Sigillaria* expresse appellat. *Sigillariorum* autem in Ethnicorum sacris multus erat usus, nimirum Deos talium eorum superstitio sub hisce iconculis plerumque ligneis exhibebat, movebat, rudem plebeculam ad venerationem simul concitans, atque adorationem. Hinc Arnobius lib. 6. contra Gentes hujusmodi morem irridens ajebat: *Et abstinetis a vita, quum pro Diis immortalibus, sigillariis humanorum, formis supplicatis humanis? Quinimo Deos esse sigillaria ipsa censetis, nec præter hæc quicquam vim credatis habere divinam*. Infra vero addit: *Sæpenumero videmus ab artificibus has signa* (hoc est Deorum simulacra) *modo parvula fieri, & palmarem in minutiem contrahi; modo in immensum tolli, & admirabilem in amplitudinem sublevari. Ratione hac ergo sequitur, ut intelligere debeamus in sigillariis parvulis contrahere se Deos; & alienis ad corporis similitudinem monstrari &c.* Tertullianus igitur ut falsa Numina, eorumque signa decenti nomine insigniat, *Sigillaria* vocat, quod vera careant anima, atque aliena motum ope moverentur. Ab eodem Auctore in lib. advers. Valentin. cap. 18. *Sigillarius ductus* nominatur his verbis: *A quo occulto nihil sentiens, & velut sigillario* [illegible] *ductu, in omnem operationem movebatur*. In libro etiam de Anima cap 6. *sigillarius* [illegible] ratione appellatur, qui ab externa vi, & operatione impellente. *Muratorius*.

11. *Vel propterea*. Ob id [illegible] nobis est reprehendendus mos sedendi, quia apud Idololatras id celebratur, seu frequentatur. His accedit, quod sedere sit irreverentiæ crimen, etiam apud Christianos, si sapiunt. *G. Pamelius.*

12. *Apud Idola celebratur*. Non e Tertulliano tantum, sed & e Pindaro, ac Plutarcho discimus, Gentiles consuevisse assidere, postquam stantes orassent. Pindarus enim Ode 6. Isthm. descriptis precibus, quas Hercules ad Deos miserat, haec subdit:

Ὣς ἄρα εἰπὼν, αὐτίκα
Ἕζετο

Sic loquutus, statim consedit. Plutarchus vero legem hanc a Numa promulgatam narrat: *Ut sedeatur, postquam adoratum fuerit*. Haec ille in ipsius Numae vita; quorum etiam triplicem explicationem profert. In Quaestionibus vero Romanis tradit, suo quoque tempore usitatum, ut qui precati essent, ac adorassent, in templis persisterent, ac sederent. Quamobrem Tertullianus hac iisdem ratione Christianos post orationem sedere solitos objurgat, quod Gentilium consuetudinem imitari viderentur. *Muratorius*.

13. *Angelo adhuc orationis*. Sentit, nobis Angelum orationis adesse, cujus ratio est habenda. G. *Pamelius*.

CAP. XVII.

De manibus elatis, & de vultu.

Atqui cum modestia, & humilitate adorantes, magis commendabimus Deo preces nostras, ne ipsis (1) quidem manibus sublimius elatis, sed temperate ac probe (2) elatis, ne vultu quidem in audaciam erecto. Nam ille Publicanus, qui non tantum prece, sed & vultu humiliatus, atque dejectus orabat, justificatior Pharisaeo procacissimo discessit. Sonos (3) etiam vocis subjectos esse oportet. Aut quantis arteriis opus est, si pro sono audiamur? Deus autem (4) non vocis, sed cordis auditor est, sicut conspector. Daemonium (5) oraculi Pythii: *Et mutum*, inquit, *intelligo & non loquentem exaudio*. Dei aures sonum expectant? Quomodo ergo oratio Jonae de ventre ceti per tantae bestiae viscera, ab ipsis abyssis per tantam aequoris molem ad caelum potuit evadere? Quid amplius referent isti, qui clarius (6) adorant, nisi quod proximis obstrepunt? Imo prodendo petitiones suas, quid minus faciunt, quam si in publico (7) orent?

ADNOTATIONES.

1 *Ne ipsis quidem manibus elatis*. Attollere manus ad caelum, & ad Deum, quum preces funduntur, vetustissimus fuit mos non a Judaeis tantum, sed & ab Ethnicis usurpatus. Furius Camillus apud Livium lib. 5. cap. 21. *Dicitur manus ad caelum tollens precatus esse*. Marcius etiam apud Plutarchum Diis vota faciens [illegible] *sublatis manibus, et in caelum suspiciens*. Mitto alios testes, ac praesertim Latinorum Poetarum Principem lib. 2. & 12. Aeneid., Aristotele contentus, qui in lib. de Mundo, πάντες, inquit, *οἱ ἄνθρωποι ἀνατείνομεν τὰς χεῖρας εἰς τὸν οὐρανὸν, εὐχὰς ποιούμενοι. Omnes homines ad caelum manus tollimus, preces facturi*. Porro antiquissimus iste ritus a Judaeis potius in Gentiles, quam a Gentilibus ad Judaeos transiisse videtur; siquidem ut habetur Exodi cap. 17. num. 11. Moyses ipse sublatis in Caelum manibus orabat. *Quumque levaret Moyses manus, vincebat Israel; sin autem paululum remisisset, superabat Amalec*. Legimus etiam in Psal. 133. *Extollite manus vestras in sancta* &c. Idem colligas e Psal. 140., & ex Lament. Hierem. cap. 3. n. 41. Caeterum Christianos manibus in caelum sublatis orare consuevisse, imo debuisse, Apostolo praecipiente, seu monente in cap. 2. Ep. 1. ad Timoth. patet. Inquit enim: *Volo viros orare in omni loco, levantes puras manus*. Clemens Alex. lib. 7. Strom. istius moris fidem facit, scribens: *Dum oramus, manus in caelum tollimus: τὰς χεῖρας εἰς οὐρανὸν αἴρομεν*. Ab aliis referendis abstineo, quum & aevo nostro in Ecclesiastica Liturgia, & in Sacris faciendis Christiani Sacerdotes manus attollant Deum precantes. Non quidem *sublimius* attollunt, sed tempera-

pra-

parte, ut probe, ut hoc in loco Tertullianus exigit, videlicet supra humeros non erigendo. Quam Sacerdotum ritum elevationem ut manuum, an extensionem appellem, nescio. Id quidem constat, antiquitus inter Christianos promiscuum fuisse, ut manus in precando aut attollerentur, aut in figuram Crucis expanderentur. *Mercerius.*

2. *At probe elatis*. Idest: modicum elatis, vel parum. *G. Pamirol.*

3. *Sonus etiam vocis*. Idest: oporteret vociferari, si vocem Deus inspiceret. Non legendum est interrogative, hoc enim vult: si pro sono vocis Deus exaudiret, esset clamandum: sed non vocem, verum cor inspicit. *Idem.*

3. *Sonus etiam vocis subjectos esse oportet*. Hoc est submissos, & compressos, ne proximum quemque turbent; non enim voce est opus, ut a Deo audiamur. In hanc sententiam fuerunt & alii Patres, quippe *clamorem*, quem ad Deum SS Prophetae mittebant, non oris, sed mentis clamorem, seu *animae alacritatem ac studium*, τὴν ψυχῆς προθυμίαν, ut cum Theodoreto loquar, intelligebant. Videndi Basilius M. in Psal. 33. v. 16., Clemens Alex. Strom. lib. 7., Chrysostomus Hom. 13. Tom. V. S. Augustinus, & alii, ac in primis Cyprianus, qui, ut in aliis, hoc etiam Tertullianum describere videtur cap. 3. de Orat. Quod restat, haec de illis intelligenda sunt, qui privata voce pro suo arbitrio in templis orant. Horum preces, ac orationes ne nunc quidem toleramus, si alta voce proferantur, ceteris demisse precantibus. At vocem attollere cum reliquis & fas & pium est, quando concorditer in templo sacrae peraguntur preces, & non est multorum oratio. *Mercerius.*

4. *Deus autem non vocis*. Hoc ad verbum transtulit D. Cyprianus. *G. Pamirol.*

5. *Daemonum oraculum*. Daemon auris audit; ergo magis Deus. *Idem.*

5. *Daemonum oraculi Pythii*. Hujusmodi responsum a Daemone Pythio datum Croesi legatis, auctor est Herodotus lib. 1. Hist. *Mercerius.*

6. *Qui clarius adorant*. Pro clarius orant, scilicet qui clara, atque altiori voce Deum precantur. Alibi verbum *adorare* pro simplici *orare* Tertullianus usurpavit, idque etiam in superioribus fecit, non sine melioram exemplo. Neque finis est, cur Hadrianus Valerius quamquam Virgilii versum laudet, ubi verbum *adorare* eodem sensu occurrit. *Idem.*

7. *Quam si in publico orent?* Videntur vociferantes in publico orare, quod est contra illud Matthaei cap. 6. *G. Pamirol.*

CAP. XVIII.

De osculo.

Alia jam (1) consuetudo invaluit, jejunantes habita oratione cum fratribus, subtrahunt (2) osculum pacis, quod est signaculum (3) orationis. Quando autem magis conferenda cum fratribus pax est, nisi quum oratio commendabilior ascendit, ut ipsi de nostra operatione participes, jam audeant de sua pace (4) fratri transigere? Quae oratio cum divortio sancti osculi integra? quem Domino officium facientem impedit pax? quale sacrificium est, a quo sine pace receditur? Quaecumque (5) operatio sit, non erit potior praecepti observatione, quo jubemur jejunia nostra celare. Jam enim de abstinentia osculi agnoscimur jejunantes. Sed & si qua (6) ratio est, ne tamen huic praecepto reus sis, potes domi, si forte, inter quos latere jejunium in totum non datur, differre pacem. Ubicumque autem alibi operationem tuam abscondere potes, debes meminisse (7) praecepti: ita & disciplinae foris, & consuetudini domi satisfacies. Sic & die (8) Paschae, quo communis & quasi publica jejunii religio est, merito (9) deponimus osculum, nihil curantes de occultando quod cum omnibus (10) faciamus.

ADNOTATIONES.

1. *Alia jam consuetudo*. Aliqui quum jejunant, aut tempore Quadragesimæ, peracta oratione nolunt fratres osculari, quos Tertullianus reprehendit. *G. Pamel.*

2. *Subtrahunt osculum pacis*. Nihil apud eruditos magis vulgatum, quam quod in publicis precibus, & sacris faciendis, quin imo & in viis, & in aliis privatis Christiani se osculo pacis consalutare, atque ad concordiam, ac pacem invitare solerent. Idemque *signaculum orationis* appellatur a Tertulliano, quod Christianorum preces, & omnis fere Ecclesiastici ritus Sacramenta, hujusmodi pacis signo, veluti sigillo quodam fraternitatis concluderentur. At invaluerat apud nonnullos consuetudo, ac opinio, tum osculum fratribus post orationem subtrahendum, quum ipsi jejunium aliquod sua sponte, ac privata religione observabant. Pluribus argumentis morem, ac sententiam illorum improbat Tertullianus, ostendens orationem sine osculo integram non esse: Quin tunc magis decere pacem orationi conjungere, quum oratio per jejunium *commendabilior* ad Deum *ascendit*. Addit etiam, id a præcepto Domini abhorrere, quo jubemur jejunia nostra celare; neque vero id celabant, quos idcirco abstinere ab osculo apparebat, quod jejunarent. *Muratorius*.

3. *Quod est signaculum orationis*. Idest confirmatio. *G. Pamel.*

4. *De sua pace fratri transigere?* Oporteat de sua pace fratri transigere, idest, cum fratre communicare? *Idem*.

4. *De sua pace fratri transigere?* Hoc est: ut fratres cum fratribus jejunantibus convenire, utrique fieri de mutua concordia ac pace possint. Osculum enim pacis, ut cum Legum peritis loquar, tamquam transactio, & conventio erat, qua ab omnibus simultatibus atque odiis se recessisse fratres testabantur. *Muratorius*.

5. *Quæcumque ratio sit*. Quacumque ratione movearis ad subtrahendum fratri osculum, alia potior, aut melior ratio suadet, ut osculeris, quia hoc modo manifestas te, non osculando, jejunare: & jejunia jubet Deus celari Matthæi cap. 6. *G. Pamel.*

6. *Sed & si qua ratio est*. Quæcumque sit ratio, ut jejunantes non osculentur, hujus rationis [illegible] sit præceptum, nec invenitur; sed id observa domi, ubi domestici sciunt te jejunare, & inter eos differas pacem in aliud tempus; sed foris omnes osculeris, ne te eo modo jejunare intelligant. *Idem*.

7. *Debet meminisse præcepti*. Quo jubemur celare jejunium. *Idem*.

8. *Sic & die Paschæ*. Tempore Paschæ; intelligo enim tempus, quod præcedit Pascha, quo omnes jejunant: merito enim tunc non osculamur, quia non curamus, quod depositione osculi prodatur jejunium, quum illud omnes observent. Et hoc est quod dicit. *Idem*.

8. *Sic & die Paschæ*. Pascha hic pro die Passionis, seu postremo die Veneris in Quadragesima, quem sacrum, & in *Parasceve* appellamus, accipiendum esse, jejunii publici tunc servati [illegible] ostendit. Ipsemet Auctor cap. 10. contra Judæos: *Pascha*, inquit, *Passio Domini est*; neque secus aliis in locis hanc adhibet vocem. Itaque Feria sexta in Parasceve ab osculo pacis Christiani abstinebant ævo Tertulliani, quod & nostris temporibus in Ecclesiastica Liturgia servatur. Idem testantur antiqua Rituales, & rationem hujusmodi consuetudinis præter alios Scriptores adfert Berno cap. 7. de rebus ad Missam spectantibus. *In Parasceve*, ait, *ab osculo abstinemus propter Judæ traditoris exemplum qui per simulatæ pacis osculum tradidit Dominum Jesum Christum*. *Muratorius*.

9. *Merito deponimus osculum*. Albaspinæus Aurelianensis Episcopus lib. 1. Observ. de veter. Eccles. Rit. cap. 17. his Tertulliani verbis ductus in eam sententiam ivit, ut crederet, *Osculum pacis* antiquitus a Christianis omissum diebus illis, quibus indictum & promulgatum esset plenum atque integrum jejunium. Si enim (ita ille ratiocinatur) die Veneris sancto *Osculum* non usurpabatur, quia commune omnibus jejunium erat, neque periculum jactantiæ imminebat, quod se jejunaturum proderet, qui cum omnibus jejunabat: ergo tum semper ab Osculo abstinebatur, quum solemne jejunium & commune erat. Ejus verba fuse prolata non exhibeo. At vereor, ut vir doctissimus Tertulliani mentem, & vetustam Ecclesiæ morem fuerit assequutus. Primo enim S. Ambrosius, ac antiquissimæ Liturgiæ, Osculum pacis in Christianorum coetibus usurpatum omnibus jejunii diebus, atque ipsa in Quadragesima testantur, exceptis tantum postremis diebus. Secundo [illegible] constet, ad incruentum Sacrificium celebrandum neque Sacerdotem, neque populum accedere sine Osculo consuevisse; & præterea compertum sit, multis jejunii diebus Sacrificium peragi solitum: quis non intelligat, vel ipsis jejunii publici diebus Osculum a Christianis fuisse usurpatum? *Quale*, neque Tertullianus dixerit, *Sacrificium est*, *a quo sine pace receditur?* Quum vero secundum communem Ecclesiæ ritum duobus postremis Quadragesimæ diebus minime Sacrificium offerretur,

eti

[illegible], si tunc Osculo parcerent Christiani. Ex hoc igitur Tertulliani loco aliter, ut mihi saltem suspicio est, Albaspinaeus argumentari debuit. Scilicet aevo Tertulliani, in Africanis saltem Ecclesiis, duobus dumtaxat extremis Quadragesimae diebus, jejunium communi & publica religione fuisse observatum, quum reliquo anni, atque ipsius etiam Quadragesimae tempore liberum Christianis esset jejunio vel operam dare, vel renunciare. [illegible] quosque dierum (quod certe affirmare non audeo) nil aliud quam jejunium stricto fuisse, nisi in Parasceve, & pervigilio Dominicae Resurrectionis Osculum pacis omitterent; nihilominus quum nullis aliis anni diebus ex Tertulliani mente jejunium publicum haberetur, Osculi omissio ad duos tantum illos Quadragesimae dies adstringenda fuit. Vere itaque dici ab Albaspinaeo potuit, Christianos iis diebus, quibus integrum ac plenum jejunium indicabatur, ab Osculo abstinuisse; sed secundum Tertulliani mentem addendum fuerat, eos dies non plures quam duos toto anno fuisse, & reliquis propterea diebus, quamquam privata religione jejunarent, Osculum pacis fuisse usitatum. Quum autem fere omnibus persuasum sit, saltem Quadragesimale jejunium, veluti ex Apostolica traditione institutum, primis etiam Ecclesiae saeculis religiose ab universis Christianis fuisse celebratum, neque ab eo sine crimine quemquam abstinuisse; facile videor audaci sententia Tertullianum interpretari, atque inconsulto asserere, duobus tantum Quadragesimae diebus jejunia olim publica fuisse. Verum pro me Tertullianus ipse stabit, qui in Montani haeresim delapsus, haec in lib. de Jejun. adversus Psychicos (ita ille Catholicos invidiose appellabat) cap. 2. scripsit: *Certe in Evangelio illos dies jejuniis determinatos putant* (Psychici seu Catholici) *in quibus ablatus est Sponsus, & hos esse jam solos legitimos jejuniorum Christianorum, abolitis legalibus & propheticis vetustatibus*. Tum prosequitur: *Itaque de cetero indifferenter jejunandum ex arbitrio, non ex imperio novae disciplinae, pro temporibus & causis uniuscujusque. Sic & Apostolos observasse, nullum aliud imponentes jugum certorum, & in commune omnibus obeundorum jejuniorum*. En habes, quae Catholicorum, in Africa saltem, sententia tunc usu recepta fuerit. Nempe duos tantum, e Dominico praevento praecepto, dies jejunabant, quum Sponsus ablatus est, alterum quando scilicet Christus in crucem confixus, & in sepulcro conditus fuit, quemadmodum veteres Christiani verba Marci cap. 2. & Lucae cap. 5. interpretari solebant. Ceteris vero diebus jejunia quidem Christiani servabant, sed ex arbitrio, non ex imperio. Quamvis enim [illegible] quoque temporibus Quadragesima celebraretur a Christianis, eamque ex Apostolorum traditione originem [illegible] unusquisque pro certo haberet, ut pluribus veterum testimoniis ostendere facile foret, nondum tamen integri illius jejunii observatio lege & praecepto constituta, aut [illegible] in omnibus Ecclesiis, invaluerat. Quatuor etiam Temporum, aliaque jejunia, & nonnulla disciplinae capita, licet ab ipsa Apostolorum Traditione manarint, non continuo in tota Ecclesia Dei recepta fuere, neque praecepto obligarunt, sed sensim per Concilia, Patrumque, ac Romanorum praecipue Pontificum decreta praescripta sunt, ita ut quae jejunia olim e singulorum arbitrio pendebant, concordi nunc religione & praecepto celebrarentur. Iterum nobis est idem Tertullianus in eodem lib. de Jejun. cap. 13. *Catholicos praeter Pascha, & circa illos dies, quibus ablatus est Sponsus*, jejunasse, non quidem *ex lege praecepti, seu ex imperio, sed ex arbitrio*. Quamobrem colligere hinc fortasse possumus, ideo a Tertulliano eorum consuetudinem improbari, qui, dum jejunarent, ab *Osculo pacis* abhorrebant, ne se jejunio operam dantes cum periculo modestiae proderent, quando incertum erat, an [illegible] fratres eodem die jejunarent. Hanc autem Osculi omissionem in Paschate [illegible], [illegible] diebus, quibus ablatus est Sponsus, videlicet Feria sexta in Parasceve, & Sabbato [illegible], admisisse, ac laudasse Tertullianus videtur. *Muratorius*.

10. *Quod [illegible] omnibus faciamus*. Scilicet: jejunium. *G. Pamel.*

CAP. XIX.

De Stationibus.

Similiter (1) et Stationum diebus non putant plerique Sacrificiorum (2) orati[illegible]endum, quod Statio (3) solvenda sit accepto corpore Domini. [illegible] devotum Deo obsequium Eucharistia resolvit? An magis Deo o[illegible]? Nonne solemnior erit Statio tua, si & ad aram Dei steteris? Accepto (4) Corpore Domini, & reservato, utrumque salvum est, & participatio sacrificii, & executio otiofficii. Si Statio de militari exemplo nomen accipit (nam & *militia Dei sumus*) 2. *Cor.* 10. 4. 1. *Tim.* 1. 18. utique nulla (5) lætitia, sive tristitia obveniens castris, Stationes militum rescindit. Nam lætitia libentius, tristitia sollicitius administrabit disciplinam.

ADNOTATIONES.

1. *Similiter & Stationum diebus*. Stationem esse conventum Christianorum, qui certis diebus fiebant causa orandi, & producebantur a Catholicis usque ad Nonam, a Montanistis usque ad tenebras, dictum est in lib. de Jejun. cap. 10. n. 91. *G. Pamel.*

2. *Stationum diebus*. Quid Stationes fuerint, amplissime proditum ab aliis; itaque pauca animadvertam ego. Hermas lib. 3. Pastoris Similit. 5. *Quid est, inquit Pastor, Statio? & dixi: jejunium*. Nihil aliud revera nomine *Stationum* Ecclesiastici Scriptores significabant, quam jejunium a Christianis celebratum, ita ut Stationes quælibet jejunia interdum fuerint appellata. Quum enim jejunabant Fideles, mane summo in sacras ædes convenire, ibique perstare ad horam usque nonam solebant, precibus rerumque divinarum contemplationi operam dantes: unde Jejuniis *Stationum* nomen postea adhæsit. Quæstio tamen inter quosdam eruditos agitatur, num a jejuniis Stationes differrent. Equidem arbitror discriminis aliquid interfuisse tum solum, quum stricte *Stationis* vocabulum accipiebatur. Tunc enim jejunia dumtaxat quartæ & sextæ Feriæ indicabantur, ac propterea Stationes ad horam usque nonam, ut diximus, perdurabant; jejunia vero in vesperam usque producebantur. Incertum porro, num hoc loco Tertullianus quælibet jejunia significare velit, an ea tantum, quæ Mercurii ac Veneris diebus celebrabantur. In posteriorem sententiam ego facilius concederem. *Muratorius*.

2. *Sacrificiorum orationibus*. Dic, hæretice, quid per hæc verba intelligatur? Quid aliud vis esse Sacrificii orationes, quam Missam, quam impie damnas? Ex his verbis manifestum est, eos, qui Missæ (ea Latine est Sacrificium) intererant, solitos fuisse sumere sacram Eucharistiam, & quia Statim ea sumta discedebant, ideo nec Missæ eo die interesse volebant, ne Stationem solverent. Id Tertullianus reprehendit. *G. Pamel.*

3. *Quod Statio solvenda sit* &c. Numquam a Statione Christianus populus recedebat, nisi accepto Corpore Domini, cujus communicatione peractæ absolvebantur preces, & plus conventibus finis imponebatur. At a sacra Synaxi abstinebant delicatuli quidam, quod sibi viderentur, accepto Corpore Domini, jejunium frangere, in quo custodiendo certe antiquis maxima fuit cura, atque religio. Quantum autem hi fallerentur, Tertullianus heic probare nititur, ostendens a cibo sacræ mensæ non violari, sed perfici atque sacrari Christianorum jejunia. *Muratorius*.

4. *Accepto Corpore Domini, & reservato*. Et hoc eruditis compertissimum est, veteres Christianæ Religionis cultores interdum consuevisse Corpus Christi a Sacerdote acceptum deferre secum, ut domi ac in privatis precibus manducarent: quæ consuetudo a Conciliis postea sublata fuit. Hoc igitur omisso, alia potius consideranda occurrunt. Scilicet ex hoc Tertulliani loco recentiorum quorumdam Hæreticorum sententia refellitur, qui Corpus Domini post Sacra peracta conservare nefas putant. Verum quod nunc in Catholica Ecclesia praticatur, antiquitus etiam factum, non hæc solum Tertulliani verba, sed Cyprianus, aliique vetustissimi Scriptores apertissime probant, quorum testimonia ab aliis prolata repetere superfluum foret. Sciendo quum heic etiam Corporis accepti mentionem Tertullianus faciat, & eorum Corpus domum deferri, ac reservari consuevisse intelligamus: discere possumus, sic olim sensisse Christianos, si Christi Corpore vescerentur; atque hunc usum ab Ecclesia Catholica servatum, & generatis aliis veterum documentis confirmatum, male a novis Hæreticis improbari. *Muratorius*.

5. *Nulla lætitia, sive tristitia*. Sive lætum quid, sive triste nunciatur, milites Stationem, ubi præsident, non deserunt: nec nos milites Christiani, sive festi dies lætitiæ, sive jejunii, & tristitiæ sint, nostras Stationes deseremus. Et hinc notandum est, Stationes Christianorum a militibus mutuatas. *G. Pamel.*

CAP. XX.

De habitu feminarum.

De habitu (1) vero dumtaxat feminarum, varietas observationis effecit, post sanctissimum Apostolum, nos vel maxime nullius loci homines impudenter retractare: nisi quod non impudenter, si secundum Apostolum retractemus. De modestia quidem cultus & ornatus, aperta praescriptio est etiam Petri, cohibentis eodem ore, quia eodem & spiritu, quo Paulus, & vestium gloriam, & auri superbiam, & crinium (2) lenonem operositatem.

ADNOTATIONES.

1. *De habitu vero* &c. De vestibus etiam, quas feminae ad orationem accedentes induere debebant, agendum sibi Tertullianus censuit. Ad hoc autem incitatum se ait, quod pro diversitate locorum varius esset vestium feminarum usus, ideoque se de hujusmodi argumento scribere velle, quod quamquam nullius loci homo, videlicet nulli locorum consuetudini favens, tum aequissime pertractare posset. At impudentia videbatur de hoc iterum agere, postquam Paulus Apostolus aperte egit in 1. ad Timotheum cap. 2. Se tamen impudentem non existimat, quum post Apostolum quidem, sed secundum Apostolum, hoc est secundum Apostoli mentem, in eodem argumento versetur. *Muratorius*.

2. *Crinium lenonem operositatem*. In Ambrosiano Codice legitur *crinium lenonum operositatem*. At in eo Codice, quo usus est Rigaltius, quique in haec verba desinit, habetur *& crinium lenonem operositatem*. Quae lectio mihi libentius probatur, ut significetur ac damnetur immodicum feminarum studium in crinibus componendis, & in cincinnis educandis, unde viri tamquam a lenonibus sollicitari ad concupiscentiam rapiuntur. Hujusmodi autem lectioni consonat Apostolus utroque a Tertulliano laudatus. Petrus in ep. 1. cap. 3. ita de mulieribus scribit: *Quarum non sit extrinsecus capillatura, aut circumdatio auri, aut indumenti vestimentorum cultus*. Paulus vero in 1. ad Timotheum cap. 2. *Similiter*, inquit, *& mulieres in habitu ornato, cum verecundia, & sobrietate ornantes se, & non in tortis crinibus, aut auro, aut margaritis, vel veste pretiosa*. Ubi crinium studium maxime vides. *Idem*.

CAP. XXI.

De Virginibus.

Sed quod (1) promiscue observetur per Ecclesias, quasi incertum id retractandum est, velarine debeant Virgines, an non. Qui enim Virginibus indulgent capitis (2) immunitatem, hoc sibi videntur, quod Apostolus 1. Cor. 11. 5. non Virgines (3) nominatim, sed mulieres edixerit velandas esse; nec sexum, ut diceret *feminas*, sed gradum sexus, dicendo *mulieres*. Nam si sexum nominasset, *feminas* dicendo, absolutum fecisset de omni muliere. At quum unum gradum sexus nominat, alium tacendo secernit. Potuit enim, inquiunt, aut & Virgines nominare specialiter, aut compendio generaliter feminas.

ADNOTATIONES.

1. *Sed quid promiserat.* Vestes, & ornamenta feminarum modestiam spirare debere, certissimum ex Apostoli præcepto diximus. Nunc velarine debeant Virgines, an non, tamquam res incerta, pertractandum est. Erant enim, qui Virgines in Templo, atque in sacris conventibus, non velatas ferrebant; alii vero iis quoque, ut reliquis mulieribus, velum esse necessarium modestiæ caussa, & Apostolici præcepti auctoritate, statuebant. *Muratorius.*

2. *Capitis immunitatem.* Qui virginibus indulgent capitis nuditatem, atque immunitatem a velamine. *Idem.*

3. *Apostolus non Virgines nominatim* &c. Πᾶσα δὲ γυνὴ προσευχομένη ἢ προφητεύουσα ἀκατακαλύπτῳ τῇ κεφαλῇ καταισχύνει τὴν κεφαλὴν ἑαυτῆς· ἓν γάρ ἐστι καὶ τὸ αὐτὸ τῇ ἐξυρημένῃ: Sunt Apostoli verba in 1. ad Cor. cap. 11. n. 5., quæ ita exhibentur a vulgato Interprete nostro: *Omnis mulier orans, aut prophetans non velato capite, deturpat caput suum: unum enim est ac si decalvetur.* Qui contendebant, virginibus nequaquam præceptum fuisse, ut velatæ in Templo orarent, ex ipsis Apostoli verbis tale argumentum conflabant: Si Apostolus hoc præcipere in animum induxisset, vocabulo γυνὴ, quod *Mulier* Latine sonat, non fuisset usus; nam γυνὴ de nuptis tantum feminis usurpari solet. Potuit θήλειας dixisset, quo nomine feminas omnes tum nuptas, tum innuptas Græci significant; aut addidisset παρθένοι quoque, idest *Virgines*. Ergo non totum sexum, sed gradum & partem feminei sexus, mulieres videlicet nuptas, eo in loco Apostolus significavit. Quin ipse eadem in Epistola ad Cor. cap. 6. virgines a mulieribus distinxit, inquiens: μεμέρισται δὲ ἡ γυνὴ καὶ ἡ παρθένος, *divisa est mulier, & virgo.* Nec hisce tamen ipsis, sed & in lib. de velandis Virginibus, quem postea conscripsit in schola Montani, simile sibi argumentum Tertullianus objecit. Inquit ibi cap. 4. *Opponitur nobis, mulierem nominatam virginem ab Apostolo factam, ubi de velamine præfinit, sed tantum mulieres nominatas: quas si voluisset & virgines tegi, de virginibus quoque cum mulieribus pronuntiasset, quomodo illic, inquit, ubi de nuptiis tractat, quid observandum sit etiam de virginibus, declarat. Itaque non contineri eas lege velandi capitis, ut non nominatas in hac lege; imo ex hoc vindicari, quia non jubentur, quæ non nominantur.* *Idem.*

CAP. XXII.

QUi ita concedunt, recogitare debent de statu vocabuli ipsius, quid est mulier a primis quidem literis sanctorum commentariorum; nam inveniunt sexus esse nomen, non gradum sexus. Siquidem Evam (1) nondum virum expertam Deus *mulierem* & *feminam* cognominavit *Gen.* 2. 23.: feminam, qua sexus generaliter, mulierem, qua gradus sexus specialiter. Itaque jam tunc innupta adhuc Eva mulieris vocabulo fuit, commune id vocabulum & virgini factum est. Nec mirum, si Apostolus eodem utique spiritu actus, quocum omnis Scriptura divinitatum, & illa Genesis digesta est, eadem voce usus est, mulierem ponendo; quæ exemplo Evæ innuptæ & virgini competat. Cetera denique non sonant, nam & hoc ipso, quod virgines non nominavit, sicut alio (2) in loco, ubi de nubendo docet, satis prædicat de omni muliere, & de toto sexu dictum, nec distinctum esse inter virginem, omnino non nominat. Qui enim alibi distinguere meminit, ubi scilicet differentia postulat (distinguit autem utramque speciem suis vocabulis designans); ubi non distinguit, dum utramque non nominat, nullam vult differentiam intelligi. Quid? quod Græco sermone, quo literas Apostolus fecit, usui est mulieres vocare tam (3) feminas, idest γυναῖκας, quam θηλείας. Igitur si pro sexus nomine vocabulum istud frequentatur, quod

quod est interpretationo pro eo, quod est femina, sexum nominavit, dicens *mulier*. In sexu autem & virgo contingitur Sed & manifesta pronunciatio est: *Omnis*, inquit 1. *Cor.* 11. 5., *mulier adorans, & prophetans intecto capite dedecorat caput suum*. Quid est *omnis mulier*, nisi omnis ætatis, omnis ordinis, omnis conditionis? Nihil mulieris excipit, dicendo *omnis*, sicut (4) nec vir nec velandi; proinde enim *omnis vir*, inquit *ibid*. Sicut ergo in masculino sexu sub viri nomine etiam investis velari vetatur, ita & in feminino sub nomine mulieris etiam virgo velari jubetur. Æqualiter in utroque sexu minor ætas majoris sequatur disciplinam: aut velentur & virgines masculi, si non velantur & virgines feminæ, quia nec isti nominatim tenentur. Aliud sit vir, & investis, si aliud est mulier, & virgo. Nempe *propter Angelos*, ait *Ibid*. velari oportere, quod Angeli propter filias hominum desciverunt a Deo. Quis ergo contendat, solas mulieres, idest nuptas jam, & virginitati (5) defunctas concupiscentiæ, nisi si non licet & virgines speciem præstare, & amatores invenire? Imo (6) videmus, quod non virgines solas concupierint, quum dicat Scriptura *filias hominum*, *Gen*. 6. 2., quia potuit uxores hominum nominasse, vel feminas indifferenter. Etiam quod ait: *Et acceperunt sibi in uxores*, *Ibid*. eo facit, quod accipiuntur in uxores, quæ vacant scilicet. De non vacantibus autem aliter enunciasset. Itaque (7) vacant tam viduitate, quam & virginitate: adeo sexum nominando, generaliter filias, & species in genere commiscuit. Item quum (8) dicit, naturam ipsam docere, feminas velandas esse, quæ capillum pro tegumento & ornamento mulieribus assignavit: Nonne idem tegumentum & idem honor capitis virginibus quoque adscriptus est? Si *mulieri turpe est radi*, 1. *Cor*. 11. 6. & virgini perinde. In quibus ergo una conditio capitis deputatur, una & disciplina capitis exigitur, etiam ad eas virgines, quas pueritia defendit; a primo enim *femina* nominata est. Sic denique & Israhel (9) observat. Sed si non (10) observaret: nostra Lex ampliata, atque suppleta defenderet sibi adjectionem. Virginibus quoque injiciens velamentum, excusetur. Nunc ætas, (11) quæ sexum suum ignorat, simplicitatis privilegium teneat. Nam & Eva, & Adam, ubi eis contigit sapere, texuerunt (12) statim, quod agnoverunt. Certe in quibus pueritia mutavit, sicut naturæ, ita & disciplinæ debet ætas esse munifica. Nam & membris, & officiis mulieribus resignantur. Nulla virgo est, ex quo potest nubere, quoniam ætas jam in ea nupsit suo viro, idest tempori: Sed aliqua (13) se Deo vovit. Jam & crinem (14) exinde transfigurat, & omnem habitum ad mulierem convertit. Totum ergo (15) asseveret, & totum virginis præstet: quod propter Deum abscondit, plane obumbret. Interest nostra, quod Dei gratia exerceat, solius Dei conscientiæ commendare, ne quod a Deo speramus, ab homine compensemus. Quid denudas (16) ante Deum, quod ante homines tegis? Verecundior eris in publico, quam in Ecclesia? *Si Dei*

gratia

gratia est, & accepisti, quid gloriaris, inquit 1. Cor. 4. 7., *quasi non acceperis*? Quid aliam ostentatione tui judicas? an alias gloria tua ad bonum invitas? Atqui & ipsa periclitaris amittere, si gloriaris; & alias ad eadem pericula cogis. Facile eliditur quod affectatione gloriae assumitur. Velare virgo, si virgo es; debes enim erubescere. Si virgo es, plures oculos pati noli. Nemo miretur in tuam faciem; nemo mendacium tuum sentiat. Bene (17) mentiris nuptam, si caput veles. Imo (18) mentiri non videris; nupsisti enim Christo, illi carnem tuam tradidisti. Age pro mariti tui disciplina. Si nuptas alienas velari jubet, suas utique multo magis. Sed non (19) putet institutionem unusquisque antecessoris commovendam. Multi (20) alienae consuetudini prudentiam suam, & constantiam ejus addicunt, ne compellantur velari. Certe voluntarias (21) prohiberi non oportet; quae se etiam virgines negare non possunt, contentae abuti in fama sua conscientiae apud Deum securitate. De illis (22) tamen, quae sponsis dicantur, constanter super meum modulum pronunciare, contestarique possum, velandas ex ea die esse, qua ad primum viri corpus osculo & dextera expaverint. Omnia enim in his praenupserunt, & aetas per maturitatem, & caro per aetatem, & spiritus per conscientiam, & pudor per osculi experimentum, & spes per expectationem, & mens per voluntatem. Satisque nobis exemplo Rebecca est, quae sponso demonstrato, tantum notitia ejus nubendo velata est. *Gen. 24. 65.*

ADNOTATIONES.

1. *Etiam mulierem nondum virum expertam* &c. Ut ostendat Tertullianus, nomine γυναικὸς nuptas ac innuptas feminas significari, e Genesis cap. 2. v. 23. exemplum profert; ibi enim de Eva loquens Deus, αὕτη, inquiunt LXX. Interpretes, κληθήσεται γυνή, ὅτι ἐκ τοῦ ἀνδρὸς αὐτῆς ἐλήφθη. Scilicet: *ipsa vocabitur mulier, quia de viro suo sumta est*, ut alibi aptissime interpretatur idem Tertullianus, versionem τῶν LXX. sequutus. Vulgatus autem Interpres habet: *quae vocabitur virago, quoniam de viro sumta est*. Supra etiam dixerat divinus Scriptor: *Aedificavit Dominus Deus costam, quam tulerat de Adam, in mulierem*, εἰς γυναῖκα. Utrobique Eva, quamquam adhuc virgo, neque virum experta, γυνή, *mulier* appellatur. Igitur per hoc vocabulum non gradus sexus, seu nuptarum ordo significatur, sed generaliter femineus sexus, atque adeo tum virgines, tum nuptae ab Apostolo jubentur velari. *Muratorius*.

2. *Sic alia in lege*. Eamdem Epistolam 1. ad Cor. cap. 7. v. 34. innuit, ubi ita loquitur Paulus: *Mulier innupta, & virgo cogitat, quae Domini sunt, ut sit sancta corpore & spiritu. Quae vero nupta est, cogitat quae sunt mundi, quomodo placeat viro*. Si, inquit Tertullianus, innuptas a nuptis distinguere voluisset Apostolus, velari mulieres jubens, eo aliquo distinxisset vocabulo, quemadmodum fecit, ubi revera illas distinguere voluit. Apparet igitur, tum nuptas, tum innuptas uno *mulieris*, seu γυναικὸς nomine fuisse comprehensas, quando eas Paulus distinguere noluit. Eadem ratione respondet idem Tertullianus in lib. de vel. virgin. cap. 5. *Idem*.

3. *Quam feminae*. Idest potius quam feminam. Est elegans in Hebraeo sermone dicendi formula, & aliis in locis a Tertulliano usurpata. *Idem*.

4. *Sicut nec vir, nec velandi*. Apostolus in laudata Epistola 1. ad Cor. cap. 11. num. 4. *Omnis*, inquit, *vir orans, aut prophetans velato capite, deturpat caput suum*. Infra vero addit: *Vir quidem non debet velare caput suum*. Cum utique igitur viro, quando orat, turpe sit velari, ait Paulus, & omnem virum nominans, omnes cujuscumque ordinis, aetatis, & conditionis masculos intelligit. Igitur sub nomine etiam *mulieris* feminas omnes tum virgines, tum nuptas, ac viduas complectitur. Ceterum quia haec verba sint in Codice nostro

vitiaviolata, nemo dubitabit. Fortasse restitui poterunt, aut saltem iis lux aliqua affulgebit, si quod ille in lib. de vel. virgin. cap. 8. refert, nos quoque referamus. *Apostolus : omnis, inquit, mulier ? Quid est omnis ? nisi omnis generis, omnis ordinis, omnis conditionis, omnis dignitatis, omnis aetatis ! Siquidem omne, totum est, & integrum, & nulla sui parte deficiens. Pars autem mulieris & virgo est. Aeque & de viro non velando pronis, inquit* [illegible]. *Ecce duo diversa nomina vir, & mulier. Omnis utrumque. Duas leges dimensus invicem hinc velandi, inde nudandi. Igitur si eo quod dictum sit omnis vir, [illegible] est [illegible] viro etiam nondum viri, masculi juvenis : communem autem quoque sit nomen secundum naturam, communis est & lex non velandi ejus, qui licet vir virgo est* &c. *Idem*.

5. *Et Virginitati defunctas concupiscentia*. Huic mihi verbum aliquid desiderari videtur; [illegible] aliud legens exitare, aut quid simile, ut sit sensus : num nuptae tantum, ac virginitate carentes, Angelorum hominumque concupiscentiam accendere possunt ? neque virginibus licet forma corporis excellere, sibique amatores invenire ? *Idem*.

6. *Imo videmus*. Imo, inquit Tertullianus, Angeli virgines potius quam nuptas concupisse viderentur, [illegible] Scriptura testante cap. 6. Gen. n. 2. *Videntes filii Dei filias hominum quod essent pulchrae, acceperunt sibi uxores ex omnibus, quas elegerant*. Igitur non uxores hominum, non feminae indifferenter a filiis Dei, sive ab Angelis, ut Tertullianus interpretatur (quam solide non quaero) expetitae fuerunt; sed virgines, & quae uxores, hoc est nondum conjugatae. Quocirca ita legendus mihi videtur Tertulliani locus: *Imo videmus, quod virgines solas concupierint*. Infra etiam *uxores* pro *uxores* legendum esse, nemo [illegible]. Hunc eundem Genesis locum a Tertulliano tractatum vides in memorato libro de vel. virgin. cap. 7. *Idem*.

7. *Insuper vocant*. Idest : illae dicuntur vocare, quae aut virgines, aut viduae sunt. *Idem*.

8. *Item quam dicis* &c. In eodem cap. 11. Ep. 1. ad Cor. n. 14. *Ipsa natura*, inquit Apostolus, *docet vos, quod vir quidem si comam nutriat, ignominia est illi. Mulier vero si comam nutriat, gloria est illi, quoniam capilli pro velamine ei dati sunt*. Igitur quum virginibus quoque capilli pro velamine a natura sint dati, velo & ipsae uti debent. *Idem*.

9. *Sit denique & Judaei observant*. Judaeis etiam feminis in usu fuisse, ut velato capite incederent, idem Tertullianus alibi testatur, nempe cap. 4. libri de Cor. Militis, cujus haec sunt verba: *Apud Judaeos tam solemne est feminis earum velamen capitis, ut inde noscantur*. Tum addit [illegible] Rebeccae adhuc virginis, quae velata ad sponsum profecta est, & Susannae, quae quum judicio sisteretur, operta erat velamine pro more caeterarum mulierum Hebraearum. Similia repetit in lib. de vel. virg. cap. 11. Rabbi etiam Nathan in Aruch *Velo* [illegible] [illegible] fuisse, quo feminarum capita obtegi solebant. *Idem*.

10. *Sed si non observarent*. Quamquam virginibus Judaeis velandi capitis consuetudo non esset, nihilominus in lege Christianorum servanda foret [illegible] ritus; nam in novo Testamento veterem legem & amplicet, & suppletam fuisse. *Idem*.

11. *Nunc aiunt, quae [illegible] [illegible]*. Hinc [illegible], puellis, quae nondum rationis usum attigerant, [illegible] capite procedere licuisse. *Simplicitatis privilegium* Tertullianus appellat. Verum in iis, quae ad adolescentiam creverunt, quum natura mutaretur, mutari quoque disciplinam decebit. Vide ipsum citato cap. 11. de vel. virg. *Idem*.

12. *Tenuerunt*. Lege, *uterum*, ut Gen. cap. 3. n. 7. *Idem*.

13. *Sed aliqua si Deo vovit*. Et ab ipsis Ecclesiae incunabulis virgines fuisse, quae suam virginitatem Christo dicarent, cum e nonnullis Tertulliani locis in memorato lib. de vel. virg., tum ex hoc capite ostendi evidenter potest, ut saltem [illegible] quorundam aut in re ignota [illegible] [illegible] re aut [illegible] nimium audaciam; negant enim hunc morem non in antiqua Christianorum Ecclesia vigilasse, aut in [illegible] esse laudandam. At hoc legimus. *Aliquas si Deo vovere*, [illegible] tollimus *Dei gratia* [illegible]. Infra ait : *Nupsisti Christo, illi tradidisti carnem tuam*. *Age pro mariti tui* (Christi) [illegible]. *Si nuptas alienas velari jubet Christus*, [illegible] *magis*. His adde [illegible] [illegible] in eundem lib. de virg. vel. Ego in argumento facile [illegible] testimoniis parco. *Idem*.

14. [illegible]. Ubi virgines Christo [illegible], crinem transfregisse [illegible], hoc nomine [illegible] Tertullianus significat; auctor enim ipsarum [illegible] corpus esse [illegible]. *[illegible], inquit, corpus est tuli, & virginis* [illegible] in lib. de vel. virg. cap. 7. Illa quidem non scio, nonnullis in regionibus a [illegible] crinem deponi consuevisse, ut puta in Syria & Aegypto, uti Hieronymus in [illegible] 48. ad Sabinianum, [illegible]. Sed hujusmodi consuetudinem in Africa [illegible] priorum [illegible] obtinuisse, nequam invenio. Credo itaque nil aliud hoc loco intelligi, nisi [illegible] crinium compositionem, quam virgines tum servare incipiebant, quum se Christo dicabant. Et quidem antiquitus usitatam

tatum fuit, ut crine soluto, ac libero virgines incederent. Simul ac autem conjugio sese obligabant, coma illis constricta, & composita erant, ut jam matronarum gravitatem transirent. Quæ igitur divino sponso nubebant, par erat, ut crine composito, compresso, ac transfigurato proderent se Deo nuptas, mutantque *habitum ad mulieres convertendo*, hoc est mutatis se vestibus induendo, matronis, sive mulieribus nuptis accenserentur. Reliquæ vero virgines in spem sponsalium capillorum educare, vix pueritiam transgressæ *vertunt capillum, & aut lascivitius ornatu sibi instruunt, crinibus a fronte divisis, apertam professæ mulieritatem*. Hæc sunt Tertulliani ipsius verba in cap. 12. de vel. virg. At quum cap. 11. dicat: *Aspice nuptam illam tuam virginem & animum capillatione; & cetera transfigurationes*, nescio an hunc loco memoriam addas, an illa verba hinc sint corrigenda. Si quis *crinem transfigurare* hoc sensum velit pro consuetudine virginum lascivis in componendis, intorquendis, ac dividendis crinibus, ostendat in hac periodo Tertullianum de virginibus Deo dicatis non loqui. *Idem*.

15. *Totum ergo afferant*. Verum de virginibus sacris hic agi, magis per ista persuadeor; sensus enim est: Si ea quo virginitatem Deo dicavit, crinium licentiam comprimere, & gravitatem in vestibus præ se ferre virgo debet, cur postea intecto capite in sacris hominum conventibus conspiciendam se præbet? Omnino igitur ostendat se Christo nuptam, & totam faciem virginis modestiam ferret, plene obumbrando virgineum caput, *quod propter Deum abscondis*. *Idem*.

16. *Quid denudas ante Deum?* En quod Tertulliano minime ferendum videbatur. Sacratæ Christo virgines non secus ac matronæ velato capite *in publico* procedebant, *in Ecclesia* vero nequaquam. Ab ostentationis culpa immunes non credit has virgines Tertullianus, quæ velo gloriabantur, se a divina gratia ad continentiæ votum electas, in reliquarum virginum conspectu jactare propriam virtutem videbantur. Quamquam id a se fieri quidam respondebant, ut exemplo suo alias ad sacrum virginitatis votum incitarent, ne hoc quidem ambitionis periculo carere Tertullianus ait. *Idem*.

17. *Bene mentiris nuptam*. Exploratum est, cunctas mulieres nuptas, ut Apostolo obtemperarent, tam in publicis locis, tam in sacris ædibus velo caput obduxisse. Proinde hoc nuptarum indicium erat. Quum virgines sacræ pro nuptis Christo haberi vellent, iisdem vestibus, ornatibus, & velamentis *in publico* utebantur, quibus matronæ, ac nuptæ mundo; in *Ecclesia* vero velum ad earum differentiam deponebant. Inquit igitur Tertullianus: *Nemo mentitur in suam faciem, nemo mulierem tuam sentiat*. Scilicet mendacium appellat, plane utique, se fingere nuptas, quum adhuc virgines essent. Si & in Ecclesia velo usæ fuissent virgines, nemo eas a nuptis distinxisset; & bene solum se *nuptas mentiri* potuerunt virgines, si *caput* ubique velassent. *Idem*.

18. *Imo mentiri non videris*. Se corrigit Tertullianus, quod a sacris virginibus nuptias simulari dixisset; nam revera a Christo nupserant, illique suum corpus dicaverant, ideoque ad instar nuptarum velato capite divinis officiis interesse debebant. Eadem habet cap. 16. de virg. velandis: *Assumpsisti*, inquit, *habitum mulieris, ut statum virginitatis serves. Mentire aliquid ex his, quæ intus sunt, ut soli Deo exhibeas veritatem. Quamquam non mentiris nuptam; nupsisti enim Christo, illi tradidisti carnem tuam, illi sponsasti maturitatem tuam. Incede secundum sponsi tui voluntatem. Christus est, qui & alienas sponsas, & maritatas velari jubet: utique multo magis suas*. Quare nullus dubito, quin Tertullianus hoc de virginibus, non omnibus, sed Christo tantum dicatis loquatur ab iis verbis: *Sed aliqua se Deo vovit*, usque ad sequentia *Sed non potest*. *Idem*.

19. *Sed non potest*. Latere mendum in his verbis suspicor, sed reparare non audeo. Fortasse legendum *uniuscujusque*. Sensus autem est: non esse virginum, quæ antecesserunt, consuetudinem pro ratione adducendam. *Idem*.

20. *Multi aliena consuetudini*. Et hæc verba corrupta existimo. Legere mallem *multæ*. Inquit autem, complures virgines, ne in templo velari compellerentur, præcedentium virginum consuetudine sese tueri, seu se prodentes adhærere, si quod illæ constanter fecerunt, & ipsæ facerent. *Idem*.

21. *Certe voluntarias*. Ita ego interpretor. Velari feminas nuptas seculi, aut Christi addictas, omnino necessarium est. At quæ virginitatem voluntariam colunt, donec maritum sibi comparent, his prorsus interdictum non est capita nudare, sed monendas tantum, ut meliora disciplinæ consilia amplectantur, quamvis se virgines interdum excusarent. Mendosum Codicem explicare per solas conjecturas cogimur. *Idem*.

22. *De illis tamen*. Nihilominus, quæ virgines voluntarie dicerentur, adhuc velandas esse, Tertullianus arbitratur ex eo die, quo viris desponsæ fuerant, sive ad futuras nuptias parare cœperant. Has a vere nuptis nihil differre contendit. Similia habet cap. 11. de virg. vel. Sponsalia vero a Christianis dato osculo, & dextera conjuncta peragi solita diximus.

Cete-

Ceterum quæ in isto capite observantur compendiosè, ea fusius postea ab ipso Tertulliano pertractata fuere in sæpe memorato libro de Virginibus velandis. *Idem*.

CAP. XXIII.

De genu ponendo.

DE genu quoque ponendo varietatem observationis patitur Oratio per pauculos quosdam, qui Sabbato (1) abstinent genibus. Quæ dissensio quum maxime apud Ecclesias caussam dicat, Dominus dabit gratiam suam, ut aut cedant, aut sine aliorum scandalo sententia sua utantur. Nos vero, sicut accepimus, solo (2) die Dominico Resurrectionis non ab isto tantum, sed omni anxietatis (3) habitu, & officio cavere debemus, differentes etiam negotia, ne quem Diabolo locum demus. Tantumdem & spatio Pentecostes, quæ eadem exultationis (4) solemnitatem dispungimur. Ceterum omni die quis dubitet prosternere se Deo vel prima (5) saltem oratione, qua lucem ingredimur. Jejuniis autem & Stationibus nulla oratio sine genu, & reliquo humilitatis more celebranda est. Non enim oramus tantum, sed & deprecamur, & satisfacimus Deo Domino nostro. De temporibus orationis nihil omnino præscriptum est, nisi plane omni in tempore (6), & loco orare.

ADNOTATIONES.

1. *Sabbato abstinent genibus*. Antiquissimus est ritus genua flectendi in Oratione. Exempla habemus in lib. 1. Regum cap. 8. n. 54., in Evang. Lucæ cap. 22. n. 41., in Act. Apost. cap. 7. n. 60., & cap. 20. n. 36., & cap. 21. n. 5. Quin Eusebius Cæsariensis hunc morem Christianorum proprium appellat Hist. Eccles. lib. 5. cap. 5., ubi Christianos milites orasse ait [illegible]: *genu in terram usque flectentes secundum consuetudinem Christianis in precando propriam*. Quidam vero a genu flectendo Sabbato abstinebant, quum Ecclesiæ reliquæ contrarium usum tenerent. In posteriorem sententiam erat Tertullianus, qui idcirco hujusmodi ritus differentiam tolli cupit. Et certe fabulam arbitror, quum ex antiquis neminem offendam, qui Sabbato genua flectere prohibeat. Græcis tamen recentioribus eandem placuisse opinionem, auctor est Joannes Monachus in Commentario subjecto libri Moral. de Pœnit. Ibi hæc habentur. [illegible] *Omnibus autem Sabbatis, & diebus Dominicis, & Dodecahemero, similiter & diebus a Paschate, usque ad Festum omnium Sanctorum in orationibus genua flectere non licet*. In Jure etiam Græco-Romano lib. 3., ubi de Luca Patriarcha, num. 9. legitur: [illegible] *Apostolici Canones cum puniunt, qui quovis Sabbato, vel Dominico die genu flectit, vel jejunat*. Quos [illegible] Canones hic intelligat (non enim in Apostolorum Canonibus quid tale reperitur) [illegible], in Oriente multis post Tertullianum seculis hujusmodi consuetudinem iterum inv[illegible].

2. *Solo Die D*[illegible] *ipso quoque de Cor. mil. eadem affirmantur, velut e traditionis prima, atque* [illegible] *Die, inquit, Dominico jejunium nefas ducimus, vel de geniculis adorare. Ead*[illegible] *a Pascha in Pentecosten usque gaudemus*. Communis autem inter Christianos [illegible]; quare quum nonnulli ab eo descivissent, placuit Patribus Concilii Nicæni primi [illegible] in Can. 20., ne Ecclesiæ in eo differrent. De intermittenda genuflexione tum singulis diebus Dominicis, tum diebus a Paschate ad Pentecosten, mentionem faciunt S. Hilarius Prologo in Psalt., S. Hieronymus cap. 4. contra Luciferianos, Auctor Quæst. ad Orthodoxos inter opera S. Justini quæst. 115., S. Basilius

tarum fuit, ut crines solutos, ac liberos virgines incederent. Simul ac autem coniugio sese obligabant, coma illis contracta, & composita erant, ut jam matronarum gravitatem transferent. Quod igitur divino sponso [illegible], par erat, ut crine composito, compresso, ac transfigurato prodirent se Deo nuptas, ornamentaque habitum ad mulieres convertendo, hæc est mutato hoc in vestibus induendo, matronis, sive mulieribus nuptis accenserentur. Reliquæ vero virgines in ipsum [illegible] nuptiarum [illegible], vix pueritiam transgressæ, vertunt capillum, & acu lasciviore comam sibi inserunt, crinibus a fronte divisis, apertam professæ mulieritatem. Hæc sunt Tertulliani ipsius verba in cap. 12. de vel. virg. At quum cap. 11. dicat: Aspice nuptam illam suam virginem & animam expectatione, & carnem transfiguratione, nescio an hoc loco [illegible] [illegible], an illa verba hinc sint corrigenda. Si quis crinem transfigurare hoc [illegible] velit pro morem virginum lasciviæ in componendis, intorquendis, ac dividendis crinibus, attendat in hoc periodo Tertullianum de virginibus Deo dicatis non loqui. *Idem*.

15. *Totum ergo afferunt*. Verum de virginibus sacris hoic agi, magis per ista perfundere, sensus enim est: Si ea quæ virginitatem Deo dicavit, crinium licentiam comprimere, & gravitatem in vestibus quæ se ferre virgo debet, cur postea incerto capite in sacris hominum conventibus conspiciendam se præbet? Omnino igitur ostendat se Christo nuptam, & totam faciæ virginis modestiam servet, plane obumbrando virgineum caput, quod propter Deum abscondit. *Idem*.

16. *Quid denudas ante Deum?* En quod Tertulliano mirabatur [illegible] videbatur. Sacratæ Christo virgines non secus ac matronæ velato capite in publico procedebant, in Ecclesia vero nequaquam. Ab ostentationis culpa immunes non credit has virgines Tertullianus, quæ velut gloriabundæ, se a divina gratia ad continentiæ votum electas, in reliquarum virginum conspectu jactare propriam virtutem videbantur. Quamquam id a se fieri quidam responderent, ut exemplo suo alias ad sacrum virginitatis votum [illegible], ac hoc quidem [illegible] periculo carere Tertullianus ait. *Idem*.

17. *Bene mentiris nuptam*. Exploratum est, cunctas mulieres nuptas, ut Apostolo obtemperarent, tum in publicis locis, tum in sacris ædibus velo capita obduxisse. Proinde hoc nuptarum indicium erat. Quum virgines sacræ pro nuptis Christo haberi vellent, iisdem vestibus, ornatibus, & velamentis in publico utebantur, quibus nuptæ, ac nuptæ more; in Ecclesia vero velum ad earum differentiam deponebant. Inquit igitur Tertullianus: Nemo mentiar infantem [illegible], nemo [illegible] suam [illegible]. [illegible] appellat, virum utique, se fingere nuptas, quum adhuc virgines essent. Sed & in Ecclesia velo uti [illegible] virgines, nemo eas a nuptis distinxisset, & tunc solum in nuptas mentiri possent virgines, si capus absque velassent. *Idem*.

18. *Non mentiri non videris*. Sic corrigit Tertullianus, quod a sacris virginibus nuptias simulari dixisset: nam revera a Christo nupsere, illique suam virginitatem dicavere, ideoque ad instar nuptarum velato capite divinis officiis interesse debebant. Eadem habet cap. 16. de virg. velandis. Adhuc, inquit, habitum mulieris, ut statum virginitatis serves. Mentire aliquid ex his, quæ intus sunt, ut soli Deo exhibeas veritatem. Quamquam non mentiris nuptam; nupsisti enim Christo, illi tradidisti carnem tuam, illi sponsasti maturitatem tuam. Incede secundum sponsi tui voluntatem. Christus est, qui & alienas sponsas, & maritatas velari jubet, utique multo magis suas. Quare velim dubites, quin Tertullianus hoic de virginibus, non viduis, sed Christo nuptiis dicatis loquatur ab iis verbis: *Sed aliquas si Deo vovit*, usque ad sequentia *Sed non putet*. *Idem*.

19. *Sed non putet*. Latere mendum in his verbis fuit, sed reparare non audeo. Fortasse legendum unius cujusque. Sensus autem est: non esse virginum, quæ non consecrarunt, consuetudinem pro ratione addiscendam. *Idem*.

20. *Nobis aliena consuetudini*. Et hoic verba corrupta existimo. Legere mallem nostra. Inquit autem, complures virgines, ut in templo velari compellerentur, prætendentium virginum consuetudine solo tamen, sed a prælatorum ordinatione, si quod illæ consilium fecerant, & ipsæ facerent. *Idem*.

21. *Certe voluntariae*. Ita ego interpretatur. Velari feminas nuptias secuti, aut Christo addictas, omnino necessarium est. At quæ virginitatem voluntarium colunt, donec maritum sibi comparent, his prorsus interdicendum non est capitis nuditate, sed monendæ tantum, ut meliora disciplinæ consilia amplectantur, quamvis & virgines interdum [illegible]. Mendosum Codicem explicare per suas conjecturas cogitur. *Idem*.

22. *De illis tamen*. Nihilominus, quæ virginem voluntarie degerent, adhuc velandas esse Tertullianus arbitratur ex eo die, quo viris desponsæ fuerunt, usque ad secutam nuptias parare curaverent. Has a vere nuptis nihil differre contendit. Eadem habet cap. 11. de virg. vel. Sponsalia vero a Christianis dato osculo, & dextera contracta peragi solita diximus:

Cete-

Caeterum quae in isto capite observantur comparandisse, ea [illegible] ab ipso Tertulliano [illegible] fuere in saepe memorato libro de Virginibus velandis. *Idem.*

CAP. XXIII.

De genu ponendo.

DE genu quoque ponendo varietatem observationis patitur Oratio per pauculos quosdam, qui Sabbato (1) abstinent genibus. Quae dissensio quum maxime apud Ecclesias caussam dicat, Dominus dabit gratiam suam, ut aut cedant, aut sine aliorum scandalo sententia sua utantur. Nos vero, sicut accepimus, solo (2) die Dominico Resurrectionis non ab isto tantum, sed omni anxietatis (3) habitu, & officio cavere debemus, differentes etiam negotia, ne quem Diabolo locum demus. Tantumdem & spatio Pentecostes, quae eadem exultationis (4) solemnitatem dispungimus. Ceterum omni die quis dubitet prosternere se Deo vel prima (5) saltem oratione, qua lucem ingredimur. Jejuniis autem & Stationibus nulla oratio sine genu, & reliquo humilitatis more celebranda est. Non enim oramus tantum, sed & deprecamur, & satisfacimus Deo Domino nostro. De temporibus orationis nihil omnino praescriptum est, nisi plane omni in tempore (6), & loco orare.

ADNOTATIONES.

1. *Sabbato abstinent genibus.* Antiquissimus est ritus genua flectendi in Oratione. Exempla habemus in lib. 1. Regum cap. 8. n. 54., in Evang. Lucae cap. 22. n. 41., in Act. Apost. cap. 7. n. 60., & cap. 20. n. 36., & cap. 21. n. 5. Quin Eusebius Caesariensis hunc morem Christianorum proprium appellat Hist. Eccles. lib. 5. cap. 5., ubi Christianos milites orasse ait [illegible] : *genu in terram usque flectentes secundum consuetudinem Christianis in precando propriam.* Quidam vero a genu flectendo Sabbato abstinebant, quam Ecclesiae reliquae contrariam esse tenerent. In posteriorum sententia erat Tertullianus, qui idcirco hujusmodi ritus differentiam tolli cupit. Et certe fabulatam arbitror, quam ex antiquis neminem offendam, qui Sabbato genua flectere prohibeat. Graecis tamen recentioribus eandem placuisse opinionem, auctor est Joannes Monachus in Commento subjecto libri Marlai de Poenit. Ibi haec habentur. [illegible] *Omnibus autem Sabbatis, & diebus Dominicis, & Dodecahemero, similiter & diebus a Paschate, usque ad Festum omnium Sanctorum in orationibus genua flectere non licet.* In Juris etiam Graeco-Romani lib. 3., ubi de Luca Patriarcha, num. 9. legitur: [illegible] *Apostolicis Canones eum puniunt, qui quovis Sabbato, vel Dominico die genu flectit, vel jejunat.* Quamquam [illegible] hoc fallitur (nam enim in Apostolorum Canonibus quid tale reperitur) [illegible] in Oriente multis post Tertullianum saeculis hujusmodi consuetudinem [illegible]

2. *Solo Die* [illegible] quemque de Cor. mil. eadem affirmantur, veluti e traditionis prima, atque [illegible] *Die*, inquit, *Dominico jejunium nefas ducimus*, *vel de geniculis adorare.* [illegible] *a die Paschae in Pentecosten usque gaudemus.* Communis autem inter Christianos [illegible]; quare quum nonnulli ab eo descivissent, placuit Patribus Concilii Nicaeni primi [illegible] in Can. 20., ne Ecclesiae in eo dissentirent. De intermittenda genuflexione tum singulis diebus Dominicis, tum diebus a Paschate ad Pentecosten, mentionem faciunt S. Hilarius Prologo in Psal., S. Hieronymus cap. 4. contra Luciferianos, Auctor Quaest. ad Orthodoxos inter opera S. Justini quaest. 115., S. Basilius cap. 27.

tatem fuit, ut crine soluto, ac libero virginem inducerent. Simul ac autem conjugio sese obligabant, coma illis crassis, & compositis erint, ut jam matronarum gravitatem transferent. Quae igitur divino sponso nubebant, per eos [illegible], ut crines compositio, compressa, hac [illegible] est transfigurato prodeuent se Deo nuptas, matronis, sive mulieribus nuptis accensierentur. Reliquae vero [illegible] in vestibus inducendo, matronam amplexum educere, vix puellitiam transgressae [illegible] virginis in [illegible] [illegible] sibi instruere, [illegible] a fronte divisi, aperiunt professae [illegible] pillum, & ora lascivioris animi. Haec sunt Tertulliani ipsius verba in cap. 12. de vel. virg. At quum cap. 13. dicat: Aspice nuptam [illegible] [illegible] Tertulliani [illegible] & animum [illegible]; & cetera transfigurationes [illegible] nefolo in hoc loco [illegible], ex illa verba hinc sine corrigenda. Si quis etiam [illegible] figurare hoc [illegible] pro [illegible] virginem lascivia in compositis, interferendis, ac dividendis crinibus, ostendat in hac periodo Tertullianum de virginibus Deo dicatis non loqui. Idem.

15. Tamen ergo afferunt. Verum de virginibus sacris hoc agi, magis per ista perfunditur; fentias enim est: Si ex quo virginitatem Deo dicavit, crinium licentiam comprimere, & gravitatem in vestibus pro se ferre virgo debet, cur potius intecto capite in sacris hominum conventibus conspiciendam se praebet? Omnino igitur ostendat se Christo nuptam, & eorum faciei virginis modestiam servet, plane obumbrando virgineum caput, quod propter Deum obfirmadi. Idem.

16. Quid denudas ante Deum? En quod Tertulliano mirum ferendum videbatur. Sacrarum Christo virgines non secus ac matronae velato capite in publica procedebant, in Ecclesia vero propaganda. Ab ostentationis culpa immunes non credit has virgines Tertullianus, quae virginitatem gloriabundae, se a divina gratia ad continentiam vocatas diceba, in reliquarum respondere conspectu jactare propriam virtutem videbantur. Quumque id a se fieri quidem ambitione, ut exemplo suo alias ad lucem virginitatis vocem incitarent, ut hoc quidem [illegible] rent, ut exemplo carnis Tertullianus ait. Idem.

17. Sine nominis nuptam. Exploratum est, conctas mulieres nuptas, ut Apostolo obtemperarent, cum in publicis locis, tum in sacris aedibus velo capita obduxisse. Proinde hoc ex[illegible] Christo habere vellent, ac nuptae nuncupari, Nam pi periculo carnis nuptam. Exploratum est, [illegible] pro nupta Christo [illegible], quibus [illegible] Tertullianus [illegible], prima persevere, nam in publicis locis, Quum virgines sacrae in publico versarentur, quibus [illegible] [illegible] appellat, indicium erat. Quum virgines in publico velamentis in publico differentiam [illegible]. Sacrae in Ecclesia velo ubi [illegible] possent virgines, bus [illegible], & velamentis in publico differentiam deponebant. Sic & in Ecclesia velo ubi [illegible] Ecclesia vero velum ad eorum differentiam [illegible], & sine velamine in nuptas carnalibus nuptias simulare, se fingere nuptas, quum adhuc virgines essent; & sine velamine in nuptae simulare [illegible] a nuptiis distinxisset; & sine [illegible].

virgines, ratio est a nuptiis distinxisset; Idem.

18. Jam vecantur non viderit. Ita corrigit Tertullianus, quod a sacris virginibus nuptias [illegible] nullaris distinxisset: nam revera a Christo nupsere, illique [illegible] dicavere, idemque ad eorum [illegible] velato capite divinis officiis interesse debebant. Eadem habet cap. 16. de virginibus [illegible] [illegible]. Quamquam [illegible] [illegible]. Adempta, inquit, [illegible] [illegible] [illegible], illi [illegible] [illegible], & [illegible] [illegible] [illegible] hoc de virginibus [illegible] velandis. Adempta, inquit, [illegible] [illegible] [illegible] [illegible] [illegible], qui & [illegible] [illegible], quia Tertullianus [illegible] [illegible]: Sed etsi [illegible] se Deo [illegible], atque in his, quae inter Christo, illi [illegible] Christus est, qui & [illegible] [illegible] [illegible] [illegible]. Sed etsi [illegible] [illegible] ipsi spiritus est voluntarie. Quare [illegible] [illegible] [illegible] in his verbis: Sed [illegible] non audeo. Formidem sponsa [illegible] magis [illegible]. Quare [illegible] [illegible] in his verbis [illegible], sed [illegible] non [illegible]. [illegible] utique multo magis fuas. [illegible] non esse Virginum, quae [illegible], [illegible] mutatas, sed Christo [illegible] [illegible] [illegible] [illegible] [illegible]. Idem.

ad sequentia Sed non parvi. Latere [illegible] in his verbis sentio, [illegible] [illegible].

19. Sed non parvi [illegible]. Sensus autem est, non esse [illegible]. Legere malim [illegible] [illegible] pro [illegible] [illegible]. Idem. Et huic verba corrupta existimo. Legere [illegible], quod illi [illegible] [illegible] [illegible] [illegible] pro sanctum [illegible] [illegible]. Et in exemplo [illegible] [illegible], & quod illi [illegible] [illegible] [illegible].

20. Malim etiam consuetudini, ac in [illegible] [illegible] [illegible] [illegible] [illegible].

Inquit autem, complures virgines, ac [illegible] se producere [illegible]. Velari [illegible] [illegible] [illegible], ut Christi [illegible] [illegible] consuetudinem fuis [illegible], [illegible] [illegible] [illegible] [illegible] [illegible] & ipse [illegible]. Idem.

21. Certe voluntariae. Ita ego interpretor. At quae virginitatem voluntariam colunt, sed [illegible] [illegible] [illegible], omnino [illegible] est. At quae virginitatem [illegible] non est [illegible] [illegible] [illegible] [illegible] [illegible] [illegible]; [illegible] [illegible] [illegible] [illegible] sibi compararent, his [illegible] [illegible] [illegible], [illegible] [illegible] [illegible] [illegible] [illegible] [illegible] [illegible] [illegible] meliora disciplinae [illegible] [illegible] [illegible] [illegible], quae virgines voluntariae [illegible], [illegible] [illegible] [illegible] [illegible] [illegible]. [illegible] [illegible] cap. 11. de virg. sam [illegible] explicans per [illegible] [illegible]; quae virgines voluntariae dicuntur, alias [illegible] [illegible]. [illegible] [illegible] [illegible] [illegible] Cre-

22. De illis tamen. Nihilominus, quae viris despondentur [illegible] [illegible], & [illegible] [illegible] [illegible] [illegible] [illegible] Tertullianus arbitratur ex eo die, quo [illegible] nihil differre [illegible] [illegible] a Christianis [illegible] [illegible] [illegible] rare [illegible]. Has a [illegible] nuptae [illegible] a [illegible], & [illegible] [illegible] [illegible] vel, Sponsalia vero a Christianis [illegible] [illegible] [illegible]

Ceterum quæ in isto capite observantur compendiose, ea fusius postea ab ipso Tertulliano pertractata fuere in sæpe memorato libro de Virginibus velandis. *Idem.*

CAP. XXIII.

De genu ponendo.

DE genu quoque ponendo varietatem observationis patitur Oratio per pauculos quosdam, qui Sabbato (1) abstinent genibus. Quæ dissensio quum maxime apud Ecclesias caussam dicat, Dominus dabit gratiam suam, ut aut cedant, aut sine aliorum scandalo sententia sua utantur. Nos vero, sicut accepimus, solo (2) die Dominico Resurrectionis non ab isto tantum, sed omni anxietatis (3) habitu, & officio cavere debemus, differentes etiam negotia, ne quem Diabolo locum demus. Tantumdem & spatio Pentecostes, quæ eadem exultationis (4) solemnitatem dispungimur. Ceterum omni die quis dubitet prosternere se Deo vel prima (5) saltem oratione, qua lucem ingredimur. Jejuniis autem & Stationibus nulla oratio sine genu, & reliquo humilitatis more celebranda est. Non enim oramus tantum, sed & deprecamur, & satisfacimus Deo Domino nostro. De temporibus orationis nihil omnino præscriptum est, nisi plane omni in tempore (6), & loco orare.

ADNOTATIONES.

1. *Sabbato abstinent genibus*. Antiquissimus est ritus genua flectendi in Oratione. Exempla habemus in lib. 1. Regum cap. 8. n. 54., in Evang. Lucæ cap. 22. n. 41., in Act. Apost. cap. 7. n. 60., & cap. 20. n. 36., & cap. 21. n. 5. Quin Eusebius Cæsariensis hunc morem Christianorum proprium appellat Hist. Eccles. lib. 5. cap. 5., ubi Christianos milites orasse ait [illegible] : *genu in terram usque flectentes secundum consuetudinem Christianis in precando propriam*. Quidam vero a genu flectendo Sabbato abstinebant, quum Ecclesiæ reliquæ contrarium usum tenerent. In posteriorum sententia erat Tertullianus, qui idcirco hujusmodi ritus differentiam tolli cupit. Et certe sublatam arbitror, quum ex antiquis neminem offendam, qui Sabbato genua flectere prohibeat. Græcis tamen recentioribus eandem placuisse opinionem, auctor est Joannes Monachus in Commentario subjecto libri Moisisi de Paenit. Ibi hæc habentur. [illegible] *Omnibus autem Sabbatis, & diebus Dominicis, & Dodecahemero, similiter & diebus a Paschate, usque ad Festum omnium Sanctorum in orationibus genua flectere non licet*. In Juris etiam Græco-Romani lib. 3., ubi de Luca Patriarcha, num. 4. legitur: [illegible] *Apostolici Canones cum puniunt, qui quovis Sabbato, vel Dominico die genu flectit, vel jejunat*. Quamquam Græculus hic fallatur (non enim in Apostolorum Canonibus quid tale reperitur) nihilominus palam fit, in Oriente multis post Tertullianum seculis hujusmodi consuetudinem iterum invaluisse. *Muratorius.*

2. *Solo Die Dominico*. In libro quoque de Cor. mil. eadem affirmantur, veluti e traditionis jure, atque auctoritate accepta. *Die*, inquit, *Dominico jejunium nefas ducimus, vel de geniculis adorare. Eadem immunitate a die Paschæ in Pentecosten usque gaudemus*. Communis autem inter Christianos tum erat hic ritus; quare quum nonnulli ab eo descivissent, placuit Patribus Concilii Nicæni primi rem statuere in Can. ult., ne Ecclesiæ in eo differentirent. De intermittenda genuflexione tum singulis diebus Dominicis, tum diebus a Paschate ad Pentecosten, mentionem faciunt S. Hilarius Prologo in Psalm., S. Hieronymus cap. 4. contra Luciferianos, Auctor Quæst. ad Orthodoxos inter opera S. Justini quæst. 115., S. Basilius

ADNOTATIONES.

1. *Sed quid promiseram.* Vestes, & ornamenta feminarum modestiam spirare debere, certissimum ex Apostoli praecepto dixerat. Nunc velarine debeant Virgines, an non, tamquam rem incertam, pervestigandum ait. Erant enim, qui Virgines in Templo, atque in sacris conventibus, non velatas ferebant; alii vero iis quoque, ut reliquis mulieribus, velum esse necessarium modestiae caussa, & Apostolici praecepti auctoritate, statuebant. *Muratorius.*

2. *Capitis immunitatem.* Qui virginibus indulgent capitis nuditatem, atque immunitatem a velamine. *Idem.*

3. *Apostolus non Virgines nominatim* &c. Πᾶσα δὲ γυνὴ προσευχομένη ἢ προφητεύουσα ἀκατακαλύπτῳ τῇ κεφαλῇ καταισχύνει τὴν κεφαλὴν ἑαυτῆς· ἓν γάρ ἐστι καὶ τὸ αὐτὸ τῇ ἐξυρημένῃ: Sunt Apostoli verba in 1. ad Cor. cap. 11. v. 5., quae ita exhibentur a vulgato Interprete nostro: *Omnis mulier orans, vel prophetans non velato capite, deturpat caput suum: unum enim est ac si decalvetur.* Qui contendebant, virginibus nequaquam praeceptum fuisse, ut velatae in Templo orarent, ex ipsis Apostoli verbis tale argumentum conflabant: Si Apostolus hoc praecipere in animum induxisset, vocabulo γυνὴ, quod *Mulier* Latine sonat, non fuisset usus; nam γυνὴ de nuptis tantum feminis usurpari solent. Potius θῆλυ dixisset, quo nomine feminas omnes tam nuptas, tam innuptas Graeci significant; aut addidisset παρθένον quoque, idest *Virginem.* Ergo non totum sexum, sed gradum & partem feminei sexus, mulieres videlicet nuptas, eo in loco Apostolum significavit. Quia ipse eadem in Epistola ad Cor. cap. 6. virgines a mulieribus distinxit, inquiens: μεμέρισται δὲ ἡ γυνὴ καὶ ἡ παρθένος, *divisa est mulier, & virgo.* Non hisce autem solum, sed & in lib. de velandis Virginibus, quem postea conscripsit in schola Montani, simile sibi argumentum Tertullianus objecit. Inquit ibi cap. 4. *Opponitur nobis, nullam mentionem virginum ab Apostolo factam, ubi de velamine praefinit, sed tantum mulieres nominatas: quum si voluisset & virgines tegi, de virginibus quoque cum mulieribus pronunciasset, quomodo illic, inquit, ubi de nuptiis tractat, quid observandum sit etiam de virginibus declarat. Itaque non contineri eas lege velandi capitis, ut non nominatas in hac lege; imo exinde revelari, quia non jubentur, quae non nominantur.* *Idem.*

CAP. XXII.

QUi ita concedunt, recogitare debent de statu vocabuli ipsius, quid est mulier a primis quidem literis sanctorum commentariorum; nam inveniunt sexus esse nomen, non gradum sexus. Siquidem Evam (1) nondum virum expertam Deus *mulierem* & *feminam* cognominavit *Gen.* 2. 23.: feminam, qua sexus generaliter, mulierem, qua gradus sexus specialiter. Itaque jam tunc innupta adhuc Eva mulieris vocabulo fuit, commune id vocabulum & virgini factum est. Nec mirum, si Apostolus eodem utique spiritu actus, quocum omnis Scriptura divinitatum, & illa Genesis digesta est, eadem voce usus est, mulierem ponendo; quae exemplo Evae innuptae & virgini competat. Cetera denique non sonant, nam & hoc ipso, quod virgines non nominavit, sicut alio (2) in loco, ubi de nubendo docet, satis praedicat de omni muliere, & de toto sexu dictum, nec distinctum esse inter virginem, omnino non nominat. Qui enim alibi distinguere meminit, ubi scilicet differentia postulat (distinguit autem utramque speciem suis vocabulis designans); ubi non distinguit, dum utramque non nominat, nullam vult differentiam intelligi. Quid? quod Graeco sermone, quo literas Apostolus fecit, usui est mulieres vocare tam (3) feminas, idest γυναῖκας, quam θήλεια. Igitur si pro sexus nomine vocabulum istud frequentatur,

quod

quod est interpretatione pro eo, quod est femina, sexui nominavit, dicens γυναῖκα. In sexu autem & virgo contingitur. Sed & manifesta pronunciatio est: *Omnis*, inquit 1. *Cor.* 11. 5., *mulier adorans, & prophetans, intecto capite dedecorat caput suum*. Quid est *omnis mulier*, nisi omnis ætatis, omnis ordinis, omnis conditionis? Nihil mulieris excipit, dicendo *omnis*; sicut (4) nec vir nec velandi; proinde enim *omnis vir*, inquit *ibid*. Sicut ergo in masculino sexu sub viri nomine etiam investis velari vetatur, ita & in feminino sub nomine mulieris etiam virgo velari jubetur. Æqualiter in utroque sexu minor ætas majoris sequatur disciplinam: aut velentur & virgines masculi, si non velantur & virgines feminæ, quia nec isti nominatim tenentur. Aliud sit vir, & investis, si aliud est mulier, & virgo. Nempe *propter Angelos*, ait *Ibid*. velari oportere, quod Angeli propter filias hominum desciverunt a Deo. Quis ergo contendat, solas mulieres, idest nuptas jam, & virginitati (5) defunctas concupiscentiæ, nisi si non licet & virgines specie præstare, & amatores invenire? Imo (6) videamus, quod non virgines solas concupierint, quum dicat Scriptura *filias hominum*, *Gen*. 6. 2., quia potuit uxores hominum nominasse, vel feminas indifferenter. Etiam quod ait: *Et acceperunt sibi in uxores*, *Ibid*. eo facit, quod accipiuntur in uxores, quæ vacant scilicet. De non vacantibus autem aliter enunciasset. Itaque (7) vacant tam viduitate, quam & virginitate: adeo sexum nominando, generaliter filias, & species in genere commiscuit. Item quum (8) dicit, naturam ipsam docere, feminas velandas esse, quæ capillum pro tegumento & ornamento mulieribus assignavit: Nonne idem tegumentum & idem honor capitis virginibus quoque adscriptus est? Si *mulieri turpe est radi*, 1. *Cor*. 11. 6. & virgini perinde. In quibus ergo una conditio capitis deputatur, una & disciplina capitis exigitur, etiam ad eas virgines, quas pueritia defendit; a primo enim *femina* nominata est. Hic denique & Israel (9) observat. Sed si non (10) observaret: nostra Lex ampliata, atque suppleta defenderet sibi adjectionem. Virginibus quoque injiciens velamentum, excusetur. Nunc ætas, (11) quæ sexum suum ignorat, simplicitatis privilegium teneat. Nam & Eva, & Adam, ubi eis contigit sapere, texerunt (12) statim, quod agnoverant. Certe in quibus pueritia mutavit, sicut naturæ, ita & disciplinæ debet ætas esse munifica. Nam & membris, & officiis mulieribus resignantur. Nulla virgo est, ex quo potest nubere, quoniam ætas jam in ea nupsit suo viro, idest tempori: Sed aliqua (13) se Deo vovit. Jam & crinem (14) exinde transfigurat, & omnem habitum ad mulierem convertit. Totum ergo (15) asseveret, & totam virginem præstet: quod propter Deum abscondit, plane obumbret. Interest nostra, quod Dei gratia exerceat, solius Dei conscientiæ commendare, ne quod a Deo speramus, ab homine compensemus. Quid denudas (16) ante Deum, quod ante homines tegis? Verecundior eris in publico, quam in Ecclesia? *Si Dei*

gratia

gratis est, & accepisti, quid gloriaris, inquit 1. Cor. 4. 7., *quasi non acceperis*? Quid aliis ostentatione tui judicas? an aliis gloria tua ad bonum invitas? Atqui & ipsa periclitaris amittere, si gloriaris; & alias ad eadem pericula cogis. Facile eliditur quod affectione gloriæ assumitur. Velare virgo, si virgo es; debes enim erubescere. Si virgo es, plures oculos pati noli. Nemo miretur in tuam faciem; nemo mendacium tuum sentiat. Bene (17) mentiris nuptam, si caput veles. Imo (18) mentiri non videris; nupsisti enim Christo, illi carnem tuam tradidisti. Age pro mariti tui disciplina. Si nuptas alienas velari jubet, suas utique multo magis. Sed non (19) putet institutionem unusquisque antecessoris commovendam. Multi (20) alienæ consuetudini prudentiam suam, & constantiam ejus addicunt, ne compellantur velari. Certe voluntarias (21) prohiberi non oportet, quæ se etiam virgines negare non possunt, contentæ abuti in fama suæ conscientiæ apud Deum securitate. De illis (22) tamen, quæ sponsis dicantur, constanter super meum modulum pronunciare, contestarique possum, velandas ex ea die esse, qua ad primum viri corpus osculo & dextera expaverint. Omnia enim in his prænupserunt, & ætas per maturitatem, & caro per ætatem, & spiritus per conscientiam, & pudor per osculi experimentum, & spes per expectationem, & mens per voluntatem. Satisque nobis exemplo Rebecca est, quæ sponso demonstrato, tantum notitia ejus nubendo velata est. *Gen. 24. 65.*

ADNOTATIONES.

1. *Evam vocabit tantum expertem* &c. Ut ostendat Tertullianus, nomine [illegible] nuptas ac innuptas feminas significari, e Genesis cap. 2. n. 23. exemplum profert; ibi enim de Eva loquens Deus: αὕτη, inquiunt LXX. Interpretes, κληθήσεται γυνή, ὅτι ἐκ τοῦ ἀνδρὸς αὐτῆς ἐλήφθη. Scilicet: *ipsa vocabitur mulier, quia de viro suo sumta est*, ut alibi [illegible] interpretatur idem Tertullianus, versionem τῶν LXX. sequutus. Vulgatus autem Interpres habet: *quæ vocabitur virago, quoniam de viro sumta est.* Supra etiam dixerat divinam Scripturam: *Ædificavit Dominus Deus costam, quam tulerat de Adam, in mulierem*, [illegible]. Utrobique Eva, quamquam adhuc virgo, neque virum experta, γυνή, mulier appellatur. Igitur per hoc vocabulum non gradus sexus, seu nuptarum ordo significatur, sed generaliter feminarum sexus, atque adeo tam virgines, quam nuptæ ab Apostolo jubentur velari. *Muratorius.*

2. *Sic alio in loco.* Eamdem Epistolam 1. ad Cor. cap. 7. n. 34. innuit, ubi ita loquitur Paulus: *Mulier innupta, & virgo cogitat, quæ Domini sunt, ut sit sancta corpore & spiritu. Quæ autem nupta est, cogitat quæ sunt mundi, quomodo placeat viro.* Si, inquit Tertullianus, innuptas a nuptis distinguere voluisset Apostolus, velari mulieres jubens, eas utique distinxisset vocabulo, quemadmodum fecit, ubi revera illas distinguere voluit. Apparet igitur, tam nuptas, tam innuptas uno *mulieris*, seu [illegible] nomine fuisse comprehensas, quando eas Paulus distinguere noluit. Eadem ratione respondet idem Tertullianus in lib. de vel. virgin. cap. 5. *Idem.*

3. *Quam feminas.* Idest potius quam feminam. Est elegans in Hebræo sermone dicendi formula, & alibi in locis a Tertulliano usurpata. *Idem.*

4. *Sicut non vir, nec velandi.* Apostolus in laudata Epistola 1. ad Cor. cap. 11. num. 4. *Omnis*, inquit, *vir orans, aut prophetans velato capite, deturpat caput suum.* Infra vero addit: *Vir quidem non debet velare caput suum.* Cuicumque igitur viro, quando orat, turpe esse velari, ait Paulus, & omnem virum nominans, omnes cujuscumque ordinis, ætatis, & conditionis masculos intelligit. Igitur sub nomine omnis *mulieris* feminam omnem tam virgines, tam nuptas, ac viduas complectitur. Ceterum quia hæc verba sint in Codice nostro

vitiaviolata, [illegible] dubitabit. Fortasse [illegible] potuerunt, aut [illegible] lex aliquos [illegible], si quod ille in lib. de vel. virgin. cap. 8. refert, non [illegible]. *Apostolus : omnis, inquit, mulier : Quid est omnis? nisi omnis generis, omnis ordinis, omnis conditionis, omnis dignitatis, omnis ætatis? Siquidem omne, totum est, & integrum, & nulla sui parte deficiens. Pars autem mulieris & virgo est. Æque & de viro non velando capite, inquit : Ecce duo diversa nomina vir, & mulier. Omnis utergue. Duæ leges alternis ordinem dant velandi, inde nudandi. Igitur si eo quod dictum sit omnis vir, [illegible] est nomen viri etiam nondum viri, masculi juvenis : commune autem quum sit nomen feminarum, communis est & lex non velandi ejus, qui inter viros virgo est* &c. *Idem.*

5. *Et Virginitati defensas [illegible]*. Hæc mihi verborum aliquid desiderari videtur, [illegible] ignes [illegible], aut quid simile, ut sit sensus : num nuptæ tantum, ac virginitate carentem, Angelorum hominumque concupiscentiam accendere possunt? neque virginibus licet formæ corporis excellere, sibique amatores invenire? *Idem.*

6. *Iam videmus*. Iam, inquit Tertullianus, Angeli virgines potius quam nuptas concupiscere videntur, siquidem Scriptura testante cap. 6. Gen. v. 2. *Videntes filii Dei filias hominum quod essent pulchræ, acceperunt sibi uxores ex omnibus, quas elegerunt*. Igitur non omnes bonubentes, non feminæ indifferenter à filiis Dei, sive ab Angelis, ut Tertullianus interpretatur (quem [illegible] [illegible]) expetitæ fuerunt; sed virgines, & quæ [illegible], hæc [illegible] [illegible] conjungere. Quamobrem ita legendus mihi videtur Tertulliani locus : *Iam videmus, quod virgines [illegible] concupierint*. Infra etiam [illegible] pro [illegible] legendum esse, nemo [illegible]. Hunc eundem Genesis locum a Tertulliano tractatum videas in memorato libro de vel. virgin. cap. 7. *Idem.*

7. *Itaque vocatur*. Idest : Illæ dicuntur vacare, quæ non virgines, sed viduæ sunt. *Idem.*

8. *Item quum dicit* &c. In eodem cap. 11. Ep. 1. ad Cor. v. 14. *Ipsa natura*, inquit Apostolus, *docet vos, quod vir quidem si comam nutriat, ignominia est illi. Mulier vero si comam nutriat, gloria est illi, quoniam capilli pro velamine ei dati sunt*. Igitur quum virginibus quoque capilli pro velamine a natura sint dati, velo & ipsæ uti debent. *Idem.*

9. *Sic denique & Israhel observant*. Judæis etiam feminis in usu fuisse, ut velato capite incederent, idem Tertullianus alibi testatur, nempe cap. 4. libri de Cor. Militis, cujus hæc sunt verba : *Apud Judæos tam solemne est feminis eorum velamen capitis, ut inde noscantur*. Tum addit exemplum Rebeccæ adhuc virginis, quæ velata ad sponsum profecta est, & Susannæ, quæ quum judicio sisteretur, operta erat velamine pro more ceterarum mulierum Hebræarum. Similia reperies in lib. de vel. virg. cap. 11. Rabbi etiam Nathan in Aruch *Velo [illegible] omnis [illegible] fuisse, quo feminarum capita obtegi solebant*. *Idem.*

10. *Sed si non observarent*. Quamquam virginibus Judæis velandi capitis consuetudo non esset, nihilominus in lege Christianorum servandam fore [illegible] ; nam in novo Testamento veterem legem & amplificatam, & suppletam sunt. *Idem.*

11. *Nunc ætas, quæ [illegible] [illegible]*. Hinc [illegible], puellis, quæ nondum nubilis [illegible] attigerunt, [illegible] capite procedere licuisse : *Simplicitatis privilegium* Tertullianus appellat. Verum in iis, quæ ad adolescentiam creverant, quum natura mutaretur, mutari quoque disciplinam decrevit. Vide ipsum citato cap. 11. de vel. virg. *Idem.*

12. *Temeritas*. [illegible], ut Gen. cap. 3. v. 7. *Idem.*

13. *Sed aliquæ se Deo vovent*. Et ab ipsis Ecclesiæ [illegible] virgines fuisse, quæ suam virginitatem Christo dicarent, cum e [illegible] Tertulliani [illegible] in memorato lib. de vel. virg., tum ex hoc capite ostendi evidenter potest, ut [illegible] mirari quorundam [illegible] in re aperta [illegible] nos in [illegible] re est [illegible] nos [illegible] ; negant enim [illegible] morem [illegible] Christianitatis Ecclesiæ viguisse, [illegible] in recentioribus esse [illegible] [illegible]. At hoc legimus : *Aliquas se Deo vovere*, [illegible] [illegible] *Dei gratia* [illegible]. Infra ait : *Nupsisti Christo, illi tradidisti carnem tuam*. *Age pro mariti tui* (*[illegible]*) [illegible]. *Si nuptas alienas velari jubet Christus, suas utique multo magis*. His [illegible] in [illegible] lib. de virg. vel. Ego in argumento [illegible] [illegible] parco. *Idem.*

14. [illegible]. Ubi virginem Christo [illegible], crinem transfigurasse [illegible], hoc [illegible] Tertullianus significat) [illegible]. [illegible] enim [illegible] *si mulieri*, inquit, *turpe est [illegible] rasi, & virgini [illegible]* in lib. de vel. virg. cap. 7. Me quidem non fugit, nonnullis in regionibus a [illegible] crinem [illegible], ut præcipue in Syria & Ægypto, uti Hieronymus [illegible] ad Sabinianum, [illegible]. Sed hujusmodi consuetudinem in Africa [illegible] Ecclesiæ [illegible] [illegible], [illegible] invenio. Confusio itaque [illegible] crinium compositionem, quam virgines tum servare incipiebant, quum se Christo dicabant. Et quidem antiquitus usitatam

tatem fuit, ut crinem soluto; ac liberto virginem transirent. Simul ac autem conjugio sese obligabant, crines illis condita, & composita erant, ut jam matronarum gravitatem transferent. Quod igitur divino sponso nubebant, pro more, ac crine composito, compresso, ac transfigurato prodeunt se Deo nuptas, crinem ad mulieres convertendo, hoc est mulierum se vestibus induendo, matronis, sive mulieribus nuptis accenserentur. Reliquae vero virgines in [illegible] vix puerilium transgressae tutuli capillum, & ore lascivitatis [illegible] sibi [illegible], crinibus a fronte divisis, apertam professae mulieritatem. Hæc sunt Tertulliani ipsius verba in cap. 12. de vel. virg. At quum cap. 11. dicat: *Aspice nuptam illam suam virginem & animum expectatione, & crinem transfiguratione*, nescio an huic loco tantopere addas, ut illa verba hinc sint corriganda. Si quis *crinem transfigurare* hoc loco [illegible] virginum lascivia in componendis, interserendis, ac dividendis crinibus, [illegible] in hoc periodo Tertullianum de virginibus Deo dicatis non loqui. *Idem*.

15. *Totum ergo asserere*. Verum de virginibus sacris heic agi, magis per ista persuadeor; [illegible]: Si ea quae virginitatem Deo dicavit, crinium lasciviam comprimere, & gravitatem in vestibus pro se ferre virgo debet, cur postea intecto capite in sacris hominum conventibus conspiciendam se praebet? Omnino igitur alienum se Christo nuptam, & totam [illegible] virginalis modestiam servet, plane obnubendo virginarum caput, *quod propter Deum absconditur*. *Idem*.

16. *Quid denudas ante Deum?* En quod Tertulliano minime ferendum videbatur. Sacratae Christo virgines non secus ac matronae velato capite *in publico procedebant*, *in Ecclesia vero* [illegible]. Ab ostentationis culpa immunes non credit has virgines Tertullianus, quae velut gloriabundae, se e divina gratia ad continentiam votumque electas, in reliquarum virginum conspectu jactare propriam virtutem videbantur. Quamquam id e se fieri quaedam respondebant, ut exemplo suo alias ad sacrum virginitatis votum incitarent, at hoc quidem ambitionis periculo carere Tertullianus ait. *Idem*.

17. *Bona nominis nuptam*. Exploratum est, consuetas mulieres nuptas, ac Apostolo obtemperaturas, tum in publicis locis, tum in sacris aedibus velo capita obduxisse. Proinde hoc nuptarum indicium erat. Quum virgines sacrae pro nuptis Christo haberi vellent, iisdem vestibus, ornatibus, & velaminibus *in publico* utebantur, quibus conjugae, ac nuptae mundi; *in Ecclesia* vero velum ad eorum differentiam deponebant. [illegible] Tertullianus: *Nemo miretur in eorum faciem, nemo [illegible] suam frequent*. Sed [illegible] appellat, puerum aliquem, & fingere nuptas, quum adhuc virgines essent. Si & in Ecclesia velo usae fuissent virgines, nemo eas a nuptis distinxisset; & bona saltem in nuptas censeri potuerunt virgines, si nuptae ubique velassent. *Idem*.

18. *Jam nunciari non videris*. [illegible] corrigit Tertullianum, quod e sacris virginibus nuptias simulari dixisset; jam rerum a Christo nuptas, illique fidem conjugii dicaverunt, ideoque ad instar nuptarum velamen capiti divinis officiis interesse debebant. Eadem habet cap. 16. de virg. velandis. *Adsumpto*, inquit, *habitum mulieris, ut statum virginitatis serves*. *Mentire aliquid ex his, quae intus sunt, ut soli Deo exhibeas veritatem*. *Quamquam non mentiris nuptam; nupsisti enim Christo, illi tradidisti carnem tuam, illi sponsasti maturitatem tuam*. *Incede secundum sponsi tui voluntatem*. *Christus est, qui & alienas sponsas, & maritorum velari jubet: utique multo magis suas*. Quare nullus dubito, quin Tertullianus heic de virginibus, non omnibus, sed Christo tantum dicatis loquatur ob ea verba: *Sed aliquae se Deo vovent*, atque ad sequentia *Sed non passi*. *Idem*.

19. *Sed non passi*. Locum mendosum in his verbis sentio, sed reparare non audeo. Fortasse legendum *unicuique*. Sensus certum est: non esse virginum, quae [illegible], confortudinem pro ratione adducendam. *Idem*.

20. *Multi alienae consuetudini*. Et haec verba corrupta existimo. Legere mallem *multae*. Inquit enim, complures virgines, ne in templo velari compellerentur, praecipuorum virginum consuetudine *sola moti*, dein se producere coeperunt, si quod illae consilium fecerant, & ipsae facerent. *Idem*.

21. *Certe voluntarias*. Ita ego interpretor. Velari feminas nuptis licuit, aut Christi addictas, omnino necessarium est. At quae virginitatem voluntariam colunt, donec maritum sibi compararent, his prorsus interdicendum non est capitis nudum, sed monendae tantum, ut meliora disciplinae consilia amplecterentur, quamvis se virgines interdum mentirentur. Mendosum Codicem explicare per solas conjecturas conjicitur. *Idem*.

22. *De illis tamen*. Nihilominus, quae virgines voluntariae dicuntur, easdem velandas esse, Tertullianus arbitratur ex eo die, quo viris desponsae fuerint, atque ad futuras nuptias properare coeperint. Has a vera nuptis nihil differre contendit. Similia habet cap. 11. de virg. vel. Sponsalia vero a Christianis dato osculo, & dextera conjuncta peragi solita dicimus.

Cete-

Ceterum quae in isto capite observantur animadvertenda, ne fusius possint ab ipso Tertulliano praecedenti saepe in saepe memorato libro de Virginibus velandis. *Idem*.

CAP. XXIII.

De genu ponendo.

De genu quoque ponendo varietatem observationis patitur Oratio per paucolos quosdam, qui Sabbato (1) abstinent genibus. Quae dissensio quum maxime apud Ecclesias caussam dicat, Dominus dabit gratiam suam, ut aut cedant, aut sine aliorum scandalo sententia sua utantur. Nos vero, sicut accepimus, solo (2) die Dominico Resurrectionis non ab isto tantum, sed omni anxietatis (3) habitu, & officio cavere debemus, differentes etiam negotia, ne quem Diabolo locum demus. Tantumdem & spatio Pentecostes, quae eadem exultationis (4) solemnitatem dispungimur. Ceterum omni die quis dubitet prosternere se Deo vel prima (5) saltem oratione, qua lucem ingredimur. Jejuniis autem & Stationibus nulla oratio sine genu, & reliquo humilitatis more celebranda est. Non enim oramus tantum, sed & deprecamur, & satisfacimus Deo Domino nostro. De temporibus orationis nihil omnino praescriptum est, nisi plane omni in tempore (6), & loco orare.

ADNOTATIONES.

1. *Sabbato abstinent genibus*. Antiquissimus est ritus genua flectendi in Oratione. Exempla habemus in lib. 1. Regum cap. 8. n. 54., in Evang. Lucae cap. 22. n. 41., in Act. Apost. cap. 7. n. 60., & cap. 20. n. 36., & cap. 21. n. 5. Quin Eusebius Caesariensis hunc morem Christianorum proprium appellat Hist. Eccles. lib. 5. cap. 5.; ubi Christianos milites oravisse ait [illegible] : *genu in terram usque flectentes secundum consuetudinem Christianis in precando propriam*. Quidam vero a genu flectendo Sabbato abstinebant, quum Ecclesiae reliquae contrarium usum tenerentur. In posteriorum sententia erat Tertullianus, qui idcirco hujusmodi ritum differentiam tolli cupit. Et certe sublatam arbitror, quum ex antiquis neminem offendam, qui Sabbato genua flectere prohibeat. Graecis tamen recentioribus eandem placuisse opinionem, auctor est Joannes Moschus in Commentario subjecto libri Molini de Pascit. Ibi haec habentur, [illegible] *qui Patriarcham* [illegible] *Omnibus autem Sabbatis, & diebus Dominicis, & Dodecahemero, similiter & diebus a Pascha, usque ad Festum omnium Sanctorum in orationibus genua flectere non licet*. In Juris etiam Graeco-Romani lib. 3., ubi de Luca Patriarcha, num. v. legitur: [illegible] *Apostolici Canones cum periculo, qui quovis Sabbato, vel Dominico die genu flectit, vel jejunat*. Quamquam Canonibus hic fallitur (nam enim in Apostolorum Canonibus quid tale reperitur) [illegible], in Oriente multis post Tertullianum saeculis hujusmodi consuetudinem iterum [illegible].

2. *Solo Die* [illegible] quoque de Cor. mil. eadem affirmavimus, velut e traditionis jure, atque [illegible] Die, loquit, *Dominico jejunium nefas ducimus, vel de geniculis adorare. Eadem* [illegible] *a die Pascha in Pentecosten usque gaudemus*. Convenerat autem inter Christianos tum [illegible]; quare quum nonnulli ab eo deficivissent, placuit Patribus Concilii Nicaeni primi [illegible] in Can. ult., ne Ecclesiae in eo dissentirent. De intermittenda genuflexione tum diebus Dominicis, tum diebus a Pascha ad Pentecosten, mentionem faciunt S. Hilarius Prologo in Psalm., S. Hieronymus cap. 4. contra Luciferianos, Auctor Quaest. ad Orthodoxos inter opera S. Justini quaest. 115., S. Basilius

quaest. 17.

cap. 17. lib. de Spir. Sancto, S. Augustinum Epist. 119., Cassianum, Germanum Constantinopol. Balsamon, Zonaram, aliosque non paucos. *Idem*.

3. *Sed omni anxietatis habitu*. Desiderari heic verbum *abstinere* mihi videtur. Quum enim flectere, & jejunare, mortificationem atque poenitentiam spirarent, Dominico die, tempore exultationis die, abstinendum ab eo more fuit. *Idem*.

4. *Quae eadem exultationis solemnitatem dispungimus*. Dicimus & in Pentecoste genua non flexisse Christianos. Nescio an legendum: *quae eadem exultationis solemnitas est, dispungimus*. In lib. de Poenitentia *expungere* pro *praestitis* usurpatum est a Tertulliano; & *dispungere est pro absolvere*, cap. 5. de Carne Christi; & *expungere* pro *perficere* in lib. de Resurr. carnis. In lib. etiam adversus Judaeos: *Itaque*, ait, *dispungamus ordinem temporum*, hoc est *absolvamus*. Igitur *tantumdem dispungimus* hoc loco nil aliud significat, quam *praestamus*, & *absolvimus*. *Idem*.

5. *Vel prima saltem oratione*. Celebres sunt apud antiquos [illegible], seu matutinae preces. De his consule Constitut. Apostol. lib. 8. cap. 34., Chrysostomum Homil. in Ps. 119. & alibi, ac Basilium in Regulis fusius disputatis Interrog. 37., ut alios omittam. *Idem*.

6. *Omni in tempore*. Alludit ad cap. 2. Ep. ad Timoth., ubi inquit Paulus: *Volo ergo viros orare in omni loco*. At de tempore nullam habet mentionem. *Idem*.

CAP. XXIV.

De Loco.

SEd quomodo *omni loco*, quum prohibeamur in publico? Omni, inquit 1. *ad Tim*. 2. 8., loco, quem opportunitas, aut etiam necessitas importaret. Non enim contra praeceptum reputatur ab Apostolis factum, qui in carcere audientibus custodiis orabant & canebant Deo, apud (1) Paulum, qui in navi coram omnibus Eucharistiam fecit.

ADNOTATIONES.

1. *Apud Paulum*. Legendum videtur *aut a Paulo*. Respicit Act. Apost. cap. 27. num. 35. Paulus enim quum esset in navi, *sumens panem, gratias egit Deo in conspectu omnium, & quum fregisset, coepit manducare*. *Muratorius*.

CAP. XXV.

De Tempore.

DE tempore vero non erit otiosa extrinsecus observatio etiam horarum quarumdam. Istarum dico communium, quae diei interspatia signant, Tertia, (1) Sexta, Nona, quas solemniores in Scripturis invenire est. *Act. Ap*. 2. 15. Primus Spiritus Sanctus congregatis discipulis hora Tertia infusus est. Petrus, qua die visionem communitatis omnis in illo vasculo expertus est, Sexta hora ascenderat orandi gratia in superiora. *Ibid*. 10. 9. Idem cum Johanne ad Nonam in templum adibat, *Ibid*. 3. 1. ubi paralyticum sanitati reformavit suae. Etsi simpliciter se habeant sine ullius observationis praecepto, bonum tamen sit aliquam constituere praesumtionem, quae & orandi admonitionem constringat, & quasi lege ad tale munus extorqueat a ne-

gotiis

gotiis interdum, ut quod Danieli 6. 10. quoque legimus observatum utique ex Israelis disciplina, ne minus ter die saltem adoremus, debitores Patris, & Filii, & Spiritus Sancti. Exceptis (2) utique legitimis orationibus, quae sine ulla admonitione debentur ingressu lucis & noctis. Sed & cibum non prius sumere, & lavacrum non prius adire, quam interposita oratione, Fideles decet. Priora enim habenda sunt spiritus refrigeria & pabula, quam carnis, & priora coelestia, quam terrena.

ADNOTATIONES.

1. *Tertia, Sexta, & Nona.* Tempora, quibus orationi vacandum esset, alia aliis constituerant. Constitutionum Apostolicarum Auctor lib. 8. cap. 34. *sexies* quotidie orandum ait: nempe *circiter auroram, hora tertia, sexta, nona, vespere, & circiter gallicinium.* Chrysostomus Homilia in Psal. 119. *sexies* itidem orandum esse docet, sed non eadem horarum divisione utitur. S. Basilius *septies* in die preces ad Deum fundendas esse statuit. Clemens vero Alexandrinus Strom. lib. 7. hujusmodi horarum divisionem laudat quidem, sed alia subdit non contemnenda. *Nonnulli*, inquit, *certas & definitas horas constituunt precationi, ut verbi caussa Tertiam, Sextam, Nonam. At is, qui est cognitione praeditus, per totam orat vitam, dum per preces suas cum Deo versari studet.* Tertullianus autem alibi, in libro nempe de Jejun. cap. 10. Tertiam, Sextam, & Nonam orationi destinatas reperit, sententiamque suam iisdem confirmat exemplis. In Synagoga quoque ter die quolibet precibus dari operam auctor est Maimonides in lib. de prec. & benedict. Sacerdot. cap. 1. Idemque & in Ecclesia Dei ter solitum fieri testatur S. Cyprianus in lib. de Orat. & S. Hieronymus in Epist. ad Laetam & Demetriadem. *Alnoterius.*

2. *Exceptis utique legitimis orationibus.* Preces matutinas, ac vespertinas a lege praescriptas ait. De iis loquitur Chrysostomus Hom. 11. in Epist. ad Hebr. Vide & Cyprianum cap. ult. de Orat., ubi *mane, & recedente Sole necessario orandum* ait. *Idem.*

CAP. XXVI.

De fratrum digressu.

FRatrem domum tuam introgressum ne sine oratione dimiseris. Vidisti, inquit, fratrem, (1) vidisti Dominum tuum: maxime advenam, ne Angelus forte sit. Sed nec ipse a fratribus exceptus priores feceris refrigeria terrena coelestibus: Statim enim judicabitur fides tua. Aut quomodo secundum praeceptum *Luc.* 10. 5. *pax huic domui* dices, nisi & eis, qui in domo sunt, pacem mutuam reddas?

ADNOTATIONES.

1. *Vidisti, inquit, fratrem.* Haec a sacris Scripturis eruta videntur: locum vero invenire nescio. Quod pater, respicit ad cap. 13. n. 2. Epist. ad Hebraeos, ubi Apostolus hospitalitatem commendans ait, latuisse Angelos hospitio receptos. Sunt ejus verba: *Et hospitalitatem nolite oblivisci, per hanc enim latuerunt* (placuerunt habent alii) *quidam, Angelis hospitio receptis.* Alludit autem ad Angelos, qui in hospitio Abrahamo & Lot obvenerunt. Hinc S. Ambrosius in lib. de Abraham cap. 5. *Quid scis,* inquit, *an Deum suscipias, cum hospitem putas? Abraham dum peregrinantibus defert hospitium, Deum atque Angelos suos suscepit hospitio. Quoties & quam hospitem suscipis, Deum suscipis* &c. Idem ab eo repetitur lib. 2. cap. 21. de Officiis. At in verbis Tertulliani aliquid turbatum desideratur. *Alnoterius.*

CAP. XXVII.

De subjungendo Psalmo.

DIligentiores in orando subjungere in orationibus (1) Alleluja solent & hoc genus Psalmos, quorum (2) clausulis respondeant, qui simul sunt. Et est optimum utique institutum omne, quod proponendo & honorando Deo competit, saturatam (3) orationem velut optimam hostiam admovere.

ADNOTATIONES.

1. *In orationibus Alleluja:* De hujus vocis antiquitate, ac repetitione esse in precibus sacris jam alii satis egere, ejusque illi mentionem faciunt S. Augustinus in Psal. 106. & 110. S. Ambrosius in Apologia pro Davide, Sozomenus lib. 7. cap. 15. & 19., S. Paulinus, S. Hieronymus, Isidorus, Sidonius, & alii. A Judaeis ad Christianos transiit: est enim in Davidicis Psalmis frequens, eamque olim potissimum in Ecclesia Hierosolymitana usurpatam discimus a S. Gregorio lib. 2. Epist. 63. *Muratorius.*

2. *Quorum clausulis respondeant.* Legentium eruditioni facerem injuriam, si post doctissimum sanctumque virum Cardinalem Bonam de antiquissimo psallendi, ac Davidicos Psalmos aut recitandi, aut canendi ritu loqui vellem. Ejus librum de Psalmodia consulat quisquis satiari cupit. Hoc tantum animadverto, quam vetustus ille etiam sit ritus, quo Psalmi alternis in Choro, aliisque Ecclesiasticis supplicationibus recitantur. *Idem.*

3. *Saturatam orationem.* Sicuti *jejuna oratio*, alio tamen sensu, a Cicerone dicta est, ita & *saturata* a Tertulliano dicitur, quae preces cum recitatione Psalmorum conjungit. Haec est optima, haec est pinguis hostia, quam ad aram divinam perducimus. *Idem.*

CAP. XXVIII.

HAec est enim hostia spiritalis, quae pristina sacrificia delevit. *Quod mihi*, inquit, *Esaias* 1. 11. *multitudinem sacrificiorum? Plenus jam holocaustomatum arietum; & adipem agnorum, & sanguinem taurorum & hircorum nolo. Quis enim requisivit ista de manibus vestris?* Quae ergo quaesierit Deus, Evangelium docet. *Veniet hora*, inquit, *Jo.* 4. 23. *quum veri adoratores adorabunt Patrem in spiritu & veritate. Deus enim spiritus est:* 2. *Cor.* 17. & adoratores itaque tales requirit. Nos sumus veri adoratores, & veri Sacerdotes, qui spiritu orantes spiritu sacrificamus orationem Dei propriam, & acceptabilem, quam scilicet requisivit, quam sibi prospexit. Hanc de toto corde (1) devotam, fide pastam, veritate curatam, innocentia integram, castitate mundam, Agape (2) coronatam cum pompa operum bonorum inter Psalmos, & Hymnos deducere ad Dei altare debemus.

ADNOTATIONES.

1. *De toto corde devotam.* Orationi, quam hostiam spiritalem appellat, singula tribuit, quae victimis carnalis conveniebant, nimirum ut de toto corde voveatur Deo, ut sit pasta, curata, integra, munda, coronata. *Muratorius.*

2. *Agape coronatam.* Etsi Agaparum nomine convivia illa fere semper significari soleant, quae a primis Christianis in sacro conventu celebrari solebant in pauperum solatium, in me-

tet

tur dilectionis communionem: interdum tamen ipsam Eucharistiam, atque incruentum Sacrificium ea voce significarunt Patres. Neque vero ab Agapis olim disjungebatur Dominici Corporis, & Sanguinis ministratio. Priori sensu intellexisse videtur Tertullianus in Apologia cap. 39. *Coena nostra*, inquit, *de nomine rationem sui ostendit. Vocatur enim* ἀγάπη, *id quod dilectio penes Graecos est*. In lib. etiam ad Martyres cap. 2. *Agapen fratrum* vocat. Hinc autem constat, post orationem celebrari solitam fuisse Agapen, quum haec orationis corona dicatur. De Agapis fusius Disquisitionem subdidi Carminibus anecdotis S. Gregorii Nazianzeni. *Idem*.

CAP. Ultimum.

De vi & affectu (1) Orationis.

OMnia (2) nobis a Deo impetratorum. Quid enim orationi de spiritu & veritate venienti negavit Deus, qui eam exigit? Legimus, & audimus, & credimus, quanta documenta efficaciae ejus. Vetus quidem oratio & ab ignibus, & a bestiis, & ab inedia liberabat, & tamen non a Christo acceperat formam. Ceterum quanto amplius (3) oratio Christianorum, non roris (4) Angelum in mediis ignibus sistit, nec ora leonibus obstruit, nec esurientibus rusticorum prandium transfert, nullum sensum passionis delegata gratia avertit; sed patientes, & sentientes, & dolentes sufferentia instruit, virtute ampliat gratiam, ut sciat fides quid a Domino consequatur, intelligens quid pro Dei nomine patiatur. Sed & retro oratio plagas irrogabat, fundebat hostium exercitus, imbrium utilia (5) prohibebat. Nunc vero oratio justitiae omnem iram Dei avertit, pro inimicis excubat, pro persequentibus supplicat. Mirum si aquas coelestes extorquere novit, quae potuit & ignes impetrare? Sola est oratio, quae Deum vincit. Sed Christus eam nihil mali novit operari. Omnem illi virtutem de bono contulit. Itaque nihil novit, nisi defunctorum animas de ipso mortis itinere vocare, debiles reformare, aegros remediare, Daemoniacos expiare, claustra carceris aperire, vincula innocentium solvere. Eadem diluit delicta, tentationes repellit, persequutiones extinguit, pusillanimos consolatur, magnanimos oblectat, peregrinantes deducit, fluctus mitigat, latrones obstupefacit, alit pauperes, regit divites, lapsos erigit, cadentes suspendit, stantes continet. Oratio murus est Fidei, arma & tela nostra adversus (6) hominem, qui nos undique observat. Itaque numquam inermes incedamus. Die Stationis, nocte (7) Vigiliae meminerimus. Sub armis orationis signum nostri Imperatoris custodiamus, Tubam Angeli expectemus. Orantes orant etiam Angeli omnes. Orat omnis creatura. Orant pecudes, & ferae, & genua declinant, & egredientes de stabulis ac speluncis, ad caelum non otiosi (8) ore suspiciunt, vibrantes (9) spiritu suo more. Sed & aves nunc exurgentes eriguntur ad caelum, & alarum crucem pro manibus extendunt, & dicunt aliquid, quod oratio videatur. Quid ergo amplius de officio orationis? Etiam ipse Dominus oravit, cui sit honor & virtus in secula seculorum.

AD-

ADNOTATIONES.

1. *Et affecta*. Scribendum puto *effecta*, ita enim quae sequuntur persuadent. *Muratorius*.

2. *Omnia nobis impetraturam*. Cum superioribus conjungenda erant haec verba. Nempe orationem hostiam spiritalem deducere ad Dei altare debemus, omnia nobis a Deo impetraturam. *Idem*.

3. *Caeterum quando amplius* &c. Vim & efficaciam Christianae orationis commendans quorumdam objectiones praevertere videtur, qui miracula per orationem fieri non conspiciebant, qualia in veteri lege facta acceperunt. Respondet igitur, non ea quidem ipsa prodigia, sed alia non minora per orationem Christianis praestari. Legendum postremo arbitror. *Non roris Angelum dimittit* &c.; *sed etiam patientes* &c. ut sit sensus: Non ea tamen Christianorum precibus miracula impetrantur, quae Synagoga impetravit; sed alia etiam majora, quum longe majus prodigium sit patienter ferre tormenta, quae sentiuntur, quam a tormentis liberari. Cui interpretationi consentire videntur tam superiora, tum subsequentia verba, atque exempla. Utcumque tamen e vitioso Codice conjicere possimus, certum est a Tertulliano ea etiam commemorari prodigia, quae per Christianos orantes e Coelo impetrabantur. *Idem*.

4. *Non roris Angelum*. Eum Angelum, qui tres pueros, velut roscido imbre perfusos, in fornace servavit, *roris Angelum* appellat. Eodem scilicet modo aliis Angelis ab aliqua re gesta, aut aliquo munere nomen imposuit. *Angelum Orationis* supra nominavit: *Angelum* matrimonio praepositum memorat lib. 2. ad uxor. cap. ultimo. *Angelum Baptismi* lib. de Bapt. cap. 5. & 6., & *Angelum*, cui hominis in utero formandi est cura, nominat lib. de Anima cap. 37. *Idem*.

5. *Imbrium aritia prohibebat*. Quando heic mendum non latet, explicare possemus, orationem in caussa fuisse, ne utiles imbres e coelo in hostium arva fluerent. *Idem*.

6. *Adversus hominem* &c. Haec revera de Diabolo dicenda erant, qui semper *circuit quaerens quem devoret*. Sed quo jure *hominem* Tertullianus appellasset? De Ethnicis ergo Principibus loqui mihi videtur Auctor, qui nihil non tentabant, atque observabant, ut Christianorum Reipublicae nocerent. *Idem*.

7. *Noctis Vigilias munimentamus*. Actum agerem, si de Vigiliarum in Ecclesia Dei antiquitate mandare literis aliquid vellem. Ad eam tamen locupletius probandam non parum conferret hic Tertulliani locus. Eorum autem considerationem praeterire non possum, qui Vigiliarum institutionem ex necessitate factam, ac servatam tribus primis Ecclesiae saeculis scribunt; quum enim (ajunt illi) convenire interdiu Christiani non possent per Paganorum timorem, hinc factum est, ut noctu conventum celebrarent, vigilantes in oratione, & in laudibus divinis. At quid evidentius, quam & diurno tempore ad Ecclesiam coiisse Christianos vel ipsis tribus a Christo nato saeculis? Id satis probant, quae de Stationibus breviter ego, fusius alii adnotarunt. *Idem*.

8. *Non orisse ore*. Scribendum est *non oriisse*, aut *non orasse*. *Idem*.

9. *Vibrantes*. Si quidem ita scripserit Tertullianus, hoc verbum explicarem: hac animantes [illegible] spiritu suo ora ad laudandum Deum, atque [illegible] movent. *Idem*.

FINIS.

IN
STEPHANARDI
DE VICOMERCATO.
Poema de Gestis in Civitate Mediolani.

OTHO Vicecomes, cui potissimum sua magnitudinis & gloriæ fundamenta debuit illustris Vicecomitum familia, ad Archiepiscopatum Mediolanensem evectus fuit An. Ch. 1263. Varia fortuna usus, multisque laboribus devoratis, sedem suam tandem an. 1277. & una cum ipsa imperium Mediolanensis Urbis obtinuit, postquam inde Turrianos cedere coegit. Ejus mors in annum 1295. Gualvaneo Flamma teste cadit, sive in 1295. ut Corius in Historia Mediolanensi testatur, relatis versibus ejus sepulcro sub Johanne Vicecomite Archiepiscopo inscriptis. Atque ea ipsa tempora fuere, quibus floruit Stephanardus de Vicomercato, cujus nunc Poema Historicum damus de rebus gestis sub Othone Vicecomite usque ad memoratum annum 1277. Scriptori huic Patria Mediolanum, familia de Vicomercato, quæ & nunc inter Mediolanenses nobilitate sua conspicua est. Ordini Prædicatorum nomen dedit, atque Othoni Archiepiscopo carus, inter vivos desiit esse anno 1297.

Extant Mediolani apud PP. Prædicatores Conventus Gratiarum Chronica MSS. Fratris Ambrosii Taegii antiqui Scriptoris, de quo mentionem facit Leander Albertus Lib. IV. de Viris illustr. Ord. Præd. Hæc autem ibi scripta inveni ad annum Ch. 1296. *Dominus Otto Vicecomes Mediolanensis Archiepiscopus prebendam centum Florenorum constituit pro Lectore Majoris Ecclesiæ Mediolani, quæ lectio data fuit Fratribus nostris, & usque præsens perseverat. Instituit autem dictus Dominus Archiepiscopus pro Lectore dictæ Ecclesiæ Fratrem Stephanardum de Vicomercato Mediolanensem, & ubi vivit, qui legit anno uno. Hic fuit in seculo venerabilis Clericus, & magnus prædicator, & doctus, qui composuit Chronicam, & Summam Juris Civilis, & multa, quæ sunt in Bibliotheca Conventus Mediolani D. Eustorgii. Fuit quoque dicti Domini Archiepiscopi amicissimus ac familiarissimus.* Hæc Taegius, qui & anno sequenti consignavit mortem Stephanardi.

Vidi insuper in Ambrosiana Bibliotheca Tractatum MS. *de irregularitate compilatum per Fratrem Stephanardum Ordinis Prædicatorum.* Ejus etiam nomen occurrit inter scriptores [illegible] in Processu MS. confecto propter cædem S. Petri Martyris Ord. Prædic. cujus fragmentum habetur in eadem Ambrosiana Bibliotheca, a Puricello quoque memoratum. In Notis autem MSS. ad hanc ipsam Historiam, quam nunc edimus, Stephanardus alium libellum concinnasse dicitur Carmine Elegiaco. Ceterum præter Paulum Morigiam Philippus Picinellus in Athenæo Literator. Mediolan. refert a Stephanardo compositum *Dialogum de Apprehensione*, cui etiam *Librum Patriarcham Nuncupatum*, atque iisdem *Carminum metricum super Lucam*, quæ nunquam vidi. De hoc eodem Auctore videndi Leander Albertus de Vir. illustr. Ord. Prædic. Antonius Possevinus in Apparatu Sacro, Johannes Jacobus Frisius in Bibliotheca, & Johannes Puricellus in vita Laurentii Litræ pag. 117. ac alios omittam. Frater vero *Gualvaneus de la Flamma* Ordin. Prædic. celebris circiter ann. [illegible] 1330. Mediolanensium rerum Historicus, cujus Opera MSS. asservantur in memorata Ambrosiana Bibliotheca, sæpe Stephanardi mentionem facit, cujus etiam versus ex hac eadem Historia descriptos in *Manipulum Florum* derivavit. Ex hoc emendandus Paulus Jovius, cujus verba sunt in Vita Othonis Vicecomitis: *Refert Stephanardus Flamma, qui eam Historiam conscripsit* &c. ubi vides eum Gualvaneo Flammæ confundi Stephanardum nostrum, quæ res Gerardum Johannem Vossium Lib. 2. cap. 62. de Historicis Latinis in errorem induxit, ut alii e *Stephanardo de Vicomercato* fecere *Stephanardum illum Flammam*. Sed & ipse Vossius deceptus est, quum ibi scripsit, Manu[illegible] Stephanardi exemplar esse apud V. Cl. Laurentium Pignorium, atque [illegible] Florum; nam Historia, cui hic titulus, non metrica sed soluta oratione con[illegible], & Gualvaneum Flammam, non vero Stephanardum nostrum, Auctorem habuit, ut [illegible], quum ipsum *Manipulum Florum* evulgabimus.

Quod restat, Stephanardi [illegible] Historiam, quam ex Cod. MS. [illegible] Ambrosianæ Lit. S num. 15. descriptam nunc luci publici facio, non frigidam eruditis futuram puto, quamquam in calce mutilam; atque etiam eorum temporum Scriptorem nullum reperias, qui res sub oculis suis in Insubria gestas uberius ac fidelius, quam Stephanardus, memoriæ mandarit. Erant in MS. Codice lacunæ quædam, & Notæ in priores versus, quas retinui. Lectoris autem erit alia emendare, aut supplere spatiolum ex ipso Codice derivata, quibus inserere eorum nihil non placuit.

STE-

STEPHANARDI DE VICOMERCATO

Ordinis Prædicatorum De gestis in Civitate Mediolani sub Othone Vicecomite Archiepiscopo Mediolanensi POEMA.

Incipit Liber de gestis in Civitate Mediolani.

AD posterorum cautelam gesta in Civitate Mediolanensi tempore Domini Othonis de Vicecomitibus tunc ejusdem Civitatis Archiepiscopi, per quem & magna fuerunt peracta negotia, cogitavi scribere metrice ad ornamentum operis; metri enim necessitas quamdam habet venustatem annexam. Nec declinavi a fundamento Historiæ, licet tantum quædam majora prosequar, omittens minora quam plurima, arbitrans singula colligere vanum, & sine fructu. Aliqua etiam, tam poeticæ quam rhetoricæ artis morem sequendo, addita sunt alicubi ornatus causa, non tamen veritati derogantia gestorum. Quoniam vero ex auditu illa percepi, quæ meo sunt expleta tempore, nunc me longe distante plus forte aliquid, vel minus ad meam devenit notitiam, ideo sine præjudicio veritatis hæc scripta accipiat, qui legerit, quoniam in hoc Opusculo nec veritati detrahere animus est, nec falsitati favere; fidelis enim scriptor velut æquus arbiter affectui privato renunciare debet, & ipsis adhærere rebus. Ut autem subsequentium intelligentia se facilius offerat, prosaica dicendorum brevis explicatio præmittitur.

In duos enim Libros opus divisi, quorum primus continet ea, quæ ante conflictus sunt acta, licet in eo unus conflictus, qui inter Cremonenses, & Veronenses fuit in Insula Fulcherii, breviter percinatur. In secundo vero Libro plures describuntur pugnæ, & aliqua etiam pauca, quæ pugnam ultimam secuta sunt, tanguntur. In primo itaque Libro in principio prælibatio totius operis tangitur, cui invocatio, seu divini auxilii imploratio annectitur. In primo paragrapho innuitur multiplex commendatio Civitatis Mediolani. In secundo paragrapho mutatione facta in pejus multiplex ejus mala conditio exprimitur, & maxime civile discidium ex ambitione aliquorum civium sibi adversorum, quærentium dominium in Civitate, quorum uni parti militia adhæret, alteri populus. In tertio paragrapho prævalente populo, & ejus duce in Civitate, Cremona fœderatur populo Mediolanensi, sed Verona militiæ jungitur. Princeps veniens in militiæ Mediolanensis subsidium, transito fluvio Abdua, cito est regressus, insequentibus eum Mediolanensibus, & pugnavit cum Cremonensibus ei obviantibus, & vulneratus & captus succubuit cum suo exercitu. Quo facto militia Mediolanensis patriis sedibus cessit, &

trans Abduam fluvium fugit, [illegible] nitens in Castro Tebi go nomine fuit, & in [illegible] Qui autem Castrum non intraverunt, ad loca [illegible] quarto paragrapho describitur gemitus eorum, [illegible] quinto paragrapho ponitur querela Actoris hujus operis [illegible] ruina. In sexto paragrapho dicitur, [illegible] Neapolitana Dominus Otho de Vice[illegible] Urbano IV., duobus aliis exclusis, [illegible] Pretor populi Dominus in Civitate Mediolani [illegible] amotione, Castra, & possessiones Archiepiscopatus [illegible] Dominus Otho Archiepiscopus creatus [illegible] Clemente IV. qui successit Urbano, [illegible] da, & [illegible] Clementis [illegible] praedicta, [illegible] devota [illegible], inseritur. In [illegible] venisse ad Papam Clementem [illegible] nisi primo [illegible] rolum Dominum [illegible] pro eis intercedentem [illegible] a Domino [illegible]. In nono paragrapho [illegible]. In decimo [illegible] Mediolani, & illi duo contra Dominum [illegible] & proscriptos de Mediolano loquuntur, [illegible] sed secundus prolixe obloquitur de eisdem. In undecimo [illegible] Oratio Domini Archiepiscopi, qui maxime [illegible] expulsioni sua, & proscriptorum, & aequaliter contra Cives etiam [illegible]. In duodecimo paragrapho Oratio habetur [illegible] maxime Cives de Mediolano excusat, [illegible] proscriptos. In decimotertio paragrapho dicitur, quomodo concionibus quatuor [illegible] coram Papa, & Cardinalibus recitatis, Dominus Papa non revocat sententias excommunicationis, & interdicti latas in [illegible] Mediolanensium, nisi Legati Communis Mediolani jurent obedire, qui [illegible] Papae juraverunt, & redierunt Mediolanum. In decimo quarto paragrapho subinfertur, quomodo Legatus Papae sequitur Legatos [illegible], qui veniens Mediolanum [illegible] Civibus proponit mandata Papae, quae recepta fuerunt, & [illegible] patentur. Cives per plateas. In decimo quinto [illegible] ponitur Oratio Legati Domini Papae in consilio generali recitata, [illegible] Cives ad [illegible], & obedientiam Ecclesiae, cos mire [illegible] & relaxat omnes sententias in Commune Mediolani latas, & [illegible] jura Ecclesiae Mediolanensis repetit, & recipit Domini Archiepiscopi nomine.

[illegible] R. VII.

IN secundo Libro [illegible]. In primo paragrapho agitur de [illegible] Civitatis Mediolanensis contra Dominum Archiep[illegible] cum injusto Statuto edito, cum iret per Placentiam [illegible] Capitulo generale sequens Papam Gregorium, qui [illegible] Dioecesi Vercellensi, quia [illegible] noluit, quod cum eo veniret. In secundo [illegible], quod Archiepiscopo stante [illegible] Potestas Proscriptorum, invasit [illegible] Castrum [illegible], & arcem En[illegible] Castri [illegible]; & Engleriam [illegible] dictum Co[illegible], in quo [illegible] fuerant; & [illegible] sententiae pleni; in tertio pa[illegible] Proscripti milites faciunt Ar[illegible] Principem esse placeat, & de [illegible] ejus in Novariam, & inde in Castr[illegible] contra Archiepiscopum, & c[illegible] Civium, & de fuga tandem [illegible] inde in Zoriagum. In quarto paragrapho [illegible] de Zoriago in Canobium, & de preparatione [illegible], & de bello navali habito juxta [illegible] Majori, & de victoria Archiepiscopi, & [illegible], & eorum reditu ad Archiepiscopum. In quinto paragrapho habetur de [illegible] & de missione Symeonis de Locarno, quem [illegible] ad obsidionem Aronae, & de adventu Domini Marchionis [illegible], & Novariensium, & militum proscriptorum, & [illegible] ab obsidionem eandem, [illegible] obsidentibus ex parte terrae, & [illegible] ex parte Lacus, & de subita fuga Domini Marchionis, & exercitus ejus & Symeonis, & exercitus ejus ad adventum [illegible] Civium Mediolanensium, qui his, qui in Castro Aronae erant obsessi, succurrebant, & de spoliatione, quam fecerant obsessi [illegible] post hostes, & recessu Symeonis ab obsidione, quae erat ex parte Laci; & reditu Castrorum, & Locorum ad Civitatem, quae [illegible], & item de [illegible] Symeonis, & [illegible], qui in navali succubuit cedendo ab Arona, & de [illegible] Archiepiscopi, quam facit ad socios suos proscriptos [illegible]. In sexto paragrapho recitatur de reditu Archiepiscopi [illegible] proscriptis in Novariam, & de ejus studio iterum ad reditum in patriam suam, & de lite orta in Comis, & bello civili Comano, & victoria partis Archiepiscopi. In septimo paragrapho de introitu Archiepiscopi in Comas, & de subsidio ei a multis partibus veniente, de invasione plurium locorum

Dioe-

Diœcesis Mediolanensis a Comite [illegible], Duce militum proscriptorum constituto, de ipsius Comitis reditu in Cumas, & de adventu ejus cum Archiepiscopo in D[illegible], de prœlio ibi [illegible], & victoria ibi obtenta, & captione hostium. In octavo paragrapho de exhortatione, & Oratione, quam fecit Dominus Archiepiscopus in introitu Civitatis [illegible] in [illegible] in Civitate, [illegible] viam [illegible] Archi[illegible] in [illegible] agitur de quadam exclamatione contra instabilitatem fortunæ, [illegible] commendationem virtutis quæ cadere non [illegible] fortunæ [illegible] duodecimo describitur laus virtuosi; scilicet [illegible] qui fort[illegible] intuentes, sed virtu[illegible] Herodes [illegible] jambicum, [illegible] Calliope, [illegible] tum.

[illegible]

Incipit liber de gestis

IN CIVITATE MEDIOLANI

Editus a Fratre

STEPHANARDO
DE V[illegible]COMERCATO

De [illegible] Fratrum Prædicatorum.

[illegible] Etp[illegible] [illegible], civilis [illegible] litis,
[illegible] [illegible] [illegible] cedentis in orbem,
[illegible] [illegible] [illegible], [illegible] triumphum,
[illegible] [illegible] [illegible] [illegible] favete.
Heroicis (1) cedant (2) Elegi, quia fata relinquo
[illegible] In [illegible] [illegible] lares. Nunc gesta supersunt
[illegible] pangenda metro. Peto Musa superni
Numinis [illegible], vires [illegible] animus
Quod metro: [illegible] & [illegible] [illegible] labori
Pervia, [illegible] [illegible] obiit [illegible]
Ardor [illegible], [illegible] [illegible] vela secundo
Flatuque, [illegible] [illegible] [illegible] vertetur in usum.
[illegible] possit [illegible] [illegible] potentis
Urbs nota, & [illegible], longoque celebris ab ævo
[illegible] quondam sedes, ac [illegible] [illegible],
Lanea (3) sus medio, quam prætulit [illegible] futuram
Mirum, visa loco, quo structor mœnia jecit,
Nactaque prodigio est divino nomen ab ipso.
Ipso (4) sive situ medio amnium condita, dives
Quin etiam scatebris arentes irrigat agros
Jugibus, ut gratos [illegible] dent pro [illegible] flores,
Deliciis mirunda suis hæc plena decoris.
Hanc tenuit forti Gallorum Marte juventus,
Tuscis (5) deletis, patriis prius ipsa fugata
Sedibus, haud patiens fraterni pondera belli.
Urbs honos Italiæ, Ligurisque potentia sævi,
Ambrosii decorata fuit fulgoribus almis,

Jo-

(1) *Heroicis*, idest metris [illegible], quæ sunt de Gestis Nobilium.
(2) *Cedant Elegi*, idest metra [illegible], & pentametra, quæ sunt de materia quæ Auctor hujus operis fecit in alio libello.
(3) *Lanea* [illegible] dicta [illegible] Orig. lib. 15. in loco, quo [illegible], erat [illegible] dum, apparuit [illegible] [illegible] [illegible], ex quo prodigio, quod apparuit, Civitas est dicta Mediolanum.
(4) *Ipso sive* vel dicitur [illegible], quia est in medio [illegible] [illegible], scilicet Ticini, & Abduæ [illegible].
(5) *Tuscis deletis* secundum Isidorum Galli propter [illegible] [illegible] inter se [illegible] expulsi venerunt Mediolanum, & expulsis Tuscis, quos ibi invenerunt, habitaverunt ibidem.

Justitiae fomes, coelesti sedula cultu;
Consilii radios Latium diffundit in omne,
Urbibus (1) & reliquis solitâ est praebere ducatum
Prudentem, ingenuas & opes effundere sumptu
Magnifico, cujus victricia signa rebelles
Audiris tremuere [illegible], [illegible]
[illegible], [illegible] confirmata [illegible] floreat.

§. I.

Ast in ea fervent civilia jurgia, saevit
Nuper livor edax, [illegible] privata Colossi;
Et [illegible] [illegible] [illegible] publica, [illegible] Tribuni
Esse potant [illegible], [illegible] [illegible] [illegible]
[illegible] [illegible], [illegible] viget, [illegible] [illegible].
Justitiam infelix Urbis dominatur in aula,
Diripit ambitio immeritos temeraria fasces,
Gurges avaritiae nullo satiabilis [illegible]
Fundamenta quatit, titubant [illegible] [illegible], [illegible]
Inclinata gravem quasi jam ruitura minantur.
Importuna [illegible], quamvis suspiciant aurum.
Toto, [illegible] [illegible]; discrimine nullo veretur
Gloria [illegible] [illegible], dominandi saeva cupido
Ad praerupta [illegible] cives rapit, ardor ad [illegible]
Praecipites quos saepe facit lugubris honoris.
Liber adest [illegible] [illegible], correptio [illegible],
Correis [illegible] [illegible] reverentia [illegible];
Consilium [illegible] [illegible] [illegible] [illegible],
Vix ibi quid [illegible] est, [illegible] Astraea superna
Sedem [illegible] [illegible] [illegible] [illegible], [illegible]
Nulla [illegible] [illegible] fidei, [illegible] & [illegible].
[illegible] [illegible] prisci moderaminis [illegible],
[illegible] [illegible] [illegible], & jura, [illegible]
[illegible] [illegible] [illegible] [illegible].
Te [illegible] [illegible] [illegible] [illegible]
Ambitio [illegible]; [illegible] [illegible] [illegible],
[illegible] quoque [illegible] [illegible] [illegible].
Vix [illegible] [illegible] [illegible] honores;
Hinc [illegible], hinc bellis [illegible] [illegible],
Dantur [illegible] [illegible] [illegible];
Contempto [illegible] [illegible] [illegible]
Festibus, [illegible], [illegible] [illegible].

§. II.

(1) *Urbibus* [illegible] ex [illegible] [illegible] [illegible] in [illegible].
(2) *Dantur*. Nam capita [illegible] [illegible] [illegible] [illegible]. Sed [illegible] Praetor [illegible] Domanas populi [illegible] [illegible] [illegible] [illegible] Communitatis & copiis [illegible]

§. II.

Arma silent, sibimet Cremonam fœdere junxit;
Militiæ Verona favet, dominusque vocatur
Ipsius, ad lignum civilem milite septus,
Metropolis qui invasit agros. Concussa pavore
Corda tremunt Ligurum; vires animumque resumunt
At Cives, acies ut norunt esse paratas,
Fulgentemque armis celeri succurrere gressu
Cremonam, arma petunt, egressi bella minantur,
Metropoli sed terga dedit Verona sequenti.
Cremonæ occurrit venienti; [illegible] cohortes
Miscent [illegible]; cessit Verona, fugaque
Spem, Deos [illegible], solo posuere salutis.
Non etenim dudum est [illegible], Principe capto.
Confractas acies ut miles vidit amicas
Metropolis, gratam gemebundus deserit Urbem,
Non hostile ferens robur, secessit & ultro
Ædibus a patriis, lacualem transiit amnem,
Abdua cui nomen: [illegible] inde
Ad reditum; sed fata vetant, capiuntur in arce
Nomine Tebiago planas, quæ prominet undis
Lambri. Nobilium post prœlia dura ligatos
Plaustra vehunt milites, clauduntur carcere duro;
Ignotas reliquos fatum divisit in oras.
Nec sævire ferox ac implacabile semper
Ut cœpit miseris, sed nec desistere novit,
Ni tandem innumeris trassato creditur ense.
Gaudent victores, mœror perfundit amicos
Vinctorum, tristes lacrymis delubra frequentant
Liminibus devota sacris, ac oscula fundunt
Insontes animi. Nunc illic pectora [illegible]
Flectunt inde genu, [illegible];
Pulsant vota Deos, & [illegible]
Gaudia cessarunt miseris [illegible]
Læta juventutis jam [illegible],
Horrida mutata est jam [illegible];
Prœlia pro ludo fraterna [illegible];
Milites occidit, [illegible]
Gratum amicitiæ [illegible]
Excidii; ce[illegible]
Funditur, ac vitas lugubri fugit ab ore.
In te [illegible]
Jamque Megera [illegible] arcis

Ho-

Hospes adest animi prisci servata rigorem,
Inde litigiosos vomuit clamosa tumultus,
Tisiphoneque tuis ululavit moenibus altrix.
Impia bacchatur nullo satiata cruore,
Implevit, lapsa comes, gemebunda theatra
Flebilis Alecto. Turbantia Regna cometis
Sidus signa dedit [illegible] ad Austrum
Axe sub Arctoo visum, pars cladis amarae
Parte vel occidua micuit quod nuper ibero
Se mergens pelago, somnumque effudit Eois.
Prodigium majoris erat [illegible] futuri.
Patria proh miserum laesisti vulnere grandi
Vatem, conspicuum quem fecit saeva ruina;
Exitio nam saepe suo fit notior ejus,
Fulmineo nomen Capanei civit ut ista;
Progenies facta est sic hujus fabula vulgi,
Et pro caede sua lucrum suscepit honoris,
Flebilis in luctu patruelis flore juventus,
Languit, ac geminos hinc tu [illegible] fratres
Cara recidisti: Probitas ornaverat ambos,
Arridebat eis fallax fortuna; deditque
Praecipites, duro quos sumpsit carcere. Credit
Semper successus injusto vulnere; livor
Saevior exarsit postremo patre perempto
Jam sene, quem [illegible], quem jam consumserat aevum,
Longaque pauperies, quem [illegible] fugerat in orbe
Fatum, judicium quem tandem perculit atrox.
Cur in tam miseram gladium [illegible] senectam
Non puduit? Cana heu non miseratio juvit,
Non antiquus amor patriae, non [illegible]
Militiae exhibitus [illegible],
Infausto nam [illegible] suffragia praestant.
Spiritus [illegible] subvectus in astra
Luciferas praestante Deo [illegible],
Ultima [illegible],
Dii faciant [illegible] tristia [illegible].
Interea Divo [illegible] alma vacaret
[illegible] suscepit honorem
Otho, [illegible]
Electis; [illegible]
Urbanus, qu[illegible]
Ecclesiae. Praec[illegible]
Ira potens Urbis, [illegible] agros
Protinus Ecclesiae. Fit [illegible]
Praesulcum pro [illegible]

Qua-

Quaerit, sed votis obstat constantia Patrum.
Invasas Antistes opes, fructusque refundi
Otho petit raptos supplex. A sede citantur
Metropolis Cives, Quartus parereque jussit
Clemens, justitia [illegible], fata synedris.
Quem posuere sacris, quem jussi secta Catonis
Extulit, huicque fidem faciunt responsa futuri
Numinis. Alma soror, studiis intenta supernis,
Haec quae visa refert, Fratrem vocat illa laborans
Extremo languore suum: Sermone recondo,
Inquit, quae didici quondam, lustrata superni
Luminis afflatu, longo celata sed aevo.
Consilium caeleste quidem reverentia servat
Interdum, fortasse suo ne vileat usu;
At tumulis tandem non id cum funere claudit,
Ne pereat divinus honos. Fastigia, frater,
Te complura manent; virtus te famaque fasces
Efferet ad laetos, conscendes alta per imos
Ipse gradus, mores pariter cum nomine crescent,
Virtutisque datos studio complebis honores.
Ordo tibi bicolor doctrinae semina spargens
Divae carus erit. Superis hic sedulus offert
Obsequium gratum; caelestia lumina vidi
Descendisse polo, subito lustrasseque sanctum
Ignem Caeligenas, ac ipsos esse probatos
Ostendit famulos, & amoris plena calore
Almi divorum ferventia pectora Fratrum:
Phoebus & occiduas cum jam contingeret undas,
Lucis adhuc terris splendore superstite, cum jam
Antiphonam devota cohors cantaret in unum
Virginis excelsae, solito de more salutans
Christiferam Caeli Reginam plebis asylum,
Alma Dei genetrix coram me substitit, inquit:
A pedibus nostris discedere filia noli.
Inde chorum laudes lustravit utrumque canentem,
Cuilibet inclinans, sancti reverenter amoris
Signa dat, & placide demisso vertice laudis
Cantica dant Fratres, & vocibus aethera pulsant;
Inclinata caput gratus & Virgo rependit.
Singulos antidotum jubilans excepit honoris
Exhibiti, dum sic pia Mater visitat omnes.
Denique maturo gressu processit ad aram,
Et delata stetit paulisper lumina juxta;
Mox subito sedes petiit supernas.
Quam sequor affectu [illegible] fuso.

Visio

Visio cœlestis triduo me fovit eadem
Hora, Virgineam curam testata Deique
Erga Cœlicolas locupletes monere Divum.
Ut pater his aderis, jugique fovebis amore
Illos, hos serva, numquam fiducia desit
His tua jamdudum sincero pectore fovi
Quos ego, cum cara sit idem tibi velle forore.
Hæc germana tulit, mox jam non fata morantur
Prævisas offerre viro cœlestia Sedes.
Claviger assumptus nuto non jura superno
Non mutire potest, non impugnare rebelles;
Quem ratio, quem lexque regit, naturaque format
Ipsa rei; privatus amor, fortunaque cedit.
Nam nec honor, nec opes, nec vota domestica justi
Judicium evertunt, caris amplexibus hæret
Qui quoque justitiæ, puro quam prætulit auro.
Urbis Legati veniunt ad limina missi
Judicis ætherei, qui sunt a Sede repulsi,
Ni parere velint; renuunt sed jussa penatum.
Sceptra petunt Caroli, quærunt Regisque favorem.
Regia Majestas misit, qui numina flectat,
Legatum. Rediere simul, petiere synedras,
In quibus ima regens residet Clementia Præsul.
Jam datur accessus, permissa licentia fandi est,
Non concessa prius, tunc . . . . luce statuta
Convocat Antilles claros ad sceptra penates.
Consedere patres . . . .
Eminet æthereus. Caroli sic nuncius orsus
Hæc ait: O mundi Sol Clemens, vosque verendi
Patres, prima quibus fundantur lumine Phœbi,
Aures contingat brevis hæc oratio sacras.
Sidera Phœbeis radiis perfusa superno
Infima vivificant dono, distincta per almos
Sic apicis probitas proceres hunc confovet orbem.
Urbis vos igitur vestræ conferte fideli
Præsidium, superi doni ne sola sit expers.
Gratia præcellens, ac indelebilis ullo
Tempore, mente Patrum vivat, quam Sede jubente
Prona tulit parens dilectæ filia matri.
Nonne viam Regi gratam ad jussa paravit
Pontificis, multi discriminis immemor, unde
Contigit Ecclesiæ libertas? Apula Regna
E manibus direpta Ducis, sunt reddita . . . .
Italiæ quæsita toga est, hæc sola superstes
Subjicit Ligures aulæ, servireque cogit.

Non bene Metropolis gladios in viscera mergens
Propria nobilitas . . . . cum signa tyranni
Erigere in tanta volt formidabilis urbe, -
Othoque præficitur, cur Præsul sanguinis alti
Sit licet invito populo, qui nominis extat
Tanti, pro Superis qui semper tanta peregit.
Vota precesque Ducis sacris infundo potentis
Numinibus coram; Divæ Clementia Sedis
Metropolis precibus faveat, qui promptus in omni
Re parere . . . . vobis est, hocque placebit * illi,
Quod semper . . . . . . decreverit alma potestas,
Dum non posse neget fore, cui est velle paratum
Vestrum jussa dari Caroli complere peroptat
Sedes, cui nunquam deerit fiducia Regis.
Hæc ait, & precibus dimisso vertice sedit.
Alter Metropoli sic fatur missus ab ipsa:
Orbis apex, cui astra favent, quem terra veretur,
Almi vosque Patres, consortes culminis alti
Vera loquar, patiens dignatio præbeat ausum.
Longa quidem series brevibus conferta patere
Nescit, cura tamen resecare superflua solers
Nunc erit, o Superi, nar . . . . ,
Metropolis Ligurum, clarum cui nomen ab ævo
Multo, Numinibus sacris quæ semper adhæsit,
Sit memor aula potens, quantos est passa labores.
Hostibus Ecclesiæ constanti lite rebellis
Quondam dira tulit, prisco quassataque numquam
Destitit a voto, nec enim olim matris amorem
Deseruit, majora pati pro jure tuendo
Ecclesiæ, numquam vitabit damna, sed una
Vobiscum gaudere cupit, sentireque dira.
Sors semper communis erit, nec habere putaret
Lætos successus, si Numina diva jacerent.
Jussa libens explet Superum, decretaque servat,
Ut jussere Patres. Gallorum nomine maniplis
Pandit iter Sicula [illegible]
Contempsitque suum, quo fata dedere triumphum?
Nos moveatque fides vos quondam pacta tyranno
In propriam citius naturam facta rediviva
Fœdere qu . . rupto patrium revocavit amorem,
Non oblita sui moris compulsa voluntas,
Cum licet usque statum repetit natura vetustum
In scelus invisum, nam nos timor impulit ingens
Civibus infandis reliqui cum dextra tyranni
Se junxit, Syllam, nec non superasse Neronem

San-

Sanguine qui fertur, ferro defævit iniquo.
Hic pietatis inops, urbes populatus, & ipſas
Ingreſſus metas noſtræ regionis, ut Urbis
Mœnia non modico tremerent concuſſa pavore,
Speravit populos Ligures viciſſe ſubacto
Robore Metropolis. Fuit obvia Cœlica virtus
Illi, libertas ne tunc Lombarda periret
Vulnere. Roma metus tanti non languit olim;
Vicinas Pœnus tranſcendit ut Annibal Alpes,
Innumero ſeptus plena tyrone cohorte,
Cæſar ut Heſperiis tumidus conſedit in arvis
Agmine Gallorum comitatus in arma furente
Nobilis Urbs quanti ſubito percuſſa . . . .
Internis excita dolis, nam vulnus amarius
Plena pericla parit, ſemper lethalius hærens.
In patrias leges . . . Cives arte profani
Commiſere ſcelus veſani mente parentes
Arſuras in tecta faces, patriamque laresque
Igniferi dum caſtra viri ſummeque rebellis
Aulæ conducunt, nam nulla piacula poſcent
Hoc debere nefas ſuperat genus omne rigoris,
Non privata petunt hi, dum nituntur in Urbe
Tanta devicto ſoli regnare Senatu,
Non ſatis id facinus juncti voluere tyranno,
Quem quoque reppulimus ſceleri connectere . . . .
Tam pravos venia quis dignos judicet auſus?
Crimina quid tanta . . . . . meruere penates?
In patrios agros jurata quis arma fovebit?
Excidium civile pium ſed cenſuit eſſe
Ambroſii Succeſſor, opum, non Urbis amator
Natalis veterum non degener ipſe ſuorum.
Illius in patrias ſemper conata ruinas
Eſt quoque progenies; damnato milite fultus
Nuper & ipſe ruit civilia fuſus in arma.
Arma ſacras movere manus, non faſcibus apta
Nempe ſuis, ipſi maculam foditque parentum
Impietas, potuit merito qua a Sede repelli.
Infames nec honor . . . . . cum vota ſororis
Eccleſiæ junxit comiti fideique rebelli:
Hinc exoſa dein plebs nomen Præſulis horret
Ipſius adventum, potius paſtore carere
Quæ cupit, hoſtili quam ſe ſupponere curæ.
Nobilitas patriæ tutrix, fortuna ſuperno
Cui favit juſſu, ſuperûmque intenta favori,
Zelatrix Fidei, quæ debet munera ſacris

Sumere pro meritis Patres? Meritone repelli
A pedibus sanctis? propelli tamque severo
Divorum gladio? merces hæc debita tantis.
Ergo viris? veteri patriæ, fideique, Deumque
Pro cultu meritum numquid debebitur ingens?
Serpserit incautos licet illis error, at ipsi
Verberibus pœnæ patientia terga parantes
Ut libet a matris numquam vellentur honore.
Hæc ubi sic fatus sedit Legatus, utrinque
Inconcussa fides, alternaque murmura certant,
Majestas immota silet, sed fata recondit
Pectore cœlesti. Mox supplex Otho sedili
Assitit Antistes veneranda voce penates
Alloquitur sacros. Vos, orbis lumina, clari;
Inquit, & in varios nutantis regula mundi
Casus justitiæ, fautores lora . . . .
In præceps hominum sermones exulis almas
Suscipiant aures, affectu condita semper
Urbs nativa fuit tenero, communis honorque
Estque dolor, cujus tantum mea portio major.
Hoc caput o utinam civiles tollere clades
Damnatum posset, totius vulnera litis
Exciperem lætus, sedarem jurgia cari
Ipse libens populi jugoli finita cruore
Devoti; data non hæc sors, injuria saltem
Nulla fuit, quis sit læsus nisi forte
Non placuere mihi cædes, nec mœnia quondam
Libera tam multis dominis servire, carebit
Quod numquam livore truci, qui semina belli
Profert civilis, semper mersere potentes
Quæ Populos; degit namq Principe tota sub uno
Urbs omnis; si forte biceps, discissa fatiscit.
Nutat in oppositos odio succensa tumultus
Civili, casum citius tristemque minatur.
Hinc odisse feror recte patriam ne, salutem
Cujus ego totis amplector viribus exul?
Quid genus? Urbis onus nostræ si forte petatur
In testem, non plus ipsam delator amabit
Non aliud mihi crimen erit, nisi forte quod olim
Paruerim Sedi, captis ut fascibus audax
Judicer oblatis. Veniam concedite Patres,
Si qua tacenda loquor; potius me noscite læsum,
Cum petitur venerandus apex precibusque minisque,
Aulaque dissentit juris vallata vigore,
Præsul & instituor per Sedem, protinus ipsos

In-

Invadunt fructus, inhibent & nomen honoris.
Post modo sanguineas inhiant immittere palmas
In patrem, concessa mihi cum missus ab almo
Jura peto solio, nam spes irritat honoris
Irrita quæsiti livorem. Bella parantur,
Impigre castra struunt celeres, invador & ipse
Præsul. In Arona confligunt fasque nefasque.
Heu fas succubuit, quotiens Astræa ruinam
Sustinet, & numquam cedit quæ more resurgit
Antæi, perpes succisum pullulat ejus
Germen, & in frondes succrescere novit.
Denique conveniunt patres, castrumque reliqui
Concessum, mediat fœdus, qui sedula certat
Impietas auro sceptroque, sed acrius auro;
Nam foris insultus, intus sed munera pugnant.
Eruitur Castrum, mox Oppida cetera strage
Ecclesiæ celeri sternuntur funditus, uno
Servato colubris, idem non incola novit.
Non arsere meis patrii popularibus agri;
Non in damna rui prædo; mea jura petebam.
Hæc grandis mea culpa fuit, quod solus inermis
Non veni, fauces hostiles sanguine fuso
Ut sic implerem. Quid si vicina renitens
In juga Nobilitas dudum fugitiva per orbem,
Conjugibus natisque suis compassa volebat
Ad proprium remeare solum, num luctus eorum
Perpes erit? Crimen premisne piabitur umquam?
Sola quidem manuum nescit damnatio finem.
Acer inextinctos cives heu prælia tandem
Movit delator, fidei quos tramite lapsos
Asserit. Est testis, quæ matrem condidit, urna,
Quod postrema suæ conclusit tempora vitæ
Relligio. Sed ego testis pro patre fideli.
Non fuit errori quondam germana scelesto
Tradita? sed generi claro sine labe favoris.
Non fuit in patrem tantum violenta potestas?
Quin in summa tumet. Subjecto nonne gygantum
Terrarum spatio terris vestigia tentat
Impugnare poli? sed tanto corruit ausu.
Proh scelus, o superi, simili num strage carebit?
Det pœnas meritas, vesania plexa rigorem
Sentiat æthereum, similis ne prodeat error.
Libera quæ totum currunt rescripta per orbem,
Non audent intrare suam quondamque fidelem
Metropolim; quid enim perhibent edicta potentum?

Eccle-

Ecclesiæ spolientur opes, exactio crebra
Nempe gravat Clerum, libertas debita cessit,
Afflixere pedes Clericorum pondera ferri.
Sermones caperet longos injuria grandis,
Pauca sed ex gravida satis hæc sint edita mole,
Colligat ex serie prudentia diva minori
Pressuras reliquas. Miseram defendite causam
Exulis, o Patres; ausus compescite diros.
Vulnera fortunæ vestrum est injusta mederi.
Hæc ait, & Patrum est ardor succensus ad almi
Præsulis auxilium, prolataque crimina damnat.
Ultima proscripti ratio est, quo stante rogavit
Orandi spatium: Totum clementia reddit
Me Clemens, inquit, quamquam pavor irruat artus,
Me tantis adstante viris. Expressit amorem
Urbis non totum, quem semper gessit ad aulam,
Oppositus sermo, potuit nam plura referre.
Audeo sic fari, quoniam non ultima veræ
Pars est sermonis. Clades exercuit unquam
Quis tam ferales dilecta Civis in Urbe?
Aures nam vestras nuper stupuere penates.
Cædibus auditis, quas Ditis semina, Cœlum
Quas pavet, & tellus, quas commisere parentes
Urbis in interitum, & Regalis dedecus aulæ.
O furor infelix, o quanta licentia diri
Ausus immites violant sacra, juraque calcant,
Publica res premitur, communia commoda vertunt
In proprios usus, Clerique invaditur arvum.
Concives vellens caret obice sæva voluntas,
Ædificant turres alienis sumtibus altas,
Diripiunt & opes plebejo robore fulti,
Lucra volunt soli, reliquis at damna refundunt,
Consortes renuunt, soli dominantur, honores
Usurpant soli, veteres bacchantur in urbis
Fautores, alios cogunt exire paternis
Ædibus, ac alios recludunt carcere tetro.
Exitii crudele genus, cum vita negatur,
Et mors tarda venit, nam tetra vorago colonos
Affligit miseros, dum lumen & æra tollit,
Publica dona viris etiam concessa nefandis,
Quod tegit obsequium vivos crudele sepulcrum.
O stygiæ feritatis imago, stipendia p. . . . .
Proscriptis opibus, nequeunt quæ reddere cogunt.
Solvere captivos prohibentque cibaria vinctis;
Non licet & caris accedere; longa ministrat

Chor-

Chorda dapes; ſertur fuſo quandoque veneno;
Purgamenta vetat ſeces, miſerabile dictu,
Naribus infeſtas emitti carcere fœdo.
Heu miſeris vitæ ſolatia cuncta negantur,
Lætitiæque loco ſpes mortis ſola relicta
Eſt ipſis, dulcem quam fecit carceris horror.
Hoc habet infelix oppreſſio muneris, atrum
Ne metuat funus, præſentes deſerit auras
Uſque libens, experſque metus. Hoc culmine gaudet
Longa nimis ſeries, ... ingerat auribus almis
Tædia, materia eſt grandis noſcendaque vobis;
Qui ſcelerum juſta libratis pondera lance.
Curribus imponunt eductos carcere demum
Innocuos, luctus plenam vectantur ad Urbem.
Tempore quid longo miſeri meruere ſepulti?
Murmurat hinc gemitus, lacrimis ora inde rigantur;
Mœſta dies tanti maculam polluta rigoris;
Corda pavent, nullique audent obſiſtere cædi.
Attamen inducti populo ceſſere tribuni,
Ne tribuat tanto ſceleri præſentia robur.
Vota metum reprimit, conducunt æra ſceleſtos
Ac odium ſpeciale, daturque licentia ferro.
Curritur ad facinus, vibratur mucro, bipennis
Illinc exeritur, plauſtrique in fruſtra ſecantur.
Murmura non reſonant, non eſt audita querela,
Seu vox, fata manent taciti poſtrema, nec ictus
Declinant, gladiis ultro quia colla furori
Nuda parant, nec enim revocans miſeratio ferrum,
Excipiunt animo patiente volantia tela.
Impetitur facies, hinc cervix, indeque vertex,
Hinc feriunt guttur, illinc at brachia frangunt.
Servato nullo fit ſævior ordine cædes,
Victa jacet pietas, fluctuant ferale macellum.
Funera quinque quidem decies & quatuor una
Occubuere truci primatum cæſa furore,
Quorum diva duos a mortis faucibus atris
Sors rapuit, cladis teſtes, & ſigna ſceleſtæ.
Alter ego quorum, quem cernitis, alta reduxit
Exanimem virtus ad vitam, ſæva referrem
Hæc mox ut vobis, quibus eſt commiſſa ſuperni
Judicii cenſura, ſimiles ne impune laterent.
Sanguine nobilium diffuſo terra madeſcens
Lubricat, & rivi diſcurrant fluminis inſtar.
O dolor immenſus totam diffuſus in Urbem,
Viſceraque inconcuſſa manent! res magna dol . . .

. . . ec

§. II.

Arma ſilent, ſibimet Cremonam fœdere jungit,
Militiæ Verona favet, dominusque vocatur
Ipſius, ad ligem civilem milite ſeptus,
Metropolis qui invaſit agros. Concuſſa pavore
Corda tremunt Ligurum; vires animumque reſumunt
At Cives, acies ut norunt eſſe paratas,
Fulgentemque armis celeri ſuccurrere greſſu
Cremonam, arma petunt, egreſſi bella minantur,
Metropoli ſed terga dedit Verona ſequenti;
Cremonæ occurrit venienti; [illegible] cohortes
Miſc[illegible]; ceſſit Verona, fugaque
Spem, Duce [illegible], ſola poſuere ſalutis;
Non etenim dudum eſt conſtatum, Principe capto.
Confractas acies ut miles vidit amicas
Metropolis, gratam gemebundus deſerit Urbem,
Non hoſtile ſciens robur, ſeceſſit & ultro
[illegible]dibus a patriis, lacualem tranſiit amnem,
Abdua cui nomen: [illegible] inde
Ad reditum; ſed fata vetant. [illegible] in arce
Nomine Tebiago [illegible], quæ prominet undis
Lambri. Nobilium poſt prœlia dura ligatos
Plauſtra vehunt milites, clauduntur carcere duro;
Ignotas reliquos fatum diviſit in oras.
Nec ſævire ferox ac implacabile ſemper
Ut cœpit [illegible], ſed nec [illegible] novit,
Ni tandem [illegible] cecidiſſet enſe.
Gaudent victores, mœror perfundit amicos
Victorum, triſtes lacrymæ delubra frequentant
Liminibus devota ſacris, ac oſcula fundunt
Inſontes animos. [illegible] illic pectora [illegible]
Flectunt inde genu, [illegible];
Pulſant vota Deos, & [illegible]
Gaudia ceſſarunt miſeris [illegible]
Læta juventutis jam [illegible],
Horrida mutata eſt jam [illegible];
Prœlia pro ludo fraterna [illegible];
Milites occidit [illegible]
Gratum amicitiæ [illegible]
Excidii, ceſſant [illegible]
Funditur, ac viſus lugubri fugit ab ore.
In te flagrantem [illegible],
Jamque Megæra ſuo [illegible] artis

Ho-

Hoſpes adeſt animi priſci ſurata rigorem,
Inde litigioſos vomuit clamoſa tumultus,
Tiſiphoneque tuis ululavit mœnibus ultrix.
Impia bacchatur nullo ſatiata cruore,
Implevit, laniata comas gemebunda theatra
Flebilis Alecto. Turbantis Regna cometis
Sidus ſigna dedit candens [illegible] ad Auſtrum
Axe ſub Arctoo viſum, [illegible] cladis amaræ
Parte vel occidua micuit quod nuper ibero
Se mergens pelago, ſomnumque effudit Eois,
Prodigium majoris erat [illegible] futuræ.
Patria proh miſerum læſiſti vulnere grandi
Vatem, conſpicuum quem fecit ſæva ruina;
Exitio nam fama ſuo fit notior ejus,
Fulmineo nomen Capanei civit ut idem,
Progenies facta eſt ſic hujus fabula vulgi,
Et pro laude ſua locum ſuſcepit honoris,
Flebilis in longo patruelis flore juventus,
Languit, ac geminos hinc te ſolatia fratres
Cara recidiſti: Probitas ornaverat ambos,
Arridebat eis fallax fortuna; deditque
Præcipites; duro conſumpſit carcere: Obdit
Semper ſucceſſus injuſto vulnere, livor
Sævior exarſit, poſtremo patre perempto.
Jam ſene, quem [illegible] quem jam [illegible] ævum,
Longaque pauperies, quem [illegible] in orbem
Fatum, judicium quem tandem perculit atrox.
Cur in tam miſeram gladium [illegible] ſenectam
Non pudoris? Cum hoc non miſeratio juvit,
Non antiquus amor patriæ, non fœdus [illegible]
Militiæ exhibitum, de juvenilibus annis,
Infauſto [illegible] ſemi ſuffragia [illegible]
Spiritus [illegible] fubvectus in [illegible]
Luciferas [illegible] Deo [illegible]
Ultima [illegible] concors,
Dii faciant [illegible] triſtia ceſſent.
Interea Divo [illegible] vacaret
[illegible] ſuſcepit honorem
Otho; [illegible]
Electis; [illegible]
Urbanus, [illegible]
Eccleſiæ. [illegible]
Ira potens Urbis, [illegible]
Protinus Eccleſiæ. [illegible] juris
Præſulcum pro [illegible]

Qum-

Quærit, sed votis obstat constantia Patrum.
Invasas Antistes opes, fructusque refundi,
Otho petit raptos supplex. A Sede citantur
Metropolis Cives. Quartus parereque jussis
Clemens, justitia pe[illegible], fata synedris
Quem posuere sacris, quem justi secta Catonis
Extulit, huicque fidem faciunt responsa sorori
Numinis. Alma soror, studiis intenta supernis,
Hæc quæ visa refert. Fratrem vocat illa laborans
Extremo languore suum: Sermone jucunde,
Inquit, quæ didici quondam lustrata superni
Luminis afflatu, longo celata sed ævo.
Consilium cæleste quidem reverentia servat
Interdum, fortasse suo ne vileat usu.
At tumulis tandem non id cum funere claudit,
Ne pereat divinus honos. Fastigia, o frater,
Te complura manent; virtus te famaque fasces
Efferet ad lætos; conscendes alta per almos
Ipse gradus, mores pariter cum numine crescent,
Virtutisque datos studio complebis honores.
Ordo tibi bicolor doctrinæ semina spargens
Divæ carus erit. Superis hic sedulus offert
Obsequium gratum; cælestis lumine vidi
Descendisse polo, subito instructaque sanctum
Ignem Cœligenas, ac ipsos esse probatos
Ostendit famulos, & amoris plena calore
Almi divorum ferventia pectora Fratrum:
Phœbus & occiduas cum jam contingeret undas,
Lucis adhuc terris splendore superstite, cum jam
Antiphonam devota cohors cantaret in unum
Virginis excelsæ, solito de more salutans
Christiferam Cœli Reginam plebis asylum,
Alma Dei genetrix coram me substitit, inquit:
A pedibus nostris discedere filia noli,
Inde chorum laudes lustravit utrumque canentem,
Cuilibet inclinans, sancti reverenter amoris
Signa dat, & placide demisso vertice laudis
Cantica dant Fratres, & vocibus æthera pulsant;
Inclinata caput grates & Virgo rependit.
Singulos antidotum jubilans accepit honoris
Exhibiti, dum sic pia Mater visitat omnes.
Denique maturo gressu processit ad aram,
Et delata stetit paulisper lumina juxta;
Mox subito sedes petiit supernas,
Quam sequor affectu mira dulcedine fuso.

Visio cœlestis triduo me fovit eadem
Hora, Virgineam curam testata Deique
Erga Cœlicolas locupletes munere Divum.
Ut pater his aderis, jugique fovebis amore
Illos, hos serva, numquam fiducia desit
His tua jamdudum sincero pectore fovi
Quos ego, cum cara sit idem tibi velle sorore.
Hæc germana tulit, mox jam non fata morantur
Prævisas offerre viro cœlestia Sedes.
Claviger assumptus nutu non jura superno
Non munire potest, non impugnare rebelles;
Quem ratio, quem lexque regit, naturaque format
Ipsa rei; privatus amor, fortunaque cedit.
Nam nec honor, nec opes, nec vota domestica justi
Judicium evertunt, caris amplexibus hæret
Qui quoque justitiæ, puro quam prætulit auro.
Urbis Legati veniunt ad limina missi
Judicis ætherei, qui sunt a Sede repulsi,
Ni parere velint; renuunt sed jussa penatum.
Sceptra petunt Caroli, quærunt Regisque favorem.
Regia Majestas misit, qui numina flectat,
Legatum. Rediere simul, petiere synedras,
In quibus ima regens residet Clementia Præsul.
Jam datur accessus, permissa licentia fandi est,
Non concessa prius, tunc . . . . luce statuta
Convocat Antistes claros ad sceptra penates.
Consedere patres . . . .
Eminet æthereus. Caroli sic nuncius orsus
Hæc ait: O mundi Sol Clemens, vosque verendi
Patres, prima quibus fundantur lumina Phœbi,
Aures contingat brevis hæc oratio sacras.
Sidera Phœbeis radiis perfusa superno
Infima vivificant dono, distincta per almos
Sic apicis probitas proceres hunc confovet orbem.
Urbis vos igitur vestro conferte fideli
Præsidium, superi doni ne sola sit expers.
Gratia præcellens, ut indelebilis ullo
Tempore, [illegible] Petrum vivat, quam Sede jubente
Prona tulit parens dilecta filia matri.
Nonne vias Regi gratas ad jussa paravit
Pontificis, multi discriminis immemor, unde
Contigit Ecclesiæ libertas? Apula Regna
E manibus direpta Ducis, sunt reddita . . . .
Italiæ quæsita toga est., hæc sola superstes
Subjicit Ligures aulæ, servireque coget.

Non bene Metropolis gladios in viſcera mergens
Propria nobilitas . . . . cum ſigna tyranni
Erigere in tanta vult formidabilis orbe, .
Orboque præficitur, cur Præſul ſanguinis alti
Sit licet invito populo, qui nominis extat
Tanti, pro Superis qui ſemper tanta peregit.
Vota preceſque Ducis ſacris infundo potentis
Numinibus coram; Divæ Clementia Sedis
Metropolis precibus faveat, qui promptus in omni
Re parere . . . . vobis eſt, hocque placebit * illi,
Quod ſemper . . . . . . decreverit alma poteſtas,
Dum non poſſe neget fore, cui eſt velle paratum
Veſtrum juſſa dari Caroli complere peroptat
Sedes, cui nunquam deerit fiducia Regis.
Hæc ait, & precibus dimiſſo vertice ſedit.
Alter Metropoli ſic fatur miſſus ab ipſa:
Orbis apex, cui aſtra favent, quem terra veretur,
Almi voſque Patres, conſortes culminis alti
Vera loquar, patiens dignatio præbeat auſum.
Longa quidem ſeries brevibus conſerta patere
Neſcit, cura tamen reſecare ſuperflua ſolers
Nunc erit, o Superi, nar . . . .
Metropolis Ligurum, clarum cui nomen ab ævo
Multo, Numinibus ſacris quæ ſemper abhæſit,
Sit memor aula potens, quantos eſt paſſa labores.
Hoſtibus Eccleſiæ conſtanti lite rebellis
Quondam dira tulit, priſco quaſſataque numquam
Deſtitit a voto, nec enim olim matris amorem
Deſeruit, majora pati pro jure tuendo
Eccleſiæ, numquam vitabit damna, ſed una
Vobiſcum gaudere cupit, ſentireque dira.
Sors ſemper communis erit, nec habere putaret
Lætos ſucceſſus, ſi Numina diva jacerent.
Juſſa libens explet Superum, decretaque ſervat,
Ut juſſere Patres. Gallorum nomine maniplis
Pandit iter Sicula petentum Regna, periclum
Contempſitque ſuum, quo fata dedere triumphum?
Nos moveatque fides vos quondam pacta tyranno
In propriam citius naturam ficta rediviſ
Fœdere qu . . rupto patrium revocavit amorem,
Non oblita ſui moris compulſa voluntas,
Cum licet uſque ſtatum repetit natura vetuſtum
In ſcelus inviſum, nam nos timor impulit ingens
Civibus infandis reliqui cum dextra tyranni
Se junxit, Syllam, nec non ſuperaſſe Neronem

San-

Sanguine qui fertur, ferro deſævit iniquo.
Hic pietatis inops, urbes populatus, & ipſas
Ingreſſus metas noſtræ regionis, ut Urbis
Mœnia non modico tremerent concuſſa pavore,
Speravit populos Ligures viciſſe ſubacto
Robore Metropolis. Fuit obvia Cœlica virtus
Illi, libertas ne toto Lombarda periret
Vulnere. Roma metus tanti non languit olim;
Vicinas Pœnus tranſcendit ut Annibal Alpes,
Innumero ſeptus plena tyrone cohorte,
Cæſar ut Heſperiis tumidus conſedit in arvis
Agmine Gallorum comitatus in arma furente
Nobilis Urbs quanti ſubito percuſſa . . . .
Internis excita dolis, nam vulnus amicum
Plena pericla parit, ſemper lethalius hærens.
In patrias leges . . . Cives arte profani
Commiſere ſcelus veſani mente parentes
Arſuras in tecta faces, patriamque lareſque
Igniferi dum caſtra viri ſummeque rebellis
Aulæ conducunt, nam nulla piacula poſcent
Hoc debere nefas ſuperat genus omne rigoris.
Non privata petunt hi, dum nituntur in Urbe
Tanta devicto ſoli regnare Senatu,
Non ſatis id facinus juncti voluere tyranno,
Quem quoque ſuppoſuimus ſceleri connectere . . . .
Tam pravos veniæ quis dignos judicet auſus?
Crimina quid tanta . . . . . meruere penates?
In patrios agros jurata quis arma fovebit?
Excidium civile pium ſed cenſuit eſſe
Ambroſii Succeſſor, opum, non Urbis amator
Natalis veterum non degener ipſe ſuorum.
Illius in patrias ſemper conata ruinas
Eſt quoque progenies, damnato milite ſultus
Nuper & ipſe ruit civilia ſuſus in arma.
Arma ſacras movere manus, non faſcibus apta
Nempe ſuis, ipſi maculam ſoditque parentum
Impietas, potuit merito qua a Sede repelli.
Infames nec honor . . . . . cum vota ſororis
Eccle[illegible] commiſi fideique rebelli:
Hinc exoſa diu plebi nomen Præſulis horret
Ipſius adventum, potius paſtore carere
Quæ cupit, hoſtili quam ſe ſupponere curæ.
Nobilitas patriæ tutrix, fortuna ſuperno
Cui favit juſſu, ſuperumque intenta favori,
Zelatrix Fidei, quæ debet munera tantis

Sumere pro meritis Patres ? Meruimus repelli
A pedibus sanctis ? propelli tumque severo
Divorum gladio ? merces hæc debita tantis
Ergo viris ? veteri patriæ, fideique, Deumque
Pro culto meritum numquid debebitur ingens ?
Serpserit incautos licet illis error, at ipsi
Verberibus poni patientia terga parantes
Ut liber a matris numquam vellentur honore;
Hæc ubi sic fatus sedit Legatus, utrinque
Inconcussa fides, alternaque murmura certant,
Majestas immota silet, sed fata recondit
Pectore cœlesti. Mox supplex Otho sedili
Assitit Antistes veneranda voce penates
Alloquitur sacros: Vos, orbis lumina, clari;
Inquit, & in varios nutantis regula mundi
Casus justitiæ, fautores lora . . . .
In præceps hominum sermones exulis almæ
Suscipiant aures, affectu condita semper
Urbs nativa fuit tenero, communis honorque
Estque dolor, cujus tantum mea portio major.
Hoc caput o utinam civiles tollere clades
Damnatum posset, totius vulnera litis
Exciperem lætus, sedarem jurgia cari
Ipse libens populi jugoli finita cruore
Devoti; data non hæc sors, injuria saltem
Nulla fuit, quis sit læsus nisi forte
Non placuere mihi cædes, nec mœnia quondam
Libera tam multis dominis servire, carebit
Quæ numquam livore truci, qui semina belli
Profert civilis, semper mersere potentes
Quæ Populos; degit nam Principe tota sub uno
Urbs omnis; si forte biceps, discissa fatiscit.
Nutat in oppositos odio succensa tumultus
Civili, casum citius tristemque minatur.
Hinc odisse feror recte patriam ne, salutem
Cujus ego totis amplector viribus exul ?
Quid genus ? Urbis onus nostræ si forte putatur
In testem, non plus ipsam delator amabit
Non aliud mihi crimen erit, nisi forte quod olim
Paruerim Sedi, captis ut fascibus audax
Judicer oblatis. Veniam concedite Patres,
Si qua tacenda loquor; potius me noscite læsum.
Cum petitur venerandus apex precibusque minisque,
Aulaque dissentit juris vallata vigore,
Præsul & instituor per Sedem, protinus ipsos

In-

Invadunt fructus, inhibent & nomen honoris.
Post modo sanguineas inhiant immittere palmas
In patrem, concessa mihi cum missus ab almo
Jura peto solio, nam spes irritat honoris
Irrita quaesiti livorem. Bella parantur,
Impigre castra struunt celeres, invador & ipse
Praesul. In Arona confligunt fasque nefasque.
Heu fas succubuit, quotiens Astraea ruinam
Sustinet, & numquam cedit quae more resurgit
Antaei, perpes succisum pullulat ejus
Germen, & in frondes succrescere novit.
Denique conveniunt patres, castrumque reliqui
Concessum, mediat foedus, qui sedula certat
Impietas auro ferroque, sed acrius auro;
Nam foris insultus, intus sed munera pugnant.
Eruitur Castrum, mox Oppida cetera strage
Ecclesiae celeri sternuntur funditus, uno
Servato colubris, idem non incola novit.
Non arsere meis patrii popularibus agri;
Non in damna rui praedo; mea jura petebam.
Haec grandis mea culpa fuit, quod solus inermis
Non veni, fauces hostiles sanguine fuso
Ut sic implerem. Quid si vicina renitens
In juga Nobilitas dudum fugitiva per orbem,
Conjugibus natisque suis compassa volebat
Ad proprium remeare solum, num luctus eorum
Perpes erit? Crimen poenisne piabitur umquam?
Sola quidem manuum nescit damnatio finem.
Acer inextinctos cives heu praelia tandem
Movit delator, fidei quos tramite lapsos
Asserit. Est testis, quae matrem condidit, urna,
Quod postrema suae conclusit tempora vitae
Relligio. Sed ego testis pro patre fideli.
Non fuit errori quondam germana scelesto
Tradita? sed generi claro sine labe favoris.
Non fuit in patrem tantum violenta potestas?
Quin in summa tumet. Subjecto nonne gygantum
Terrarum spatio terris vestigia tentat
Impugnare poli? sed tanto corruit ausu.
Proh scelus, o superi, simili num strage carebit?
Det poenas meritas, vesania plexa rigorem
Sentiat aethereum, similis ne prodeat error.
Libera quae totum currunt rescripta per orbem,
Non audent intrare suam quondamque fidelem
Metropolim; quid enim perhibent edicta potentum?

Eccle-

Ecclesiae spolientur opes, exactio crebra
Nempe gravat Clerum, libertas debita cessit,
Affixere pedes Clericorum pondera ferri.
Sermones caperet longos injuria grandis,
Pauca sed ex gravida satis haec sint edita mole,
Colligat ex serie prudentia diva minori
Pressuras reliquas. Miseram defendite causam
Exulis, o Patres; ausus compescite diros.
Vulnera fortunae vestrum est injusta mederi.
Haec ait, & Patrum est ardor succensus ad almi
Praesulis auxilium, prolataque crimina damnat.
Ultima proscripti ratio est, quo flante rogavit
• Orandi spatium: Totum clementia reddit
Me Clemens, inquit, quamquam pavor irruat artus,
Me tantis adflante viris. Expressit amorem
Urbis non totum, quem semper gessit ad aulam,
Oppositus sermo, potuit nam plura referre.
Audeo sic fari, quoniam non ultima verax
Pars est sermonis. Clades exercuit unquam
Quis tam ferales dilecta Civis in Urbe?
Aurea nam vestrae nuper stupuere penates •
Caedibus auditis, quas Ditis semina, Caelum
Quas pavet, & tellus, quas commisere parentes
Urbis in interitum, & Regalis dedecus aulae.
O furor infelix, o quanta licentia diri
Ausus immites violant sacra, juraque calcant,
Publica res premitur, communia commoda vertunt
In proprios usus, Clerique invaditur arvum.
Concives vellens caret obice saeva voluntas,
Aedificant turres alienis sumtibus altas,
Diripiunt & opes plebejo robore fulti,
Lucra volunt soli, reliquis at damna refundunt,
Consortes renuunt, soli dominantur, honores
Usurpant soli, veteres bacchantur in urbis
Fautores, alios cogunt exire paternis
Aedibus, ac alios recludunt carcere tetro.
Exitii crudele genus, cum vita negatur,
Et mors tarda venit, nam tetra vorago colonos
Affligit miseros, dum lumen & aera tollit,
Publica dona viris etiam concessa nefandis,
Quod tegit obsequium vivos crudele sepulcrum.
O stygiae feritatis imago, stipendia p. . . . .
Proscriptis opibus, nequeunt quae reddere cogunt.
Solvere captivos prohibentque cibaria vinctis;
Non licet & caris accedere; longa ministrat

Clau-

Chorda dapes; fertur fuso quandoque veneno;
Purgamenta vetat feces, miserabile dictu,
Naribus infestas emitti carcere fœdo.
Heu miseris vitæ solatia cuncta negantur,
Lætitiæque loco spes mortis sola relicta
Est ipsis, dolorem quam fecit carceris horror.
Hoc habet infelix oppressio muneris, atrum
Ne metuat funus, præsentes deserit auras
Usque libens, expersque metus. Hoc culmine gaudet
Longa nimis series, ... ingerat auribus almis
Tœdia, materia est grandis noscendaque vobis;
Qui scelerum justa libratis pondera lance.
Curribus imponunt eductos carcere demum
Innocuos, lectos plenam vehuntur ad Urbem.
Tempore quid longo miseri meruere sepulti?
Murmurat hinc gemitus, lacrimis ora inde rigantur;
Mœsta dies tanti maculam polluta rigoris;
Corda pavent, nullique audent obsistere cædi.
Attamen indocti populo cessere triboni,
Ne tribuat tanto sceleri præsentia robur.
Vota metus reprimit, conducunt æra scelestos
Ac odium speciale, daturque licentia ferro,
Curritur ad facinus, vibratur mucro, bipennis
Illinc exeritur, plaustrique in frustra secantur.
Murmura non resonant, non est audita querela,
Seu vox, fata manent taciti postrema, nec ictus
Declinant, gladiis ultro quin colla furori
Nuda parant, nec enim revocans miseratio ferrum,
Excipiunt animo patiente volantia tela.
Impetitur facies, hinc cervix, indeque vertex,
Hinc feriunt guttur, illinc at brachia frangunt,
Servato nullo fit sævior ordine cædes,
Victa jacet pietas, fluitant ferale macellum.
Funera quinque quidem decies & quatuor una
Occubuere truci primatum cæsa furore,
Quorum diva duos a mortis faucibus atræ
Sors rapuit, cladis testes, & signa scelestæ.
Alter ego quorum, quem cernitis, alta reduxit
Exanimem virtus ad vitam, sæva referrem
Hæc mox ut vobis, quibus est commissa superni
Judicii censura, scelus ne impune lateret.
Sanguine nobiliorum diffuso terra madescens
Lubricat, & rivi discurrunt fluminis instar.
O dolor immensus totam diffusus in Urbem,
Visceraque inconcussa manent! res magna dol...

..... cum miseris & eorum vulnere caedi.
Cur impone scelus par est? junxere tyranno
Se quoque damnati, reliquo junxereque dextram
Cives, prima fuit quorum connexio junctos
Proscriptis socios, patribus parere spopondit
Duratura fides. Nec erit secus; illa salubri
Conditione caret civilis pactio, matris
Immemor Ecclesiae,.contemnens sedis honorem,
Obvia quae tandem virtus intrare volenti
Moenia militiae gladio dilecta cruento
Laedere nobilitas detractis noluit Urbem
.... Dominis, patriae libertas sola petita est.
Arguimur, quia dextra fuit data nostra tyranno,
Qui dimisit eos, cui vere foedere juncti
Inviso fuimus, natos secus ire necesse est
Rebus in ignotum vacuos cum matribus orbem.
Si crimen, veniam tam tristia fata merentur;
Parcendum est; quem non placat miserabile vulnus?
Numina nunc moveant clades, non flebilis error,
Quas non fama silet, quid enim n...crimina clamant,
Murmura plura gemunt, violataque jura queruntur?
Civilis patitur timor omnia, viribus haustis
Nec fulcire potest illos promissa metus
Libertas, cum tota cohors data Regna petivit,
Gallica cum Siculas acies transivit ad oras,
Montanae fuit Urbis opus, cui gratia digne
Est reddenda.... comitis quo foedus inivit,
Regis & in faciem commissa protervia tanti
Obsequium vacuat, dum sic contemnitur ejus
Nuncius, enormis dum sic praesumitur ausus,
Dum sic bacchatur, dum sic discerpitur ordo
Juris, non illos retrahit reverentia Regis,
Aut amor, aut virtus, seu Regia magna potestas,
Non parvam maculam Siculae invexere Coronae,
Quae nota est cunctis, & vix delebilis ullo
Tempore, dum titulos Regalia foverit illos.
O Patres Urbi citius succurrite vestrae;
Non paret auxilium, pressurae fluctus inundat,
Turbo furit validus, laxatur rima carinae,
Pars immersa ratis periit, natatque superstes
Tempestate gravi casum concussa minatur.
Poeniteat saevos scelerum, iam perfida facta
Eventus solet iste sequi. Sic fatur, ut horror
Invadit gelidos artus, cum monstra perurgent
Cognita, suspensae sic obstupuere coronae.

Astan-

Astantis populi, sic territa pectora divum
Cladibus auditis, quas nullum noverit ævum.
Quem prius æthereum gladium vibraverat Orbis
Claviger in cives sontes, patriæque rebelles
Non revocat; subeant aulæ nisi lora potentis,
Gramine cum tellus, & sidus luce carebit;
Pisce salum, ventis aer, seu flamma calore,
Summus apex Divum tunc non curabit honorem
Justitiæ, nec fautor erit, sed jura negabit.
Ut norunt constans & implacabile pectus
Pontificis summi, Cives discrimina cernunt;
Corda pavent, patriis & se submittere jussis
Coguntur concussa metu, gladiique rigore
Ætherei; licet his sors prospera præbeat ausum;
Ambitioque sua vires sensere minores.
Ut nubes oriens radiis dispergit Eous,
Aut Boreas subito vehementes diffugat imbres;
Sic timor in vanum rediit probitatis ad umbram,
Constantisque animi pereunt fastigia noto.
Legati remanent, non illos æqua reduxit
Gloria, colla jugo referunt obnixa penatum.
Nec mora, quos sequitur solio Legatus ab almo
Ad Ligures missus; domuit quos nulla potestas,
Non fortuna potens, & inexpugnabile fatum,
Non vis, colla sacris vinclet qui si juga loris,
Ambrosii celeri petiit qui mœnia gressu.
Consilium generale vocat, mandataque pandit
Præsulis ætherei, secum delata salutis
Nuncia, grata piis animis, vinctura rebelles
Suscipiunt Cives, jussis & in æthera lætus
Assensit clamor, sedi gaudetque subesse.
Uno conveniunt animo, non diffidet ullus,
Conflat Urbs subito, fit mane, & sacra plateis
Juramenta fidem, quæ non exacta, sed ultro
Edita parendi votum testantur amicæ
Aulæ. Sic etiam pacis civilis amorem
Ac reditum Patris, qui longis abfuit exul
Temporibus, lætantur oves, quia Pastor ovile est
Venturus nutrire suum, renovareque sancta,
Et quia divinæ solvenda silentia laudis.
Mox exacta datur vicinis Urbibus ipsi
Cautio Legato, fidei sit sponsio factæ,
Ut rata ne violent titubantes jussa Legati,
Postmodo facta sibi diriment ne patria loca.
Hinc suppressa diu solvuntur Cantica; lætum

Dant delubra melos, myſteria diva colonis
Redduntur, ſacras populi concurſus in ædes
Fit quoque, ceu longa liquidos deſiderat hauſtus
Faux exuſta ſiti, ſic plebs diffunditur hymnos
Exhauſtura novos, jubilus jam pullulat ingens,
Et prope jam finis ſperatur adeſſe malorum.
Ut ſuffuſa genas lacrymis oppreſſa timore
Mater in interitu nati complexa rigentes
Artus dilectos oculiſque cadentibus hærens
Febribus exhauſtum corpus repente calore
Anxia cum ſentit vitali cedere morbum,
Lumina nectenti jam ſomno laſſa ſalubri,
Ad ſolitum vena callem redeunte teporis,
Erigitur, ſperatque trucem vitare dolorem,
Reddendam citius priſcæ prolemque ſaluti,
Excutiturque prior facies, quæ nubila planctus
Exerit & lætos; Sic Urbs civilibus armis
Preſſa diu longo diri concuſſa pavore
Excidii, compaſſa ſuis & civibus actis,
Clade gravi gaudet, modicam non excutit artem
Quod vulnus; coeunt dudum diſciſſaque membra.
Jam ſperata ſalus ad gaudia corda reducit.
Hæc ubi ſigna dari legatos juſſit in urbe;
Nobiliumque vocat pariter populique ſenatum.
Pace reformari ſperantes mœnia Cives
Confluxere cito greſſu, quibus orſus ab ore
Pendenti eſt populo ſic fari. Dedita ſacris
Hæc aulæ uſque potens fama virtuteque fines
Orbis ad extremum diffundit nomina præpes
Libertas Ligurum, Patribus devotaque divis
Extitit Urbs olim multis ornata triumphis.
Conſilii decor eſt ejus diffuſus in omnem
Italiam. Erepta novis erroribus alte
Corruit, at nuper moriſque oblita vetuſti
Se dedit in præceps, patrios deſpexit honores;
In caros bacchata ſinus ſua contulit arma
Matris in opprobrium; radiis luſtrata ſupernis
Sed modo jam rediit. Deflet confuſa priores
Exceſſus. Plenis jam votis lora reſumunt
Eccleſiæ, Veteres jam læta reducit amores;
Evigilant etenim lethali preſſa ſopore
Lumina, præteritam ſuperat nova gratia culpam:
Vos ad juſſa patres devotio magna paratos
Reddidit. Ut cerno, nihil eſt jam ponderis ultra,
Quod metuant animi devoti. Muneris ardor
Divini grave neſcit onus, ſed dulcia ſentit

Omnia, priscus amor rediit cultoraque Divom.
Jam quoque non vobis patriis parere molestum est
Jussis, ad vitam felix conversio callem
Devia pestiferi erroris funesta relinquens.
En ego jam fidens vobis mandata refundo
Præsulis eximii: video vos namque paternis
Obsequiis promtos, patrem cognoscere vestrum
Ottonem. Jubet hoc fas, & jus. Alta potestas
Hoc quoque decrevit; ne sit fugitivus in orbem
Ulterius, statuere Patres. Ad sceptra redibit
Collatæ sedis; vos hinc parebitis illi.
Vos hinc subjecti dignos reddetis honores,
Prædia reddetis, concessaque jura tenebit
Præsul, & in Clerum proscriptio facta lituetur:
Restituentur opes raptæ, fraudabitur ære
Nemo suo. Non hinc Christos injuria lædet.
Lex exacta meo fasüs delebitur omnis
Judicio, vestræ si forsan matris honori
Obviet, in reliquo libeat si plura jubere
Tempore, libertas mihi sit servata. Loquutus
Hæc siluit. Cives una favere jubenti.
Ut jurata fides illos, & cautio jussa
Edita junxerunt, his impiger omnia complens
Legatus connectit opus, repetitaque jura
Occupat Ecclesiæ. Traduntur jura petenti.
Corrigit & fastos, ac liber redditus omnis
Clerus, deletur proscriptio. Nulla molesta
Jam lex, nulla premens exactio nulla tyrannis
In Clerum. Nondum sed pax sperata sequuta est
Civilis, cujus jamjam fiducia major;
Nescit enim subito conduci magna cicatrix,
Et semper languoris iners est cura vetusti,
Artis si medicæ morborum primordia grandis
Non renuat cedens, pars est parva salutis.
Sic antiqua nequit dirimi, succensaque parvo
Tempore lis turgens; opus est conamine longo,
Spem parit ingentem; cujus conventio quamvis
Cœperit ex illis, sed non bene vota sequuntur.

LIBER II.

Pullulat ira latens sub pectore, proditur ulcus
Exterius multis; iterato prisca tumore
Turget enim labes, intus mentita salutem,
Non exterfa prius sanie conducta cicatrix,

Sub cute ſordenti recidiva panditur unda.
Agmine Lugdunum ſacro properante penatum
Dum foret Antiſtes ſummus, comitanſque caterva
Urbe Placentina, ſententia promitur atrox.
Metropolis ſtatuunt Cives, ut præmia dentur
Plurima, lethali ſi vulnere decidat exul
Archipater, propriam præſumens viſere ſedem.
Dedecus hoc nulli eſt, grandiſque injuria deni
Gregorii, tantum facinus qui ſidere clauſo
Diſſimulat, legi metuens obſiſtere ſævæ.
Deſerit Italiam feſtinus, tranſmeat Alpes.
Axe ſub Heſperio Rhodani pervenit ad undas,
Urbs quibus incumbit Lugdunum nomine, nuper
Acta ubi divorum Patrum celebrata fuerunt.
In reditu celeri ſequitur quem Præſul: at ille
Ipſius renuit comitatum, ſtare Bugellæ
Elegit profugus, Seprii ſe ſudit in arva.
Hinc Comes arma petens Goſredus nomine, clara
Ortus progenie, cuneo vallatus & enſe
Exule. Dux Equitis natali limine pulſi
Robore magnanimo Caſtro conſedit Aronæ
Hærenti rivo, pariter quod lucis ab Urbe
Diſtat, & eſt humili locus hic ſuſpenſus in arcem
Aggere, ceu ſedes illis quæ præminet oris
Regia. Vaſta latus communit utrumque vorago;
Clivus at a tergo præceps deſcendit in amnem.
A valvis aditus non arduus, atque vetuſto
Frons ejus muro eſt olim munita, ruinam
Cujus congeries reficit nova; protinus omnis
Plebs montana favet, parent & mœnia lati
Angleriæ vicina laci; munitur & arcis
Præſidium. Ligures hæc quam tenuere coloni
Urbs antiqua fuit, antiquis diruta bellis,
Ipſa redacta ſolo, parvo contenta colono,
Nobilitatis habens priſcæ veſtigia, ſervat
Delubra, quæ reheit prope mœnia ſparſa per agros.
Cingitur Occiduis nunc, non Auſtralibus undis.
A Borea erigitur collis, qui culmina præfert
Invia, murali quondam præcincta corona:
Hoſtibus eſt ullis vix expugnabile caſtrum.
Planities illi ſpectabilis hæret ab Euro,
Inde tamen locus eſt valli munimine tutus.
Hæc loca bina tenet tutiſſima miles ab Urbe
Pulſus, & his patrias ſedes ſe viſere ſperat.
Hæc ſpatii nimius non dividit oppida jactus,

An-

Auxilium ſibimet propereque impendere poſſunt.
Urbs excita novis rumoribus exilit, ira
Infremuit, catulis ut ſæva leæna furore
Evehitur raptis. Miſerunt ſigna potentis
Metropolis, properat ſonipes phaleratus, & armis
Conteḡus Miles, pariter vexilla Quiritis
Germani pretio conduḡi ad bella feruntur.
Angleriam invadunt ſeu fraudis ſive favoris
Auxilio: ſplendens gladius vibratus in hoſtes.
Pars Comitis non dura ferens molimina Martis,
Innumero cedens equiti ſeceſſit in arcem.
Fama leves tendens alas ſe tollit in auras
Non contenta ſolo, Comitis pervenit ad aures,
Engleriam captam eſſe, & amicos arce recluſos.
Tunc armis animaque potens Dux impiger agmen
Congerit, armatos Seprioque reliquit ephebos
Caſtro, feſtinans obſeſſis marte potenti
Subſidium præſtare citum. Fit proximus undis
Stagni, Metropolis conſpexit Præſes ut hoſtes
Acceſſiſſe, parat promtas ad bella cohortes;
Obvius egreditur, prope fit occurſus; utrinque
Amnis erat medius, parvis qui labitur undis,
Sed nec ab Angleria ſpatium diffunditur ingens
Ad fluvium Guaſſam; dextras hortatur in hoſtes
Præſes belligeras, cui eſt fiducia major
Teutonicus miles; ſeries diſtincta, phalanges
Ordinat, umbones flavent, galeæque relucent,
Expanſæ fulgent Aquilæ, ſonipeſque ſurorem
Efflat, belligeroque tubæ ſpiramine clangunt.
Inde Comes patria proceres ad prælia voce
Proſcriptos acuit, genus his proponit, & ædes,
Virtuteſque patrum, felices Urbis honores.
Audaces equites animo congeſſit in unum,
Ac pedites. Non ſic acies hæc ſplenduit armis;
Impar & hæc numero, ſed ſpe, quam robore major;
Ipſa pericla cavens potuit nam cedere bellis,
Sed ſuperare ſolet magni fiducia cordis
Conſilium. Clamor ſubito miſcetur utrinque,
Pene leves agitat nubes. Conflictus initur.
At latus adverſis Germanus tiro cohortis
Tranſiliens undas petiit, jam mixta geruntur.
Prælia, deſævit mucro, demittitur haſta,
Excipiunt ictus galeæ, configitur umbo.
Ceditur hinc miles, cadit alter & inde ſupinus;
Conſeruere manus, lethalia ſpicula miſcent;

Nunc

Nunc hunc nunc illum gladius consumit atroci
Vulnere, bacchantur Mavortia tela vicissim,
Armorumque fragor semotis funditur oris.
At Comes adversos cunctos ferit, atque laboris
Belligeri patiens sustentat pondera belli
Sævi, non hosti parcit, stragemque minatur.
Virtus tota viri laxis audacter habenis
Obliquaque hasta medios prorumpit in hostes.
Ictu stratus eques postremo fata sopori
Junxit; sed Comitis sonipes demersus in unda
Limosa cecidit; coram producitur hoste
Detentusque Comes, nomen qui nobile fassus
Confoditur subito diri mucrone furoris.
Tunc damnata cohors cessit, tam tristia cernens
Fata ducis, latebras quærit, campumque relinquit.
Est fuga divulsæ fiducia sola phalangi;
Pars defensa manu secessit in abdita Diva,
Postmodo Novaria quæ se collegit in urbe.
Pars jacet in frutices, pars tristi fune ligatur,
Quos subduxit atrox capitis sententia loci.
Funera terna jacent decies, & quatuor icta
Gutture. Gladigeri maduerunt flumine campi
Sanguineo, Galarate, tui; sed in horrea mœstæ
Luxuriant fruges, replentes aera fletu
Ac gemitu lacrymis tantæ spectamine cædis.
Qui tenuere suas redeunt ad mœnia Cives,
Victores gaudent, lætum referuntque triumphum.
Magnanimus Præsul mox linquens arva Bogellæ
Vercellas petiit, dubiam suspensus in artem
Fortunæ sperans post tristia fata beatos
Successus, nec enim novit sors fixa morari.
Advenit proscriptus eques, suffragia poscit,
Pontificemque rogat: damnatæ signa cohortis
Sumere Divum opus est, inquit, quod convenit almis
Hoc manibus macula purgare tyrannidis Urbem.
Justitiam patriam oppressit, viduæque vagantur,
Exulat incerto pupillus, & orphanus orbe,
Sacratæ spoliantur opes, latique cruore
Rivi civili maduerunt fluminis instar.
Trina quidem cædes quasi bis centena peregit
Funera nobilium: pars bello concidit atro,
Judicii pars falce fuit concisa scelesti.
Proh dolor! Engleriæ, Vercellis, gesta Carate
Prælia tam diræ cladis fecere ruinam.
Mors infausta animum Gufredi tangit amici,

In-

Infandi libeat jugali meminisse nepotis
Cari; nobilitas suspensis te manet armis;
Ipsa quidem patriæ te propter mœnia nutant,
Plebs cupit adventum Patris devota. Quid hæres?
Eja rumpe moras, te Cœli oracula poscunt,
Ad vetitam te fata vocant felicia Sedem.
Tunc Antistes ait: Fusi non sanguinis ultor
Esse volo; sacri non hoc patiuntur honores,
Fasces quippe jubent scelus omne remittere Divi.
Hæc vindicta mea est, cunctis ignoscere culpis.
Ista Sacerdotis plena est victoria. Pacem
Exopto patriæ, cives viduasque reduci
Ad natale solum, primique ad jura redire
Urbem prisca status, & plene libera reddi
Sacra. Paratus ero nostrum patrare Ducatum
Sic vobis. Numen pariter cœleste petamus,
Quod solet oppressis invictum ferre juvamen.
Non animos odium corrumpat: quisque virilis
Miles erit, quemquam armigerum succedat ad arma
Fas, propriique lares. Tunc jussit cuncta parari
Bellica. Novariam venit, mox Oppida cepit
Plurima, qui Seprii parva comitante caterva
Mœnibus Antistes vicinis sedit Aronæ;
Est etenim tutus locus hic, & nobile Castrum.
Ast ubi fama citis Urbi denunciat alis
Præsulis adventum, Boreales insuper oras
Archipatri parere suo, reliquasque paratas
Ad Patris amplexus celeres: formidine pressi
Arma movent, & amica vocant suffragia Cives.
Hinc Cremona venit: succurrit Lauda repente:
Parmaque tirones mittit; vagulosque per arva
Ad prædam doctos equites dat Crema; Quiritis
Assistit mucro Germani Civibus audax,
Conductus pretio Papia miles ab urbe
Pulsus in auxilium celer atque expertus in armis.
Metropolis phalerata acies non defuit illis.
Planities vallata jacet, tentoria figunt
Non longo spatii jactu prope mœnia. Fultus
Præsul magnanimus non multo milite, forti
Spe tamen accincto, pedites congessit agrestes
Munitos animo, pro libertate paratos
In gladios & bella suas committere dextras.
Plebejos lorica viros non plurima texit
Ferrea, diploidis contentos agmine solo.
Circuit Antistes solerti mœnia cura,

Et

Et jubet excubias, vigili custodeque servat
Castra, trabes clausere vias, ne callidus hostis
Irruat, ut requie solvuntur membra soporis,
Et subito madeant nocturno sanguine fessi.
Intrepidus celeri circumspicit omnia motu
Præsul, moxque dato promtos ad prœlia signo
Convocat armatos, quos hortans voce paterna:
Hæc ait, o socii magnorum mole laborum
Pressi, vos patriæ libertas, vos decus Urbis,
Vos natalis honos, Ligurum vos nobile germen,
Justitiæ titulis moveat jam pectus ad arma.
Non habeat servos sine vulnere sedulus hostis,
Non vos servabit civilis muro retentos,
Cervices celeri tingentur sanguine tristes.
Pro natis pugnare licet, pro conjuge cara,
Pro laribus, patriæque statu, pro jure paterno.
Gesta patrum moveant animos antiqua, timebat
Roboris Italici quos lata potentia, quorum
Grande fuit longo diffusum nomen ab ævo.
Vos non degeneres thalami, non esseque prolem
Furtivi, non vos peregrino sanguine natos
Audax dextra probet. Patriæ probitatis imago
Testetur vos esse genus laudabile. Miles,
Quem mihi stravit apex, veniat, mea signa sequatur.
Feudali si jure cupit gaudere, relinquat
Impia Castra, meis vexillis pareat, omnem
Fascibus antiquis privant mea jussa rebellem.
Metropolis cuneos non multos transfuga miles
Se patriis expositis fato belloque maniplis
Jungere deservit: anceps fortuna timetur,
In civile patet Civis se opponere robur;
Nititur interea montes invadere sacri
Militiæ pars magna ducis, quo pene relicto
In seriem jungunt Cives, ad bella cohortes
Insultum faciunt, ingens & ad æthera clamor
Tollitur, & tentant vacuatum irrumpere Castrum.
Exteriora cadunt munimina strata furoris
Raptu. Tunc miles dubia sub sorte duellum
Singulus aggreditur; cadit hinc adversus, & inde
Alter confoditur; strages contrivit utrosque,
Qui steterant. Populus tandem confugit in arcem
Custodire locum, nitens defendere vallum,
Impigra quod pugilum circumdat læta corona.
Spicula miscentur, saxum hinc volet, inde sagitta
Turbine rapta truci balistæ morte relicta

L[illegible]

Lancea belligeris illinc excussa lacertis.
Hinc ruit armatus, valliquc crepidine strati
Ima petunt, pugnax miles cadit inde soluto
Arcu, sanguineus mucro desævit utrinque.
Dum multo geritur bellum discrimine; cursu
Militiæ cuneus celeri redit, atque repente
Currit in auxilium; resonat tuba, signa coruscant.
Inclusi gaudent, hostilia corda pavescunt,
Archipaterque suos hortatur, currit ad arma
Quilibet, & vallum flaventia tela coronant.
Pontificisque acies mox ut pervenit, equestris
Miles in arma fremit. Præceps dimisit habenas,
In densos agitur cuneos, quæritque per hostes
Totus iter, pavidi subito qui terga dederunt,
Incumbit gladius fugientibus, hasta perurget,
Et sonipes sessore carens hinc inde vagatur.
Stratus eques rapidis pedibus calcatur equorum,
Alter inire fugam tentat sudore pedestri,
Ejectis latebras armis desiderat alter,
Et pars cæsa cadit, rediitque ad castra superstes.
Cessit eques campis, convertit fræna furoris
Heu pubes oblita sui, gladiumque veretur
Militiæ ingentis, nam ferrum sanguine fumat
Cædibus impressum. Pietas commota paterna
Obviat, & jugulos fraterni sanguinis horret,
Civiles metuens clades, intecta furenti
Militiæ occurrens opponit pectora, tantæ
Bacchantes prohibet gladios insistere cædi,
Ac odiis ad castra vocat civilibus actos,
Præcipites ne fraude ruant, in septa recludit.
Restaurare jubet festino cuncta labore
Diruta, supponit sacratos ipse lacertos
Quin operi; largos aer licet esset in imbres
Densatus, tonitrus crebros, & fulgura nubes
Funderet, hos animat, custodes instruit, omne
Officium lustrat, fit sedulus omnia Præsul.
Felix illa dies ingenti læta triumpho;
Sed timor invasit victores luce sequenti;
Plebs etiam montana trucis discrimina pugnæ
Præteritæ timuit, quærit concussa pavore
Devia, pars latebras, pars se convertit ad Alpes.
Nobilitas prohibere fugam conatur, & enses
Exerit, Antistes revocat, sed transfuga claudit
Aures, præcipiti cursu quæritque salutem.
Plus valet ense timor, vox sacri Patris iratis

Nil agit, inde cohors omnis cum plebe fugatur,
Atque petit Comas; valvæ clauduntur in Urbis
Introitu, renuunt profugos admittere Cives.
Dum rogat ingressum sibi supplex Otto patere,
Hunc sequitur foribus reseratis tota caterva,
In quam civilis subito furor arsit, & urbem
Cogunt Cumeni lassos exire Quirites.
Quin alios spoliant, alii cæduntur, in ædes
Pars latet, Antistes semotas cessit in Alpes,
Quem quoque nobilitas stimulo concussa doloris
Flebilibus comitata oculis consedit in ipso
Zornigi Castro, valles sibi subdere nitens,
Ac montes. Populum legit non pluribus armis
Tectum, pars arcum læva, pars missile dextra
Vulgus inerme gerit, caput arcta casside pressum;
Cingitur ense femur; vix pari pondere ferri
Quis tegitur, cordis tamen omnis robore freti,
Diploïs at reliquos artus tegit, umbo sinistram.
Postmodo Cœnobium Præsul se contulit, oris
Terricolis exire novus compellitur hospes.
Est fuga sola salus, ajunt, tecumque necesse est
Ædes deleri patrias, quas incola reddis
Infaustas. Frustra quid miteris omnia legem
Non explere suam? fatorum cede furori.
Persequitur fortuna nocens tua nomina; fatum
Te crudele premit, Superis tibi bella moventur.
Præsul ait: languent ingenti membra labore,
Sed nec abire queunt, requie nisi fota levantur.
Sumere vel biduo liceat confracta vigorem.
Concessere moram; jussi reverentia Patris.
Est admissa loco, comitans exclusa caterva est,
Interea precibus tentat placare colonos.
Pars ad amicitiam trahitur clandestina blandis
Promissis, occulta petit munimina statim.
Arma virosque vocat, clam nobile congregat agmen
Sedulus Antistes fusum per plana per Alpes.
Nobilitas commenta sacri Pastoris obaudit,
Quæ cito belligero sociata est robore Patri,
Cœnobio ingentis quod stagni fluctibus hæret,
Ac montis radice sito de fonte Ticini
Quod scaturit, qui fit tandem genitoris origo.
Antistes jam transtra parat, violata bipenne
Robora cæduntur, classi remos & silva ministrat.
Rostra ligant clavi, sternuntur stagna carinis.
Protinus armorum ferrum laxatur ad usus.

Ad bellum navale rates armavit ephœbis
Grandævisque simul. Residebat pervigil hostis
Engleriæ; locus hic extremo litore stagni
Est situs, impulsus declivi tramite gurges
Ad quem declinat; collecta classe propinqui
Litoris, armatis majori robore naves
Munit, plures quidem constravit remige stagnum.
Amovit statione rates, sulcatque profundum
Gurgitis. Appropians vicinas contigit oras
Pontificis classi, statuitque adducere prædam.
Sed pelago ingentes orbi quum Phœbus Ibero
Induxit tenebras, & nox jam fessa sopori
Membra daret, molles lectos armata caterva
Quærit, desertis ratibus, diffusa per ædes.
Noxia mollities nimis est, ac dissona bellis,
Prœlia pectus amant durum, patiensque laboris,
Eventus dubios vigili quod præcavet astu.
Zerminaga viris lusum laqueosque paravit;
Fama sed expassis errorem detulit alis
Pontifici, celeres qui naves invehit undis.
Currit ad arma; pedes subito, milesque carinas
Implent, non illos patrii secernit honoris
Gratia; communes fasces, communeque bellum.
Communis labor est, & opus commune; nec ullus
Jussa manet. Remis pulsæ tremuere carinæ,
Per medias verruntur aquas; at celsior omni
Puppe præit reliquis armorum navis amicta
Resplendens commissa Duci. Non verbere grandi
Remorum fluxere rates, ne forte sepultos
Somno sollicitet sonus: omni voce remissa
Ora silent, dulces non reddit fistula cantus,
Conticuere tubæ, vasto nec in æthere voces
Ullo miscentur, condicta silentia nullum
Admittunt strepitum. Mediis instructa gregatim
Fluctibus invehitur Neptuni lassa per agros
Classis, & appropians hostilia robora quærit.
Humentes nec dum tenebras ejecerat orbe
Oceano perlata dies, nec lampada Phœbus
Protulerat, Stygiis nec dum secesserat umbris,
Ut classis vicina fuit. Fragor undique motus
Tollitur, & classem præciso fune repertam
Litore sejungunt, custodum pectora remis
Pulsant, emissis texuntur aera telis.
Æra sonant, ausu clamoreque bella geruntur.
Hinc hostes in transtra cadunt, hinc cuspide fixi

Puppibus exanimes hærent, hinc gurgite mersos
Accipit unda rubens hostilis fitque sepulcrum
Funeris, ac reliqui victrici fune ligantur.
Dum bello fluctus miscentur, & æthera voce
Turbant, armorum concussio litora replet.
Experrecta gravi somno dispersa juventus
Per thalamos surgit, discussa nube soporis,
Arma petit, sed tempus abest; nam sedulus hostis
Pugnam dimisso ratibus custode pedestrem
Intentat, latebras, & lectos ense cruento
Perquirit, nudos invadit, sanguine rivi
Labuntur, sine Rege cohors dispersa vagatur;
Est fuga communis cunctis fiducia vitæ.
Victores redeunt, & raptæ grandia classis
Lucra Patri referunt, & ovant, vicissque flagui
Oppida totius fidunt, mox esse paratos
Omnes esse jubet, clypeos galeasque ratesque
Instaurant, tersa lorica rubigine splendet.
Copia conseritur navalis Simone classis
Præfecto, statuit cui cuncta negotia belli
Antistes, cui fidus erat, certaminis usu
Expertus siquidem longo, jugisque laboris.
Aronam celeri jubet hunc invadere bello
Navali, jussis qui conserit agmina parens
Classica; signifera sublimi puppe resedit
Prætor, diducunt remos, dant carbasa ventis
Nautæ, sternuntur late sic navibus undæ.
Fluctibus in mediis labuntur robora classis.
Cunctas præcedit naves prætoria puppis,
Planities & aperta lacus navalibus alis
Remigis intonuit concussis verbere lymphis.
Aronam propero venit conamine Simon
Navigio fultus grandi, virtute potenti.
Armigeris acies stetit undis classica jussu
Prætoris, modico distans prope mœnia jactu;
Spes omnis periit clauso navalis ab hoste.
Milite belligero stipatus Marchio promte
Ferrato de Monte venit, milesque pedesque
Urbis Novariæ, juncta his proscriptaque virtus
Metropolis, necnon Papiæ nobile robur,
Qui cingunt lunare latus, quod collibus hæret;
Aggeris erecto tellus defossa coronat
Quod tumulo; crates densos innexa sudesque
Pro muro paries stat ligneus. Arma corusci
Militis in gyro rutilant muniminis alti.

Una

Una quidem claustris clausa est pars altera classe.
Nec patet egressus illis, & pabula desunt.
Munitus vallo locus est in litore stagni;
Hic situs, hinc alte sceptrum super eminet arcis
Miles ubi Germanus adest, montanaque turba
Metropolique equitum cuneus transmissus ab ipsa.
Pugna ferox agitur, nunc hinc, nunc inde feruntur
Exanimes; sed dura fames infestius angit
Obsessos, quos fata juvant, dum juge redundat
Imbris diluvium, totusque resolvitur aer.
Effudit Neptunus opum sine lege suarum
Thesauros, Euro laxas dimisit habenas
Eolus, ac Austro, Zephyro, Boreaque reclusis
Carcere, Castra natant, cæno jacuere jumenta,
Vixque boves alimenta trahunt, vix explicat alto
Seque luto sonipes. Clausis civile propinquat
Robur in auxilium; metuuntur militis arma,
Metropolis grandis venientis copia plebis.
Marchio concutitur, turbantur castra pavore,
Celatusque timor densi velamine nimbi
Quærit ab obsessis cedens vitare periclum.
Nobilis obstat eques, spectans munimine victo
Mox patriam propriosque lares sine Marte subactos.
Nititur at frustra, subito nam castra leguntur,
Novariamque petunt macula suffusa pudoris.
Quonam signa ferunt imbelli victa timore?
Læta cohors inclusa diu petit arma, forasque
Egreditur, stimulis sonipes post terga cohortes
Impressis sequitur, quæ non revocantur ab hoste.
Indeque regrediens acies diffusa per agros
Spargitur, & redit spoliis intenta relictis.
Subsidium fit præda famis, dimissa reducunt
Plaustra, & lætitiæ voces tolluntur in altum.
Classis abit tristis, fit libera navibus unda,
Obsessæ plebis præciso fune carina
Per medios fertur jam tuto remige fluctus.
Nec mora: Cumana lacus Urbi mox litora parent;
Et naves. Fortunatæ ducis fiducia stagno
Cessit, campestri vult se committere fato.
Jam remum nunquam vacat tironis in hastam,
Ac Cumanorum pulsat prece vota latenti,
Præsidioque novo sperat victoris, amice
Antistes, nullo belli discrimine motus,
Fortunam sufferre potens, solatur amicos;
Quos dolor oppressit, spes quorum languit; inquit:

No-

Nostis an, o socii, dubii ludibria fati?
Humani est cursus semper mutabilis ordo.
Non idem sortis tenor est. Post dira sequuntur
Omnia successus, emortua spesque virescet.
Corda cadunt duris? passi graviora timetis?
Esse viros ultor scelerum patietur inultos?
Hostes, qui patriæ civili cæde foventur,
Non animos, frangat res ista. Resumite vires:
Jam vos ad proprias sedes remeare necesse est.
Hinc quoque nobilitas patriis congesta sub alis
Cum Patre Novariam petiit, tentatque redire
Ad natale solum, cujus dulcedinis umquam
Immemor esse nequit. Mentem inclinare laborat
Præsulis Antistes Cumani fœdere. Pandit
Ingressum Cumis lis orta, & amica precantum
Sedulitas, & opus constantis Simonis expers
Fraudis. Mox geritur bellum civile per urbem.
Archipatri pars una favet, pars altera civi
Hæret Metropolis. Cumanos Marte potenti
Bella juvat Patris civilis. Arma fragores
Excutiunt, ictus crebrescunt, omneque ferrum
Vulnere civili crassatum sanguine flavet,
Missile lethiferum, grave saxum, dira sagitta
Aere concurrunt; & nubis more nitentes
Pœne tegunt radios, in cædes versa feruntur
Descensu sociata suo, sonus inde relictus
Vulnera vix superat. Turres armata coronat
Plebs altas, humilesque domos, *ac robore vici
Sternuntur denso, pilis intexitur aer;
Ictibus arma sonant crebris percussa, cadentque
Plures, alternis impletur vocibus æther.
Vim belli non passa truces, pars denique cessit
Oppressis adversa viris, Patrique rebellis,
Omneque communi congessit robur in aula.
Munimen celeres tunc hostes denique cingunt;
Densus at ex alto lapidum demittitur imber,
Omne nocens jacitur, & spicula fulguris instar;
Cassis, & umbo * graves ac certos excipit ictus.
Sed labor ima petens structuram solvere muri
Tentat compagem solidi, fossoria mergens.
Desuper exceptus contemnit spicula cædis.
Fundamenta quatit aries suspensus in altum;
Impulsuque suo forti muralia frangit.
Denique fumiferis explentur prœlia flammis,
Et bellatores captos munitio reddit.

* grati, ac grates.

Pro-

*Protinus adverſa bello virtute ſubacta
Archipater Cumas conſerto venit equeſtri
Robore, congeſſit peditumque equitumque catervas.
Exul nobilitas Aquilis collecta ſub almis
Exulis eſt Patris, properat mileſque Ticino
Novarienſis eques, Cumani roboris ingens
Virtus, lethiferas & turba accincta pharetras,
Ricardoſque Comes venit, qui ſigna ducatu
Sumto ſuſcepit profugæ damnata cohortis.
Nobilis huic ortus, genitus de ſtirpe Lomelli,
Qui ſe montanæ ſudit regionis in oras.
Quam citius Clavate ſubeſt, ac mœnia Leuci,
Viciniqne lacus ſita litore caſtra patenti
Oppida multa duci parent; & plurima ſpondent
Archipatris ſe ſigna ſequi, Comitique ſavere.
Rumor it, atque ſtatim magnus fit in Urbe tumultus;
Ingens civilis pugnæ ſuccenditur ardor,
Fraternæque acies ad bellum utrinque parantur.
Ad Patrem rediit Comitis vexilla ſequuta
Nobilitas Cumas, ſe ut pugnatura maniplis
Jungat Cumanis, uno mox agmine pergat
Ut Præſul. Phalerata cohors at prodiit Urbe
Ambroſii, Deſioque ſtetit. Civilis utrinque
Sævit in arma furor, Procerum vexilla propinquant,
Archipatris Crux alma præit, ſpeculator ab alto
Proſpicit, atque Duci feſtinos nunciat hoſtes
Metropolis non eſſe procul, ſpirare furorem.
Cives concuſſi tunc contremuere pavore;
Attamen arma petunt, pugnax audacia texit
Incuſſumque metum: clypei cervicibus hærent,
Reſplendens galea obvolvit caput, haſta vibratur,
Enſiferique pedes equitis flectuntur in orbem;
Impatiens ſonipes phaleratus naribus iram
Efflat, & hortantur pavidi ſe ad bella viciſſim.
Sanguinis oblitus naturæ fœdera neſcit
Quilibet, in fratrem convertit vulnera frater.
Prævius accedens Deſii prope mœnia Præſul
Pectus inerme gerit, & monitus mente virili
Magnanimus tanti Pater eſt diſcrimine belli
Tutus, nuda fuit cui Crux protectio fortis:
Humanæ non tam virtutis robore fidit,
Quam Divæ, Patris cui ſpes innititur almi.
Inſonuere tubæ, voces tolluntur in altum,
It fragor armorum diffuſus in aera late,
Pene ſoni nubes agitantur verbere denſæ.

Cur-

Curritur ad bellum, solvuntur turbine magno
Balistæ, lapides jaciuntur grandinis instar.
Ad valli manibus correpunt culmina, molis
Fragmine lethiferæ galeis clypeisque recepto;
Hostili cedente viam mucrone pararunt
Obice; terribili dant hostes terga furori.
Aggeris expulso munimine mœnia fortes
Intrant armati, pugnæ concursus utrinque
Fit trucis, ac cedunt adversi Præsulis almi.
Agmine sed redeunt converso, pila vibrantes
Incumbunt victi dorsis fugientibus. Acris
Vi pugnæ fugiunt victores, fitque ruina
Aggeris a summo per præceps usque deorsum.
Hostis ab impulsu versis cervicibus agmen
In se compressum declivi labitur orbe.
Pugna sub ancipiti fato committitur atrox.
Ensibus in faciem exactis revocatur ad arcem
Valli turba fugax; vice versa mittit in hostes
Spicula propulsos. Desii diffunditur oris
Alterius; humo civilis sanguinis æqui
Mœro madet; foditur primo certamine Rector
Metropolis, claroque cadit victoribus obstans
Civis magnanimus dudum virtute rebellis.
Militiæ generisque fuit decoratus honore,
Hinc quoque litigera princeps & in Urbe secundus.
Milite cinguntur proscripto mœnia; valvas
Fregit Cumanæ plebis violenta securis,
Quæ Desii vicis dispergitur ense cruento.
Hic cadit, ille pedes tremulos ad vincula tendit,
Hicque fugam quærit frustra conclusus in arcto,
Nam vetuere fores obstrusæ robore firmo.
Consilio periere suo, dum mœnia claudunt
Cives, dum Vallum nullo violabile firmant
Ingenio, fit opus proprium sic carcer eorum;
Sæpe fugax in cæde sua prudentia fiet
Infelix hominis, quotiens delusa perire
Auctores facit ipsa suos, traditque ruinæ.
Scrutatur latebras quisquis, soloque salute
Contentus jacit arma pavens: fortuna ruina
Involvit varia Cives. Prætorius inde
Plebis apex capitur, dominus qui primus in Urbe
Extitit; ingenuæ quem stirpis gloria fecit
Conspicuum. Cœno jacet hic, Antistes amicè
Quem petit, ingrediens diri discrimina belli,
Quem patria pietate videns, oblitus amaræ

Cordis, dilecti, quam colla tulere nepotis,
Infremuit, lacrymiſque genæ madere ſolutis.
O fallax, inquit, quotiens fortuna revolvis
Imis ſumma gradu: nam ſidera ſplendida tangens
Volvitur ecce luto; flos eſt tua gloria vanus.
Inde ſupervenit fraterni ſanguinis ultor
Mucro nitens Comitis, petiit qui membra ſecari
Hoſtis humi ſtratæ reſidentis, verſus in iram.
Quod prohibet Præſul, ſed eum ſine vulnere ſervat.
O bonitas immenſa Patris, quæ ſanguinis expers
Eximium victis putat indulgere triumphum.
Heu totum de Turre genus vel carcere ſqualet,
Aut periit gladio, patulum vel oberrat in orbem.
Cujus fautores ſimili periere ruina.
Stirpis at infauſtæ majores vincula ſtringunt
Ferrea ſex numero. Spoliis ditantur amici
Archipatris. Veniunt legati ſtrage peracta
Metropolis Deſium, vexilla reducere Patris.
Tunc Antiſtes ovans ingentis lucra triumphi
Numine læta ferens ſupero, feſtinat in Urbem,
Accedens natale ſolum. Mucrone cruento.
Læta acies multis olim conata periclis
Ad proprios remeare lares, comitatur herile
Vexillum. Juſſit prope ſtare ad mœnia cohortes
Præſul, amor patriæ cujus præcordia caræ
Commovit, qui ſic inquit: Jam vulnera ceſſent,
Sanguineo ſudore madens jam mucro quieſcat.
In fraterna rubet bacchans heu vulnera cædes,
Hinc trucis a gladii jugulis deſiſtite: finis
Quæratur bello civili: patria lucro
Sit ſatis hæc veſtro, longo ſperata labore
Hactenus; hanc vetuit ſemper fortuna rebellis;
Quam modo corridens offert victricibus armis.
Jam furor, atque minæ, jam dira licentia ferri
Cedat, & ad lætos ſucceſſus hoſte ſubacto
Omine pax dudum adverſo quæſita reducat
Victores. Felix, ſocii, victoria non eſt
Roboris hæc veſtri, non armis parta, nec enſe:
E Cœlo micuit, vobis hanc fata dederunt
Legibus arcanis ſupero manantia nutu.
Ipſa manus opus eſt ſuperæ; cenſura rebelles
Cœleſtis ſtravit. Inſonti parcite plebi,
Non ædes ſpolietur inops, non horrea: ditis
Nullus lædatur, nullique injuria fiat

E populo, quem nos ulnis geſtamus amoris,
Quem colimus, titulis dignis efferre volentes,
Cui ſuit antiquo venerabile nomen ab ævo.
Conducat fraternus amor, quæ priſca tuliſtis,
Vulnera; præteritæ nullum meminiſſe jubemus
Offenſæ, cujus felix oblivio judex
Optimus eſt: genus hoc vincendi nobile, clari
Nonne viri? fiet veſter ſic hoſtis amicus.
Irarum fluctus humili ſub pectore fervent
Omnibus infeſto; cui non eſt longa poteſtas,
Nec fortuna favens, ſubiti diſcriminis expers
Non erit in Cives aſper; propriæque ruinæ
Jam ſatis eſt; veniæ jam tempus; deſinat omnis
Impetus, & pietas expellat amica furorem.
Hinc odii civilis atrox diſcedat acredo.
Num ſcelerum rabies caræ dominabitur Urbi?
Diſcurrent vicis num viri cæde rubentes?
Sanguinea num læta dies maculabitur unda?
Quid ſi tecta gemant? madeant ſi delubra fletu?
Sive lares ululent, & ſparſo crine marito
Exanimis conjux incumbat? ſive parentes
Oſcula pignoribus fundant mœrentia cæſis?
Num ſceleri tanto ſuperum miſcebitur ingens
Gratia? num tantis lacrymis, ſeu funere triſti
Gaudia lædentur dono conceſſa ſuperno?
Non erit hoc, proceres, non hoc felicibus aptum
Fatis; vobiſcum non hac comitabitur hora
Mœror in ingreſſu; non hæc ſunt conſona divis
Heroibus; nam vos vetus, & generoſa propago
Edidit, & venia eſt ſemper conjuncta triumpho.
Sic ſceleris gladium deponat læta juventus,
Gratas jam tollat palmas ad ſidera miles.
Lætetur triſtem rugas poſuiſſe vetuſtas
Fortunam, facies cujus placabilis ad vos
Arridet, renovata novis ſucceſſibus ora
Nobila mutavit, veterem poſuitque rigorem.
O Pietas immenſa Dei, quæ ferrea terri
Vincula cœleſti virtute reſolvit Averni,
Tempore quo longo Proceres gemuere ſepulti
Metropolis, ſed jam reſerantur clauſtra doloris.
Extulit ad Cœlum jam vos ſublime, nec ultra
Deſinet auxilium ſuperum, ſervata per ævum
Gratia ſi fuerit, memor aut ſi muneris hujus
Sit damnatus eques, quem gloria tanta reducet.

Paci-

Pacifice reſonent fauces, donaria reddat
Quiſque Deo, ſolvat laudes, ac oſcula civi
Offerat, & dudum Reſpublica preſſa levetur.
Jam tenor antiquus, patriæque modeſtia veſtra
Urbi reddatur; ſuccedant jura profano
Juſtitiæ, propriis communia commoda lucris.
Exul in ambiguum redeat maturius orbem
Ad ſedes Aſtræa ſuas, orbataque dudum
Gaudeat aula potens ea nunc ornata decore
Juſtitiæ. Præſul ſic fatus. Nemo reſiſtit
Hortanti, monitis reverendi quilibet oris
Annuit, & votis patriis parere ſpopondit.
Submiſſos clamore cohors teſtatur alacri
Eſſe animos Patri, Dominoque, ducique per omne
Ævum. Antiſtes ait: Victricia ſigna movete.
Victaque mox celeri petierunt mœnia greſſu,
Præſulis ad juſſum victores enſe recluſo.
Mutatis animis jam non furor eſſe, nec ira
Cernitur in læſis; acclamant omnia pacem
Agmina. Felici pergunt ſic omine, jam non
Bello: ſic urbem properant invadere gratam.
Ante Patrem delata micant inſignia Regis
Æterni; Crux alma nitens veneratur ab omni
Occurrente ſibi populo, comitatur at ipſum
Nobilitas olim peregrinas exul in oras
Ad patrium revocata ſolum. Proh quanta cohortis
Lætitia eſt reducis! Reſonant heic timpana, totus
Indeque concutitur æther clangore tubarum,
Et non ora ſilent lætas reſoluta per odas.
Urbs Patris adventu feſtino mota tumultu
Occurrit gaudens, miſcetur ſexus, & ætas.
Confluxere ſenex, juvenis, mulierque; ſed agmen
Laudibus inſiſtit devotum voce canora.
Religioſa cohors ſeries diſtincta per almas
Obvia, concentu modulaminis æthera læti
Pulſat, & adveniens dilecta Præſul in Urbe
Suſcipitur, viſitque prius pia limina Sancti
Ambroſii, fuditque preces demerſus ad aram.
Grata tulit genibus flexis donaria miles.
Mox Antiſtes adit ſperatam tempore longo
Sedem, ſicque domos reliqui petiere paternas.
Præſul at, ut veteri ſtatuatur in ordine juris
Publica res, ſatagit, priſcæque revocentur ad uſum
Gaudia. Libertas, ac Symbola, ludus in unum

Conveniunt. Posuere diem, celebremque Beatæ
Agnetis, Cives redeuntes lege perenni,
Qua micuit sperata diu victoria Cœlo.
Lex antiqua redit, pressuraque cessit ab Urbe.
Æger ut effœto languet, mortemque minatur
Corpore, quum labium pallet, quum vena gravescit,
Horrescit facies, oculi sternuntur, anhelum
Urgetur pectus, requieque repente soporis
Erigitur morbi matura labe, Vetustum
Motu rapta suo repetit natura tenorem:
Sic Urbs prolixi languoris pressa dolore
Crimine purgato, divæ relevata vigore
Virtutis, fortique sui medicamine Patris
Tendit ad antiqui cursum sanata tenoris.
Quam dubio fortuna gradu mortalia ludis!
Heu quam præcipites humana rotatur in orbes
Conditio! Nunc summa petit, nunc mergitur unda.
Vana quidem pereunt, transitque volatibus ætas;
Rebus enim nitens robur ruit omne caducis.
Sola manet virtus puro rutilantior auro,
Æthereos superat radios, Phœbeaque vincit
Lumina, tota nitens, divis splendoribus orta.
Huic quæ progenies? quod opus? quo pignore gaudet?
Aut quæ divitiæ? seu quo dotatur honore?
Est ejus sublimis honos, quo cetera demto
Virtutis titulo clari privantur & ipsi,
Dum quoque sola decus probitas sibi vendicat istud.
Hæ quæ augentur opes exhaustæ pectore manant,
Hæ solæ comitantur herum, mors cetera perdit.
Huic cœleste genus, quam mens enixa superna est,
Fonteque prosiliens supero delabitur imis,
Mortales differre facit, quia clarior alter
Cui comes est reliquo, sine qua non quisque ferarum
Conditionis erit. Fiet distante decore
Nonne pecus virtutis homo? qui celsior astris
Hac famulante; choris compar cœlestibus, altas
Aggreditur Deitatis opes, concorsque superni
Hæc animi sublime suis lucratur alumnis
Nomen, ut almorum numerentur in agmina Divum;
Quam felix hæc est proles, quam plena decoris!
Temperies siquidem, quæ blandimenta coercet
Carnis, metitur rerum Prudentia fines;
Altera Justitia est harum non infima consors.
Quid melius natura dedit? quid gratius? ortum

Siderea de ſede trahit, velut Heſpera fulget
In terris, etenim divinæ legis imago eſt.
Fœderis humani vinclum, morumque magiſtra
Expediens, rectumque docet, nihil utile quærit
Ipſa ſibi, ſolers communem reſpicit uſum;
Nam cunctis prodeſſe cupit, nullique nocere.
Ipſa parens legum, vigil eſt cohibere nocentes,
Illius ad nutum pigreſcit nulla ſororum.
At poſtrema malis nullis concuſſa, flagellis
Diris arridet, duro certamine gaudet.
O Genus electum, proles divina, ſuperſtes
Germen, quod numquam conſumere tempora poſſunt!

Reliqua deſiderantur.

IN
S. CYRILLI ALEXANDRINI
LIBRUM DE COMPUTO.

Computus, *sive Compotus apud medium ferialium Scriptores nihil aliud erat, quam* Notitia cursus Lunæ, ac Kalendarum, *sive* Scientia certificandi tempora secundum Solis, & Lunæ progressum, *ut Durandus ait Lib. 8. Cap. I. Rational. Nempe nomen ductum a computando, quod necessarium sit computare Solis Lunæque cursum, Annos, Menses, ac Dies, ut discantur Cycli Decemnovennales, Epactæ, Bissextus, Saltus Lunæ, Kalendæ, Idus, ac præcipue Paschatis tempus, atque alia id genus, quæ omnia nunc* Kalendarii *appellatione communiter significantur.* Computi *vero scientia olim tum Presbyteris tum Clericis magna solicitudine commendata; legibusque etiam cautum, ne quis ab ea addiscenda eximeretur, ut Du-Cangius in Glossario Latino ex multis documentis ostendit. Et in id quidem argumentum nonnullos veterum Libros editos habemus; alios Bibliothecæ clariores adhuc servant Manuscriptos.* In Computi *vero explicatione præsertim Beda excelluit, cujus non unum hac de re Opusculum inter ejus Opera occurrit. Librum de* Computo *Rabani Mauri edidit Baluzius Tom. I. Miscellan. pag. 1. In Bibliotheca quoque Cottoniana Gildæ Monachi extitisse* Librum MS. de Computo *Capitulis XCIX. constantem, ex Usserio didicimus, ut Maximum Monachum, Isaacum Argyrum, Durandum, aut alios etiam longe antiquiores, tum apud Græcos, tum apud Latinos, prætermam, qui de Cyclis Paschalibus, aut de* Computo *egere in variis Epistolis, atque Tractatibus.*

Proximis autem præteritis sæculis, quibus Literæ tam prospero successu excoli sunt cœptæ, ut potius veteres nobis, quam nos veteribus hic invidere jam debeamus, Kalendarii scientia novis *adamussim eruditeque pertractata, celeberrimos dedit Scriptores, quos nullo non mirata est ætas. Et adhuc ævo nostro habemus Cassinum, Blanchinium, Bonjourium, Manfredum, Quirinianum, aliosque præstantes viros, in quorum scriptis renovata, atque agitata est controversia de Correctione Gregoriana. Non invitum vero Eruditis hisce, aliisque Kalendarii cultoribus, facturum me puto, si & hunc Librum evulgem, quem antiquorum eruditio, quamquam sterilis interdum, atque interdum etiam fabulis ac erroribus intermixta, non parum inservire possit ac soleat adjuvandam perficiendamque recentiorum eruditionem in hoc potissimum argumento.*

En ergo Librum de Computo, *quem nunc primum editum descripsi ex Codice 70. Lit. S Ambrosianæ Bibliothecæ. Codicis characteres perantiqui sunt, at non ausim affirmare ad ipsam ætatem referendos, qua vixit Libri Auctor. Innumera illic, ad fastidium usque, & in Grammaticam, & in Orthographiam peccata, quorum nonnulla, quia nimis in oculos incurrentia, sustuli; reliqua vero dimisi, rusticitati illorum temporum, sive etiam Librariorum aut imbecillitati, aut usui. Quo tempore Auctor vixerit, non facile deprehendas; nam hunc ille congessit aliorum Scriptorum lucubrationes, quæ ad varia tempora spectant. Attamen Anno Ch. DCCCX. aut summum paucis post annis Auctor floruisse videtur, quod conjicere possumus e Cap. CLIII. & ex aliis locis. Non dubito autem, quin præter multa, quæ in Libris Bedæ, Rabani, aliorumque reperta occurrunt, alia quoque hic habeantur, quæ frustra alibi quæras, quamvis a falsis ac fabulosis non semper sejuncta. Epistolas Proterii, Dionysii, aliorumque omisi, quippe a Bucherio, & partim etiam a celebri Petavio publici juris jam factas. Retinui tamen Prologum Libri, nempe Epistolam S. Cyrilli Alexandrini, quamquam a Petavio editam in Appendice ad Libros de Doctr. temporum, ut collatione utrorumque exemplarium, mendis scatentium, conentur Eruditi verum Cyrilli textum expiscari. Cum Prologo sive Epistola laudata conjungitur in Ambrosiano Codice fragmentum aliud cum hoc titulo.* Item ratio Solis, vel Lunæ cursus, atque bissexti, *quod apud Petavium non legitur, & certe Cyrillo sive Græco homini tribuendum nequaquam videtur, quamvis continuato stylo omnia nectantur in eodem Codice Ambrosiano. Sed altius detinere Lectorem non placet.*

LIBER DE COMPUTO.

Incipit Prologus

S. CYRILLI ALEXANDRINI

EPISCOPI

DE RATIONE PASCHÆ.

Sanctum Paschæ mysterium, ejusque sacra solemnitas, sicut est a Salvatore nostro Apostolis tradita, observata, inlibata mansisset, si eam quorumdam perversitas inter cetera Fidei Sacramenta minime temerasset. Illi etiam qui eorum pravitati respondere conati sunt, & LXXXIV. annorum circulum instituerunt, perfectæ rationis circulorum tenuissent, si in supputatione mensium, vel annorum humanam, seu Divinam traditionem sequi potuissent. Unde tantis sunt ignorantiæ tenebris involuti, ut in utramque Paschalis ignorantiæ periculum deciderint. Ita etiam XIV. Luna, quam vulgus sextam decimam putat, cum adhuc orbis sui circulum nondum implevisset, ad vesperam Sabbati, & ante mensem novorum, Pascha celebrando, contra præceptum Domini frequenter docentur errasse, quod alii pervidentes, ac reprehendentes, & quasi emendare cupientes, quia non divina revelatione illuminatis, sed humanæ scientiæ præsumptione elati sunt, pejus aliis addiderunt, ut sicut illis sex quatuor decemnovitates, ita & isti per septem sedecennitates, & quasdam dimensionum per singulas duplicatos, vel multiplicatos numeros, ac monogrammos adnotantes, diversos, & inextricabiles circulos describere niterentur. Per quorum difficultates angustias, & infinitas controversias, quibus se invicem impugnantes ita sunt offensi nonnulli, ut relictis observationibus omnibus octavo tantummodo Kalendarum Apriliam die quotacumque Luna vel Feria incidisset, jam non Pascha Domini (quod enim est in die solemnitatis Resurrectionis, & in Lunæ plenitudinis lumine, ac societate sempiterni Solis) sed in natale Mundi tantummodo irrationabiliter celebrassent. Superfluo autem quis extendit humanum ingenium, & linguam habuit expolitam, nisi ab eo qui stultam facit sapientiam hujus mundi, ad veram sapientiam sensus ejus dirigatur. Cum his igitur atque hujusmodi dissensionibus per universum orbem Paschalis regula turbaretur Sanctorum totius orbis Synodi consultatione decretum est, ut quoniam apud Alexandriam talis esset reperta Ecclesia, quæ in hujus scientia clareret, quoto Kalendarum, vel Iduum quota Luna Pascha debeat celebrari, per singulos annos Romanæ Ecclesiæ literis intimasset, unde Apostolica Auctoritate universalis Ecclesia per totum orbem definitum Paschæ diem sine ulla disceptatione cognosceret. Quod cum per multa secula pariter custodissent, nullamque inde scripturam quispiam crederet, ubi nulla quæstio solveretur, & nonnumquam occurreret, ut in Sabbato Luna a XX. quam illi a XXIII. XII. Kal. Majarum usque in octavo easdem Kal., quasi in secundo mense Pascha celebrare metuerent, essetque magna confusio in omni Ecclesia, Prætorio, vel Palatio, Theodosius religiosissimus, qui non solum in humanis, verum etiam in divinis legibus placere Deo semper studuit, Sanctum Theophilum totius Alexandriæ Episcopum urbis suis literis commonuit, ut de Sacramento Paschæ evidentissima ratione dissereret, sibique dirigere dignaretur. Cujus sanctissimis præceptis obtemperans quatuor centorum XXVIII. annorum Cyclum Paschale instituit, ejusque clementiæ a primo anno Consulatus ejus usque ad centum calculans, quoto Kalendarum suarum, Iduum, & quota Luna Pascha debeat celebrari, subjectis suis literis destinavit, manifestamque veritatem sub libello fideliter, breviterque perstrinxit, in quo revelante sibi Domino, perfectæ rationis ordinem pandit, omnesque errores, ac superfluas quæstiones luce clarius expugnavit, atque dissolvit.

Quoniam jam illi diversi circuli per totum orbem dissemiati, & jam nostrorum animos inconcusse possiderunt, iste quinnus est allectus, vix ad paucos potuit pervenire; cujus cum nimium profunditatem pene omnes sensus excedere pervidissem, revelationem Domini postulavi. Et hoc, quod de ipso fonte haurire promerui, in ipso libello præferemus, quia nec illos, apud quem ipsum circulum vidi, intellexisse cognovi. Et ne forte quadringentorum viginti octo annorum infinita congeries aut fastidium cognoscendi, aut pigritiam describendi quibusdam afferat, in nonaginta quinque annos eumdem circulum breviavi, quem per illos annos volvere sine ulla differentia cognovi. Unum tantum assem in quibusdam annis propter rationem bissexti, qui occurrere non potuit usque ad illum summum circuli ultimum annum, qui redit ad caput, adjiciendum, vel potius dimittendum admonui.

A Deo-

A Duodecimo autem Kalendarum Aprilium, usque in VIII. Kalend. Majas, per dies XXXV., qui faciunt septimanas quinque, Sanctum Pascha celebrari confirmamus, de ipsa septimana habere manifestum est, reliquos ejus quinque dies adjecit, ut propter Dominicam diem a XIV. Luna usque ad XXI., sicut praeceptum est, distenderet. Quae quidem Luna efficitur XIV. a XII. Kal. Maj. protenditur, in primi mensis terminos permiscetur, & impleatur, & secundum supputationem Hebraeorum, quibus Pascha ratione Christi praeceptum est. Post annum Embolismum occurrerit, qui XIII. menses Lunares idem CCCLXXXIV. dies habere Sancto Moysi divinitus revelatum, unde constat hos dies quinque mensis novorum additos, non secundi mensis esse, sed primi, quia etiam secundi essent propter Dominicae resurrectionem ergo Ecclesiae plenitudinem non immerito viderentur adjecti illi etiam, qui longius habitabant, vel immundi in anima fuerint, in secundo mense jussi sunt Pascha celebrare, quod in typum intelligitur Sanctae Ecclesiae, quae cum omnibus Daemonibus fornicans immunda videbatur in anima; salubri vero confessione mundata, & secundum Nativitatem quasi ad secundum mensem transire videbatur, percipitur. Ante mensem autem novorum mensis est ultimus veterum, in quo Pascha fieri penitus abnegatur. Sed ut breviter dicam, quae sint in eorum disputatione diversa: Lunam, quam illi tertiam vel sextam decimam, vel vigesimam tertiam, improprie nuncupant, hanc Sanctus Theophilus primam, quartam decimam, vel XXI. certo demonstrante confirmat. Pascha autem quod ultra XII. Kal. Maj. celebrare formidant, Sanctus Theophilus usque in VIII. differre non dubitat. In ordine annorum illorum quidam in XIV. anno, quidem in XVI. unum diem Lunarem de incrementis Lunaribus addiderant. Hunc S. Theophilus in nono decimo anno adjecit. Unde illorum supputatio, quia inconveniens, ac diversa est, perperam. Hujus autem, quia veritate fabricata est, superat, & in perpetuum perseverat. Ita enim XIV. Lunam vult videre in caelo Theophilus in pleno orbis circulo eodem momento oriatur, quo occidit Sol, eademque nocte transacta Luna occidente Sol oriatur. Unde evidenter apparet, quia Lunam, quam illi XXIII. vigilare in Sabbato Paschae formidant, ipse XXI. adsignans sine ulla trepidatione Sanctum Pascha censeat celebrari, & quam illi praesento Sabbato XV. nuntiantes anticipant, ipse XVI. ostendens, non eos posse celebrare contendens ad XXI. differre non dubitat. Viginti autem & novem semis dies Lunam habere manifestum est, qui duplicati efficiunt LIX., quibus unus dies praeter illos duos semisses adjicitur, ut LX. videantur implere, & efficiunt Lunares legitimos saltus, ut si verbo tenus fuerit Luna V. alio die, non dicatur VI. sed VII. Tricesimae autem Lunae medietatem habere minuentis, & medietatem crescentis etiam inde, quae dicitur tricesima, quae & prima, calculorum nullus ignorat. Talis ergo debet videri XXIX., qualis pro pridie prima. Trigesima autem Luna videri omnino non potest, quia ad ultimam finem medio ipso tricesimo die conformatur, Solique conjungitur, eodemque momento renascitur, paulatimque ab eo recedens, & per reliquam ipsius diei tricesimam partem usque ad aliam diem, quae prima dicitur, crescens, post Solis occubitum sic videtur, quemadmodum, ut dixi ante, pridie vicesima nona diluculo tenebatur. Qualis ergo est caecitas mentis, vel dementiae, ut cum videri non posse tricesima videatur adhuc deficiens, & dicatur prima nominandam etiam & secunda, ac si per omnem ordinem mentiuntur! Sicut enim pro tricesima secundam, & pro prima tertiam vocant, sic pro quarta decima sextam decimam, & pro vicesima prima dicere compelluntur XXIII. sicut illum pervicaciam, qui dictus est bissexti dies, invenisse, ut per hanc fallaciam Diabolus inter ipsa Fidei Sacramenta auferretur salutis Christianae. Hoc itidem in summo & inseparabili posuit exemplo, quod Salvator noster Luna XIV. fer. V. Pascha cum suis discipulis celebrasset, & ut semper hoc fieri semper imperavit. Quod hodieque, sicut traditum celebratur sanctumque Chrisma conficitur, & etiam Dominica anniversaria solemnitate completur. Quod & Pascha perfectum ac maximum Sacramentum, sicut Sanctus Apostolus narrat sibi traditum, & sic tradidisse Corinthiis gloriatur. XIV. traditur. XV. passus. & XVII. resurrexit, ea videlicet Luna, quae nullis interjectis tenebris etiam secundum supputationem vulgi solis lumine delucida declaratur. Hoc enim vere salutis judicium, ut post tergum relinquentes tenebras totius malitiae, aeterno illo Sole solis luminis perfruamur. Hanc ergo bidaum Lunae superfluam si dimiseris, Illosque quinque dies mensis Novorum juxta rationem additos intellexeris, sed & illum diem de incrementis Lunaribus in nono decimo anno, quod XIV. adjecerit, omnem viam, & rationem veritatis hujus ministerii recognoscas. Lunam autem, quae ab his dicitur tertia, hodieque a Judaeis, & Graecis dicitur prima, & merito videtur ad vesperam, quia jam & semisse habere de XXX., & quae nunc prima. Item ratio Solis, vel Lunae cursus, atque bissexti. Annus habet dies CCCLXV. menses XII. tempora IV. ver, aestas, autumnum. & hyems, & per quatuor tempora duo sunt aequinoctia, & duo solstitia. Nono Kal. Apr. unum aequinoctium, & VIII. Kal. Jul. in natale S. Joannis fit unum solstitium, & VIII. Kal. Jan. in natali D.N.J.C. fit aliud solstitium. Nam & Sol in anno habet dies CCCLXV. quadrantem vero halucet dies CCCLIV. reliqui sunt dies XI. quos super videtur Sol lucere. Et hi sunt XI. quia annis singulis ad Lunae epactas adduntur, & ut citius manifestetur ratio, XII. sunt menses in anno, & VII. ex ipsis mensibus sunt, qui habent supra XXX. singulos dies, id est: Januarius, Martius, Majus, Julius, Augustus, October, December, & ideo tolle Decembri, & Januario singulos dies, & adde eos Februario, qui habet dies XXVIII., & fiunt ei XXX. Reliquos vero dies, qui in capite quinque mensibus super tricesimum numerum adjacent, tolle eos, & aequentur omnes menses, ut habeant dies XXX. Et unus mensis lunaris XXIX., & semis, dies lucet, sicut jam in suprascripta Epistola praelocuti sumus, quia tricesimum diem non complectitur. Ideoque XII. sunt Lunares menses in anno. Per singulos vero Lunares singulos semisses minus lucet, & ideo de duodecim Lunaribus tolle XII. semisses, & comple in unum, efficiunt dies VI. ad quos adde illos quinque dies de quinque mensibus, & efficiunt in unum dies XI. quos ut Lunae epactas adjicere videntur, quia ets in annum Luna de Sole minus lucet. Quadrans vero, qui super CCCLXV. dies bissexti facit post quadriennium crescere diem. Ipsum vero quadrans III. habet uncias, quae in anno uno crescunt. Item in alio anno sex, in tertio IX., in quarto nihilominus III. & fiunt in unum hae XII. faciuntque diem unum, qui vocatur bissextus; & sicut ceteri dies, qui ducunt annum, computantur, & dimittuntur, ita & bissextus cum venerit post annos quatuor, dies qui venerit in ordine ducere annum illum, utpote tertia Feria dimittenda est, & quarta Feria computanda, sicque traditur per majorum traditionem bissextus.

Explicit Prologus S. Cyrilli Alexandrini Episcopi.

In nomine D. N. Jesu Christi incipiunt Capitula de Computo.

1 De computo Graecorum, vel Latinorum.
2 Item alia.
3 De die anni inveniendo.
4 De anno Communi, & Embolismali.
5 De Epactis Graecorum.
6 De Argumentis Paschalibus.
7 Item quod verius est.
8 De die mensis Paschae.
9 Item apud Graecos.
10 Item apud Latinos.
11 De nativitate Lunae.
12 Item alia.
13 De Communi anno, & Embolismo.
14 Item de anno Communi, & Embolismo.
15 De quatuor differentiis Lunae.
16 De celebrando S. Paschate.
17 De Embolismo majore.
18 De augmento Lunae.
19 De Kal. mensium.
20 Item de Kal. mensium.
21 De Feriis inveniendis in Kal. XII. mensium.
22 De Epactis in Kal. XII. mensium.
23 De feriis in quoque mense.
24 De feria, aliter de Lunae Paschalis termino.
25 De concurrentibus, idest Epactis Solis.
26 De Epactis XI. Kal. Apr.
27 De temporibus mensium.
28 Item de temporibus mensium.
29 De solstitio, & aequinoctio.
30 Item de solstitio, & aequinoctio.
31 Item de solstitio.
32 Item de temporibus mensium.
33 De momentis.
34 Item de momentis.
35 Item de momentis ad bissextum.
36 Item ad bissextum inveniendum per XII. signa.
37 Item ad V. dies intercalares per XII. signa.
38 De punctis.
39 De diebus anni, & horis.
40 De ratione Bissexti.
41 Item de Bissexto.
42 Item de Bissextis.
43 Item de Bissextis.
44 Item de Bissexto, & quadrante.
45 Item de solstitio, & aequinoctio.
46 De saltu Lunae.
47 De Lunae cursu.
48 De interrogatione XIX. annorum Cycli.
49 De mensibus.
50 De Luna Paschae.
51 Argumenta ad initium Quadragesimae inveniendum.
52 Item de Quadragesima invenienda.
53 Item ad Pentecosten inveniendam.
54 De supputationibus.
55 De termino Paschali.
56 De hebdomade.
57 Item de hebdomade.
58 Item de mensibus.
59 Item de mense.
60 Item de mensibus.
61 Item de mense, & Lunae longitudine.
62 De mensibus, & interrogatione Lunae.
63 Item de mensibus, & quot horas habent in die, & nocte.
64 Item de mensibus.
65 De puncto Lunae.
66 De numero apud Hebraeos.

67 De annis naturalibus.
68 De incendio Lunæ.
69 De die Solis Orientis.
70 De die.
71 De nocte.
72 De XIV. Luna Paschali.
73 Item de XIV. Luna quota feria sit.
74 Item de termino Paschali.
75 De die septimanæ quotus sit.
76 De Luna in Kal. Janu.
77 De annis a principio mundi.
78 Item de annis a principio mundi.
79 De annis ab origine mundi.
80 Item de annis ab origine mundi.
81 De mundi principio.
82 Item de mundi principio.
83 De annis ab Incarnatione.
84 De Luna primi mensis.
85 De bissexto per Cyclum Solarem.
86 Argumenta de concurrentibus monstrandis.
87 De anno Bissextili ab origine mundi.
88 De concurrentibus monstrandis.
89 De divisionibus temporum.
90 De atomis in primo momento.
91 De horis in anno quot sint.
92 Item de horis & momentis in anno.
93 De punctis in anno.
94 De minutis in anno.
95 De momentis in anno.
96 Item de momentis.
97 De quadrante.
98 De septimanis in anno.
99 De concurrentibus Solis per totum annum.
100 De partibus Lunaribus in XI. Kal. Apr.
101 De concurrentibus monstrandis.
102 Item de concurrentibus.
103 De Feria in Kal. Janu.
104 De Cyclo Solari, & Lunari.
105 De principiis IV. Temporum.
106 De Cyclis Solis, & Lunæ.
107 Ad Epactas Solis in XII. mensibus.
108 De XII. Signis Cœli, siderali circulo.
109 De Causis quibus nomina acceperunt.
110 De cursu Solis, & Lunæ.
111 De cursu Solis per XII. signa.
112 De septem sideribus erranbitus.
113 De velocitate cursus Lunæ.
114 De ascensu Solis, & descensu.
115 De Eclipsibus Solis & Lunæ.
116 De variis nominibus Solis.
117 Argumenta de initio Quadragesimæ.
118 De Cyclo magno XIX. Lunarum.
119 De numero Cyclorum.
120 Item de Cyclo XIX. Lunarum.
121 Præfatio S. Felicis Abbatis.
122 Incipit Prologus S. Cyrilli.
123 De concordia mensium.
124 De Cyclo Libri Romanorum.
125 De ætate Lunæ.
126 Item de Lunæ cursu.
127 Epistola de ratione Lunæ. I. anni.
128 Item de secundo anno Embolismo.
129 De tertio anno Embolismo.
130 Item de primo anno Embolismo. Emb.
131 Item de secundo anno Embolismo.
132 Item de tertio anno Embolismo.
133 Item de quarto anno Embolismo.
134 De cursu Lunæ per XII. signa.
135 De cursu Solis per XII. signa.
136 De Luna per XII. signa.
137 De saltu Lunæ per XIX. annos.
138 De flexibus Digitorum.
139 De ratione Paschali.
140 Epistola Cyrilli Episcopi.
141 Epistola Paschasini Episcopi.
142 De nominibus stellarum.
143 Epistola Dionysii Exigui.
144 Epistola S. Cyrilli.
145 Epistola S. Proterii.
146 Epistola Mariani Episcopi.
147 Præfatio Patronio Episcopo.
148 De mundi principio.
149 Epistola Papæ Leonis.
150 De Pascha autem.
151 De nomine mensium.
152 De regularibus anni Domini, & Indictione.
153 De argumentis ad Incarnationem Christi.
154 De Cyclo Decemnovali.
155 De partibus.
156 Item de Cyclo Decemnovali Paschali.

Expliciunt Capitula Libri de Computo.

Si vis scire omni die datarum, quota Feria evenerit, computa quot dies de illo Mense habes, & subtrahe diem Kalendarum. Memor esto Lector, quotam Feriam habueris in Kalendis, adde illam Feriam ad illos dies superius memoratos, & partire per septimam partem, & quidquid remanserit, tota Feria erit. Si nihil remanserit, Septima Feria erit.

Si vis scire omni die datarum, quota Luna fuerit, computa quot dies de illo Mense habes. Subtrahe diem Kalend. Memor esto Lector, quotam Lunam habueris in Kal., adde illam Lunam ad illos dies superius memoratos, & partire per trigesimam partem, & quidquid remanserit, tota Luna erit, & si nil remanserit, trigesima erit Luna. Similiter qui vigesimam nonam Lunam habuerit, partire per XXIX. partem. Quicquid remanserit, tota Luna erit. Si nihil remanserit, vigesima nona Luna erit.

Ad

Ad Feriam inveniendam Febr. in Kal. XXXII. usque in finem.

Si vis scire hoc vel illo die, quota sit Feria, computa dies a Kal. Jan. usque in diem, de quo inquiris, & cum noveris, adde Feriam, quæ fuit die Kal. Jan. & si bissextilis annus est, etiam bissexti diem. Partire omnia per VII., & quot remanent dies, adde septimanæ, ubicumque quæris, ostendit CCCL. L. septem vicies multiplicata faciunt CCCL. usque in finem.

De quota Luna in Kal. Janu.

Si vis scire hoc, vel illud, quota sit Luna, computa diem a Kal. Janu. usque in diem, de quo inquiris, & cum scieris, adde ætatem Lunæ, quæ fuit in Kal. Jan. Partire omnia per LVIII. Et si amplius XXX. remanserint, tolle XXX., & quod superest ipsa est Luna diei, quem quæris. Adde in hac VI. usque finem hoc quære A. B. C. D.

De Luna in Kal. Jan.

Si hoc scire desideras, sume Cyclum anni præsentis. Multiplica per VI. adde Epactam regularem. Partire per XXX. Quod remanet, ipsa est ætas Lunæ in Kal. Jan. Sed tantum memor esto, ut XVII. XVIII. XIX. Cyclo non I. adjicias, sed II. adjicias regulares. Si hoc scire cupis, quota Luna ipsius, quemque velis, duces Cyclum; adde I. Duc eandem seriem, sive * triginta sublatis, sive I. superfuit * unus totam Lunam esse reperies. Postea sedecim duobus adjicias.

Ad Feriam	
CCCL. L.	L.
CCLXXX.	XL.
CCX.	XXX.
LXX.	X.
LXIII.	VIIII.
LVI.	VIII.
XLVIII.	VII.
XLII.	VI.
XXXV.	V.
XXVIII.	IV.
XXI.	III.
XIV.	II.
VII.	I.

Ad Lunam	
CCCLIV.	VI.
CCXCV.	V.
CCXXVI.	IV.
CLXXVII.	III.
CXVIII.	II.
LVIII.	I.

Incipit computatio Græcorum vel Latinorum qualiter calculare debemus omnibus annis.

I.

Januarius, Augustus, & December IV. Non. habent. XIX. post Id. & dies XXXI. Martius, Majus, Julius, & October VI. Non. habent XVII. post Id. & dies XXXI. Aprilis, Junius, September, & November IV. Non. habent XVIII. post Id. & dies XXX. Mensis Februarius IV. Non. habet. XVI. post Idus, & dies XXVIII. Omnes menses VIII. Idus habent..

Item alia.

II.

In Januario, Augusto, & Decembri Kal. & vi. Id. & xviii. Kal. & xi. Kal. & iv. Kal. unus dies est. In Martio, Majo, Julio, & Octobri Kal., & viii. Id., & Idus, & xi. Kal., & iv. Kal. unus dies est. In Aprili, Junio, Septembri, & Novembri Kal., & vi. Id., & xvii. Kal., & x. Kal., & iii. Kal. unus dies est. In Februario vero Kalendæ, & vi. Id. & xv. Kal. & viii. Kal. unus dies est. Ille Mensis, qui habet iv. Non. facit in Nonis dies v. & in Idibus dies xiii. & ille mensis, qui habet vi. Nonas facit in Nonis dies vii. & Idibus dies xv.

Hic invenies dies anni.

III.

Februarius in Kal. xxxii. in Nonis xxxvi. in Idibus xliv.
Martius in Kal. lx. in Non. lxvi. in Id. lxxiv.

 Apri-

Aprilis in Kal. xci. in Non. xcv. in Id. ciii.
Majus in Kal. cxxi. in Non. cxxvii. in Id. cxxxv.
Junius in Kal. clii. in Non. clvi. in Id. cliv.
Julius in Kal. clxxxii. in Non. clxxxviii. in Id. cxcvi.
Augustus in Kal. ccxiii. in Non. ccxvii. in Id. ccxxv.
September in Kal. ccxliv. in Non. ccxlviii. in Id. cclvi.
October in Kal. cclxxiv. in Non. cclxxx. in Id. cclxxxviii.
November in Kal. cccv. in Non. cccix. in Id. cccxvii.
December in Kal. cccxxxv. in Non. cccxxxix. in Id. cccxlvii.
Januarius in Kal. ccclxvi. in Non. v. in Id. xiii.
Concurrentes ad Feriam mutantur in Kal. Martias. Epactam mutas in Kal. Septembr.

Ad Kal. inveniendas.

Kal. Mart. Feria IIIa. Kal. April. iv. Non. Mart. Kal. Maji. Prid. Non. Mart. Kal. Jun. vi. Non. Mar. Kal. Jul. iv. Non. Mart. Kal. Aug. Non. Mart. Kal. Septemb. v. Non. Mart. Kal. Octobr. iii. Non. Martias. Kal. Novembr. Kal. Mart. Kal. Decembr. v. Non. Mart. Kal. Januar. prid. Non. Mart. Kal. Februar. vi. Non. Martias.
Si vis scire Kal. mensium quo die intrant, hoc calculo cognoscentur volentibus annis.

Incipit Regula ad Kal. mensium inveniendas.

Mart. v. Apr. i. Majus. iii. Jun. vi. Jul. i. Augustus. iv. September. vii. October. ii. Novemb. v. Decemb. vii. Janu. iii. Febr. vi.
Regulam habes. His semper adde ad Epactas Solis cujuslibet anni, & deinceps partire per septimam partem, sicque calculationis Feriam sine errore reperies.

Incipit Epacta Solis.

B i. ii. iii. iv. B vi. vii. i. ii. B iv. v. vi. vii. B ii. iii. iiii. v. B vii. i. ii. iii. B v. vi. vii. i. B iii. iv. v. vi.

Incipit Regula ad lectiones Lunæ.

Septemb. v. Octob. v. Novemb. vii. Decemb. vii. Januar. ix. Febr. x. Mart. ix. Apr. x. Maj. xi. Jun. xii. Jun. xii. Jul. xiii. Aug. xiv.
Regulam habes. His semper adde ad Epactam Lunarem cujuslibet anni, & deinceps partire per trigesimam partem, sicque calculationem Lunæ sine errore reperies.

Incipit Epact. Idem ad Lectiones Lunares.

Nulla. xi. xxii. iii. xiv. xxv. vi. xvii. Ogd. xxviii. ix. xx. i. xii. xxiii. iv. xv. xxvi. vii. xviii. End.

Incipit Epacta secundum Latinos.

ix. xx. i. xii. xxiii. iv. xv. xxvi. Ogd. vii. xviii. xxviii. x. xxi. ii. xiii. xxiv. v. xvi. xxvii. End.

Incipit Terminus Quadragesimalis.

Luna ii. viii. kal. Mart. iii. Id. Febr. vi. Non. Mart. xi. kal. Mart. vi. Id. Febr. iii. Kal. Mart. xiv. kal. Mart. Non. Mart. iv. Ogd. vi. kal. Mart. Id Febr. iv. Non. Mart. ix. Kal. Mart. iv. Id. Febr. kal. Mart. v. xii. Kal. Mart. vii. Id. Febr. ii. iv. Kal. Mart. xx. Kal. Mart. ii. Non. Mart. End.

Incipit Terminus Paschalis.

Luna xiv. Non. Apr. v. viii. Kal. Apr. Id. Apr. iv. Non. Apr. xi. Kal. Apr. iv. Id. Apr. iii. kal. Apr. xiii. (ii) kal. Maj. Ogd. viii. Id. Apr. vi. kal. Apr. xvii. Kal. Maj. Prid. Id. Apr. viii. Kal. Apr. Prid. Id. Apr. kal. Apr. x kal. Apr. v. Id. Apr. iv kal. Apr. xx. kal. Maj. End.

Incipit iterum de termino Paschali.

Non. Apr. norunt quin. v. viii. kal. inde praenotat i. Id. Apr. etiam sexies vi. Nonæ quaternæ namque dipondio ii. Item undenæ ambiunt quin. v. iv. Id. capiunt ternos. iii. Ternæ kal. titulantur seni vi. Quatuordenæ cubant in quad. iv. Ogd. Septenæ Id. vii. eligunt vii. Senæ kal. sortiuntur ternos iii. Novenæ kal. notannotentur namque septenis. VII. Pridie Id. panditur quin. V. kal. Apr. unus exprimitur I. Duodenas namque docte quaternis IV. Septenæ quinæ spevant duo II. Quartanæ Kal. Quinæ conjiciunt V. Quindenæ constanter tribus adeptæ. III. End.

Incipit Terminus ad Rog.

Luna II. VI. Id. Maj. V. III. kal. Maj. I. XV. Kal. Jun. VI. Non. Maj. II. VI. Kal. Maj. V. Id. Maj. III. IV. Non. Maj. VI. X. Kal. Jun. IV. Ogd. IV. Id. Maj. VII. Kal. Maj. III. XIII. Kal. Maj. I. VII. Id. Maj. IV. IV. kal. Maj. VII. XVI. Kal. Jun. V. Prid. Non. Maj. I. VII. Kal. Maj. IV. Prid. Id. Maj. II. V. Non. Maj. V. XI. Kal. Jun. III. End.

Incipit Terminus Pentecostis.

Luna IV. IX. kal. Jul. V. III. Id. Maj. I. Kal. Jun. VI. XII. kal. Jun. II. VI. Id. Maj. V. IV. kal. Jun. III. XV. Kal. Jun. VI. VIII. Id. Jun. IV. Ogd. VII. kal. Jun. VII. Id. Maj. III. III. Non. Jun. I. X. kal. Jun. IV. Id. Maj. VII. Prid. kal. Jun. V. XIII. kal. Jun. I. VII. Id. Maj. IV. V. kal. Jun. II. XVI. kal. Jun. V. X. ° Jun. III. End.

De annis Communibus, & Embolismis.

Com. Com. Emb. Com. Com. Emb. Com. Emb. Ogd. Com. Com. Emb. Com. Com. Emb. Com. Com. Emb. Com. Emb. End.

Tu istos regulares, qui ante istos IV. terminos positi sunt, adde concurrentibus cujuslibet anni, & deinceps partire per septimam partem. Si VII. remanent, septima Feria erunt illi termini. Si super VII. sunt I. II. III. IV. V. VI. VII. totæ Feriæ erunt illi termini.

De annis Communibus, & Embolismis.

IV.

Primum autem Commune XV. kal. Maj. incipit. Secundus Non. Apr. Tertius Embol. incipit VIII. kal. Apr. Annus Solaris habet dies CCCLXV. Annus Communis habet dies CCCLIV. Annus Embolismus habet dies CCCLXXXIV. Communis dicitur, quia similis est numero dierum. Embolismus vero Græc., quod in Latinum vertitur Augmentum, sive Majorem annum.

De Epistolis Græcorum.

V.

Legimus in Epistolis Græcorum, quod post passionem Apostolorum S. Pachomius Abbas in Ægypto cum Monachis suis in oratione a Domino rogaverit, ut ostenderet eis quomodo Pascha deberent celebrare. Et misit Dominus Angelum suum, & scripsit ad præfatum S. Pachomium Cyclum decemnovalem hoc modo. Non. Apr. & reliqua usque in finem.

Ratio qualiter secundum Latinos vel Græcos, Argumenta Paschalia recto tramite invenire debeat.

VI.

Latini namque a III. Non. Mart. usque in IV. Non. Apr. diebus scilicet XXX. observandum maxime censuerunt, ut quocumque eorum die Luna nata fuerit, efficiat primi Mensis initium, cujus Luna XIV. si Feria VI. provenerit, subsequenti Dominica, idest Luna XVI. festivitatem Paschalem sine ambiguitate celebrabit. XIV. vero Luna mensis ejusdem a XV. Kal. Apr. usque in XVI. Kal. Maj. ad Fet. esse servandas.

Item quod verius est.

VII.

Sancta Synodus CCCXVIII. Pontificum, qui apud Nicæam civitatem Bythiniæ convenerunt, inlustrante Spiritu Sancto, firmiter sanxerunt, ut ab VIII. Id. Mart. usque in diem Non. Apr. quod sunt dies XXIX., qualiscumque Luna nata fuerit, perhibet facere initium primi mensis.

Item

Item de die Mensis, & Luna Paschalis ultima qualiter celebretur.

VIII.

Statutum inveniMus in Concilio Romanorum, ut nec ante xi. Kal. Apr., nec post vii. Kal. Maj. Pascha nos debeat fieri.

Item apud Græcos.

IX.

Sanctæ memoriæ contra Theophilus Alexandrinus Episcopus datis Epistolis ad Theodosium Imperatorem, in quibus adnotatur ab viii. Id. Mart. usque in diem Non. Apr. diebus scilicet xxix. qualiscumque Luna nata fuerit, in quolibet medio spatio perhibet facere initium primi Mensis. xiv. vero Luna a xv. Kal. Apr. usque in xv. Kal. Maj. solerter inquiri, etiamsi die Sabbatorum inciderit, consequenti die Dominico, idest Luna xv. Pascha celebrare conscripsit. Si die Dominico Luna xiv. ejusdem mensis, idest primi Mensis evenerit, ipsa Hebdomada transmissa, ad alteram diem Dominicam Pascha celebrari sine dubio conscripsit;

Item apud Latinos.

X.

Est et aliud exemplum de Initio primi Mensis, ut quota Luna fuerit in Kal. Jan. tot dies de mense Martio in fine computabis, & invenies procul dubio Lunam, & Initium primi Mensis posse tantum tres ætates Lunæ, hoc est xxv. xxviii. xxvi.

Item de Nativitate Lunæ.

XI.

Quærenda est Nativitas Lunæ xiv. ab viii. Id. Mart. usque in Non. Apr., quæ primi Mensis novorum ostendit initium. A xii. vero Kal. Apr. usque in xiv. Kal. Maj. in quacumque die xiv. Luna occurrerit, ipsa te ad celebrationem Sancti Paschæ perducit.

Si vero xiv. Luna ante xii. Kal. occurrerit, idem aut xiii. Kal. Apr., aut xiv. Kal. Apr., aut xv. Kal. Apr. scito quoniam Paschalis Luna non est, sed eamdem Lunam cum ad trigesimam perduxeris, Lunaque alia die nata fuerit, in ipsa autem Sanctum Pascha celebrabis. Similiter cautus esto, ut xiv. Kal. Maj. Luna xiv. non transcendat, ut ad xiii. Kal. Maji, aut ad xii. Kal. Maji. Nam incipies in magnum deduci errorem.

Item alia.

XII.

Christianorum vero Pascha ab xi. Kal. Apr. usque in vii. Kal. Majas, quacumque die Dominico regulæ videlicet Luna occurrerit, Sanctum Pascha modis omnibus celebrabis. Quod si ante xi. Kal. Apr. etiamsi Luna occurrerit, vel post vii. Kal. Maji, Pascha nullatenus celebratur.

De Communi anno, & Embolismo.

XIII.

Communium, & Embolismorum ratio ista est, ut per Ogdoadem, & Endecadem concurrere debeant. Sunt autem Ogdoades viii. Endecades xi. Com. Com. Emb. Com. Com. Emb. Com. Emb. Endecades xi. Com. Com. Emb. Com. Emb. Com. Com. Com. Emb. Com. Emb. Et inveniendi sunt verbi gratia xiv. Luna Paschalis festivitatis in anno præterito. Prid. Id. Apr. fuit ipsa Luna xiv. Anno præsente in eo datarum si super extenderis diebus xix., erit annus Embolismus, si retro inventa fuerit diebus xi. erit annus Communis.

Item de annis Communibus, & Embolismalis.

XIV.

Si vis scire, quando in anno Communi, vel quando in Embolismo debeat Pascha Dominicum celebrari, accipe rationem. Namque decemnovalis circulus, qui Enneacaidecaeteris

Græco

Græco vocabulo nuncupatur, per Ogdoadem, & Endecadem semper in se revolvitur, idest per VIII. & XI. annos, qui simul juncti XIX. faciunt. Ogdoas ergo incipit anno decemnovenali primo, & clauditur ejusdem octavo; Cujus primus, & secundus annus Communes sunt. III. Embolismalis. IV. & V. Communis. VI. Embolismalis. VII. Communis. VIII. Embolismalis est. Sicque Ogdoas Communibus V. & Embolismalibus III. expletur. Endecas autem, quæ incipit anno Decemnovenali IX., & terminatur XIX. taliter graditur, ut primum, & secundum annum Communem habeat, III. Embolismalem, IV. & V. Com., VI. Emb. VII. & VIII. Com., & IX. Emb., X. Com., XI. Emb. habeat. Sicque Endecas Communibus annis ideo dicitur, quia decemnovenalis annos, qui duodecim mensibus secundum Lunæ cursum & dierum cccliv. explent, undecim junctis in Paschalis feliciter socientur, quorum ad rationem Solis XI. dies desunt, quos Ægyptii Epactas, idest adjectiones vocant, quas superscriptis habita adjicientes numerum vocant Solaris Anni, idest ccclxv. adimplent, quod etiam in Embolismorum ratione diligens perscrutator, potens invenire, quorum vis tale est, ut pro sua longitudine Communium annorum detrimenta compenset. Embolismalis etenim Græce, Latine superaugmentum dicitur, quia idest annos XIII. Lunaribus mensibus, & diebus ccclxxxiv. impletur, Solarem annum diebus XIX. transcendens. Nam Communium, & Embolismorum talis comprobatio est. Si enim a XV. Luna præteriti Festi usque XIV. anni ejusdem sequentes dies cccliv. fuerint, Communis annus erit. Si autem fuerint dies ccclxxxiv., Embolismalis erit. Quod ut apertius fiat, a primo anno Decemnovennali usque ad ultimum ejusdem subjecta poteris formula edoceri, cujus ordo talis est. Anno Decemnovennali I. Luna XVII. a XV. Luna præteriti Festi Paschalis usque ad XIV. ejusdem sequentes, idest a XVI. Kal. Maj. usque in Non. Apr. quia Communis annus est, fiunt dies cccliv. Anno decemnovennali II. Luna XVIII. a XV. Luna præteriti Festi usque ad XIV. sequentes, idest a Prid. Non. Apr. usque in VIII. Kal. Apr., quia Communis annus est, fiunt dies cccliv.

Anno Decemnovennali III. Luna XIX. a XV. Luna præteriti Festi usque ad XIV. sequentes, idest a VII. Kal. Apr. usque in Idus Apr., quia Embolismalis annus est, fiunt dies ccclxxxiv.

Anno Decemnovennali IV. Luna I. a XV. Luna præteriti Festi usque ad XIV. sequentes, idest a prid. Id. Apr. usque in IV. Non. Apr. quia Communis annus est, fiunt dies cccliv.

Anno Decemnovennali V. Luna II. a XV. Luna præteriti Festi usque in XIV. sequentes, idest a III. Non. Apr. usque in XI. Kal. Apr., quia Communis annus est, fiunt dies cccliv.

Anno Decemnovennali VI. Luna III. a XV. Luna præteriti Festi usque in XIV. sequentes, idest a X. kal. Apr. usque in III. Id. Apr., quia Embolismalis annus est, fiunt dies ccclxxxiv.

Anno Decemnovennali VII. Luna IV. a XV. Luna præteriti Festi usque in XIV. sequentes, idest a V. Id. Apr. usque in III. kal. Apr., quia annus Communis est, fiunt dies cccliv.

Anno Decemnovennali VIII. Luna V. a XV. Luna præteriti Festi usque in XIV. sequentes, idest a Prid. kal. Apr. usque in XIV. Kal. Maj., quia Embolismalis annus est, dies ccclxxxiv.

Ogdoas.

Anno Decemnovennali IX. Luna VI. a XV. Luna præteriti Festi usque in XIV. sequentes, idest a XV. Kal. Maj. usque in VII. Id. Apr., quia Communis annus est, dies cccliv.

Anno Decemnovennali X. Luna VII. a XV. Luna præteriti Festi usque in XIV. sequentes, idest a VIII. Id. Apr. usque in VI. Kal. Apr. quia Communis annus est, dies cccliv.

Anno Decemnovennali XI. Luna VIII. a XV. Luna præteriti Festi usque in XIV. sequentes, idest a V. Kal. Apr. usque in XVII. Kal. Maj. quia Embolismalis annus est, dies ccclxxxiv.

Anno Decemnovennali XII. Luna IX. a XV. Luna præteriti Festi usque in XIV. sequentes, idest a XVIII. Kal. Maji usque in Prid. Non. Apr., quia Communis annus est, dies cccliv.

Anno Decemnovennali XIII. Luna X. a XV. Luna præteriti Festi usque in XIV. sequentes, idest a III. Non. Apr. usque in IX. Kal. Apr., quia Communis annus est, dies cccliv.

Anno Decemnovennali XIV. Luna XI. a XV. Luna præteriti Festi usque in XIV. sequentes, idest ab VIII. Kal. Apr. usque in Prid. Id. Apr., quia Embolismalis annus est, dies ccclxxxiv.

Anno Decemnovennali XV. Luna XII. a XV. Luna præteriti Festi usque in XIV. sequentes, idest ab Id. Apr. usque in Kal. Apr., quia annus Communis est, dies cccliv.

Anno Decemnovennali XVI. Luna XIII. a XV. Luna præteriti Festi usque in XIV. sequentes, idest a Prid. Kal. Apr. usque in XII. Kal. Apr., quia Communis annus est, dies cccliv.

Anno Decemnovennali XVII. Luna XIV. a XV. Luna præteriti Festi usque in XIV. sequentes, idest ab XI. Kal. Apr. usque in V. Id. Apr. quia annus Embolismalis est, dies ccclxxxiv.

Anno Decemnovennali XVIII. Luna XV. a XV. Luna præteriti Festi usque in XIV. sequentes, idest a VI. Id. Apr. usque in IV. Kal. Apr., quia annus Communis est, dies cccliv.

Anno Decemnovennali XIX. Luna XVI. a XV. Luna præteriti Festi usque in XIV. sequentes, idest a III. Kal. Apr. usque in XV. Kal. Maj., quia annus Embolismalis est, dies ccclxxxiv.

Sic

Sic facies semper in omnibus annis, excepto in primo anno, in quo xxiv. ultimi atque in xiv. primi numerabis a Pasch. solemnitatem, utrum in anno Communi, an Embolismali, debeat celebrari, rite, & absque ullo errore reperies.

De quatuor differentiis Lunæ.

XV.

Quatuor differentiæ Lunarum. Victorius xxx. Occidius, & Latercalus alias xxv. alias xxix. apud Hebræos xxix. & semis. Apud Ægyptios xxix. Ægyptii faciunt in omni anno xii. menses. In unoquoque mense xxx. dies. In uno mense v. Ad Communis annos habet dies cccliv. Adde xi. fiunt dies ccclv. Adde supra xix., & fit Embol. Hic annus habet dies ccclxxxiv.

De celebratione S. Paschalis.

XVI.

Quo die debemus Pascha celebrare, idem xxx., vel xxxi. & hoc, ut dixi, in xix. anno Cycli fit propter concordiam Epactarum. Isti autem xxx. dies sunt, idque cccliv. dies anni Communis supra crescunt atque in ccclxxxiv. dies anni Embolismalis, quia Communi anno ante cccliv. dies Pascha non licet celebrare. Supra vero hos dies licet. In Embolismali autem anno ante ccclxxxiv. vel v. non debet Pascha celebrari. Supra vero licet. Iste ergo numerus dierum in Communibus annis, & Embolismalibus in celebratione Paschæ observandum est.

De Embolismo majori.

XVII.

Incipit de Embolismo majori. Majorem Embolismorum ratio probatur existere, quod Communium annorum videtur damna supplere, quatenus & Solare tempus Lunaris exsequatur excursio. Embolismus quare fit, & quomodo fit, & quid esset, si non fuisset, quomodo id fit. Commune & Commune, & fiunt duo anni Solares, & resident xxii. dies de duobus annis Solis. Fit tertio anno, & supersunt xxxiii. dies Solis. Fit Embolismum tertio anno Lunæ, & deponit xxx. dies, & supersunt iii., & fiunt similiter Com. Com. duo anni singulares iii. tertio anno Lunæ id Embolismus deponit xxx. dies; Superfunt iii. id vi. dies de vi. anno Communi id xi. dies supersunt anni Solis, quia si Com. aliter ann. id supersunt a Sole xvii. Inter ii. annum, & vi. superiores, ideo necesse est ut in altero anno fiat Embolismus, & non solum Embolismus implet dies xxx., sed supersunt duo dies Lunæ.

De augmento Lunæ.

XVIII.

Incipit augmentum Lunæ. Augmentum Lunæ quare fit, & quomodo fit, & quid esset si non fuisset. Quare idem, quia est in natura Lunæ tarditas, quod superius ascensio ejus in natura, quam putaretur, addit tarditas ejus, donec nox interest, quod addit in capite xix. in noctem, quam adderet ut per quam venerint xix. per xv., quando putaretur ascensio Lunæ esse in Plenitudine, licet prius deprehenderetur.

De Kalendis Mensium.

XIX.

Kalendæ Græcus sermo est, sed ad colendum dicitur in Latinam vocationem dicuntur. Apud Græcos de Calo Kalendæ, apud Latinos de voco vocationes derivantur. Nonæ Græcus sermo est, unde veniunt Nonæ. Nonæ a nundinis derivantur apud Græcos. Apud Latinos mercatum, vel mercimonia dicuntur. Idus Græcus sermo est. In Latinum dicitur commensum, vel medietas mensium.

Item de Kalendis Mensium.

XX.

Quid sunt dictæ Kalendæ? Kalendæ, Nonæ, Idus Græcus sermo est. Propter festos dies Romani instituerunt, vel propter officia Magistrorum; in his enim diebus congregabantur in orbibus.

Qui-

Quidam autem Kalendas a colendo appellari existimarunt, vel a Calo, idest voco. Nam Astrologus vocabat populum, ut viderent accensam Lunæ, idest initium primæ Lucæ, vel stellarum cursum, quæ ante, aut retro currunt; apud veteres enim omnium mensium principia colebantur. Nonæ pro quo dicuntur? Nonæ a nundinis vocatæ. Nundinæ enim sunt publicæ conventiones, idest a negotiatione sive a mercimoniis nomine sumpto dicitur. Quare antiqui iv. Non. vel vi. Non. ideo diviserunt? iv. Non. vel vi. Non. non ideo diviserunt, ut non scirent latrones mercatorum itinera, quando esse deberet, qui abscondebant se per diversa latibula in secretis locis juxta viam, & venientes ad mercatum occidebant, & spoliabant. Quæ causa dictæ sunt Idus aut mensium, vel medietas mensium? Idus autem plerique Latinorum ab edendo dictas putant, quod hi dies apud veteres epularum essent, vel species mensis sequentis, vel propter medium mensis, quia Iduare Græce medium dicitur.

De Feria monstranda in Kal. XII. Mensium.

XXI.

Si vis nosse Feriam, hoc est diem vii. in Kal. xii. mensium, scito quot regulares habet unusquisque mensis, a Martio incipiens, quia in illo die factus est Mundus, & ille Mensis fuit principium anni apud antiquos Romanos tempore Romuli, & illo mense discurrunt Epactæ Solis, idest concurrentes vii. dies, & ix. Kal. Apr. in Cyclo xxviii. annorum. Martius ergo habet regulares v., Aprilis i., Maj. iii., Jun. vi., Jul. i., Aug. iv., Septemb. vii., Octob. ii., Novemb. v., Decemb. vii., Jan. iii., Febr. vi. Hos ergo regulares adde concurrentibus præsentis cujuslibet anni per xxviii. annos, tunc enim Cyclus Solis in se revertitur totus. Quam summam in septem divisa, quotus numerus remanserit, tota erit Feria in Kal. xii. mensium. Si autem totum numerum per vii. diviseris, Sabbato erunt Calendæ illius mensis, de cujus Feria quæritur. Si vero ille numerus regularium, & concurrentium simul ad vii. non pervenerit, quotus numerus fuerit, tota erit Feria præsens in Kal. uniuscujusque mensis per totum annum.

De Epactis in Kal. XII. Mensium.

XXII.

Si vis scire Epactas in Kal. xii. Mensium, scias quot regulares habet unusquisque Mensis incipiens a Septembri, quia ille est principium Anni, & principium Mensium apud Ægyptios, & in principio Septembris mutant Ægyptii Epactas, & illas Epactas primas, quas Ægyptii habent in principio Cycli in Kal. xii. Mensium nos regulares habemus. V. G. a Sept. v. Octob. v. Jungat ergo regularibus additis Epactis, quæcumque fuerint in xi. Kal. Apr., quolibet anno invenies Epactas in Kal. xii. Mensium.

Ad Feriam in unoquoque mense.

XXIII.

Si vis scire, quota Feria est in unoquoque die datarum per totum annum, sume dies a principio mensis, qui tibi præsens fuerit, usque ad terminum Paschalem, qui est anno præsenti xv. Kal. Maj. Dies Mensis sunt xvii. adde dies Septimanæ, qui præcesserint Kal. illius mensis, idest vi. mitte simul cum xvii. fiunt xxiii. Has divide per septimam partem. dimitte xxi., id est ter septies. remanent ii. Secunda Feria est terminus Paschalis anni præsentis, sicque per omnes menses, qualis sit Feria in unoquoque die ostenditur. Colligens omnes a Kal. illius mensis usque ad præsentem diem quem volueris. Adde dies Septimanæ, qui præcesserint kalendas illius mensis, quicumque fuerint. Si autem prima Feria fuerint Kal., idest die Dominico, nihil addes, nisi dies mensis. Divide per vii., quotus numerus remanserit, tota erit Feria præsens. Si autem totum numerum per vii. partitus fueris, Sabbatum erit illa Feria, quæ quæritur.

Item de Feria, seu ad Terminum Paschalem.

XXIV.

Si vis nosse, quota Feria sit, qualicumque die computare volueris, tene regulares mensis præsentis, adde concurrentes cujus volueris anni, comprehende in unum. Si usque septem pervenerint, septima Feria est. Si autem minus a septem, talis erit Feria. Si autem super septem creverint, subtrahe vii., & quidquid superfuerit, tota Feria erit. Hæc quidem de kal. dictum est. Similiter & si Luna scire vis quota sit, die quacumque volueris. Scias quota in kal. ipsius mensis per Epactas, & regulares inventa fuerit, & tene supradictum numerum. Adde etiam dies mensis præteritos, sicut supra ad Ferias diximus, & unum semper subtrahe. Comprehende in unum. Si usque xxx. pervenerint, trigesima Luna est. Si autem minus a xxx., ita & Luna. Quod si super xxx. fuerint, subtrahe xxx., & quotquot remanserint, tota est Luna. Hoc autem memento, ut diem præsentem semper subtrahas, & si tricesima Lunatio est xxx. subtrahe. Si autem xxix., tunc xxix. subtrahe. Quia ab initio Janu. usque ad kal. Decembris una Lunatio xxx., alia xxix. Quando vero bissextus est, vacat dies cum Luna. V. G. si hodie computatur sexta, & in crastinum sexta.

De Epactis in XI. Kal. Apr.

XXVI.

Si vis nosse Epactas in xi. Kal. Apr., scito quota Luna fuerit in xi. Kal. Apr. talem Epactam habebis omni tempore. Quia Græci vero Epactas xi. Kal. Apr. ponunt pro eo quod Luna primatum noctis, jubente Domino, tenuit; dicit enim Scriptura: *Et fecit Deus, duo magna Luminaria, & posuit ea in firmamento cæli. Luminare majus, ut præesset Diei, & Luminare minus, ut præesset Nocti*; & ideo tres dies, quos ante appellat antiquitas, qui antequam luminaria crearentur a Domino facta in Genesi describuntur suis partibus, sibique vindicant. Ad quem, ut dictum est, finem faciunt anni initium* quo prævaluit.

De tempore Mensium.

XXVII.

Tempora mensium quot sunt? Quatuor, Ver, Æstas, Autumnus, & Hyems. Ver quippe oritur viii. Kal. Mart. permanens diebus xci., & constat ex humore, & igne. Æstas incipit viii. Kal. Jun. permanens diebus xci. & constat ex igne, & siccitate. Autumnus sumit principium x. Kal. Septemb. permanens diebus xcii. & constat ex siccitate, & humore. Hyems inchoatur viii. Kal. Decemb. permanens diebus xci., & constat ex frigore, & humore, & inde fiunt anni vertentes diebus ccclxv.

Item de tempore Mensium.

XXVIII.

Tempora mensium IV. sunt. Ver, Æstas, Autumnus, & Hyems. Dicta sunt tempora a communione temperamentorum, quod invicem se humore, siccitate, calore, & frigore temperent. Hæc & curricula dicuntur, quia non stant, sed currunt. Constat autem, post factum mundum ex qualitatibus cursu Solis tempora in ternos menses fuisse divisa, quorum temporum talem veteres discretionem fecerunt, ut primus mensis Ver novum dicatur, secundus adultum, tertius præceps. Sic Æstas in suis tribus mensibus nova, adulta, & præceps; sic & Autumnus novus, adultus, & præceps, sive extremus. Unde & est illud: *Extremæ sub casum hyemis*. Ver autem dictum, quod viret; tunc enim post hyemem vestitur tellus herbis, & in florem cuncta rumpuntur. Æstas dicitur ab æstu, idest a calore, & æstas quasi usta, idest exusta, & arida. Nam calor aridus est. Autumnus a tempestate vocatus, quando folia arborum cadunt, & omnia maturescunt. Hyemem ratio hyemis sui * idest dici nuncupavit, quia tunc breviori Sol volvitur circulo. unde & hoc tempus bruma dicitur quasi braxim, idest brevis, vel a cibo, quod major sit tunc vescendi appetitus, edacitas enim græce broma appellatur, unde & inbromati dicuntur, quibus fastidium est ciborum. Hybernus autem inter hyemem, & vernum est, quasi hybernus plerumque a parte totum hyemem significat. Hæc tempora singulis etiam cæli partibus adscribuntur. Ver quippe orienti datur, quia tunc ex terris omnia oriuntur. Æstas vero meridiano, eo quod pars ejus calore flagrantior sit. Hyems Septentrioni, eo quod frigoribus, & perpetuo gelu torpet. Autumnus occiduo, propter quod graves morbos habet, unde & tunc omnia arborum folia defluunt. Ut autem autumnus abundat morbis, facit autem finem frigoris, & caloris, & pugnantia inter se contrariorum.

De Solstitiis & Æquinoctiis.

XXIX.

Solstitia duo sunt. Primum hyemale viii. Kal. Jan., quod Sol stat, & crescunt dies,

& est

& est ipsa die in Bethleem Nativitatis D. N. Jesu Christi secundum carnem. Alterum aestivale VIII. Kal. Jul., quod Sol stat, & crescunt noctes, & est ipsa die in Provincia Palestinae civitate Natale S. Johannis Baptistae, & in Epheso S. Johannis Evangelistae. His e contraria duo Aequinoctia sunt, unum vernale secundum Latinos VIII. Kal. Apr., & secundum Graecos XI. Apr., ex quo dies crescunt, & ipsa die in Hierosolyma D. N. J. C. crucifixus fuit, & est Conceptio Sanctae Dei genetricis Mariae, quando salutata est ab Angelo. Alterum Autumnale VIII. Kal. Octobr., ex quo dies minuuntur, & fuit in Machaerunte Castello Conceptio S. Johannis Baptistae.

Item de Solstitiis, & Aequinoctiis.

XXX.

Solstitium dictum quasi Solis statio, quod tunc Sole stante crescunt dies, vel noctes. Duo sunt autem Solstitia, unum hyemale VIII. Kal. Jan., quo tempore Sol altiores incipit circulos petere. Ascendit unoquoque die duo momenta, & medium, & sextam partem momenti. Alterum aestivale VIII. Kal. Jul., de quo tempore recreare Sol ad inferiores incipit circulos; descendit unoquoque die duo momenta, & medium, & sextam partem momenti, unde hyemali Solstitio dies minimus, sicut aestivo maximus invenitur. Item duo sunt Aequinoctia, unum vernale, & alterum autumnale, quae Graeci [illegible] vocant. Aequinoctium appellatum, quod tunc dies, & nox horarum spatia aequalia constituunt. Sunt autem Aequinoctia die XI. Kal. Apr. alterum Autumnale VIII. Kal. Octobr. quia annus olim in duas partes tantum dividebatur, hoc est in hyemalem & aestivum. Solstitium in duo Hemisphaeria idest dies*

De Solstitiis.

XXXI.

Si scire vis duo Solstitia per XII. signa quomodo crescit dies, & nox per momenta & horas. Solstitia duo sunt, hyemale VIII. Kal. Jan. alterum aestivale VIII. Kal. Jul., quod ascendit Sol, & descendit. Si hoc scire vis, ita investigandum est a XII. Kal. Januar. usque in XI. Kal. Jul. dies incipit crescere in unoquoque die duo momenta, & medium, & sextam partem momenti, idest duas tertias momenti. Primo signo idest a XII. Kal. Januar. usque in XIV. Kal. Febr. fiunt momenta LXXX., & ipsa momenta faciunt horas duas, & sunt dies XXX. Secundo signo, idest a XIII. Kal. Febr. usque in XII. Kal. Mart. fiunt momenta LXXX., & ipsa momenta faciunt horas duas diebus XXX. Tertio signo, idest ab XI. Kal. Mart. usque in XI. Kal. Apr. fiunt momenta LXXX., ipsaque momenta faciunt horas duas, diebus XXXI. In his tribus signis in unoquoque signo tricenis diebus, & uno die addito, hoc est XCI. tot dies sunt, momenta CCXL., & ipsa momenta faciunt horas VI. a XII. Kal. Jan. usque in XI. Kal. Apr., & tunc Aequinoctium vernale diebus, & noctibus, & momentis, & horis aequalibus consistit. Quarto signo, idest a X. Kal. Apr. usque in XI. Kal. Maj. fiunt momenta LXXX. & ipsa momenta faciunt horas duas diebus XXX. Quinto signo, idest a X. Kal. Maj. usque in XI. Kal. Jun. fiunt momenta LXXX., ipsaque momenta faciunt horas duas diebus XXXI. Sexto signo, idest a X. Kal. Jun. usque in XI. Kal. Jul. fiunt momenta LXXX., horae duae diebus XXX. Et ita tribus signis, hoc est ab Aequinoctio vernali usque ad Solstitium aestivum, idest ab XI. Kal. Apr. usque in XI. Kal. Jul. XCI. tot dies sunt momenta CCXL., & ipsa momenta faciunt horas VI. In VI. Signis fit summa ad crescendum momentorum CCCCLXXX. horarum XII.

Incipit in nocte Solstitium aestivum, quod nox crescit, & dies minuitur. Crescunt autem in unaquaque nocte duo momenta, & medium, & sextam partem momenti, idest duas tertias momenti. Septimo signo idest a X. Kal. Jul. usque in XI. Kal. Aug. fiunt momenta LXXX. horae duae diebus XXXI. Octavo signo idest a X. Kal. Aug. usque in XII. Kal. Septembr. fiunt momenta LXXX. horae duae, dies XXX. Nono signo idest ab XI. Kal. Septemb. usque in XII. Kal. Octob. fiunt momenta LXXX., horae duae dies XXX. Et ita in tribus signis a Solstitio aestivo usque ad Aequinoctium autumnale in unoquoque signo dies XXX., & uno addito die fiunt XCI. dies. Sunt autem momenta CCXL. horae VI. a X. Kal. Jul. usque in XII. Kal. Octobr., & tunc Aequinoctium Autumnale diebus, & noctibus, momentis, & horis aequalibus consistit. Decimo signo idest ab XI. Kal. Octobr. usque in XII. Kal. Novemb. fiunt momenta LXXX. horae duae diebus XXX. Undecimo signo idest ab XI. Kal. Novemb. usque in XII Kal. Decemb. fiunt momenta LXXX., horae duae diebus XXX. Duodecimo signo idest ab XI. Kal. Decemb. usque in XI. Kal. Jan. fiunt momenta LXXX., horae duae diebus XXX. In his tribus Signis in unoquoque signo tricenis diebus, & uno die addito fiunt xci. dies, momenta ccxl. horæ vi. ab xi. Kal. Jul. usque in xi. Kal. Janu. In noctibus ad crescendum fiunt momenta cclxxx., horæ xii. In uno anno dies ccclxv. momenta DCCCC..L. horæ xxiv.

Item de Temporibus Mensium.

XXXII.

S. Augustinus Episcopus alloquitur de annis. A v. Id. Febr. usque in v. Id. Maji tempus vernum est, dies sunt xci. A v. Id. Maj. usque in v. Id. Aug. tempus æstatis est, diesque sunt xci. A v. Id. Aug. usque in v. Id. Novemb. tempus autumni est, diesque sunt xcii. A v. Id. Novemb. usque in v. Id. Febr. tempus hyemis est, diesque sunt xci. Decemb. Jan. Feb. hyems est, Mart. Apr. Maj. tempus vernum est, Jun. Jul. Aug. æstas est, Septemb. Octob. Novemb. tempus autumni est.

De Momento.

XXXIII.

Momentum Græcum est. Anatholius Græcus Episcopus dixit: Per xv. dies Sole ascendente per singula momenta, idest per iv. in una die ab xi. Kal. Janu. usque in xi. Kal. Apr. hora diminuitur, & dimidio. Unum vero punctum facit x. momenta. Duo puncta faciunt xx. momenta. Tria puncta faciunt xxx. momenta; Quatuor puncta faciunt xl. momenta. Ista quadraginta momenta faciunt unam horam. Sex horæ faciunt unum quadrantem. Quatuor quadrantes per quatuor annos faciunt diem, & noctem.

Item de Momentis.

XXXIV.

Momentum a velocitate dictum est, quasi motus sideris. Nihil enim aliud velocius habemus motione mentis, ex quibus duobus nominibus momentum nomen accepit. Minutum vero dictum est, quasi aliquid minutum, tractum enim verbum activum tertiæ conjugationis correptum invenitur, & exinde participia minutus minuta minutum derivantur, quod ut nomen aliquod accipitur ad parvitatem pertinens, ut per ejus etymologiam dignoscitur. Punctus autem a punctione etymologiam nominis accepit, quia fit pungens, & inde punctus puncta punctum. Hæc autem nomina a Græcis definiunt. Est igitur Punctum intervalli principium, & natura insecabile, quod Græci Atomum vocant, idest ita diminutum atque parvissimum, ut ei quod par inveniri non possit unum non de numero * punctio dicitur. Interrogandus est denique quot momenta, vel quot minuta, aut quot puncta in unaquaque hora inveniantur. xl. vero momenta, & x. minuta, quatuor quoque puncta in unaquaque hora fiunt, quia in iv. momentis in uno minuto duo quoque minuta, & dimidium in puncto implicentur. In xxiv. horis diei, noctisque DCCCCLX. momenta, minuta autem ccxl. puncta vero xcvi. computari dicuntur. In hebdomada vero momenta vi. Mil. DCCXX. minuta MDCLXXX. puncta DCLXXII. esse creduntur. Secus aspirationem, ut alii quasi de * militiæ dicta, eo quod sunt diei noctisque limites. Lux * a meridie usque ad meridiem dies dictus sit, qui dies jucundus sit, sive dividendo lucem, & tenebras dies Solis ab ortu Solis usque ad ortum diei. Numerus a numerando nomen accepit, aut de Numeria Dea. Est collectio unorum, ut Augustinus ait, qui cum duo sint singuli, & plus quatuor sunt, quibus constat definitio numeri, & quo habet numerus xc. mil. mensis * initium anni Lunaris ab initio primi mensis apud Hebræos, & ita secundum regulam Ecclesiæ. Græci autem enumerant annum a xv. usque in xxv. præter decemnovennalem Cycli annum, qui incipit a xiv. propter commutationem Lunæ.

Item de momentis ad Bissextum.

XXXV.

Momentum Græcum est, Latinum dicitur minimum, atque angustissimum tempus a motu siderum dictum; est enim extremitas horæ in brevibus intervallis, cum aliquid sibi cedit, atque succedit. Anatholius Alexandrinus Laodiciæ civitatis Græcus Episcopus dixit: Per medium signum, idest per xv. partes, & fiunt xv. dies Sole ascendente per momenta, idque in unoquoque die a xii. kal. Janu. usque in xi. kal. Apr. ascendit unoquoque die duas partes momenti. In primo signo momenta xl. fit media hora diei xxx. In secundo signo momenta xl. In tertio signo momenta xl. In his tribus signis a xii. Kal. Januar. usque in xi.

Kal.

kal. Apr. fiunt momenta LX. Ipsa momenta faciunt horam unam, & mediam, dies XC. a XII. kal. Jan. usque in XI. kal. Apr. hora diminuitur, & dimidia de tenebris crescit in lumine. Item tria Signa a X. kal. Apr. usque in XI. kal. Jul. fiunt momenta LX. hora una, & media, dies XCI. Iterum tria signa a X. Kal. Jul. usque in XII. kal. Octob. fiunt momenta LX. hora una & media, dies XCI. Iterum tria signa ab XI. kal. Octob. usque in XII. kal. Jan. fiunt momenta LX. hora una, & media, dies XCII., & fiunt in anno XII. signa dies CCCLXV., momenta CCXL., & ipsa momenta faciunt horas VI., & ipsæ horæ faciunt unum quadrantem, quatuor quadrantes per IV. annos faciunt diem & noctem, quia VI. horæ quadragies ductæ faciunt horas XXIV., & ipsæ horæ faciunt diem, & noctem, qui additur VI. kal. Mart.

Ad Bissextum inveniendum per XII. signa.

XXXVI.

Si vis cognoscere, quomodo bissextus crescit singulis annis, & mensibus, & diebus Solis cursu per XII. signa in unoquoque signo media hora ex dentibus pendens, & ipsa media hora facit XX. momenta. Da unicuique diei ex XXX. diebus duas partes momenti. Secundo die momentum unum & tertiam partem momenti. Tertio die mom. II. Quarto II. & II. part. momenti. Quinto momenta III. & III. par. mom. Sexto mom. IV. Septimo mom. IV. & duas partes mom. Octavo mom. V. III. partem mom. Nono momenta VI. Decimo mom. VI. & duas partes mom. Undecimo mom. VII. & tert. part. mom. Duodecimo die mom. VIII. Decimotertio mom. VIII. & II. partem mom. Decimo quarto mom. IX. & tertiam partem mom. Decimo quinto mom. X. Decimo sexto mom. X. & II. partem mom. Decimoseptimo mom. XI. & tertiam partem mom. Decimo octavo mom. XII. Decimonono mom. XII. & II. partem mom. Vigesimo mom. XIII. & III. partem mom. Vigesimo primo mom. XIV. Vigesimo secundo mom. XIV. & II. partem mom. Vigesimo tertio mom. XV. & III. partem mom. Vigesimo quarto mom. XVI. Vigesimo quinto mom. XVI. & II. partem mom. Vigesimo sexto mom. XVII. & III. partem mom. Vigesimo septimo mom. XVIII. Vigesimo octavo mom. XVIII. & II. partem mom. Vigesimo nono mom. XIX. & III. partem mom. Trigesimo die mom. XX.

Hæc in unoquoque Signo fit summa momentorum XX. & ipsa momenta faciunt mediam horam, & dies XXX. Secundo signo mom. XX. ex dimidia hora, ibi XXX. dies. Tertio signo mom. XX. ex dimidia hora, ibi XXX. dies, & sic de singulis. Hæc XII. Signa faciunt CCXL. momenta. CCXL. Ipsa momenta faciunt horas VI. & ipsæ horæ faciunt unum quadrantem in uno anno, & quadragies ductæ per IV. annos faciunt horas XXIV., quod est unus dies naturalis, quem Latini bissextum vocant.

Ad quinque dies intercalares inveniendos per XII. Signa.

XXXVII.

Si nosse vis, quomodo adcrescunt quinque dies intercalares singulis mensibus & diebus in uno anno Solis cursu XII. Signa in unoquoque signo X. horæ crescunt. Multiplica decem per decies fiunt C., quia una hora decem minuta facit. Multiplica decem per decies, fiunt C. minuta. Da unicuique diei ex XXX. diebus tria minuta, & tertiam partem minuti, quia omni die ex XXX. diebus adcrescunt III. minuta, & tertia pars minuti. Primo anno p. bissextum initium prima hora noctis in primo signo intret in Arietem in unoquoque die ex XXX. diebus crescunt tria minuta, & tertia pars minuti. Secundo die VI. momenta, & secunda pars minuti. Tertio X. minuta. Quarto XIII. minuta, & tertia pars minuti. Quinto XVI. min., & secunda pars min. Sexto XX. min. Septimo XXIII. min., & tertia pars min. Octavo XXVI., & duas partes minuti. Nono XXX. min. Decimo XXXIII. min., & tertia pars min. Undecimo XXXVI. min., & II. part. min. Duodecimo XL. min. Decimotertio XLIII. min., & tert. part. min. Decimoquarto XLVI. min. & II. part. min. Decimoquinto L. min. Decimosexto LIII. min., & III. part. min. Decimoseptimo LVI. min., & II. part. min. Decimo octavo LX. min. Undevigesimo LXIII. min., & tert. part. min. Vigesimo LXVI. min. & duas partes min. Vigesimo primo LXX. min. Vigesimo secundo LXXIII. min., & II. part. min. Vigesimo tertio LXXVI. min., & II. part. min. Vigesimo quarto LXXX. min. Vigesimo quinto LXXXIII. min. & III. part. min. Vigesimo sexto LXXXVI. min., & II. part. min. Vigesimo septimo XC. min. Vigesimo octavo XCIII. min. & III. part. min. Undetrigesimo XCVI. min. & duas partes min. Trigesimo die C. minuta.

Hæcque unum Signum integrum, & fit summa centum minutorum. Ipsa minuta faciunt horas X., & XXX. dies. Similiter numeras in XII. Signis; in unoquoque signo C. minuta, usque quæ minuta faciunt horas x. & xxx. dies. Hæc xii. Signa faciunt dies ccclx., horas cccl. Ipsæ horæ faciunt minuta mcc. Partire cxx. horas per xxiv., & fiunt quinquies xxiv., quod sunt v. dies qui dicuntur Intercalares, & fiunt totius anni dies ccclxv.

De Punctis.

XXXVIII.

Unus punctus quarta pars horæ est. iv. puncti faciunt unam horam. Unus punctus facit x. mom. iv. puncti xl. mom. & ista xl. mom. faciunt unam horam. Et vi. horæ in uno anno faciunt unum quadrantem, & iv. quadrantes in iv. annis faciunt diem, & noctem, & ipsi iv. quadrantes idest vi. quater ducti faciunt horas xxiv., & est unus dies ex xxiv. horis, qui dicitur bissextus, quia bis legitur vi. Kal. Mart.

Unus punctus facit duo minuta, & medium. Duo Puncti v. minuta iv. puncti x. minuta. Ipsa minuta faciunt unam horam. xl. puncti faciunt horas x. & faciunt ipsæ horæ c. minuta. Ipsa minuta quater ducta faciunt cd. minuta, quia unum minutum quater ductum facit iv. minuta. In xii. mensibus ter. quater ducta faciunt mcc. Ipsa minuta quater ducta faciunt momenta mmmmdccc. ex ccclx. diebus in uno anno.

De diebus anni.

XXXIX.

Unus annus habet dies ccclxv. & inter dies & noctes viii. mil. dcclx. Fac ex ipsis septem partes millenas, remanent mdcclx. Ex ipsis fac septem partes ducentenas, remanent ccclx. Fac ex ipsis septies quinquagenas, supersunt x. Ex his fac septies unum, supersunt iii. horæ, quæ faciunt in iv. annis diem unum, qui additur vi. Kal. Mart.

De ratione Bissexti.

XL.

Annus habet menses xii. Hebdomadas lii. & diem unum, & quando bissextus evenerit, dies duos, & habet ipse annus horas mmdcclx., & habet punctos mmxxv., & insuper horas xl. Ipsas horas divide in vii. partes, septima pars ex ipsis horis sunt horæ mccl., & de ipsis remanent horæ tres extra portionem horarum, & ipsæ tres horæ faciunt bissextum.

Item de Bissexto.

XLI.

In mensibus xii. adcrescunt puncti xii. in anno uno, qui faciunt horas iii. In alio anno horas iii. In tertio horas iii. In quarto anno horas iii., & ipsæ horæ faciunt horas xii. Et vi. Kal. Mart. faciunt diem unum, & ipsam diem mensis Februarius, quando bissextus evenerit, accipit.

Item de Bissexto.

XLII.

Bissextum non ob illum diem fieri, ut quidam putant, cum Josue Solem orabat stare, credendum est, quia ille dies fuit, & præteriit, Sed ob hoc dicitur bissextus, quod in unoquoque mense punctus unus adcrescit. Punctus vero unus quarta pars horæ est. Quatuor vero puncti unam horam faciunt. xii. vero puncti tres horas explent. Ergo in iv. annis quatuor ternæ horæ, quod sunt xii. diem faciunt unum, qui additur Februario, cumque vi. Kal. Mart. habuerit, & ut in crastino sic habeat. V. G. si hodie vi. Kal. Mart. additur ille dies, qui quarto anno expletus est, ut & in crastino sic habeat vi. Kal. Mart. Et ideo bissextus dicitur, quia bis legitur vi. Kal. Mart.

Item de Bissexto.

XLIII.

In sex diebus fecit mundum Deus, in septimo requievit. Ergo ut plenius intelligatur computus, vide quot horas habeat unus annus, & divide illas in septem partes, quotquot remanent exinde. Primum computa dies ccc. quomodo horas decies centeni fiunt iii Bis trecenteni dc. fiunt. In ccc. dies iiiidc. fiunt. Iterum facies decem sexagies. cxx. fiunt horæ decem, literam facies quinquies decem, fit l. & bis quinque fit x. Ecce habebis lxv. dies. Fiunt

simul

simul inter dies, & noctes horæ in toto anno [illegible]. Divide illas in VII. partes. Primum facies septies mille, remanent MDCCLX. Iterum facies septem cc. fiunt MCCCC. Iterum facies septies quinquagenti. fiunt CCCL., remanent X. Iterum facies septenas. VII. remanent III. Istæ III horæ faciunt unum diem in IV. annis.

Anni Ogdoas habet horas [illegible]. Anni Endecas habet horas [illegible].

Fiunt insimul Ogdoas & Endecas [illegible].

Item de Bissexto.

XLIV.

Quare fit Bissextus, & quomodo fit, & quid esset, si non fuisset? Quare, idest quia non implent CCCLXV. dies Solarem annum, nisi fuisset quadrans. Fit quadrans per totum annum, & mensem, & diem. Primo anno incipit quadrans a Solis ortu usque in medium noctis. Incipit quadrans anno secundo a dimidio noctis usque ad Solis ortum. Quadrans tertio anno usque ad sextam horam. Quadrans quarto anno a sexta hora usque ad Solis occasum. Turbaretur ordo temporum, si non fuisset quadrans. Quadrans namque dicitur quarta pars diei naturalis, vel cujuslibet rei: & ideo quarta pars diei, quia XXIV. horis cum sua nocte completur, ideo horas VI. quadrantem vocare solemus. Quare Bissextus VI. Kal. Mart. intercalatur? Respondetur, ob hoc Bissexti diem in mense Februar. placuit intercalari Romanis, quia hic brevior ceteris extremus erat mensis erat. Verum ideo nondum expleto * eo quemadmodum Ægypti, & Græci decursu totius anni circulo facere volebant, & omnino decisa lege sua veter. initium Martii mensis a Febr. fine sejungere, ideo non a VI. Kal. Mart. die quem terminum celebrant Terminalia sacraque XXIII. mensis ejusdem die semel instituerant, & aliam diem mutare prorsus non audebant. Sed hi sunt * rite celebrantes anno quadrantem interponebant diem.

Item de Solstitio, & Æquinoctio.

XLV.

Solstitia duo sunt. Primum hyemale VIII. kal. Jan., quo Sol stat, & crescunt dies, & est ipsa dies Nativit. D. N. J. C. secundum carnem. Alterum æstivale VIII. Kal. Jul. quo Sol stat, & crescunt noctes, & est in Provincia Palæstinæ Natale S. Jo. Baptistæ. His contraria duo Æquinoctia sunt. Unum vernale secundum Latinos VIII. Kal. Apr., secundum Græcos ab XI. Kal. Apr., quia S. Synodus non permittit ut illi tres dies, idest quinta feria, in qua Dominus a Judæis comprehensus est, & sexta, in qua crucifixus est, & septima Feria, quando jacuit in sepulcro, Lunæ terminum excludantur. Et tunc incipiunt crescere dies. In ipso Dominus noster J. C. crucifixus, & est Conceptio S. Dei Genitricis Mariæ, quando salutata est ab Angelo. Alterum autem autumnale VIII. Kal. Octob. et quo dies minuuntur, & fit in Macheronte Castello conceptio S. Jo. Baptistæ & Martyris. In istis enim quatuor temporibus, idest vere, æstate, autumno, & hyeme universus annorum ordo currit, per quæ certissime Conceptionis, & Nativitatis Domini, & Salvatoris nostri, necnon S. Præcursoris Joannis plenissime dignoscuntur.

De saltu Lunæ.

XLVI.

Saltum Lunæ anno primo decemnovennali ponunt pro eo, quod ideo ultimus annus decemnovennalis Epactæ Lunaris decemnovennalis tunc retinens anno I. decemnovennali non XI. dies ut in ceteris annis solet fieri, sed XII. dies accommodat. Et omnium XXX. dierum fine volvuntur, nullæ Epactæ in principio ipsius ponuntur; secundo [illegible] anno Epactas suscipit. Unde autem sumant exordium, dicendum est. Fac de anno solare, qui habet dies CCCLXV. annum communem, qui habet dies CCCLIV. hoc modo: prius subtrahe CCC. remanent LXV. Iterum tolle L. remanent XV., itemque subtrahe IV. remanent XI. Inde sumunt exordium, & inde multiplicantur ceteræ Epactæ. Saltus autem Lunæ ideo in XIX. anno protenditur, quia sicut Solis cursus adcrescit dies, quæ fit per punctos, & momenta, & quadrantem, quæ in IV. annis facit bissextum, ita per Lunæ cursum XIX. anno decrescit non, quæ facit Lunæ saltum; Luna enim tardiorem habet cursum, quam Sol, quia Sol propter velocitatem sui cursus ab ea prolongat spatium.

De

De Lunæ cursu.

XLVII.

Omnes igitur Lunares cursus secundum Hebræorum Ægyptiorumque supputationem potest facere juxta naturalem cursum per singulos menses dies xxix., & semissem, & dimidiam horæ, & x. partes momenti. Omnis namque dies & Lunæ computatione, non solem numero cum mane incipit, ad vesperam finit, quæ dies quæ * mane in Luna missus ad * sexta, & dimidiam horæ horam xiv. adnumeratur. Ideo vesperam * xiv. invenitur. In quo manifeste dicere videtur in xxix. diebus, & semisse, idest vi. horis, & dimidia horæ, idest xx. momentis Lunarem cursum finiri, additis tamen ut supra dictum est x. partes momenti, & tunc ad alteram Lunam incipit primam. Kalendæ a colendo dictæ, vel a calo idest voco. Astrologum vocabat populum, ut viderent ascensionem Lunæ, idest initium primæ Lunæ, vel stellarum cursum, quæ ante, vel quæ retro currerent. Nonæ, idest nundinæ, negotium, mercatum. Inter iv. Non. vel vi. Non. ideo diviserunt, ut non scirent Latrones mercatura illorum, quando esse deberet, quia reponebant se in silvis, & in secretis locis juxta viam, & venientes ad mercatum occidebant, vel prædabant. Idus, idest ab edendo dictæ, vel species mensis sequentis. Per ann. viii. in Nicæna synodo computaverunt xiv. Lun. & iterum per annum xviii. computaverunt sine quadrante, & non revertebantur in se nisi in annum * addidissent, nec concordabat Solis cursus cum Lunæ cursu, & ideo in Ogdoadem, & Endecadem diviserunt circulum decemnovenalem. Indictio dicta juxta censum Romanorum, & non juxta v. dies intercalares Ægyptiorum. Indictiones viii. Kal. Apr. incipiunt in capite annorum * v. Romani revertebant semper cum censu, capite autem xv. revertebantur in primum ordinem. Si autem de auro esset forma Cæsaris, aurum dabant, si argenteum, argentum, si æs, æs erat.

De interrogatione XIX. annorum Cycli.

XLVIII.

Primo igitur ratione debes interrogare de xix. annorum cyclo. Secundo quomodo Luna per Kal. mensium. Tertio qualiter Luna in suo mense habeat numerum. Quarto quali die & Luna sit Paschalis solemnitas. Quinto quomodo Pascha memoriter computandum. Sexto de Lunæ accensione, & Solis descensione. Septimo responsum his qui discordant in Paschæ computo. Licet omnis homo quod computationem tardis, salutemque animæ perdiet, hæc debet meditari. Qui computum scire vult, debet instare, qualiter Sancti viri in Paschali Dominica Resurrectionis festivo ordine celebranda inquirentes pervenerint. Non est igitur hoc otiosum scire, vel quemadmodum illi cyclum scripserunt, & ad ipsam intelligentiam pervenerunt.

De Mensibus.

XLIX.

Quibus modis dicuntur Menses iv. quomodo sub Idolis, sub rebus, sub Regibus, sub numeris? Januarius quibus modis dicitur? duobus, sub Idolo, & sub re. Sub Idolo dicitur eo quod a Jano pagano accepit nomen, & bifrons fuit. Et sub re dicitur, quia sicut homo ingreditur per ostium in domo, ita anni ingrediuntur per istum Januarium. Febr. quibus modis dicitur? duobus, sub Idolo, & sub re. Sub Idolo erat generatio, quæ appellabatur Luperci, vel Lurcones, quia omnes immunditiæ, quas per totum annum habebant, vel lavabant eorum corpora, nisi tantum in istum Februarium, & sic febribabant in aqua frigida. Et sub re dicitur, eo quod omnes creaturæ Dei omnes conjunguntur in eo. Martius sub Idolo accepit nomen, & a Marso pagano, ita & dies Martis. Aprilis sub re dicitur, & ab aperiendo dicitur eo quod aperit mensorum, & florent in eo. Majus a Maja matre Mercurii accepit nomen, vel a Majorum sapientia Romanorum. Junius a Juniorum sapientia Romanorum. Julius Cæsar, & Augustus ad dignitatem acceperunt nomina. Sept. Oct. Nov. & Decemb. a numero acceperunt nomina. Sept. quia septimus a mense Martio; Octob. quia octavus; Nov. quia nonus; & Decemb. eo quod decimus, & imbrium pluviæ est.

De

De Luna Paschali.

L.

Luna in Pascha non potest fieri minor, quam xv., major quam xxi. In Quadragesima vero minor non potest fieri quam iii. nec major quam ix., nisi Bissextus evenerit. In Rogationibus minor non potest fieri, quam xxii. nec major quam xxviii. In Pentecoste minor non potest fieri, quam Quinta, nec major quam xi. Si fuerit in Pascha Luna xv. in Quadragesima erit iii. in Rogationibus xxii. in Pentecoste v. Et quantos dies creveris in Pascha, tantos crescit in Quadrag. in Rogation. seu in Pentecoste.

Argumentum ad initium Quadragesimae inveniendum.

LI.

Quantos dies Pascha fuerit ante prid. Kal. Mart., in Febr. habebis Quadragesimam, & quantos dies post prid. Id. Apr. habueris Pascha, tantos dies post Kal. Mart. habebis Quadragesimam. Et si prid. Id. Apr. habueris Pascha, Kal. Mart. habebis Quadragesimam.

Item ad Rogationes inveniendas.

LII.

Quantos dies ante Kal. Apr. habueris Pascha, tantos dies ante Non. Maj. habebis Rogationes. Et quantos dies prid. Kal. Apr. habueris Pascha, tantos dies prid. Non. Maj. habebis Rogationes, & si evenerit ut Kal. Apr. habueris Pascha, Non. Maj. habebis Rogationes.

Item ad Pentecosten inveniendam.

LIII.

Quantos dies ante Kal. Apr. habueris Pascha, tantos dies ante xiii. Kal. Jun. habebis Pentecosten, & quantos dies prid. Kal. Apr. habueris Pascha, tantos dies post xiii. Kal. Jun. habebis Pentecosten. Et si evenerit ut Kal. Apr. habueris Pascha, xiii. Kal. Jun. habebis Pentecosten.

De Supputationibus.

LIV.

Supputatio Eusebii, Hieronymi ab Adam, usque ad Diluvium anni $\overline{\text{m}}$ccxlii. A diluvio usque ad Abraham anni cmxlii. Ab Abraham usque ad Moysen anni dv. a Moyse usque ad Salomonem, & primam aedificationem templi, anni cccclxxviii. In * secundum minorem quae tertius Regnorum liber continet juxta judicium anni dcl. A Salomone usque ad instaurationem templi quae sub Dario Rege facta, colliguntur anni dxii. Porro a Dario usque ad praedicationem D. N. J. C., & usque ad xv. annum Tiberii primus * explentur anni dxlviii. Itaque fiunt simul ab Adam usque ad praedicationem Christi & xv. Tiberii anni $\overline{\text{m}}$vccxxviii. Aetas proprie duobus modis dicitur; aut enim hominum sic infantia, juventus, senectus. Aut mundi ab Adam usque ad Noe. Secunda a Noe usque ad Abraham. Tertia ab Abraham usque ad David. Quarta a David usque ad transmigrationem Judae in Babyloniam. Quinta deinde usque ad adventum Salvatoris. Sexta quae nunc agitur usque quo mundus iste volvitur.

Si vis scire annos ab initio mundi multiplica quindecies, cccc. & xv. & x. & xv. ix. Adde indictionem ejusdem anni, & partire per xv. partem.

De Termino Paschali.

LV.

Si vis invenire subito, quotus terminus Paschalis sit, si in mense Martio evenerit terminus, tene de Martio regulares xxxvi. subtrahe Epactam Lunarem ipsius anni, & quotquot dies post subtractam Epactam de ipso numero remanserunt, collige numero in articulis, & in quo datarum evenerit, talem habebis terminum. Si autem in mense Aprili terminus incurrerit, tene de Aprili regulares xxxv., & de ipsis regularibus xxxv. Eodem modo calculabis, quo superius diximus. Quod si Mense Martio post deductam Epactam xxx. tantum remanserint, xxx. die Kal. Mart., idest III. Kal. Apr. habebis terminum. Incipiente autem anno primo Decemnovennali in mense Apr. Epactam minime habes, quod recedas de ipsis regularibus xxxv. De Aprili recede xxx., remanent v. Quinto die de mense Apr. idest Non. Apr. habebis terminum, & sic omnibus annis.

De Hebdomada.

LVI.

Hebdomada apud Græcos, & Romanos VII. dierum cursu peragitur. Apud Hebræos autem VII. anni sunt. Declarat hoc Daniel de hebdomadibus. Hebdomada autem feriis constat. Feria quoque a fando dicta, quasi fari, eo quod in creatione mundi per singulos dies dixit Deus: Fiat. Item quia dies Sabbati ab initio feriatus habetur, inde dies Solis prima Feria nuncupatur, quia primus est a Feria. Item Lunæ perinde secunda Feria, quia secundus est a Feria, idest a Sabbato, quod est feriatum. Sic & cæteri dies alii ex numero sumpserunt vocabula. Apud Romanos autem hi dies a planetis, idest erraticis stellis nomina acceperunt. Primus enim dies a Sole vocatur, qui princeps est omnium siderum, sicut & idem dies caput est cunctorum dierum. Secundus a Luna, quæ Soli splendore proxima est, & magnitudine, atque ex eo mutuit lumen. Tertius a stella Martis, quæ Vesper vocatur. Quartus a stella Mercurii, quam quidam candidum circulum dicunt. Quintus a stella Jovis, quam Fetonem dicunt. Sextus ab stella Veneris, quam Luciferum asserunt, quæ inter sidera plus lucis habet. Septimus a stella Saturni, quæ * sexto cœlo collocata XXX. * annis fertur explere cursum suum. Proinde autem Gentiles ex his septem stellis nomina diebus dederunt, eo quod per eosdem aliquid sibi effici existimarent dicentes: habere ex Sole spiritum, ex Luna corpus, ex Mercurio ingenium, & sapientiam, ex Venere voluntatem, ex Marte fervorem, ex Jove temperantiam, ex Saturno tarditatem. Talis quippe extitit Gentilium stultitia, qui sibi finxerunt tam ridiculosa figmenta.

Item de Hebdomada.

LVII.

Hebdomada dicta est a Græca appellatione, quasi Hebdom a numero VII. dierum dicta. Hebdomada enim apud Græcos VII. adest **dies Veteres dicebant. Inde dicitur Hebdomada, & reliquæ hebdomadæ. Apud Græcos & Latinos septem dierum cursu peragitur, apud Hebræos VII. annis dicebant. Hoc Daniel de Septuaginta Hebdomadibus, idest ab exitu sermonis, & exolutionis captivitatis de Babylonia sub Esdra, & Neemias, & Zorobabel septuaginta Hebdomadæ, idest septem vicibus septuaginta anni sunt, quæ efficiunt CDXC., quod spatium fuit a reditu captivitatis Babyloniæ usque ad Nativitatem Christi. Et idcirco septem diebus Hebdomada completur, quoniam scilicet universitatem creaturarum VI. diebus Deus operatus est, in septimo requievit. Prima die condidit lucem, secunda firmamentum, tertia mare & terras, quarta sidera, idest Solem & Lunam, quinta volucres & reptilia, sexta hominem ad imaginem, & similitudinem suam, septima die requievit ab omnibus operibus suis. Nomina dierum Hebdomadæ secundum Hebræos duobus modis dicuntur, idest ordinem, & requiem, hoc modo. Prima Sabbati, secunda, tertia, quarta, quinta, sexta Sabbati, Sabbatum. Secundum Græcorum dictione, & ordine nuncupantur hoc modo: Prima feria, secunda, tertia, quarta, quinta, sexta, septima feria. Secundum Latinos a Diis Gentilium & reliquiæ nominantur. Habuerunt enim duos Deos cœlestes, & quinque terrenos. Martem patrem Romuli, Mercurium Eloquentiæ, & ingenii dominum, Jovem virtutis, & honoris * ejus idolum, Venerem libidinis, concupiscentiæ, & omnis turpitudinis inventricem, Saturnum patrem Jovis, frugum, & vinearum moderatorem. His delusa erroribus vetusta Gentilitas, quæ propter frequentiam assiduam nomina Deorum diebus sæculi imposuerunt. Sed propter eorum confusionem hæc ipsa nomina Christiani non mutaverunt, cum singulis diebus nominantur, singulis horis despiciuntur tam ipsi, quam & cultores eorum.

Item de Mensibus.

LVIII.

Mensis a mensura quadam nomen accepit, quoniam omnis mensis secundum Lunæ cursum XXIX. diebus, & semisse mensuratur. Menses primitus in Lunari cursu reperti sunt; & ab Hebræis hæc observatio primitus abstracta est, apud illos enim primum Kalendæ, & Neomenia dictæ sunt. Menes enim apud Hebræos Luna, vel Neomenia dicitur. Inde Neomeniis novæ Lunæ observationes celebrant. Deinde apud Latinos Menses Solares reperti sunt. Arcades enim cujus annum fuere tribus mensibus numerabant, idest in nomine CXX. & uno diebus comparabant. Archanenses vero sex, idest singulos menses LXII. diebus comparabant. Græci reliqui CCCLIV. annum proprium computabant. Incipiebat a Martio, computabatur mensibus XI. Romani vero auctore Romulo annum suum X. mensibus computabant. Incipiebant a Martio mense, perficiebatur a Decembrio mense diebus CCCI. Symphronius autem adjunxit unum mensem, qui dicebatur Februarius, qui & modo Februarius dicitur, & computabant annum CCCXXII. diebus. Aurelius Chrysippus addit mensem XXX. dierum, quem Græci Afrodisium vocant, quem nos Aprilium dicimus, & computabatur annus hoc modo CCCLXIV. diebus. Numa Pompilius addidit unum diem in honorem paris numeri, & annum VII. mensibus, & quatuor temporibus per incisionem duorum solstitiorum, & duorum æquinoctiorum in contrario diffinivit. Nomina mensium secundum Ægyptios ita dicuntur: Dius, Apollonius, & Dymenus, Filiseus, Dilleus, Artemisius, Pharemeneus, Lous, Scorpeus, Iperveretus.

Item de Mensibus.

LIX.

Mensis est luminis Lunaris circuitus, ac redintegratio, sive nova ad novam, in cujus figura plerumque hujus vitæ cursus intelligitur, quæ suis incrementis quasi mensis peragitur, eadem * articulis suis certissimis terminatur. Mensem autem antiqui definierunt: quamdiu Zodiacum circulum perducit. Antiqui autem Gentiles Mensibus nomina quædam ex Diis suis, quædam ex causis suis, quædam vero ex numero imposuerunt, incipientes a Martio, quia ex ipso anni orientis ordinem servaverant. Hunc enim Martium propter honorem Romuli sic appellaverant, quia Martis filium eum crediderunt. Aprilem vero nullo Deorum suorum nomine, sed de re propria, quasi Aprilem nominaverant, eo quod tunc primum germina aperiantur in florem. Inde Mensem Majum pro Maja Mercurii matre, quam Deam æstimaverant, vel propter majores. Deinde Junium a Junone, quam sororem, vel conjugem Jovis fuisse tradentur. Alii autem sicut majoribus, ita pro minoribus Junium vocari dixerunt, item Julium a Julio Cæsare, Augustum vero ab Augusto Cæsare Octaviano vocari dicuntur. Nam prius Julius Quinctilis, & Augustus Sextilis vocabantur, sed eorum nomina a Cæsaribus Julio, & Augusto sunt commutata. Jam September, quod septimus sit a Martio, qui est principium Veris, similiter quoque October, November, & December ex numero imbrium atque veris acceperunt vocabulum. Porro Januarium ex nomine Jani vocaverunt, sed specialiter Januarius appellatur, eo quod janua sit anni, atque principium. Februarium autem a Febribus Lupercorum sacris appellarunt. Apud antiquos itaque Latinos X. mensibus cursus anni computabatur, sed Januarium Romani, Februarium vero Numa Pompilius addidit, atque in XII. menses distribuit. Plerique autem asserunt Cyminum Sabinorum Regem prius annum in mensibus divisisse Id. Kal & intercalares dies instituisse; in Codicibus autem sanctarum Scripturarum XII. menses fuisse in anno etiam ante diluvium ostenduntur: Sic enim ibi legitur: *Aquæ autem minuebantur usque ad undecimum mensem. Undecimo autem mense prima die mensis apparuerunt cacumina montium*, sic enim tunc menses denominabantur, non sicut nunc, hos enim Kal. & Idus, illos vero Lunæ finita concludebat. Kalendæ a colendo dictæ, apud antiquos enim semper mensium principia celebrabantur. Idus quoque dictæ a diebus, & Nonæ a nundinis. Menses autem apud Latinos ex Kal. sumunt principium. Apud Hebræos ex Lunæ nascentis recursu. Apud Ægyptios autem principia mensium esse ante Kal. III. aut II. dies pronunciantur. Annum autem quasi quidam annum dici putant, idest Cyclum, unde anuli dicti sunt diminutive. Principium anni alii ab Bruma putant, ut populi Romani, alii ab Æquinoctio vernali, ut Hebræi, alii a Solstitio, ut Græci, alii ab Autumno, ut Ægyptii. Æra a die Kal. Januar. adcrescit. Bissextus autem a VI. Non. Mart. usque ad diem Kal. Jun. Lunæ cursu proponitur. Annus Ægyptiorum sine bissexto habet initium VII. Kal. Septemb., cum bissextus autem supervenerit, ut * Kal., ut supra Scripturarum. Solstitium autem dicitur quasi Solis statio. Æquinoctium vero, quod tunc dies & nox in æquitatem horarum duodenarum revertuntur, comparis spatiis suis. Solstitium æstivum ideo lampas dicitur, eo quod ex eo infundens diem lampas Solis, claritatem majorem accipiat, caloremque novum adveniente æstate.

Item de Mensibus.

LX.

Sed et hi * menses Ægyptiaci, Orientales, Mauri, & Græci, Macedones, Alexandrini, Asiani, Persæ, Medi, Chaldæi non numerant dies Mensium per Kal., & Non., & Idus, sed his Romani præjudicant. Sed Græci, & hi supradicti omnes XII. menses habent, & sub mense eorum dies xxx. semper præter Ægyptios concordant omnes. In eodem mense bis, & in Sole * Lunæ exceptis Ægyptiis, qui xiii. menses faciunt, decimo tertio mense de v. diebus remanentibus completo Augusto * ann. iii. sine bisexto, & iii. anno cum latet bisextus, sex dies adhuc de Augusto remanent propter bisextum, & fit ille mensis decimus tertius vi. dierum, quos dies vocant Ægyptii Epagomenas, idest Latine concurrentes.

Item de Mensibus, & Lunæ longitudine.

LXI.

Menses quoque Lunæ secundum Latinos longitudine dispares. vi. longi, & *vi. breves per numerum * communium Lunæ longæ in anno Embolismali simul cum Luna Embolismoe, & dies bisextus, in eumdem annum conveniunt. Ut si Luna trigesima in Kal. Jann., & Luna ipsius Jann. trigesima, & Luna Februar. pro bisexto trigesima computabitur. Et Luna Mart. semper trigesima secundum Latinos. Sed quod dicimus Lunares menses longitudine dispares secundum numerum, non secundum naturam omnes Lunæ mensis æquales sunt. Unde apud Hebræos omnes menses xxix., & semissem semper habent ætates, V. G. si accenditur Luna media die, & ejusdem dies quatuor hebdomadibus in medio expletis, altera media die xxix. Luna * esse deinde similis usque in medium noctis; una enim vice apud Hebræos media die, altera mensis vice media nocte accenditur Luna. Sed parum Romani ab Hebræis discrepant, non enim multum distat, si in altera Luna diem integrum adjicias, an duos menses dividens æquas partes utrisque distribuas. Cum autem media die Luna accenditur, locum accensionis medium Austri affirmatur. Cum vero media nocte illuminatur, in medio Septentrionis, sed ignito cœli loco luminari traditur. In duobus horis apud Hebræos Luna accenditur, idest in media hora post vi., & in medio noctis apud Romanos quibus videatur altera Luna trigesima, altera xxix. post vii. accenditur. Quia facilius est apud eos ad tenendam rationem unum imponere diem, qui efficit xxx. Ideo Aquilonares hanc regulam non observant, quia consequens est apud eos, ut mensis xxxi. die Luna xxx., mensis xxx. die Luna xxix. habet. Sed si hoc diximus propter præparationem bisexti vel Solis accensio variatur, ut in toto cœli orbe circulo, quo Luna currit, nullum locum arbitrentur ejus accensione vacare Luna longa xxx. Luna brevis xxix. Luna Jann. trigesima, Luna Febr. xxix., sic & omnes Menses. Sed Luna mensis assignare magis traditione magistrorum, & maxime Latinorum, quam literis divulgatum est. Ægyptios autem Lunæ narrat literis singulas Lunas singulis mensibus distribuere. Necesse est vero Lectorem scire quamlibet Lunam cuilibet mensi adscribat, utrumque in eo accenditur, an illo in quo ea extinguitur. Nam si semper Kalendis mensium Lunæ deficere essent solitæ, & semper in Kal. mensium primæ Lunæ corporibus præbere, & alterius mensis Luna in alterum non vagaretur, profecto quæstio solubilis foret, & ea Luna quæ in eodem mense extinguitur, & accenditur ejusdem mensis esse definirent. Sed quod esse in kal. Mensium, & reliquis in exordio mensis diebus Lunæ deficiunt, & Lunæ accenduntur immobili ratione desiguat, ut Luna qualibet, in quo mense defecerit, & non illuminaverit, de eodem mense nisi nouam diem tantum mense ipsius erit Luna, excepta Luna Embolismi, quæ xiii. sine mense vel Luna mensibus non deputatur, dum sit mensis, in quo duæ * extinctiones sunt, & mensis sine extinctione invenitur.

De Mense, & interrogatione Lunæ.

LXII.

Dic de unoquoque mense Luna quot dies habet, & qualiter menses Solares numerantur. Diximus namque unoquoque mense Lunam habere dies xxix., & dimidiam, & ob hoc in una Lunatione xxix. sequente autem die jam prima numeratur; altera vero Lunatione cum illa alia medietate, quæ relicta fuerat numeratur Luna trigesima, etiam sequenti die prima, sic per totum annum uno mense Luna xxix., alio mense trigesima, sicque fit ut vi. menses Luna numeretur usque xxix. Sex autem alii menses usque Luna trigesima, & in capite anni Solaris inde fertur habere Luna minus dies xi., idest sex superius memoratos, & v. qui ei mensem Solarem adduntur supra trigenos dies. Et cum ergo Lunæ xiii. mense, idest dies xi. ad annos Solares implendos fuerint adjuncti, restant de eodem mense Lunæ dies xix. Et hinc Embolismorum ratio probatur existere, quod communium annorum videtur damna supplere, atque expleto Decemnovennali cursu conveniunt in unum. Hoc quoque non est admittendum, quod in illo Solari, in quo Luna incipit accendi, si habet dies xxxi., tunc dicitur Luna xxx., in illo vero, qui habet minus, quam xxxi., tunc dicitur xxix., & inde prima, nisi quando in Kal. Aug. inerit xxix., quod ceteris rationibus intermisso die suscitur

tur addere, vel minuere. Ipsum quoque numerum clare noscitur, quibus mensibus xxxi. dies habere dicitur. Scilicet Janu., & Mart., Maj., Jul., Octob., ceteri vero iv. Non. & contra viii. Id.

Item de Mensibus quot horas habeant in die, & nocte.

LXIII.

Aprilis, & Sept. habent horas in nocte xii., in die xii. Majus, & Augustus horas in nocte xi., in die xiii. Junius, & Julius horas in nocte ix., in die xv. October, & Martius horas in nocte xiii., in die xi. November, & Febr. horas in nocte xiv., in die x. Decemb. & Jan. horas in nocte xv., & in die ix.

Item de Mensibus.

LXIV.

Januar. iv. Non. xix. dies xxxi. Luna xxx. Febr. iv. Non. xvi. dies xxviii. Luna xxix. Mart. vi. Non. xvii. dies xxxi. Luna xxx. Apr. iv. Non. xviii. Dies xxx. Luna xxix. Majus vi. Non. xvii. dies xxxi. Luna xxx. Junius iv. Non. xviii. dies xxx. Luna xxix. Julius vi. Non. xvii. dies xxxi. Luna xxx. Augustus iv. Non. xix. dies xxxi. Luna xxix. September iv. Non. xix. dies xxx. Luna xxx. Octob. vi. Non. xvii. dies xxxi. Luna xxix. Novemb. iv. Non. xviii. dies xxx. Luna xxx. Decemb. iv. Non. xix. dies xxxi. Luna xxix.

De Punctis Lunae.

LXV.

Luna prima iv. punctis lucet, idest xl. momentis.
Luna ii. una hora, & iii. punct.
Luna iii. duab. horis & ii. punct.
Luna iv. trib. horis, & i. punct.
Luna v. quatuor horis lucet.
Luna vi. quatuor horis, & iv. punct.
Luna vii. v. hor. & iii. punct.
Luna viii. vi. hor. & ii. punct.
Luna ix. vii. hor. & i. punct.
Luna x. viii. hor. lucet.
Luna xi. viii. hor. & iv. punct.
Luna xii. ix. hor. & iii. punct.
Luna xiii. x. hor. & ii. punct.
Luna xiv. xi. hor. & i. punct.
Luna xv. lx. punctis, idest xii. horas.
Luna xvi. xi. hor. & i. punct.
Luna xvii. x. hor. & ii. punct.
Luna xviii. ix. hor. & iii. punct.
Luna xix. viii. hor. & iv. punct.
Luna xx. viii. hor. lucet.
Luna xxi. vii. hor. & i. punct.
Luna xxii. vi. hor. & ii. punct.
Luna xxiii. v. hor. & iii. punct.
Luna xxiv. iv. hor. & iv. punct.
Luna xxv. iv. hor. lucet.
Luna xxvi. iii. hor. & i. punct.
Luna xxvii. ii. hor. & ii. punct.
Luna xxviii. i. hor. & iii. punct.
Luna xxix. iv. punct. habet.
Luna xxx. ii. punctis crescit, & ii. decrescit.

Dic mihi quot horas lucet Luna, vel quot punctos habet Luna, quibus partibus hoc reperiri possit. Quare per iv. partem multiplices ipsam Lunam; quia quarta die factus est Sol, & Luna. Quare per quintam dividis, & quinque puncti unam horam explicant.

De Numeris.

LXVI.

Numerus apud Hebraeos, Chaldaeos, & Syros Mina dicitur, cum Graecis Arithmos nuncupabatur, apud Aegyptios Laterculus, penes Macedones Calculus, cum Latinis Computus. Eres cum Hebraeis, apud Graecos Emera, penes Latinos Dies. Lilia in Hebraeo, Nicta in Graeco, Nox apud Latinos. Primus Gentiles dies nominatur a Sole, secundus a Luna, tertius a Marte, quartus a Mercurio, quintus a Jove, sextus a Venere, septimus a Saturno.

De Annis naturalibus, & magnis seu solstitialibus.

LXVII.

Annus naturalis est, ut cum se Soli Luna subponit, et inter orbem Solis, & oculos nostros medio facta tenebras totius orbis efficiat, quod dicitur Eclipsis.

Annus Magnus dicitur, quando omnia sidera certis temporibus, numerisque completis ad suum locum, vel ordinem revertuntur, quem Annum antiqui finire, vel adimplere dixerunt.

Annus

Annus Solstitialis est cum Sol expleto per omnia signa circuitu in id, unde principium cursus sui sumpsit, recurrit. Ipse est Solaris annus, vel civilis, qui diebus CCCLXV. peragitur.

De incremento Lunæ.

LXVIII.

Incrementum Lunæ CCCXV. certis computatis minutis, idest X. partes minuta in unaquaque hora per singula continent momenta X. Ita dies & nox raro diminuuntur, donec in fine anni XIV. id efficiant. Sic mutatio Lunæ intelligitur per XIX. annos.

De die Solis Orientis.

LXIX.

Dies est Solis Orientis præsentia, quousque ad occasum perveniat. Dies autem geminatur appellari solet proprie a Solis ortu usque quo veniat ad occasum, spatio, * die duo sunt inter diurnum, & nocturnum, & est dies horarum XII. Partes absolutæ diei III. sunt, mane meridies, & suprema. Initia diei alii a Solis ortu putant, ab occasu, alii a media nocte. Nam Chaldæi a Solis ortu diei initium faciunt, totum id spatium hi diem appellantes. Ægyptii autem ex initio noctis sequentis diei originem trahunt. Romani autem a media nocte initium oriri diei volunt, & in medio noctis finiri. Fasti dies sunt, quibus fatur, idest dicitur, ut nefasti quibus non dicitur. Feriati dies, in quibus res divina fit, & abstinere homines a litibus oportet. Profesti dies Festis contrarii, idest sine religione. Atri dies sunt, qui & communes vocantur. Siderales, in quibus sidera moventur, & homines a navigationibus excluduntur, ipsi continuo XXX. Præliares, quibus fas est hostem bello lacessere. Intercalares dies sunt V. qui juxta Ægyptios supersunt XII. mensibus, & incipiunt IX. Kal. Sept. & V. Kal. consummationem finiuntur. Dies Epactarum sunt XI., qui per singulos annos ad cursum Lunarem adcrescunt. Nam in anno XII. Lunæ CCCLIV. dies habent, remanent ad cursum anni Solaris dies XI., quas Epactas Ægyptii vocavere, pro eo quod ad inveniendam Lunam per totum annum adjiciuntur. Solstitiales dies sunt, in quibus Sol stat, crescente spatio dierum, vel noctium. Æquinoctiales dies sunt, in quibus dies, & nox in æqualibus horarum spatiis concordant, seu evolvuntur. Nox est Solis absentia, quamdiu ab occasu rursus ad ortum recurrat. Noctem autem umbram fieri terræ tamquam datam ad requiem corporis credimus, non ad alicujus operis officium; nox autem a nocendo dicta, eo quod oculis noceat.

De Die.

LXX.

Dies est prima creaturarum, ostensio rerum, cursus Solis. Item dies Solis præsentia, quousque ad ortum perveniat. Isidorus dicit: *Dies geminus appellari solet, proprie ab ortu Solis, donec rursus oriatur, abusive vero ab ortu Solis, usque quo ad occasum perveniat, qui ideo dies dicta est a dividendo lucem a tenebris.* Item Phagonus dicit: *Sol super terram dies est, Sol sub terra nox est. Initia dierum IV. sunt secundum Hebræos; ab ortu Solis dies. In principio operum Domini*, & reliqua. Secundum Chaldæos a medio die. Secundum Græcos, & Ægyptios ab ortu stellarum. Secundum Romanos a media nocte. Ab ortu Solis Hebræi computant propter Physicam scientiam rerum, quia natura creaturarum a lumine initium sumpsit. Prima enim die condidit lucem testimonio Moysis: *Fiat lux, & facta est lux.* Chaldæi ideo a medio die incipiunt, quia cursum Lunæ observant, quæ assidue circa medium diem accenditur, & extinguitur. Ægyptii vero quia Astrologi sunt, & circulum siderum observant, a vespere & ortu stellarum incipiunt, quarum cursus, & tempora observant. Romani a media nocte incipiunt, sequentes illud, quod scriptum est: *Media nocte factus est clamor, & media nocte iterum destruetur.* Et in Evangelio: *Media nocte clamor factus est*, & reliqua. Et iterum: *Sicut fur in nocte, ita veniet.* Partes diei tres sunt, mane, meridies, suprema. Mane dictum est a Manibus Infernorum Diis, qui res ad gaudendas fruges distillant, quorum* conversione Luna ad terram est. Vel mane a Manibus Diis, quos antiqua Gentilitas ornatu colebat. Vel mane a Mano dictum est; quod veteres Latini bonum dicebant, ut Historia memoriat. *Mane a Mano*, & reliqua. Meridies, quasi medies, hoc est medius dies; tunc enim purior micat lux, quando Sol medio cælo rutilet, & totum orbem pari claritate inlustret. Vel meridies, quasi merities, quia tunc purior micat æther; merum enim purum dicitur. Suprema dicta est pars

diei

diei noviſſima, quia ſupereſt ultima. Tunc dies ad Veſperum ſupprimitur, quando nobilis e noctis caligine obumbratur. Mane ab ortu Solis uſque ad horam quartam dicitur, quaſi ut quadrans artificialis. Meridies v. vi. vii. viii. horam tenet. Suprema ix. x. xi. xii. horam obtinere videtur.

De Nocte.

LXXI.

Nox eſt obſcuritas mundi, Latibulum, requies viventium. Nox dicta eſt a nocendo, eo quod obtutibus noceat humanis, vel quia fures, & bellue in ea nocent. Vel quia negotiis, & laboribus humanis nocere, vel impedire videtur. Vel quia ab etymologia Græca nomen accepit; νύκτα enim Græci, noctem Latini dixerunt, ut in Pſalmis legitur: *in nocte nictar*, id eſt, die ac nocte. Partes noctis ſex ſunt: Veſper, crepuſculum, conticinium, intempeſtivum, gallicinium, matutinum. Veſperum dictum eſt a ſtella Occidentali, quæ Veſper vocatur, & ipſa ſtella ab Heſperia regione nomen aſſumpſit, mutata e pro h, veſper dicitur. Heſperia autem dicta eſt quidem Spania ab Heſpero * regionis filio; qui hanc regionem bellicis virtutibus ſubjugavit. Et hanc ſtellam nautæ, ut noctorne in navigatione obſervarent, navigantes a Gallogræcia obſervabant. Hanc ſtellam alii ferunt uno anno Solem præcedere, cum Lucifero tamen matutinum æqualibus radiis præclarare, & duobus annis poſt in occaſu Solis remanere. Matuto nomine Veſper nominatur, cum Lucifero vero Lucifer dicitur. Crepuſculum dictum eſt nocturni temporis ſpatium e crepero, id eſt commixtione tenebrarum, & luminis, quia Græci diaſoli nominant, id eſt dubitantia inter exceſſum diei, & introitum noctis, cum exitum noctis, & introitum diei; & ob hoc dubium, quia ſi quis expergefactus fuerit e ſomni gravitudine in hoc tempore incertum ſe putat eſſe, utrum tranſacto noctis ſpatio ad diei claritatem pervenerit, aut exacto die ad initium noctis perducit. Conticinium, hoc eſt ſilentium; conticeſcere enim ſilere eſt, quia in ipſo tempore omnes tacent, & ſilent, & primi ſomni gravis adgravantur. Intempeſtivum, medium, & inactuoſum ſpatium noctis, tempus, quando nihil agi poteſt, & omnia ſopore quieta ſunt. Gallicinium dictum eſt a clangore volucrum nuncupatum quaſi gallicinium, propter gallos, videlicet lucis prænuncios, & hoc tempus antelucinum dicitur, quia galli antelucani cantu nuncupantur, eo quod naturaliter præcinendo, & plauſu alarum Lucis adventum prænunciant. Matutinum dictum eſt noctis tempus a maturitate lucis accedente die, recedente Aurora. Aurora dicta eſt, quaſi Eurora ab Euro vento dicta, quia in ipſa hora Euri ſpiramen ad excitandas fruges ab Auſtro emittitur. Inter veſperam, & veſperam, & veſperero hoc intereſt, quia veſperum diei, veſpera inclinatio Solis ad occaſum, veſper noleſcujuſque rei conſummatio veſpere nuncupatur. Hæc ſunt vi. ſpatia noctis, & binas horas obtinent.

De XIV. Luna Paſchali.

LXXII.

Si vis ſcire quibus annis novi decimi circuli Martio menſe xiv. Luna Paſchalis incurrat, hoc eſt anno ii. v. vii. x. xiii. xvi. & xviii. Hos ſupraſcriptos vii. in Martio menſe reperies; reſiduos vero xii. ſecundum regulam ſuperius in menſe Aprili indubitanter calculabis.

Item de XIV. Luna Paſchali quota Feria ſit.

LXXIII.

Incipit calculado quomodo reperiri poſſit, quota Feria ſingulis annis xiv. Luna Paſchalis, id eſt Decemnovenalis primi circuli. Anno primo, quia non habet Epactas Lunares pro eo quod cum novi decimi inferioris anni xviii. & ſunt xi. Epactas * additas etiam Ægyptiis die uno ſunt xxx., id eſt Luna menſis unius integra, & nihil remanet de Epactis. Et quia Apr. menſ. incidit in eo anno Luna Paſchalis xiv. tene regulares ſemper in eo menſe xxxv. ſubtrahe xxx. id eſt ipſam Lunam integram, & remanent v. quinto die a Kal. Apr., hoc eſt Non. Apr. occurrit Luna xiv. Paſchalis. Tene ſupraſcriptos, adde concurrentes ejuſdem anni v. fiunt x., adde & regulares in eodem ſemper menſe Aprilis. vii. ſunt xvii. Hos partire per vii. id eſt bis ſeptem. ſi xiv. remanent iii. Tertia feria incurrit Luna Paſchalis xiv. & Dominicus Feſti Paſchalis dies Luna xix.

Item præfati circuli anno ſecundo, a quo ſumunt exordium Epacta xi., & incidit in eodem anno Luna Paſchalis xiv. in menſe Martio. Tene xxxvi. regulares ſemper in eo menſe, ſubtrahe Epactas xi., remanent xxv. Viceſimo v. die menſe Martii a Kal. quod eſt viii. Kal.

Kal. Apr. occurrit Luna Paschalis XIV. Tene supraſcriptos XXV. adde concurrentes ejuſdem anni V. fiunt XXX., adde ſemper in fine hujus menſis Martii regulares IV. fiunt XXXIV. Hos partire per VII., idest ſepties quaterno, fiunt XXVIII., remanent VI.; ſi nihil remanſerit Sabbatum eſt, VII. feria erit XIV. Luna Paſchalis, & Dominicus Feſti Paſchalis dies Luna XV.

Iterum Menſe Aprili ſupe dicti circuli anno tertio tene ſemper in primis regulares XXXV. ſubtrahe Epactas ejuſdem anni XXII. remanent XIII. tertio decimo die menſis idest Id. Apr. occurrit Luna Paſchalis XIV. Tene hos XIII., adde concurrentes ejuſdem anni VI., fiunt XIX. Adde in Apr. menſe ſemper inferius regulares VII., fiunt XXVI. Hos partire per VII. ter ſepties, fiunt XXI., remanent V. ſexta feria erit XIV. Paſchalis, & Dominicus dies Feſti Paſchalis Luna XV. Ita annis ſingulis a primo anno uſque ad XCV. annum calculabis. Si quando menſe Martio XIV. Luna Paſchalis incurrit, XXXVI. regulares in primis teneas. Ex quibus Epactas cujus volueris anni deducas, & concurrentes adjicias, & in finem ſemper IV. regulares augmentes.

April. vero menſ. XXXV. in capite tene, ex quibus deduc ſupra ſcriptas Epactas, & adjectis ejuſdem anni concurrentibus ſuis, & regularibus in finem VII. augmentis. Latinius namque ac brevius omnia argumenta Paſchalia calculabis. Hoc tamen propterea Lectori ſit cognitum, quoties in utroque menſe ſupraſcripto in prima regula contingit, ut deductis Epactis amplius quam XXX. remaneant, demittenda eſſe XXX. Quod ſi unus, aut III., aut amplius ſuperfuerint tot dies ipſius menſis a Kal. ſit Luna Paſchalis XIV. Quando hoc deductis Epactis infra XXVI, ut puta XX., ſeu amplius, minuſque remanſerit, idem * tot dies menſis a Kal. occurrit Luna Paſchalis XIV. Si enim deductis Epactis XXX. tantum remanſerint, quod ſemel in XIX. annis accidere manifeſtum eſt, XXX. die a Kal. erit Luna Paſchalis XIV.

Item de Luna Termino Paſchali,

LXXIV.

Si vis cognoſcere, quota Luna Feſti Paſchalis occurrat; ſi in Martio menſe Paſcha celebratur, computa menſes a Septembri, fiunt VI. His ſemper adjice regulares II. fiunt VIII. adde & Epactas, idest adjectiones Lunares cujus volueris anni, ut puta Indictione III. Epactas XII. qui fiunt XX., & diem menſis, quo Paſcha celebratur, idest de Martio menſe dies XXXI., fiunt ſimul dies LI. De his deduc XXX remanent XXI. vigeſima prima Luna in die Reſurrectionis Domini. Si vero menſe Apr. Paſcha celebratur, computa menſes a Septembri uſque ad Martium fiunt VII. His ſemper adjice regulares II., fiunt IX. adde & Epactas Lunæ cujus volueris anni, ut puta Indictione IV. Epactas XXIII., qui fiunt XXXII. & diem menſis Apr., quo Paſcha celebratur adde, idest de Aprili dies XIII., qui ſimul fiunt XLV., de his deduc XXX., remanent XV. Quinta Decima Luna eſt in die Reſurrectionis.

De die Septimanæ quotus ſit.

LXXV.

Si vis ſcire, quotus dies Septimanæ ſit, tene dies a Januario menſe uſque ad menſem, quem volueris, ut puta uſque ad XXXI. diem menſis Martii, fiunt dies XC. His ſemper adjice I., fiunt XCI., & ſemper adde concurrentes cujus volueris anni, ut puta anni præſentis Indictione III. concurrentem I. fiunt ſimul XCII. Hoc partire per VII. idest ſepties X., fiunt LXX. iterum ſepties III. fiunt XXI., remanet I. ſic quamlibet diem a Kal. Jan. uſque ad trigeſimum primum diem menſis Decembris, quota feria fuerit invenies computando, ut & regularem I., & concurrentes ejuſdem anni, quæ a Januario menſe ſemper incipiunt, pariter adſumes.

Si requirere volueris, quotus dies Septimanæ ſit hodie, quocumque die computare volueris, ſac omnes menſes eſſe dier. XXIX., & quicquid ex eis remanſerit XXIX., præcede in manu tua propter computandum, & quanti dies venerint de menſe tunc tibi præſenti quando hoc computare volueris, adde & acceſſores Solis anni cujus volueris, & Indictionem anni, quem quæris, & divide in ſeptimas, & dimitte ex eis quanti fuerint, & quicquid tibi remanſerit, ipſe dies eſt Septimanæ, ut puta Indictione prima anno quo fecimus Paſcha VII. Id. Apr., habet Sol adjectiones IV., adde unum Indictionis. His adde I. Kal. Jan. III., & tolle de IX. II. & de V. III. VIII. ergo & VI. quid ſunt niſi XIV. ſi non remanſerit tibi aliquid Sabbatum VI. feria erit Kal. Jan. illo anno. Si remanſerit I. Dominica, ſi II. ſecunda Feria. Ita in reliquis Feriis obſervandum eſt.

Si noſſe vis Kal. Jan. per ſingulos annos quota Feria intrent, ſume annos ab Incarnat. D. N. J. C. DCCCVIII., hos partire per ſeptimam partem, & quartam partem, quam partitus es, adjice ſuper DCCCCX.; fiunt ſimul MXIV, & XI. Hos partire per VII., remanent

III.

tertia Feria erit Kal. Janu., si iv. quarta Feria, si nihil Sabbatum, si i. Dominica.

Si vis scire Kal. Mensium quo die intrent, hoc argumento cognoscitur volventibus annis, hoc modo. Octob. i. literam habet. Novemb. iv. Decemb. vi. Janu. ii. Febr. v. Mart. v. Apr. i. Maj. iii. Jun. vi. Jul. i. Aug. iv., Septemb. vii. His semper adde Epactam Solis cujuslibet anni, & deinceps partire per vii. septies i., aut septies ii., sicque calculationis seriem sine ullo errore reperies, excepto in bissextili anno. In his v. mensibus vero, hoc est Octob., Novemb., Decemb., Janu., Febr., deinde in supradicto numero decide.

Si vis agnoscere, quota Feria sit Septimanae cujuslibet mensis, computa hoc modo. Octob. iii. Novemb. ii. Decemb. iii., et qui xxxi. diem habent iii. adsumas de eo mense, & qui xxx., de eo mense semper adsumas ii., & diem mensis quo requiris; deinde partire per vi., & quicquid remanserit in manu tua, adjectis accessoribus Solis, quae eo anno eveniunt, ipsa est Feria cujuslibet anni. Febr. autem mense praetermittas, quia imperfectum numerum habet, nisi tantum dies ipsius mensis, quando intrat, usque quo exeat.

De Luna in Kal. Jan. & XI. Kal. Apr.

LXXVI.

Si vis agnoscere, quota Luna sit in xi. Kal. Apr., sume annos Domini, qui fuerint eodem anno, quosque computare volueris, deinde partire per xix. partem, & quicquid remanserit ex eis in manu tua, rursum ipsas multiplica per xi., ac deinde partire per xxx. partem, & quicquid remanserit de eodem computo, tota Luna erit in xi. Kal. Apr. eo anno. Si requirere volueris a Septembri in Decembrem in his iv. mensibus iii. regulares adjicies. In bissexto autem solummodo anno ii. regulares semper in mense numerabis, & pro xxx. die xxxii. annis singulis, & mens. adsumes in fine.

Si vis scire, quota Luna fuerit mense, quo volueris, ut puta anno, quo facimus Pascha xiv. Id. Apr. fuit V. G. ix. mense post illud Pascha. Computa Lunam ejus tali modo. Tolle de Septemb. i. idest pro eo uno pones de Octob. i. Mitte ii. regulares, fiunt simul iv., pone & dies mensis, qui transierunt de eo, quem computas, ut puta modo hodie quando hoc computavi xxvii., vel qualiter evenerit, mitte & adjectiones Lunae xiii., adde vii., fiunt simul dies lii. Tolle de his xxx., remanent xxii. hodie quando hoc computavi, xxii. Luna est Mensis Novembris. Tali ordine Lunae mistum omni die mensium invenire facile poteris, si sic semper computaveris.

Si vis nosse quota Luna sit Kal. Janu. scito quotus Cyclus Lunaris sit. V. G. Cyclus xv. Tene tibi i., idest ipsas Kal. Janu. adjice quinquies decies quinquies, fiunt lxxv., quos adjicies super i, & fiunt simul lxxvi. Item decies sexies quindecies faciunt xc. quos adjicies super lxxvi., & fit summa numerorum clxvi. in quibus partiris per xxx. remanent xvi. sexta decima Luna erit Kal. Janu., & punctum xvi. Illo modo per Decemnovennalem Cyclum Lunares computabiles semper, & Kal. Janu. quota sit Luna sine errore reperies. Dum autem veneris ad septimum decimum Cyclum Lunarem, & dixeris quinquies decies septies fiunt Kal. Janu., qui faciunt lxxxv. si partiris sexagesimam, & adjicies super lxxxv. ipsum i. fiunt lxxxvi. Deinde decies sexies decies septies fiunt cii., quos adjicies super lxxxvi., & fiunt clxxxix. ibi tricesimum remanent ix. nona Luna est Kal. Janu., & punctum xvii. Sic & xviii. & xix. Cyclo facies. A primo vero Cyclo Lunari usque xvi. non partire lx. partem, ne in errorem incidas.

Item aliud compendiosum nuper invenimus. Scito quotus Lunaris Cyclus sit. V. G. praesenti anno iii. multiplica hoc per xi. undecies iii. fit xxxiii. Divide per xxx. remanent iii. adde & primum diem Kal. Janu. fiunt iv. quota Luna erit in Kal. Janu. praesente anno, sicque per xix. annos Cycli Lunaris facile poteris invenire, ut scias quotus Cyclus Lunae sit absque eo dividente per xix., atque eis iterum multiplicatis per xi. iterum partiris per xxx., & ex eis quicquid remanserit addito etiam uno Kal. Janu. certa Luna erit in Kal. Janu. Hoc autem firmissime memento, ut quoties ad xx. cyclum Lunarem perveneris deinde sumas & aliud i. usque ad primum Cyclum, & absque titubatione reperies, quota Luna sit Kal. Janu.

De qua re juxta Aegyptiorum argumenta veracia talia supputationis probamur exhibuisse compendium. Ponimus in primis Epactas, idest adjectiones Lunares, quae per hanc Indictionem iv. xxiii. sunt. In his adjicimus iv. idest medietatem numeri viii. mensium, a Septembri scil. usque ad Apr. fiunt xxvii. Super hos addimus & quota die mensis Pascha contingat, idest a Kal. Maj. dies xix., & quia v. dies Aegyptii praeire noscuntur, fiunt simul xxxv., & ita xl. omnis summa colligitur. Ex his subtrahimus xxx., remanent xvi. ipse est numerus Lunae Paschalis. Hanc autem verae rationem explicimus. Deo gratias. Amen.

De annis a Principio Mundi.

LXXVII.

A principio mundi usque ad diluvium anni IICCXLII. Item a diluvio usque ad Nativitatem Abrahæ anni CCXCII. Ninum autem XLIII. Abraham regnante jam Nino eadem monumenta testantur, a cujus tempore etiam gestarum rerum publici scriptores apud barbaros esse cœperunt, anni IIIDCCLXXVIII. V. feria IX. Kal. Apr. Luna XIII. incipiente jam vespera decenter impleri, cujus sequenti die tertio millesimo scilicet anno ac sexcentesimo nonagesimo procedente mense primo VIII. Kal. Apr. Luna XIV. noctis initium Hebræos claruit agni sacrificium peregisse. Passum autem D. N. J. C. peractis * IICCXXVIII. annis ab ortu mundi, quod gestum est incolumente XXX. anno non potest dubitari VI. Feria idest VIII. Kal. Apr. crucifixus est, & sepultus. Tertia autem die, hoc est VI. Kal. Apr. Dominica resurrexit a mortuis. Per CD. & XXX. annos cum Consulibus, ac deinceps sine Consulibus per annos C. & II. futuros ut DXXXII. annorum omnis summa constat.

Item de annis a Principio Mundi.

LXXVIII.

A principio mundi usque ad diluvium anni IICCXLII. A diluvio autem usque ad Abraham anni DCCCCXLII. Ab Abraham vero usque ad egressionem filiorum Israhel ex Ægypto usque ad ædificationem templi Salomonis anni CDXXXI. Ab ædificatione ergo templi usque ad desolationem ejus, & transmigrationem in Babyloniam anni CCCIC. A transmigratione igitur Babyloniæ usque ad Passionem Domini anni DCLIX. A passione usque ad transitum S. Martini anni CCCCXLI. A transitu S. Martini usque ad transitum Chlodovei Regis anni CXII. A transitu Chlodovei usque ad transitum Theodoberti anni XXX. A transitu Theodoberti usque ad transitum Sigiberti anni XXIX. Ab initio mundi usque ad Regnum Theodorici sunt anni VDCLX.

De numero annorum ab origine Mundi usque ad adventum Domini.

LXXIX.

Anni ergo sunt ab origine mundi usque ad Nativitatem Christi, sicut in Orosio legitur, VCXCVIII. Hinc ipse dixit ab orbe condito usque ad Urbem conditam anni sunt IVCDLXXXIV. Ab orbe autem condito usque ad Nativitatem Christi anni sunt DCCXV. Colligimus ergo anni ab origine mundi usque ad adventum D. N. J. C. VCXCIX.

De annis ab origine Mundi, vel Incarnatione.

LXXX.

Ab Incarnatione autem D. N. J. C. usque ad præsentem annum, sicut in omnibus Cyclis, qui recte scripti sunt, & sicut per argumenta ostenditur, anni sunt DCCLXXXIV. Sed tamen secundum Lunam Nonagesimus cœpit annus a XVI. kal. Maj. simul autem anni sunt ab origine mundi usque in præsentem annum VCMLXXXIX. In chronicis legitur. Anni autem ab origine Mundi usque ad prædicationem D. N. J. C. quæ facta est XV. anno Tiberii Cæsaris, & usque ad Baptismum Domini, VCCXXVII. Item Orosius dicit: Sunt autem ab Adam primo homine usque ad Ninum magnum, ut dicunt, primum regem Persarum, quando natus est Abraham anni MMMCLXXIV. qui ab omnibus Historiographis vel omissi, vel ignorati sunt. A Nino autem vel Abraham usque ad Cæsarem Augustum, idest usque ad Nativitatem Christi, quæ fuit anno Imperii Cæsaris XLII. cum facta bella toto orbe cessarent, colliguntur anni II. mil XV. Fiunt simul VCXCIX. Item in Chronicis legitur secundum Eusebium, & Hieronymum, & Prosperum ab Adam usque ad * diluvium anni sunt IICCXLII. ab Abraham usque ad Moysen, & egressum Israhel ex Ægypto computantur DV. a Moyse usque ad Salomonem, & primam ædificationem Templi sunt anni CDLXXIX. A Salomone usque ad instaurationem Templi, quæ sub Dario Persarum Rege facta est colliguntur anni DXII. Porro a Dario usque ad prædicationem D. N. J. C. & usque ad XV. annum Tiberii Cæsaris Principis Romanorum explentur anni DXLVII. Omnes autem anni usque ad prædicationem D.N.J.C. VCCXXV. Isidorus autem dicit: Cessante regno ac Sacerdotio Judæorum D. N. J. C. ex Virgine nascitur anno XLII. regni Cæsaris Augusti XV. annis de regno ejus adhuc restantibus, regnavit autem annis LVI. Post illum regnavit Tiberius Cæsar XXIII. annis; XV. autem anno regni Tiberii Dominus crucifixus est, peractis annis a principio mundi VCCXXVIII. Hunc eundem numerum Victorius confirmat dicens: Passum ergo D. N. J. C. & reliqua.

In-

Incipit de mundi principio.

LXXXI.

Quomodo factus est mundus, initio creaturarum Dei &c. *Reliqua omittuntur, quod eadem infra cap. 143. habeantur.*

Item de mundi principio.

LXXXII.

Interrogatio de mundi principio, quomodo factum sit initio creaturarum Dei? in quo die? & in diebus septimanae? & in quo anno? & in quo tempore? Si in die an in nocte? & in qua hora? interrogemus. In aequinoctio autem & in die Dominico, & in communi anno secundo, & in Ogdoade, & in prima hora creatus est, & in momento oculi omnia simul creata sunt a Deo. Latini namque aequinoctium VIII. kal. Apr. facere volunt, sed hoc S. Synodus minime permisit propter illos III. dies, idest V. feriam, quando D. N. J. C. [illegible] est, & sextam feriam quando crucifixus est, & septimam feriam, quando in sepulcro quievit, quos foras limitem etiam tamen minime abjiciendos putavit, & ideo in ipso S. Concilio statutum est, ut aequinoctium ab XI. kal. Apr. computetur.

De annis ab Incarnatione Mundi.

LXXXIII.

Si vis scire, quotus sit annus ab Incarnatione Mundi, computa [illegible]. per XV., fiunt [illegible]. His semper adde XXVIII. regulares, erunt fiunt [illegible]. Illi sunt anni ab initio mundi, anni scilicet ab Incarnatione Domini [illegible]. memor esto in XV. Indictione supradictam regulam observare.

Si vis scire, quota sit Indictio, sume annos a mundi initio, ut puta [illegible]. His semper adde VII. regulares, fiunt [illegible]. Partire per XV. quindecies [illegible]. remanent [illegible]. quindecies LX. DCCC. remanent [illegible]. quindecies XX. CCL. remanent LXI., quindecies III. XL. remanent I. prima Indictio. Si nihil remanserit, decima quinta Indictio est.

Si vis scire, quotus sit annus Solaris circuli, & quot vicibus in se revolutus sit, sume annos ab initio Mundi, ut [illegible]. Partire hos per XXVIII. vicies octies CCX. [illegible]. remanent XXIV. vicesimus quartus annus est Solaris circuli.

Si vis scire concurrentes septimanae dies, tene suprascriptum numerum XXIV. tolle semper unum, remanent XXIII. Adde quartam partem, fit XXVIII. & partire per VII. partem, idest IV. septem, fit XXVIII. nihil remanet, Sabbatum est, in IX. Kal. Apr. quicquid supra VII. remanserit, tota feria erit.

De prima Luna primi mensis monstrando.

LXXXIV.

Si vis agnoscere, quomodo initium primi mensis, hoc est prima Luna invenitur: scito eodem anno quolibet, & quot Epactae sunt in Kal. Jan., & quota Luna fuerit, tot dies in Martio mense a fine retro subtrahe, & ubi deveneris, ibi initium primi mensis invenies, exceptis tribus embolismis, idest novissimo Embolismo Ogdoadis, & primo Endecadis, & novissimo. In novissimo enim Embolismo Ogdoadis initium primi mensis in Non. Apr. invenitur. In primo autem Embolismo Endecadis in IV. Non. Apr. invenitur prima Luna primi mensis. In ultimo vero Embolismo Endecadis in III. Non. Apr. initium primi mensis invenitur.

De Bissexto monstrando per Cyclum Solarem.

LXXXV.

Si vis scire de Bissexto, tene annos Solaris Cycli quotcunque fuerint in praesenti quolibet anno. V. G. XIV. anno Cycli Solaris; dimitte semper unum; remanent XIII. Partire per IV. partes. dimitte XII. quater quaterni, remanet unum; primus annus est praeparatorius Bissexti. Si nihil remanserit, Bissextus erit.

Item argumentum de concurrentibus monstrandis.

LXXXVI.

Si vis scire adjectiones Solis, idest concurrentes septimanae dies IX. Kal. Apr. sume annos ab Incarnatione Domini, quicumque fuerint. V. G. DCCCX. Hos divide per quatuor partes, & earum qui fuerint quartam partem semper adjice bissextilem diem quarto semper anno invenit. * hic addit. In C. ergo annis bissextiles dies sunt C. In CC. dies L. bissextiles. Item in CLX. annis, hoc est in duobus octogenis XL. dies. Bissexti XXVIII. annis VII. sunt. Simul autem in DCCCX. annis bissextiles dies sunt CCIV. Quod adjicit Dionysius super annos Domini, praedictis [illegible] annis ab ortu mundi eadem Chronicorum relatione monstratur. Item in Chronicis legitur. Omnes anni ab origine Mundi usque ad praedicationem D. N. J. C., quae facta est XV. anno Tiberii Caesaris, & usque ad Baptismum Domini [illegible], usque ad annum autem praesentem [illegible].

Ad sciendam praeparationem bissexti ab origine Mundi.

LXXXVII.

Si vis scire iterum, bissextilis annus quis sit, an etiam annus praeparationis bissexti: sume annos ab initio mundi usque ad praesentem annum V. G. [illegible]. Hos divide per quatuor. dimitte per quatuor millia, quia quatuor partes aequales sunt, & postea dimitte MDC. quia quadringenti sunt IV. vicibus remanent CCCLXXXIX. dimitte CCCXX. quia quatuor octugeni sunt; remanent LXIX. dimitte XL., quia quater deni sunt; remanent XXIX. dimitte XXVIII., quia quatuor septem sunt; remanet unus. Primus annus est praeparationis bissexti. Si autem duo remanent, secundus annus praeparationis bissexti. Si tres, tertius. Si autem totum numerum annorum ab origine mundi per IV. partes aequales partiri feceris, bissextilis annus erit.

De Concurrentibus monstrandis per annos ab origine Mundi.

LXXXVIII.

Si vis scire, quot concurrentes sint in unoquoque anno praesenti, sume annos ab initio Mundi V. G. [illegible]. Hos divide per IV. partes hoc est MCCXCVII. quatuor vicibus; & quartam partem, quam partitus fueris, hoc est MCCXCVII. mitte super [illegible]. sunt simul [illegible]. Hos divide per VII. partes, quia diem septimanae quaeris; dimitte VII., quia septem partes aequales sunt, hoc est MVII., remanent [illegible]. dimitte VII. vicenos, remanent XVI. dimitte XIIII. quia II. septem sunt, remanent III. Tres concurrentes sunt anno praesenti, sicque per alios annos hoc argumento concurrentes invenies, totum numerum annorum ab initio mundi usque in praesentem annum colliges, & quartam partem superaddendo per VII. divides. quantus numerus remanserit, tot concurrentes erunt in praesenti quolibet anno. Si autem totum numerum per VII. partitus fueris, VII. concurrentes erunt in illo anno, & IX. Kal. Apr. sabbato erunt in illo anno.

De divisionibus temporum.

LXXXIX.

Divisiones temporum XVII. sunt. Idest Atomus, momentum, minutum, punctum, hora, quadrans, dies, hebdomada, mensis, tempus, annus, cyclus, vicissitudo uniformis, seculum, aetas, Mundus. Atomus autem Graecum est, quod interpretatur indivisibilis, nam atomus apud Graecos indivisum, vel indivisibile interpretatur. Omne enim quod in mundo est sive corporale, seu incorporale, quod dividi, ac partiri non potest, atomus est. Sicut ait Isidorus: Atomos Philosophi dicunt quasdam partes in mundo minutissimas, ut visui non pateant, nec sectionem recipiant. Hae itaque feruntur sicut minutissimi pulveres, qui effusi per tenebras Solis radiis videntur. Atomorum genera quinque sunt, idest atomus in re, atomus in corpore, atomus in oratione, atomus in numero, atomus in tempore. In re sicuti praediximus pulveres. In corpore veluti cum partiris quamlibet partem lapidis in mille particulas, millesima pars quae partiri, vel dividi non potest, atomus in corpore dicitur, idest individuus. Atomus in oratione, sicuti oratio in verba, in partes, in syllabas dividitur, ita syllaba in literas, litera autem dividi, vel solvi non potest, ideoque atomus a Latinis Philosophis dicta est. Atomus in numero sicut solvitur millies in mille, mille in centum, centum in XX. XX. in X. X. in V. V. in II. II. in unum, unum vero quod dividi, aut solvi

non

non potest, atomus in numero dicitur. Atomus in tempore, sicut solvitur seculum in aetates, aetas in annos, annus in menses, mensis in Hebdomadas, hebdomada in dies, dies in quadrantes, quadrans in horas, hora in punctos, punctus in minuta, minutum in momenta, momentum in atomos XVI. XVI. pars, quae dividi non potest, atomus dicitur, idest indivisibilis. Sed de hac Philosophi mundum factum esse dicunt.

Item de Atomis in primo momento.

XC.

Si vis scire, quot atomi sint in uno momento, divide unum momentum in XII. partes, & unamquamque partem in XLVII., quia XLVII. pars XII. partes momenti atomus est in tempore XLVII. duodecies multiplicati fiunt DLXIV. tot atomi sunt in uno momento. Momenta autem sunt in uno die CDLXXX.

Si vis scire, quot atomi sunt in una hora, duc DLXIV. quadragies, fiunt XXII.DLXIV. Item si scire volueris, quot atomi sunt in uno die naturali, qui habet XXIV. horas, multiplica supradictum numerum atomorum unius horae, qui sunt XXII.DLXIV. Hos ergo multiplica vicies quater XXIV., fiunt simul DXLI.CDXL. Tot atomi sunt in uno die. Tu autem Lector ignoscas, quia haec calculandi & litterulo * dealbus.

De horis in anno quot sunt.

XCI.

Si vis scire, quot horae sunt in anno, multiplica vicies quater CCCLXV. CCCLX. quater multiplicati fiunt VII.CC. Item LX. vicies quater ducti MCDXL. fiunt. Simul autem & praedictos numeros VIII.DCXL. fiunt. Item V. vicies quater, vel XXIV. quinquies ducti CXX. fiunt. hos mitte supra numerum supradictum, fiunt simul VIII.DCCLX. Tot horae sunt in anno. Propterea autem CCCLXV. vicies quater multiplicari diximus, quia XXIV. horae sunt in uno die naturali, idest inter diem & noctem. Per hunc ergo numerum horarum unius diei naturalis, hoc est XXIV. omnes dies totius anni, qui sunt CCCLXV. multiplicati vel XXIV. vicies trecenties sexagies quinquies VIII.DCCLX. horas efficiunt. In bissextili autem anno VIII.DCCLXXXIV. horae sunt.

Item de horis & momentis quot sunt in primo anno.

XCII.

Primus anni in VII. dividitur partes, & VII. partes LII. dies, & noctes, & VII. XII. dies, & noctes CCLXXXVIII. horae. alii XII. dies & noctes similiter CCLXXXVIII. horae. Junge duo. Summa facit DLXXVI. horas LII. LII. LII. Adde alios XX. dies & noctes, faciunt MCCLII. supra IV. LII. LII. LII. dies & noctes LX. LVI. faciunt. Et sic in ista prima parte M. in CIL. LIII. invenies, & in secunda similiter, & in tertia eodem numero, & in CCCLX. quarta aequali, & quinta aequali simili, & in sexta non impari, & in septima in quinque dies quoque numerabis eumdem numerum, & superfluus dies, & nox, & quadrans XXVII. horas horas habet, & totus numerus horarum, dierum & noctium anni septies supputatus VIII.DCCLXIII. horae. Momentorum numerus dierum, ac noctium anni incipit hora XL. momenta habet. IV. horae CLX. Junge. Summa facit CDLXXX. momenta. Nox similiter XII. & facit eumdem numerum CDLXXX. Junge diem, & noctem CMLX. XXV. dies, & noctes XXIV. momentorum. Alii XXV. dies & noctes XXIV. momentorum. Nullus ambigat. Summa L. dierum, & noctium XLVIII. M. duos dies, & noctes, qui reliqui sunt. MM. si adjiciantur duae horae, idest LXXX. momenta duobus ipsis diebus de LIII. die, & de eodem supradicto die superfiunt CCCLXXX. momenta, & pars secunda, idest LII. dies & noctes. L., & adjiciuntur duae horae de eodem die supradicto, & superfiunt die illo a CCC. momenta. Et tertia pars similiter L., & adjiciuntur duae horae de supradicto, superfiunt a CCXX. momenta. Et quarta simili modo L. & duae horae adjiciuntur de eodem die, & superfiunt a CXL. momenta. Et quinta pars pari modo L., & duae horae adjiciuntur de eodem die, & superfiunt a LX. momenta. Et sexta pars aequaliter L., & duae horae adjiciuntur de eodem die, & superfiunt a CDLXXX. Et VII. pars similiter L. momenta, & duae horae adjiciuntur de eodem die singulis partibus, ut supra, & superfiunt CD. momenta, & quadrans supputatur, idest III. horae, & facit CXX. momenta, & ut breviter dicam: Annus CCCLXV. dies, & quadrans habet horas VIII.DCCLXIII. momenta habet XXI. & XX.

De

De Punctis in anno.

XCIII.

Si nosse desideras, quot puncti sunt in anno, duc quater illum numerum horarum, quem diximus, hoc est VIIIDCCLX. Si ergo VIII. per IV. multiplicati fuerint, XXXII. fiunt. DCC. autem quater ducti IIDCCC. fiunt. Simul autem XXXIIDCCC. fiunt. Item LX. quater multiplicati, CCXL. fiunt. Mitte simul ad supradictum numerum, fiunt XXXVXL. Tot puncti sunt in anno. Ideo autem diximus numerum horarum totius anni, hoc est VIIIDCCLX. per IV. multiplicari, quia IV. puncti unam horam in Sole perficiunt. In anno autem bissextili puncti sunt XXXVCXXXVI.

De minutis in anno.

XCIV.

Si vis scire, quot minuta sunt in anno, multiplicabis numerum supradictorum punctorum, idest XXXVXL., qui multiplicati bis, fiunt LXXLXXX. Adde dimidiam partem punctorum supradictorum, hoc est XVIIDXX. simul autem fiunt LXXXVII DCC. Tot minuta sunt in anno. In bissextili autem anno minuta sunt LXXXVIIIDCCCXL. Id autem totum numerum punctorum bis multiplicari diximus, & dimidiam partem addi, quia duo minuta, & dimidium unum punctum faciunt.

De momentis in anno.

XCV.

Si vis scire, quot momenta sunt in anno, multiplica quater supradictum numerum minutorum, hoc est LXXXVIIDCC. qui numerus quater ductus CCCL.DCCC. facit. Tot momenta sunt in anno. In bissextili autem anno sunt mom. CCCLIDXL. Ideo autem numerum minutorum per IV. vices multiplicari diximus, quia IV. momenta unum minutum efficiunt.

Item de Momentis.

XCVI.

Momentum minimum atque angustissimum tempus a motu siderum dictum. est enim extremitas horæ in brevibus intervallis, cum Sol aliquid sibi cedit, atque succedit. Item momentum quasi motum mentis est; scit enim mens nostra mutatam esse creaturam. Tunc enim mutatur mens in scientia mutatæ creaturæ. Momentorum genera VI. sunt. In Sole, idest de eo quod Sol * hora orbis sui superiore ostendit, quousque inferiora * horam ibidem potuerit. Idest dum se totum * momenta erit motu temporis, qui ibidem esse videtur certus dictus Solis est in cælo. In mente momentum dicimus, cum per aliquid offendiculum, seu quodlibet detrimentum mens humana mutatur. Nam postquam protoplastus noster patrato delicto vidit omnia elementa ex vi peccati mutasse virtutem, tunc repente propter detrimentum creaturæ mens ejus de sublimi culmine Beatitudinis, & incorrupta levitate tramite in mortalem mœstitiam mutata est. Et inde primum momentum dicimus, & motum scilicet mentis. In tempore momentum dicitur, cum tempus a serenitate in nubilum, a tranquillitate in tempestatem mutatur. Momentum in cælo cum sphæra superior cæli ab occasu ad ortum convertitur, vel mutatur. Momentum dicitur in volucri, dum qualibet avis quantocumque tempore quietis pennis volitans duxerit usque dum alas concitans mutaverit tempus, quod in hac transigitur, aut Gallus cum plausu alarum præsagio horam indicat, atque dum in cantu vocis duxerit moram temporis in medio positam. Momentum in homine dicitur, cum quislibet obtutum immotis palpebris suspenderit; ac momentum in oculo dicitur, de quo Philosophi dicunt, quia facta sunt omnia in momento, vel ictu oculi. In voce * commutatur de cantu; in cantu momentum dicitur, quod est unus passus. Est præterea momentum magnum, quod est motus cæli ab Occasu in meridiem. Momentum majus motus superioris sphæræ ab occasu in orientem, quod est spatium XII. horarum. Momentum maximum cæli per duas Hemisphærias motus naturalis ab oriente in orientem, aut ab occasu in occasum, quod tenet spatium XXIV. horarum, & ab aliis amplum momentum nuncupatur. Sophonias Propheta minutum ex minutis elementis dicitur, cujus visus tactusque acuitur. Iterum: minutum velut minus momentum, quia minus numerant id, quod majus implet. Punctum pungendo aciem oculorum dictum, tunc enim post hyemem, & brumalis frigoris caliginem adjunctis X. momentis ab acie Solis de luminis gratia oculos obtusos transactis frigoris nebulis acies Solaris, quasi pungere, seu rutilare humanos visus videtur, & inde illud

spatium

spatium temporis punctum nominatur. Aliter Isidorus dicit: Punctum opus illorum, qui horologia faciunt, nam in hoc xii. Lunarum punctum: de hac hora est finis temporis. Sic oræ sunt fines Maris, fluviorum, vestimentorumque, sed ora scienda pro O, hora dierum per H scribendum. Item hora dicta est quasi ora, eo quod temporis articulos diei. Oram autem maris, & oras vestimentorum dicimus. Hoc nomen Græcum est, quod Latine dicitur species vel pulchritudo, filiæ enim Jovis x. horæ apud Homerum dictæ sunt, idest x. pulchritudines.

De Quadrante.

XCVII.

Quadrans dicitur eo quod quartam partem unciæ appendit. Apud enim Geometras quarta pars uniuscujusque rei quadrans dicebatur. Quarta pars diei dicitur. Item in Scripturis divinis quarta pars actus humani quadrans dicitur; actus enim hominis quatuor modis probatur consistere, sive in bono, sive in malo. Idem opere, consensu, & cogitatione. Ut in Evangelio legitur: *Non exies inde, donec reddas novissimum quadrantem*, idest ultimam culpæ cogitationem. Et quadrans temporis dicitur quarta pars anni, sicut legitur de Antichristo tribus annis, & duobus quadrantibus decepturum esse mundum, & infideles gentibus tribus annis, & sex mensibus. Item Theophilus dicit: *Quadrans dictus est a quadrata figura, quæ in sua soliditate consistit*. Sublata enim quarta parte cujuslibet rei, trium figura remanet. De quo apertius dicit: *Quadrans dicitur, eo quod quartam partem diei suspendit, quem Hebræi quadrantem, Græci dodrantem, Latini quadrantem vocant*. Quadrans sine N scribi deberet, sicut gigas non gigans, ita quadras non quadrans; lex enim literarum est * in genetivo a nominativo crescat amplius literis, vel syllabis. Hieronymus dicit: *Non ut imperiti gigans gigantis, sed ut gigas plur* * *gigantes, ita & quadras quadrantis*.

De Septimanis in toto anni Circulo.

XCVIII.

Si vis scire, quot Septimanæ sunt in anno, duc quater xii. fiunt xlviii. Tot septimanæ sunt in xii. mensibus, idest iv. septimanæ uniuscujusque mensis, illi autem residui dies, qui supersunt, idest a quatuor trigenis, & xxiii.* a viii. mensibus, qui xxxi. dies habent, simul fiunt xxix. hoc est quatuor septimanæ, & unus dies. Quandocumque autem bissextus fuerit, tunc annus habet lii. septimanas, & dies ii.

De Concurrentibus Solis per totum annum.

XCIX.

Si vis scire a die datarum per totum annum V. G. ix. Kal. Apr. ubi discurrunt Concurrentes Solis quali feria erunt in centesimo anno, sic investigare debes. Qualiscumque feria fuerit in ix. Kal. Apr. in præsenti anno, computa vi. dies septimanæ sequentes illam feriam, & ille sextus dies qui tibi occurrerit, scies eumdem futurum esse in illo die datarum centesimo anno. V. G. isto anno præsenti ix. Kal. Apr. tertia feria fuit. Sume vi. dies sequentes, idest quartam, quintam, sextam, septimam, primam, & secundam feriam, hæcque ipsa secunda feria sex dies occurrit post tertiam feriam in illa secunda feria erunt ix. Kal. Apr. centesimo anno, quia qualiscumque feria fuerit in quolibet die datarum in præsenti anno supra diximus ix. Kal. Apr. iii. concurrentes, quia iii. feria fuit ix. Kal. Apr. anno præsenti; sic erit post xxviii. annos iii. feria erit viii. Kal. Apr., idest iii. concurrentes. Sed post lvi. annos vii. incipiente iii. feria erunt ix. Kal. Apr. Et ita post lxxxiv. quinto anno incipiente iii. feria erit, & iii. concurrentes, idest primus annus post rationis bissexti. Remanent tibi xvi. anni de eorumdem annis. Curre ergo per ordinem recurrentium, idest iv. v. vi. cum bis. i. ii. iii. v. cum bis. vi. vii. i. ii. cum bis. iv. v. vi. i. cum bis. secunda feria erit ille centesimus annus. In illo erunt viii. Kal. Apr. idest ii. concurrentes centesimo anno. Sic & alios dies quoslibet datarum per totum annum investigare debes, quali feria erunt usque ad centesimum annum. Qualiscumque enim tibi feria præsens erit in illa feria præcedenti hoc est heri. V. G. ut in sexto die septimanæ, quæ sequitur, eadem feria erit. In eodem die datarum erit in centesimo anno, & in qualicumque ordine fuerit illa feria in illo anno concurrentes, idest * sive cum bis. sive primus, aut secundus, vel tertius annus post bissextum in illo ipso ordine erit illa feria, aut concurrentes in centesimo anno.

De

De partibus Lunaribus in XI. Kal. Apr.

C.

Si nosse desideras partes Lunares a praesenti qualibet die usque ad c. annum, ita observare debes. Qualiscumque Epacta fuerit in praesenti qualibet die datarum per totum annum V. G. xi. Kal. Apr. xx. Epacta fuerit anno praesenti. Collige xi. undecies Epactas per v. annos sequentes, quae sunt lv. Si autem saltus fuerit, erunt lvi. Mitte simul & Epactam praesentis anni, idest xx. fiunt lxxv. Dimitte lx. remanent xv. Decima quinta Epacta erit in v. anno post praesentem annum haec etiam Epacta erit, & in anno centesimo, quae qualiscumque Epacta fuerit in praesenti qualibet anno V. G. sicut diximus xi. Kal. Apr. xx. eadem erit, & in anno vigesimo, idest vigesima Epacta, & ita in trigesimo octavo anno xx. erit, & in septuagesimo sexto anno xx. erit, & in xcv. anno xx. erit. Remanent tibi v. anni de c. Curre per ordinem Epactarum prima xii. xxiii. iv. xv. hacque in centesimo anno xv. Epacta erit, sicut etiam diximus. In quinto anno futuro xv. erit, hoc est quartum. Fiunt ergo simul dccclxxxvi. His ergo adde iii. Regulares, quia in anno Incarnationis Christi viii. Kal. Apr. iv. Feria fuerunt. Quatuor ergo additis ad supradictum numerum fiunt dcccxc. Hos divide per vii. dimitte dcc. centies septeni sunt. Remanent cxc. dimitte ccxiv. viceni sunt, hoc est bis vii. viceni, qui habent xlvii. remanent x. dimitte septenos, remanent iii. Tres concurrentes sunt anno praesente ix. Kal. Apr. tertia feria fuerunt. Hoc argumento etiam ostenditur, quota feria sit in Kal. Jan. in unoquoque anno praesente, uno tantum regulari dimisso, sicut bonus Sanctus Primicerius ostendit.

De Concurrentibus monstrandis.

CI.

Si vis scire Concurrentes septimanae dies in ix. Kal. Apr. scies quotus annus sit Cycli Solaris V. G. xiv. adde semper quartam partem, hoc est modo iii. fiunt simul xvii. divide per vii. dimitte xiv., quia bis septeni sunt, remanent iii. tres concurrentes fuerunt in ix. Kal. Apr. idest iii. Feria anno praesente. Sicque per alios annos facies, quicumque fuerint, divide per iv. partes, & quartam partem adjicies V. G. Quinto anno Cycli post iv. addes unum. Nono anno post viii. addas ii. xiii. anno post xii. addas iii. post xvi. addas iv. post xx. addas v. post xxiv. addas vi. post xxviii. addas vii. Et sic invenies concurrentes praesentis cujuslibet anni. Iste ergo Cyclus Solaris habet annos xxviii. in se, idest iv. septenos, vel vii. quaternos, quia non potest consummari, priusquam bissextus, qui quarto anno redire solet, cunctos septimanae dies circumeat, & contingat, idest Dominicam vi. feriam, iv. feriam, ii. feriam, vii. feriam, v. feriam, iii. feriam; hoc enim ordine circumeunt, & percurrunt omnes septimanae dies, utrique unaquaeque anni dies suos concurrentes habet, qui concurrentes adfixi sunt in ix. Kal. Apr. videlicet ut propriae festivitatis Paschalis xiv. Lunae quota sit feria produnt, & dicunt Epactarum, ac per has & Paschalis diei inventionem planam faciunt iter. Dionysius de concurrentibus dicit: *Concurrentium autem Hebdomadarum ratio, quae de Solis cursu superveniunt septeno annorum circulo quater ducto jugi circuitu terminatur.* In quo per annos singulos idest i. unum addere, & concurrentes praecedentis anni curabis. In eo tantummodo anno, idest iv., in quo bissextus fuerit duos adjicias. Istas ergo Epactas Solis, idest concurrentes septimanarum dies ix. Kal. Apr. Doctores ponunt, quia secundum traditionem divinae Auctoritatis, vel Sancti Nicaeni Concilii sidera Coeli Solem, & Lunam, in ea datarum die a Domino creata, & in Coelo posita ad officium humani generis esse adscribunt.

Item de Concurrentibus.

CII.

Si vis scire subito, quot Concurrentes sint eodem anno, ad feriam curre. Invent Kal. Apr. quota feria sit, & ubi Kal. inveneris, statim retro invenis ix. Kal. Apr. Et in quota Feria ix. Kal. Apr. inveneris V. G. in Feria i. ii. iii. iv. v. vi. vel vii. quia plus non crescunt, talem habebis concurrentem, quia Graeci Epactam Solis, idest concurrentes septimanae dies, qui de Solis cursu perveniunt, ix. Kl. Apr. ponunt. Quia secundum traditionem Divinae auctoritatis, vel Sancti Nicaeni Concilii sidera Coeli, idest Solem & Lunam, & Stellas in eo datarum a Domino creata, vel in Coelo posita ad officium humani generis esse adscribunt.

Ad

Ad Feriam monstrandam in Kal. Janu.

CIII.

Si vis scire diem Kal. Jan. per singulos annos, quota sit feria, sume annos ab Incarnatione D. N. J. C. ut puta modo DCCCX. subtrahe semper unum, remanent DCCCIX. hos partire per IV. partes, & quartam partem, quam partitus es, adjice, sive est CCII. fiunt simul MXI. hos partire per VII. partem, dimitte DCC. sit septies centum, remanent CCCXI. dimitte CCLXXX. septies XL. sunt, remanent XXXI. dimitte XXVIII. quater septies sunt, remanent III. Tertia feria fuerit Kal. Janu. anno praesente.

De Cyclo Solari, & Lunari per digitos demonstrando.

CIV.

Quidam ad compendium calculandi utriusque ordinem circuli, Solaris videlicet, & Lunaris, transferunt in articulos. Nam quia manus humana articulos habet XIX. adjunctis unguibus singulis artubus, & unguibus singulos aptantes annos Lunarem cursum per XIX. annos. In laeva manu intrinsecus radice pollicis incipimus, & in ungue minimi digiti, hoc est auricularis intrinsecus eundem Cyclum Lunarem consummant. Et quia manus binae articulos habent XXVIII. intrinsecus autem exceptis unguibus his singulis artubus singulos annos aptant in quantas * a minimo digito laevae manus hoc est summo articulo articularis, quasi prima feria cum bissexto, & in sinistro pollice hoc est a summo articulo in VI. feria Cyclum Solarem complentes, & terminantes, non ut in Lunae cyclo singulos exordio * ne digitos expedientes in numerum, sed propter rationem quadriennis per quaternos intrantes versum digitos quadriennium omne signantes, ita ut minimorum digitorum, hoc est auricularium bis terni articuli, idest VI. ad eosdem annos bissextiles deputentur. Item proximorum digitorum a minimis bis terni articuli ante hos est VI. * primus annus praeparationis bissexti in utraque manu demonstrat. Similiter secundi digiti a minimis ambabus manibus per VI. articulos VI. seu annos praeparationis bissexti ostendunt; & tertii digiti a minimis utriusque manus III. ann. VI. praeparationis bissexti per VI. articulos utriusque digiti demonstrat. Porro septimus bissextilis annus cum tribus annis sequentibus his binos articulos duorum pollicibus tenent. In hoc ergo ordine calculator bissextiles XII. annos per XXVIII. percurrens invenit, incipiens bissextum in prima feria a minimo digito in summo articulo auricularis, & sic dicit prima feria cum bissexto. In secundo articulo minimi digiti VI. feria cum bissexto; In tertio articulo IV. feria cum bissexto. Deinde in dextera manu in summo articulo minimi digiti dicit secunda feria cum bissexto. In secundo articulo VII. feria cum bissexto. In tertio articulo hoc est in radice minimi digiti V. feria cum bissexto. Deinde in radice pollicis dextrae dicit III. feria cum bissexto. Hucusque de concurrentibus.

De Principiis quatuor temporum.

CV.

Si vis scire, qua die septimanae intrant quatuor tempora, hoc est Ver, Aestas, Autumnus, & Hyems, fac principium a Kal. Maji, quacumque enim feria fuerint Kal. Maji, sequenti die septimanae intrant Kal. Aug., hoc est principium Autumni tertio die Kal. Hyemis, quarta die principium Veris, hoc est Kal. Febr., nec bissextus mutat hanc rationem.

Item Sisebutus de Eclipsibus Solis & Lunae dicit.

CIV.

Sisebutus dicit:

Quur fesso Luna * languescit circulus orbe
Purpureumque jubar nivei quur tabeat horis
Infima viciniis novum quam decolor umbris
Fratre * caret vacuumque exsanguis deficit hora.
Inviolatum * erit sed vasto corpore tellus
Quae medium tenet imo polum dum calculus fratrem
Deseris umbriferis noctibus dum sidere caelo
Pollucis terrae umbra rotae dum transfert agens
Acre velox cumulo spectaculique refanti
Fraternas reparet per caelum libera flammas.
Quur autem solis spolietur lumine Luna

Nil vero mirum est, quippe illam lucis egentem
Lux aliena fovet, quam cum pars proxima metae
Invisit, expectat radios mole caerula fratris.
Ad (1) choram Astrorum reliquas non tangitur umbris,
Et proprium cunctis jubar est, nec Sole rubescunt,
Sed procul alta Solem rapitur cum vertice coeli.
Jam quae monstravi non semper pallent orbe.
Inlicas praestant illico jam tramite, cursus
Namque vagans errore rato caro devia cortas
Tum legis astrictus, metam sol eminet exit
Intorquetque peplum noctis, rediatque sororem.
Haec eadem ratio est fulmen ubi tangitur umbris
Angusti Solis rutilum jubar indiga lucis,
Quando inter terram & Solem tota corporis albi
Lunam erat fratrem rectus urgeret.

Argumentum ad Epactas Solis in Kal. XII. Mensium.

CVII.

Si vis scire uniuscujusque anni in quo die sit septimana in Kal. per totam septimanam, ita invenies, hoc est per illos dies VII. Primos Mart. Mensis usque ad Non. Mart., quia qualicumque feria fuerint Kal. Mart., in illa erunt Kal. Novembr., & qualicumque die septimanae fuerint VI. Non. Mart. in illo ipso die erunt Kal. Jun., & Kal. Febr. Et in quali feria fuerint V. Non. Mart. in ipsa erunt Kal. Febr. & Decembr. In quacumque feria fuerint IV. Non. Mart. in illa erunt Kal. Apr. & Kal. Jul. Item III. Non. Mart. Kal. Octob. Prid. Non. Mart. Kal. Maji, & Kal. Junii. Non. Mart. Kal. Aug. in eadem feria sunt.

De duodecim Signis Coeli, quae currunt in Zodiaco circulo, qui circulus signifer dicitur, hoc est sideralis cursus.

CVIII.

Zodiacus cursus idest siderius, vel sideralis, & signifer dicitur, eo quod XII. signa inferre videtur. Undique enim gyrum coeli rotunditatem per lineam Zodiaci circuli, quasi perfoneam amplissimae spirae circumdatam distincto ordine per numerum XII. sese invicem contingentium ab Oriente usque in Occidentem, ita obliquatus, & coloratus. Haec ergo Zona, quae Zodiacus, & sideralis dicitur, & Mazaroth, & horam totum cingit coelum XII. stellis distincta, per quam Sol & Luna discurrunt. Et sunt tantae magnitudinis, ut non minus quam duabus horis singula signa oriri, vel occidere, vel de loco moveri possint. Totum vero ambitum Zodiaci Sol CCCLXV. diebus, & VI. horis peragit. Luna autem XXVII. diebus, & VIII. horis eadem XII. signa pervolat, binis vero diebus, & VI. horis, ac besse unius horae unumquodque signum percurrit. Haec autem signa XII., per quae Sol & Luna currunt, ita vocantur: Aries, Taurus, Gemini, Cancer, Leo, Virgo, Libra, Scorpio, Sagittarius, Capricornus, Aquarius, Pisces. In unoquoque signo ex his Sol moratur XXX. diebus, & X. horis, & dimidia hora. Luna autem duobus diebus, & XI. horis unumquodque signum percurrit. Et haec XII. signa cum firmamento currunt linea obliqua conclusa circulo ab Oriente in Occidentem, & ab Occidente in Orientem semel in die & nocte per XXIV. horas. Sol autem & Luna, & Stella Saturni, stella Jovis, stella Martis, stella Veneris, stella Mercurii contra firmamentum currunt, sed festinato cursu firmamenti trahit ea secum retro, unde retro gradiuntur. Et haec causa est inaequalitatis dierum, & noctium in longitudine & brevitate obliquitas signiferi per quem Sol & Luna currunt, cujus pars supra mundi super, subterque terras omnibus fiat momentis. Inde Isidorus dicit: *Sol enim obliquo limite pergit ad Boream, & ita ad Orientem revertitur.*

De causis quibus nomina ceperunt XII. signa.

CIX.

Signa XII. vel a causis nominibus, vel a Gentilium fabulis nomina sumpserunt. Nam Arietem Martio Mensi propter Ammonem Jovem tribuunt, qui ut fabula fert, in illo Mense Libero patri cum suo exercitu in India in arenosis locis, ubi aquam non habebant, & illis sitien-

(1) Forte: *At Chorus Astrorum.*

fulminibus Jupiter ostensus est in forma arietis, & ostendit illis fontem. Propterea in ejus simulacro Arietis cornua finxerunt. Item Eusebius in Chronico ait: *Fertur cum Helle sorore sua fugiens insidias novercales visus est per mare vehi ab Ariete velleris aurei*. Fuit autem navis parata ei fugienti, cujus insigne aries erat. Taurum Aprili tribuunt propter eumdem Jovem, eo quod in bovem conversus sit, ut fabulae ferunt. Geminos, idest Castorem, & Pollucem, quibus Majum propter insignes virtutes eorum assignarunt. Porro Cancrum Junio assignarunt, eo quod Sol in illo Mense ad inferiora revertitur, sicut Cancer impulsus retro cursum dirigere solet. Leonem, quem occidit Hercules, Julio propter nimium fervorem assignant. Virginem Augusto, eo quod tunc tellus cunctis caloribus nihil pariat. Libra Septembri ob aequalitatem diei, & noctis. Scorpium & Sagittarium equinis quibus formatum propter fulmina [illegible] Octobrem, & Novembrem accipiunt, Capricornum December sortitur propter capram Jovis nutricem, cujus extrema pisci similis pinguntur, eo quod horum mensis ultima spatia sunt pluvida. Aquarium Januario, & Februario Pisces tradunt propter menses illos imbriferos. Unumquodque ergo signum de his XII. annis a medio die Mensis semper incipit, hoc est XV. Kal. cujusque mensis exceptis duobus mensibus Januar. & Febr., quia XVI. Kal. Febr. Sol intrat Aquarium & XIV. Kal. Mart. ingreditur Pisces. In aliis autem X. signis Sol intrat principium uniuscujusque signi XV. Kal. Primum signum Arietis oritur incipit medio Martio, idest a XV. Kal. Apr. Secundum Tauri incipit XV. Kal. Maj. Tertium Geminorum XV. Kal. Jun. Quartum Cancri XV. Kal. Julias, Quintum Leonis incipit XV. Kal. Aug. Sextum signum Virginis incipit XV. Kal. Septemb. Septimum signum incipit Librae XV. Kal. Octob. Octavum signum Scorpio XV. Kal. incipit. Nonum signum Sagittarius XV. Kal. Decemb. incipit. Decimum signum Capri XV. Kal. Januar. incipiunt. Undecimum signum Aquarii incipit XVI. Kal. Febr. Duodecimum signum Piscium incipit XIV. Kal. Mart. Decem horae & semis, quae plus sunt in signis singulis, computari negliguntur, sed tamen computari, & memorari debent. Triginta enim diebus, & X. horis & semis hoc est XX. momentis Sol in unoquoque Signo moratur. Singulis signis XXX. partes, trinae vero decades deputantur, & singula signa X. punctos habent, idest duas horas V. Enim puncti in [illegible] horam faciunt. Singuli igitur menses sua signa habent. Aprilis signum Arietis, Majus Tauri, Junius Geminorum, Julius Cancri, Augustus Leonis, September Virginis, October Librae, November Scorpionis, December Sagittarii, Januarius Capricorni, Februarius Aquarii, Martius Piscium, sicut quidam veterum etiam versibus explicavit.

De cursu Solis, & Lunae, idest in quo signo currit Sol, & in quo signo Luna.

CX.

Si vis scire, in quo signo Luna est, & quot signa, quot partes sunt inter Solem & Lunam in unoquoque die, sume Lunam, quam volueris, ut puta primam. Multiplica unum per IV. fiunt IV. In IV. ergo punctis Luna prima semper a Sole distat. Duc quater ter, fiunt XII. Duodecim ergo partibus hoc est XII. diebus Luna prima semper a Sole elongatur. Propterea autem quaecumque Luna fuerit per IV. multiplicatur, quia IV. punctis semper crescit splendor Lunae recedendo a Sole, & IV. punctis splendor Lunae decrescit semper omni die post plenilunium appropinquando ad Solem usque ad accensionem: & punctis semper Luna crescens omni die elongatur a Sole usque ad plenilunium. Sic etiam Luna decrescens IV. punctis omni die appropinquat ad Solem. Propterea, sicut diximus, quaecumque Luna fuerit per IV. multiplicatur. Et ideo postea ille numerus quaternarius quicumque fuerit ter ducitur, quia tres partes sunt in unoquoque puncto, & ita in IV. punctis ter ductis XII. partes sunt. Aut eo amplius, hoc est XIII. partibus. Quod enim Luna currit in unoquoque die per IV. punctos illud spatium coeli, & temporis, non potest Sol currere minus, quam XII. vel XIII. partibus hoc est diebus. Item Luna secunda multiplica II. quater, fiunt VIII. Tot puncti sunt inter Solem & Lunam, hoc est una hora, & III. puncti. Quando Luna secunda est, duc VIII. ter, fiunt XXIV. Tot partes sunt inter Solem & Lunam, quando secunda est. Item tertia Luna multiplica ter quater: XII. fiunt. Duc ter, fiunt XXXVI. Uno ergo signo & VI. partibus Luna III. elongatur a Sole. Sic Luna IV. multiplica, XVI. fiunt. Duc ter, fiunt XLVIII. Uno signo, & XVIII. partibus Luna quarta elongatur a Sole. Item Luna V. multiplica quinquies quater, fiunt XX. Tot puncti sunt inter Solem, & Lunam, quando Luna quinta est, hoc est duo signa integra. X. enim puncti in Luna, hoc est duae horae unum signum faciunt: XX. autem puncti duo signa complent. Si autem ter duxeris LX. fiunt, hoc est bis XXX., qui faciunt duo signa. Triginta enim partes unum signum faciunt. Item Luna VI. si vis scire, quantum a Sole distet, multiplica VI. quater, fiunt XXIV. Has partire per decies, bis deni sunt, hoc est duo signa, remanent IV.

Multiplica ter, fiunt lxxii. Duobus ergo signis, & xii. partibus Luna vi. semper a Sole distat. Item Luna septima multiplica vii. quater, fiunt xxviii. Duc ter, fiunt lxxxiv. Duobus signis, & xxiv. parte tertii signi Luna a Sole elongatur. Item Luna viii. multiplica viii. quater, fiunt xxxii. His ductis ter fiunt xcvi. tribus signis, & vi. partibus Luna viii. elongatur a Sole. Sic Luna nona si volueris scire quantum distet a Sole, multiplica ix. quatuor vices, fiunt xxxvi. Duc ter, fiunt cviii. tribus signis, & xviii. partibus Luna nona a Sole elongatur. Item Luna x. multiplica x. quater, xl. fiunt xl. puncta, hoc est viii. horis Luna decima elongatur a Sole. v. ergo puncta, idest duæ horæ unam signum faciunt. Et xl. puncta, hoc est xiv. iv. signa complent. Et ita Luna x. iv. signis semper a Sole distat. Luna ergo xv. si vis scire, quantum a Sole distet, & quot signa sunt inter Solem, & Lunam, quando plenilunium est, multiplica xv. per iv. vices, fiunt lx. Tot puncta sunt in Luna xv., & tot punctis lucet, hoc est xii. horis, & tot punctis, & tot horis distat Luna decimaquinta, hoc est vi. signis; si enim lx. per decem partitus fuerit, hoc est per signa integra, quia x. puncta semper signum faciunt. Sexaginta ergo sexies deni sunt, hoc est vi. signa. Item lx. ter multiplicati fiunt ter sexageni, hoc est vi. triceni, qui perficiunt vi. signa. Sex ergo signis semper, idest dimidio sphæræ cælestis Luna xv. a Sole distermitur. Denique orbem Lunæ, quoties plenissimus est, contra Solem certis oppositum, humiliorem videlicet Sole sublimi, & sublimem Lunam Sole humili. Sole æstivum tenente circulum, hoc est per frata solstitii æstivi plena Luna tenet hyemalem circulum, hoc est confinia hyemalis solstitii. Sole autem & declinante in brumalem circulum, Lunam plenam solstitiali circulo scandere nox longissima prodit. Cum Sol autem æquinoctium tenet, in plenilunio eiusdem æquinoctium Luna servat. Sol æquinoctii transgressus longitudinem noctis superat Luna per plenilunium totam noctem in æquinoctio, & post æquinoctium saltem, idest totum spatium, quod Sol per diem percurrens inlustravit, similiter Luna tota nocte peragrando illuminat. Hucusque de Luna crescente diximus per quot puncta, horas, partes, & signa elongatur a Sole usque ad plenilunium. Nunc etiam videamus, quomodo Luna decrescens adpropinquat ad Solem omni die. Æquali numero punctorum, & horarum, & partium, & signorum usque ad accensionem in xxx. die. Sicut ergo Luna crescens iv. punctis omni die elongatur a Sole, sic etiam Luna decrescens iv. punctis omni die adpropinquat ad Solem. Et quantum xv. Luna distat a Sole recedendo, idest v. signis, & xviii. partibus, hoc spatio Luna xvi. distat a Sole adpropinquando, hoc est v. signis, xviii. partibus. Et quantum Luna xiii. elongatur a Sole recedendo, idest v. signis, & vi. partibus interpositis. Et sicut Luna xii. quatuor mensibus & xxiv. partibus elongatur a Sole, hoc numero interposito Luna xviii. adpropinquat ad Solem. Et sic de singulis usque ad Lunam xxx.

Argumentum de cursu Solis per XII. signa.

CXI.

Si scire volueris, in quo signo, vel in qua parte signi est Luna, & quot partes, vel quot menses sunt inter Solem, & Lunam, in omni die sume Lunam præsentem, quamcumque volueris, & multiplica duodecies, quia xii. partibus Luna omni die elongatur a Sole, & quotus numerus de illa multiplicatione fuerit, tot partes, idest dies, vel signa sunt inter Solem, & Lunam. Si autem tredecies Lunam quamlibet multiplicaveris, quotus numerus fuerit, tot partes vel menses erunt inter illum locum, in quo Luna accensa fuerit, & illam partem cæli, ubi Luna currit præsens. Illam ergo partem cæli, quam prima Luna die videlicet complens percurrit, sic Luna xi., ubi currit, ibi xxiv. dies Sol perveniet, & ita investigandum est per cetera.

De Septem Sideribus erraticis.

CXII.

Inter cælum terramque septem sidera pendent certis discreta spatiis, quæ vocantur Sol, & Luna, Stella Saturni, Stella Jovis, Stella Martis, Stella Veneris, Stella Mercurii. Hæc autem vii. sidera erratica dicuntur contrarium * mundum agentia cursum, idest lævo illo semper ip dextera percipiet, quamvis assidua conversatione in cursu celeritate adstringantur ab eo, rapiantur que in occasum, adverso tamen ire motu per suos quæque passus adversentur nunc inferius, nunc superius propter obliquitatem. Signiferi vagantur; radiis autem Solis præpedita, anomala, vel retrograda, vel stationaria fiunt. Sermonem Planetarum, idest erraticum siderum. Saturni sidus est natura gelidum. Inde Augustinus dicit: *Stella Saturni circulum suum XXX. annorum spatio implet, quæ pro aquarum vicinitate frigida esse fertur*. xxx. annis Signiferum peragit. Hæc ergo stella in septimo cælo posita esse dicitur.

VII. cælos cœli esse dicuntur. Inde enim Isidorus dicit, *Philosophi mundi VII. cælos globorum consono motu introduxerunt*. In sexto cœlo stella Jovis esse dicitur, quæ alio nomine vocatur stella Phaetontis, mitiora temperans, annis XII. cursum suum peragit. In V. circulo stella Martis currere dicitur, quæ Vesper vocatur natura fervida, annis duobus cursum suum peragere videtur, totum vero circulum Zodiacum XV. peragit annis. In quarto cœlo Sol medius Planetarum, currit CCCLXV. diebus, & quadrante cursum suum peragens, sed tamen post XXVIII. annos perfecte in eumdem circulum revertitur. In tertio cœlo stella Veneris infra Solem discurrens, quæ Lucifer dicitur, ut * aliodem CCCXVIII. diebus cursum suum perficiens. Totum autem circulum novem annis implere dicitur. In secundo cœlo Mercurii sidus currere dicitur CCCXL. diebus minore ambitu modo ante Solis exortum, modo post occasum splendens. In primo circulo Luna percurrere dicitur XXVIII. diebus, & XII. horis, ut alii autem dicunt XXVII. diebus, & tertia parte diei, hoc est VIII. horis [illegible] pervolat. Post XIX. autem annos completos in eumdem circulum revertitur.

De velocitate cursus Lunæ.

CXIII.

Luna velocior est motu, quam Sol, unde & breviore orbe celerius peragit cursum suum; nam iter, quod in diebus CCCLXV. & quadrante Sol peragit, Luna currit per XXX. dies; Unde & antiqui menses in Lunæ annos, non in Solis cursu posuerunt. Crescens autem Luna Orientem cornibus petit, decrescens Occidentem; & merito, quia cadens, & amissura est lumen.

De ascensu Solis, & descensu per totum annum, quomodo crescit in unoquoque die, vel quomodo decrescit.

CXIV.

Quot dies sunt in ascensione Solis, & descensione, ut sit æqua divisio inter lucem, & tenebras, hoc est inter ascensum Solis, & descensum? Si hoc scire volueris, ita investigandum est. A XII. Kal. Jan. dies incipit crescere usque in XI. Kal. Jul. hoc est per duo [illegible] & duos dies, idest per VI. menses, qui habent dies CLXXXII. Per hos ergo sex menses, & dimidium diem naturalem, hoc est XII. horas crescit lux, & dies, & decrescit nox, & tenebræ in omni die per II. momenta, & dimidium, & tertiam partem momenti, hoc est duas tertias momenti. Et ita per XV. dies, & paulo amplius hora crescit. Per XXX. autem dies duæ horæ crescunt, sed tamen non sunt illæ duæ horæ integræ adhuc usque dum perveniat ad octo horas diei de mense sequente. In duobus autem mensibus IV. horæ crescunt in Sole in augmento diei, sed tamen illæ IV. horæ non sunt plenæ usque ad XVI. horam diei de Mense tertio. Et ita in tribus mensibus tricenis, & in uno die addito, hoc est per XCI. dies sex horæ crescunt. Tot dies sunt a XII. Kal. Jan. usque ad XII. Kal. Apr., hoc est XII. horis in die, & XII. in nocte, æqualem numerum horarum, & momentorum, quæ CDLXXX., & totidem in die quot in nocte. In VI. horis autem crescentibus momenta sunt CCXL. Item ab XI. kal. Apr. usque ad XII. kal. Jul. III. menses sunt, qui habent dies XCI. & sic crescit Sol in unoquoque die per duo momenta, & duas tertias momenti. Per XV. autem dies una hora crescit, sed tamen paulo amplius, quia usque ad IV. horas XV. diei non est illa hora integra. Et sic in uno Mense XXX. dierum duæ horæ crescunt. In duobus mensibus IV. horæ, & ita in tribus mensibus, hoc est ab Æquinoctio vernali, usque ad Solstitium, idest ab XI. kal. Apr. usque ad XI. kal. Jul. per XCI. dies aliæ sex horæ crescunt, sic enim Anatolius Alexandrinus Laodiciæ civitatis Episcopus demonstrat dicens. *Per XV. dies Sole ascendente per duo momenta, & dimidium, & sextam partem momenti, hora diminuitur de tenebris, hoc est de nocte, & crescit in lumine, hoc est in die.* Et sic crescunt XII. horæ, hoc est CDLXXX. momenta a XII. kal. Jan. usque in XI. kal. Jul., & tunc sunt XVIII. horæ in die solstitiali æstivo, hoc est III. partes diei naturalis, qui habet XXIV. horas in se, & quarta pars illius diei naturalis sit in nocte solstitiali, hoc est sex horæ simili modo, & simili numero dierum, hoc est nonageni bini, & duodeni per VI. menses, & dimidium diei naturalis, idest XII. horas per duo momenta, & duas tertias momenti in unoquoque die decrescit lux, & crescunt tenebræ, & nox ab XI. kal. Jul. usque in XII. kal. Jan. usque ad Solstitium hyemale simili numero horarum, & momentorum, & dierum sicut lux sic decrescit, & crescunt tenebræ hora per XV. dies duæ horæ, per XXX. horæ IV. per duos menses, hoc est per XL. dies sex horæ. Per III. menses hoc est a Solstitio æstivo ab XI. kal. Jul. usque ad Solstitium hyemale, & ad XII. Kal. Jan. secundum Græcos XII. horæ crescunt in tenebris, & duæ diminuuntur per dies CLXXXII., hoc est per momenta CDLXXX. Et tunc ha-

benbatur in illa nocte solstitiali hyemali xviii. horæ, hoc est tres partes diei naturalis, & quarta pars in die illo solstitiali, nempe vi. horæ. Hucusque de ascensu, & descensu Solis sit dictum, sapientiori majora relinquendo.

De Eclipsi Lunari, & Solari Plinius, & Hieronymus.

CXV.

Plinius Secundus in opere pulcherrimo naturalis Historiæ ita descripsit: *Certum Solis defectum non nisi novissima vel prima Luna fieri, quod vocant coitum. Lunæ autem non nisi plena pati eclipsim; omnibus autem annis fieri utriusque sideris defectus sub terra, nec tamen cum superne fiunt ubique cerni, aliquando propter nubila, sæpius globo terræ obstante, & convexitatibus Mundi.* Item Hieronymus: *Deliquium Solis, idest defectus ejus, æstatisque temporibus accidere solet, nunquam nisi orta Luna fieri solet.*

Lacteus circulus est via candida, quæ in sphæra videtur a candore dicta, quia alba est, quam aliqui viam esse dicunt, qua circuit Sol * splendoris ipsius transitu, ita Lunam.

Sol dum igneus sit, præ nimio motu conversionis suæ amplius incalescit, cujus ignem dicunt Philosophi aqua nutriri, & e contrario elemento virtutem luminis, & caloris accipere.

De variis nominibus Solis per varias linguas.

CXVI.

Quem se in Hebræo Sema simpliciter. Ælios in Græco, Phitath cum Philosophis, Titan cum Caldæis, Sol cum Latinis de soliditate luminis, vel eo quod Solus appareat obscuratis sideribus cunctis ejus potentibus.

Argumenta de initio Quadragesimæ, & de clausula Paschæ, & de Rogationibus, & Pentecoste.

CXVII.

Si volueris scire, quota Luna sit initium Quadragesimæ in Rogationibus, scias quota Luna fuerit in Pascha in unoquoque anno. De illa Epacta præsenti in Pascha subtrahe xii., sic erit Luna initii Quadragesimæ. Item adde vii. super illum numerum, quam in Pascha præsenti habueris, sic erit Luna in Rogationibus. Item hoc scias, quia qualis Luna fuerit in clausula Paschæ in unoquoque anno, talis erit in Rogationibus. Quando enim xv. Luna in Pascha fuerit tunc xxii. Luna in clausula Paschæ, sic etiam xxii. erit in Rogationibus. Sic per vii. mutatur Luna in clausula Paschæ, & in Rogationibus, idest a xxii. usque ad xxviii. Item quando xv. Luna in Pascha fuerit, tunc erit xxv. in Ascensione Domini, & quando xxi. Luna in Pascha invenitur, tunc prima Luna erit in Ascensione Domini a xxv. Luna usque ad xxxi. Et quandocumque xv. Luna fuerit in Pascha, tunc erit v. in Pentecoste, & quando xxi. in Pascha, tunc erit xi. Luna in Pentecoste. Hæ enim sunt vii. mutationes Lunæ servandæ in Pentecoste a v. Luna usque ad xi. Et quando xv. Luna in Pascha invenitur, tunc viii. Luna in Dominica Palmarum est, & quando xxi. Luna in illa die Palmarum ante Pascha, & hæ sunt vii. mutationes Lunæ die illius, idest ab viii. Luna usque ad xi.

Argumenta de Cyclo magno decemnovennali, & Lunari & de Cyclo magno demonstrandis per annos ab origine Mundi.

CXVIII.

Si vis scire, quotus sit annus Cycli Solaris, qui xxviii. annis peractis in se revertitur xxix. anno incipiente; quod si volueris scire, quotus annus Cycli sit, immo etiam quotus annus sit Cycli Magni, qui DXXXIII. anno incipiente in semetipsum revertitur, tot quot anni sunt ab origine Mundi, & quot Cycli Solares, & decemnovennales, & quot saltus, & bissextiles dies, & quot Cycli magni, computa undecies DXXXII. D. ergo anni undecies multiplicati fiunt V. Item xxx. undecies multiplicati fiunt cccxxx., simul autem & prædictus numerus VCCCXXX. Item III. undecies multiplicati XXXIII. qui additi super numerum prædictum fiunt simul VCCCLXIII. In xi. ergo Cyclis magnis tot anni sunt, idest VCCCLXIII., remanent CCXV. De numero annorum ab initio Mundi. Centesimus igitur vigesimus sextus annus nunc agitur duodecimi magni Cycli. Hos ergo omnes annos divides per Cyclos Solares, & decemnovennales, ut scias, quot Cycli Solares sint, & quot decemnovennales ab origine Mundi, & quotus annus sit in præsenti anno Cycli Solaris, & Cycli decemnovennalis. In uno ergo Cyclo magno, quem dicunt in se reverti DXXXII. anno incipiente Solares Cy-

cli

cli sunt xix. Decemnovennales cccxxviii. Si enim xxviii. decies & novies multiplicaveris, vel xix. per xxviii. dxxxii. efficimus. Et si in xi. Cyclis magnis ccix. Solares Cycli sunt; nam [illegible] undecies multiplicati fiunt cx. & cix. undecies, vel undeno ducti xcviiii. sunt, simul autem ccix. Item in xi. magnis Cyclis Decemnovennales sunt ccxviii. xx. enim undecies multiplicati ccxx. sunt, & viii. undecies, vel xi. octies ducti lxxxviii. faciunt. Simul vero cccviii. in quibus sunt anni vdcclxiii. Item in annis cxxvi., qui supersunt iv. Cycli Solares continentur. xx. enim quater ducti sunt lxxx., & viii. quater multiplicati sunt xxxii. sunt simul autem cxii. Adde istos iv. Cyclos Solares super alios supradictos ccix., fiunt ccxiii. Tot Cycli Solares integri ab initio Mundi, in quibus anni continentur vdlxxv. remanent xiv. Quartus decimus annus est Cycli Solaris. Item in cxxvi. annis, qui remanent super xi. Cyclos magnos per xix. divisi vi. decemnovennales sunt. Si enim de cxx. tolle vi. sex decemnovennales fecisti, & illi vi., quos tulisti, & alii vi., qui super cxx. fuerant, fiunt simul xii. Duodecimus annus est Cycli decemnovennalis. Qui annus communis incipit a xvi. kal. Maj. usque in prid. Non. Apr. dies habens cccliv. Illos ergo vi. decemnovennales, quos fecisti de cxx. mitte super cccviii. supradictos, fiunt cccxiv., tot Cycli decemnovennales sunt integri ab initio Mundi, in quibus sunt anni vdcccclxxvi., remanent xii. Duodecimus annus est Cycli decemnovennalis, sicut diximus.

De numero Cyclorum, & quot dies bissextiles, & quot saltus ab origine Mundi.

CXIX.

Quot ergo Cyclos decemnovennales habes ab origine Mundi, cccxiv. tot saltus sunt; idest cccxiv. Bissextiles autem dies sunt [illegible]xxvii., in quibus continentur anni iv., & dies xxxvii.

Incipit Cyclus Decemnovennalis, quem Græci Enneacaidecaeterida vocant.

CXX.

Constitutus a Sanctis Patribus, in quo xiv. Paschales omni tempore sine ulla reperies falsitate: tantum memineris annis singulis, qui Cyclus Lunæ, & qui decemnovennalis existat. In præsenti namque tertia Indictione est Consulatu Probi junioris tertius decimus Circulus decemnovennalis, x. Lunaris est. Fuit.

Hic autem Cyclus Dionysii v. decemnovennalis constat, hoc est xcv. annis, sumitque exordium a dxxxii. anno Incarnationis Domini, & desinit in dcxxvi. annos. Hunc ergo Cyclum prætermisimus, quia præteriit totus.

Incipit Præfatio Sancti Felicis Abbatis Cyrillitani.

CXXI.

Olympiade cxciv. mediante, idest xlii. anno Imperii Octaviani Augusti natus est Dominus N. J. C. in carne. A nativitate ergo Domini usque in Olympiadem [illegible] usque in primum annum Diocletiani sunt anni cclxxxiv. Et a primo anno Diocletiani usque in primum Cyclum Dionysii invenies annos ccxlviii. sunt quippe simul anni dxxxii. Ab hoc & Dionysius annos dxxxii. in primo suo Cyclo ab Incarnatione Domini. Nam hic Cyclus S. Cyrilli in ccxlvii. finivit. Adde i., quem inchoat Dionysius, & invenies annos ccxlviii., sicut supradictum est. Finit.

Incipit Prologus Sancti Chyllitani. Iterum Servus Felicis incipit de Dionysio, & de semetipso in Christi nomine.

CXXII.

Dionysius quondam Urbis Romæ Sanctissimus Abbas utriusque linguæ Græcæ scilicet & Latinæ eleganti scientia præditus Paschalium laterculum rationem decemnovennales numero v. sagaci ingenio anteriores composuit Cyclos, exordium scilicet faciens ab Incarnatione D.N.J.C. dxxxii. ann. Indictione x. usque ad dcxxvi. Incarnationis annum indict. xiv. memoratorum Cyclorum serie continuata produxit. Et quoniam memorati viri quinarius nunc peragitur Cyclus, ad cujus supplementum x. adhuc supersunt anni ad * nostram providet parvitas alios subsequentes Cyclos decemnovennales numero v. ad tutius superiorum Cyclorum rationali dispositione componere, initium facientes a dcxxvii. Incarnationis anno Indict. xv. usque ad dcxxvi. Incarnat. annum Indict. iv. certum præfinitum * est posituros terminum. Quapropter monemus Lectorem, ut, dum præfati, & venerabilis Dionysii quinarius expletus fuerit, ad nostros noscis subsequentes Cyclos, et dixisses v. transitum facias, & absque ulla erroris caligine dies festos Paschales, vel Lunas per ordinem fide ratione reperies.

Expliciunt Christiani V. Cycli Decemnovennales praeteriti, ut quod omnes praeterierunt.

Anno xix. iv. Luna i. a kal. Jan. usque ad xiii. kal. Jan. quia communis est, dies ccliv.

Anno xix. v. Luna xi. a xii. kal. Jan. usque in v. Id. Decemb. quia communis est annus, dies cccliv.

Anno xix. vi. Luna iii. a iv. Id. Decemb. usque in v. kal. Jan. quia Embolismus est, dies ccclxxxiv.

Anno xix. vii. Luna xv. a iv. Kal. Jan. usque in xvii. kal. Jan., quia communis est, dies cccliv.

Anno xix. viii. Luna v. a xv. kal. Jan. usque in viii. Id. Decemb. quia communis annus est, dies cccliv.

Anno xix. ix. Luna vi. a vii. Id. Decemb. usque in viii. kal. Jan. quia Embolismalis est, dies ccclxxxiv.

Anno xix. x. Luna vii. a vii. kal. Jan. usque in viii. kal. Jan. quia communis est, dies cccliv.

Anno xix. xi. Luna viii. a xviii. kal. Jan. usque in iv. Non. Jan., quia Embolismus est, dies ccclxxxiv. Ogdoas.

Anno xix. xii. Luna ix. a iii. Non. Jan. usque in xi. Kal. Jan., quia communis annus est, dies cccliv.

Anno xix. xiii. Luna x. ab xi. kal. Jan. usque in iii. Id. Decemb., quia communis est, dies cccliv.

Anno xix. xiv. Luna xi. a prid. Id. Decemb. usque in iii. kal. Jan., quia Embolismus est, dies ccclxxxiv.

Anno xix. xv. Luna xii. a prid. kal. Jan. usque in xiv. kal. Jan., quia communis annus est, dies cccliv.

Anno xix. xvi. Luna xiii. a xiii. kal. Jan. usque in vi. Id. Decemb. quia communis est, dies cccliv.

Anno xix. xvii. Luna xiv. a v. Id. Decemb. usque in vi. kal. Jan., quia Embolismus est, dies ccclxxxiv.

Anno xix. xviii. Luna xv. a v. kal. Jan. usque in xvii. kal. Jan. quia communis est, dies cccliv.

Anno xix. xix. Luna xvi. a xvi. kal. Jan. usque in Non. Decemb., quia communis annus est, dies cccliv.

Anno xix. i. Luna xvii. a Nonis Decemb. usque in x. kal. Jan., quia Embolismus est, dies ccclxxxiv.

Anno xix. ii. Luna xviii. a ix. kal. Jan. usque in prid. Id. Decemb. quia communis annus est, dies cccliv.

Anno xix. iii. Luna xix. ab Id. Decemb. usque in prid. kal. Jan., quia Embolismus est, dies ccclxxxiv.

Idcirco autem xvii. Luna anno computus ab ipso, quo prior explicitus est annus die incipit, & non a sequente, ut caeterorum, ac propter saltum Lunae, quem dicunt, unum eidem anno dies x. videatur, quia ipsum Dionysius Decemnovennalem Cyclum hujusmodi voluit percurrens edocuit ab eodem die, quo ultimi conclusi anni ætas priori inchoando principium.

Mensis Lunaris habet dies xxix., & dimidium, hoc est xii. horas, sed illam medietatem de altero mense auctores conjungunt, & faciunt unum diem, & propterea dicitur unum mensem Luna xxix. Lunae habere, & alterum xxx.

De concordia mensium.

CXXIII.

Januarius autem cum Decembrio in lunarem mensuram concordat. Februarius cum Novembrio spatium aequale consummat. Martius consentit cum Octobrio, Aprilis aequat Septembrem. Majus respondet Augusto. Junius compar est Julio.

De

De Cyclo Libri Romanorum incipit, qui inventus est apud Romanos XXX. anno ante Nativitatem Christi.

CXXIV.

Quinto Cycli Decemnovennalis regione Lunaris Cyclus includitur a quarto hujus anno incipiens, & in tertio ejusdem anno completur. Hic autem proprie Romanorum est, & ad mensem Januarium pertinens, nam sicut annum Decemnovennalis Cycli propter legalem Hebraeorum observationem a Paschali mense inchoat, ibidemque finitur, ita & hic Romanorum institutione a Luna Januarii mensis inchoat, atque ibi definit. Sicut ille, sic & iste primum & secundum annum habet communes, tertium habet Embolimaeum, quartum & quintum communes, sextum Embolimaeum, septimum communem, octavum Embolimaeum. Huc usque Ogdoas. Endecas quoque Cycli Lunaris instar Decemnovennalis Cycli vii. annos communes habet, & iv. Embolismales, & habet communis annus menses Lunares xii., idest dies cccliv. Embolimaeus autem annus habet xiii. menses, videlicet dies ccclxxxiv. praeter annum dumtaxat xvii. annum Cycli hujus, qui est Decemnovennalis primus, in quo annus de ratione saltus Lunae intercipitur. Quae ut manifestius clara fiant, singulorum annorum ordinem, & cursum videamus, & quae Dionysius in mense Paschali, nos in Januario facere curamus.

Annus Solaris incipit a Kal. Janu., & habet dies ccclxv. Annus communis habet dies cccliv. Annus autem Embolimaeus habet dies ccclxxxiv., & menses xiii.

Anno Decemnovennali, i. Luna xvii a xv. Kal. Majas usque ad Non. Apr. quia communis est, dies cccliv.

Anno xix. ii. Luna xxviii. a prid. Non. Apr. usque in viii. Kal. Apr. quia communis annus est, dies cccliv.

Anno xix. iii. Luna xix. ab vii. Kal. Apr. usque in Id. Apr. quia Embolimaeus est, dies ccclxxxiv.

Anno xix. iv. Luna i. a prid. Id. Apr. usque in iv. Non. Apr., quia communis annus est, dies cccliv.

Anno xix. v. Luna xi. a Kal. Apr. usque in xi. Kal. Apr. quia communis annus est, dies cccliv.

Anno xix. vi. Luna xii. a x. Kal. Apr. usque in iv. Id. Apr. quia Embolimaeus annus est, dies ccclxxxiv.

Anno xix. vii. Luna iv. a v. Id. Apr. usque in iii. Kal. Apr. quia communis est, dies cccliv.

Anno xix. viii. Luna v. a prid. Kal. Apr. usque in xiv. Kal. Maji quia Embolimaeus est, dies ccclxxxiv. Ogdoas.

Anno xix. ix. Luna vi. a xv. Kal. Maj. usque in vii. Id. Apr. quia communis annus est, dies cccliv.

Anno xix. x. Luna vii. a viii. Id. Apr. usque in vi. Kal. Apr. quia communis est, dies cccliv.

Anno xix. xi. Luna viii. a v. Kal. Apr. usque in xvii. Kal. Majas, quia Embolimaeus est, dies ccclxxxiv.

Anno xix. xii. Luna ix. a vi. Kal. Majas, usque in iv. Non. Apr., quia communis annus est, dies cccliv.

Anno xix. xiii. Luna x. a Non. Apr. usque in ix. kal. Apr. quia communis annus est, dies cccliv.

Anno xix. xiv. Luna xi. ab viii. kal. Apr. usque in prid. Id. Apr., quia Embolimaeus est, dies ccclxxxiv.

Anno xix. xv. Luna xii. a iii. Id. Apr. usque in kal. Apr. quia communis est, dies cccliv.

Anno xix. xvi. Luna xiii. a iv. Non. Apr. usque in xii. kal. Apr., quia communis annus est, dies cccliv.

Anno xix. xvii. Luna xiv. ab xiv. Kal. Apr. usque in v. Id. Apr., quia Embolimaeus est, dies ccclxxxiv.

Anno xix. xviii. Luna xv. a iv. Id. Apr. usque in iv. Kal. Apr. quia communis est, dies cccliv.

Anno xix. xix. Luna xvi. a iii. Kal. Apr. usque in xv. Kal. Majas, quia Embolimaeus est, dies ccclxxxiv. Endecas.

Quot sunt menses qui habent xxxi. dies? vii. hoc est, Janu. Mart. Maj. Jul. Aug. Octob. Decemb. Item iv. menses, qui habent dies xxx. hoc est Apr. Jun. Septemb. & Novemb. Februarium autem xxviii. Cur per omnes menses, ut unusquisque xxx. dies habeat, [illegible] v. dies intercalare [illegible] Cyclus augmentum, ubi opus fuerit. Hoc autem facto, quia si [illegible] fuerit, [illegible] error est.

De ætate Lunæ si quis computare non potest.

CXXV.

Quod si adeo quisquam deses, vel hebes sit, ut absque omni labore computandi Lunæ cursum scire voluerit, intuetur Alphabetis, quæ in hujus annali videlicet libello juxta cursum distincta Lunarem, ubi cum Lunæ circuitus, idest quinquagenos, & novenos dies terna tenet Alphabeta. Et quamcumque literam Luna in hac ætate semel habet, eamdem per totum annum simili modo mutatam in eadem semper ætate habere non desinit, nisi forte (quod tamen raro accidit) Embolismorum hæc ratio immutet. V. G. anno tertio cycli decemnovennalis Luna quæ xxx. dies habitura est, semper ab A nodo incipit, secunda est in B, tertia in C similiter modo, idest nullo penitus alterante. Et sic ex ordine suæ literæ quamque reserva gratem Lunæ. Item Luna, quæ eosdem xxx. dies habitura est ab I subnotato incipiens, secunda semper in M, tertia est in N simili figura, & sic ex ordine recurrens Lunam sub unicuique literæ restituit ætatem. Descendendi enim gratia primum de ternis Alphabetum nodis utrisque literis secundam submoveris, seriem semper ætatis determinandam providit Antiquitus.

Item de Lunæ cursu si quis ignorat.

CXXVI.

Si quis vero etiam calculandi minus idoneum Lunaris circuitus exstitit curiosus, & huic ad commoditatem ingenioli sui commodiorem argumentum, ut omnes inveniat. Siquidem totam annalis circuitus seriem, quæ xii. mensibus continetur, Alphabetis dictavimus, ita damnata, ut primi & secundi ordo vicenos septenos dies, tertius autem uno amplius complectatur, illo videlicet, qui de tertio repetitis octo horis superstitis adcrescit, & ut duo, quos signare volebamus, literæ sufficerent, non singulis bis duobus adposuimus, atque ideo non ultra O Alphabetum tangere opus erat. Praeposuimus eidem operi paginam regularem, quæ decem & novem Alphabeta hujusmodi a diversis literis inchoantia totidem annorum circuli Decemnovennalis caperet simul & mensium singulorum, signorumque vocabula duodecim, quæ hæc ordine disposita est. Juxta numerum dierum, quibus Luna Zodiacum perficiet xxvii. lineas habet in longitudine nominibus singulorum [illegible] vero mensium retro adnotatis, ut qui signorum imperitus est, ex mensium [illegible] possit invenire quod quærit. Decem vero & novem habet in latitudine lineas, quæ [illegible] Decemnovennalis circuli superscripto adnotato annorum ex numero præmonstret. Cum [illegible] quolibet diem quemlibet in quo signo, vel cujus mensis in partibus Lunam habet, [illegible] videris aperto, literam q.* idem ut proposita die, recurres ad regularem paginam, in qua literarum est distincta congeries, eodemque si tum anno ex titulo frontis invenio illam, quam quærebas, literam ejusdem diei invenies, atque ante, ac retro incipiens quod signum, quemve mensem e regione habet adnotabis. Ponimus aliquod, quo ad certum Lector convalescat exemplum. Quæris, ubi sit Luna V. G. in Kal. Apr. anno sexto circuli Decemnovennalis. Aperi Codicem, quære diem Kalendarum memoratarum, invenies E literam præscriptam. Recurre ad paginam regularem, videbis annum sextum, perfectis ejus Alphabetis E literam reperies. Circumfer oculos ad latera, hinc Geminorum extrema, illinc Junii mensis initia deprehendes esse notata, & sive eruditus, sive simplex es Lector, palam te cuncta capiebis, intellexisse Lunam in supernotato illo anno quibuscumque diebus E literam videris, adscriptam sive crescentem, sive decrescentem in hisdem cœli partibus Lunam noveris esse conversatam.

Incipit Epistola de Ratione Lunæ primo anno Embolismi Ogdoad.

CXXVII.

In primo igitur anno Embolismo, hoc est in Ogdoade* tertia sunt Epactæ xxii. & ideo est Luna in Kal. Septembr. & Octobr. xxvii. In Kal. Novembr. & Decembr. xxix. Ipsa autem Luna, quæ est xxix. in Kal. Decemb.* expingit illic, sua Luna est. Illa vero Luna quæ in quarto Non. Decemb. incipit, & terminatur xix. (?). Kal. Jan. Embolismi est. Quæ autem in Kal. Jan. & prima Luna, ipsius est, quam & ipsam tricesimam terminare debeat. Ecce invenisti Lunam in primo anno Embolismo in Kal. Jan. primam.

Item de secundo anno Embolismæ Ogdoad.

CXXVIII.

Item de secundo anno Embolismo idest Ogdoadis vi. Sunt autem in ipso anno Epactæ xxv. Luna vero in kal. Septemb. xxx. extinguit illic, quia Luna ipsius est. Illa enim Luna, quæ initiatur prima iv. Non. Septemb., & finitur xxx. kal. Octob. Embolismalis est. Et illa, quæ incipit prima vi. Non. Octob. & iii. kal. Novemb. finitur xxix. Luna Octobris est. In kal. vero Novemb. & Decemb. fit Luna ii. in kal. Janu. iv., sicut ordo est.

Item de tertio anno Embolismæ Ogdoadis.

CXXIX.

Item de tertio anno Embolismo, sunt autem in ultimo Embolismo Ogdoadis Epactæ xvii. Luna vero in kal. Septemb. & Octob. xxii. in kal. Novemb. & Decemb. xxiv. in kal. Mart. xxvi. in kal. Apr. & Maji xxvii. in kal. Jun. & Jul. xxix. in kal. Aug. i. in kal. Septemb. iii. Quare facis unam ætatem Lunæ in kal. Apr. & in kal. Maj., quia rationem sic in calculo requiritur; ideo quippe quia Luna, quæ xxvii. est in kal. Apr. in iv. Non. Apr. xxviii. iii. Non. Apr. xxix. Prid. Non. Apr. xxx. Embolismalis est, extinguit illic. Et illa quæ initiatur Non. Apr. ipsa est Paschalis, & evenit xiv. xiv. kal. Maji, & terminatur xxix. v. Non. Maji, Luna Aprilis est. Illa vero quæ est prima iv. Non. Maji, & finitur xxx. iv. Non. Jun., Luna Maji est; Luna enim, quæ initiatur prima iii. Non. Jun. finiturque xxix. kal. Jul. Luna Junii est. Luna namque quæ incipit vi. Non. Jul., terminaturque xxx. prid. kal. Aug., Luna Julii est. Posset autem fieri Luna in kal. Aug. prima in kal. Septemb. iii., sicut ordo habet. Nam si non fecisses unam ætatem Lunæ in kal. Apr., & in kal. Maji, & si non fuisset Luna Embolismalis, quæ finitur xxx. in Apr., sed xxix. evenisset tibi in ipso anno in termino Paschali, quod est xiv. kal. Maji, non xiv. sed xv., & fuisset error in Pascha, seu in ætatibus Lunæ.

Item de primo anno Embolismæ in Endecade.

CXXX.

In primo igitur anno Embol[illegible] sunt Epactæ xx. & idcirco est Luna in kal. Septemb. & Octob. xxv. in kal[illegible] Decemb. xxvii. in kal. Janu. xxix. in kal. Febr. prima. in kal. Mart. xx[illegible] Mart. xxx. Luna Martii est. Illa autem Luna, quæ v. Non. Mart. incipit, [illegible] xxx. in kal. Apr. Embolismalis est. Illa vero quæ iv. Non. Apr. initiatur prima, ipsius Luna est, extinguit xxix. prid. Kal. Maji: Et Luna quæ in kal. Maji evenit prima, ipsius Luna est. Cæteræ vero ordinem suum sequuntur.

Item de secundo anno Embolismæ Endecadis.

CXXXI.

In ipso autem anno sunt Epactæ xxiii. Luna enim in Kal. Septemb. & Octob. xxviii. in Kal. Novemb. & Decemb. xxx. Illa autem Luna, quæ in Kal. Novemb. xxx. terminatur, Luna ipsius est Novemb. Et illa quæ in Kal. Decemb. xxx. finitur Embolismæa. Quæ vero prima iv. Non. Decemb. inchoat, finitque xxix. iii. Kal. Jan., ipsa est Decemb. in Kal. Janu. ii., & in kal. Febr. iii. Cæteræ autem ordinem suum sequuntur.

Item de tertio anno Embolismæ Endecadis.

CXXXII.

Sunt autem in ipso anno Epactæ xxvi. Nullatenus tamen Lunam Embolismalem per ipsas Epactas reperies, nisi ad Epactam anni communis superioris reverteris. Nam anno communi præterito fuerunt Epactæ xv. Ideo autem Luna in Kal. Aug. xxix., ibique terminatur quia Luna ipsius est. Illa vero, quæ iv. Non. Aug. inchoat, finiturque xxx. prid. Kal. Septemb. Embolismalis est. In Kal. igitur Septemb., & Octob. per Epact. xxvi. fit Luna prima. Cæteræ vero deinceps ordinem suum sequuntur.

Item de IV. anno Embolismo Endecadis.

CXXXIII.

Sunt namque Epactæ in ultimo Embolismo Endecadis xviii. In Kal. autem Septemb. & Octob. Luna xxiii. In Kal. Novemb. & Decemb. xxv. In Kal. Jan. xxvii. In Kal. Febr. xxviii. in kal. Mart. xxvii. In Kal. Apr. & Maji xxviii. in Kal. Jun. xxx. In Kal. Jul. prima. In kal. Aug. ii. in Kal. Septemb. v. Ideo namque facimus unam ætatem Lunæ in kal. Apr. & in kal. Maji, quia Luna, quæ in Kal. Apr. est xxviii. iv. Non. Apr. xxix. iii. Non. Apr. xxx. Embolismalis est. Illa enim Luna, quæ prid. Non. Apr. initiatur prima, & extenditur usque in vi. Non. Maji xxix. Luna Aprilis est. Ipsa enim Paschalis, & evenit xiv. xv. kal. Maji. Et nisi ita fecisses, evenisset tibi in termino Paschali Luna xv., & fuisset error in Pascha, sive in ætatibus Lunæ. Luna vero, quæ initiatur prima v. Non. Maji, & finitur xxx. in kal. Jun. Luna Maji est. Illa vero quæ in Kal. Jul. est prima attingit iii. kal. August. xxx. Luna Julii est. Illa autem Luna, quæ in Kal. Augusti est ii. jam ordinem suum tenet; terminatur enim xxix. v. kal. Septemb. Ideo namque evenit Luna prima iv. kal. Septemb., & iii. kal. Septemb. ii. prid. kal. Septemb. iii. in kal. vero Septemb. non iv. *secundum* computum, sed v. propter saltum.

De cursu Lunæ per XII. signa in anno.

CCXXXIV.

Aries.	AKE.	NHC.	MGB.	KEO.	DMG.	BLF.	Martius.
Taurus.	B	OID.		LFA.	NH.	C.	Aprilis.
Gemini.	CLF.	AKE.	NHC.	MGB.	EOI.	DMG.	Majus.
Cancer.	DMG.	BLF.	A•ID.	NHC.	FAR.	ENH.	Junius.
Leo.	ENH.	CMG.	BKE.	OID.	GBL.	FA•I.	Julius.
Virgo.	FA•I.	DNH.	CLF.	AKE.	HCM.	CBK.	Augustus.
Libra.	GBK.	EOI.	DMG.	BLF.	IDN.	HCL.	September.
Scorpius.	HCL.	FAK.	EMH.	CMG.	KEO.	IDM.	October.
Sagittarius.	IDM.	GBL.	F•AI.	DNH.	LFA.	KEN.	November.
Capricornus.	KEN.	HCM.	GBK.	EOI.	MGB.	LFA•.	December.
Aquarius.	LFA•	IDN. K E.	HCL. M.	FAR. GBL.	NHC. OID.	MGB.	Januarius.
Piscis.	MGB. NBC.	LFA•.	ID N. KE.	HEM.	A B xx	NHC. OID.	Februarius.
Aries.	OID.	MGB.	LFA•.	IDN.	CLF.	AKE.	Martius.

A 2 Kal.

A a KAL. JANU. Circumcisio Domini.
b iv. Non.
B c iii.
d ii.
C e Non.
f viii. Id. Epiphania.
D g vii.
h vi.
E i v.
k iv.
F l iii.
m ii.
G n Id. Octava Epiphaniæ.
o xix. Kal. Febr.
H p xviii.
q xvii.
I r xvi. Depos. S. Antonii Monachi.
Sol in Aquario.
f xv.
K t xiv.
u xiii. S. Sebastiani Martyris.
L a xii. S. Agnetis.
b xi. Natale S. Anastasii ad aquas Salvias.
M c x.
d ix.
N e viii.
f vii.
O g vi.
h v. S. Perpetuæ, & Agnetis.
A i iv.
B k iii.
l ii.

C m KAL. FEBR.
n iv. Non. dies S. Mariæ.
D o iii.
p ii.
E q Non. S. Agathæ.
r viii. Id.
F f vii. Id. veris initium * habet dies XCI.
t vi.
G u v.
a iv.
H b iii.
c ii.
I d Idus.
e xvi. Kal. Mart.
K f xv. Diabolus recessum mensis a Domino.
g xiv. S. Julianæ in, campo Fastitae.
Sol in Piscibus.
L h xiii.
i xii.
M k xi.
l x.
N m ix.
n viii.
O o vii.
p vi.
A q v. Septh. Ægyp. mensis Famenoth.
r iv.
B f iii.
C t ii.

D a KAL. MART.
b vi. Non.
E c v.
d iv.
F e iii.
f ii.
G g Non.
h viii. Id. Prima incensio *Lunæ Paschalis*.
H i vii.
k vi.
I l v.
m iv. Depos. S. Gregorii Papæ.
K n iii.
o ii.
L p Idus
q xvii. Kal. Apr.
M r xvi.
s xv. Sol in Arietem.
N t xiv.
u xiii.
O a xii. Natale S. Benedicti Abbatis. XIV. Lunæ, & æquinoctium.
b xi. Primum *Pascha*, & sedes Ep. prim. scl. cl.
A c x.
d ix. Sedes concurrentium.
B e viii. Dominus crucifixus est, & conceptus.
f vii.
C g vi. Ogd. Endec. consl. *Farmuthi*.
h v.
D i iv.
k iii.
E l ii.

m KAL. APRIL.
F n iv. Non.
o iii.
G p ii.
q Non. Ultima incensio *Lunæ Paschalis*.
H r viii. Id.
s vii.
I t vi.
u v.
K a iv.
b iii.
L c ii.
d Id.
M e xviii. Kal. Maji.
f xvii.
N g xvi.
h xv. Sol in Taurum.
O i xiv.
k xiii.
A l xii.
m xi.
B n x.
o ix.
C p viii. S. Gregorii Martyris.
D q vii. S. Marci Evang. & Letaniæ Majores.
r vi. Nonus Ægypt. Amphoam Pasch.
E s v.
t iv.
F u iii.
a ii.

G	b	KAL. MAJI. Natale Apostolorum Philippi, & Jacobi Fratris Johannis.
	c	vi. Non.
H	d	v. Inventio S. Crucis.
	e	iv.
I	f	iii.
	g	ii.
K	h	Non.
	i	viii. Id. Ortus Virgiliarum.
L	k	vii. Æstatis initium : ī : habet dies XC.
	l	vi.
M	m	v.
	n	iv. Natale S. Pancratii Martyris.
N	o	iii.
	p	ii.
O	q	Id. Pentecostes primus.
	r	xvii. Kal. Jun.
A	s	xvi.
	t	xv. Sol in Geminos.
B	u	xiv.
	a	xiii.
C	b	xii.
	c	xi.
D	d	x.
	e	ix.
E	f	viii.
	g	vii. Dec. Ægypt. mens. Pauni.
F	h	vi.
	i	v.
G	k	iv.
	l	iii.
H	m	ii. S. Petronillæ.
	n	

I	o	KAL. JUN.
	p	iv. Non.
K	q	iii. Depos. S. Benedicti, & S. Johannis, & S. Faustini.
	r	ii.
L	s	Non.
	t	viii. Id.
M	u	vii.
	a	vi. Dedicatio S. Stephani.
N	b	v.
	c	iv.
O	d	iii. Barnabæ Ap.
	e	ii.
A	f	Id.
	g	xviii. Kal. Jul.
B	h	xvii.
	i	xvi.
C	k	xv. Nicandri, & Marciani. Sol in Cancrum.
	l	xiv.
D	m	xiii. Gervasii, & Protasii.
E	n	xii.
	o	xi.
F	p	x. S. Jacobi Alphæi Apost.
	q	ix.
G	r	viii. S. Johan. Baptistæ. Solstitium.
	s	vii. Dec. Ægyp. Mens. Ephipi.
H	t	vi. Johannis, & Pauli.
	u	v. Dedicatio S. Petri.
I	a	iv.
	b	iii.
K	c	ii. S. Pauli prope Petronam Abbatis
	d	

L	e	KAL. JUL.
	f	vi. Non.
M	g	v.
	h	iv.
N	i	iii. Dedicatio S. Martial.
	k	ii.
O	l	Non.
	m	viii. Id.
A	n	vii.
	o	vi.
B	p	v.
	q	iv. Naboris, & Felicis.
C	r	iii.
	s	ii. Dies Caniculares.
D	t	Id.
	u	xvii. Kal. Aug.
E	a	xvi.
	b	xv. Depos. Hermenegildi Abb. Sol in Leone.
F	c	xiv.
	d	xiii. S. Severi.
G	e	xii. S. M. Magdalenæ.
	f	xi.
H	g	x. S. Apollinaris Martyris.
	h	ix.
I	i	viii. Jacobi Zebedæi Apost. fratr. Johannis.
	k	vii.
K	l	vi.
	m	v. Nazarii, & Celsi.
L	n	iv.
	o	iii.
M	p	ii.

	q	KAL. AUG.
N	r	iv. Non.
	s	iii.
O	t	ii.
	u	Non.
A	a	viii. Id. Romæ Sixti, Felicissimi, & Agapiti.
	b	vii. Autumni est initium.
B	c	vi.
	d	v.
C	e	iv. Natale S. Laurentii.
	f	iii.
D	g	ii.
	h	Id.
E	i	xix. Kal. Sept.
	k	xviii. Adsumptio S. Mariæ.
F	l	xvii.
	m	xvi.
G	n	xv. Sol in Virgine.
	o	xiv.
H	p	xiii.
	q	xii.
I	r	xi.
	s	x. Autumnus oritur.
	t	ix. residui v. dies Ægyp. Epagomenæ.
	a	viii. Natale S. Bartholomæi Apostoli.
	b	vii.
M	c	vi.
	d	v. Natale S. Augustini.
N	e	iv. Decollatio S. Johannis Baptistæ. Primus Ægyptius mens. Thoth.
	f	iii.
O	g	ii.

h KAL. SEPTEMB.
A i iv. Non.
k iii.
B l ii.
m Non.
C n viii. Id.
o vii.
D p vi. Nativitas S. Mariæ.
q v.
E r iv.
s iii.
F t ii.
u Idus.
G a xviii. Kal. Octob. Cornelii, Cypriani, & Exaltatio S. Crucis.
b xvii.
H c xvi. S. Euphemiæ, & S. Luciæ.
d xv. Sol intrat in Libram.
I e xiv.
f xiii.
K g xii.
h xi. Matthæi Apost. & Evangelistæ.
L i x. Passio S. Mauricii Martyris.
k ix.
M l viii.
m vii.
N n vi.
o v. Cosmæ, & Damiani.
O p iv.
q iii. Dedicatio Basilicæ S. Angeli Ægypt. mens. Saofi.
A r ii. Depos. Hieronymi Presbyteri.
s

B t KAL. OCTOB.
u vi. Non.
C a v.
b iv.
D c iii.
d ii.
E e Non.
f viii. Idus.
F g vii.
G h vi.
i v.
H k iv.
l iii.
I m ii.
n Idus.
K o xvii. Kal. Novemb.
p xvi.
L q xv. Lucæ Evang. Sol in Scorpionem.
r xiv.
M s xiii.
t xii.
N a xi.
b x.
O c ix.
d viii.
A e vii.
f vi.
B g v. Apostoli Simonis, & mutat h. ag. Ægypt. mens. Athy.
h iv.
C i iii.
k ii.

D	l	KAL. NOVEMB.
	m	iv. Non.
E	n	iii.
	o	ii.
F	p	Nonæ.
	q	viii. Id.
G	r	vii. Hyemis initium: habet dies XCII.
	f	vi.
H	t	v.
	u	iv. S. Martini Episcopi.
I	a	iii.
	b	ii.
K	c	Idus.
	d	xviii. Kal. Decemb.
L	e	xvii.
	f	xvi.
M	g	xv. Sol in Sagittario. Tunc Virgi-nis.
	h	xiv.
N	i	xiii.
	k	xii.
O	l	xi.
	m	x. Natale S. Cæciliæ.
A	n	ix. Natale S. Clementis.
	o	viii. Chrysogoni.
B	p	vii.
	q	vi.
C	r	v. Quart. Ægypt. mens. Clarus.
	f	iv.
D	t	iii.
	u	ii. Natale S. Andreæ.

E	a	KAL. DECEMB.
	b	iv. Non.
F	c	iii.
	d	ii.
G	e	Nonæ.
H	f	viii. Id.
	g	vii. S. Ambrosii.
I	h	vi.
	i	v.
K	k	iv.
	l	iii.
L	m	ii.
	n	Id. S. Luciæ de Syracusis.
M	o	xix. Kal. Jan.
	p	xviii.
N	q	xvii.
	r	xvi.
O	f	xv. Sol in Capricorno.
	t	xiv.
A	u	xiii.
	a	xii. In India translatio Thomæ Apostoli.
B	b	xi.
	c	x.
C	d	ix.
	e	viii. Nativ. D. N. J. C.
D	f	vii. S. Stephani.
	g	vi. S. Johannis.
E	h	v. Infantium & lactentium.
	i	iv.
F	k	iii.
	l	ii. S. Columbæ Virg. & Silvestri.

De cursu Solis per XII. signa.

CXXXV.

Quasi quodam modo IV. dierum creaturæ primordialis IV. dierum creationis designant. Et quia prima die lux condita est, prima die lucis materia ostendit mihi. Secunda die Creator firmamenti pulchritudinem extendit inter aquas, & aquas. Secunda die in memoribus vestimenta Sacerdotalia divisionem inter corpora Sacerdotum, & populi demonstrare cognovi. Tertia die, terra cum ornamentis suis apparuit. Tertia die mei clarissima species, quæ gremio eruitur terræ, directa est mihi. Quarta die Sol honor sæculi cum sideribus cælo inditus est. Quarta die clara quadam, & rotunda in similitudine Solis species honoris allata est mihi, habens CXVII. semicirculos, qui si bis ducantur, erunt LXV. propter horas luminis cursus, quibus per singula signa currere solet, habens circulum rotundum in medio propter Solis perpetuam rotunditatem, quomodo X. horæ, & semis singulis mensibus adcrescere solent.

Sol igitur primo anno post bissextum initio primæ horæ noctis intrat in Arietem, & post dies XXX. & decem semis horis exit de Ariete, hoc est hora XI. noctis trigesimæ primæ, & secundo punctio, & tertio punctio XI. hora ejusdem noctis intrat in Taurum, & ibi moratur XXX. dies, & decem semis horas; & exit de Tauro IX. hora diei plena, & ibi habes unam horam et IV. punctis in duobus signis, & fiunt duorum signorum LX. dies, & XXI. hora. Et decima hora diei intrat in Geminum, & exiet de Geminis VII. hora plena noctis, & duobus punctis. VIII. hora noctis, & tertio punctio intrat in Cancrum, & exiet de Cancro sexta hora diei plena, & ibi habes secundam horam, & V. punct. Duorum signorum, & fiunt in Geminis, & in Cancro dies LX., & horæ XXI. & habes in his IV signis horas XLII, & dies CXX. Et intrat in Leonem septima hora diei, & exiet de Leone quarta hora noctis & duobus punctis decima horæ & III. punctio. Quinta hora noctis intrat in Virginem, & exiet de Virgine tertia hora diei plena, & habes unam horam et IV. punctis Leonis, & Virginis, & habent LX. dies hæc duo signa, & horas XXI. & fiunt horum sex signorum dies CLXXXII. & horæ LXIII. & fiunt, ut dixi, dies CLXXXII. & tertium diem dimidium et duodecim horis, & XIII horæ supra quadrantem. Et intrat Sol in Libram hora diei quarta, & exiet de Libra prima hora diei, & secundo punctio secundæ horæ noctis exiet de Scorpione III. hora noctis plena, & habes unam horam et IV. punctis, & fiunt horum duorum signorum dies LX. & horæ XXI. Et intrat Sol in Sagittarium prima hora diei, & exiet de Sagittario decima hora diei plena, & duobus punctis. Decima hora intrat in Capricornum tertio punctio XI. horæ diei, & exiet de Capricorno hora IX. noctis plena. Et habent hæc duo signa dies LX., & horas XXI. Has adde ad supra scripta signa, & habes dies CCC., & horas CV. Et intrat Sol in Aquarium decima hora noctis, & exiet de Aquario hora septima diei, & secundo punctio horæ octavæ, & intrat tertio punctio octavæ horæ diei in Pisces, & exiet de Piscibus sexta hora noctis plena; & hæ sunt sex horæ, quæ de punctis singulorum signorum adcrescunt, & habent hæc duo signa LX. dies, & XXI. horas. Has adde ad suprascriptos dies vel horas, fiunt dies XII. signorum CCCLX. & horæ CXXVI. Partire CXX. horas per XXIV. & fiunt quinquies XXIV. quod sunt V. dies, & erunt totius anni tricentum, sexaginta, & quinque dies, & sex horæ, quia anno habuisti centum viginti sex horas. Has sex horas per quadriennium ductas faciunt XXIV. horas, quod est unus dies, quem Latini bis sextum vocant; Et si non adderemus in Februario quarto anno hunc diem intraret * itaque Sol quartas decimas Kal. Apr. prima hora noctis in Arietem, & post CXX. annos traditum Solis, dum Arietem intrare debuisset, intrasset itaque in Taurum, nisi dies XXX. in eosdem XX. annis bisextiles augerent cursus illius. Hæc & hujusmodi rationes tam suaves sunt in considerationibus scientibus, ut ceteræ artes Philosophiæ soleant esse dicenti, & intelligenti eas. Nam Philosophi non fuerunt conditores harum artium, sed inventores. Nam Creator omnium rerum condidit eas in natura, sicut voluit. Illi vero, qui sapientiores fuerunt in Mundo inventores erant harum artium in natura rerum, sicut de Sole, & Luna, & Stellis facile potest intelligi. Quid enim aliud in Sole, & Luna, & sideribus consideramus, & miramur, nisi sapientiam Creatoris? Et cursus illorum naturalis sentitur. Itaque Abraham Patriarcha ex Astrologiæ ratione Creatorem Deum intellexisse, & venerasse, & inde amicus Dei appellatus est, & temptatus in fide jam fortis inventus est. Nam dicunt Hebræi, exisse eum de Hur Chaldæorum, idest de igne Chaldæorum, qui Chaldæi ignem pro Deo coluerunt. Solebat Magister meus mihi sæpe dicere q Sapientissimi hominum fuerunt, qui artes in natura rerum invenerunt. Opprobrium grande, ut dimittamus eas perire diebus nostris, sed nunc pusillanimitas meliorum non sinat rationes rerum, quas Creator condidit in natura. Scis optime, quam dulcis est in rationibus Arithmeticæ versari, quam necessaria ad cognoscendas Scripturas divinas, quam in-

Jucunda est cognitio coelestium astrorum, & cursus illorum; & tam a rarus est, qui nulla scire curet, & quod pejus est, reprehendunt hoc scire studentes, &c. ut cum * illa caetera rerum ignoratio inculpabilis permisset illis * esset, si divinis se ipsos tradere voluissent Scripturis, & laborare in illis, in quibus vitae aeternae cognitio consideratur, & ut potuissent Fidem Catholicam veraciter defendere, & fideliter stare contra adversarios Christi, per quos multis modis Diaboli astutia fidem Catholicam impugnare studet, & suum modo tempora, de quibus B. Paulus praedixit: *Spiritus autem manifeste dicit, quia in novissimis temporibus discedent quidam a fide attendentibus Spiritibus erroris, & doctrinis Daemoniorum in hypocrisi loquentium mendacium habentes cauteriatam suam conscientiam.*

Item alia.

Si vis scire, quomodo adcrescant singulis annis mensibus Solaris cursus decem semis horae, multiplica decem per x. fiunt c. quia una hora decem minuta habet; Decies vero decem minuta faciunt c. minuta. De unoquoque die in triginta diebus tria minuta, faciunt xc. minuta, & remanent x. minuta. His adde quinque minuta, quae fiunt ex dimidia hora, & fiunt xv. minuta. Haec partire per xxx., faciunt tricies dimidium minutorum xv. minuta, Et adcrescunt quotidie in xxx. diebus tria minuta, & dimidia pars unius minuti.

Item alia.

Et si scire vis, quantum quotidie crescat ad bissextum, partire v. minuta in xxx. fiunt senies quinquies; sexta pars unius minuti adcrescit quotidie, ut dimidia hora fiat per menstruum unum; hanc dimidiam horam duc duodecies, & fiunt sex horae. Has multiplica in iv. quater sex faciunt xxiv., quae sunt horae unius diei per quadriennium adcrescit, ut bissextum fieri possit, & fiunt quarto anno ccclxvi. dies, qui senarius numerus multum valet in circuitu anni, nam ccclx. faciunt sexies sexaginta, qui sexagenarius si per denarium * esse perfectum, sicut senarius per unitatem; nam unum duo, & tres faciunt sex, & est perfectus numerus in partibus suis. Ita sexagenarius quandam perfectionem habet, si pariter per denarium numerum. Nam semel decem, & bis decem, & ter decem sexaginta sunt; nam quantum valet in primo versu numerorum senarius, ut perveniatur ad decem, tantum valet in secundo versu numerorum sexagenarius, ut perveniatur ad centum. Quicunque vero dies, qui supersunt trecentenis sexaginta diebus in singulis mensibus est sexta pars mensis uniuscujusque. Sex vero horae, ex quibus quarto anno sexta dies adcrescit, habent suam perfectionem in partitione senarii numeri, sicut paulo ante praefati sumus, & sicut Creator aequissimus in sex diebus fecit omnia opera primordialia mundi, ut significaret in perfectione numeri senarii omnia in natura sua fecisse eum perfecte, & ille ipse Creator magnus admirabilis perfectus est in natura sua, cui placuit omnia in senarii numeri perfectione perficere. Unde & sexto die creatus est homo perfectus anima, & corpore, propter quem omnia creata sunt, quae sex diebus condita esse leguntur. Unde & ipse Deus Dei filius, qui est virtus, & sapientia Dei sexta aetate venit in Mundum salvare hominem, quem sexta die creavit. Ita senarius numerus & in conditione primordialium creaturarum, & in successione saeculorum, quae sex aetatibus concurrerunt, & quod sexta aetate venit filius Dei humanum genus reparare ad pristinam dignitatem conditionis suae, multum valent tales rationes.

Item alia.

Si omnipotens Deus universa in pondere, & mensura, & numero disposuit, ita ut etiam multitudinem stellarum nominibus simul numeroque complecteretur, quanto magis illius principis, maximique sideris cursus gloriose ordinem recitit, qui super omnia sidera splendore paritur, atque virtute praecellit? De cujus subtilissimo, magnificoque modo quamvis multa subtiliter magnificeque & dicta sint, & dici possint, vix tamen aliquid invenitur, quod operosius numerando aliquid, dum examinatur, quam quod de bissexto, & quadrantis ratione distinguitur. De quo videlicet bissexto quamquam multi & magni multa, & magna dixissent jam edidissent, propter compendium tamen legentium suo scire ejusdem bissexti incrementa volentium, quaedam secundum ingeniolum mihi ab omnipotenti Deo gratis datum breviter adnotare curavi, obsecrans ut ex dilectione a legentibus suscipiantur, quam nostrae humilitati praebent. Et si quid legentes Christo utile invenerit, datori omnium bonorum mecum gratias agentes. Si quid vero ineptum, corrigere, vel emendare mutatis studio suo deligentur, & quamquam quaedam e majoribus ad minora, quaedam vero a minoribus ad majora numerari soleant, sicut exemplis quamplurimis ostendi potest; Nos tamen quia praesentes bissextum non ex majo-

ribus

ribus ad minora, sed ex minoribus ad majora crescendo * perducimus, incrementa illius significare quantum nostra pusillitas ratiocinando comprehendere valet, signare cogitantes, a minimis inchoantes, ut ad majora Domino docente pervenire valeamus. Verum tamen illud non est praetereundum, quod in quibusdam locis per aequas divisiones, sive collectiones, vel a minimis ad majora, vel a majoribus ad minora praefata ratio duci possit, eo quod propter indivisibilem, seu infinitabilem atomi quantitatem sectio ulla haberi nequit. Sed & ad illud commemorandum, quod in quibusdam praedictorum [illegible], sive numeris auctoritatem, in quibusdam vero consuetudinem in hoc ipso opere tandem sequimur, quousque aliquis nobis auctoritatem majorem tribuat, aut consuetudinem meliorem ostendat. Ut igitur quibusdam placet, atomi CCCLXXVI. faciunt unum Ostentum. Ostentum vero & dimidium procreant unum momentum continens atomos DLXIV. Momenta autem duo, & duae partes unius momenti procreant partem unam habentem ostenta IV., atomos MDIV. Pars quoque, & dimidia efficiunt minutum unum comprehendens momenta IV., ostenta VI. atomos [illegible]. Minuta etiam duo gignunt punctum unum amplectentem partes [illegible], momenta VIII., Ostenta XII., atomos [illegible]. Puncta vero V. complent horam unam constantem minutis X., partibus XV., momentis XL., ostentis LX., atomis [illegible]. Horae autem XXIV. reddunt unum diem habentem puncta CXX., minuta CCXL., partes CCCLX., momenta CMLX., ostenta MCDXL., atomos [illegible]. Dies autem XXX. efficiunt signum unum continens [illegible] puncta, [illegible] minuta, [illegible] ostenta, [illegible] atomos sedecies mille millia [illegible]. Signa autem XII. reddunt [illegible] horas [illegible], puncta [illegible], minuta [illegible], partes [illegible], ostenta [illegible], atomos centies [illegible] mille millia, & quater mille millia, & [illegible]. Et desinit ad complementum anni solaris dies V. & quadrans, qui habent horas CXXVI., puncta [illegible], minuta [illegible], partes [illegible], momenta [illegible], ostenta [illegible], atomos bis mille millies [illegible]. Qui numeri singuli si diligenti cura considerentur, reddunt, ut dictum est, dies V. & quadrantem, quorum rursus dierum & quadrantis summa collectio propter tarditatem Solis per signa.

Item alia.

Inter primum enim diem spiritalem additiones esse creaturam, sed quomodo habuit vespere, & mane? Respondetur: Omnis namque creaturae cognitio in semetipsa vespere erat; in Deo autem mane, quia plus videtur ipsa creatura in Deo, quam in se ipsa videtur; creatura scilicet plus videtur in arte, quia facta est. Propterea enim ait Evangelista Johannes: *Quod factum est in ipso vita est.* Omnia igitur, quae facta sunt, & vitam habent in ipso verbo Dei, vita sunt, in se ipsa non sunt vita. Coelum, terra, lapis vitam non habent, & tamen in Deo vita sunt. Vivunt igitur in Deo sine initio, atque incommutabiliter omnes rationes creaturarum. Ac per hoc plus videtur in Angelis Sanctis in Verbo Dei, ubi sunt vita, quam in se ipsa. Ergo in cognitione firmamenti secundus in cognitione discretionis terrae, & maris. Tertius in cognitione Solis, & Lunae, & stellarum. Quartus in cognitione [illegible] reptilium. Quintus in cognitione jumentorum, & ferarum, & ipsius hominis [illegible] neque enim hi dies Solares intelligendi sunt, sed ipsius diei opera, quem intelligimus spiritalem creaturam, idest Evangelicam, [illegible] facta cognitio. Sex dies [illegible] propter senarii perfectionem. Si vis ut aliquid tibi de Scripturis colligam, libens adesto, & aurem te ad audiendum prepara. Unus in numeris dividi non potest, ab ipso enim surgit omnis numerus. Ergo duo dividi possunt, & pars eorum unus est. Igitur divisio duorum in unum est. Quid aliquid hic numerus ostendit, nisi Trinitatem, quae Deus est? Quae quamvis tres personae sint, in una credantur unitate naturae. Quaternarius scilicet duas partes habet; nam quarta ejus unus est, media ejus duo. Unum videlicet, & duo tria sunt. Ecce partes sunt nec ultra excrescunt, nec complent, & ideo imperfectus est numerus. Quinarius vero non habet nisi unum, quod est quinta ejus pars. Unus senarius igitur numerus perfectus est, quia partibus suis completur; habet enim unum, quod est sexta ejus, duo, quod est tertia, tria, quod est dimidia. Unum ergo, duo, & tria sex faciunt. Ideoque hujus numeri perfectionem sex diebus operatus est Deus omnem creaturam. Tres hae partes senarii numeri demonstrant nobis Trinitatem numero, mensura, & pondere fecisse omnem creaturam. Primam valere senarii numeri perfectionem in Scripturis Sanctis frequenter reperimus, praesertim in morte Domini simpla. Mors itaque D. N. J. C. non fuit in anima, sed in carne sola; mors vero nostra non solum in carne, sed etiam in anima propter peccatum, in carne propter poenam peccati. Ille vero quia peccatum non habuit in anima, non est mortuus nisi tantum in carne, & hoc propter similitudinem carnis peccati, quam de Adam traxerat. Igitur simpla ejus mors profuit de * plebe nostrae, & simpla ejus resurrectio profuit duple nostrae mors carnis ejus, & resurrectio ejus mors animae nostrae, & resurrectio ejus duas mortes nostras, & suas resur-

resurrectionem nostram, duas & duas quatuor sunt; unam mortem Domini, & unam resurrectionem ejus, adde quatuor nostras, sex faciunt. Igitur simplum Domini, & duplum nostrum tres sunt, & tres partes habet, secundum quod supra diximus, senarius numerus. Nam & XXXVI. horæ, quibus fuit Dominus in inferno, huic simplex, & duplex congruunt duodecim. Igitur horæ fuerunt diurnæ, & XXIV. nocturnæ. Istæ XXIV. nocturnæ ad duplam mortem nostram conciniunt, & illæ duodecim horæ ad mortem Domini simplam. Revera enim natura ejus senarium numerum habet. XLVI. annis ædificatum est templum, ut dixerunt in Evangelio Judæi, quod intelligitur de corpore Domini. Quadraginta sex anni pro diebus positi sunt. XLVI. diebus dicunt infantem formari in utero, & subinde usque in diem parturitionis augmentari. Quadragies quippe sexi fiunt CCLXXVI., qui fiunt menses novem, & dies sex. Computa ergo ab VIII. Kal. Apr., quando passus est Dominus, & tunc etiam creditur fuisse conceptus usque ad diem VIII. Kal. Jan., & reperies dies CCLXXVI., qui constat per senarium numerum. Quid de illa muliere in Evangelio, quam XVIII. annis curvaverat Satanas, quam sanavit Dominus, nisi quia & ipsi anni senarium numerum habent? Ter igitur sex decem, & octo faciunt. Illa itaque mulier intelligitur genus humanum, quod sexta ætate scilicet a captivitate Diaboli Dominus liberavit. Prima ætas est ab Adam usque ad Noe. Secunda ætas est a Noe usque ad Abraham. Tertia ætas est ab Abraham usque ad David. Quarta ætas est a David usque ad transmigrationem Babylonis. Quinta ætas est a [illegible] usque ad adventum D.N.J.C. Sexta ætas, quæ nunc agitur, donec Excelsus ve[illegible] judicium. Sexta igitur ætate seculi reformatur genus humanum ad imaginem Dei. Profe[illegible] decem, & octo non solum sex ætates, sed etiam tria tempora evidenter demonstrant, unum scilicet ante legem, alterum sub lege, tertium sub gratia. Igitur & ipse annus senario numero continetur; habet enim dies CCCLXV. sexies quippe sexageni CCCLX. crescunt; profecto V. & quadrans. V. dies sexta sunt mensis tamen si & illud pro die ponas aperte totum sex fiunt. Ecce quantum mihi Deus adjuvit, de senarii numeri perfectione, etsi non quantum volui, tamen quantum potui, reddidi rationem.

De Luna per XII. signa.

CXXXVI.

Luna duobus diebus, & VI. horis, & besse unius horæ singula signa pervolat velociore suo cursu. Singula vero signa XXX. habent partes. Si vis scire quantas horas Luna peragat medium signum idest XV. partes cujuslibet signi, divide LIV. hor. in duas medietates, & bessem unius horæ, quæ sunt horæ unicuique signi, & habebis XXVII. horas, & medium signum partes XV. peragendas, & trientem, idest tertiam partem unius horæ. In quibus horis XV. partes prædicti [illegible] signum Luna percurrit.

Si vis scire, quo spatio unam partem signi pervolat, tolle de XXVII. horis XV. horas de singulis partibus singulas horas, remanent XII. horæ. Has XII. divide per punctos singulos ea lege, quia hora a Luna V. punctos habet ergo XII. si quinquies ducantur, faciunt LX. puncta; partire per XV. quater XV. LX. sunt. Da IV. punctos singulis partibus, & videbis, quod unam partem signi Luna percurrit in spatio unius horæ et IV. punctis, & remanet triens, idest tertia pars unius horæ; quæ sunt ostenta XX., quia plena hora LX. habet ostenta. Da singulis partibus unum ostentum, & videbis, quod Luna spatio unius horæ, & IV. punctorum, & unius ostenti, quod est triens, partem unam signi, quod est tricesima pars unius signi, peragit.

De saltu Lunæ per XIX. annos, quomodo decrescit una.

CXXXVII.

SI vis scire in XIX. annis quomodo dies, & nox minuitur, quando Luna facit saltum, singulis annis & mensibus per momenta, & atomos unoquoque anno momenta L. & medium (a) & nona decima pars de dimidio momenti) facit ipsa medium momentum atomos CCLXXXII. In unoquoque mense momenta IV. Et sextam partem momenti atomis XXIV. Secundo mense momenta IV. & sextam partem momenti, atomis XXIV. Tertio mense momenta IV. & sextam partem momenti, atomis XXIV. Et sic in singulis mensibus. Hæcque XII. mensibus ad saltum Lunæ; sunt simul in uno anno momenta L. & dimidium. De isto momento faciunt atomos CCLXXXII. Ipsa L. momenta faciunt unam horam, & quartam partem de hora, & dimidium momentum, simili numero in XIX. annis. Ad saltum Lunæ momenta in XIX. annis CMLX. Ipsa momenta faciunt horas XXIV., quæ minuit dies & nox XIX. annis, quæ Luna facit saltum.

De

(a) *Alia manu addita sunt.*

De flexibus digitorum.

CXXXVIII.

In digitorum flexu servatur per primam digitorum tribus in leva ab extremo inferiorem palmae in medium artum dicitur I. II. III. cum dicis IV. extremum digitum leves. Cum dicis V. [illegible] ab extremo similiter eriges. Cum dicis VI. medicum in medium palmae extremo, & medio levatis eriges. Quando ad VII. perveneris, minorem solum caeteris levatis super palmae radicem pones, juxta quem in VIII. medium. In IX. autem impudicum e regione componens X. ungues indicis in medio figas artu pollicis XX. [illegible] pollicis medio artui inter [illegible], [illegible] XXX. in [illegible] in summitate pollicis indicisque complexus XL. pollicis [illegible] adjacens erit, in medio latere pone a dorso indicis L. curvato pollice in palmam [illegible] LX. pollicem curvatum in exteriore artu inter [illegible] [illegible]; [illegible] indicis [illegible] medio pollicis [illegible] inter artum & [illegible] circumpone LXX. pollicis arto curvato [illegible] medium indicis artum [illegible] pollicis a latere circuivit indicis LXXX. pollicem in longum tendens indice [illegible], [illegible] circumpone XC. indicis [illegible] in pollicis radice eriges. C. in dextera quomodo X. in leva. CC. in dextera, quomodo XX. in leva. CCC. in dextera, quomodo XXX. in leva. CCCC. in dextera, quomodo XL. in leva. D. in dextera, quomodo L. in leva. DC. in dextera, quomodo LX. in leva. DCC. in dextera, quomodo LXX. in leva. DCCC. in dextera, quomodo LXXX. in leva. DCCCC. in dextera, quomodo XC. in leva. Sic quoque a Mille [illegible] in dextera [illegible] usque $\overline{VI}$., quomodo currunt monades in leva I. usque ad IX. $\overline{X}$. in sinistra palma super verticem [illegible] retro pones. $\overline{XX}$. eadem sita prona super [illegible] colli. $\overline{XXX}$. eadem sita prona in medio pectoris. $\overline{XL}$. eadem sita prona in latere dextro. $\overline{L}$. pollice in umbiculo $\overline{LX}$. sinistra palma sub umbiculo supina. $\overline{LXX}$. eadem sita in inguine prona. $\overline{LXXX}$. eadem sita in femore sinistro. $\overline{XC}$. eadem sita prona, sed [illegible]. Ita facias in dextera [illegible], cum dicis C. millia. Cum autem dicis decies centena millia, duas palmas apertas [illegible] facias e regione [illegible], sed ante surres retro respicientes tres digitos in sinistra manu, idest auricularis, medius, & impudicum usque ad IX. continent. I. II. III. &c. Duo digiti in sinistra manu, idest index, & pollex usque ad XC. continent. X. XX. XXX. &c. Duo in dextera manu digiti semper continent usque ad CM. pollex, & index. C. CC. CCC. &c. Tres in dextera manu digiti continent usque ad IX., auricularis, impudicus, & medius. M. $\overline{II}$. $\overline{III}$. &c. Continent [illegible] omnes particulas semper usque ad XC. X. XX. XXX. &c. Continet dextera manus per [illegible] semper usque ad $\overline{CM}$, C. $\overline{CC}$. CCC. &c.

In Dei nomine incipit ratio Paschalis, & ceterorum CCCXVIII. Episcoporum, qui confoederatione festi Paschalis, & ceterorum sapientium virorum, qui dixerunt auctoritatem.

CXXXIX.

Cum omnes Apostoli de hoc mundo per universum orbem per singulas provincias Ecclesiis diversis tenebantur jejuniis, Nam & omnes Galli quacumque die VIII. Kal. Apr. fuisset, semper Pascha celebrabant dicentes: Quid nobis est a XIV. Luna computum cum Judaeis facere Pascha? Sed sicut est Domini natalis quocumque die evenerit VIII. Kal. Jan., ita & VIII. Kal. Apr., quando traditur Christi Resurrectio, debemus Pascha tenere. Orientales vero, sicut Eusebii Caesariensis narrant eloquia, quocumque die in mense Martio XIV. Luna fuisset inventa, Pascha celebrabant. In Italia autem alii diebus XL. jejunabant, alii XX. alii VII. diebus, in quibus Mundus omnis conditus est, sic sufficit jejunare: Alii quia Dominus [illegible] diebus jejunasset, & alii XL. horas. Cum haec talis observationis per singulas provincias, unde error erat Sacerdotibus, eo quod a quibus una Fides recta tenebatur, eorum differentiae jejuniis. Tunc Papa Victor Romanae Urbis Episcopus hoc elegit, ut dirigeret auctoritatem, quia tunc non Hierosolyma, sed Caesarea Metropolis dicebatur, ut Paschalis ordinatio perveniret, quo modo Pascha recto jure a cunctis Catholicis celebraretur Ecclesiis, ubi Dominus, & Salvator mundi in carne fuerat conversatus. Accepta itaque auctoritate Theophilus non solum de sua Provincia, sed etiam de diversis regionibus omnes Episcopos, & sapientes viros ad Concilium evocavit (a). Ubi cum illa Sacerdotum, vel sapientium virorum multitudo in omnibus Scripturis erudita in unum fuisset collecta; tunc praedictus Episcopus protulit auctoritatem ad se missam a Papa Victore, & quid sibi operis fuisset injunctum ostendit. Tunc pariter omnes Episcopi dixerunt: Primum nobis inquirendum est, quomodo in principio mundus

(a) *Confer ista cum iis, quae habent de isto Concilio Beda, Baronius ad An. 198. & Labbe Tom. I. Concil. pag. 596.*

dus fuerit factus, & cum hoc fuerit diligentius investigatum, tunc poterit ex eo Paschalis ordinatio salubriter perveniri. Dixerunt ergo Episcopi: Quo die credimus primum fuisse factum Mundum, nisi Dominico? Ait dixerunt: Quomodo ergo potes probare, quia primus dies dies Dominicus fuerit? Theophilus Episcopus dixit: Probate, quod dicitis. Episcopi responderunt: Secundum Scripturæ auctoritatem Divinæ factum est vespere, & factum est mane dies unus, & secundus, & tertius, & quartus, & quintus, & sextus. In quo septimo requievit ab omnibus operibus suis, quem diem septimum Sabbatum appellavit. Cum ergo novissimus dies sit Sabbatum, quis potest esse primus, nisi Dominicus. Theophilus Episcopus dixit: Ecce de die Dominico quia primus sit, probatum. De tempore quid vobis videtur? IV. autem tempora mundi in anno accidunt: Ver, Æstas, Autumnus, & Hyems. Quod ergo tempus primum factum esse creditis in mundo? Episcopi dixerunt: Vernum. Theophilus Episcopus dixit: Probate quod dicitis. Et illi responderunt: Scriptum est: *Germinet terra herbam fœni seminantem semen suum, & lignum pomiferum faciens fructum.* Hæc enim veris temporibus videmus fieri. Theophilus Episcopus dixit: Quo loco caput mundi esse creditis? In principio temporis, an medio temporis, an in fine? Episcopi dixerunt: In Æquinoctio, idest VIII. Kal. Apr. Theophilus Episcopus dixit: Probate quod dicitis. Et illi responderunt. Scriptura dicit, quia *fecit Deus lucem, & vocavit Deus lucem diem, & fecit Deus tenebras, & tenebras vocavit noctem, & divisit inter lucem, & tenebras æquas partes.* Theophilus Episcopus dixit: Ecce de die, vel tempore probastis. De Luna quid vobis videtur? utrum crescentem, an plenam, an imminutam a Domino fuisse creatam? Episcopi responderunt: Plenam. Et ille dixit: Probate quod dicitis. Episcopi responderunt: Dicit divina Scriptura: *Fecit Deus duo luminaria magna, & posuit ea in firmamento cœli, ut lucerent super terram, Luminare majus, ut præesset diei, & luminare minus ut præesset nocti.* Non poterat,* nisi plenam.

Nunc ergo investigavimus, quomodo in principio factus fuerit mundus, idest die Dominica, verno tempore, in æquinoctio VIII. Kal. Apr. Luna plena. Per ipsum transeuntem tempus dies, & elementa resurgunt. Theophilus Episcopus dixit: Nunc igitur agendum de ordinatione, quomodo debeamus Pascha tenere. Episcopi dixerunt: Numquid dies Dominicus præterire potest, & in eo Pascha celebrare, qui tot & talibus benedictionibus sanctificatus est? Theophilus Episcopus dixit: Apertius ergo dicite, quibus, & qualibus benedictionibus eum fuisse sanctificatum asseritis, ut scribere possimus. Episcopi responderunt:
3 Prima illi benedictio est, quod in ipso tenebræ remotæ sunt, & lux apparuit. Secunda illi benedictio est, quod de terra Ægypti populus Israeliticus, velut de tenebris, quasi per fontem Baptismi, per mare Rubrum de duro servitio fuerit liberatus. Tertia illi benedictio est, quia in eodem die cœlestis cibus manna hominibus datum est. Quarta illi benedictio est, quia Moyses mandavit ad populum: *Sit vobis observatus dies primus, & novissimus.* Quinta illi benedictio est, ut CXVII. Psalmus dicit, qui totus de Passione, & Resurrectione cantatur. De Passione ait: *Circumdantes circumdederunt me, & in nomine Domini vindicavi in eis. Circumdederunt me sicut apes, & exarserunt sicut ignis in spinis.* Et interjectis versibus: *Lapidem, quem reprobaverunt, factus est in caput anguli.* De Resurrectione autem dicit: *Hæc dies, quam fecit Dominus, exultemus, & lætemur in ea.* Et item interjectis versibus: *Constituit diem festum in confrequentationibus usque ad cornu altaris.* Sexta illi benedictio est, quod in ipso Dominus resurrexit. Videmus ergo, quia diem Dominicum singulariter in Pascha tenere præcepit. Theophilus Episcopus dixit: De tempore autem ad Moysen mandatum est a Deo: *Hic vobis erit mensis initium mensium, Pascha facite in eo.* Non dixit in prima die mensium, aut in decima, aut in alia qualibet, sed totos XXX. dies in Pascha sanctificavit. Episcopi responderunt: Qui sunt illi XXX. dies. Superius ergo jam responsum dedimus, principium mundi esse in Æquinoctio VIII. Kal. Apr., & ab VIII. Kal. Apr. usque in VII. Kal. Maji legimus consecrantes. Theophilus Episcopus dixit: Et impium non est, ut illi tres dies Passionis Dominici tantum Sacramenti mysterium foras limitem excludantur? Passus namque Dominus ab XI. Kal. Apr. v. Fer. quam Cœnam Domini vocamus, quia noctu a Judæis traditus, quando & cum discipulis discubuit, quando & Judæ prædixit, quod ab ipso esset traditurus. Quod & ita constat fuisse suppletum, & VIII. Kal. Apr. resurrexit. Quomodo ergo hi tres dies foras terminum excludentur? Episcopi dixerunt: Nulla ratione fieri debet, ut tantum Sacramentum foras limitem excludatur, sed introducantur in ordine Paschali hi tres dies. Constitutum est ergo in illa Synodo, ut non ab ante XI. Kal. Apr., nec post VII. Kal. Maji Pascha non debeant observare, & non ante, nec postea cuicumque constitutum limitem transgrediendi esset liberum. Similiter & de Luna præceptum divinum servetur, quod mandatum est per Moysen, Et vobis observetur a XIV. Luna usque in XXI. Hæc ergo VII. Lunæ constat fuisse consecratas, sed quia Judæi a XIV. Luna tenent Pascha, non necesse est a XV. usque in XXI. celebrare Pascha.

Quan-

Quando ergo fit intra illum limitem constitutum ab xi. Kal. Apr. usque in vii. Kal. Mai. dies Dominicus, & Luna aliqua ex illis vii. sanctificata obvenerit, Pascha nobis passum est celebrare.

Incipit Epistola Cyrilli Alexandrinae Urbis Episcopi.

CXL.

Antiquitus Ecclesia Pascha xiv. Luna cum Judaeis celebrabat, quocumque die occurreret. Sed hunc ritum Sancti Patres in Nicaena Synodo prohibuerunt, constituentes non solum Paschalem & mensem inquirere, sed etiam diem Resurrectionis Dominicae observare, & ob hoc Pascha a xv. Luna usque in vicesimam primam extenderunt, ut dies Dominicus non omitteretur. Pascha autem vocabulum non Graecum, sed Hebraeorum est, nec a Passione, quoniam Phasin Graece dicimus pati, sed a transitu Hebraeo verbo Pascha appellata est, eo quod tunc populus Dei ex *Aegypto* transierit. Unde in Evangelio, *cum vidisset*, inquit, *Jesus*, *quia venit hora*, *ut transiret de mundo ad Patrem*. Cujus nox idcirco per vigilias ducitur propter adventum Regis, ac Dei nostri, ut tempus Resurrectionis ejus nos non dormientes, sed vigilantes inveniat. Cujus noctis duplex ratio est, sive quod in eadem vitam tunc recepit, cum passus est, sive quod postea hora, qua resurrexit, ad judicandum venturus est. Eo autem modo agimus Pascha, ut non solum mortem, & resurrectionem Christi in memoriam revocemus, sed etiam cetera, quae circa eum adtestantur, ad Sacramentorum significationem inspiciamus; propter initium enim novae vitae, & propter novum hominem, quem jubemur induere, & exuere veterem, *expurgantes vetus fermentum*, *ut simus nova conspersio*, *quoniam Pascha nostrum immolatus est Christus*. Propter hanc ergo vitae novitatem primus mensis novorum in anni mensibus ad celebrationem Paschae mystice adtributus est. Quod tertia Hebdomada dies Paschae celebratur, idest qui dies occurrerit a xv. in xxi., hoc significat, quia toto tempore seculi, qui septenario numero agitur, nunc tertium tempus est, quod hoc Sacramentum apparuit. Primum enim tempus est ante legem, secundum sub lege, tertium sub gratia. Ubi jam manifestatum est Sacramentum prius occultum Prophetiae Aenigmate. Ideo & propter hoc tria tempora seculi Resurrectio Domini triduana est. Quod vero a xv. Luna usque ad vicesimam primam per dies septem Paschalis dies quaeritur, propter ipsum numerum septenarium in universitate. Unde & Johannes Apostolus in Apocalipsi ad septem scribit Ecclesias. Ecclesia vero adhuc in illa mortalitate carnis constituta propter ipsam mutabilitatem Lunae nomine in Scripturis significatur. Varia autem observantia opinionum Paschalis festivitatis interdum errorem gignit. Latini namque a tertio Nonas Martias usque in iii. Non. Apr. primi mensis Lunam inquirunt, & si xv. Luna die Dominico provenerit, in alium diem Pascha protrahunt. Graeci primi mensis Lunam ab viii. Id. Mart. usque in diem Non. Apr. observant, & si xv. Luna die Dominico concurrerit, sabbatum Pascha celebrant. Hujusmodi ergo dissensio inter utrosque Paschalem regulam turbat. Communis autem annus dicitur, qui tantum xii. Lunas, hoc est dies cccliv. habet; dictus autem communis, quia saepe duo ita conjuncti incedunt invicem, & in Paschali solemnitate sequuntur. Nam embolismalis annus semper solus est. Embolismalis annus est, qui xiii. menses Lunares, idest ccclxxxiv. dies habere manifestatur. Ipse est annus Sancto Moysi divinitus revelatus, in quo jubentur hi, qui longius habitabant, in secundo mense Pascha celebrare. Embolismus autem nomen Graecum est, quod interpretatur Latine superaugmentum, eo quod expleat numerum annorum communium, quibus xi. Lunares dies deesse cernuntur. Embolismi autem anni, & communes sic inveniuntur. Si enim a xv. Luna Paschae praecedentis usque ad quartamdecimam sequentis ccclxxxiv. dies fuerint, Embolismalis annus est. Si cccliv., communis. Bissextus est per annos iv. unus dies adjectus. Crescit enim per singulos annos quarta pars assis, ac ubi quarto anno assem compleverit, bissextilem annum facit. Dictus autem bissextus, quia bis sexies ducti assem faciunt, quod est unus dies, sicut & quadrantem propter quater ductum, quod est bissextum, quod super dierum cursum in anno Sol facit. A vi. autem Non. Mart. usque in diem prid. Kal. Jan. in Lunae cursu bis adponitur, atque inde detrahitur. Intercalares autem dies idcirco vocantur, quia interponuntur, ut ratio Lunae Solisque conveniat. Calare enim vocare dicitur. Intercalare interponere. Epactas Graeci vocant, Latini adjectiones annuas Lunares, quae undenarium numerum usque ad tricenarium in se revolvuntur, quas ideo Egyptii adjiciunt, ut Lunaris mensis ratio Solis aequetur. Luna autem juxta cursum suum xxix. & semis dies lucere dignoscitur, & sunt in anno Lunares dies cccliv. remanent ad cursum anni Solaris dies xi., quos Egyptii adjiciebant, unde & adjectiones vocantur. Absque his non invenies Lunam, quota sit in quolibet anno, & mense, & die. Hae Epactae semper in xi. Kal. Apr. reperiuntur in eadem Luna, quae fuerit eo die. Conficiuntur autem circulo decemnovenali, sed cum ad xix. pervenerint, qui est circulus decemnovennalis, jam sequenti anno non addes super XXIX. XI., ut X. adnuncies, decimas XX., sed inde revertere ut XI. pronuncies.

Explicit Epistola S. Cyrilli.

CXLI.

Epistola Paschasini Episcopi, ad Beatissimum Papam Leonem de indagenda ratione Paschali. *Edita est a Bucherio, & aliis.*

De nominibus Stellarum, quibus ex causis nomina acceperunt.

CXLII.

Sol appellatus, eo quod solus appareat obscuratis fulgore suo cunctis sideribus. Luna dicta quasi Lucina, ablata media syllaba, de qua Virgilius: *Casta fave Lucina*. Sumpsit autem nomen per derivationem a Solis luce, eo quod ab eo lumen accipiat, acceptum reddat. Stellæ dictæ a stando, quia fixæ stant semper in Cœlo, nec cadunt; nam quod videmus e cœlo stellas labi, non sunt stellæ, sed igniculi ab aere lapsi, qui fiunt, dum ventus altiora petens æthereum ignem secum trahit, qui tractu suo imitatur stellas cadentes. Nam stellæ cadere non possunt, immobilesque ut prædictum, sunt, & cum cœlo fixæ feruntur. Sidera dicta, quod ea navigantes considerando dirigunt ad cursum consilium, ne fallacibus undis, aut ventis alio deducantur. Quædam autem stellæ ideirco signa dicuntur, quia ea nautæ observant in gubernandis remigiis, contemplantes aciem fulgoremque earum, quibus rebus status cœli futurus ostenditur. Sed & omnes homines ea intendunt ad prævidendas aeris qualitates per æstatem, & hyemem, vernalemque temperiem. Ortu enim vel occasu suo certis stationibus temporum qualitates significant. Signorum primus Arctos, qui in axe fixus Septemtrionali in se revolutus rotatur. Nomen est Græcum, quod Latine dicitur Ursa, quæ quia in modum plaustri vertitur, nostri eam Septemtrionem dixerunt. Triones enim proprie sunt boves aratorii dicti, eo quod terram terant, quasi teriones. Septemtriones enim non occidere axis vicinitas facit, quia in eo sunt. Arctophilax dictus, Arctonidem scilicet cursum sequitur eundem, & Booten dixerunt, eo quod plaustro hæret, *multis signum spectabile stellis*, inter quas Arcturus est. Arcturus sidus est post caudam majoris Ursæ positum in signo Bootis, unde Arcturus dicitur, quasi ἄρκτου οὐρά, quia Bootis præcordiis conlocatum est. Oritur autem Autumnali tempore. Orion ante Tauri vestigia fulget, & dictus Orion ab urina, idest ab inundatione aquarum; tempore enim hyemis ortus mare, & terras aquis, ac tempestatibus turbat. Hunc Latini Jugulam vocant, quod sit armatus, ut gladius, & stellarum luce terribilis, atque clarissimus. Quo fulgente omnis serenitas colligitur, ac obscuratur, & imminente tempestas cernitur. Hyades dictæ ab Hyen, idest a succo, & pluviis, nam pluviæ hyetos dicuntur. Ortu quippe suo efficiunt pluvias, unde & eas Latini succulas appellaverunt, quia quando nascuntur, pluviarum signa nascuntur. De quibus Virgilius: *Arcturum, pluviasque Hyades*. Sunt autem septem in fronte Tauri, & oriuntur tempore vernali. Plejades a pluralitate dictæ, quia pluralitatem Græci à τὸ πλῆθος appellant. Sunt autem stellæ septem ante genua Tauri, ex quibus sex videntur, nam latet una. Has Latini, Virgiliasque dicunt à temporis significatione, quod est ver, quando exoriuntur. Nam occasu suo hyemem, ortu æstatem primæ, primæque navigationis tempus ostendunt. Canicula stella sidus, quæ & Syrius dicitur. Æstivis mensibus in medio centri cœli est, & dum Sol ad eam accesserit, conjuncta cum Sole, duplicatur calor ipsius, & dissolvuntur corpora, & vaporantur. Unde, & ipsa stella dies Caniculares dicuntur, quando & molestæ sunt purgationes. Canis autem vocatur, propterea quod corpora morbo afficiat, sive propter flammæ candorem, quæ hujusmodi sit, ut præ cæteris lucere videatur. Itaque quo magis eam cognoscerent, Syrion appellarunt. Cometes stella est dicta, eo quod comas luminis ex se fundat, quod genus sideris quando apparuerit, aut pestilentiam, aut bella, aut famem significat. Cometes autem Latine crinitus appellatur, quia in modum crinium flammas spargit, easque Stoici dicunt esse ultra triginta, quorum nomina, & effectus quidam Astrologi inscripserunt. Lucifer dictus, eo quod inter omnia sidera plus lucis ferat. Est autem unus ex Planetis. Hic proprie & jubar dicitur, eo quod jubas lucis effundat. Sed & splendor Solis, & Lunæ, & stellarum jubar dicitur, quod in modum jubæ radii ipsorum extenduntur. Vesperus stella Occidentalis, quam cognominatam perhibent a Vespero Hispaniæ Rege. Est autem & ipsa ex quinque stellis planetis noctem ducens, & Solem sequens. Fertur autem, quod hæc stella Oriens Luciferum, Occidens Vesperum facit. De qua Statius: *Et alterno dependitur unus in ortu*. Planetæ stellæ sunt, quæ non sunt fixæ in cœlo, ut reliquæ, sed in aere feruntur. Dictæ autem planetæ ἀπὸ τὸ πλάνης, idest ab errore; nam interdum in Austrum, interdum in Septemtrionem, plerumque contra Mundum, nonnunquam cum Mun-

Mundo formatur. Quarum nomina Græca sunt. Phænon, Phætonia, Phyrisma, asperum, Stilbon. Has Romani nominibus Deorum suorum, idest Jovis, Saturni, Martis, Veneris, atque Mercurii consecraverunt; decepti enim, & decipere volentes in eorum adulatione, qui sibi aliquid secundum amorem præstitissent, sidera ostendebant in cælo dicentes: Quod Jovis esset illud sidus, & illud Mercurii, & concepta est opinio vanitatis. Hanc opinionem erroris Diabolus confirmavit, Christus evertit. Jam vero illa, quæ ab ipsis Gentilibus signa dicuntur, in quibus & nominatim imago de stellis formatur, ut Arctos, ut Aries, Taurus, Libra, & hujusmodi alia, hi qui sidera perviderunt, in numerorum stellarum specie corporis superstitiosa vanitate permoti finxerunt, & ex causis quibusdam Deorum suorum & imaginis nomina confirmaverunt. Nam Arietem primum signum, cui, ut Libiæ, mundi lineam tradunt propter Ammonem Jovem ideo vocaverunt. In cujus capite qui simulacra faciunt arietis cornua fingunt, quod signum Gentiles ideo inter signa constituerunt, quia in Martio mense, qui est anni principium Solem in eo cursum suum agere dicunt. Sed & Taurum inter sidera collocant & ipsum in honorem Jovis, eo quod in bovem sit fabulose conversus, quando Europam transvexit: Castorem quoque & Pollucem post mortem inter notissima signa constituerunt, quod signum Geminos dicunt. Cancrum quoque inde dixerunt, eo quod cum ad illud signum mense Junio Sol venerit, retrogreditur in modum Cancri, brevioresque dies facit; hoc enim animal incertam habet primam partem, denique ad utramque partem gressum dirigit, ut anterior pars sit posterior, & posterior prior. Leonem in Græcia ingentem Hercules occidit, & propter virtutem suam hunc inter astra, & duodecim signa constituerunt. Hoc signum Sol cum attigerit, nimium calorem mundo reddit, & annuos flatus, Etesias perpetrare facit. Virginis etiam signum idcirco inter astra collocaverunt, propterea quod iisdem diebus, in quibus per illud Sol decurrit, terra exusta Solis ardore nihil pariat. Est enim hoc tempus Canicularium dierum. Libram autem vocaverunt ab æqualitate mensis ipsius, quia VIII. Kal. Octob. Sol per illud signum currens Æquinoctium facit, unde & Lucanus: *Ad justa pondera libræ*. Scorpionem quoque & Sagittarium propter fulgora mensis ipsius appellaverunt. Sagittarius vir equinis cruribus deformatus, cui sagittam, & arcum adjungunt, ut ex eo mensis ipsius fulmina demonstrentur, unde & Sagittarius.

Incipit Epistola Dionysii Exigui.

CXLIII.

Dominis a me plurimum venerandis Bonifacio Primicerio Notariorum, & Bono Secundicerio Dionysius Exiguus, &c. *Edita a Bucherio in Append.*

Incipit Epistola S. Cyrilli V. Kal. Decembr.

CXLIV.

Dominis venerabilibus Sanctis Fratribus Episcopis Aurelio, Valentino, sed & omni Sanctæ Congregationi &c. *Edita a Bucherio pag. 72. haec autem finem in Codice nostro habet*. Et omnia scripta synodica Synodi Nicænæ per Innocentio Presbytero ut adferret ad vos. Pax cum spiritu vestro & meo in Christo Jesu. Finis. Amen.

Incipit Epistola Sancti Proterii Alexandrini Episcopi ad Beatissimum Papam Leonem Romanæ Urbis Episcopum de ratione Paschali.

CXLV.

Domino meo dilectissimo Fratri, & Consacerdoti Leoni Proterius &c. *Edita a Bucherio pag. 82.*

Incipit Epistola Mariani Episcopi Alexandrini de ratione Paschali, eo quod senserunt alii diversi.

CXLVI.

De eo quod scriptum est: *Post biduum Pascha fiet*, inauguratum fuit Pascha Judæorum in Æquinoctio, hoc est in VIII. Kal. Apr. In Æquinoctio renovatio novissima Mundi, & redemptio per Crucem Christi, quia in Æquinoctio fuit Mundi constructio, & compositione dispar sibi invicem fuerat utraque. Dum de Adam longitudo facta est, & potentia Dei tribus diebus facta; sed Sol addidit cursum dierum, quando infulsit in Mundo quarto die * e contrario tempor.. cui * [illegible] Adæ venerationem & honorem æquinoctii novissimi, & Paschæ Christi persignata est, & facta est prima Mundi constructio in æquinoctio primo. In æquinoctio quoque facta est liberatio, & redemptio Israhel de servitute Judæorum, & in eodem æquinoctio post xii. Kal. Apr. præcepit filiis Israhel celebrare Pascha, quod est typus Paschæ futuri Christi per omnia in finem ex initio. Typus namque Christi agnus, qui est occisus, & manducatur quotidie Agnus a septem viris, hoc est a septem gradibus Ecclesiæ. Tantùm autem ministerium Dei festote, quod non mirum si acciderit, * si in passionem convenerit æquinoctium, quod est viii. Kal. Apr. sexta Feria Luna xiv., & resurrectio Luna xvi. post xii. Kal. Apr., quod æquinoctium vernale, hoc est initium anni Solaris, & ante hoc initium anni faciunt Pascha apud Hebræos, & Græcos, & Latinos, nisi in errore, quia dies Dominica, in qua facta est lux, non fuit ante xii. Kal. Apr., quod est in nocte ii. Feriæ numero crucis. xii. autem Kal. Apr. iii. Feria, & x. Kal. Apr. iv. Feria, in qua dictum est: *Post biduum Pascha fiet*. Deinde aliquid ita fiat post biduum Pascha, idest post completionem, & integritatem duorum testamentorum, & transferatur ad regnum Dei conveniens ad vi. Feriam æquinoctio Luna xiv. & solemnitate Resurrectionis die Dominica, hoc est totius generis humani, ex quo genere virga de radice Jesse exiit, quæ redemit Israhel de Ægypto; quæ conversa est in Serpentem, ut liberarentur Israhelitæ ab Ægypto. Quid Serpens persuasit homini, hoc est Diabolus mortem. Si ergo a Serpente est mors, Virga in Serpentem, Christus in mortem, Serpens exaltatus in heremo æneus, ut sanaret vulnera corporalia respicientium * animam. Ut solvit servitutem Israhelitarum famulationem in Ægypto, sic omnis * Moysi a serpentibus a venenis intuendo Serpentem magnum Sacramentum quod est intuendo Serpentem sanari, nisi credo in mortuum Christum sanari a morte peccatorum. Et ut liberaretur populus ab Ægypto per Virgam in Serpentem conversam, & Agnum in Pascha occisum, hoc est Christum in mortem, ita liberatur genus humanum gratis in Pascha Passionis Christi, qui est verus serpens occidens Serpentem, idest Diabolum, & devorans Virgas Magorum, idest Philosophorum, & ministrorum Diaboli. Qui est autem, expavit Moyses, & fugit, quia quando mortificatus est Christus, expaverunt, & fugerunt discipuli. Caudam apprehende posteriore adprehendendo, ut est illud: *Posteriora mea videbis*. Primo factus est Serpens sed cauda retenta, virga est Cepha, deinde xi. Est enim in cauda Serpentis finis sæculi, quia mortalitas generis humani ambulat per mortem a Diabolo illatam, sed in fine sæculi, sicut a cauda redibimus ad manum Dei, & efficimur stabilitatem regnum Dei. Post hæc autem omnia breviter dicam, quod numquam breviter apud Hebræos ante xiv. Kal. Apr. quia Luna nata in viii. Id. Mart. xiv. in xi. Kal. Apr. Observa igitur cursum Lunarem juxta regulam Græcorum, & more Ægyptiorum, & non secundum Epactas, idest adjectiones Lunares, quia ibi perveniunt a iv. Luna usque ad xvi. hic autem ad xv. juxta compositionem Eusebii, quia primus conscripsit circulum xix. annorum, Athanasii, Theophili, Cyrilli, Dionysiique Exigui, atque dum scripsit Victorius Hilario Papæ Urbis Romæ Episcopo. Tunc accesserunt disputatores Alexandrini, & Antiocheni circulos post alios describere. Finiunt hæ Epistolæ in Dei nomine Amen.

Incipit Præfatio Petronio Episcopo.

CXLVII.

Domino Beatissimo, & nimium desiderabilissimo Patri Petronio Episcopo Dionysius Exiguus, &c. *Edita a Bucherio pag. 485. Hæc vero ista leguntur:*

Quia vero S. Cyrillus primos Cyclum ab anno Diocletiani centesimo quinquagesimo secundo cœpit, & ultimum in anno ccxlvii. terminavit, nos a ducentesimo quadragesimo octavo anno ejusdem, &c.

In nomine Dei Patris, & Filii, & Spiritus Sancti de Mundi principio.

CXLVIII.

Quomodo factus est Mundus initio creaturarum Dei? in qua die? in diebus mensis? & in diebus septimanæ? & in quo anno? & in quo tempore? sive in die? an in nocte? & in qua hora? interrogamus. In Æquinoctio autem, & in die Dominico, & in communi anno, & in Ogdoade, & in prima hora creatus est, & in momento oculi omnia simul facta sunt a Deo, secundum Apostolum dicentem hunc sermonem: *ut dixit, omnia simul facta sunt*, & similiter a Deo vivo in die Judicii omnia simul destruentur, & in meliorem statum renovabuntur. Ratio ergo tractatur dierum, quos prædiximus superius, annor., principium, & finis illorum numeratur, quod primum xii. kal. Apr. in principio die Dominicæ incipit, quasi fuisset ante in sabbato dimidium ipsius diei, & in sexta hora Dominicæ diei finitur, sed paulo post x. kal. Apr. consecratus est. Et similiter in sexta hora vi. Feria consummatus est, & x. kal. Apr. usque ad dimidium iii. Feriæ incipiens a sexta hora secunda Feria migravit, & ix. kal. Apr. usque ad dimidium iv. Feriæ apparuit, incipiens ante sextam horam v. Feriæ, &

in

in hoc die Sol lucit. Initio ipsius, & in viii. Kal. Apr. usque ad dimidium v. feriæ manebat, incipiens a sexta hora iv. Feriæ ante, & in viii. kal. Apr. ostensa est Luna in cælo in fine illius diei in xiv. Lunæ ætate. Sciendum est autem, quod major facta est Aurora Solis in principio Mundi, quam nunc in his temporibus, eo quod splendidior erat Sol ante peccatum Adæ septem luminis, quas habebat, & non manet in eo, nisi una pars tantum de septem luminis causa peccati illius Adæ. Sed omnino potuisset fallere eum propter ardorem ejus, nisi defendisset eum Deus tribus cœlis pro eo.

Nos scire volentibus, quomodo dicunt Hebræi xii. menses anni, hoc modo respondemus, quod non numeraverunt Judæi secundum Solem, sed secundum cursum Lunæ. Tantum, [illegible] qui Luna xxx. & [illegible] [illegible] anni cum uniuscujusque incipientis a xv. Luna primi mensis usque ad xv. Lunam Paschæ, excepto videlicet primo anno, quem numero numerant a xv. Luna usque ad xxv. Lunam primi mensis.

Initia mensium apud Ægyptios hæc sunt: iv. Kal. Septemb. iv. kal. Octob. v. Kal. Novemb. v. kal. Decemb. v. Kal. Jan. vii. kal. Febr. v. kal. Mart. vi. kal. Apr. vi. kal. Maji. vii. kal. Jun. vii. kal. Jul. viii. kal. Aug. Ii sunt intercalares dies, et ix. kal. Sept. viii. kal. Sept. vii. kal. Sept. vi. kal. Sept. v. kal. Septemb. Et congreguntur in unum apud Ægyptios intercalares dies, quia ccc unius mensis non habent secundum Solem, sed trecentesimum xxx. menses habere [illegible]. Illi autem Ægyptii supradicti totum annum complent, incipientes a iv. kal. Septemb. usque in iv. kal. Septemb. Sciendum est nobis quot sunt partes mensis, & quot habuerunt apud Romanos. Primum illud autem hoc modo solvitur. Quatuor partibus monstrantur habuisse; ut est tres menses, & xiv. ; & decimus. Sed tamen principium incipientes a Mense Martio, & Aprili, & Majo annum totum suum compleverunt in ipsis mensibus. Et aliquando in iv. mensibus, quando Junius conjungitur ipsis mensibus supradictis tribus, & tunc in decem mensibus adjectis quinque ipsis, ut est Jul. Aug. Septemb. Octob. Novemb. & Decemb. & tunc in xii. mensibus postea ii sunt adjecti Jan. & Febr. mensibus, quos diximus nuper, & confirmaretur annus Solis per hos duodecim menses. Sed de capite anni Januarium, & Februarium addiderunt sapientes Gentilium virorum. Nobis [illegible], qui sunt isti, qui constituerunt menses primitus a Romanis, [illegible], hoc modo solvitur, quod Numa Pompilius, & Zyagus. Duces mirabiles [illegible] menses apud Romanos, & invenitur proprium numeri ipsorum ab ipsis mensibus, eo quod Numa Pompilius Julium & Augustum tantum addidit, & Zyagus alios omnes composuit menses in commemoratione Idolorum suorum facere utilitatem per hos menses supradictos. Ideo facti sunt omnes per potestatem Domini. Quibus modis nomina sortiti sunt menses apud Romanos? Quatuor modis dicuntur: Idolis, Regibus, & numeris, ut est, Januarius a Jano Idolo accepit, quia in eodem mense docuit Romanos, ut implerent illi sua verba [illegible], Ligatum [illegible] [illegible], tradite ad corpus meum devorandum, & totos [illegible] vestros retro jactatum pro eo quod me videt morientem, omnes vos amici mei accendite, & postquam [illegible] fuerit, templum ædificate in nomine meo ad orandum in eo, & imaginem meam facite cum duabus speciebus facies viri & mulieris, ut adorent eam viri, & mulieres in hoc templo, & [illegible] in eo templo aperte, ut aperiantur adversus eos, qui vos persequuntur, & non possint bellum facere adversus vos causa hujus rei. Et hic Janus bifrons, de quo accepit Januarius nomen, aliter Januarius de janua nomen accepit, quia hic est janua anni. Mensis Februarius dictus est de lavatione, quia Febriam interpretatur lavacrum, eo quod Lercanis vel Luperci corpora sua de [illegible] hyemis lavaverunt, vel eo quod sit febris. Deinde Februarius nominatur propter frigidissimum temporis illius. Martius de Marte Idolo accepit nomen, quia mortuus erat in illo Mense, & propter hoc colebatur apud Gentiles hic mensis. Aprilis ab aperiendo dicitur, eo quod aperit Mundus flores in eo, vel eo quod aperitur [illegible] oculis, quod opertum nubibus erat ante. Majus dictus est de Majoribus Romanorum in sapientia, vel de Maja matre Mercurii. Aliter de Majo Deo Idolo, qui Optimæ magnitudine potentiæ dicitur. Junius a Junioribus Romanorum dictus est in sapientia. Aliter de Junone dictus est, quæ soror Jovis, filia Saturni fuit. Julius a [illegible] dictus propter honorem Regis. Nomen illius positum est in illo [illegible] regnum Romanis. Numa Pompilius hos duos menses addidit Julium, [illegible] Cæsar credente populo, quia per eum [illegible] regnum. Augustus ab [illegible] dictus est. Augustus autem, qui solemniter [illegible] interpretatur, quia [illegible]. September eo quod de septimus imber a Martio, qui est principium veris. [illegible] ordine October, November, & December eo [illegible] imbrium, atque modo [illegible] vocabulum. Kalendæ dictæ sunt pro Kalendo, vel colendo, eo quod initia mensium apud Gentiles. Aliterque [illegible] vocabulis, quæ sit a verbo Græco Kalo, & interpretatur voco. Ideo Kalendæ dicuntur a vocando, quia vocabantur omnes apud Gentiles in die hoc ad sacrificandum ad oppidum magnum, & dicebatur eis, qui

qui debuissent offerre, Kalendæ Lunæ dicebantur primitus, inventum hoc nomine Lunæ, ideo prima Lunæ primi mensis dicuntur Kalendæ mensium dierum. Nonæ e nundinis dicuntur, eo quod in hoc die exercebantur nundinæ. Aliter eo quod novem dies sit ante Idus. Idus a die dictæ sunt primitus in medio mensis, ut ejus cognoscerent medietatem. Id de die dicitur transformata una litera, & immutatur u pro e, factumque est nomen. Aliter Græcum est, & interpretatur cum mensibus, & nominis ejus genitivus invenitur, ut est Idus, Iduum, Idibus. Interrogandum, quare dicatur mensis quarto Nonas habere, & sexto Nonas, & quare non decem post Idus, & septemdecim, & octodecim, aut sexdecim? Ab Imperatoribus Romanorum factum est, ne illi insidiatores dolum fecissent uno die * facto condictionis, ut dubitatio esset in die condictionis absque dubio quando * quam dubitur in mensem xxv. tertio dicitur maliciosissimum tertium. In mense tricenario enim quarto dicitur malum id trigenariis trans diem. Sibi trigenarios enim unum duos dies dic, quo incipit prid. Kal. Jan. absque dubio incipit Apr. absque bissexto. Eadem autem die incipiente, si bissextus fuerit. Quarto autem die incipiunt Febr. & Mart. e die quo initiatur Jun. Die vero ex quo incipiunt Kal. Jan. Secundum initiatur Majus, tertio incipit Augustus, quarto incipit November. Hæ sunt observationes Kalendarum mensium.

Incipit Epistola Papæ Leonis ad Mauricium Imperatorem per Decianum,

CIL.

Tam multis per omnes Christi Ecclesias sidera vestræ pietatis innotuit, *&c. Edita est a Bucherio pag. 78.*

De Pascha autem.

CL.

Tametsi de maximo Sacramento salutis nostræ paulo latius aliquid disseram, alienum non est horum temporis cunctis disserere, prius ostendere volo, quibus vel quantis rationibus Phase Domini custodire præcipitur. Mense primo decimo die mensis agnus anniculus immaculatus segregari, & servari usque ad xiv. & in nono decimo die Domino per Moysen seu occidi præciperetur ab universo filiorum Israhel cœtu ad vesperam, quæ fractiones ipse Dominus verus agnus, cum ad verum Pascha progreditur, aliquid permanere volens, custodit aliquas, non servari cupiens, commutaverit, quia cum in primo mense secundum præceptum legis immolari dignatus est, & xiv. nullo modo pervenire sux Passionis tempore permiserit. Aliqua autem contra figuram fecisse narrat Evangelium, quia cum a Juda traderetur Judæis, non decima die mensis præmittendus est, & cum sui corporis, & sanguinis sacramenta dare in sua vita discipulis suis dignatus fuerit, hoc contra figuram fecisse monstratur. Cui ille agnus qui typo Christi in Pascha præcipitur occidi, effatus igne cum capite, & pedibus, & intraneis post suam occisionem totaliter a populo manducaretur. Hoc autem, ut mihi videtur, propter duas rationabiles causas Dominum fecisse cognoscimus. Nam cum Pascha cum discipulis manducaret, nisi postea sacrificium commutasset dicens: *Hoc est Corpus meum*, sic etiam postea observari debere crederetur. Hæc autem altera, ut opinor, causa, ut cum Corpus Domini integrum, & suum sanguinem in se continens ante Passionem cernerent, hoc corpore spiritaliter refici crederent, & sic etiam nunc a nobis crederetur. Hoc etiam intueri debemus, quod non xiv. ad vesperam, ut lex præcipit, ille agnus qui tollit peccatum Mundi *, & Pascha nostrum immolatus est Christus, sed quinto decimo die, in quo manifestum est diem Festum Judæorum cum suo sacrificio a Domino esse solutum. Sed quid in hoc intelligere debemus, quod prius figuralis Agni carnem comederet, & postea sui corporis cibo suos Apostolos reficeret, & post Judæorum typi cum nostrum Pascha immolatus est Christus, hoc ut opinor sic non veritas figuram, sed figura veritatem præcederet, quia non prius quod spiritale est, sed quod animale, deinde quod spiritale. Unde eleganter amica Sponsa Christi ipsius universalis Ecclesia anathematizat eos, qui cum Judæis Festivitatem Paschalem xiv. Luna celebrari definiunt, & cæteri. Et hujusmodi umbralis observantiæ, & hæc tantum observare dignatus est, quod & Dominus in primo mense post quartam decimam diem Paschalem festivitatem procedente una Sabbatorum celebrari sine ulla ambiguitate constituerit, licet in hac varietas Ecclesiæ orta est, aliis sufficere credentibus, ut non cum Judæis xiv. Luna Pascha celebrarent. Alii autem hoc sentiunt, cauteque custodiunt, ut immolationem veri Agni Dei, qui tollit peccata Mundi ante xiv. Lunam celebrare non audeant. Secundum illos legale præceptum, quod & Dominus ad Passionem veniens minime contempsit, observabitur * usque ad xiv., quod nunc maxime Ecclesia auctoritatem Sedis Apostolicæ sequens observat. Sed & hæc deseremus, quia non est hujus temporis per singula discutere, ad spiritalem intelligentiam mentes ves etiam converteremus, quibus percipiamus spiritaliter mente novorum xiv. die mensis primi Paschalem carnem comedere, ut in vobis nascentibus honorem operum fructibus, cum Decalogi a nobis fuerint verba completa in Evangelii perfectione quater numero consistentes* tertii nostri agni in vespera mundi, in quo saeculorum finis pervenerit; non enim est* tenebricosis cordibus Spiritu Sancto nostrum nostrum illuminante comedamus. Finis.

De nominibus Mensium.

CLI.

Januarius, Aquarius, hydrochus. Februarius, Piscis, Ichthis. Martius, Aries, Crios. Aprilis, Taurus, Tauros. Majus, Geminus, Didymus. Junius, Cancer, Carcinos. Julius, Leo, Leon. Augustus, Virgo, Parthenos. September, Libra, Zygos. October, Scorpius, Scorpios. November, Sagittarius, Toxotis. December, Capricornus, Egoceros.

De Mensibus Hebraeorum.

Nisan, Aprilis. Jar, Majus. Sivan, Junius. Tamuz, Julius. Ab, Augustus. Elul, September. Thesri, October. Marsuan, November. Casleu, December. Tebeth, Januarius. Sabath, Februarius. Adar, Martius.

De Mensibus Macedonum.

November Apelos. December Audinaeus. Januarius Peritius. Februarius Dystrus. Martius Xanthicus. Aprilis Artemisius. Majus Daesius. Junius Panemus. Julius Lous. Augustus Gorpiaeus. September Hyperberetaeus. October Dius.

De Mensibus Aegyptiorum.

Thot Septemb. Paophi Octob. Athir Novemb. Chiac Decemb. Tobi Janu. Mechir Febr. Famenoth Martius. Farmuthi Aprilis. Pachon Majus. Paoni Junius. Epifi Julius. Mesori Augustus.

De regulari Anni Domini, & de Indictione.

CLII.

Ad annos Domini ab Incarnatione ideo mittimus xii. regulares, quia nato D. N. J. C. illa Indictione, quae tunc erat anni iii. erant praeteriti, & remanserunt xii. Propterea auctores ad supplementum numerum de ipsis xii. regulares constituerunt.

Ad Indictionem vero ideo mittimus iii. regulares, quia illi iii. anni, qui de illa Indictione praeterierant, inde iii. regulares constituerunt.

Ad bissextum annum require, quia nato Domino primus annus erat post bissextum.

Ad Cyclum decemnovennalem unum regularem mittimus, quia nato Domino unus annus Decemnovennalis Cycli praeterit.

Ad circulum Lunae de annis Domini duos subtrahimus, quia nato Domino de illo Cyclo Lunari duo anni remanserunt.

Ad concurrentes iv. regulares mittimus, quia per quaternos vii. Cyclus Solaris discurrit, idest xxviii. annos.

Ad Epactam per xi. multiplicamus, quia de anno Solari xi. remanserunt, & per ipsos xi. ceteras Epactas multiplicamus.

Incipiunt in Christi nomine Argumenta Graecorum de Cyclis Paschalibus Aegyptiorum, quae investigata solertia Dionysius Urbis Romae Sanctissimus Abbas utriusque linguae Graecae videlicet & Latinae eleganti scientia praeditus composuit, & conscripsit de numero annorum ab initio Mundi, vel Incarnatione D. N. J. C. quomodo invenire debeas, nec non & reliqua, quae subnexa sunt.

CLIII.

Si vis scire annos ab initio Mundi, multiplica xv. cccc., fiunt ⅥM. Iterum multiplica xv. xxi., fiunt cccxv. Adde Indictionem ejusdem anni, in quo computas, ut puta anni praesentis, quae est iii., fiunt simul ⅥCCCXVIII. Isti anni sunt ab ortu Mundi. Hoc enumerando

[illegible]

memor esto Lector sollicitus, ut succedentibus annis semper, quando ad xv. Indictionem perveneris, xxi. per xv. multiplices, iterumque per xxii. per xv. multiplica, & post xv. Indictionem completam, & unum semper adjice.

De Indictione.

Si vis scire de annis ab initio Mundi Indictionem facere, sume annos ab initio Mundi, ut puta [illegible]. Hos divide per xv. partem, quia Indictio per xv. annos discurrit, hoc modo: Prius subtrahe xv. cc., fit [illegible]. Remanet cccxviii. Iterum xx. xv. Fit ccc. Item xv. semel fit xv. remanent iii. tota Indictio est. Si nihil remanserit, decima quinta erit.

De annis ab Incarnatione D. N. J. C.

Si vis nosse quotus annus est ab Incarnatione D. N. J. C. compota xv. quinquagies quatuor, fiunt DCCCX. His semper adde xii. regulares. Propterea autem Auctores xii. regulares ad annos Domini adposuerunt, quia quando Incarnatio facta est, xii. anni de illa Indictione remanserunt. Ideo autem Regulares dicuntur, quia numerum annorum Domini regulare videtur. xii. ergo additis ad praedictum numerum, fiunt DXXII. Adde Indictionem ejusdem anni, cujus volueris, ut puta vi. fiunt simul DCCCXXVII. Isti sunt anni Domini N. J. C. Hoc tantummodo memor esto Lector sollicitus, ut succedentibus annis semper quando ad quintam decimam Indictionem perveneris, si LIV. per xv. multiplicabis, iterum LV. per xv. multiplicabis, & post xv. Indictione completa & unum semper adjice, quibus additis semper xii. suprascriptis regularibus, implebis numerum annorum Domini, & nihil remanet, quod per xii. addere possis; sicut in aliis Indictionibus remanet, ut in prima Indictione I. in secunda II. in tertia tertia, vel usque ad XIV, tot remanent de computo suprascripto, quota fuerit Indictio. In xv. vero Indictione si ad summam superiorem, idest LIV. vel LV. per xv. multiplicabis, semper I. addas. Hoc argumento ad annos Domini inveniendos pervenies.

Item alia de annis Domini.

Si vis invenire annos ab Incarnatione Domini N. J. C., multiplica xv. quadragies, fiunt DC. & xv. terdecies, fiunt DCCXCV. Adde semper regulares iii. ad praedictum numerum, & Indictionem ejusdem anni [illegible]. fiunt simul DCCCX. Isti sunt anni D. N. J. C. Hoc tantummodo memor esto sollicitus Lector, ut succedentibus annis semper quando ad xv. Indictionem perveneris, si xiii. per xv. multiplicabis, iterum xiv. per xv. multiplica, & post xv. Indictione unum semper adjice.

De Indictione.

Si vis scire, quota sit Indictio anni praesentis, sume annos Domini, qui fuerint, ut puta DCCX. His semper adjice iii. regulares. Propterea vero Auctores posuerunt iii. Regulares ad Indictionem, quia tertia Indictio erat, quando Incarnatio fuit. Tribus ergo additis ad praedictum numerum, anni Domini fiunt DCCXIII. Hos partire per xv. partem, quia Cyclus Indictionum per xv. annos discurrit. ideo quinquagenos xv. fiunt DCC. Item quater quindecies, fiunt LX. remanent iii. Tertia Indictio est anni praesentis. si nihil remanserit, xv. erit Indictio.

De Circulo Decemnovenali.

Si vis sapere, quotus annus sit Circuli decemnovenalis annorum: sume annos Domini, qui fuerint, ut puta DCCCX. & semper I. regularem adjice, quia quando Incarnatio facta fuit, unus annus decemnovenalis Cycli praecessit. uno ergo addito ad annos Domini, fiunt DCCCXI. Hos partire per xix. partem, quia Cyclus decemnovenalis per xix. annos discurrit. xix. quadrageni, fiunt DCCCX. Item xix [illegible] fit [illegible]. remanent [illegible]. Tertius decimus Circulus est decemnovenalis anni praesentis. Quod si nihil remanserit, nonus decimus annus est decemnovenalis Cycli.

De Epactis Lunae.

Si vis cognoscere, quae sunt Epactae, idest adjectiones Lunares, sume annos Domini, qui fuerint, ut puta DCCCX. hos partire per xix. partem, quia Cyclus Lunaris per xix. annos discurrit.

[illegible]

tur Biagrio, & [illegible] redit ad caput [illegible], & [illegible] (a) [illegible] ad caput Pofiro, & [illegible]

[illegible]

[illegible] v. Id. Apr. [illegible]

[illegible] Non. [illegible]

vi. [illegible] die vii. [illegible] v. Id. Apr. [illegible]

[illegible]

[illegible] Non. Apr. [illegible]

[illegible]

xxi. [illegible] die v. [illegible] iv. Kal. [illegible]

xxii. [illegible] die vi. [illegible]

[illegible]

(r) [illegible]
(s) [illegible]

(t) [illegible]
(u) [illegible]

[illegible]	[illegible]	[illegible]	Pasch. vii. Kal. [illegible]	Lun. xvii.
[illegible]	die iii.	Lun. iii.	Pasch. viii. Kal. [illegible]	Lun. xvii.
[illegible]	die iv.	Lun. xiv.	Pasch. viii. Id. Apr.	Lun. xx.
[illegible]	die v.	Lun. xxv.	Pasch. xi. Kal. Apr.	Lun. xvi.
[illegible]	die vi.	Lun. vi.	Pasch. iii. Id. Apr.	Lun. xviii.
[illegible]	die vii.	Lun. xvii.	Pasch. iv. Non. Apr.	Lun. [illegible]
[illegible]	die i.	Lun. xxix.	Pasch. viii. [illegible] Apr.	Lun. xvii.
[illegible]	die [illegible]	Lun. x.	Pasch. vi. Id. Apr.	Lun. xvi.
[illegible]	die [illegible]	Lun. xxi.	Pasch. iii. Kal. Apr.	Lun. xx.
[illegible]	die [illegible]	Lun. ii.	Pasch. xiii. Kal. Apr.	Lun. xix.
[illegible]	die vi.	Lun. xiii.	Pasch. iii. Non. Apr.	Lun. xvi.
[illegible]	die [illegible]	Lun. xxiv.	Pasch. vii. Kal. Apr.	Lun. xix.
[illegible]	die [illegible]	Lun. v.	Pasch. xvii. Kal. Maj.	Lun. xx.
[illegible]	die [illegible]	Lun. xvi.	Pasch. vii. Id. Apr.	Lun. xxi.
[illegible]	[illegible]	Lun. xxvii.	Pasch. xi. Kal. Apr.	Lun. xvii.
[illegible]	die vi.	Lun. viii.	Pasch. iii. Id. Apr.	Lun. xix.
[illegible]	die vii.	Lun. xix.	Pasch. iii. Non. Apr.	Lun. xvii.
[illegible]	die i.	Lun. xxx.	Pasch. xvii. Kal. Maj.	Lun. xvi.
[illegible]	[illegible]	Lun. xi.	[illegible]	Lun. xvii.
[illegible]	[illegible]	Lun. xxii.	[illegible] Apr.	Lun. xvi.
[illegible]	[illegible]	[illegible]	[illegible]	[illegible] xvi.
[illegible]	[illegible]	[illegible]	[illegible]	[illegible]
[illegible]	[illegible]	[illegible]	[illegible]	[illegible]
[illegible]	[illegible]	[illegible]	[illegible]	[illegible]
[illegible]	[illegible]	[illegible]	[illegible] Kal. Apr.	Lun. xvii.
[illegible]	[illegible]	[illegible]	[illegible] Kal. Apr.	Lun. xxi.
[illegible]	[illegible]	[illegible]	[illegible] Kal. Maj.	Lun. xviii.
[illegible]	[illegible]	[illegible]	[illegible] Id. Apr.	Lun. xvi.
[illegible]	[illegible]	[illegible]	[illegible]	[illegible] xvii.
[illegible]	[illegible]	[illegible]	[illegible]	[illegible] xviii.
[illegible]	[illegible]	[illegible]	[illegible]	[illegible] xvi.
[illegible]	[illegible]	[illegible]	[illegible]	[illegible] xxi.
[illegible]	[illegible]	[illegible]	[illegible]	[illegible]
[illegible]	[illegible]	[illegible]	[illegible] Apr.	[illegible]
lxiii.	[illegible]	[illegible]	[illegible] Kal. Maj.	Lun. xvi.
lxiiii.	[illegible]	[illegible]	[illegible] Apr.	Lun. xvii.
[illegible]	[illegible]	[illegible]	[illegible]	[illegible]
lxv.	die iv.	[illegible]	[illegible]	Lun. xxi.
lxvi.	die v.	Lun. xii.	Pasch. ii. Non. Apr.	Lun. xvi.
lxvii.	die vii.	Lun. xxiii.	Pasch. vi. Kal. Apr.	Lun. xix.
lxviii.	die i.	Lun. iv.	Pasch. xvi. Kal. Maj.	Lun. xx.
lxix.	die ii.	Lun. xv.	Pasch. Kal. Apr.	Lun. xvi.

lxx.	die iii.	Lun. xxvi.	Pasch. v. Kal. Apr.	Lun. xviii.
lxxi.	die v.	Lun. vii.	Pasch. iii. Id. Apr.	Lun. xix.
lxxii.	die vi.	Lun. xix.	Pasch. v. kal. Apr.	Lun. xvi.
lxxiii.	die vii.	Lun. xxx.	Pasch. xv. Kal. Maj.	Lun. xviii.
lxxiv.	die i.	Lun. xi.	Pasch. vi. Id. Apr.	Lun. xix.
lxxv.	die iii.	Lun. xxii.	Pasch. ii. Id. Apr.	Lun. xx.
lxxvi.	die iv.	Lun. iii.	Pasch. Id. Apr.	Lun. xxi.
lxxvii.	die v.	Lun. xiv.	Pasch. Non. Apr.	Lun. xviii.
lxxviii.	die vi.	Lun. xxv.	Pasch. vi. kal. Apr.	Lun. xxi.
lxxix.	die i.	Lun. vi.	Pasch. xvi. kal. Maj.	Lun. xxi.
lxxx.	die iii.	Lun. xvii.	Pasch. kal. Apr.	Lun. xviii.
lxxxi.	die iii.	Lun. xxviii.	Pasch. x. Kal. Apr.	Lun. xxi.
lxxxii.	die iv.	Lun. ix.	Pasch. ii. Id. Apr.	Lun. xxii.
lxxxiii.	die vi.	Lun. xx.	Pasch. Kal. Maj.	Lun. xviii.
lxxxiv.	die vii.	Lun. i.	Pasch. xv. kal. Maj.	Lun. xviii.

Iterum ad caput revertitur.

Explicit.

Nullum fere per [illegible], eo quod quinque annos Cycli designantur diem Paschae [illegible] hoc est xii. kal. Apr. Die Dominica Luna xvi. hoc semel in anno xxxxix. [illegible] has rationes, eo quod [illegible] vel lex Paschae prohibet, ac [illegible] profuerit [illegible] in Dominico [illegible], quia die [illegible] Luna xviii. [illegible] [illegible] lege sit [illegible] Lunae [illegible] aliquas [illegible] [illegible]. Sed [illegible] xii. kal. Apr. celebretur Pascha, [illegible] quem [illegible] [illegible] in [illegible] inveniuntur. Ex [illegible] [illegible], esse quosdam annos, in quibus duplicia Paschae, sive duo in [illegible] una observanda est; [illegible] arbitrio summi Sacerdotis [illegible] cum [illegible] qui [illegible] [illegible], [illegible] optimo [illegible] ipsum diem Paschae in unum [illegible] [illegible].

Explicit Tractatus de ratione Paschae, hoc est de XII. Kal. Apr.

In [illegible] Victorini [illegible] hoc etiam scriptum [illegible] [illegible] Alexandri Episcopi, qui fuit in Hierusalem, quod [illegible] [illegible] [illegible] Kal. [illegible] natus est Dominus N. J. C. [illegible] Coss. Et baptizatus est [illegible] Id. Jan. Valeriano, & Afranio Coss. Passus est [illegible] Nerone III. & Valerio Messala Coss. Resurrexit viii. kal. Apr. [illegible]. [illegible] in coelos v. Non. Maj. post dies xl. Coss. [illegible] [illegible] kal. Jul. & circumciditur Kal. Jul. Ad Mariam vero [illegible] est [illegible] viii. kal. [illegible] [illegible] Concurrentes [illegible] [illegible]. Ex quo [illegible] Dominum fuisse conceptum, quo & [illegible]. Amen.

[illegible] [illegible] [illegible].

Dum te [illegible] [illegible], [illegible] &c. Editum est Opusculum inter S. Isidori Hispalensis Opera hoc titulo: De [illegible] [illegible],

A [illegible]

[illegible]

[illegible] A . . . E D O N.

[illegible] & . . .
Nec non & tri [illegible]
Grati dicunt, [illegible]
De [illegible]
[illegible]

In hac [illegible]
[illegible]
Per [illegible] &
His [illegible]
[illegible]
Sub Sollis [illegible]
Trinacrum [illegible]
[illegible]

[illegible]

IN

IN HILDEBERTI

CENOMANENSIS

Episcopi

Epistolas ac Sermones

FLoruit Hildebertus Cenomanensis Episcopus, ac deinde Archiepiscopus Turonensis [illegible] ... Codicem [illegible] ... Epistolas plurimas [illegible] Sermones [illegible] continentur, [illegible] ipso aevo Hildeberti [illegible] ... Cum ex exemplari [illegible] ego [illegible] Epistolas [illegible] XXI [illegible] ... Quas [illegible] Epistolas [illegible] ... fuerunt [illegible] Codicis [illegible] ... Tom. IV. Act. Erudit. Lipsiens. [illegible] ... Petrus [illegible] An. 1684 [illegible] Hildeberti [illegible] ... ejus [illegible] legere potui [illegible] ... a Opera [illegible] in Gallia procurasset [illegible] ... Epistolas [illegible] publicae luci [illegible] ... tui, indicem Epistolarum ibi occurrere [illegible] ... me descriptis [illegible] pauca [illegible] ... Alibi vero [illegible] ... ut non [illegible].

Do igitur [illegible] Hildeberti breves Epistolas, [illegible] Ivonis Carnotensis, quae cum Hildebertinis [illegible] Codice, [illegible] Sermones duo, quorum alterum [illegible] in [illegible] Concilio, et deinde [illegible] Auctore, contemnendum non puto. [illegible] Hildeberti, ac Ivonis [illegible] ...

[illegible]

[illegible]

[illegible] EPISTOLA [illegible]

[illegible]

[illegible] in [illegible] in [illegible] in [illegible] ei [illegible] vel [illegible] meam [illegible] milli [illegible] rentes ei [illegible]

[illegible]

[illegible]

[illegible] Altra-

Altaris, & Sacerdotii officium sine satisfactione, sine audientia, sine absolutione restitui. Ego autem licet gravatus, vestris tamen sum obsecutus præceptis, minus attendens illud apostolicum: *Quæ conventio Christi ad Belial? aut quis consensus templo Dei cum Idolis?* Vestram itaque paternitatem precibus, & lacrymis exoro, & tamquam pedibus Apostolicis provolutus deposco, ne corporis nostri infirmitatem mentis anxietate gravetis, sed dignemini præcipere, ut disponendi Canonice de Capellania mea integram habeam potestatem.

HILDEBERTI EPISTOLA IV.

Quæ est X. in Ambrosiano Codice.

HOnorio Dei gratia Reverentissimo, ac Sanctissimo Patri suo Sanctæque Romanæ Ecclesiæ summo Pontifici Hildebertus humilis Turonorum Minister integræ perseverantiam obedientiæ. Literas ad nos, Beatissime Pater, vestra dedit sublimitas continentes, ut caussam, quæ de conjugio N. de Edone, & Agn. uxoris suæ suscitata fuerat, utraque parte convocata canonice satageremus terminare. Quibus cum diem agendi ex nostro dedissemus præcepto, ipsa A. pro brevitate temporis, & pro loco, ad quem suos non poterat advocatos ducere, & maxime VV. de Javalle fratrem suum cum Comite Guerrino habere, se ad causam non posse venire prætendit. Præterea contigit, ut ante diem, quam posueramus, Francorum Rex ad coronandum nos invitaret, & in eadem die, quam utique dederamus, egredi de nostra sede nos tempore, & conditione viæ cogeremur. Porro non exaudire Regem, cui postulatum debebamus obsequium, & quem vel sic instigandum Ecclesiæ speravimus * cessurum & in majorem adversum nos indignationem, nemo est qui dubitet. Cum igitur nos & excusatione Agn. & vocatione, qua vocati sumus a Rege, scripto die causam non possemus terminare, competentem ei obtulimus diem, quem tamen ipse omnino suscipere recusavit, quod ideo vobis, Pater Sancte, significandum censuimus, ut si quis aliter id referret, vos & dilationis causam & rei veritatem cognoscatis. Conservet vos Dominus Ecclesiæ, Sancte Pater.

IVONIS CARNOTENSIS EPIST.

Quæ est XLI. in Ambrosiano Codice.

SUo Benefactori, & Domino. Quantum liberalitati vestræ simus obnoxii, quantasve beneficiis vestris debeamus gratias, nec explicare lingua sufficimus, nec opere promereri. In quantum nobis desuper datum est, æque per vestram incolumitatem, & salutem orationes Deo multiplicabimus, quemadmodum & pro nobis. Quia vero forfurteffis, quod fine lacrymis dicere non poffumus, faciem veftram ulterius vifuri non fumus, quod ad falutem veftram pertinet, veftræ providentiæ duximus fuggerendum. Eft obedientia quædam in terra veftra, ubi fanctimoniales boni, & probati teftimonii, Domino fervire nofcuntur, unde & veftram rogamus fublimitatem, quatenus pro falute animæ veftræ parentumque veftrorum obedientiam illam manu tenere dignemini, præfatique loci Abbatiffam, quæ fibi nomen bonum Religione, & vita promeruit, & tuitione memoratæ obedientiæ fatigatam usque ad vos exaudire velitis, Chriftum in illa, ficut credimus, fufcepturi. Denique transfretaturum vos audivimus, & a nobis longe receffurum. Sed hoc certum habeatis, quod aquæ multæ non poterunt extinguere caritatem, qua vos amplectimur, qua Dominum deprecamur, ut Angelus pacis iter veftrum comitetur.

HILDEBERTI EPISTOLA V.

Quæ eft LXXV. in Ambrofiana Codice.

SAlutem, & ætatem pariter, & confilio fuperare. Eos, qui obfequiorum funt immemores, bruta etiam accufant, quæ benefactores fuos & devotius fequi manifeftum eft; & velut in gratiarum actione eis affiftere, & blandiri. Quæ profecto te imitari, Domino Deo gratias ago, cujus confilio providifti, ne beneficia, vel obfequia ejus apud te inremunerata remanerent. Quod ego & laudo, & tibi gratias ago fidem in eo gerens, quod in futurum & majora providebis. De quo quid * ipfe plenius tibi indicabit, utpote qui preces meas, & confilium ad illos vidit in literis meis, & legit, & intellexit.

Sermo in Adventu Domini.

SEntio, Fratres Kariffimi, fentio cum fapiente illo, qui dicit: *Gratior eft fructus, quem fpes productior edit.* Unde & fructus divini cum hominibus colloquii tanto vobis debet effe jocundior, quanto fuit expectatio ipfius diuturnior, exhibitio mirabilior, experientia dulcior, ufus major. Præmiffi funt autem nuncii, qui facrofanctum edicerent colloquium, homines ad illud invitarent, venturis quidem præmia, nolentibus autem pœnam pollicerentur æternam. Hi Prophetæ fuerunt, qui colloquium illud non folum verbis prædocuiffe, fed actibus etiam figuraffe nofcuntur. Sic enim Moyfes ait: *Prophetam fufcitabit vobis Dominus de medio veftri; tamquam me ipfum audite.* Et Ifaias; *Ecce*, inquit, *Virgo concipiet, & pariet filium, & vocabitur nomen ejus Emanuel.* Fuerunt etiam, quorum actus præfati colloquii Prophetiam fuiffe fcriptura commemorat. Hinc eft, quod Jeremias, cum nudatur, prophetat; David, cum fe ipfum propriis manibus gerit,

gerit; Daniel, cum in lacum Leonum mittitur: Osee, cum fornicariam ducit uxorem; Jonas, cum tribus diebus, & noctibus in ventre ceti tenetur. Has Apostolus Prophetias & præcessisse perstringens, & ostendens completum in Christo colloquium, sic ad Hebræos scribens ait: *Multifariam, multisque modis olim Deus loquens Patribus, & Prophetis, novissime diebus istis locutus est nobis in Filio*. Locutus est, inquit, nobis in Filio, quod locutus est nobis in Christo. Quomodo Deus locutus est nobis invisibilis, & incognitus nobis? Ut videri posset, & cognosci a nobis. *Verbum caro factum est, & habitavit in nobis*. Verbum Dei, filius Dei nobis in carne visus est, in carne nobiscum de nobis locutus est. Locutus est autem de pacificando homine cum Angelis, de collocando inter Angelos, de provehendo super Angelos. Locutus est, inquam, de commutanda dissimilitudine nostra in similitudinem suam, de morte nostra in vitam suam, de confusione nostra in gloriam suam. De his omnibus omnium Creator ante omnia tempora habuit secum consilium, colloquium cum homine in tempore. Ut autem secretum illud consilium aperiretur, missi sunt duo Angeli in mundum, unus qui consilium detegeret, alter, qui detectum adimpleret. Unus, qui Mariæ Virgini nunciaret nasciturum de Maria Virgine sequestrem nostrum, alter qui in carne sumpta de Virgine profiteretur advocatum nostrum. Porro sequester, & advocatus noster hodie natus est nobis. Quare sic Isaias promisit nobis: *Puer natus est nobis, & filius datus est nobis*. Puer, inquit, natus est; puer autem iste Deus, & homo est. Deus & homo præfati consilii negotium exsecutus est. Nulli fides desit, cum denunciatur in matre Virginitas, nulli spes, cum prædicatur in prole divinitas. Gestum quidem utrumque contra naturam, sed propter naturam; utrumque etenim opus Gratiæ, sed officium Naturæ. Utrumque novum, sed oraculis repromissum. Utrumque beneficium, sed usu diversum. Siquidem pudor Matris gloria est personæ, divinitas Filii profectus naturæ. Pudor in Matre servatus est, testificatur Filium ejus hominem Deum. Divinitas homini unita est, unitura Deo credentes in Deo homines. Erubescat Judæus infelix, confundatur infelicior Helvidius. Derogat Judæus divinitati Christi, uterque perpetuæ Virginitati Matris Christi. Debacchatur Judæus, & uritur, cum dicitur: *Verbum caro factum est, & habitavit in nobis*. Idem quoque autem avertit, & Isaiam pervertit, cum scriptum advertit: *Ecce virgo concipiet, & pariet filium*, & in Ezechiele: *Porta hæc, quam vides, non aperietur, & homo non transiet per eam, sed clausa erit in æternum*. Hæc ideo porta, quod per eam Christus ingressus est in Mundum, sed per clausam in æternum. Bene clausam in æternum, quoniam clausam ante partum, clausam in partu, & clausam post partum. Facescat perfidia Judæi fabulantis ex Joseph conceptum Christum. Facescat Helvidii spurcitia garrientis filios Virgini natos post Christum natum. Sed istuc, o

Judæe, ſermo nobis ad te eſt, adhuc enim apud te facies Moyſi velata eſt; nondum tibi tuæ legis ſplendor inluxit, nondum myſteria Prophetarum. Denſiores tenebræ operiunt te, quam Ægyptios propter te. Opes tibi exuberant, & egeſtate torqueris. Appoſitus eſt eſculentior apparatus, & fame deficis. In ſpica frumentum portas, & quam ſuave ſit, nondum guſtaſti, nondum ſenſiſti. Pueri David per ſata tranſeuntes ſpicas fricabant, & manducabant. Frica & tu ſpicam legis, frange ordeum legis, & invenies ſiliginem legis. Invenies enim ſub paleis præfocante medullam ſatiantem, ſub occidente litera ſpiritum vivificantem. Aperi ciſternas Prophetarum, puteos erudera, & occurret tibi fons David, fons aquæ ſalientis in vitam æternam. Sed tu miſer venas aquæ limpidioris obturas, tu cum Allophylis puteos imples, quos fuerant pueri Iſaac. Opponis enim firmum, cum tibi fulgor legis exprimitur; inſultas gratiæ Dei, cum Maria Virgo concepiſſe, virgo peperiſſe perhibetur. In Patriarchis, & in filiis eorum opera gratiæ audis, & credis, veneraris, & extollis; in Creatore autem Prophetarum curita naturam amplecteris, ut gratiam perſequaris? Abrahæ Sara filium peperit, cum eis ſterilitas, & ſenium ſpem prolis abſtuliſſent. Inficiari, Judæe, non potes, Saram in Iſaac plus debuiſſe permiſſioni, quam nuptiis, gratiæ, quam naturæ. Ante Moyſen viſus ardere rubus nullum patiebatur ex igne diſpendium: Inficiari, Judæe, non potes, opus hoc ſigni potius fuiſſe, quam rubi, gratiæ, quam naturæ. Sitiebat in deſerto Iſrael, & ſitis anguſtias impatienter ſuſtinebat. Acceſſit Moyſes ad petram, & ea bis percuſſa, egreſſæ ſunt aquæ largiſſimæ, ita ut populus biberet, & jumenta. Judæe, inficiari non potes opus hoc ſigni potius fuiſſe, quam lapidis, gratiæ, quam naturæ. Rem loquar manifeſtam; paucos eſſe credo, qui lapidem Cryſtallum ignorent. Lapis iſte lapis ſplendidiſſimi coloris, & candidi, hunc aqua perfuſum, ac deinde ferventi ſuppoſitum Soli ſcintillulas emittere celebre eſt. Nulla tamen ex his ſciſſura lapidis, nulla ſui exitus veſtigia ſcintillæ derelinquunt. In cryſtallo eadem integritas, idem ſplendor perſeverat. Egreditur inde, quod humanis uſibus proſit, non quod lapidis interpolet claritatem. Idem tamen ſi ei aut Sol, aut aqua defuerit, non invenitur emittendo igni idoneus. Ubi autem ambo concurrunt, ex utroque ſimul in Cryſtallo conficitur, quod competenter & conceptum Virginis imaginetur, & partum. Cui enim ſacratiſſima Virgo rectius quam Cryſtallo comparatur, in qua velut ad cumulandam ceterarum plenitudinem virtutum, perpetuæ Virginitatis ſplendor effulſit? Ea divinis præparanda myſteriis velut aqua perfunditur, ampliorem ſuſceptura gratiam, qua mirabiliter quidem admitteret filium Dei Deum, mirabilius autem emitteret eundem hominem Deum. A natura ſiquidem minus alienum videtur cœleſti virtute Virginem impleri, quam de Virgine veram hominis exire ſubſtantiam. Fortaſſe autem, Judæe, moveris, quonam aqua Virginem

per-

perſcripſi perfuſam. Aquæ nomine Sanctum intellige Spiritum. De hujuſmodi aqua Dominus per Johelem loquens ſic ait: *Effundam de Spiritu meo ſuper omnem carnem, & prophetabunt filii veſtri, & filiæ veſtræ*. Et per Ezechielem. *Effundam*, inquit, *ſuper vos aquam mundam, & mundabimini ab omnibus inquinamentis veſtris*. Hac profecto aqua dum Virgo perfunditur, ad admittendum ſolem Juſtitiæ inviſibiliter præparatur. Præparatur, inquam, quod eam Spiritus Sanctus ab omni æſtu concupiſcentiæ carnalis obumbrando protexit. Unde ad incrementum, & plenitudinem gratiæ Virgini noſtræ acceſſit, ut ingreſſurus eam Dei Filius, & purgatam inveniret a reatu alieno, & immunem a proprio. In malivolam enim animam non poterat intrare ſapientia, nec habitare in corpore ſubdito peccatis.

Sermo in Carnotenſi Concilio.

SErmonem quem in Carnotenſi ſcriptum Concilio terminari ſupervenicus prohibuit cauſa, ut ad minorem eruditionem exarare non gravarer, nonnullos præſidentium poſtulaſſe recordor. Quod & vos, Fratres cariſſimi, flagitantes, adjeciſtis plurima, quibus ſtyli noſtri ſomnolentiam excitari poſſe credidiſtis. Scilicet ſic oportet Epiſcopum vivere, ut etiam ſepultus exemplo vivat omnibus aut verbo; eſſe apud Deum inferiorem populo Sacerdotem, cujus nec doctrina in benedictione eſt, nec vita. Ex abundanti, Fratres, hoc addidiſtis, ſcientes quod pepegerim mecum vos honorare, vos diligere in Chriſto, vobis in his omnibus morigerari, quæ vel amicum poſtulare conveniat, vel facere poſſim poſtulatus. Unde & vocis veſtris affuturum me promiſi, quod utinam minime promiſiſſem, ſiquidem mendacii arguar, niſi ſolvam quod ſpopondi; ſi ſtylo indulgeam, ridiculus ſcriptor inveniar. In ſilentio itaque delictum eſt, in pagina confuſio. Malui tamen ingenium deſecto, quam Sacerdotem mendacio accuſari. Hinc eſt, quod operi manum appoſui, rogans ipſum fieri procul ab oculis hominum, ſi ſenſeritis ipſum linguas hominum formidare. In quo ſi forte reperiar addidiſſe aliquid, aut dempſiſſe, ſi non eumdem tenniſſe ordinem: ſcitote, quod ſcribere decreverim, non prædicare, & corrigere ſcripto, ſi quid fuit in ſermone peccatum.

Niſi fallor, præſens Capitulum ſermonis initium fuit: *Oculi ſapientes in capite ejus, ſtultus autem in tenebris ambulat*. In ſuperficie hujus literæ nihil, quod ad fidem erudiat, nihil quod moribus proſit, invenitur; ſive enim ſapiens homo ſit, ſive inſipiens, oculi ejus nuſquam niſi in capite ejus. Neceſſe ergo eſt intellectum quæri altiorem. Latet fructus in foliis, os putei clauſum eſt. Tollite folia, & invenietis fructum pretioſiorem cunctis operibus, & omnia, quæ deſiderantur, huic non valent comparari. Erudenate puteum, & occurret vobis fons aquæ ſalientis in vitam æternam. Apoſtolus dicit:

Caput

Caput mulieris vir, caput autem viri Christus. Caput istud, caput, de quo descendit unguentum in barbam, barbam Aaron. Ex isto capite totum corpus Ecclesiæ subsistit, totum sentit, totum vegetatur, totum regitur. Caput ergo Ecclesiæ Christus. In hujusmodi capite Scriptura sapientis oculos esse commemorat. Verum non sapientis sapientia hujus mundi, quæ stultitia est apud Deum; quia sapientes sunt homines ut faciant mala, bene autem facere nescierunt. Alia vere & longe alia est sapientia, ea scilicet, qua thesaurizamus thesauros in cœlo, qua miserentes pauperi Deum fœneramus, qua facimus nobis amicos de mammona iniquitatis, cum defecerimus, in æterna nos tabernacula recepturos. Hujusmodi sapientiam sapiens in Christo capite suo intentis oculis figat; is in ipso legat, quod a nullo salus absque ipso. Is ipsum sequitur propter ipsum, is arduam, & arctam metitur viam, cum Psalmista dicens: *Propter verba labiorum tuorum ego custodivi vias duras*. Vobis etiam, quorum professio est Sacerdotium, vobis, inquam, præ ceteris id ipsum incumbit, nam & vestrum caput ipse Christus est. A Christo autem mentis lumina avertere, in tenebris ambulare est. Ne ergo vos tenebræ comprehendant, in eo sint lumina cordis vestri. Lux enim de Luce Christus. Christus liber vitæ est, sed liber scriptus foris, & intus; si diriguntur in hanc lucem lumina vestra, bona fient vita vestra, & studia vestra. Si libro huic inhæserint oculi vestri, foris in eo temporalia videbitis, intus autem spiritualia. Foris enim cum Maria cernetis Christum in muneribus a Magis adoratum, cum Anna susceptum in templo, cum discipulis a discipulo traditum Judæis, cum Johanne clavis, & lancea perforatum. Foris, inquam, aspicietis obsequio Joseph eumdem exhibitum sepulcro, custoditum a militibus in sepulcro, testibus Angelis suscitatum de sepulcro. Intus autem adorabitis unigenitum Dei Filium, quotidie audientem a Patre: *Filius meus es tu, ego hodie genui te*. Intus contemplabimini sapientiam quæ operit abyssos, & nubes rore concrescunt. Intus amplectemini reformationem vestram. *Verbum caro factum est, & habitavit in nobis*. Preterea cum his omnibus docebimini, Sacerdotem debere gloriam Deo, sibi censuram; vitiis odium, consæderationem moribus, doctrinam populo, reverentiam Sacramentis, quorum scilicet Sacramentorum contemptus judicium * de his ergo rogatus scribere, quia Sacerdotibus obsequor, oratione Sacerdotum inde precor subveniri. Pulsantibus ad ostium misericordiæ fortassis aperietur, & ex eorum potero suffragiis, quod me nec ingenio, nec meritis posse confido.

Tria itaque sunt in Civitate Dei nostri Sacramenta, quæ & tempore cetera præcesserunt, & in reparatione filiorum Dei principatum obtinere noscuntur. Eorum primum est Conjugium, secundum Baptismus; tertium Dominicæ mensæ sacra libatio. His in juventute mundi forma est divinitus impressa, certi fines assignati,

quos

quos excedere quia non expedit, auctoritas non permittit. Quippe Christiani formam Conjugii primae parentis nuptiae praetenderunt. Baptismum diluvii ablutio expressit. In Sacrificio Melchisedech praefixum est altaris Christi Sacramentum. De quibus nos amplius aliquid annuente Domino locuturi singula necesse est percurramus. In illo igitur primorum parentum conjugio masculum, & feminam communis assensus astrinxit. Aetas amborum suscitandae proli conveniens. Conjux una sub uno marito. Secretiore thori licentia vir uxorem cognovit. Indivisum usque ad mortem Matrimonium. Ecce formam, ecce primi terminos Conjugii. Nos tamen excedere, atque uti carne carnalium necessitas, & proles, & duritia docuerunt. Constat enim necessitate factum, ut ad negotium nuptiale frater sorori cohaereret, & propinquitatum nomina nominibus Matrimonii jungerentur. Dehinc amore prolis vir unus ad plures intravit uxores. Divortium autem contractum est duritia maritorum. Quid de Jacob Dominus dixerit audiamus: *Jacob dilexi, Esau autem odio habui*. Ille tamen ante partum electus, dilectus ante meritum, Patriarcha ex Patriarchis, ex Jacob Israel, ex pecudum custode caelestis militiae contemplator, inter Liam, & Rachelem discurrit, utique conjugium debitum persolvens. Helcana cum ei Phenenna filios generaret, Samuelem ex Anna suscepit. Fuerunt & alii viri sancti, qui non ad liberas tantum, sed simul ad ancillas etiam ingressi, benedictionem filiorum ex carne praeter carnem quaesierunt. Quorum tales cum talibus commixtiones si divinam traherent indignationem, Augustinus nuptias Abrahae non his commendaret verbis: *Sicut non est impar meritum patientiae in Petro, qui passus est, & in Joanne, qui passus non est, sic non est impar meritum continentiae in Joanne, qui nullas expertus est nuptias, & in Abraham, qui duos filios generavit. Illius enim caelibatus & hujus conjugium Domino pro tempore militaverunt*. Porro quod virorum duritia repudii libellum dictaverit, Salvator sic ad Judaeos loquens ostendit: *Moyses ad duritiam cordis vestri uxores vestras dimittere permisit. Ab initio autem non fuit sic*. Intra terminos itaque primi conjugii necessitate suscepta est consanguinitas, prolis affectu multiplex uxor, virorum duritia dissidium. *At ubi venit plenitudo temporis, misit filium suum in mundum factum ex muliere, factum sub lege, ut eos qui sub lege erant redimeret, ut adoptionem filiorum reciperemus*, adventus ejus sub priore forma Sacramentum restrinxit nuptiarum.[b] Ex tunc a Matrimonio exclusa est cum affinitate consanguinitas, remotus uxorum numerus, Evangelii inhibitum lege divortium. Etenim, quia novus homo venit in mundum, nova praecepta dedit mundo. *Mandatum*, inquit, *novum do vobis, ut diligatis invicem, sicut dilexi vos*. Et illud: *In hoc cognoscent omnes, quia discipuli mei eritis, si dilectionem habueritis ad invicem*. Sancta & sine exemplo hujus novi hominis, & vita simul, & doctrina. Qui enim caritate venit ad homines, doctrina simul, & vita dilatavit inter homines Caritatem. Si qui-

dem

dem sub eo discitur inimicus etiam diligendus, ut Caritas dilatetur. Discitur bonum pro malo reddendum, ut Caritas dilatetur. Discitur inter extraneos tantum contrahendas esse nuptias, ut Caritas dilatetur. Magnum in hoc etiam, & celebre conjugii bonum: amici fiunt inde, qui nascuntur inimici. Inde est, ut carne quidem maritus & uxor uniantur, animo autem universa eorum parentela. A Christianis autem nuptiis ideo multa uxor exclusa est sub gratia, quia Salvatore nato quærendi potius erant Spirituales filii, quam carnales. Nec tam Jacob imitandus generans, qui generarent Christum, quam Johannes generare renuens propter Christum. Unde & sic Apostolus ait: *Volo omnes homines esse, sicut & ego sum*. Ne igitur homo fieret *sicut equus, & mulus, quibus non est intellectus*, licentia coeundi conjugibus est. Ne fornicationis ureretur incendio, una uni indulta est. De quo etiam Apostolus his loquitur verbis: *Unusquisque suam habeat propter fornicationem, & unaquæque suum. Hoc autem dico non secundum imperium, sed secundum indulgentiam*. Præterea quidem Deus erat, qui ad procreandum genus humanum, mulieri uni conjugavit unam carnem; Lamec autem homo, & peccator; qui primus in duas uxores divisit unam carnem. In quo jam tunc evacuatum est quoddam conjugii bonum, scilicet fides, qua sicut uxor ad alterum vivente viro, sic & vir ad alteram, dum superstes est conjux, ingredi prohibetur. Ne igitur vel hujusmodi boni Christianum defraudaretur Matrimonium, unitati pluralitas cessit. Cessit etiam stabilitati divortium, in qua Sacramentum esse conjugii sic Augustinus ostendit. *Omne nuptiarum bonum impletum est in parentibus Christi, proles, fides, Sacramentum. Plene cognoscimus ipsum Dominum; fidem, quia nullum adulterium; sacramentum, quia nullum divortium*. Porro nullum divortium esse nihil aliud est, quam usque ad alterius mortem conjugium stabile, & firmum perdurare; sane quod aliis omnibus omissis, quæ in legitimo exiguntur Matrimonio, ipsius stabilitati Sacramentum Augustinus adscribit, prærogative potius, quam singulariter dictum, quidam non imprudens, sicut opinor, dixerit; Sacramentum enim sacræ rei signum esse, non contemnenda tradidit auctoritas. Quod autem sub nubilibus annis celebrandæ sunt nuptiæ, sacræ rei signum est. Quod assensu viri simul & mulieris, sacræ rei signum est. Quod unus uni tantum conjungatur, sacræ rei signum est. Quod indulgetur invicem genitivo usui, & honesto, sacræ rei signum est. Quod separari non possint in Domino conjuncti, sacræ rei signum est. Idcirco cum Apostolus de conjugio loqueretur, *Magnum*, inquit, *hoc Sacramentum; dico autem in Christo, & in Ecclesia*. Nimirum sponsus Ecclesiæ Christus, sponsa Christi Ecclesia. Hora, qua fons fontem sedit, tempus fuit nuptiarum, hora autem illa hora quasi sexta. Ostendit hoc Evangelista, cum dicit: *Jesus fatigatus ex itinere sedebat super fontem, hora erat quasi sexta*. Si fides præstatur auctoritati, sexta hora sexta ætas. In hac ætate celebrari nuptias opor-

oportuit, ætas enim illa plenitudo temporis est, in qua nubilis facta est Ecclesia, & viro paratior. Ante hoc tempus parvula fuit, & ubera nondum habebat. Ubi ad hoc temporis ventum est, in uberibus inventa est, & viro paratior. Quod Augustinus in Lib. de tempore Christianæ Religionis his ostendit verbis: *Dicimus tunc voluisse hominibus apparere Christum, & apud eos prædicari doctrinam suam, quando sciebat, & ubi sciebat esse, qui in eum fuerant credituri. His enim temporibus, & his locis, quibus Evangelium non est prædicatum, tales omnes in ejus prædicatione futuros esse præsciebat, quales non quidem omnes, sed tamen multi in ejus præsentia corporali fuerunt, qui in eum nec suscitatis ab eo mortuis voluerunt credere. Quales etiam nunc multos videmus, cum tanta manifestatione de illo compleantur præconia Prophetarum, nolle adhuc credere, & malle humana astutia resistere, quam tam claræ atque perspicuæ, tamque sublimi, & sublimiter diffamatæ divinæ credere auctoritati, quamdiu parvus & infirmus est intellectus hominis divinæ credere veritati. Quid ergo mirum, si tam infidelibus plenum orbem terrarum Christus in prioribus seculis noverat, ut eis apparere, vel prædicari merito nollet, quos nec verbis nec miraculis suis credituros esse præsciebat?* His itaque præmissis, consultum est infirmitati mortalium, & medicamine congruo, & tempore opportuno. Hora ideo sexta sedit supra puteum Jesus, sciens hora sexta venturam ad fontem Samaritanam; unde & ipsa ad fontem venit, & vivum fontem invenit. Sitiebat fons, & sibi dari bibere postulavit; adquievit Samaritana, dedit de fonte fonti, ipsa susceptura fontem aquæ salientis in vitam æternam. Sexta igitur hora Christus potum petit, sexta hora sitienti Samaritana ministravit. Tempus hoc tempus opportunum, in quo nuptias filio suo paterfamilias faceret, in quo Christus Ecclesiam oscularetur osculo oris sui, in quo inter ubera Virginis Sponsæ sponsus Virgo commorari, & quiescere lætaretur. Tempus, inquam, opportunum, in quo generaret filios adoptionis, in quo lacte quidem parvulos aleret, robustos autem pane confirmaret doctrinæ. Hanc itaque temporis plenitudinem, quæ ad celebrandas spirituales nuptias desuper ordinata est, & expectata diutius ille concursus annorum mystice signat, qui in contractu carnalium expetitur nuptiarum. Unde & ipse Sacramentum est, quia sacræ rei signum est.

De Communi Consensu.

Quod animam ipsam, & Ecclesiam spontaneus, & communis consensus astruxerit, operæ pretium est non tacere. Ecclesiam Christus, electam dilexit usque in finem, cum dilecta permansurus etiam post finem. De hac electione sic ipse discipulis loquens ait: *Ego vos elegi de Mundo, ut eatis, & fructum afferatis, & fructus vester maneat. Elegit*, inquit, *Dominus Sion*, ele-

git eam in habitationem sibi. Eisdem quoque discipulis dilectionem suam ipse insinuans dicit: *Jam non dicam vos servos, quia servus nescit, quid faciat Dominus ejus. Vos autem dixi amicos, quia omnia, quæcumque a Patre meo audivi, nota feci vobis*. Hujus dilectionis magnitudinem Evangelista perstringens: *Cum dilexisset*, inquit, *suos, qui erant in Mundo, in finem dilexit eos*. Scilicet in tantum dilexit eos, ut temporalem vitam finiret propter eos. O vere beatam, atque imitandam dilectionem! cœpit hæc ante crucem, deduxit ad Crucem; permansura est post crucem. Mittens enim discipulos Dominus ad prædicandum, sicut agnos inter lupos, dicit: *Nolite timere; Ecce ego vobiscum sum usque ad consummationem seculi*. Qui sic ergo Ecclesiam elegit, qui electam dilexit usque ad mortem, dubium non est ipsam nuptiis ejus dedisse assensum. Quod autem sponsa hæc eligenti, ac diligenti sponso consenserit, sapientibus testimoniis declaratur. *Ambulans Jesus juxta Mare Galileæ vidit duos fratres, Simonem, qui dicitur Petrus, & Andream fratrem ejus mittentes retia in Mare; erant enim piscatores. Quare ait illis: Venite post me, faciam vos piscatores hominum. Qui statim relictis retibus, & navi, secuti sunt eum. Et progressus inde vidit alios duos fratres Jacobum Zebedæi, & Joannem fratrem ejus cum Zebedæo Patre eorum reficientes retia sua, & ait illis: Venite post me. Qui statim relictis retibus, & patre secuti sunt eum*. Vidit & Matthæum sedentem in telonio, cui & dixit: *Sequere me; qui statim secutus est eum*. Secuti sunt & alii, quos etiam Scriptura dixisse commemorat: *Domine ecce nos reliquimus omnia, & secuti sumus te. Quid ergo erit nobis*? Vocantur illi, & in modica supellectile totum mundum pro Christo derelinquunt; ad nuptias veniunt, de convivis in sponsam transituri. Deponunt retia, fructuosius homines piscaturi, quam pisces. Fastidiunt carnalis illecebras conjugii, felicius Cœlo generaturi, quam sepulcro. Forensibus negotiis abrenunciant, veras divitias fallacibus præponentes. Dubitari non potest has Ecclesiæ primitias assensum præstitisse vocanti, quæ statim vocantem secutæ sunt. Vocatur etiam quotidie Diaboli Concubina, cujus menstrua dum lavantur fonte Christi, fit & ipsa sponsa Christi. Quotidie filia Cananeæ fide matris a Dæmonio liberatur. Quotidie Regina Austri venit a finibus terræ audire sapientiam Salomonis. Quotidie noster Osee meretricem ducit uxorem. Quanto autem amore sponsa hujusmodi serveat, audiamus. Flagellantur in Actibus Apostolorum discipuli, cæsisque denunciatur, ne loquantur in nomine Jesu. Ipsi tamen gratias agunt, & gaudent, *quoniam digni habiti sunt pro nomine Jesu contumeliam pati*. Idem faciunt extra Synagogam, dum confitentur Christum. Ponuntur in custodia publica, dicentes, *quia non est in alio aliquo salus*. Ipsi tamen gratias agunt, & gaudent, *quoniam digni habiti sunt pro nomine Jesu contumeliam pati*. Ducitur extra civitatem lapidandus a Judæis Stephanus. Mittit Herodes, qui quosdam de Ecclesia affligerent, tradit & Petrum carceri, volens post Pascha producere eum populo. Ipsi tamen gratias

tias

tias agunt, & gaudent, *quoniam digni habiti sunt pro nomine Jesu contumeliam pati*. Ter virgis cæditur pro Christo Paulus, semel lapidatur pro Christo, ter pro Christo naufragium facit. Ipse tamen in laboribus plurimis, in carceribus abundantius, in plagis supra modum clamat: *Quis nos separabit a Caritate Christi?* Alii ludibria experiuntur, & verbera, nullam suscipiunt redemptionem, a communibus excluduntur beneficiis, circumeunt in melotis, in pellibus caprinis, hominibus spectaculum, & quasi peripsema fiunt. Ipsi tamen inter flammas, & frementium dentes bestiarum cum Paulo dicunt: *Quis nos separabit a Caritate Christi?* Denique propter Christum mortificatur tota die Ecclesia, propter Christum æstimatur quasi ovis occisionis, id experta, quod suis Dominus dicit: *Venit hora, ut omnis, qui interficit vos, arbitretur obsequium se præstare Deo*. Ipsa tamen inter mille mortes cum Paulo exultat, cum Paulo clamat: *Quis nos separabit a Caritate Christi?* Hujus amore calebat, quæ per Salomonem dicebat: *Filiæ Hierusalem, nunciate dilecto, quia amore langueo*. Ecce sacer, & plenus gratiæ consensus. Hoc inter Christum, & Ecclesiam contractæ sunt nuptiæ, quibus parit, non perit Virginitas. Generantur filii, quibus sepulcrum non pollicetur hæreditaria mortalitas. Hoc itaque mysticus ille signat consensus, qui in contractu carnalium expetitur nuptiarum; unde & ipse Sacramentum est, quia sacræ rei signum est. Sed nec illud a Mysterio vacat, quod diximus unam uni conjungendam; una enim est Sponsa Christi, quoniam una est Ecclesia Jesu Christi. De differentibus membris unum corpus est sub capite Christo. De duobus gregibus unum ovile sub pastore Christo. Unde & per Salomonem Dominus ipse sic loquitur: *Una columba, perfecta mea, una est matri suæ, una genitrici suæ*. De eodem Cyprianus adversus Novatianum: *Ecclesia*, inquit, *una est, quæ in multitudinem latius incremento fœcunditatis extenditur, quomodo Solis multi radii sunt, lumen unum, & rami arboris multi sunt, robur unum tenaci radice fundatum*. Idem: *Hoc unitatis Sacramentum, hoc vinculum concordiæ inseparabiliter cohærentis ostenditur, quando in Evangelio tunica Domini non dividitur omnino, nec scinditur, sed sortientibus de veste Christi, qui Christum potius indueret, integra vestis accipitur*. Ideo loquitur ad Moysen Deus dicens: *In domo una comedetur, non ejicietis de domo carnem foras*. Caro Christi, & semen Domini ejici foras non potest, nec alia ulla credentibus præter unam Ecclesiam domus est. Descivit ab hac unitate Synagoga, quæ præventa sponsalibus Christi degeneravit in adulteram Antichristi. Jam tunc ea legitimum sponsum adversata est, quando in excelsis cum lapide, & cum ligno fornicata est. Misit ad eam vir suus, qui dicerent: *Revertere, & non est reversa*. Novissime venit & ipse, venit, inquam, venit ad eam, & in menstruis invenit eam. Obtulit annulum in manu ejus murenulas aureas, & vermiculatas argento faciens auribus ejus. Denique gratiam suam revertenti promittens ait: *Rever-*

tere, & non est reversa. Proh dolor! ea tunc in suis sordibus derelicta est, quia dereliquit fontem David patentem in ablutionem ignominiæ suæ. Tunc in lecto prostitutionis dimissa est, quia non cognovit tempus visitationis suæ. Tunc repudii libellum promeruit, quia verum abdicavit sponsum, maledicens cæco nato, & dicens: *Ex discipulis illius es, nos autem Moysi discipuli sumus*. Tunc accepit, quia rejecit suave jugum ejus, & onus ejus leve, quando clamavit: *Non habemus Regem, nisi Cæsarem*. Erit tamen, erit, inquam, tempus, in quo illa de contempta in gratiam redeat, in dilectam de repudiata convertatur, de meretrice proficiat in Virginem. Tunc & ipsa fiet Sponsa Christi, non quidem altera, sed una & ipsa, & columba Jesu Christi. Sicut autem sponsa Christi sponsa una, sic & Sponsus Ecclesiæ sponsus unus. Unum habet ea sponsum, unum diligit, unum cognoscit, uni generat, uni lactat, unus ille Sanctus Sanctorum est. Idem Deus & homo est. Sanctum hunc sanctorum multi præcesserunt electi, multi etiam secuti sunt. Sicut sacra refert historia, præmissa est manus & brachium, cum Jacob ex Rebecca nasceretur. Deinde edito capite cetera membra in lucem novissime prodierunt. Tenebat autem manus præmissa plantam pedis Esau prægressi; sic ea caput antecessit nasciturum, sed ipsa membrum capitis nascituri: reliquæ partes natum caput secutæ sunt, sed partes ipsæ membra capitis jam nati. Sicut autem illa, & ista membra corpus unum, ita caput corporis hujus caput unum. Sic & Christum Prophetæ præcesserunt, sic Helias, & Helisæus, sic plerique veteris æmulatores testamenti. Qui scilicet, ne populus duræ cervicis, & incircumcisus corde post Deos alienos ambularet, aut sequeretur viam latam, & spatiosam, quæ ducit ad mortem, Pentateucho Moysi tamquam vinculis quinque digitorum pedes ejus ligasse, ac tenuisse noscuntur. Ubi autem veritas de terra orta est, secuti sunt Apostoli veritatem, secuti sunt Martyres, secuti sunt ii, quos undecima hora in vineam Patrisfamilias venisse Matthæus commemorat. Illi quidem sub lege Christum in tempore præcessere, sed fide facti sunt membra nati Christi. Sicut autem illa, & ista membra corpus unum, & Ecclesia una, sic unius corporis caput unum Christus, & unius Ecclesiæ sponsus unus Christus. Attende Moysen; præco sponsi non sponsus fuit. Considera plusquam Prophetam, indignum se esse confitetur, qui solvat corrigiam calceamentorum sponsi. Paulum respice. Dictum est a Sponso, quia oportet eum pati multa pro nomine sponsi. Intuere Petrum, & Andream, parcurre discipulos; domestici quidem sponsi fuerunt, nullus autem sponsus. Vides igitur sponsam Christi unam esse Ecclesiam, & sponsum Ecclesiæ unum esse Christum. Utriusque autem unitatis signum est eorum unitas personarum, quæ in contactu carnalis conjugii singulæ requiruntur: unde & ipsa Sacramentum est, quia sacræ rei signum est.

Nuptia-

Nuptialis autem, & contemplatione prolis indulta commixtio cum ſit neceſſaria ſuſcitando ſemini, magnum etiam in ea eſt Sacramentum. Eſſe namque duas generationes veritas his declarat verbis: *Quod natum eſt ex carne, caro eſt*, quare quod natum eſt ex Spiritu, Spiritus eſt. Porro carnalis generatio tota carnaliter agitur; ſpiritualis autem tota ſpiritualiter impletur. Aquam vides, vides Catechumenum, vides Miniſtrum; id autem quod in aqua fit, non vides, quod apud Catechumenum, quod per Miniſtrum. * Purum vides elementum, ſed ſigno crucis, atque virtute verborum vim ſecretam adquirit. Obligatus diabolo puer in fontem deſcendit; ſed ſuus, & Chriſti liber egreditur. Profert verba miniſter, ſed agnus baptizat, qui tollit peccata Mundi. Generatio hæc ex veteri materia novam progeniem creat, non mutans ſubſtantiam, ſed tollens culpam. Purgat enim ab antiquo perſonam contagio, inſerens eam corpori Chriſti, & cœleſtem de terrena efficiens. Generatur illa generatione prima primus Adam, ſecundus in iſta renaſcitur. Generatur ex illa Diabolus, quod per iſtam diſpendium redintegrat Angelorum. Unde & ea, quæ in carne generat, ſacramentum eſt, quia iſtius, quæ generat in ſpiritu, ſacrum ſignum eſt.

Legimus autem Dominum ſuper his, quibus invicem de conjugio complacuit, ſic dicentem: *Quod Deus conjunxit, homo non ſeparet*. Hinc eſt, quod niſi in morte alterius dirimi non poteſt copula conjugalis. De quo ſic Apoſtolus ad Corinthios ſcribens ait: *Mulier alligata eſt, quanto tempore vir ejus vivit. Quod ſi dormierit vir ejus, liberata eſt a lege viri. Cui vult nubat, tantum in Domino*. Utroque igitur ſuperſtite, ſuperſtes & inconvulſa Matrimonii lex exiſtit. Sic & ſpirituale conjugium Chriſti, & Eccleſiæ numquam dirimitur, numquam ſolvitur, quia numquam Chriſtus, numquam Sponſa Chriſti moritur. *Chriſtus* enim *reſurgens ex mortuis jam non moritur; mors illi ultra non dominabitur*. Et Apoſtolus: *Si terreſtris*, inquit, *Domus noſtra diſſolvitur, habemus Domum non manufactam, ſed æternam in Cœlis*. In Cœlis igitur uterque vivit, in Cœlis alter alteri congaudet. Vivit Sponſus in Cœlis, anima ſimul & corpore conſummatus. Vivit ſponſa in Cœlis, nequaquam felicior de glorificato ſpiritu, quia de glorificanda carne ſecurior. Congaudet Sponſus ſponſæ, quia abſterſit Deus omnem lacrymam ab oculis ejus, & introduxit eam in cubiculum ſuum. Congaudet ſponſa ſponſo, quoniam ſedet ad dexteram majeſtatis in excelſis, & Regnum ejus Regum omnium ſeculorum. Hanc profecto congaudendi viciſſitudinem Caritas docuit, Caritas movit, Caritas, ea Caritas inextinguibilis, & tranſire neſciens cum tempore. De Caritate iſta ſic Iſaias ait: *Dixit Dominus, cujus ignis eſt in Sion, & caminus in Hieruſalem*. Noſtis, fratres Cariſſimi, Sion ſpeculam, Hieruſalem vero viſionem pacis interpetrari. Quare quidem Sanctorum animæ, dum mortalitatis hujus circumferunt corpus, in Sion eſſe dicuntur, ſcilicet a longe ſpeculantes, qui ſperant, & præ-

& præstolantur mercedem. Erunt autem eædem in Hierusalem, quando duplici stola suscepta facie ad faciem Deum videbunt, mutantes imperfectum plenitudine, spem munere, imaginem veritate. In illa Sion erat Apostolus cum dicebat: *Videmus nunc per speculum in ænigmate*. Hanc sibi Hierusalem promittebat, cum subnittebat: *Tunc autem facie ad faciem*. Item idem: *Nunc cognosco ex parte, tunc autem cognoscam, sicut & cognitus sum*. Est igitur ignis in Sion, & caminus in Hierusalem, quia Caritatis fervor modicus est in hac vita, plurimus in futura. In hac igniculus, in futura caminus. Hic portio, ibi plenitudo. *Veniet enim quod perfectum est, & evacuabitur quod ex parte est*. Porro sicut numquam Christus, numquam Ecclesia moritur, ita numquam tam beata inter eos extinguitur, aut extinguetur Caritas; numquam solvitur, aut solvetur eorum beatissimum, & spirituale conjugium. Hujus tamen sacratæ perennitatem copulæ ea stabilitas carnalis conjugii designat, quam viventi viro, & uxori, non homo, sed Deus, non fori lex assignavit, sed poli. Unde & stabilitas hæc Sacramentum est, quia sacræ rei signum est.

IN GEZONIS
ABBATIS DERTHONENSIS
Librum de Corpore & Sanguine Christi.

CLariss. vir Johannes Mabillonius, dum Italicas Bibliothecas perlustraret, duos Codices offendit, ubi hoc ipsum Gezonis Opus descriptum fuerat. Unus exstat in Florentino Coenobio S. Crucis Fratrum minorum, sed sine titulo, ac Praefatione, alter in Padolironensi Monasterio S. Benedicti in agro Mantuano, ut ex ejus Museo Italic. pag. 164. & 177. patet. At Mabillonio visum non est operae pretium, evulgare integrum Gezonis Librum; quare *Praefationem* duntaxat, atque Indicem Capitulorum ejusdem Operis edidisse contentus pag. 89. parte altera laudati Musei, non monuit, se ad integram Gezonis editionem processurum, ubi intelligeret, id Lectoribus fore gratum. Ego vero ex iis sum, qui Clarissimo viro hujusmodi beneficium exoptassem; illud enim est argumentum a Gezone pertractatum, ea quaestio a temporum nostrorum Novatoribus tam acriter agitata, ut antiquitatibus in hanc rem vel quisquilias digna fiat, quae in publicam lucem efferantur. Et profecto Gezonis Liber, etsi nihil aliud praestare posset, quam confirmare Ecclesiasticam Seculi Decimi Traditionem de veritate Corporis, & Sanguinis Christi in augusto Sacramento a Calvinianis negatam, liberali animo a Catholicis amplectendum foret.

Quamobrem constitutum mihi est, illud ipsum Opus publici juris facere, postquam ejus exemplar, Mabillonio ignotum, occurrit mihi olim in Ambrosianae Bibliothecae MS. Codice Lit. Q. num. 98. Quod autem mihi praestandum censui, capita non pauca ejusdem Operis praetermisi, utpote jam edita inter SS. Patrum Opera, quoniam sunt, quae Gezo e Libris Cypriani, Ambrosii, Augustini, Gregorii, aliorumque, decerpta in suum Librum intulit. Multo magis omittendum censui Libellum *Paschasii Ratberti ad Placidum discipulum*, quem paene integrum Gezo descripsit, constitutis ex illo tribus & viginti Capitulis sui Operis. Quis fuerit, quove tempore vixerit Gezo, ex ejus Praefatione discimus, ubi haec leguntur; *Quantum autem huic devoto voluntatis meae Reverendae memoriae Dominus Giseprandus, illo tunc tempore noster Episcopus, & vi, & auctoritate restiterit, non habetis incognitum &c.* At Giseprandus, sive Giselprandus Derthonensis Episcopus, ut Ughellius Tom. IV. pag. 833. Ital. Sacrae ostendit, florebat circiter An. Ch. 950. quum Augustano Concilio interfuerit An. 952. & numeratur inter testes in Othonis M. Imperatoris Diplomate Astensi Ecclesiae concesso An. 962. Eidem quoque Ughello vixisse Giseprandus videtur An. 981. ex fide Chronici Vulturnensis. Quae omnia faciunt, ut affirmare absque errandi periculo possimus, Gezonem quoque nostrum floruisse ante annum Christi Millesimum.

Nobile vero Monasterium suis sumptibus Giseprandus Derthonae aedificavit sub titulo S. Martini Martyris, ubi sacrum quoque illius corpus reconditum fuit. Ughellius refert illustre Diploma Othonis IV. Imperatoris Anno 1210. concessum, in quo multa de eodem Monasterio, ejusque Institutore *Giselprando* habentur. Primus autem illius Coenobii Abbas, vivente adhuc laudato Episcopo, fuit Gezo noster, uti is in Praefatione testatur, quo munere functus est post sublatum etiam e vivis Giselprandum. Quare quum ejus Liber inscribatur *Dilectissimis Fratribus, quibus ex divina dispensatione &c. Paternam impendo sollicitudinem*, ad ipsos ejusdem Monasterii Monachos scripsisse dicendus est Gezo.

Post Praefationem leguntur versus *Domni Odonis*, hoc est, Abbatis Cluniacensis, qui sanctitate vitae non minus quam editis Libris clarus vivere desiit An. Ch. 942. ut ex ejus vita ac elogiis constat, Tom. VII. Sec. V. pag. 124. Act. Sanctor. Ord. S. Benedicti, & ex Tom. XVII. Bibliothecae Patrum, ubi pag. 313. editi reperiuntur hi ipsi versus. At qui subsequuntur, Paschasium Ratbertum celebrem Virum auctorem habent; sed ex iis quindecim duntaxat editi leguntur Tom. XIV. pag. 720. ejusdem Bibliothecae Patrum, hoc est, usque ad *Dispensa cunctorum &c.* Quos desiderabam in Codice nostro opinor nondum publicae luci redditos, in quibus ad *Transsubstantiationem*, uti & in reliquis sui scriptis, Paschasius aperte stabat, Gezone procul dubio sententiam eamdem probante.

GEZONIS
ABBATIS DERTHONENSIS
De Corpore & Sanguine Christi.

Incipit Prologus, vel Epistola sequentis Operis.

Dilectissimis Fratribus, quibus ex divina dispensatione, quantum propria permittit infirmitas, paternam impendo solicitudinem, Gezo Dei, & Domini N. J. C. Servus.

DEcreveram quidem olim, Fratres Karissimi, gravissimorum mihi delictorum conscius patriam parentesque relinquere, & in aliquod me conferre secretum; ubi a secularium negotiorum strepitu omnimodo sequestratus, in omnipotentis Dei servitio ævum transigerem, peccata mea jugiter deplorans, & continua pœnitentiæ satisfactione clementissimum Dominum, & judicem universorum ad miserendum invitans: Quantum autem huic decreto voluntatis meæ Reverendæ memoriæ Dominus Giseprandus, illo tunc tempore noster Episcopus, & vi, & auctoritate restiterit, non habetis incognitum, asserens non esse canonicum, ut relicta Ecclesia, in qua nutritus, & ordinatus fueram, meo arbitrio alio demigrarem, se vero numquam mihi ad ista prebiturum esse consensum. Præsertim quum jam ipse decreverit in propria Ecclesia, ubi Beatissimi Martyris Martiani corpus humatum quiescit, Monasterium construere, in quo si omnimodo statueram mutare propositum, & solitudo mihi non deesset, & ad serviendum Deo juxta libitum cuncta suppeterent. Quam ego pollicitationem pro mea tunc imperitia ægre suscepi, quia æstuanti desiderio nimis prolixa tanti temporis videbatur expectatio. Prævaluit tamen ejus auctoritas, quoniam tanti viri jussionibus non parere, & consiliis non adquiescere, non modo temerarium, verum etiam insaniæ simile diceretur. Acceleravit igitur quantotius implere promissum, & postpositis curis omnibus seculi, quibus nimium impediebatur, ad Monasterii fabricam totum se transtulit, indulta mihi bono animo licentia Monachum profitendi. Nec diu moratus, ubi prosperari in manibus suis cœptum opus Domino cooperante perspexit, omni mihi instantia cœpit imminere, ut totius loci curam susciperem, & in lucrandis Deo animabus solicitum me vigilemque præberem. Repugnanti itaque mihi, & pondus regiminis non segniter refugienti, eo usque institit, & irrevocabilis mansit, ut nulla a me excusatione suscepta sub divini se nominis obtestatione constringeret, quod nisi eo die voluntatis ejus arbitrio me committerem,

ut

ut sapiens [illegible] eliminatio hinc [illegible] Canonicis, quos jam ad hoc [illegible] dedicatum. Suscepi itaque [illegible] & nimia [illegible] cujus non [illegible] veritatis [illegible] stro [illegible] ipse [illegible] & [illegible] Sacramento [illegible] tionibus [illegible] esse, [illegible] signatum [illegible] potui [illegible] enodatius [illegible] stepio [illegible] vitate [illegible] intellectus difficultate displiceat, & [illegible] tatus in hoc Opusculo [illegible], qui de hac eadem re Placidio [illegible] composuit, eosdem ipse quos & ego secutus auctores; [illegible] scilicet Domini Sacerdotes, Cyprianum, Hilarium, [illegible], Augustinum, Gregorium, Johannem, [illegible], [illegible], [illegible], & Bedam. De quorum omnium scriptis quosdam sententiarum decerpsimus flores, [illegible], idest Dominici Corporis, & Sanguinis suavissimum odorem [illegible] libellum totum pene, sicut invenimus, [illegible] sensum ejus potius in aliquibus [illegible], & superflua quaeque [illegible] & [illegible] gratia [illegible] & potius vestris [illegible], miraculorum copiam [illegible] Dominus revelare, [illegible] ad laudem, & gloriam suam, ut ostenderet, quid sit [illegible] in terris. Simul [illegible], ut si [illegible] forte vel propter tarditatem [illegible], vel propter [illegible] redemtionis hujus [illegible] ex Patrum scriptis non potuit esse perspicuum, signorum fiat revelatione manifestum. Qua vero reverentia, quove [illegible] debeatis adsistere, [illegible] tanta gratia [illegible], quod absit, [illegible] vertatur in [illegible] ad [illegible] libello huic quantum potui [illegible], ut in [illegible], & ego ex vestro provectu, [illegible] labore, atque sollicitudine, misericordiam invenire valeamus in die Domini. Accipite igitur, Fratres Karissimi, eo quo defertur affectu, qualecumque parvitatis meae munusculum, nec ex mea vobis humilitate vilescat, quod ex [illegible] enim sine periculo poterit [illegible] habet aliquid in [illegible] quae digne [illegible] Nec parvi pendenda [illegible] intelligite, quanta sit [illegible] [illegible] Divinae [illegible] Altari [illegible] oportet [illegible] virtutum [illegible] eloqui [illegible] Virgo, & [illegible] & semper, & in [illegible] saecula [illegible]

[illegible]

Iuci-

Incipiunt Capitula

SEQUENTIS OPERIS.

I. QUod humana infirmitas non facile debeat divina discutere, ex libro Beati Hilarii Episcopi, & Confessoris de Trinitate.

II. De [illegible] Corporis origine.

III. De Nativitate Dei Filii ex Patre.

IV. Quod formis [illegible] comparabilibus [illegible] ad intelligendum [illegible].

V. [illegible]

VI. De Nativitate Filii Dei ex Patre.

VII. De Filii Dei generatione ex [illegible].

VIII. Dominum N. J. C. per assumptam [illegible] naturaliter manere in nobis, & nos per [illegible] corporis, & sanguinis ejus manere [illegible].

IX. Ecclesiæ Fides Catholica.

X. Nec consideratione ut humana [illegible].

XI. De Dei verbo.

XII. Cypriani assertio vera de Deo.

XIII. Augustini de Dei verbo.

XIV. [illegible] Corpus ejus, & Sanguinem non esse [illegible].

XV. Quod hoc Mysterium Christi [illegible] debeat ignorare.

XVI. Quid sint Sacramenta, vel quare dicantur.

XVII. Utrum sub figura, aut veritate [illegible] mysticum Calicis [illegible] Sacramentum.

XVIII. Quid inter [illegible] velamentum, figurasque [illegible] Sacramentorum Dominici Corporis & Sanguinis.

XIX. Quid sit digne ut vitam percipere [illegible], & Sanguinis Christi.

XX. [illegible] Corpus Christi.

XXI. Quod in hac Communione aut [illegible] percipitur, aut præcisum.

XXII. [illegible] fortè, quod semel gestum est, quotidie [illegible] vel quid [illegible]; hæc [illegible] accipientibus.

XXIII. Cur in pane, & vino hoc Mysterium [illegible] celebretur.

XXIV. Cur in Calice [illegible] misceatur.

XXV. Utrum plus aliquid habeat hoc Mysterium, quotiens a bono, an minus quippiam quam Veritas repromittit, si a malo conficiatur Ministro.

XXVI. Ut quid haec colorem, aut saporem in Sacramento minime permutant.
XXVII. Quod haec saepe visibili specie apparuerint.
XXVIII. Quibus verbis hoc Mysterium conficiatur.
XXIX. Utrum hoc Corpus post Consecrationem Panis jure queat vocari.
XXX. Utrum plus ex eo habeat, qui majus, an qui minus acceperit.
XXXI. Cur hoc Mysterium ante Passionem discipulis traditur.
XXXII. Ut quid in Sanguine Christi fragmentum Corporis admisceatur.
XXXIII. Quare generaliter nunc a jejunis Mysterium sacrae Communionis celebratur, cum Dominus post Coenam Apostolis hoc tradidit.
XXXIV. Quid sit, quod Dominus ait: *Non bibam amodo de hoc genimine vitis, donec illud bibam novum in regno Patris mei.*
XXXV. Si ulla differentia sit in hoc Mysterio Justo, & poenitenti reconciliato.
XXXVI. Quid digne vel indigne sumentibus Dominici Corporis, & Sanguinis praestet Eucharistia.
XXXVII. Quid Beatus Martyr Cyprianus affirmat se praesente contigisse his, qui polluti de Idolotytis Dominici Corporis, & Sanguinis Sacramenta temere susceperunt.
XXXVIII. Quare peccatis criminalibus irretiti a Sacramentis Dominicis arceantur.
XXXIX. Judaeos ab omni conventu Fidelium arcendos, praecipue ubi Christianorum celebratur oblatio.
XL. Qualiter accedendum sit ad Dominici Corporis, & Sanguinis mirabile Sacramentum.
XLI. De Revelationibus, quibus Dominus de veritate Corporis, & Sanguinis sui haesitantium corda firmavit.
XLII. Miraculum de quodam Judaeo.
XLIII. Item de quodam sene Heremita, cujus dubitationem Dominus eadem veritatis revelatione firmavit.
XLIV. Item Miraculum, quod Romae actum est.
XLV. Item aliud.
XLVI. De Sacramento Calicis quod revelatum sit B. Cypriano.
XLVII. Qualiter in D. N. J. C. Passione mysticum sit Pascha abolitum, & in ejus immolatione rei veritas sit ostensa.
XLVIII. Utrum Pascha istud legitimum post anni spatium, vel post longa intervalla dierum, an quotidie a Fidelibus sit edendum.
XLIX. Quantum sacrae oblationis immolatio mortuorum spiritibus prosit.

L. De

L. De quodam Monacho, qui per salutarem hostiam supplicium evasit.

LI. De quodam, cujus vincula in captivitate, oblato pro eo sacrificio, solvebantur.

LII. De quodam nauta, qui post longa Maris discrimina Dominici virtute Sacramenti mortem evasit.

LIII. Quibus immolatio Dominici corporis mortuis prosit.

LIV. Qua disciplina, qua modestia orandum sit, cum Sacerdos sacrificat, & unusquisque in suo ordine horam sacrae communionis expectat.

LV. Quid cavendum in oratione sit.

LVI. Cyprianus ad Clerum deprecando Deum.

LVII. Quod etiam in exteriori cultu sacrosanctum Domini Altare ornandum sit.

LVIII. Quod nihil super Altare ponendum sit, praeter sacrosancta oblatio.

LIX. Quod pro homicidis, & latronibus non sit sacrificandum.

LX. De his, qui Eleemosynam tribuunt, & peccata non dimittunt.

LXI. Stupendum nimis de quodam Presbytero.

LXII. Quod qualiscumque Sacerdotis excommunicatio valde formidanda sit, nec attendendum, cujus meriti sit, sed cujus auctoritate hoc facit, etiamsi injusta videtur, quod absit, excommunicatio.

LXIII. Laudabile nimis exemplum gloriosi Theodosii Imperatoris.

LXIV. Item aliud exemplum nimis tremendum.

LXV. Quanta reverentia Episcopali Cathedrae sit habenda, & de Domno Petro Alexandrino Patriarcha.

LXVI. Quam grave peccatum sit, sacra loca temerare, vel aliquo modo polluere.

LXVII. De quodam latrone in Coemeterio B. Johannis sepulto.

LXVIII. Incipit Epistola S. Augustini ad Auxilium Episcopum pro causa injustae excommunicationis.

LXIX. Item capitulum ad eandem rem pertinentia.

LXX. De Sacramento Baptismatis S. Ambrosius.

Expliciunt Capitula.

V E R S U S

DOMINI ODONIS

De Sacramento Corporis, & Sanguinis Domini.

CONvivas epuli mundos Deus eſſe ſuperni
Ut doceat, ſervis Dominus veſtigia lavit,
Muneribus variis, & pluribus inde rejectis,
Frumentum, & Vinum cunctis hoc pretulit unum.
Hoc ſacrat, hoc nimium, quod ſit breve, quod nimis altum,
Tam modicum ſumptu, tam perfacile, atque paratum,
Tam ſublime tamen quod totam habeat Deitatem.
Sufficit hoc ſolum mundi purgare piaclum.
Hinc placet hoc munus, quod fit de pluribus unum,
Corpus huic capiti, caput inde cohæret & illi;
Hoc genus, hoc unum placet, hoc durabit in ævum.
Hoc facile eſt, nitidum, ſimplex, Deitateque plenum.

Incipiunt Verſus.

PASCHASII RATBERTI

AC PLACIDIUM DISCIPULUM.

REgis adire ſacræ qui vis ſollemnia menſæ,
Almificum Chriſti Corpus contingere votis,
Delicias veſci, roſeum potare cruorem,
Bucolica noſtra velim puero quæ miſimus olim,
Et niveos caſto condas in pectore flores.
Ruſtica forte animo ſordent, ſed mella manabunt,
Tantum quæ colimus Chriſti de fonte min[illegible].
Unde puer poſſit ſaltem reſtinguere ſitim,
Si digne libeat ſcitari juſſa Tonantis.
Libertas etenim fidei nunquam abnegat ulli
Eximios vitæ fructus de ceſpite carnis.
Vita, ſalus, pax, lux, ſapientia denique cunctis
Inde manat cœli ſemper ſub cardine quadro.
Tu quoque, muneribus ſi dignus vixeris iſtis,
Accipies palmam Regni virtute beatus.
Diſponit cauſam noſtris Deus uſibus aptam,
Ut panis Corpus, vinum Sanguiſque ſit ejus,
Sed quenat * ut ſummiſit odor, color, ac ſapor iſdem,
Fit fidei merces, cujus eſt maxima virtus.
Lex ea naturæ eſt verti in quod juſſerit auctor.

Impe-

Imperium sequitur de se, mox [illegible] in illud,
Quod jubet omnipotens, res in [illegible] vertens.
Protinus ergo vicem mutat natura suetam.
Mox Caro fit panis, vinum mox denique Sanguis,
Datque Sacerdotes, sibi quos [illegible] omnes,
Hæc ut agant per eum Mysteria, & ipse per illos.
An homo naturam per se mutaverit ullam?
An homo triticeam prostraverit esse [illegible]?
Vox sed id explet opus, quæ condidit [illegible],
Nam semel ut [illegible] jussit, [illegible] germinet herbam,
Quod facit illa, dehinc per cuncta volumina sæcli
Jussit & hoc fieri, [illegible],
Hoc opus & cum [illegible] per ævum [illegible].
Plurima visibili semper virtute peregit;
Nam mare cum scindit, coluber fit virga [illegible],
Petraque fudit aquas, [illegible] quoque [illegible];
Fertque columna ignem, [illegible] vapore.
Ista patent coram; virtus manifesta videtur;
Illa palam fecit, hoc clam gerit attamen ipse.
Hoc opus absconsum quod signa patentia produnt,
Nam manifesta Deus fecit, credatur ut istud.
Dum videt illa oculus, cernat fidei id quoque visus,
Quo neque veracem dubitat, nec omnipotentem:
Frumentum & vinum generantia Virginitatem
Hæc generant turmas de Virginitate [illegible],
Virginis has species legit quam [illegible] proles,
Hinc ut castificent numero [illegible]
Horrea frumentum [illegible], [illegible],
Cor hominis facit hoc, illud [illegible]
Hæc duo Virgineas [illegible]
Participes Calicis [illegible]
Abluit inde pedes, [illegible]
Discipulis mundam [illegible]
Participes divini, quo [illegible]
Ne ut Judæ similes [illegible]
Inmundi mundam quondam [illegible].
Nam docet in Calicis [illegible] mortale [illegible],
Qui sibi judicium [illegible] per Mysteria [illegible].
Hinc sunt [illegible] convivantur [illegible],
Ut Judas [illegible] carnis illo [illegible].
Officit infirmo, [illegible] denique [illegible].
Qui [illegible] injustis, [illegible] ministrat [illegible],
Esseque vult salvos, & [illegible] agnoscere cunctos.
Hoc commune bonum [illegible] largitur ad usum;
Quisque tamen videat, qualis, vel qualis sumat,

Præde Cælo, *filius hominis, qui est in Cælo*. Quod de Cælo descendit, conceptus de Spiritu originis causa est; non enim Corpori Maria originem dedit, licet ad incrementa partumque corporis omne, quod sui sexus naturale est, contulerit. Quod vero hominis filius est, susceptæ in Virgine carnis est partus. Quod autem in Cælis est, naturæ semper manentis potestas est, quæ initiata, conditaque per se carne non ex infinitate suæ virtutis intra regionem se definiti corporis coarctavit. Spiritus virtute & Verbi Dei potestate in forma servi manens ab omni intra, extraque cæli, mundique circulo cæli, ac mundi Dominus non abfuit. Per hoc ergo & de cælo descendit, & filius hominis est, & in cælis est. Quia Verbum caro factum est, non amiserat manere quod Verbum est, nam dum Verbum est, & in Cælis est, dum caro est, & hominis filius. Dum Verbum est caro factum, & de cælo est, & hominis est filius, & in Cælo est. Quod & Verbi virtus suis incorporalibus modis manens non deerat, unde descenderat, & caro non aliunde originem sumpserat, quam ex Verbo, & Verbum caro factum est, cum caro esset, non tamen non erat & Verbum. Absolute autem & B. Apostolus etiam hujus inenarrandæ corporeæ nativitatis Sacramentum locutus est dicens: Primus homo de terra limo, secundus homo de cælo. Hominem enim dicens, nativitatem ex Virgine docuit, quæ officio usa materno sexus sui naturam in conceptu, & partu hominis exsecuta est. Et cum ait secundum hominem de cælo, originem ejus ex superveniente in Virginem Spiritu Sancto [illegible] est. Atque ita cum & homo est, & in cælo est, [illegible] & partus a Virgine est, & conceptio ex Spiritu est. Novit Ecclesia unum Deum, ex quo omnia, novit & unum Dominum N. J. C. per quem omnia, unum ex quo, & unum per quem. Ab uno universorum originem, per unum cunctorum [illegible], in uno ex quo auctoritatem innascibilitatis intelligit, in uno per quem potestatem nihil differentem ab Auctore veneratur. Cum ex quo, & per quem [illegible] creator in his, quæ creata sunt communionis auctoritas sit. Novit in Spiritu Deum Spiritum impassibilem, & indiscerpibilem. Didicit enim a Domino spiritui carnem, & ossa non esse, ne forte caderet in eum corporalium passionum detrimenta crederentur. Novit unum innascibilem Deum, novit & unigenitum Dei filium. Confitetur Patrem æternum, & ab origine liberum, confitetur & originem filii ab æterno, non per se ipsum, sed ab eo, qui a nemine semper est, natum ab æterno, nativitatem videlicet ex paterna æternitate sumentem. Novit de Deo non esse humanis judiciis sentiendum, neque enim nobis ea natura est, ut se in cælestem cognitionem suis viribus efferat. A Deo discendum est, quod de Deo intelligendum sit, quia non nisi se auctore cognoscitur. Adsit licet sæcularis Doctrinæ elaborata institutio, adsit vitæ innocentia, hæc quidem proficient ad conscientiæ gratulationem, non tamen cognitionem Dei consequentur. Moyses cum

in

in terra Madian ovium pastor esset, [illegible] & ratione nobi [illegible] [illegible], & [illegible] torum cognovit. [illegible] de Deo, [illegible] per [illegible] esse potuissent. Loquuntur [illegible] de Deo [illegible] ut ipse ad intelligentiam nostram [illegible]. Deo cui omnia in mortuis vivunt, hoc solum perit, quod sibi deperit. Nam [illegible] ipse [illegible]

[illegible]

N On per [illegible] Deo. [illegible]

[illegible]

Quod

IV.

Quod formis saepe comparabilibus erudiamur ad intelligentiam divina.

Humanae itaque nativitatis conscientiam consulo, utrum non intra Patris originem maneat origo nascentium, nam tam etsi elementa illa inanima, ac turpia, quibus nascendi causae inchoantur, in hominem alterum effluant, per naturam tamen virtutem intra se invicem manent, dum & per, datam a se naturam ejusdem originem nascentium sequitur ille, qui gignit, & per acceptam nativitatem, cujus virtus derivetur, non tamen auferatur in gignente, si maneat ille, qui gignitur. Et hoc quidem tantum ad humanae nativitatis intelligentiam commemoratum a nobis sit, non etiam ad perfectum in Unigenito Deo Nativitatis exemplum, quia naturae humanae infirmitas ex disparibus comparatur, & nec ex inanimis continetur ad vitam, nec statim in eo qui gignitur vivit, neque totum vivit ex vita, cum in eo multa sint, quae sine naturae suae sensu cum excreverint desecentur. In Deo vero quod est, totum vivit, Deus enim vita est, & haec vita non potest quicquam esse nisi vivum, neque ex derivatione, sed ex virtute nativitas est. At si dum totum quod est vivit, & dum totum quod ex eo nascitur vivum est, habet nativitatem non habet demutationem, & impertit profectum, non amittit naturam. Et dum nativitatem, quam dedit per indifferentem naturae similitudinem sequitur, & nativitatem, quae vivens ex vivente est, naturam nascendo non deserit. Illustrandae per partes fidei hujus significationem ignis in se lumen habentis, & in igne ignis manens. Nam cum sit in eo splendor luminis, natura caloris, virtus ustionis, mobilitas aestuandi, totum tamen ignis est, & haec universa una natura est. Habet quidem ex infirmitate quod per materiam subsistit, ut vivat, & cum ea, per quam vixerat, deficit. Sed hoc, quod incomparabile Dei est, ex comparationis parte cognoscimus, ut non impossibile id Deum sit, quod pro parte aliquo in terrenis reperiatur elementis. Quaero itaque nunc utrum divisio, aut separatio sit, cum ignis ex igne est? Aut numquid abscidetur natura, ne maneat? aut non sequitur naturam, ne insit? Cum accenso lumine ex lumine per quandam quasi nativitatis profectum nulla defectio sit, & tamen sit lumen ex lumine. Aut numquid hoc non manet in eo, quod ex sese sine defectione subsistit? Aut hoc non inest in eo, unde non recessum est, sed cum unitate substantiae naturalis exivit? Et quaero nunc non unum sint, cum lumen ex lumine nec divisione separabile sit, nec genere naturae? Et haec, ut dixi, ad intelligentiam tantum Fidei comparata sint, non etiam ad Dei dignitatem, ut non

potius

potius intelligentiam invisibilium ex [illegible] [illegible], non utique, ut aliquod naturæ Dei satisfaceret [illegible] exemplum, cum dignum, & justum esset testanti de se Deo credere.

V.

De Dei Patris [illegible].

Pater est ex quo omne quod est constitit. Ipse in Christo, & per Christum origo omnium. Ceterum ejus in se esse est, non aliunde quod est sumens, sed id quod est ex se [illegible] atque in se continens, [illegible] quia non ipse in aliquo; sed [illegible] [illegible] [illegible] [illegible] [illegible] [illegible] [illegible], [illegible] est [illegible] quod [illegible] est, & cui est [illegible] per, [illegible] [illegible] veritas est [illegible] Dei, [illegible] [illegible] [illegible] [illegible] in Patre. Soli [illegible] [illegible], quia Patrem nemo novit nisi Filius, & cui voluerit Filius revelare. [illegible] de Patre cum [illegible] filio [illegible] filio, qui solo [illegible] [illegible] est [illegible].

De Nativitate Filii Dei ex Patre.

Filium vero [illegible] attingere, & trepidat omnis fermo se prodere. (a) [illegible] [illegible] ingeniti, unus ex uno, verus a vero, vivus a vivo, perfectus a perfecto, virtutis virtus, sapientia sapientiæ, gloria gloriæ, [illegible] [illegible] [illegible], forma Patris ingeniti. [illegible] quis [illegible] [illegible] [illegible] [illegible] [illegible] tur, [illegible] [illegible] [illegible] [illegible] [illegible] se [illegible], Cum [illegible] [illegible] [illegible], [illegible] [illegible], [illegible] illud [illegible] [illegible] [illegible] [illegible], non requiro, & confiteor [illegible] [illegible] [illegible] [illegible] non [illegible], [illegible] non [illegible] [illegible] [illegible] [illegible] [illegible], [illegible] [illegible] [illegible] [illegible] [illegible] [illegible], qui [illegible] [illegible] [illegible] [illegible] [illegible] [illegible] [illegible] [illegible] [illegible] [illegible] Creationis [illegible] [illegible] [illegible] [illegible] re- quire [illegible] [illegible] [illegible] [illegible] [illegible]. Non [illegible] [illegible] [illegible] [illegible], [illegible] [illegible] intelligentiam. unde [illegible] [illegible] [illegible] [illegible], [illegible], [illegible], auditus [illegible] [illegible] [illegible] [illegible] [illegible], quos peneres, [illegible] [illegible] [illegible] [illegible], cor ad- figas. Hæc si [illegible] [illegible] [illegible] [illegible], & tribuis quæ non intelligis, [illegible] [illegible] [illegible], [illegible] in Dei rebus ignarus es.

VI.

(a) *Vide S. Hilarii lib. [illegible] de Trin.*

IV.

Quod formis sæpe comparabilibus erudiamur ad intelligenda divina.

HUmanæ itaque nativitatis conscientiam consulo, utrum non intra Patris originem maneat origo nascentium, nam tam etsi elementa illa inanima, ac turpia, quibus nascendi causæ inchoantur, in hominem alterum efficiant, per naturæ tamen virtutem intra se invicem maneant, dum & per datam a se naturæ ejusdem originem nascentem sequitur ille, qui gignit, & per acceptam nativitatem, cujus virtus derivetur, non tamen auferatur in gignente, si manet ille, qui gignitur. Et hoc quidem tantum ad humanæ nativitatis intelligentiam commemoratum a nobis sit, non etiam ad perfectum in Unigenito Deo Nativitatis exemplum, quia naturæ humanæ infirmitas ex disparibus comparatur, & nec ex inanimis continetur ad vitam, nec statim in ea qui gignitur vivit, neque totum vivit ex vita, cum in ea multa sint, quæ sine naturæ suæ sensu cum excreverint deficiuntur. In Deo vero quod est, totum vivit, Deus enim vita est, & hæc vita non potest quicquam esse nisi vivum, neque ex derivatione, sed ex virtute nativitas est. Ac si dum totum quod est vivit, & dum totum quod ex eo nascitur virtus est, habet nativitatem, non habet demutationem, & impertit profectum, non amittit naturam. Et dum nativitatem, quam dedit per indiscretæ naturæ similitudinem sequitur, & nativitas eam, quæ vivens ex vivente est, naturam nascendo non deserit. Affert autem pro parte fidei hujus significationem ignis in se ignem habens, & in igne ignis manens. Nam cum sit in eo splendor luminis, naturæ calor, virtus urendi, mobilitas æstuandi, totum tamen ignis est, & hæc universa una natura est. Habet quidem ex infirmitate quod per materiam subsistit, ac vivit, & cum ea, per quam vixerat, deficit. Sed hoc, quod incorporale Dei est ex comparationum parte cognoscimus, ut non incredibile in Deum sit, quod pro parte aliqua in terrenis reperiatur elementis. Quæro itaque nunc utrum divisio, ac separatio sit, cum ignis ex igne est? Aut numquid absciditur natura, ne maneat? aut non sequitur natura, ne insit? Cum accenso lumine ex lumine per quemdam quasi nativitatis profectum naturæ nulla defectio sit, & tamen sit lumen ex lumine. Aut numquid hoc non manet in eo, quod ex sese sine defectione subsistat? Aut hoc non inest in eo, unde non recessum est, sed cum unitate substantiæ naturalis exivit? Et quæro anne non unum sint, cum lumen ex lumine nec divisione separabilis sit, nec genere naturæ? Et hæc, ut dixi ad intelligentiam tantum Fidei comparata sint, non etiam ad Dei dignitatem, ut non

potius

potius intelligentiam invisibilium ex comparabilibus [illegible], non utique, ut aliquid naturæ Dei satisfaceret comparationis exemplum, cum dignum, & justum esset testanti de se Deo credere.

V.

De Dei Patris [illegible]

Pater est [illegible] quod est [illegible]. Ipse in Christo, & per [illegible] Creatura ejus in sese est, non [illegible] id quod est ex se; atque in se [illegible] in aliquo [illegible] tamen cum omni[illegible] [illegible] & cui est semper, [illegible] Dei, hos [illegible] [illegible] Patrem [illegible] novit [illegible] de Patre [illegible] cita filis [illegible] ad [illegible].

De [illegible] Filii Dei ex Patre.

Filium [illegible]; & trepidat omnis sermo se prodere [illegible], unus ex uno, verus a vero, vivus a vivo, [illegible], sapientia sapientiæ, [illegible]. Vis quis [illegible] [illegible] [illegible] Non [illegible] intelligentiam, unde [illegible] sensus, visus, auditus [illegible] quot generes [illegible], aut adfigas. Hæc si [illegible] & rebus quæ non intelligis; [illegible] in Dei rebus ignarus es.

VI.

(a) *Vide S. Hilarii lib. 2. de Trin.*

IV.

Quod formis sæpe comparabilibus erudiamur ad intelligenda divina.

HUmanæ itaque nativitatis conscientiam consulo, utrum non intra Patris originem maneat origo nascentium, nam tam etsi elementa illa inanima, ac turpia, quibus nascendi causæ inchoantur, in hominem alterum efficiunt, per naturam tamen virtutem intra se invicem maneant, dum & per datam a se naturæ ejusdem originem nascentem sequitur ille, qui gignit, & per acceptam nativitatem, cujus virtus derivetur, non tamen auferatur in gignente, si manet ille, qui gignitur. Et hoc quidem tantum ad humanæ nativitatis intelligentiam commemoratum a nobis sit, non etiam ad perfectum in Unigenito Deo Nativitatis exemplum, quia naturæ humanæ infirmitas ex disparibus comparatur, & nec ex inanimis continetur ad vitam, nec statim in ea qui gignitur vivit, neque totum vivit ex vita, cum in ea multa sint, quæ sine naturæ suæ sensu cum excreverint desecentur. In Deo vero quod est, totum vivit, Deus enim vita est, & hæc vita non potest quicquam esse nisi vivum, neque ex derivatione, sed ex virtute nativitas est. Ac si dum totum quod est vivit, & dum totum quod ex eo nascitur virtus est, habet nativitatem, non habet demutationem, & impertit profectum, non amittit naturam. Et dum nativitatem, quam dedit per indiscretæ naturæ similitudinem sequitur, & nativitas eam, quæ vivens ex vivente est, naturam nascendo non deserit. Affert autem pro parte fidei hujus significationem ignis in se ignem habens, & in igne ignis manens. Nam cum sit in eo splendor luminis, naturæ calor, virtus urendi, mobilitas æstuandi, totum tamen ignis est, & hæc universa una natura est. Habet quidem ex infirmitate quod per materiam subsistit, ac vivit, & cum ea, per quam vixerat, deficit. Sed hoc, quod incorporale Dei est ex comparationum parte cognoscimus, ut non incredibile in Deum sit, quod pro parte aliqua in terrenis reperiatur elementis. Quæro itaque nunc utrum divisio, ac separatio sit, cum ignis ex igne est? Aut numquid absciditur natura, ne maneat? aut non sequitur natura, ne insit? Cum accenso lumine ex lumine per quemdam quasi nativitatis profectum naturæ nulla defectio sit, & tamen sit lumen ex lumine. Aut numquid hoc non manet in eo, quod ex se sine defectione subsistat? Aut hoc non inest in eo, unde non recessum est, sed cum unitate substantiæ naturalis exivit? Et quæro nunc non unum sint, cum lumen ex lumine nec divisione separabile sit, nec genere naturæ? Et hæc, ut dixi ad intelligentiam tantum Fidei comparata sint, non etiam ad Dei dignitatem, ut non

potius

potius intelligentiam invisibilium ex comparabilibus [illegible], non iniquus, ut aliquod [illegible] Dei satisfaceret [illegible] pinus, cum dignum, & justum esset testanti de se Deo credere.

V.

[illegible]

P[illegible] [illegible] quod est [illegible]. Ipse in Christo, & per Christum [illegible] eius in sese est, non aliunde quod est [illegible] id quod est ex se, atque in se [illegible] [illegible] in aliquo, [illegible] cum [illegible] [illegible] [illegible] [illegible] & [illegible] est [illegible] per, [illegible] Dei, [illegible] [illegible] Patrem [illegible] novit [illegible] Filio [illegible] [illegible].

[illegible]

F[illegible] [illegible] [illegible], & trepidat omnis sermo se proferre, [illegible], unus ex uno, verus a vero, vivus a vivo, [illegible] perfecto, [illegible] virtus, sapientia sapientiæ, [illegible] [illegible] [illegible] [illegible] cujus [illegible] [illegible] [illegible] [illegible] [illegible] & non intelligis; [illegible] in Dei rebus ignarus es.

VI.

(a) Vide S. Hilarii lib. 2. de Trin.

VERSUS

DOMINI ODONIS

De Sacramento Corporis, & Sanguinis Domini.

Convivas epuli mundos Deus esse superni
Ut doceat, servis Dominus vestigia lavit,
Muneribus variis, & pluribus inde rejectis,
Frumentum, & Vinum cunctis hoc prætulit unum.
Hoc sacrat, hoc nimium, quod fit breve, quod nimis altum,
Tam modicum sumptu, tam perfacile, atque paratum,
Tam sublime tamen quod totam habeat Deitatem.
Sufficit hoc solum mundi purgare piaclum.
Hinc placet hoc munus, quod fit de pluribus unum,
Corpus huic capiti, caput inde cohæret & illi;
Hoc genus, hoc unum placet, hoc durabit in ævum.
Hoc facile est, nitidum, simplex, Deitateque plenum.

Incipiunt Versus.

PASCHASII RATBERTI
AC PLACIDIUM DISCIPULUM.

Regis adire sacræ qui vis sollemnia mensæ,
Almificum Christi Corpus contingere votis,
Delicias vesci, roseum potare cruorem,
Bucolica nostra velim paucis quæ misimus olim,
Et niveos casto condas in pectore flores.
Rustica forte animo sordent, sed mella manabunt.
Tantum quæ calamus Christi de fonte ministrat,
Unde puer possit saltem restinguere sitim,
Si digne libeat scitari jussa Tonantis.
Libertas etenim fidei nunquam abnegat illi
Eximios vitæ fructus de cespite carnis:
Vita, salus, pax, lux, sapientia denique cunctis
Inde manat cœli semper sub cardine quadro.
Tu quoque, muneribus si dignus vixeris istis,
Accipies palmam Regis virtute beatus.
Disponit causam nostris Deus usibus aptam,
Ut panis Corpus, vinum Sanguisque fit ejus,
Sed quorum * ut remisit odor, color, ac sapor iisdem,
Fit fidei merces, cujus est maxima virtus.
Lex ea naturæ est verti in quod jusserit auctor.

Impe-

Imperium sequitur de se, mox transit in illud,
Quod jubet omnipotens, res in miracula vertens.
Protinus ergo vicem mutat natura suetam.
Mox Caro fit panis, vinum mox denique Sanguis,
Datque Sacerdotes, sibi quos hic [illegible] omnes.
Hæc ut agant, per eum Mysteria, & ipse per illos.
An homo naturam per se [illegible] ullam,
An homo triticeam præstaverit [illegible]
Vox sed id explet opus, quæ condidit [illegible].
Nam semel ut terram jussit [illegible] germinet herbam,
Quod facit illa, dehinc per cuncta volumina [illegible]
Jussit & hoc fieri, [illegible],
Hoc opus & cœnæ per [illegible] usque.
Plurima visibili semper virtute [illegible],
Nam mare cum scindit, coluber [illegible],
Petraque fudit aquas, nimbos quoque [illegible];
Fertque columna ignem, [illegible].
Ista patent coram, virtus manifesta videtur;
Illa palam fecit, hoc clam gerit attamen ipse.
Hoc opus absconsum quod signa patentia produnt,
Nam manifesta Deus fecit, credatur ut istud.
Dum videt illa oculus, cernat fidei id quoque visus,
Quæ neque [illegible] dubitat, nec omnipotentem.
Frumentum & vinum generantia Virginitatem
Hæc generant turmas de Virginitate [illegible],
Virginis has species legit quam [illegible] proles,
Hinc ut castificet numero [illegible],
Horrea frumentum replet [illegible],
Cor hominis facit hoc, [illegible],
Hæc duo Virgineas [illegible],
Participes Calicis [illegible],
Abluit inde pedes, [illegible],
Discipulis mundam [illegible],
Participes divini, quo [illegible],
Ne ut Judas similes capiant [illegible],
Immundi mundam quorum [illegible].
Nam docet in Calicis [illegible] fatale [illegible],
Qui sibi judicium sacra per Mysteria sumunt.
Hinc [illegible] convivantur [illegible],
Ut Judas [illegible] canis ille [illegible].
Officit infirmo, [illegible] denique [illegible].
Qui pluit injustis, [illegible] ministret iniquis,
Esseque vult salvos, & [illegible] agnoscere cunctos.
Hoc commune bonum [illegible] largitur ad usum;
Quisque tamen videat, qualis, vel qualis sumat,

Præ-

Praemia cui vitae, cui sint augmenta gehennae.
Cetera sanciret cum lex, quae sacra casta reposcit,
Hoc posuit primum, jussitque vorantibus Agnum,
Ut quicumque suos studeant praecingere lumbos,
Quod magis expediat, hoc primo jocans manifestat.
Convivas epuli castos docet esse superni,
Qui linat in veteri, libat velamina ritu,
Lotus sit a licito se conjugii abstinet usu,
Hinc licito ad castigum; quia fert tribus una ministros.
Umbra tamen veteris fuerit illa, typusque holocausti,
Quanto magis esse decet nitidum, qui talibus fruitur?
Mors necat hunc, nobis vitam qui sprevevit; inde
Collige quid maneat, rem ipsam qui sumere praesumat;
Cum gravet omnes scelus maledictum, pollutio pejus.
Virgineae proli nihil est adversius illa,
Majestasque rei, si non discernitur, obstat;
Judicium sumit, qui non dijudicat, inquit.

I.

Quod humana infirmitas non facile debeat divina discutere.

EX LIBRO

BEATI HILARII EPISCOPI, ET CONFESSORIS

DE TRINITATE.

VEtat Beatus Apostolus Timotheo discipulo genealogiae eloquia tractari, & fabulam interminatae quaestionis attingi. Aedificationem vero Dei in Fide esse, ut humanae verecundiae modum fideli omnipotentiae Dei Religione concludat. Neque se infirmitas nostra ad perspicienda ea, quae perspiciendi naturam non habent, extendat. Quod si commeantibus solis claritatem virtus intenti luminis obstupescit, ut si quando causam radiantis lucis solicitius acies curiosae contemplationis inquirat; usque ad emortuum videndi sensum oculorum natura revocetur, accidatque nitendo magis videre, ne videas. Quid nobis in Dei rebus, & Sole justitiae expectandum est? Nonne incumbet volentibus supersapere stultitiam? Nonne ipsum illud * acrem intelligentiae occupabit? Non enim natura inferior causam naturae potioris intelliget, nec subjacet humanae conceptioni ratio coelestis. Nam intra conditionem infirmitatis erit, quicquid infirmi conscientiae subditur. Excedit itaque humanam mentem Dei potestas, ad quam si infirmitas protendet, magis infirma reddetur, dum hoc ipsum quod obtinet, amittit potiore ad obtundendam eam rerum Coelestium natura, quae omnem ejus consectantis se pervicaciam ipsa com-

complexu ejus major infirmat. Ut igitur Sol ita videndus est, ut potest videri, tamenque excipiendus est lumine, quantum admittitur, ne si plus velimus inspectare, minus quoque quam possumus consequamur; ita & ratio cœlestis in quantum se permittit intelligi in tantum expectanda est, in quantum apprehendendam se dedit. Ne si contenti indulgentiæ moderatione non simus, amittamus indulta. Sit ergo in Deo quod percipi potest, aut plane si modo quod potest velis. Sicut enim est in Sole quod videas, si hoc velis videre quod possis, amittas autem quod possis videri, dum quod non potest aspiceris; ita & in rebus Dei habes quod intelligas, si intelligere quod potes velis. Cæterum si ultra quam potes speras, id quoque quod potuisti, posse non poteris. Illos autem [illegible] cœlestium scrutatores consulo, ut secundum [illegible] ex Virgine Christi Sacramentum loquantur. Unde [illegible] Virgini conceptum? Unde Virgini partum? Qua hoc esse originem [illegible] disponebatur? & quid intra secessus maternorum viscerum coaluisse corpus? Unde & homo est? unde tam verus. Post hæc quid sit descendisse de Cœlis Filium hominum in Cœlo manentem? non enim ejusdem est secundum corporales causas descendere, & manere; quorum alterum descensionis transmutatio est, alterum manendi [illegible] est. Vagit infans, sed in Cœlo est. Puer crescit, sed [illegible] Deus permanet. Jam vero cum ascendit ubi antea fuit, & descendit qui manet, quo intelligentiæ humanæ sensus [illegible]? Dominus enim ait: Quid si videritis Filium hominis ascendentem ubi antea fuit? Ascendit filius ubi antea fuit, & quis hoc [illegible]? Descendit de Cœlo Filius hominis, qui in cœlis est, & quæ hæc ratio [illegible]? Verbum caro factum est, quis hæc [illegible] loquentur? Fit caro Verbum, idest homo Deus, & qui homo est, in Cœlo est, & qui Deus, de cœlis est. Ascendit descendens, sed descendit non descendens. Est qui erat, & [illegible] non erat.

[illegible]

C Orpus sibi Dominus [illegible], ut id ex Virgine conceptum formam eum servi [illegible]. Virgo enim [illegible] ex Spiritu Sancto genuit quod genuit. Et quamvis tantum ad nativitatem carnis ex se [illegible] corporum susceptis originibus [illegible] Jesus Christus per humanæ Conceptionis [illegible] causa nascendi invecta per Spiritum tenuit [illegible] nativitatis quod matris est, cum tamen haberet in originis [illegible], quod Dei est. Hinc igitur maximum illud, ac pulcherrimum suscepti hominis Sacramentum Dominus ipse ostendit dicens: *Nemo ascendit in Cœlum, nisi qui descendit de Cœlo, filius hominis, qui est in Cœlo*. Quod de Cœlo descendit, conceptus de Spiritu originis causa est; nec enim Corpori Maria originem dedit, licet ad incrementa partumque corporis omne, quod sui sexus naturale est, contulerit. Quod vero hominis filius est, susceptæ in Virgine carnis est partus. Quod autem in Cœlis est, naturæ semper manentis potestas est, quæ initiata, conditaque per se carne non ex infinitate suæ virtutis intra regionem se definiti corporis coarctavit. Spiritus virtute & Verbi Dei potestate in forma servi manens ab omni intra, extraque cœli, mundique circulo cœli, ac mundi Dominus non abfuit. Per hoc ergo & de cœlo descendit, & filius hominis est, & in cœlis est. Quia Verbum caro factum est, non amiserat manere quod Verbum est, nam dum Verbum est, & in Cœlis est, dum caro est, & hominis filius. Dum Verbum est caro factum, & de cœlo est, & hominis est filius, & in Cœlo est. Quod & Verbi virtus non corporalibus modis manens non deerat, unde descenderat, & caro non aliunde originem sumpserat, quam ex Verbo, & Verbum caro factum est, cum caro esset, non tamen non erat & Verbum. Absolute autem B. Apostolus etiam hujus inenarrandæ corporeæ nativitatis sacramentum locutus est dicens: Primus homo de terræ limo, secundus homo de cœlo. Hominem enim dicens, nativitatem ex Virgine docuit, quæ officio usa materno sexus sui naturam in conceptu, & partu hominis exsecuta est. Et cum sit secundum hominem de cœlo, originem ejus ex superveniente in Virginem Spiritus sancti adventu testatus est. Atque ita cum & homo est, & in cœlo est, & hominis filius & natus a Virgine est, & conceptus ex Spiritu est. Novit Ecclesia unum Deum, ex quo omnia, novit & unum Dominum N. J. C. per quem omnia, unum ex quo, & unum per quem. Ab uno universorum originem, per unum cunctorum creationem. In uno ex quo auctoritatem innascibilitatis intelligit, in uno per quem, potestatem nihil differentem ab Auctore veneratur. Cum ex quo, & per quem [illegible] creatur in his, quæ creata sunt communionis auctoritas sit. Novit in Spiritu Deum Spiritum impassibilem, & indefectibilem. Didicit enim a Domino spiritui carnem, & ossa non esse, ne forte carere in eum corporalium passionum detrimenta credamus. Novit unum innascibilem Deum, novit & unigenitum Dei filium. Confitetur Patrem æternum, & ab origine liberum, confitetur & originem filii ab æterno, non per se ipsum, sed ab eo, qui a nemine semper est, naturam ab æterno, nativitatem videlicet ex paterna æternitate sumentem. Novit de Deo non esse humanis judiciis sentiendum, neque enim nobis ea natura est, ut se in cœlestem cognitionem suis viribus efferat. A Deo discendum est, quod de Deo intelligendum sit, quia non nisi se auctore cognoscitur. Adsit licet secularis Doctrinæ elaborata institutio, adsit vitæ innocentia; hæc quidem proficient ad conscientiæ gratulationem, non tamen cognitionem Dei consequentur. Moyses cum

in

in terra Madian ovium pastor esset, ignem in rubo sine concrematione rubi centuem, Deum audivisse, & nomen [illegible], & naturam cognovit. Neque haec de Deo, nisi per Deum cognita esse potuissent. Loquendum ergo non aliter de Deo est, quam ut ipse ad intelligentiam nostram de se locutus est. Deo cui omnia in mortuis vivunt, non solum perit, quod sibi deperit. Nam judicaturus ipse de omnibus, [illegible] pena [illegible] ignoranti [illegible] non [illegible] neque [illegible] ita Deum ex Deo datum, [illegible] ex homine, [illegible] naturam, [illegible] Nascatur quoque ex sese, [illegible] Ex [illegible] utrumque [illegible] quod nascitur neque [illegible] de homine. [illegible]

[illegible]

De Nativitate Filii Dei ex Patre.

[illegible]

NOn per [illegible] Deus ex Deo nascitur, neque per [illegible] virginis [illegible], ut homo ex homine [illegible] pellitur. [illegible] cujus a Deo exitio [illegible] non est positio, [illegible] tensio, non [illegible] & Deus ex Deo exeat, [illegible] ex [illegible] bet nativitatis [illegible] hujus [illegible] substantiam, [illegible] licet non subjecta [illegible], habet tamen in doctrina [illegible] existe [illegible] hoc [illegible] in se & nomen, & naturam, [illegible] nativitas non potest [illegible] Quod [illegible] autem [illegible] & quicquid [illegible]

[illegible]

IV.

Quod formis sæpe comparabilibus erudiamur ad intelligentia divina.

HUmanæ itaque nativitatis consideratione consulo, utrum non intra Patris originem maneat origo nascentium, nam tam etsi elementa illa maxima, ac turpis, quibus nascendi causæ inchoantur, in hominem alterum efficiunt, per eamdem tamen virtutem intra se invicem maneant, dum & per, dictum a se natura ejusdem originem [illegible] sequitur ille, qui gignit, & per acceptam nativitatem, cujus virtus derivatur, non tamen auferatur in gignente, si maneat ille, qui gignitur. Et hoc quidem tantum ad humanæ nativitatis intelligentiam commemoratum a nobis sit, non etiam ad perfectum in Unigenito Deo Nativitatis exemplum, quia natura humanæ infirmitas ex disparibus comparatur, & nec ex inanimis continetur ad vitam, nec statim in eo qui gignitur vivit, neque totum vivit ex vita, cum in eo multa sint, quæ sine naturæ suæ sensu cum excreverint desecantur. In Deo vero quod est, totum vivit; Deus enim vita est, & hæc vita non potest quicquam esse nisi vivum, neque ex derivatione, sed ex virtute nativitas est. Ac si dum totum quod est vivit, & dum tamen quod ex eo nascitur vivum est, habet nativitatem, non habet demutationem, & impertit profectum, non ademptionem. Sic dum nativitatem, quam dedit per indifferentem naturæ similitudinem sequitur [illegible] nativitatem, quæ vivens ex vivente est, originem nascendo non defecit. [illegible] pro parte [illegible] significationem ignis in se ignem habens, & vis ignis ignis manens [illegible] sit in eo splendor luminis, naturæ calor, virtus ardendi, mobilitas effundendi, totum tamen ignis est, & hæc universa [illegible] est. Habet quidem ex infirmitate quod per materiam [illegible], ut vivit, & cum eo, per quam vixerat, deficit. Sed hoc, quod incomparabile Dei est ex comparationum parte cognoscimus, ut non impossibile in Deum sit, quod pro parte aliquo in terrenis reperitur elementis. Quæro itaque nunc utrum divisio, aut separatio sit, cum ignis ex igne est? Aut numquid abscinditur natura, ne maneat? aut non sequitur natura, ut insit? Cum accenso lumine ex lumine per quamdam quasi nativitatis profectum naturæ nulla defectio sit, & tamen sit lumen ex lumine. Aut numquid lux non maneat in eo, quod ex sese sine defectione subsistat? Aut hoc non insit in eo, unde non recessum est, sed cum unitate substantiæ naturalis vivit? Et quæro nunc non unum sint, cum lumen ex lumine nec divisione separabilis sit, nec genere naturæ? Et hæc, ut dixi ad intelligentiam tantum Fidei comparata sint, non etiam ad Dei dignitatem, ut non

potius

potius intelligentiam invisibilium ex [illegible] [illegible], non utique, ut aliquid naturæ Dei satisfaceret [illegible] exemplum, cum dignum, & justum esset testanti de se Deo credere.

V.

De Dei Patris [illegible]

PAter est ex quo omne quod est constitit. Ipse in Christo, & per Christum [illegible] omnium; Cæterum ejus in sese est, non aliunde quod est [illegible], sed id quod est [illegible]; atque in se [illegible] [illegible] [illegible] non ipse in aliquo, sed [illegible] [illegible] [illegible] [illegible] [illegible] [illegible] [illegible] [illegible] [illegible] [illegible] [illegible] [illegible] [illegible] [illegible] [illegible] [illegible] [illegible], ut [illegible] [illegible] [illegible] est [illegible] Dei, [illegible] [illegible] cabile [illegible] [illegible] in Patre. Soli [illegible] [illegible], quia Patrem [illegible] novit nisi filius, & cui voluerit filius revelare. [illegible] de Patre cum filio [illegible] [illegible], qui solo [illegible] [illegible] sit [illegible].

De Nativitate Filii Dei ex Patre.

FIlium [illegible] [illegible] attingere, & trepidat omnis sermo se prodere. [illegible] [illegible] ingeniti, unus ex uno, verus a vero, vivus a vivo, perfectus a perfecto, virtutis virtus, sapientia sapientiæ, gloria gloriæ, [illegible] [illegible] [illegible], forma Patris ingeniti. [illegible] quis [illegible] [illegible] [illegible] [illegible] [illegible] tur, [illegible] [illegible] [illegible] [illegible] [illegible] [illegible] cum [illegible] [illegible] [illegible], [illegible] illud denique [illegible] [illegible] [illegible] [illegible] non requiro, & consolator [illegible] [illegible] [illegible] [illegible] non [illegible], [illegible] non [illegible] [illegible] [illegible] non [illegible], [illegible] [illegible] [illegible] [illegible] [illegible] [illegible], qui [illegible] [illegible] in [illegible] [illegible] [illegible] [illegible] [illegible] [illegible] [illegible] [illegible] Creatori [illegible] [illegible] originem [illegible] [illegible] re-quiro [illegible] [illegible] [illegible] [illegible] [illegible]? Non quæro [illegible] [illegible] [illegible] [illegible] [illegible] [illegible], unde [illegible] [illegible] [illegible] [illegible], sensus, visus, auditus? [illegible] [illegible] [illegible] [illegible] [illegible], quos generes, [illegible] [illegible] [illegible] [illegible], cui adfigas. Hæc si [illegible] [illegible] [illegible] [illegible], & [illegible] quæ non intelligis; [illegible] [illegible] [illegible] [illegible] in Dei rebus ignarus es.

VI.

(b) *Vide S. Hilarii lib. 2. de Trin.*

VI.

Recta Fides.

STat in hoc intelligentia fine Verborum. Est Filius ab eo Patre, qui est. Unigenitus ab ingenito, progenies a parente, vivus a vivo. Ut Patri vita in semetipso, ita & Filio data est vita in semetipso. Perfectus a perfecto, quia totus a toto. Non divisio, aut discissio, quia alter in altero, & plenitudo divinitatis in Filio est. Incomprehensibilis ab incomprehensibili. Novit enim nemo nisi invicem. Invisibilis ab invisibili, quia imago Dei invisibilis est, & quia qui vidit Filium, vidit & Patrem. Filius ab alio, quia Pater & Filius. Non natura divinitatis alia, & alia, quia ambo unum. Deus a Deo. Ab uno ingenito Deo unigenitus Deus. Non Dii duo, sed unus ab uno. Non ingeniti duo, quia natus est ab innato. Alter ab altero nihil differens, quia vita viventis in vivo est. Haec de natura divinitatis attigimus, non summam intelligentiae comprehendentes, sed intelligentes esse incomprehensibilia, quae loquimur.

VII.

De Filii Dei generatione ex Matre.

HUmani autem generis causa Dei Filius natus ex Virgine est, & Spiritu Sancto, ipso sibi in hac operatione famulante, & sua videlicet inumbrante virtute corporis sibi initia consevit, & exordia carnis instituit, ut homo factus ex Virgine naturam in se carnis acciperet, perque hujus admixtionis societatem sanctificatum in eo universi generis humani corpus existeret. Ut quemadmodum omnes in se id, quod corporeum se voluit esse, conderentur, ita rursum in omnes ipse per id, quod ejus est invisibile, referretur. Dei igitur imago invisibilis pudorem humani exordii non recusavit, per conceptionem, partum, vagitum, & cunas, omnes naturae nostrae contumelias transcucurrit. Quid tandem dignum a nobis tantae dignationis affectui rependetur? Ineffabilis a Deo originis deus Unigenitus Deus in corpusculum humanae formulae sancto Virginis utero insertus accrescit. Qui omnia continet, & intra quem, & per quem cuncta sunt, humani partus lege profertur. Et ad cujus vocem Angeli, atque Archangeli tremunt, coelum, & terra, & omnia mundi hujus elementa resolventur, vagitus infantiae auditur. Qui invisibilis, & incomprehensibilis est visu, sensu, tactu non moderandus, cunis est obvolutus. Haec si quis indigna Deo reputet, tanto se majoris beneficii obnoxium confitebitur, quanto minus haec Dei convenerint majestati. Non ille eguit homo effici, per quem homo factus est.

Sed

Sed nos egeramus, ut Deus caro fieret, & habitaret in nobis. Idest assumptione carnis omnes universos carnis interna incoleret. Humilitas ejus nostra nobilitas est, contumelia ejus honor noster est. Quod ille Deus in carne consistens, hoc nos vicissim in Deum ex carne renovati. Sed ne forte detineant scrupulosas mentium cogitationes, cunae, vagitus, partus, atque conceptio, recolenda est in singulis Dei dignitas, ut voluntatis humilitatem potestatis ambitio praecedat; nec dignationem dignitas derelinquat. Videamus igitur quae sint mysteria conceptus. Angelus Zachariae loquitur, sterili partus affertur. De incesto [illegible] magnus egreditur. Johannes in vocem adhuc utero matris [illegible] erumpit. Mariam Angelus benedicit, Matrem Filii Dei, Virginem, pollicetur. Illa Virginitatis suae conscia difficultate [illegible] commovetur; Angelus ei efficientiam divinae operationis exponit; ait enim: Spiritus Sanctus superveniet in te, & Virtus Altissimi obumbrabit tibi. Spiritus Sanctus desuper veniens Virginis interiora sanctificavit, & in his spirans, qui ubi vult Spiritus spirat, naturae se humanae carnis immiscuit. Et id, quod alienum a se erat, vi sua, ac potestate praesumpsit. Atque ut ne quid per imbecillitatem humani corporis deficeret, Virtus Altissimi Virginem obumbrat, infirmitatem ejus velut per umbram circumfusam confirmans, ut ad sementivam incentis Spiritus efficaciam substantiam corporalem divinae virtutis inumbratio temperaret. Haec conceptionis est dignitas. Videamus partum, vagitum, & cunas, dignitas quae sequatur. Loquitur ad Joseph Angelus pariturum Virginem, & eum, qui natus fuerit, vocandum Emmanuelem, idest: Nobiscum Deum. Proclamat [illegible] per [illegible] testis est, Deum nobiscum esse illo [illegible]. [illegible] Caelo stella lumen effertur. [illegible] Angelus pastoribus nuntiat [illegible] Domini, [illegible] universorum. Multitudo exercitus caelestis [illegible], & tanti operis praeconio divino [illegible]. [illegible] deinde in Caelis Deo, & pax in terra [illegible] bonae voluntatis [illegible]. [illegible] deinde Magi [illegible] [illegible] scientiae suae arcanae [illegible], quis gesti [illegible] per Magos cunarum [illegible] vagitus per Angelorum [illegible] divina gaudia honorantur [illegible] Prophetam [illegible], & id ipsum Angelis [illegible] stella [illegible]. Sic initia nascendi Spiritus [illegible], & inumbrans virtus Altissimi molitur, aliud [illegible], aliud videtur, aliud sentit, aliud animo conspicitur. [illegible] a Deo est. [illegible], laudantes Angeli audiuntur [illegible] dignitas non ammittitur [illegible]. Par etiam est reliquos cursus aetatis, [illegible] omne tempus, quod in homine egit, Dei operibus explevit. De singulis autem non est tempus edicere. Tantum illud in universis virtutum, & curationum generibus continen-

[illegible] est in carnis assumptione hominem, Deum vero in gestis rebus existere.

CAPUT VIII.

Dominum N. J. C. per assumptam Carnem naturaliter manere in nobis, & nos per perceptionem Corporis, & Sanguinis ejus manere in eo.

SI vere Verbum caro factum est; & vere nos Verbum carnem cibo Dominico sumimus; quomodo non naturaliter manere in nobis existimandus est? Qui & naturam carnis nostrae jam inseparabilem sibi homo natus assumpsit, & naturam carnis suae ad naturam aeternitatis sub Sacramento nobis communicandae carnis admiscuit. Ita enim omnes unum sumus, quia & in Christo Pater est, & Christus in nobis est. Quisquis ergo naturaliter Patrem in Christo negabit, neget prius non naturaliter vel se in Christo, vel Christum sibi inesse. Quia in Christo Pater, & Christus in nobis unum in his esse nos faciunt. Si vere igitur carnem corporis nostri Christus assumpsit, & vere homo ille qui ex Maria natus fuit Christus est, nosque vere sub mysterio carnem corporis sui sumimus; & per hoc unum erimus, quia Pater in illo est, & ille in nobis; quomodo voluntatis unitas asseritur, cum naturalis per Sacramentum proprietas perfectae Sacramentum sit unitatis? Non est humano, aut saeculi sensu in Dei rebus loquendum. Neque per violentam atque imprudentem praedicationem caelestium dictorum sanitati aliena atque impia intelligentiae perversitate extorquenda est. Quae scripta sunt legamus, & quae legerimus intelligamus, & tunc perfectae fidei officio fungemur. De naturali enim in nobis Christi veritate quae dicimus, nisi ab eo discimus, stulte, atque impie dicimus: ipse enim dicit: Caro mea vere est esca, & sanguis meus vere est potus. Qui edit carnem meam, & bibit sanguinem meum, in me manet, & ego in eo. De veritate carnis, & sanguinis non relictus est ambigendi locus. Nunc enim & ipsius Domini professione, & fide nostra vere caro est, & vere sanguis est. Et haec accepta, atque hausta id efficiunt, ut & nos in Christo, & Christus in nobis sit. Anne hoc veritas non est? Contingat plane his verum non esse, qui Christum Jesum Deum verum esse denegant. Est ergo in nobis ipse per carnem, & sumus in eo, dum secum hoc, quod nos sumus, in Deo est. Quam autem in eo per Sacramentum communicatae carnis, & sanguinis simus, ipse testatur, dicens: Et hic mundus jam non videt; vos autem me videbitis, quoniam ego vivo, & vos vivetis. In illa die vos cognoscetis, quoniam ego in Patre meo, & vos in me, & ego in vobis. Si voluntatis tantum unitatem intelligi vellet, cur gradum quemdam, atque ordinem consummandae unita-

tis

[illegible] ? Nisi ut cum, [illegible] per [illegible] divinitatis [illegible] fict, nos contra in eo per [illegible], & ille [illegible] in nobis per [illegible], ut sic perfecta per [illegible], cum nobis in se [illegible] ipse maneret in Patre, & in Patre manens [illegible] in nobis. Et ita ad [illegible] Patris [illegible], qui in eo [illegible] dum [illegible] ipse in nobis [illegible] in [illegible] unitus sit, ipse [illegible] est. Qui edit carnem meam, & bibit sanguinem [illegible], [illegible] in eo. Non enim quis in eo erit, nisi [illegible] Sacra[illegible] & [illegible] ipse vivit per [illegible] per [illegible] vivit, [illegible]. Omnis [illegible] [illegible] agimus [illegible]. [illegible] ergo [illegible] nostra causa est, quod in nobis carnaliter manens [illegible] per [illegible] Christum [illegible], [illegible] per [illegible], qua [illegible] ille per Patrem [illegible] ergo nos [illegible] secundum carnem per eum vivimus, [illegible] carnis [illegible], quomodo non naturaliter secundum Spiritum [illegible] habeat, cum vivat ipse per Patrem? Vivit autem per [illegible] aliquam ei intulit diversamque [illegible] per [illegible] aliquam [illegible] per, [illegible] idcirco [illegible] & Filium [illegible] ad [illegible] Patrem [illegible] inseparabili[illegible] praedicandum[illegible]

[illegible]

Ecclesiae Fides [illegible] in Christo nativitatem, sed ignorat [illegible], sed nescit divisionem. Non [illegible] Christum, ut Jesus non ipse sit Christus, nec Filium hominis discernit a Dei Filio, ne filius Dei forte non & Filius hominis intelligatur. Non absumit Filium Dei in

[illegible] hominis, [illegible] Christum fide sciatis, cujus de-
fuper tota vestis [illegible] est, [illegible] Christum, & in Verbum,
& in animam, & in corpus [illegible]. Neque rursum Deum Verbum
in animam, & corpus [illegible] Totum ei Deus Verbum est, totum & homo Christus. Retinens hoc in sacramento confessionis suae
[illegible], nec Christum aliud credens, quam Jesum, nec Jesum aliud
praedicans, quam Christum. Non ignoro autem, in quantum humanae intelligentiae [illegible] mysterii coelestis impe-
diat. (a) Ut [illegible] vel his convenire, aut dijudicare sensu,
aut [illegible] Patris locum, tem-
[illegible] & quicquid illud [illegible] potest, ex-
[illegible] universa, & [illegible]
[illegible] mutabile, sed insensibile
[illegible] non aliunde quid
[illegible], sed [illegible] quod [illegible] sibi ipse sufficiens. Hic ergo
[illegible] ante omnia tempora ex se ipso genuit; non ex aliqua sub-
jacente materia, quia per Filium omnia; non ex nihilo, quia ex se
[illegible]; non ut partum, quia nihil in Deo demutabile, aut vacuum
est. Non partem sui, vel divisam, vel discissam, vel extensam,
quia & impassibilis & incorporeus Deus est. Haec autem passionis
& carnis sunt, & secundum Apostolum: In Christo habitat omnis
plenitudo divinitatis corporaliter. Sed incomprehensibiliter, inenarrabi-
liter, ante omne tempus, & secula unigenitum ex his, quae ingе-
nita in se [illegible] quod Deus est, [illegible]
[illegible] Ac sic a perfecto [illegible]
[illegible] & perfectum, & aeternum est Filium.
[illegible] sunt secundum corpus, quod adsumpsit, ho-
[illegible] voluntas est. Invisibilis enim, & in-
[illegible] ab eo genitus [illegible] in se
[illegible] erat virtutis
[illegible] in se, & [illegible] & [illegible]
[illegible] de his [illegible] quibus [illegible] def-
[illegible] Igitur [illegible] Unigeni-
[illegible] progenies, qui ab eo qui habet omnia, accepit [illegible]. Deus
a Deo, Spiritus ab Spiritu, Lumen a Lumine. Confidenter ait:
Pater in me, & ego in Patrem. Quia ut Spiritus Pater, ita & Filius Spiritus. Ut Deus Pater, ita & Filius Deus. Ut lumen Pater,
ita & Filius lumen. Ex his ergo, quae in Patre sunt, ea, in quibus est Filius, idest ex [illegible] Filius natus est. Non aliunde, quia nihil antequam Filius. Non ex nihilo, quia ex Deo Filius. Non in parte, quia plenitudo Deitatis in Filio. Neque in aliquibus, quia in omnibus. Sed ut voluit, qui potuit, ut scit qui
genuit. Quod in Patre est, hoc & in Filio est. Quod in ingenito,
hoc & in Unigenito. Alter ab altero, & uterque unum. Non duo
unum,

(a) *Vide S. Hilarii lib. 3. de Trin.*

unus, sed alius in alio, quia non aliud in utroque. Pater in Filio, quia ex eo Filius. Filius in Patre, quia non aliunde quod Filius. Unigenitus in ingenito, quia ab ingenito unigenitus. Ita in se invicem, quia ut omnia in ingenito [illegible] sunt, ita omnia in Filio unigenito perfecta sunt: Haec in Filio, & in Patre unitas, haec virtus, [illegible]. Non [illegible], [illegible] per [illegible] perfectum [illegible] Filio [illegible] Patri ingenito [illegible]. Unigenitum [illegible] nec virtute [illegible]; Deum [illegible] [illegible], quia ex [illegible] [illegible] Dei Filius [illegible] [illegible] ex [illegible] Patrem nobis [illegible] [illegible] voluntatem in eo [illegible] [illegible] noluit [illegible] [illegible] autem [illegible] voluntatis [illegible]

X. [illegible]

[illegible] in humana prudentia [illegible]

NOn est in [illegible] prudentia humana, ut perfectum [illegible], quod [illegible], & [illegible] absoluto [illegible] summam continetur arbitratur, quod ipsa mente pertractans [illegible] undique apud se [illegible] veritatis opinione consistere. Non enim concipiunt [illegible] perfectum, [illegible] quod ex alio subsistit, absolute vel Auctoris sui potest intelligentiam obtinere, vel propriam, se quidem in eo tantum quod [illegible], [illegible] sensum suum, quam sibi constituere sit natura, non [illegible]. Motum enim suum non [illegible] [illegible] Et ideo [illegible] ex [illegible] [illegible] est, ut hi qui [illegible] non moderans [illegible] [illegible] sibi ultra sensus sui non [illegible] quam [illegible] sistendi est [illegible] subsistentiae [illegible] sapientiae irridet [illegible]

XI.

De Dei Verbo Cyprianus, & Hilarius.

VErbi appellatio in Dei Filio de Sacramento nativitatis est, sicuti sapientiæ, & virtutis est nomen. Quæ cum in Deum Filium cum substantiæ veræ nativitatis extiterint, Dei tamen in sua propria, quæ ex eo in Deum sunt nata non desunt. Quia nativitas non habet derogationem generandi, cum professionem teneat nascendi. Et idcirco quæ ratione unigenito Deo apta cognomina sunt, quæ cum eum subsistentem ex nativitate consummaverunt, tamen Patri non desunt, exemplo capabilis virtute naturæ. Unigenitus enim Deus, & Verbum est. Sed immutabilis Pater numquam omnino sine Verbo est, sine quod prolatio vocis natura sit Filii, sed ex Deo Deus cum naturæ veritate subsistens, et a Patre proprius, & per naturæ indifferentiam inseparabilis doceretur, significatus in Verbo est, sicut Christus sapientia, & virtus Dei est, non ille, ut intelligi solet, internus potestatis aut sensus efficax motus, sed natura tenens per nativitatem substantiæ veritatem his internarum rerum significata nominibus est. Non enim id, quod nascendo subsistit, potest id ipsum videri esse, quod ... sempiternum est. Sed æterno Deo Patre unigenitus Filius in subsistentem Deum natus, ut non alienus esse a natura Paternæ divinitatis posset intelligi, per hæc propria nomina internarum substantiæ significatus est, quibus, ex quo subsistebat, non carebat.

XII.

Cypriani assertio una de Deo.

MUndi unus est rector, unus est Dominus, qui universa quæcumque sunt verbo jubet, ratione dispensat, virtute consummat. Hic nec videri potest, visu clarior est. Nec comprehendi, tactu purior est, nec æstimari, sensibus major est. Et ideo sic eum digne æstimamus, dum inæstimabilem dicimus. Quod vero templum habere possit Deus, cujus templum totus est mundus? & cum homo latius maneam, intra unam ædiculam vim tantæ majestatis æstimem posse concludi! Impositus dedicandus est mente, in nostro consecrandus est pectore: Nec nomen Dei quæras Deo.

XIII.

Augustinus de Dei Verbo.

JAm vos mundi estis propter Verbum quod locutus sum vobis. Quare non ait: Mundi estis propter Baptismum, quo loti estis, sed ait: propter verbum, quod locutus sum vobis, nisi quia et in aqua verbum mundat? Detrahe verbum, & quid est aqua, nisi aqua? Accedit verbum ad elementum, & fit Sacramentum, etiam ipsum tanquam visibile verbum. Nam & hoc utique dixerat, quando pedes discipulis lavit. Qui lotus est, non indiget ut lavet, sed est mundus totus. Unde ista tanta virtus aquæ, ut corpus tangat, & cor abluat, nisi faciente verbo? Non quia dicitur, sed quia creditur. Nam & in ipso verbo aliud est sonus transiens, aliud virtus manens, hoc est Verbum fidei, quod prædicamus, ait Apostolus: Quod si confessus fueris in ore tuo, quia Dominus est Jesus, & credideris in corde tuo, quia Deus illum suscitavit a mortuis, salvus eris. Corde creditur ad justitiam, (a) ... autem fit confessio ad salutem. Unde & in Actibus Apostolorum legitur: Fide mundans corda eorum. Et in Epistola sua B. Petrus: Sic & vos, inquit, Baptisma salvos faciet, non carnis depositio sordium, sed conscientiæ bonæ interrogatio; hoc est Verbum Fidei, quod prædicamus, quo sine dubio, ut mundare possit, consecratur & Baptismus. Christus quippe nobiscum vitis, cum Patre agricola, dilexit Ecclesiam, & se ipsum tradidit pro ea. Lege Apostolum, & vide quid adjungat: Ut eam sanctificaret, inquit, mundans eam lavacro aquæ in verbo. Mundatio igitur nequaquam fluxo, & labili tribueretur elemento, nisi adderetur in Verbo. (b) Hoc Verbum Fidei tantum valet in Ecclesia Dei, ut per ipsam credentem, offerentem, benedicentem, tingentem, etiam tantillum mundet infantem, quamvis nondum valentem corde credere ad justitiam, & ore confiteri ad salutem. Totum hoc fit per verbum, de quo Dominus ait: Jam vos mundi estis propter verbum quod locutus sum vobis.

XIV.

De Libello Paschasii Radberti ad Placidum inscripto, ... Corpore & ... [illegible]

QUisque Catholicorum recte Deum cuncta creasse de nihilo corde credit &c.

Subsequitur pæne integer Paschasii libellus jam editus.

XXXVI.

(a) ore. (b) Vide S. August. Tract. 80. in Johan. Evan.

XXXVI.

Quid digne, vel indigne sumentibus Dominici Corporis, & Sanguinis praestet Eucharistia.

Instruens Beatus Apostolus Corinthios de Dominici Corporis, & Sanguinis Sacramento, ut scirent, quantum illi reverentiae deberent, ait inter caetera: Ego enim accepi a Domino, quod & tradidi vobis, Quoniam Dominus Jesus in qua nocte tradebatur, accepit panem, & gratias agens fregit, & dixit: hoc est corpus meum quod pro vobis frangitur, hoc facite in meam commemorationem. Simili modo & calicem postquam coenatum est dicens: Hoc poculum novum testamentum est in meo sanguine; hoc facite in meam commemorationem. Ostendit illis Mysterium Eucharistiae inter coenandum celebratum non coenam esse. Medicina enim Spiritualis est, quae cum reverentia degustata purificat sibi devotum. Siquidem memoria redemptionis nostrae est, ut Redemptoris memores majora ab eo consequi mereamur, mortem Domini adnunciantes, donec veniat. Quia enim morte Domini liberati sumus, hujus rei memores in edendo, & potando carnem, & sanguinem, quae pro nobis oblata sunt, significavimus novum Testamentum in his consecuti, quod est nova lex, quae obedientem sibi tradit coelestibus regnis. Nam & Moyses accepto sanguine vituli in patera aspersit super filios Israhel dicens: Hoc est testamentum, quod disposuit Dominus ad vos. Hoc figura fuit testamenti, quod Dominus novum appellavit, ut illud vetus sit, quod Moyses tradidit. Testamentum ergo sanguine constitutum est, quia beneficii divini sanguinis testis est, in cujus typum nos calicem mysticum ad tuitionem corporis & sanguinis, & animae percepimus, quia Sanguis Domini sanguinem nostrum redemit, idest totum hominem salvum fecit. Caro enim Salvatoris pro salute corporis, sanguis vero pro anima nostra effusus est, sicut prius praefiguratum fuerat a Moyse: Caro, inquit, pro corpore vestro offertur, sanguis vero pro anima, ideoque non manducandum sanguinem. Itaque quicumque ederit panem hunc, aut biberit calicem Domini indigne, Domino reus erit corporis, & sanguinis Domini. Indignum dicit esse Domino, qualiter mysterium celebrat, quod ab eo traditum est. Non enim potest devotus esse, qui aliter praesumit quam datum est ab auctore. Ideo praemonet ut secundum ordinem traditum devota mens sit accedentis ad Eucharistiam Domini, quoniam futurum est judicium, ut quemadmodum accedit unusquisque, reddat causas in die Domini N. J. C. Quia sine disciplina traditionis, & conversationis qui accedunt, rei sunt corporis, & sanguinis Domini. Quid est autem reos esse, nisi poenas dare mortis Domini? occisus est enim pro his, qui beneficium ejus irritum ducunt. Probet autem se homo, mo, & [illegible] de pane [illegible], & de [illegible] & bibit indigne, judicium sibi [illegible] corpus Domini [illegible] ad communionem [illegible] ad cujus corpus [illegible] accedit [illegible] ra, qui [illegible] qui [illegible]. Quam [illegible] non [illegible] ri. [illegible] invadit, [illegible] Ut verum [illegible] Domini, [illegible] corpus D[illegible] & [illegible] in his [illegible] [illegible] si nosmetipsi errores nostros corrigere [illegible] mur, tamen pro nobis est, ut flagello ipso emendemur [illegible] enim omnium est emendatio, ne cum hoc mundo, idest cum infidelibus damnemur. Nihil enim differt ab infideli, qui [illegible] te ad mensam [illegible] accedit.

XXXVII.

Quid [illegible]

P[illegible] cie [illegible] Reliquam [illegible] nem [illegible] tamen [illegible] *Reliqui* [illegible]

Quare [illegible]

QUum [illegible] *sanguis* [illegible] onis nostrae mysteria, [illegible] corpus [illegible] ti illius [illegible] perfectio, quam [illegible] ut, tenebimus, pignora credere debeamus. Inde [illegible] a sanctifi-

catio-

[illegible] virtute [illegible]. Unde etiam criminosi [illegible] ab ipsis Sacramentis [illegible] suspenduntur judicio. Qui enim corpus & sanguinem Domini [illegible] designat se [illegible] Deo, & Deum in eo. Qui vero [illegible] vel [illegible] indigne [illegible]. Non enim [illegible] alii homines, & [illegible] vitam in [illegible], [illegible] ob hoc, vel maxime, constituuntur, ut [illegible] Dominicis arceantur, ne indigne [illegible] involvantur, ut Judas, [illegible] Diabolus [illegible] concepérat [illegible] vel ne quod Apostolus de Corinthiis [illegible] infirmitatem corporis, & imbecillitatem [illegible]. Et ut ad communionem [illegible] ejusdem excommunicationis, & quodam condemnationis anathemate [illegible] medicamentum [illegible] salutis desideriis inhiare.

XXXIX.

Judæos ab omni conventu Fidelium arcendos, præcipue ubi Christianorum celebratur oblatio.

IN celebratione autem tanti mysterii cavendum valde est, ne intersint Heretici, vel Pagani, præcipue vero Judæi non solum a liminibus Ecclesiæ, sed ab omni prorsus conventu Fidelium sunt arcendi. Solent enim nequissimi, & perditissimi omnium hominum cum principe suo Diabolo vitalibus detrahere Sacramentis, quantumque in ipsis est, ausu impio conari, quo valeant pretium Redemptionis humanæ prophanare, atque polluere, quod olim Beatissimi Syri Confessoris tempore manifeste deprehensum, dignaque est ultione punitum. Qualiter vero actum sit, quia magnam habet Domini laudem, sicut in vita prædicti Confessoris legitur, huic Capitulo putavimus inserendum. Perfectis igitur templi, sive altaris dedicationis insignibus, Beatissimus Syrus quotidianas Deo laudes in eo, & hostias offerebat. Una autem dierum, dum missarum solempnia singularis Pontifex ibidem celebraret, & copia filiorum ejus, quos verbi semine juxta Apostolum Deo genuerat devota sanctis mysteriis interesset, nequiter Judæus in eum ingressus maligno instigante Spiritu corpus Dominicum suscipere, eumque in Sterquilinium projicere molitus est. Qui inter turbas Fidelium ad manus viri Dei perveniens, ausu nefario immundo ore corpus suscepit Dominicum. Quod ut ad rejiciendum os aperuit, digna ultione percussus sine effectu

ver-

verborum cunctis audientibus, & videntibus clamare cœpit: Volebat labia jungere, nec valebat, sed lingua rigida loquendi officium non præbebat. Et quasi ignitum jaculum in ore portans [illegible] torquebatur doloribus. Resonabat omnis illa Ecclesia [illegible] vocibus clamoribus, & de tam egregii virtute miraculi Christi fidelium [illegible]batur conventus, impleturque illud, Deriserunt, ipso deridet, & de quo Apostolus ad Galatas scribit: Nolite errare, Deus non irridetur; quæ enim seminaverit homo, hæc & metet. Judæus autem [illegible] incredulus nec audire [illegible] ferendum illa præconia, qui Sancto Spiritui putavit stropham [illegible]. Quem vir Dei suo conspectui præsentari præcepit, atque [illegible] dixit: Incredule, & perfidiæ mens plena, quare tua [illegible] implesti consilium, ut æstimares corpus Christi corpus vilissimum? Ecce quod clandestinus perfusor te miserum infecit, ut sincere coram Fidelibus suis divina virtus ostendat. Judæus autem nimio dolore superatus voces emittere absque fœtoribus non cessabat habens in guttore suo malitiæ cruciatum, quia secundum sanctissimi vaticinium [illegible], ut incredulis est pernicies, ac ruina, ita fidelibus suis vita, & exaltatio est verbum Dei. Nam mirabili libratione corpus Dominicum in ore videbatur Judæi dependere, ut nec linguæ subter compagi insideret, nec desuper inmundo adhæreret palato. Sed postulantibus Fidelibus pro ejus miseria, vir Domini manum tetendit, & Sanctæ Eucharistiæ mysterium a sacrilego ore abstraxit dicens: *Ecce nunc liberatus es, de cætero cave hujuscemodi simile ne facias, & ne ulterius repetere hoc præsumas.* Judæus autem ejus pedibus advolutus clamabat se Christo Domino crediturum, & simul cum Baptismatis unda perfunderetur, ac piis ejus conventui copularetur. Tibi, inquit, Dei omnipotentis Pater refero gratias, qui Judæum perfidum non dedignaris corrigere, sed ad tui unigeniti fidem atque pietatem convertis. Baptizato autem illo multi et Judæis [illegible] eo sacro renati baptismate Christi fidelibus, ac spiritali [illegible] sunt uniti.

XL.

Qualiter accedendum sit ad Dominici Corporis, & Sanguinis [illegible] Sacramentum.

CONFESSIONEM autem [illegible] præcipimus, maxime de commotionibus [illegible], antequam ad Missam eatur, ne forte quis accedat indignus [illegible], id est, si confessionem non habuerit. Melius est enim [illegible] Sanctum fugerit, & discessum a scandalo, atque invidia, quam [illegible] accedere, ad judicium tribunalis. Tribunal enim Christi altare est, & corpus sanctum inibi cum sanguine judicat indigne accedentes. Sicut ergo a pravis [illegible], & capitalibus temperandum est antequam communicandum sit, ita

omnes ab anterioribus vitiis, & morbis languentis animae [illegible]-
dum ab ante veræ pacis conjunctionem, & æternæ salutis [illegible]-
nem. Cum itaque ad terribilem mensam opportunum tempus invi-
at, pura verendum est summopere, & nullus ibi Judæus reperiatur,
nullus malignus accedat, non fucata verba lingua proferat, nec insidias mente conspiretur, sed quod voluntas possidet, sermo declaret.
Et nunc illo præsto est Christus, qui illam ornavit mensam, ipse
illam quoque consecrat. Non enim homo est, qui proposita corpus
Christi facit, & sanguinem, sed ille qui crucifixus pro nobis est
Christus. Ore sacerdotis verba proferuntur, & Dei virtute consecrantur, & gratia. Hoc est, ait, corpus meum. Hoc verbo proposita consecrantur, & sicut illa vox, quæ dixit: Crescite, & multi-
plicamini, & complete terram, semel quidem dicta est, sed omni
tempore sentit effectum, ad generationem operante natura: ita &
vox illa semel quidem dicta est, sed per omnes mensas Ecclesiæ usque ad hodiernum diem, & usque ad ejus adventum præstat sacrificio firmitatem. Nullus igitur fictus accedat, nullus fraude anima-
tus audeat proximare mysteriis, ne condemnetur, & sententiam
mereatur, & quod Judas sustinuit patiatur. Nam illum post com-
municationem mensæ Diabolus intravit, non quia contempserat Dominicum corpus, sed quia impudentia, & malignitas mentis ejus ut
adversarius in eo habitaret effecit. Ut discas quod indignis, & fu-
cate mysteriorum secreta celebrantibus a Diabolo præparantur insidiæ,
& magis magisque adcumpeantur, qui non æquo animo communicare
sustinent. Et hæc dico, non ut vos terream, sed ut [illegible]-
tiores. Nemo sit Judas in mensa; Hoc sacrificium cibus est [illegible]-
lis; nam sicut corporalis cibus cum ventrem invenerit [illegible]-
moribus occupatum amplius lædit, magis nocet, [illegible]-
xilium; ita est iste spiritualis cibus, si aliquem repererit [illegible]-
tate pollutum, magis eum perdit, non sacramenti, sed [illegible]
ex vitio. Pura igitur mens in omnibus; pura cogitatio, quia sacrificium purum est. Sanctam animam præparemus. Et hoc non
multo tempore, sed una corrigitur die, nam si tibi contra inimicum tuum dolor est, solve iras, inimicitias laxa, ut remedium de
mensa percipias. Ad sanctum, ac terribile sacrificium [illegible]? Eru-
besce oblationis arcana. Occisus propositus Christus est, & cur occisus est videamus. Ut cælestia scilicet pacificet, ut in terra recon-
ciliet universa, ut amicum te constituat Angelorum, & [illegible] habentis omnium potestatem: Animam suam pro te [illegible], & tu
in inimicum conservo perdones? Et cum hoc etiam [illegible]
accedis? Ille nec mori quidem pro te [illegible] crucifixus, & tu
iram tuam conservo pro tua liberatione [illegible];
Ab inimico fraudatus [illegible], multis vero tu [illegible]
detrimentis oneravit. Quidquid dixeris [illegible].
Non te crucifixit, sicut Judæi Christum, & tamen ille [illegible] san-

gui-

[illegible], qui [illegible] Deo est [illegible]

[illegible]

J. C. [illegible], ut [illegible] etiam nostro [illegible] scripto relinquere.

XLII.

Miraculum de quodam Judaeo.

NOn incompetenter edere arbitror illud, quod hactenus quodam Hebraeo didici referente. Neque enim ideo esse non putabitur verum, quod testificatione fortassis remota per inimicorum ora certa modo vera interlocutione fatetur. Solet enim major his accommodari fides, ubi inimici adstipulantur dictis veridicis, quibus sine fuco adulationis, & sine falsiloquio favent. Hoc etenim modo per Balaam inimicum utique populi Judaeorum benedictionis promulgantur insignia. Sed & Vas electionis non incompetenter eligitur, ut qui putabatur hactenus a fidelibus non ferendus, ipse nomen majestatis Domini Jesu principibus, & potestatibus anteferret. Verum ille quid ferebat? Quidam, inquit Judaeus ad Episcopum quemdam pergens ob se Fidei Catholicae velle imitari mysteriis, debere ergo Episcopum illi tradere colendi ritum, quo prolatius instructus voti sui compos effectus jam fidelis Christiano corpori jungeretur. Ad haec Episcopus: Recede obsecro a nobis hominum genus invisum, desine, ut mos vester est, attemptare maligne. Sed si, ut assolet, necessitate cujuslibet facinoris obligaris, Ecclesiae te muneratum stipendio gaude, dummodo irrisor nostrae Fidei non existas. Ad haec ille, Non inquam Beate Pontifex ut hostem execrandum protinus ages. Cupio enim Fidei vestrae imitari mysteriis, quia tremendi numinis Domini Jesu Christi & formido judicium, & desidero habere praesidium. Sed cum esset pertinax in rogando, & hujuscemodi pollicitationis jurejurando immodica se sponsione cinxisset, nulla id quod gereret securitate negligere, nulla persecutione deserere, nullave facilitate prodere, cathechizandi ei initium per signaculum Crucis tradi Episcopus jussit. Venit Pascha, cumque ad sacros illos latices, quibus expiantur crimina pervenisset, coepit reluctari, & non verborum edere questus, sed rugiens per quosdam gemitus execrari ipsius Baptismi mysterium putabatur. Jussit ergo Episcopus valde confusus eum protinus amoveri. Sed cum ipse in semetipsum fuisset repente conversus dicit his, quibus velut furore actus procul in partem alteram tenebatur: ducite me, inquit, ad fontes, jam enim non sum impos mentis, nec me captum putetis; certe enim jam cupio baptizari. Igitur cum reductus ad Episcopum iterum pervenisset: obsecro, ait, Sacerdos inclyte, perficiatur in me sacri hujus lavacri Sacramentum. Et ille: non inquam faciam, nisi omnem illum horroris casum, & confusionis tuae exponas arcanum, & quid tibi evenerit antea stuporis, ut sacris istius execrares laticis undam, verbis veridicis fatearis. Tunc ille proripit in lacrymas, tali ordine passionis suae seriem pandens. Cum autem vestibulum hujusce Fontis as-

stite-

[illegible] abluendas, venit turba [illegible] valde nigrorum Æthiopibus par existens. Hæc me [illegible] manibus fontem adire vi valida prohibebat. Aderant siquidem alii [illegible] pariter, & dicentes [illegible] mysteria. Quid vos punienda hic inservitis Sacramentis? Vobis enim vobis nostri [illegible], non baptismi debetur splendor. At illi: Quid [illegible] nec [illegible] jure debendus [illegible] potestatis [illegible] quemdam tuis [illegible] elongasses, atque recedere alterna in parte jussisses, inter partium, quæ erant, simultationes quadam pactione convenit, ut me contra peccata mea pari lance pensarent, & si ponderis major scelerum excresceret pensa eorum abscederem, ut immundus, nec ab eis diceretur eluendus. Sed cum pondere nimio [illegible] [illegible] invisa crevisset, quidam pauper, cujus ante dies aliquot corpus [illegible] vestimento [illegible] adfuit, prolatumque [illegible] protulit meo corpori compensandum. Illo igitur [illegible] ipso vestimento [illegible] ponderis [illegible] fuisset [illegible] materias, superavit pensa mei corporis, [illegible] illis Æthiopibus, ac fugatis, manibus hæc redactus sum Beatorum. Cumque ita se habere, juramentis terribilibus affirmaret, admissus ad Baptismum Sacrosancti lavacri [illegible] excepit. Igitur cum ad [illegible] fuisset mysteria [illegible], Sancta Sanctorum cœpit [illegible] sicut in Baptismo prius [illegible] refugere [illegible] validi gemitus dare, atque horrere videbatur [illegible] mysterii Sacramentum. Verum ad hæc Episcopo [illegible] quid sit, iste [illegible] inquit, & furore [illegible] cum [illegible] aderant simul attoniti [illegible] quidam dicentes: Quid [illegible] Si [illegible] non vis, quid per hypocrisin [illegible] Sacramentum. At ille maximo inquit [illegible] corpus perfectæ [illegible] fuisse [illegible], & per partes dicerptum [illegible] ipsum inspicio aurore [illegible], & non [illegible] [illegible] nedum [illegible] rubrum [illegible] dolorem [illegible] Episcopo in [illegible] clamantes [illegible], Deo [illegible], qui [illegible], & [illegible] filio David, [illegible] in Excelsis. Admirantes [illegible] dicentes: Vere in isto completum est vaticinium [illegible] Beati quorum remissæ sunt iniquitates, & quorum [illegible]. Non [illegible] tanti mysterii revelatur [illegible] fallor ille qui dixerat [illegible] albis [illegible] lux alma suscepit [illegible] carnis [illegible] palero fine condidit. Hoc ergo [illegible] quia non solum in mysterio, sed [illegible] veritatis imaginem [illegible] in Altario corpus, qui ipsum discipulis in passione sacravit.

XLIII.

XLIII.

[illegible] de quodam sene [illegible], cujus dubitationem Dominus eadem veritatis revelatione firmavit.

Narravit (a) Abbas Daniel dicens: Dixit Pater noster Abbas Arsenius, de quodam sene de Scitis, ubi habitabat, qui erat magnus in hac activa vita, simplex autem in fide. Et errabat &c.

XLIV.

Item miraculum quod Romae actum est.

Mater familias (b) quaedam nobilis erat in Urbe Roma, quae Religionis, & devotionis studio oblationes semper [illegible] die Dominico ad Ecclesiam deferre, Summoque Pontifici, & Ecclesiasticae consuetudinis, & familiaritatis ejusdem gratia offerre solebat. Quae cum quadam die ex more ad communicandum de manu Apostolici ordine suo accederet, illique Pontifex offam Dominici corporis porrexisset dicens: Corpus Domini N. J. C. prosit tibi in vitam aeternam, & remissionem omnium peccatorum, subrisit. Quod vir Domini cernens illi sacram communionem retraxit, & separatim super altare posuit, eamque Diacono servandam usque dum caeteri communicarent Fideles tradidit. Expleta vero sacra mysteria, interrogavit eam S. Gregorius dicens: dic, rogo, [illegible] cum communicatura risisti? At illa [illegible] illam ex eadem oblatione fuisse, quam [illegible] tibi obtuli, & cum eam te intellexerim [illegible] D[illegible] fi. Tunc Sanctus Domini Pontifex [illegible] dixit ad populum, & hortatus est eum, ut [illegible] exoraret, quatenus ad multorum fidem [illegible] ostenderet, quid infidelitas hujus mulieris [illegible], & Fidei luminibus conspicere debuisset. Quod cum fuisset oratum, ipse una cum populo, & eadem muliere ab oratione surrexit, & altare cunctis cernentibus, & sese ad [illegible] caelestis spectaculum comprimentibus corporalem palla revelat, & universo populo, ipsaque muliere cernente partem digiti auricularis sanguine [illegible] invenit, ac mulieri dixit: Disce [illegible], & veritati [illegible] modo jam credere conteстans. Panis quem ego de [illegible], & sanguis meus vere est potus. Sed [illegible] conditor noster [illegible] nostrae [illegible] restitit, qua [illegible] fecit [illegible] corpus sibi [illegible] Virginis operante Sancto Spiritu [illegible], panem [illegible] [illegible] [illegible]

(a) *Vide Edit. ap. Rosweid. in Vit. SS. pag. [illegible]*

(b) *Vide Joan. Diac. in Vit. Greg. M. l. 2. C. 41.*

[illegible], [illegible] propria ſpecie [illegible], & [illegible] ſuum, ad [illegible] pretium ob reparationem [illegible] Spiritus ſanctificatione converſis. Indeque univerſos juſſit divinum precari [illegible], ut in [illegible] priſtinum ſacroſanctum reformaſſet myſterium, quatenus vultui adſumendum fuiſſet poſſibile. Quod & factum eſt. Unde ſtupor [illegible] plurimorum in Sancta Religione, ac Fide [illegible] Dominici Sacramenti [illegible] eſt; & omnes, qui [illegible] amore, & Orthodoxa credulitate ſervendo [illegible].

XLV.

Item aliud.

Quidam [illegible] ſecundum carnis proſapiam, & potentiſſi[illegible] in ſuo modo magnificentiam, cum per In[illegible] Apoſtolicæ Sedis adeptus eſſet, & frequen[illegible] etiam a B. Gregorio [illegible] in[illegible], ergo Dei & Sanctorum cultum ſufficienter fuiſſet ſtudioſus, miſit per [illegible], & devotos miſſos condigna *exenia* ad Sedem Pontificalem, petens Reliquias Beatorum Apoſtolorum, ac Martyrum ſibi [illegible]. Cujus Legatos Sanctus Apoſtolicus honorabiliter, & gratanter ſuſcipiens [illegible] diu ſecum morari fecit, atque indeſinenter [illegible] Apoſtolorum [illegible] memorias, ac Martyrum ex more priſco pro [illegible], & [illegible] in corpo[illegible] [illegible] Sed dum [illegible] prior [illegible] Domino ſuo [illegible] verborum, [illegible] ſociorum confractis Apoſtolicæ dignitatis ſingulis ſigillis, apertæ ſunt pixides, & in ſingulis [illegible] panni repertæ ſunt portiunculæ. Moxque cum indignatione [illegible] reverſi [illegible] conquerentes: Utquid, [illegible] Apoſtolicus [illegible] vir [illegible] Dominum noſtrum, qui [illegible] ſe apud eum obtinuiſſe ſperave[illegible]; quod ſic voluerit [illegible], & [illegible]. [illegible] ſuæ addicere? [illegible] quidem non ulla Apoſtolorum, vel Martyrum precioſa hinc referre, ſicut decuerat tantum virum,

uti

ubi Dominus noster est. [illegible] in sede quae sita a tam longo & difficillimo satis [illegible] datae sunt nobis panni modicae portiunculae, ac si hujusmodi panniculi genus apud nos nequiisset inveniri. Nisi enim casus [illegible] subvenisset, ut quod gerebamus cognosceremus, & sic stolide ad nostrum Dominum nobis contigisset venire, dubium non est periculum honoris, & gratiae suae nos debuisse incurrere. Quod Archidiaconus modesta increpatione redarguit. Cur in [illegible] coeperint, ut Apostolica sigilla reperirent, hortans eos ut redirent, & quae acceperant Domino suo cum honore deferrent. Sed hi nullatenus monitis ejus adquiescentes usque ad Domni Gregorii venerunt praesentiam, sicque comperto, patientissime eorum tulit stultitiam, eosque Sacrosanctis Missarum solemniis praecepit interesse. Unde cum ad locum sui sermonis est ventum, suadet populo Dei, & Sanctorum gratiam exorare, quatenus in hac re dignarentur apertissime suam potentiam patefacere, ut quid mereatur fides, evidentius minus creduli, & ignorantes possint cognoscere. Et data oratione accepit ab eo cultellum, qui temeraverat signa, & super altare corporis Sancti Petri acceptam unam panni portiunculam per medium pungens secavit. Ex qua statim sanguis decucurrit, & omnem eamdem particulam cruentavit. Videntes autem suprascripti Legati, & omnis populus stupendum, & arcanum Fidei sacrae miraculum, cecidere proni in terram, adorantes Dominum, & dicentes: Mirabilis Deus in Sanctis suis; Deus Israhel ipse dabit virtutem, & fortitudinem plebi suae, benedictus Deus. Et facto silentio inter alia Fidei [illegible] dixit ad eos Beatus Gregorius, qui aderat [illegible] servi Domini: Scitote Fratres, quia in consecratione [illegible] Domini N. J. C. cum ob sanctificationem [illegible] in honore Apostolorum, vel Martyrum ipsius, [illegible] supra [illegible] sanguis hos pannos introivit, qui [illegible] N. J. [illegible] munera voti sui. Et cum gaudio reversi, [illegible] Domino suo nunciarent, & sui desiderii compotem reddidere. Qui pretiosa Sanctorum patrocinia reverenter suscepit, & honorabiliter in loco venerabili condidit, ubi Deus miracula operari dignatur ad laudem, & [illegible] nominis sui usque in hodiernum diem.

XLVI.

De Sacramento Calicis quid [illegible] sit Beato Cypriano.

Scribens (a) [illegible] Beatus Cyprianus ad Caecilium de Sacramento calicis ait, inter alia: Quoniam quidam vel ignoranter, vel simi-

(a) Vide Edit. op. S. Cypr. pag. 148.

[illegible]

[illegible] Cathol, secundum [illegible] est. (a) [illegible]

[illegible] impiatur, ut facilius postremo tandem possimus agnoscere, an de Spiritu dicta intelligantur. Moyses quippe ait: Sument de Sanguine Agni &c.

[illegible]

Unde [illegible] [illegible]

[illegible] & qui in eo fuerint [illegible] coctos in Cibum salutis acceperimus, [illegible] priore delicto, illum abscenti, & non [illegible]

 vive-

(a) Vide tom. 3. Op. S. Greg. pag. 68.

vivere, qui [illegible] Eucharistiam vere [illegible] ordinis acceperit. [illegible] est, [illegible], ne dum quis abstentus separetur a Christi corpore, [illegible] a salute, [illegible] communicante ipso, [illegible] : Nisi manducaveritis carnem filii hominis, & biberitis sanguinem ejus, non habebitis vitam in vobis. Et ideo panem nostrum, [illegible] dari nobis quotidie petimus, ut qui in eo manemus, & vivimus a sanctificatione ejus corpore non recedamus. [illegible] ut [illegible] alimonia Deo viverent, quibus temporalis vitae dispensatio, & vivere Christus fuit, e quibus unus venerabilis vitae Cassius nomine Narniensis praesul Ecclesiae, ut S. Gregorius refert, cum quotidianum sacrificium offerret, [illegible] ipse sacrificiorum [illegible] gratam Deo victimam [illegible] per cujusdam servi visionem presbyteri suscepit dicens: Age quod agis, operare quod operaris. Non cesset [illegible] tuus. [illegible] Apostolorum venies ad me, [illegible] Qui post annos septem ipso [illegible] die cum Missarum solemnia peregisset, & mysteria sacrae Communionis [illegible] e corpore exivit.

XLIX.

Quantum sacrae oblationis immolatio Mortuorum Spiritibus prosit.

SED (a) quid mirum si [illegible] in corpore [illegible] & Deo [illegible] [illegible] per hoc [illegible] Papa Gregorius [illegible] [illegible]

De [illegible]

SED quia ad [illegible] Domini [illegible] B. Gregorii Dialogo [illegible] potuerimus, non [illegible] [illegible] sapientiae [illegible] divini semper [illegible] sanctissimus Pa-

(a) *Vide S. Greg. Dialog. lib. 4. in fin.*

[illegible] in suo Monasterio [illegible]. [illegible] sustinuit, quia [illegible] &c.

[illegible]

[illegible] ejus [illegible]

[illegible]

M[illegible] &c.

LI[illegible]

[illegible] Domini [illegible]

A[illegible] Episcopum, [illegible] mihi, [illegible] &c.

[illegible], ut [illegible] cognoscant, [illegible], vel [illegible] cum [illegible] possit.

LIII.

[illegible] Dominici Corporis [illegible].

S[illegible] est, quia illis [illegible] prodest, qui hic ob-[illegible] corpus [illegible] non jam in [illegible]. Illum ergo [illegible] nostra passionum [illegible]. Quis enim Fidelium habere dubium possit in [illegible] hora ad Sacerdotis vocem coelos aperiri? In illo Jesu Christi mysterio Angelorum choros adef-

[illegible] C 2 se!

(a) Vide ibid. S. Greg.
(b) Vide ibid. S. Greg.

feq. Summopere dum [illegible] sociari, & [illegible] junge ? Unum quidem ex visibilibus, [illegible] hec agimus, nosmetipsos Deo in cordis contritione mactemus, quia qui Passionis Dominicae mysteria celebramus, debemus imitari, quod agimus. Tunc [illegible] hostia erit, cum nos ipsos Hostiam fecerit. Sed [illegible] nobis est, ut etiam post orationis tempora in quantum Deo largiente possumus, in ipso animum suo [illegible] vana menti laetitia subrepat, [illegible] incuriam fluxae cogitationis perdat. Dum autem per indulti temporis spatium licet, dum judex sustinet, dum conversionem nostram is, qui culpas [illegible], exspectat, [illegible] in lacrymis duritiam mentis, formemus in [illegible] benignitatis, & fidenter dico, quia salutari hostia post mortem non indigebimus, si ante mortem Deo hostia ipsi fuerimus. [illegible]

LIV.

Qua Disciplina, qua modestia orandum sit, cum Sacerdos sacrificat, & unusquisque in suo ordine horam sacrae Communionis expectat.

POstquam [illegible] de Sacramento Dominici Corporis, & Sanguinis plura jam diximus, consequens est, ut qua reverentia, quoque [illegible] disciplina, cum Sacerdos [illegible] intersesse [illegible] Dominici [illegible] Augustinum [illegible] qui in [illegible] libris, [illegible] Cyprianus [illegible] conveniamus [illegible]

[illegible]

(a) Reliqua vide ap. S. Cypr. lib. de Orat. Dominica

LV.

LV.

Quid attendum in Oratione sit, & qualiter facienda [illegible].

Beatissimum [illegible] Praesulem Ambrosium [illegible] [illegible] longa [illegible] Evangelii exponens, quo Dominus [illegible] praecipit, quod [illegible], quando [illegible] [illegible] [illegible] facis [illegible] [illegible] [illegible] [illegible] secretum est. In [illegible] [illegible] [illegible], qui est intra in alta praecordia &c. (a)

LVI.

[illegible] *Cleri de [illegible] Dom.* [illegible]

Cyprianus Presbyteris, & Diaconibus fratribus salutem. Quare [illegible] Fratres Karissimi, pro amore, quem singuli debemus Deo &c. (b)

LVII.

Quod etiam in exteriori cultu sacrosancti [illegible] Dominici altare [illegible] sit.

M[illegible] in primordiis Ecclesiae non tam frequenter, [illegible], tamen quanto rarius, tanto religiosius [illegible] [illegible] priorum Patrum illis injungebatur, ut [illegible] sacrificandi officium, qui [illegible] [illegible] quod [illegible] participare debeant, discalceati [illegible] debuit, [illegible] Moysi, & Josue praeceptum est: Solve calceamentum [illegible] terra enim, in qua stas, terra sancta est [illegible] oblationes [illegible] vane [illegible] [illegible] ne tota jam refrigerit, [illegible] perseverat, nisi quia malignus hostis in hoc sacrificantibus non con-

tra-

(a) Reliqua vide ap. S. Ambr. t. 1. l. 1. de Abel & Cain. cap. 9.
(b) Vide Ep. 8. S. Cypr.

tradidit, in quo magis eos gravari novit. Neque enim Judam vetuit Eucharistiam sumere; scivit enim, quia sicut a devotis per illius mysterii perceptionem ejus fructus compescitur, sic in his, qui hunc indigni percipiunt, [illegible] grassatur. Contra illos etenim, qui altaris [illegible] gloriae cultum negligunt, Dominus per Malachiam queritur dicens: O vos sacerdotes, qui despicitis nomen meum, & dicitis: in quo despeximus nomen tuum, offerentes super altare meum panem pollutum. [illegible] dicitis: Mensa Domini polluta est. [illegible] Christi, quando indigne [illegible] ad altare. [illegible] despectum licet verbis non dicant, tamen cum ipsi exteriorem ejus cultum non ornent, cum etiam Laicis despicabilem faciunt, [illegible] carnalium sensus docere putant [illegible] divinae [illegible], ubi deesse videtur [illegible] ambitionis.

LVIII.

[illegible] nihil super altare ponendum sit praeter sacrosancta [illegible].

Est Ecclesia Beatae Walburgis in qua miracula fieri solebant. Contigit autem aliquando, ut ejusdem Sanctae Walburgis Reliquiae super altare per aliquot dies manerent, sed mox miracula cessaverunt. Tandem vero ipsa Virgo cuidam ex infirmis apparens: Idcirco, inquit, non [illegible], quia Reliquiae meae sunt super [illegible], ubi majestas divini Mysterii debet solummodo celebrari. Quod cum illo [illegible], tulerunt capsam, & [illegible] [illegible] ab illius [illegible] [illegible] tempore [illegible]. [illegible]

LIX.

[illegible] Laicorum [illegible].

[illegible]

LX.

De his, qui eleemosynam tribuunt, & peccata non dimittunt.

QUi ita eleemosynam tribuit, ut culpam non dimittat, animam non redimit, quam a vitiis non compescit. Hoc ille Heremita [illegible] probavit, qui cum multis virtutibus cum quadam [illegible], [illegible] per Diabolum injecta cogitatio est, ut quandocumque libidine titillaretur, sic semen detrito genitalis membri [illegible] deberet, ut tamquam flegma de naribus projiceret. Qui ob id, & Daemonibus moriens violento somnio traditus est. Cum quidam [illegible] rationem ejus ignorans, sed exercitia virtutum recolens pene desperavit dicens: O quis poterit salvus esse, quando iste periit? Cui mox Angelus adstans dixit: Ne turberis, iste enim licet multa fecerit, tamen per illud vitium, quod Apostolus vocat immunditiam, cuncta foedavit. De quo Propheta ait: Manus vestrae sanguine plenae sunt. Siquidem tale aliquid nostro tempore contigit, quod ne sui novitate vilescat, considerandum est.

LXI.

[illegible] nimis de quodam Presbytero.

QUidam [illegible] in Pago [illegible] de [illegible] per [illegible] vicos Romanae adiit a B. Petro [illegible] impoenitentiae [illegible] quasi propter frequentiam [illegible] voluntati [illegible], quamvis [illegible] peccatum deferere nollet, tamen vehementer timebat, quoniam iste mos est pravorum, ut licet [illegible] culpa superbiant, licet prava foras audacter faciant, in [illegible] cogantur, ut ipse timor sit aptus testis damnationis. [illegible] post culpam ad [illegible] fugit, sed tamen etiam [illegible], multum timuit, quia Deo duriter respondit. [illegible] Religionis obsequium deferebat, sed ut Deus ostenderet, [illegible] nisi pro his peccatis, quae deferantur, non recipit, [illegible] vita, & quasi securior [illegible] reciperet, ita divino judicio miser interiit, ut cum [illegible] [illegible].

LXII.

LXII.

Quod qualiscumque Sacerdotis excommunicatio valde formidanda sit, nec attendendum cujus meriti sit; sed cujus auctoritate [illegible], [illegible] injusta videtur, quod absit; [illegible] excommunicatio [illegible].

Cum [illegible] anno Sancti Andreæ solemnitas in prima Dominica Dominici Adventus concurrisset, quidam Sacerdos Parochianis suis utrasque Missas audire præcepit; inter quos erat medicus, qui audita prima Missa discessit. Quem cum Sacerdos increpasset, dure ei respondit. At ille excommunicavit eum. At vero iratus medicus ad suam Domum discessit, & in contemptum excommunicationis [illegible] potum accepit, atque protinus vexari cœpit, quousque animam exhalaret.

LXIII.

Laudabile nimis exemplum gloriosi Theodosii Imperatoris.

Theodosius famosus Imperator quadam vice a quodam Monacho, qui, ut credo, non bene compos mentis suæ erat, pro quadam ejus querela, quam non statim expedierat excommunicatus est. Et Monachus quidem excommunicatione in petalio descripta, & quo [illegible] inveniri posset projecta, discessit. [illegible], sed [illegible] potius Regem [illegible] excommunicationem fieri in causa considerans, [illegible], [illegible] incumberet hora, præsumpsit; [illegible] Episcopis [illegible] etiam ille Episcopo, ad cujus Diœcesim prædictus Monachus pertinebat, licentiam dantibus, cogi non potuit; ut [illegible] Monachus [illegible], & [illegible] Imperatori [illegible].

LXIV.

[illegible] palatinum.

L[illegible] Fratres palatinos viros pro repudio uxorum excommunicavit. Contigit autem, ut Rex ipsius gentis juxta domum ipsorum transiret. Qui multis blandimentis delinitus, ut apud eos ad prandendum diverteret, tandem consensit. Expleto autem convivio cum rediret, obviavit Episcopum, qui fratres illos excommunicavit, quem cum vidisset, intremuit, & exiliens de equo in media, ut erat, via, prostravit se Episcopo. At ille appropians ad eum ferula, quam ma-

nu

nu tenebat, tetigit dicens: O Rex non meum est ignoscere tibi, quia contra Deum fecisti, quando te excommunicatis scienter sociasti. Idcirco ista sententia est de te: Hoc anno mori habes in domo ipsa, in qua excommunicationem contempsisti. Quod factum est, sicut ibi legitur. Ecce Rex non potuit hunc reatum nisi moriendo expiare. Ecce Episcopus nec prostrato Regi in pulvere potuit ignoscere. Ex hoc ergo colligendum est, quia nec ipse Episcopus, cujus excommunicatio contemnitur, sine gravissima pœnitentia hujusmodi [illegible] ignoscere potest.

LXV.

[illegible] Episcopalis Cathedra sit habenda. De Domino Petro Alexandrino Patriarcha.

Huic [illegible] Petro [illegible] Christus per somnium nimio splendore [illegible] apparuit, indutus videlicet colobio nimis candidissimo, [illegible] ad pedes scisso; quod tamen colobium ambabus manibus [illegible] stringebat, nuditatem suam quodammodo operiens. Quem Christum esse Petrus intelligens cum ingenti terrore attonitus ait: [illegible] Domine, Domine, quis hoc fecit? At ille ait: Arius mihi hoc fecit. Hic ergo Petrus tempore Episcopatus nunquam in Cathedra [illegible] sedere voluit, sed super scabellum ipsius Cathedræ residebat, [illegible] quod frequenter Clerus, & populus contra eum querebatur, sed nequaquam adquiescebat, quoniam quoties [illegible] splendor ignem de ipsa Sede [illegible] apparebat [illegible] accendebatur, & [illegible] se [illegible]. Cum autem quadam solemnitate Clerus, & Episcopi, qui aderant, de prædicta sessione quererentur, ille [illegible] est [illegible] celare non valens. Cur, inquit, affligitis cor meum? [illegible] ignem, qui coruscat in solio ipso, & [illegible]? Cumque omnes [illegible] capite [illegible], ille subjunxit. Credite mihi filioli, [illegible], tunc agnosceretis, qualis est Sacerdotalis [illegible] gratia in ipsis habitus, ad cujus majestatis [illegible] ego [illegible] in eadem Cathedra sedere non audeo. Quo exemplo, si bene consideretur, cum hinc admodum contemptores terreri [illegible] quoque [illegible] sessores non mediocriter contremiscunt.

LXVI.

Quam grave peccatum sit sacra loca temerare, vel aliqua sorde polluere.

Quidam vanus nomine Ratherius ad quoddam Monasterium metu inimicorum confugerat, qui in Cella, quae Ecclesiae adhaeret, nocte dormiens cum uxorem suam cognoscere tentaret, ita sicut canis ei adhæsit, ut nullatenus ab ea divelli posset. Cum igitur ita tunc se teneri sensisset, subclamavit. Rumor sublatus increbuit. Accurrerunt omnes. Illi tam metu, quam verecundia confusi Monachos vocari facere. Quanta potuerunt moneta loco sancto dedere. Cum diu a Monachis esset oratum, divisi sunt. Sicut autem ipsa res edocet, complexus conjugum, quia licitum erat, temporaliter punitus est ob illicitam sacri loci, ubi gerebatur, praesumptionem. At vero incestuosorum reatus in sanctis locis patratus ob hoc in praesenti minime plerumque plectitur, quia tantus est, ut non transitoria, sed aeterna ultione feriri debeat. E contra vero quantum sacrati loci reverentia prosit, hoc saltem valet exemplo provideri.

LXVII.

De quodam Latrone in Coemeterio S. Joannis Apostoli.

Quidam Rex Longobardorum, sicut in ejus gentis historia legitur, in cœmeterio cujusdam Ecclesiae B. Joannis sepeliri se fecit, hæreticus tamen perseveravit. Cujus tumulum quidam fur effringens, ornamenta, cum quibus Rex sepultus fuerat, asportavit. Eidem vero S. Joannes per visionem dixit: Cur ausus es corpus istius hominis contingere? fuerit licet non recte credens, mihi tamen se commendavit. Quia igitur hoc facere praesumpsisti, nunquam in meam Basilicam ingressum deinceps habebis. Quod ita factum est: Quotiescumque enim voluisset B. Joannis oraculum ingredi, statim velut a validissimo pugili guttur ejus feriretur; sic subito retro cadebat impulsus. Si ergo pro reverentia sancti loci contra violatorem sepulcri illius hæretici S. Joannes indignatus est, quantum putas & Deus, & Sancti ejus irascuntur adversus quemquam, qui sancta loca quolibet modo commaculat?

LXVIII.

Incipit Epistola Augustini ad Auxilium Episcopum pro causa injustae excommunicationis. (a)

LXIX.

(a) *Vide int. Opera S. Aug.*

LXIX.

Item capitula ad eandem rem pertinentia B. Augustinus

LXX.

[illegible] *Sacramento Baptismatis B.* [illegible]

[illegible] Baptismatis Sacramentum, nec principium, [illegible] Baptismatis [illegible], &c. (a)

[illegible] *de Baptismate* [illegible]

[illegible] Baptismum, sed [illegible] vero [illegible] ille. [illegible] quidam [illegible] sit [illegible] Quid [illegible] accipit, [illegible] infecit, [illegible] suscepit [illegible] Virginis. [illegible] in [illegible]

d D 2 IN

(b) *Vide Op. D. Amb. Tom. 4. l. 1. de Sp. Sancto c. 3.*

IN ÆNEÆ SILVII

Orationem

De Compactatis Bohemorum.

QUid sit *Compactata Bohemorum*, supervacuum parte foret hoc ostendere, quum *Æneas* Silvius in hac ipsa Oratione, quam evulgamus, satis dilucide pro suo more exponat. Nihilominus Lectorem non pigebit audire & a nobis pauca. Ex quo Hussitarum Hæresis in Exordio Sæculi XV. totam ferme Bohemiam invasit, nulla vincendi erroris, nulla placandæ gentis illius patuit via usque ad Basileensis Concilii tempora. Porro illuc advocati Bohemi, & rationes concordiæ ineundæ a Patribus propositæ. Extat autem in Editione Freheriana Historiæ Bohemicæ Æneæ Silvii post Cap. 50. & Tom. XII. Concil. edit. Labbeanæ pag. 431. *compendiosa Enarratio, quomodo Bohemi tracti protractique sint ad Basileensem Synodum, & quid illic egerint* &c. Leguntur & in eadem Conciliorum collectione Acta alia ac monumenta ad hanc ipsam rem spectantia. Tandem vero, hoc est Anno 1433. prid. kal. Decembris percussa fuere Pacta quædam, per quæ ad Catholicam communionem rursus adducta est Bohemorum gens. Eorum compendium ab Ænea nostro exhibetur in Historia Bohemica Cap. 52. his verbis: *Bohemis ac Moravis Ecclesiasticam unitatem pacemque amplectentibus* [illegible] *in ceteris omnibus (præterquam in usu Communionis utriusque speciei) universali Ecclesiæ fidei ritu conformantibus auctoritate* D. N. J. *Christi, & Ecclesiæ Sponsæ suæ, sub duplici specie, panis scilicet ac vini, hos qui consuevissent divinæ Eucharistiæ communicare licebit. An id ex præcepto Dei fieri debeat, generale Concilium Basileæ congregatum definiet* &c. Instrumenta vero Basileæ non cum aliis ad hanc Bohemorum controversiam spectantibus habes apud Cl. V. Godefridum Gullielmum Leibnitium in Mantissa Codicis Jur. Gen. par. 1. pag. 158.

Itaque Compactata deinde appellata sunt ea Pacta, quorum tamen modicus progressus temporis fortassis fuit, tum quod Sedes Apostolica ab iis confirmandis semper abstinuit, tum etiam quod ipsi Bohemi Compactatis alacri [illegible], neque leges a Concilio præscriptas observare solebant. Anno 1448. quum Johannes S. Angeli Cardinalis Apostolica [illegible] fungeretur, instigante Hussitæ, ut [illegible] Cochlæus refert in Hist. Hussitar. Lib. 10. respondit: *Quod de Compactatis* [illegible] *sed quod deliberare* [illegible] Pontifice Maximo id quoque negotii datum Æneæ Silvio Episcopo [illegible] Ladislao Bohemiæ & Hungariæ Rege, [illegible] Compactatorum confirmationem, unde [illegible] inter Bohemos ac Moravos [illegible]. [illegible] cujus hic ibi extat Oratio, quam nunc producimus, [illegible] Anno Ch. 1456. & quod evenerit, quum [illegible] Sacrum Collegium Cardinalium coegerat fuisse.

Ceterum postquam & ipse *Æneas Silvius* ad Pontificatum Maximum conscendit, Pius deinde Secundus appellatus, ad eundem instituta fuit Bohemici Regis atque Hussitarum legatio, atque [illegible] iterum de Compactatis confirmandis actum. Quæ in publico Cardinalium Senatu responderit Pius, a Jacobo Papiensi Cardinali referuntur in Commentar. Lib. 4. & ab Oderico Raynaldo in Annal. Eccles. ad An. 1462. num. 33. apud quem & alia habes in hanc rem legenda. Quod est ad Orationem nostram, operæpretium erat, ut similes plures [illegible] atque evulgarentur; quippe hæc non minus ad Historiam eorum temporum, quam ad Theologiam, Disciplinamque ecclesiasticam summopere conducunt. Tu Lector excipe ac fruere.

ÆNEÆ SILVII PICOLOMINEI

Episcopi Senensis, qui postea Pontificatum Maximum adeptus Pius II. appellatus est,

Oratio habita coram Callisto Papa III. de Compactatis Bohemorum.

Res Bohemicas ad te hodie perfero, Beatissime Pater, res barbaras, res obscuras, ac perplexas nimis, non tamen indignas tuis auribus. Siquidem salus animarum in his quæritur, & maximi Principes eam promovent, *Divus Fridericus Romanorum Imperator*, & patruelis ejus inclytus *Hungariæ*, ac *Bohemiæ Rex Ladislaus*, qui Regnum Bohemicum paterno jure, atque avito possidet. Itaque cupiunt ambo regionem illam pacatam esse, ac cum Sancta Ecclesia concordem. Quam enim longo jam ævo seorsum ab Ecclesia Catholica gens Bohemica vixerit, optat uterque Princeps, te illum esse Pontificem, qui suo tempore nobilissimum, atque amplissimum Regnum reliquo Christianitatis annectas corpori. Digna profecto res, in qua tua Sanctitas nervos intendat suos. Nec fortasse negotium est, quod diligentius isto jam curare oporteat, si quemadmodum ostensum est, contra Turcos arma paramus. Nisi enim res domi quiescant, non est tutum pugnare foris. At Regnum Bohemiæ in medio nationis Germanicæ situm, & undique cinctum Theotonibus, quamvis quiescere nunc, & pacem cum vicinis habere videatur, non tamen plena securitas est, nisi res Ecclesiasticæ componantur. Huc accedit infelicissima plane animarum perditio, quæ singulis diebus e corporibus commigrantes catervatim in gehennæ mancipium deferuntur; est enim maxima pars Regni Bohemiæ extra tuam obedientiam, extra Ecclesiam Dei, extra arcam Domini, extra quam non est salus regnante diluvio. Cogitandum est igitur de tanti Regni salute, succurrendum est, ne tot hominum animæ pereant, ne filia, quæ potest esse dilectissima, materna ulna complexum fugiat, ne gens fortissima Bohemorum aberret amplius. Atque hoc est, quod Imperator, quodque Ladislaus ex te summo precæ deposcunt. Quomodo autem, & quibus conditionibus quærenda sit hujus Regni reductio, non est coram tua Sanctitate proferendum. Tu patris es loco, & matris, tu Magister, tu medicus populi Christiani, Dominici gregis Pastor. Tuum est cogitare, quibus artibus, quibus promissionibus aberrantes filios ad te revoces. Novit providus pater, abeunti filio quo supercilio sit obviandum; novit pia mater, quo lacte nutriat fastiditum infantem; novit cautus Magister, qua mansuetudine retrahat alienatum discipulum;

[illegible]; novit eruditos Medicus, ægrotos quæ medicina [illegible], novit bonus Pastor, quæ suis ovibus salubria sint pascua. Nec te fugit, quibus blanditiis, quibus sponsionibus alliciendus sit natio Bohemorum, illud certum est, quia [illegible] advenit, propter quod illi populo salubriter consolatur, idque quo pacto peragas, tuo gravissimo judicio remittam, & Cæsar, & Ladislaus [illegible] hoc tantum quærunt, ut tandem Bohemicum Regnum Romanæ concilietur Ecclesiæ, & nunc potissime, quando hujus Provinciæ fortissimis viris contra Turcos [illegible]. Ceterum quia de [illegible] Bohemiæ hanc curam gerimus, duo principaliter nobis exponenda sunt. Alterum quomodo Regnum hoc [illegible] sit; alterum quo pacto purgari [illegible] ad pristinam possit reduci sanitatem. Atque in his duobus [illegible] sua conformetur Oratio. [illegible]

2. Florentissimum enim olim hoc Regnum fuit [illegible] in Occidente, Potentatum nulli cedens. Sub [illegible] Quarto [illegible] Imperatore ad [illegible] bilesque illic [illegible] erant, incredibiles [illegible] Nobiles, [illegible] nomtissimi Sacerdotes, Urbes [illegible], [illegible] sed [illegible] Civium ad Regalem magnificentiam [illegible] pla, & [illegible] supra [illegible] dici [illegible] ti [illegible], [illegible] grandiva, [illegible] la Philosophiæ [illegible] [illegible]

[illegible]

necessariam [illegible] simplices, & [illegible] gione [illegible] recesserunt. Divinum enim [illegible] sub [illegible] panis, & vini petentes, [illegible] in [illegible] Domini manus injecere, alios occiderunt, alios [illegible], alios in exilium expulerunt, bona Ecclesiarum invaserunt, divinos [illegible]; Nobilitatem quoque crudeliter persequeri, quæ [illegible] abhorrere videbatur, omne Regnum [illegible], rapinis, atque incendiis oppleverunt. Princeps autem hujus hæresis, ac seductor Bohemici

populi

populi [illegible] Johannes Hus, qui [illegible] appellari potest, [illegible] lingua [illegible] propter [illegible] Dialecticam, & [illegible] Bibliam, ac Johannis [illegible] Anglici [illegible] volumina, [illegible] literis. Quem qui sequuti sunt, Hussitarum nomen [illegible]. Et in Bohemia quidem [illegible] ([illegible]) in [illegible] Hussitarum [illegible] in Fide [illegible] in [illegible] Nobilibus, plebe in sanitate Religionis [illegible] conditio [illegible] fuit, quorum multi pro [illegible] & integritate Religionis [illegible], inter [illegible] quotidianis urgerentur [illegible] synodus apud Constantiam [illegible] est, ad quam vocati Johannes Hus, de quo [illegible] Hieronymus [illegible] discipulus, [illegible] sed spiritu perversitatis imbutum, [illegible] quam [illegible] humiliter [illegible] raptus, & in Bohemiam [illegible] veneratione [illegible] Nec tam [illegible] corpus, & ignominiosas [illegible] vidimus [illegible] Concilii [illegible] volueras [illegible] & disputandi; [illegible] erat, [illegible] & de [illegible] judicabant. Dispositum est [illegible] quaginta [illegible] Bohemi, quibus [illegible] Haereticis [illegible], quem [illegible] verbis res agitur, verba [illegible] vero, quem [illegible] vinci, nec disputationibus trahi posse Bohemos animadverterent, ad tertiam, quae restabat, viam confugere. Tractatum quasi inter amicos est. Sed quum res Basileae concludi non posset; missi legati sunt in Bohemiam viri sapientes, & qui divinae, atque humanae legis peritiores habebantur. Qui petitionibus Bohemorum ad verum discussis, non-

nulla

nulla esse his capitula confirmarunt, quae *Compactata* dicuntur. Eorum vigore abdicant ab se Bohemi quosvis articulos erroneos, illo dempto, qui de Communione duplici nuncupatur. Neque enim super hoc Legati, & Bohemi convenire potuerunt, quum illi ex praecepto Salvatoris Communionem Calicis deberi populo dicerent, nostri negarent. Conventum tamen inter eos est, hanc disceptationem ad Concilii definitionem remitti: Bohemos autem in omnibus universalis Ecclesiae ritum observare debere, excepto Sacramenti Communione, quam sub duplici specie hi, qui usum rationis haberent, ex auctoritate universalis Ecclesiae, sumendi voluerunt. Intervenerunt & alia plerumque pactiones, quarum meminisse non est modo necessum. Probavit Basiliensis Synodus ratum, quod Legati fecere, tametsi quibusdam Theutonum adversarii viderentur, aliis nationibus non placeret [illegible] tas pene animas perditum in Communione [illegible]. Constabat [illegible] populo [illegible], qui [illegible] contra Patrum instituta [illegible], Bohemorum populum errare [illegible]. Declaravit [illegible] Synodus Communionem Calicis, quod populares, non cadere [illegible] praecepto Domini, nec licere Laicis illam sibi auctoritate propria assumere. Misitque Philibertum *Normannum* Constantiae Pontificem eruditum, & integrum virum, qui Legatione inter Bohemos etiam prae[illegible] *Sigismundo Caesare*, qui per hunc modum & Pragam, & [illegible] recuperavit) in usum *Compactata* redegit, interveneritque [illegible] inter Regni Gubernatores, & supplicandum [illegible], quibus Ecclesiae Pragensis *Johannes de Rokezana* promissus. Postea [illegible] ille, & cum Sigismundus graves inter [illegible] & Petrum, qui Basileae remanserunt, [illegible] ingressus est. Bohemi [illegible] Sigismundi genero vocaverant, [illegible] Polonia [illegible]. Et quamvis superior Albertus Regnum obtinere videretur, [illegible] tamen vel *Taylor*, vel *Thaborite* in ejus potestatem venere. *Alberto* vita functo, Regnum confusum fuit, quoadusque [illegible] publicam [illegible]. Itaque [illegible] temporibus, ut & Ecclesiasticam neglecta sunt, & in priorem eruditionem [illegible]. Petita est tamen aliquoties & ab *Eugenio*, & a *Nicolao* suis antecessoribus *Compactatorum* confirmatio. Sed quum *Rokezana* sequi in Archiepiscopum efflagitaretur, anima nigra, & pestilens, abhorruit Apostolica Sedes alterum cum altero simul admittere. Et licet *Johannes S. Angeli Cardinalis* natione Hispanus, illuminatae mentis, & animi rectissimi pater, Regni caput Pragam petierit, salutem gentis, & unionem quaerens; *Nicolaus quoque S. Petri ejusdem Ordinis Praelatus*, homo Alamannus, & non minus doctrina, quam vitae puritate memorabilis, ad metas Regni eadem ipsa de causa pervenerit, numquam tamen de concordia verbum audire Bohemi voluerunt, nisi Pontifex Rokezana promitteretur. Ladislaus exinde quum adolevisset, in Bohemiam veniens, quamvis honore summo, & incre-

dibili

[illegible]

[illegible]

[illegible]

[illegible]

oc-

[illegible]

[illegible] est in proximo [illegible] Cum [illegible]

[illegible] in [illegible]

commemorare multa exempla [illegible]

de-

[illegible] fuerant. Sed [illegible] Lipsia [illegible] fuerunt, de quibus [illegible]. Quid [illegible] qui septem [illegible] [illegible] expulerunt, Episcopum [illegible]. Quid [illegible] illos excommunicatio [illegible] [illegible] censuras Ecclesiasticas [illegible] [illegible]? Quanti apud vos momenti [illegible] [illegible] qui [illegible] [illegible], [illegible] [illegible] spiritualis mucro, nisi mate-[illegible] verba, nisi praesto adsint verbe-[illegible] potestate, praesentia cuncti respi-[illegible]

[illegible], & subterranea Regna, [illegible] [illegible] Sed quid [illegible] [illegible], maledicti, [illegible] fuerant. Et quod [illegible] & spiritua-[illegible] [illegible] parebant, [illegible] quam [illegible], si Bohemos [illegible] [illegible] [illegible] fortitem [illegible] [illegible] infecti lepra, alie-[illegible] omnis haereticus, non [illegible] veniunt ad nostros. Ingrediuntur [illegible] vendunt, [illegible] negotiantur, [illegible] [illegible] & nostros [illegible] [illegible] cogitatio, qui [illegible] [illegible] populos tenere [illegible] [illegible] est, qui Presbyterum [illegible] [illegible] illis videtur, [illegible] qui [illegible] Callecum [illegible], & ipsi duplici [illegible] Bella [illegible]; ne dicatur delirato. [illegible] erit, obsecro, [illegible] hominum videat, & cujus sit ille, aut ille fecit cognoscat? Hominum nullum est versutius animal, nullum magis fallax; aliud in ore, aliud in corde gerit. Clausum est cor hominis homini, & inscrutabile, Deo soli apertum; mille in eo la-[illegible], mille receptacula; [illegible], ac dissimulare novit. Deo si-

mile

[illegible] oportebit, [illegible] qui [illegible] tur nosse voluerimus? [illegible] quisito, decem Presbyteros ex Polonia [illegible], qui se [illegible] affirmaverunt. At ex his septem [illegible] sunt, qui [illegible] Rokezanam [illegible]. [illegible] quod apud [illegible] consecrari debere, [illegible]. [illegible] Deus est, qui [illegible] tere, [illegible] quod [illegible] imperatur. [illegible] praeterea [illegible] Episcopi, qui [illegible] Clericos [illegible] venientes consecrant, neque [illegible] verentes, neque Canones. Poloniae quoque, si cetera [illegible], [illegible]. Subnectam heic [illegible], [illegible] tamen, quam tradidimus, [illegible] exemplum. [illegible] in Bohemia plures [illegible] quasi [illegible] pro subditorum [illegible] fuit, quae peccato [illegible], [illegible] Polonia [illegible]. Interrogata cur sese [illegible] Sacerdotibus [illegible] Presbyteri [illegible] semper [illegible], qui [illegible] Presbyteri [illegible] qui [illegible]. [illegible] in [illegible], qui non [illegible] professionem divini Sacramenti [illegible] in [illegible]. [illegible] hanc [illegible] in [illegible] quia venientes ex Polonia [illegible], Sacramenta ministrant, [illegible] nihil abhorrent. Ego quidem [illegible] in Bohemia, [illegible] Ecclesiarum Rectores natione Polonos, qui rogati, cur prohibitam ab Ecclesia Communionem [illegible], [illegible], quia non possent alio modo vivere, quam fodere non valerent, mendicare autem erubescerent. Itaque novi Bohemiam non posse carere Presbyteris, quando semper inveniuntur, qui Fide [illegible], quam plebe carere. De [illegible] vero, quam sepulcri Bohemos [illegible] erogandam putant, quid aliud existimem, nisi quia male [illegible] pecunia, quod virtute effici debet. Sed [illegible], ubi tantus thesaurus inveniatur, qui Bohemorum voracitatem expleat, insatiabile genus hominum? Quanto plus dederis, tanto amplius requiret. Non Pactolus, non omnis arena Tagi, non litus Arabicum tantum aurum administrabit, quantum absorbet Bohemia. Unum si dones, mille donare oportebit, neque semel tantum, sed quotannis stipendia requirent. Ubi cessaveris, mox ad priora redibunt. Aut tributariam Regni Bohemiae Sedem Apostolicam per-

perpetuoque fuisse cautam reditionem brevi [illegible]. Octava, & ultima est illorum opinio, qui novos tractatus cum Bohemis existimant suscipiendos, si forte inveniri melior conditio possit. Sed flumini contrario, qui suapte natura deorsum est, facilius sursum revolvas, quam Bohemis Communionem Calicis subtrahas. Duo Concilia generalia, Constantiense, & Basiliense, quorum hoc summo studio [illegible] laboraverunt. Nicolaus S. Petri, & Johannes S. Angeli [illegible], quorum ante meminimus, complures Ecclesiastici, & [illegible] Principes saepe Bohemos ad unionem reducere conati, [illegible] concordiam invenire potuerunt, nisi Communione Calicis indulta. Quid ergo totiens frustra insistimus? Cur [illegible] petemus? Stulte quaeras, quod invenire non speres. [illegible] his octo, quas retulimus, opinionibus, nulla est ad reductionem Bohemorum satis idonea, neque praeferenda tractatui, quem cum Gubernatore habitum recensuimus. Utrum autem tractatum ipsum admittere, atque amplecti conveniat, sequenti oratione [illegible], si modo sufficientia fuerint, quae nos ex praecedentibus [illegible] explicabimus.

Diximus supra, negandam esse Bohemorum petitionem, si ex concessione Communionis violatur integritas Fidei nostrae. Non est hic [illegible] conniventibus incedendum. Non est Christianus, qui [illegible] cium infert. Salus nostra in puritate Fidei consistit, [illegible] tandum, nihil detrahendum est. Mori satius est, quam [illegible] Legi contraire. Custodiendum est summa cum diligentia [illegible] nostri testamentum. Quid ergo? Petimusne quicquam ordinationi divinae & statuto Christi adversum? Stultus est, & amens, qui ex tuo Solio, Beatissime Pater, injustum, aut impium aliquid optat. Hortus conclusus est tua Sedes, & fons signatus, ex quo nihil potest manare non purum. Decocta sunt, & admodum digesta tui pectoris decreta. Obrizum aurum hinc funditur, & argentum septies defaecatum. Salutaria sunt, & nihil habent immunditiae, quae abs te prodeunt, oracula. Age igitur, exiguntne Bohemi quod aut Fidei sit alienum, aut Apostolicae traditioni contrarium? Nihil quidem: Neque enim divinissimum Eucharistiae Sacramentum sub specie panis, & vini sumentes, divinas sanctiones impugnant, aut Fidei adversantur Orthodoxae, si modo ex devotione, aut indulto Ecclesiae id agant, sequestrata praecepti necessitate. Quod si crimen id fuisset haereticae labis, numquam Patres illi & doctissimi, & zelo Fidei succensi, qui ex omni Christianitate in Basiliensi Concilio convenere, hujuscemodi Communionem indulsissent. Constat autem ex auctoritate illius Concilii, sub duplici specie concessam Communionem fuisse. Non est igitur adversa Fidei postulatio; neque enim aut inventor ipse tanti Sacramenti Christus Dominus, aut ejus discipuli Communionem hanc prohibuerunt. Imo vero ritus ille & nascentis, & proficientis Ecclesiae fuit, ut de Calice non ſolum viri, ſed mulieres etiam biberent. Quod in hanc uſque diem Orientalis Eccleſia ſervat, neque tamen propterea de violata Fide coarguitur. Latini vero nitidius Chriſti Sacramenta tractantes, & intelligentes, quantus honor, quanta reverentia Salvatoris noſtri altitonantis, & ſummi Dei Filii Corpori, & Sanguini debeatur, & cum quanto timore diviniſſima illa Caro, & ſupercœleſtis Sanguis tractari conveniat, paulatim ex Communione Calicis populum ſubtraxere, veriti, ne ſacratiſſimus Sanguis Domini in turbas participatus, & incautius aliquando tractatus effunderetur in terram. Atque ita ſucceſſu temporis introductum eſt, ne quis apud Latinos Laicus Calicem Domini poſtulare præſumeret; ſcit enim Latina Eccleſia, ſub una ſpecie confecto Sacramento Chriſtum totum, & integrum contineri, neque opus eſſe ad ſalutem duplici ſpecie cibari Laicos. Sed quis auctor fuerit hujus conſuetudinis, & quando introducta ſit prohibitio Calicis in populum, neque legi hactenus, neque audivi. Illud vero manifeſtum eſt, quod ante Conſtantienſe Concilium neque Romani Pontifices, neque univerſales Synodi de hac prohibitione quicquam ſanxiſſe reperiuntur. Veterum autem extant non pauca decreta, quæ Communionem Calicis mandare videntur. In Conſtantia primum Canon promulgatus eſt, eos damnans, qui auctoritate propria a conſuetudine Patrum recedentes, communicandum ſub duplici ſpecie cenſent. In Baſilea vero declaratum, ac ſancitum eſt, Communionem Calicis quoad Laicos ſub præcepto neceſſitatis minime cadere; qui ſecus ſapiant, errare; neque tolerandos eſſe, qui abſque permiſſione Eccleſiæ ea Communione utantur. At Bohemi, etſi aliquando prædicaverint, ſine Communione Calicis ſalvari neminem, poſtea tamen hoc errore dimiſſo, ſeu ficte, ſeu vere (neque enim corda hominum poſſumus introſpicere) putantes ſe aliquid gratiæ ſub Calice recipere, hanc Communionem ex auctoritate Romanæ Sedis expoſtulant. Quæ res licet magna eſt, & ruſtice magis quam docte petitur, nihil tamen ab Evangelica lege, aut Apoſtolica traditione diſſentit. Non eſt igitur, cur timore Fidei diſſolvere tractatum oporteat. Sed mali fortaſſe plus quam boni pariet indulta Bohemiæ Communio. Quod ſi ita fuerit, abnuenda ſunt poſtulata. Intueamur igitur, quid mali, quidve boni vel conceſſio Communionis, vel negatio ſecum importet, eamque partem amplectamur, quæ plus commodi, minus incommodi videtur afferre. Si concedimus, quæ petuntur, potentiſſimum populum, ampliſſimum Regnum, fereciſſimas Europæ gentes ad obedientiam S. R. E. convocamus; diſcordes inter ſe Bohemiæ plebes unimus; *Ladislao Regi* provinciam quietam reddimus; Theutonibus in circuitu pacem præbemus, militiam fortiſſimam, quam contra Turcos amare poſſimus, nobis conciliamus; & quod rebus omnibus præſtat, infinitis animabus Paradiſi portas aperimus. Atque hoc potiſſime quæritandum cenſeo, quando nihil eſt, quod illi

maxi-

maximo, atque optimo Deo Cœlum regenti animarum lucro fiat acceptius. In Bohemia vero, ac Moravia difficile dictu eſt, ne dicam cognitu, quanta populi multitudo ſuccreverit, quæ ſi petita concedimus, Chriſto acquiretur; ſi negamus, Diabolo. Et ajo confidenter ex auctoritate prudentum, quia lucriſaciemus in hoc tractatu innumerabiles animas, & quæ nullo pacto circumſcribi valeant, plebes. Nam etſi duces populi fraudulenter agant, multitudo tamen ſincera eſt; & ignorantia, non pertinacia peccat. Quæ poſtquam didicerit ſe deceptam, & unioni conſenſerit, cautior in poſterum fraudibus obviabit, & bibens, te permittente, de Calice, fiet æternæ vitæ particeps. Parumne hoc cuipiam videri poteſt, tot populos, quot Bohemia, atque Moravia nutrit, lucriſacere? tam numeroſis gentibus Chriſti Regnum aperire? Non eſt argenti, aut auri lucrum, ſed animarum, quæ omne metallum, & omnes gemmas antecellunt. Hæc ſunt bona, Pater Sancte, quæ viri ſapientes ex hoc tractatu arbitrantur emergere; magna quidem, & pro quibus Romanus Pontifex, omnium in Chriſto credentium Rector, & Paſtor, uſque ad ſanguinem, & animam contendere debeat. Sed audi modo, quæ contra objiciuntur. Indulſit Baſilienſe Concilium quæ petivere Bohemi; Legatos ad eos miſit, pacta cum Regno percuſſit. Quid inde? An non iidem Bohemi ſunt, qui ante fuerunt? Et cur nunc magis fidem ſervabunt? Ficta eorum reditio eſt, & plena fraudis. Quod ſi aliunde non liquet, hinc patet, quia Rokezanam Præſulem quærunt hominem ante deſcriptum; volunt enim ex duodecim viris, qui ad Pragenſem Eccleſiam nominandi ſunt, unum hunc eſſe. Quid ergo? Sane talis erit aliorum nominatio, ut neceſſe ſit illum aſſumere, ſi modo minus ineptum recipiendum judicabis. Tunc homo peſtilens, propoſiti victor, Cathedram ſortitus, quam ſupra triginta annos ambivit, omnem Bohemiam ad ſuam ſententiam reformabit, neque Presbyterum patietur in Regno ſuæ ſententiæ contrarium, potenti manu Clero, & populo imperabit, *Compactata* deridebit, nolentes de Calice bibere ab Eccleſia ſeparabit, atque, in hunc modum Apoſtolica Sede prorſus irriſa, ad priores inſanias Regnum Bohemiæ revocabit. Quod ſi eo neglecto alium quemvis Pragenſi Eccleſiæ præfeceris, extra Civitatem ſuam illi manendum erit; pauper, inops exulabit Archiepiſcopus. Scimus inſuper Bohemorum quammultos errores eſſe, nec de iſtis mentionem audimus, & quomodo ſalvabuntur permiſſa Communione, niſi univerſam hæreſim abdicaverint? Quid de bonis Eccleſiarum dicemus, quæ iſti rapuerunt? Lora hæc, & catenæ ſunt, quibus raptores in æterna præcipitia trahuntur, niſi reſtituantur. De reſtitutione autem verbum nullum. Dulce ſapiunt Laicis bona noſtra; nimis eis abundare videmur. In opes noſtras ora aperto inhiant. Quod ſi pacem Bohemis damus Eccleſiaſtica bona tenentibus, omnium gentium avaritiam adverſus Eccleſiam provocabimus: nihil eſt enim, quod homines cupiditati majores flammas adjiciat, quam malo exemplo impunita rapacitas. Sic tamen vera reditio, facessat hæresis, nihil obsint Ecclesiarum rapinæ, quid tu? An Communionem indulgebimus? Quibusdam scandalosa concessio videtur, namque si roges Australes, Bajoarios, Francones, Saxones, Slesitas, & quicquid superest Theutonici nominis, dicent omnes uno ore, negandum esse quod Bohemi petunt. Quomodo enim, inquient, Communionem Calicis permittemus, quæ ne per Laicos iret, & patres nostros, & fratres, & nos ipsos tot maximis, atque asperrimis bellis implicuit? Nonne urbes nostras exuri, agros vastari, filios, & uxores in servitutem eripi, tolerabilius judicavimus, quam novum Communionis ritum in Bohemia permitti? Cumque his sentient ex Bohemis quicumque persequutionis sæviente procella Romanam Ecclesiam sunt sequuti. Turbabitur itaque tota Germania, & quasi contumeliam patiatur, Apostolicam Sedem incusabit, quæ post tanti sanguinis effusionem, post amissionem tot illustrium animarum, post rapinas, atque incendia, post omnia flagitia, quæ bella pariunt, Calicis participium ad plebem transmiserit, quod ante damna fuerat transmittendum. Non videtur igitur cum tantarum gentium injuria consentiendum esse Bohemis. Huc accedit, quia si ferant Bohemi quod optant, non deerunt qui similia quærant, sive Galli, sive Hispani, sive alii populi; neque fas erit magnis nominibus denegare, quod Bohemis constabit esse concessum: Atque ita duo incidemus mala: alterum, quia plus sapuisse Bohemi, quam Romana Ecclesia, videbuntur, quorum illorum sententia manserit, nostra ceciderit: alterum, quia remeabit ad nostros periculum effusionis Sanguinis, cujus evitandi causa majores nostri Calicem populo subtraxerunt. Adversus concessionem igitur hæc fere dicuntur. At qui eam tuentur, ut infra subnectam, respondere solent. Quod neglexere Bohemi, quæ Basiliensi Concilio promiserant, inde fuit, quia post *Compactata* mox subortum est in Ecclesia Dei grave dissidium, quum Eugenius antecessor tuus Patres in Basilea congregatos damnaret; illi autem Eugenium multifarie persequerentur. Sigismundus Imperator, qui turbida Regni negotia compositurus erat, rebus excessit humanis. *Philibertus Synodalis Legatus* non diu post eum animam exhalavit. *Albertus Cæsar* quamvis attritis Regis Poloniæ partibus universum pene Bohemiam in potestatem redegerit, prius tamen obiit, quam Regnum reformare potuerit. Sub *Ladislao* diu neglecta pupillaris ætas provinciam inquietam habuit. Principes igitur hæresis, qui Basiliensis Concilii leges inviti susceperant, nequitiæ suæ tempus idoneum nacti, ad priores blasphemias redierunt, errantemque sine pastore gregem in abrupta quæque devia pepulerunt. Nunc alia Regni facies est. Rex adultus, & sapiens, curiosusque nostræ Religionis a Deo datus est. *Georgius Gubernator*, quamvis de Calice bibat, vir tamen solidus est, pro-

missi

missi tenax, & servantissimos æqui. Optimates reliqui nostrum penitus ritum observant. Civitates, etsi Calixtini sint, sub imperio tamen Baronum, & Regis viventes, legem ferunt, quam illi dabunt: Utque de mente Regni latius loquamur, quatuor in Bohemia sunt hominum genera, Sacerdotes, Nobiles, Cives, & Agricolæ. Sacerdotes neque olim optavere concordiam, neque modo quærunt; sunt enim homines ignobiles, obscuro loco nati, neque virtute præditi, neque literis, quamvis argutiolas quasdam, ac fallacias nonnullas ex Dialecticis didicisse videantur. Quod si componantur res Bohemicæ, verentur illud, quod futurum est; ingredientur enim Regnum viri sanguine clari, probitate insignes, ac doctrina præstantes, quibus illi nulla ratione possunt æquari, tumque relinquentur Hæretici, & Orthodoxi in cultu erunt. Hoc timentes Presbyteri Bohemorum, nec olim manus dedissent, neque hodie darent, si libertas eis fuisset, aut esset quæ vellent agendi. Sed stante Concilio Basiliensi populi pacem petentis furorem expavere. Nunc & Barones, & populum reformidant, si quæ sunt honesta quovis modo recusent. At Barones, & Optimates longe diversa sententia tenent; fuerunt enim extra Bohemiam, inspexerunt nitorem nostri cultus, animadverterunt inter nostros, & eorum Sacerdotes quantum interesset, intellexerunt contemtui esse cerimonias suas, puduit eos ineptiarum suarum, utile putaverunt pacem jam tandem cum finitimis nationibus colere, vitamque suis vicinis non abhorrentem vivere, Ecclesiam ornatam habere, Sacerdotes apud se honoratos esse, rem divinam non sine apparatu facere, Sed quoniam de Calice longo tempore biberunt, ac pro eo cum ceteris gentibus sæpe ferro contenderant, veriti sunt, ne ritu mutato convicti hæresis viderentur, dicentibus populis, eos alioquin salvos fieri non potuisse; etsi enim non ignorant Optimates Bohemiæ, Sacramentum sub una specie plebi sufficere, rumorem tamen populi reformidant, & murmura vulgi. Sunt namque Bohemi honoris hujus mundani, & popularis plus justo cupidiores, & mortem facilius ferunt, quam turpiter egisse quippiam videri velint. Fragiles sunt, ut homines ægroti; colorem quærunt, qui apud doctos nullius momenti est, apud ignaros videri aliquid potest. Nostrum est compati fratribus, & imbecillis mentis subvenire fragilitati, si dum eos quærimus, non admittimus alios. Civitates autem, etsi tantum de Sacramento sentiunt, quantum Sacerdotum assidua prædicatione docentur, pacem tamen cum vicinis cupiunt, & unionem recta mente suscipiunt. Quod si semel intelligant, haustum Calicis non esse plebibus necessarium; suorum Sacerdotum hypocrisim perpetuo insectabuntur odio. Ruricolæ vero ita circa Communionem se habent, quemadmodum eorum Domini. Quod si mentem cujusque Bohemi rimari possimus, inveniemus præter Sacerdotes ad concordiam totum Regnum bono animo, rectoque vadere. Ceterum quum Sacerdotibus in Bohemia nulla Reipublicæ cura committatur; Cives solum inter sese jus dicere possint; Agricolæ, & qui rus colunt, loco servorum habeantur; Barones autem cuncta disponant: quis non intelligit, admissam semel ex imperio Nobilitatis, unionem stabilem, atque inconcussam esse mansuram? De bello namque, de pace, de legibus, de vectigalibus, de totius Regni gubernatione est cum Baronibus dispositio. Non est itaque nunc formidandum, quod prius accidit, ut accepta capitula rescindantur, & sicut Basiliense Concilium, ita & Romana Ecclesia contemtui fiat. Quodvis animarum lucrum sub periculo derisionis libentius quæram, quam jacturam sub spe laudis admittam. Quod præterea de Pragensi Pontifice objectum est, a vero longe recedit. Namque si delegerit tua pietas ex duodecim viris, quos illi nominaverint unum, etiam Rokezana prætermisso, hunc Bohemi Archiepiscopum amplectentur; servabunt enim quod promittent, decretoque suo satisfacient. Neque enim Bohemi sunt, qui facile promissa contemnant; graves enim sunt, & dicti sui tenaces. Nam & Theotones, quamvis odio vetusto in Bohemos ardent, hanc tamen illis laudem sine contentione concedunt, quia promissionibus suis diligenter intendant. Atque hoc est, cur Rokezana tantopere in Archiepiscopum petitur; extant enim & Baronum, & Civitatum literæ, quibus Pragensis Ecclesia *Rokezanæ* promissa est, quibus & Sigismundus olim, & Albertus post eum, & Ladislaus denique consensum præbuit. Quod si peterentur hodie hujuscemodi literæ, non darentur; datas autem infringere non præsumunt. Sed quum neque Regis, neque populi sit Archiepiscopum assumere ad tuam pietatem recurrunt. Verentur uno tantum nominato Apostolicam Sedem offendere. Duodecim nominare proponunt, inter quos veluti satisfacturi promisso, Rokezanam insertum cupiunt. Neque formidandum est, quod supra suspicari aliquos diximus, omnes scilicet, qui nominabuntur, de Communione Calicis esse, & Rokezana pejores. Est enim communi Baronum, & Civitatum consilio facienda nominatio, quemadmodum mihi Regni Legati apud Novam Austriæ Civitatem affirmarunt. Itaque nominabuntur pariter ex utraque parte, qui videbuntur Pontificali culmine digniores: Georgius autem Gubernator, quum sæpius a me percontatus fuisset, an Romanus Præsul ad id flecti posset, ut Rokezanam Ecclesiæ Pragensi præficeret, ego hoc multis rationibus id negassem, Vah, inquit, tandem, non erit Rokezana, qui nobis Romanam Ecclesiam reddat infestam. De statu quoque Archiepiscopi provisurum Regnum Gubernator asseveravit; ait enim, maximam esse dignitatem illam neque decorum videri Baronibus eorum mendicare Pontificem, qui sicut ceteris Regibus suum esse æqualem volunt, ita & Archiepiscopum Regni reliquis Pontificibus parem cupiunt; neque enim honoratus videri potest populus, cujus inglorius est Prælatus. Sed quid heic moramur? Non ego meis verbis exigo; si libet amplecti tractatum, expetantur literæ Regis, ac Baronum, & Civitavitamus, si expedire putatur, quibus certa reddenda Apostolica sublimitas, ex duodecim nominandis si unus assumatur, Regnum illi pariturum, & usque ad scribendam aliquam summam de certis reditibus annuis intra præmonstrandum tempus provisurum. Tua vero pietas his pollicitis, quia ex duodecim nominandis (si modo inter eos idoneus reperietur) unum Pragensi Ecclesiæ Pastorem dabit; Communionem Calicis ea conditione indulgebit, ne putent illam quoad Laicos necessariam ex Regno propulsent. Aut enim ad hæc sese literis suis Bohemi constringent, & implebunt procul dubio, quod promittent; aut recusantes sinistram ostendent se mentem habuisse; & Apostolica Sedes in honore manebit, quæ tractatus fraude plenos objecerit. De reliquis autem erroribus, quibus ajunt Bohemos esse infectos, non intelligo cur magnopere disputemus; diximus enim supra, ex omnibus articulis errorem sapientibus quatuor Bohemos dumtaxat elegisse, quos in Concilio defenderent. Denique vero per *Compactata* tribus rejectis, ad unum tantum se reduxisse de Communione Calicis, & hunc post multa utrinque dicta ad discussionem Concilii remisisse. Quod si volunt hodie Bohemi *Compactatis* locum esse, & integram unionem quovis errore seposito volunt, aut necesse est, Bohemos omnem hæresim abdicare, aut quæ percusserunt *Compactata* rescindere. At vero de bonis Ecclesiarum quodnam, inquit aliquis, responsum dabitis? Maximus hic articulus est, & qui Regnum perdere posset, nisi restituantur ablata. Viri docti, quos de his rebus ratiocinantes audivimus, aliter sentiunt. Nemo est enim in Regno, qui asserat, Ecclesiastica bona, quæ rapta sunt, non debere restitui. Imo vero publice hoc scelus accusatur, quin & occupantes ipsi occulto conscientiæ verbere quatiuntur; sed quia vincit eos avaritia, & sunt domi potentes, neque ipsi sponte restituunt, neque restituere compelluntur. Sed quid multitudini, si decem, aut viginti prædia sibi Ecclesiarum usurpant? Propter decem bonos salvaturus erat Dominus Sodomam, & nos propter decem malos Bohemiam perire putabimus? Et nos in Civitatibus nostris fures habemus, & prædones, & usurarios, & adulteros, & sacrilegos. Nulla Civitas malorum hominum omnino vacua est: Non tamen perit proximus ex peccato proximi, cujus non est ipse particeps. *Anima, quæ peccaverit, ipsa morietur*, inquit Scriptura. Non est Regni universitas, quæ res Ecclesiarum hodie detinet. Ad privatos quosdam potentes hæc bona devenere, quos sine scandalo nequeat Regnum ad restitutionem compellere. Non est igitur, cur hac de causa concordiam cum Bohemis devitemus: nam & Basiliense Concilium, hoc articulo de Bonis Ecclesiarum sequestrato, Regnum Bohemiæ in unionem accepit; & nos *Ulrico de Rosis*, quamvis duorum Monasteriorum prædia occupet, quia non defecit ad Hussitas, usque hodie communicamus. Est igitur de hoc articulo seorsum tractatus habendus. Et fortasse non est eorum opinio mala, qui relinquendum quemlibet in sua conscientia putant;

re-

redeunt enim homines aliquando ad cor, & stimulis acti conscientiae, si non sani, saltem aegroti cum Deo in rationem veniant, quumque voluntatis ultimae sententiam scribunt, complura Ecclesiis legata relinquunt. Quod si concordia facta, suae conscientiae relinquantur, qui res Ecclesiasticas invasere, existimatio non pastorum, neque indoctorum est, brevi tempore ditissimas apud Bohemos Ecclesias fieri; morientibus namque Baronibus, aliisque divitibus, semper in partem hereditatis Ecclesia vel testamenti, vel codicilli jure vocabitur. Neque timendum est, exinde hoc in alios derivari; neque enim impunita sunt Bohemorum spolia, qui per annos quadroginta, & amplius sub anathemate viventes, dum vicines ipsi vexant, & ab ipsis vexantur, adeo attenuati sunt, ut non modo quae rapuerunt Ecclesiis bona, sed patrimonia quoque exhauserint. Itaque sequatur audacter Bohemorum vestigia, spoliet Ecclesia, Fidem abneget, quisquis aut ex divite pauper, aut ex paupere miser effici cupit. Atque ita de bonis Ecclesiarum ex dictis plerique fabulentur. Verum quia supra objectum est, si concedatur plebibus in Bohemia participium Calicis,. Bohemos, qui cum Romana Ecclesia manserunt, & omnes Theutones scandalizatum iri, huic quoque parti obviandum est, ne forte credatur illic vulnus esse, ubi jam est obducta cicatrix. Et de Bohemis quidem facilis responsio est, nam & ipsi, quos timemus, communi Regno consentiunt, & Compactata sequuntur. At clam aliquis literas, & nuncios ad Curiam mittit, magnopereque dissuadet, ne Compactata firmentur. Fecit hoc olim *Mainardus de Nova domo*, & *Ulricus de Rosis*, quibus discordia frugi fuit; erant enim alterius factionis principes, & putantes Romanam Ecclesiam manus adjutrices praebere, & argenti quantum vellent ministrare, maximas opes cumulare, & Bohemiae dominatum adipisci sperabant. Sed nemo est hodie hujus animi, quin imo *Procopius Cancellarius*, & alii plerique nostrarum partium Barones rogati per me saepius, quinam modi sint ad componendam Bohemiam aptissimi, *Compactata* semper ante oculos habuere, asserentes hanc esse unam viam, quae tandem ad formam aliarum provinciarum Bohemiam redigere possit. *Compactata* namque solum habentibus usum potionem Calicis indulgent, necessitatemque negant. Quod si Regnum ea susciperet, post quinquaginta annos vix aliquis vivet de Calice bibens. Neque timendum est, ne patres imbuant filios, quando id prohibent paciones. Et Rex est, qui a Calice abstinet, idque fere agunt Barones omnes. Populus autem plerumque suos mores ad vitam Principis reformat; neque enim sese gratum existimat, nisi Domino quam simillimus appareat. Presbyteri vero pro pactionibus praedicare cogentur, plebes praedicata sequentur. Atque paulatim & plebes, & Nobiles unum in ritu corpus efficientur, salvique omnes fient; malos autem Presbyteros male perdet Deus, quibus in dies morientibus sufficientur alii, qui vias illorum nescient, atque successu temporis tota Bohemia salva fiet. Sic

Bohe-

Bohemi sentiunt, qui mecum in hos sermones inciderunt: Theutones autem, qui vicini Bohemis existunt, eumque bis bella gesserunt, ferunt inviti eorum concessionem Calicis, sed hoc odium magis, quam ratio ducit. Non intuetur ira, quod certum est, verum; oculis enim Inimicitia caret. Non tam grave his videtur, si aliquot millia pereunt animarum, quam si dicatur in populis: justi fuerunt Bohemi, quibus rejecta Communio est; injusti Theutones, qui eam armis prohibere conati sunt. At viri boni non ponunt rumores ante salutem. Vir bonus vel cum suo famae detrimento animam proximi studebit salvam facere. *Nicolaus Cardinalis S. Petri*, quem saepe ac libenter in medium adduco (est enim Pater auctoritate dignissimus) quamvis Theutonici sanguinis est, non tamen hujus Communionis causa perdendos esse Bohemos existimat; intelligit enim vir sapiens, Communione concessa, non propterea justificari, quae bella gesserunt Bohemi, sed damnari magis. Non enim idcirco pugnatum est, quia sub utraque specie Sacramentum susciperent, sed quia ritum Ecclesiae propria auctoritate mutaverant, & salvari neminem asseverabant, qui non participaret de Calice. At quum decretum sit, Communionem Calicis non cadere sub praecepto Domini; Bohemique loco gratiae ab Ecclesia permissionem Calicis expetant, nos justos, illos iniquos, nos victores, illos victos, ipsius concordiae tenor, ac demonstrat manifestabit. Quod si secus esset, non Theutones gravaret, sed ipsam Romanam Ecclesiam, cujus imperio pugnatum est, *Constata* deturparet. At quamvis abhorrent Alamanni, seu Theutones, hujusmodi concessionem, non tamen irritantur, neque sinistri machinantur aliquid. Intelligunt enim aut pugnandum esse cum Bohemis iterum; aut quem tenent ritum eis permittendum; & quum malum utrumque reputent, ritum illis indulgendum potius censent, quam cum periculo libertatis, & vitae totiens dimicandum. Eam ob causam quum Basiliensis Concilii concordia intercessit, murmuraverunt, & obloquuti sunt, ut in re assolet nova, Theutones. sed cognita causa, & intellecto fructu, quieverunt. Idem quoque & nunc facient, verosimile est, neque enim confirmatione pacti male commovebuntur Theutones, quos prima concessione non vidimus irritatos. Postremo timent nonnulli, ne concesso Bohemis Calice, reliqua Occidentis Regna similem facultatem expostulent. Sed ridiculum est, quod isti formidant; neque enim sibi postulant homines, quod in proximo damnant. Scientes Fideles populi sub una specie Sacramenti Christum totum, & integrum contineri, quasi delirantes patvere Calicem sibi ministrari petentes; & quomodo ipsi nunc errorem imbuent, quem in aliis damnaverunt? Non sunt Reges ac Principes nostri tam parca de se ipsis praesumentes, ut imitari Bohemos quasi Magistros velint. In tantum praeterea nostrae gentis imminutum videmus Religionis fervorem, ut formidabilius sit plebes nostras utramque Sacramenti speciem fugere, quam requirere. Theutones autem, [illegible] Regno Bohemiæ, adeo nomen Bohemicum horrendum, [illegible] gentis [illegible], ut [illegible] mala, sed nec bona illorum opera imitari velint. Non est itaque credibile, Orbis nostri Reges, aut Civitates quovis modo Communionem Bohemicam efficere, nisi [illegible] Dei [illegible] intercesserit. Quod si voluntas Spiritus Sancti fuerit, neque debebimus, neque poterimus resistere. *Heu mihi [illegible] sit quicunquam fidere Divino*, inquit ille. Deus nobis & Fidem, & ritum cærimoniarum dedit. Quæ sunt Fidei, non variantur. Quæ semel veritas est, in æternum veritas erit. *Eloquia Domini, eloquia casta, & argentum examinatum septuplum.* Quod de Fide verum est Indis, idem & Hispanis est verum. Cærimoniarum autem, & sacrorum solemnium ritus apud diversas gentes diversi reperiuntur; nec nobis divina pietas indicavit, quæ magis observatione lætetur; nisi quia credibile est, quæ communiora sunt, ea Deo magis accepta esse; neque enim absque nutu divino paulatim crescere, & in omnem terram exire, ac recipi cærimoniarum observationes possunt; neque nos pertinaces esse decet adversus devotiones hominum, quæ non sunt divinæ legi contrariæ. Quod si contingat, ad omnes gentes Calicis participium dilatari, putandum erit Dei decretum id esse, cui credere omnes tenemur; neque Bohemia, sed Deus ipse, nos superabit, & ipse sibi quo pacto reverenter, & caute ministretur, abunde providebit. Quum ergo fratres nostri Bohemi sint, & Baptismi nostri participes, quem nos veneramur Christum colentes: compati eorum ignorantiæ, non indignari, debemus. Tam pro illis, quam pro nobis, passus est Christus. Quærenda est omnibus artibus eorum salus. Quod si Dominus, & Deus noster pro redemtione nostra, ne Diaboli mancipia essemus, ex summa Cæli arce in terram descendere, carnem assumere, humana incommoda ferre, capi, ligari, cædi, ad demum in ligno Crucis cum summa turpitudine mortem subire non recusavit, quonam pacto existimare possemus, clementiam ejus Bohemos male perire, quam suum his sanguinem potandum concedere, quem passim inter homines Ecclesiæ primitivæ distribuit?

Hæc sunt, quæ de rebus Bohemicis ex aliorum fontibus hausimus. Non tamen his omnino accedimus; neque enim nostri visus acies tam profunda intueri potest. Nimis profundæ sunt hæ cogitationes mihi. Caligant oculi mei, quum Solis aspiciunt radios. Tuæ Sanctitatis est hæc discernere, tuæ Sedis est inter causam, & causam, inter sanguinem, & sanguinem, inter lepram, & lepram dijudicare. Habes in circuitu Sacrum Senatum, qui falli non potest. Nihil est, quod tuus Thronus ignoret. Utrumque reconditum est tuo pectore Testamentum veteris, & novæ legis. Tu solus Interpres. Tuæ pietatis est arbitrari. Nos quantum capimus, tantum sapimus. Sed quia vidimus Patres in Basilea residentes, antequam Concilium auctoritate Apostolica solveretur, genti Bohemiæ potum

Cali-

Calicis indulsisse, ratione pari & nunc indulgendum opinamur magis quam credimus. Nec nos movent, qui propterea negant cum Bohemis denuo paciscendum, quia priora non sunt ab his pacta custodita. Habent namque Bohemi multa, quae objiciant, ne fidei fractores videri queant. Sed ignoscendum est etiam frangenti fidem, dicente ad Petrum Domino: *Non tantum septies, sed septuagies septies*, peccanti in se fratri remittendum. Admonendi, & revocandi sunt cum summa caritate Bohemi, tanquam fratres, & coheredes nostri in Regno D. N. J. C. Quod si recipiant admonitiones, & in pactis perseverent, lucrati sumus animas fratrum. Si minus, non est pejor nostra conditio, quam ante fuit. Nihil nobis perit, imo coram vero justissimo Deo, & apud mortales commendabitur tua pietas, quae pro reductione gregis errantis nihil omiserit. Duritiae illorum probro, tua facilitas laudi dabitur.

F I N I S.

ANECDOTA,

QUÆ EX AMBROSIANÆ BIBLIOTHECÆ CODICIBUS
NUNC PRIMUM ERUIT,

LUDOVICUS ANTONIUS MURATORIUS

OLIM IN EADEM BIBLIOTHECA AMBROSIANI COLLEGII DOCTOR,

NUNC

SER.MI DUCIS MUTINÆ

BIBLIOTHECÆ PRÆFECTUS.

TOMUS QUARTUS.

INDEX
OPUSCULORUM
TOMI QUARTI
Anecdotorum Latinorum.

S. Maximi Taurinatis Episcopi Sermones. pag. 1
S. Antiphonarium vetustissimum Monasterii Benchorensis in Hibernia.
Magistri Manegaldi contra Wolfelmum Coloniensem Opusculum:
Patriarcharum Aquilejensium Vitæ a S. Hermagora usque ad Nicolaum Patriarcham.

IN SERMONES
SANCTI MAXIMI
EPISCOPI TAURINENSIS.

Codex MS. unde hos Sancti Maximi Taurinensis Episcopi Sermones descripsi, est in Ambrosiana Bibliotheca Lit. C num. 98. Venerandam autem antiquitatem spirat, quippe scriptus mihi videtur ante mille circiter annos. Characteres ad Langobardicam scripturam omnino accedunt, similesque sunt iis, e quibus constat vetustissimus Josephi Codex in Ægyptiaca papyro exaratus, & in eadem Bibliotheca veluti insigne antiquitatis monumentum adservatus. Neque aliter de ipsius Codicis vetustate judicavit Cl. V. Johannes Mabillonius Tom. 1. Part. 2. Musei Italici in Præfat. ad quasdam Homilias ejusdem Sancti Maximi a se primum editas, & partim ex hoc ipso Codice descriptas. Quidquid ibi doctissimus ille vir hanc in rem adnotavit, dignum plane duceret, quod heic repeteretur. Sed illuc ego Lectorem dimittens, quod meum erit, heic breviter prodam.

Floruit Maximus Sæculo Christianæ Æræ quinto. Eum ultra An. Ch. 465. vixisse, Eruditi non pauci putant, non satis Gennadii Codicibus fidentes, ubi mortuus dicitur ante An. Chr. 415. Leguntur Homiliæ complures inter Opera SS. Ambrosii, & Augustini, quæ tamen S. Maximum auctorem habent. Neque vero easdem satis hucusque distinxerunt collectores Operum S. Maximi: at quod tamen & laudata Mabillonii Præfatio, & cura hæc nostra non parum inserviet. Siquidem non modo Sermones multos heic damus, nundum evulgatos, sed etiam adnotamus, qui jam editi fuerunt inter Opera S. Ambrosii, aut ipsius S. Maximi. Porro minime spondeverim, singulos Sermones, qui in laudato Codice Ambrosiano leguntur, ad Maximum Taurinatem esse referendos. Mutilus in fronte, in calce, aliisque in locis est Codex, quæ causa forte adferri potest, cur desiderentur clariora documenta de horum Homiliarum Auctore. Præterea sunt quidam illic Sermones, qui expresso nomine tribuuntur *S. Maximo Taurinati Episcopo*, ut in ipsa editione apparebit; ac proinde suspicio ingeritur, ne ceteri, quorum ipse non scribitur Auctor, ad alios Auctores pertineant. Et certe Eruditis non ignotum, consuevisse veteres e diversis Scriptoribus Homilias in unum Codicem congerere, qui *Homiliarius* postea dicebatur, & ad manum erat minus doctis aut Episcopis, aut Sacris Oratoribus, quum ad populum conciones erant habendæ sive in Evangelii explicatione, sive in Sanctorum laudibus exponendis. Et hinc plane factum, ut Sanctis Augustino, Ambrosio, Chrysostomo, aliisque Ecclesiæ Patribus tot tributæ progressu temporis Homiliæ fuerint, quæ tamen omnes ab ipsis nequaquam prodierant.

Utcumque id sit, non me pœnitet, hæc omnia publici juris fecisse, eaque sub nomine S. Maximi Taurinensis universa produxisse, tum quod alibi heic Homiliæ habentur, quibus præfixum non fuit Maximi nomen, & nihilominus ad eundem procul dubio spectant, tum etiam quod eam in omnibus Styli similitudinem deprehendere mihi visus sum, quæ unum eundemque Scriptorem testari debeat.

Ceterum *Sermo I. in S. Alexandri* multa habet communia ac simillima cum altero Sermone ejusdem argumenti edito inter opera S. Augustini antiquæ editionis. Antea quoque prodierant Sermo VI. VII. VIII. & IX. *de Sancto Eusebio Martyre Vercellensi*, nempe in Libro, cui titulus: *Antiquorum Patrum Sermones & Epistolæ de S. Eusebio Vercellensi Episcopo, & Martyre, collecta jussu Joannis Francisci Bonhomii Episcopi Vercellensis, ac impressa Mediolani Anno* 1581. Illi vero Sermones in nostro Codice recitati dicuntur *Vercellis*, & propterea Auctorem designant, qui in alia, quam in Vercellensi Ecclesia, degeret. Rursus vero quum in margine Codicis ter adnotatum ad eosdem Sermones reperiatur: *Vercellinum se esse ostendit; Nota quod Vercellinus est; Nota quod Vercellinus est iste*; conjectare fit locus, S. Maximum, cujus patria ignoratur, Vercellis natum fuisse, si tamen eorum quatuor Sermonum is Auctor est.

Neque sine aliqua animadversione dimittendi Sermones duo, nempe XXXII. & sequens *de Idolis auferendis de propriis possessionibus*. Eorum ope sententia confirmatur arbitrantium, ideo sub primis Imperatoribus Christianis Ethnicos *Paganorum* nomine fuisse notatos, quod eorum superstitio ex Urbibus eliminata, legibusque Cæsarum interdicta, se in Pagos & rude rusticorum vulgus recepisset, unde ne S. Maximi quidem ætate evelli prorsus poterat. Ibidem aspicere erat *Aras ligneas, & Simulacra lapidea, pallentes cespites, mortuos carbones, & Sacrificia*, & lymphaticos rusticos suo sanguine Diis falsis clam, ut puto, litantes. Tu vide Baronium in Notis ad Martyrol. Rom. die 31. Januarii, & Gothofredum in Notis ad Tit. X. Lib. XVI. Cod. Theod. Memoratur autem in iisdem Sermonibus *Domnedius*, qui nihil aliud erat sermone corrupto illius ævi, quam *Dominus*. Hac eadem voce usus est non uno in loco S. Paulinus Nolanus, ut animadverti Dissert. XIII. Tom. I. Anecdot. meorum, quo significaret S. Felicem Dominum ac Patronum suum.

SER-

SERMONES

SANCTI MAXIMI TAURINATIS EPISCOPI.

Desiderantur priores paginæ.

SERMO II.

In Pascha.

EXultandum nobis est, Fratres, in hac die, quam fecit Dominus, continuata lætitia &c. *est editus inter opera Sancti Maximi.*

SERMO III.

De Pascha.

NOn minus etiam nunc lætari debemus, Fratres, quam hesterno lætati sumus; licet enim præterita tenebrosa nox intercesserit gaudiis nostris, eadem nobis tamen dies est sanctitatis; licet tempora distinxerit obscuritas vespertina, perpeti tamen luce fulget Beatitudo Dominica. Christus enim, qui nos illuminavit hesterno, etiam hodie nos ipse circumfovet. Nam sic dicit B. Apostolus: *Jesus Christus heri, & hodie, ipse est.* Ipse enim nobis dies factus est. Ipse nobis hodie genitus est, secundum quod ait David ex persona Dei Patris: *Filius meus es tu, ego hodie genui te. Hodie*, inquit, *genui te*, hoc est non quo in die ille genuerit Filium, sed quod ipsum Filium velut diem, lucemque genuerit. Ergo cum Christus unigenitus hodie generatur, ut intelligatur in Nativitate Salvatoris non tam hominem natum esse, quam lumen, quod fulgeat cunctis, luceat universis. *Hodie* autem dicitur, quod velut præsens, & indeficiens lumen cuncta secula perpeti luce contineat, & pro ipsa perpetuitate fulgoris una dies esse videtur. Unde ait S. Propheta: *Mille anni ante oculos tuos, tanquam dies una.* Una plane dies est Christus, quia una est in eo divinitatis æternitas. *Hodie* autem vocatur, quod eum nec vetusta antiquitate subterfugiunt, nec futura ignoratione prætereunt. Sed tanquam potentissimum lumen cuncta continet, universa cognoscit, & velut in præsenti habens possidet omnia. Quia apud eum nec præterita labuntur, nec futura celantur. Quo autem tempore dictum sit Filio: *Ego hodie genui te*, scire debemus, non illo, quo ex Maria Virgine secundum carnem natus est, neque illo, quo secundum divinitatem ex Dei Patris ore processit, sed illo tempore,

quo

quo a mortuis resurrexit, sic enim Apostolus Paulus ait: *Resuscitans Dominum Jesum Christum, sicut scriptum est in Psalmo: Filius meus es tu, ego hodie genui te*. Recte ergo tunc hodie dicitur, quando de Inferorum tetra nocte ad superos, velut præclarum lumen emicuit. Recte dies dicitur, cujus veritatem Judæorum factio tenebrosa obscurare non potuit. Nec potuit plane melius, nisi hodie nomen accipere, qui omnibus defunctis & diem reddidit, & salutem, qui vetustate homines mortis resolutos hodiernæ vitæ præsentia suscitavit. Lætemur ergo, & exultemus in hac die, in qua nobis Dominus lucem intulit, salutem intulit, intulit pacem; pacem, inquam, nobis Christus resurgens intulit, quia & passuros pacem proditori discipulorum non negavit, aut quemadmodum complectitur confitentes, qui sic osculatus est denegantem. Osculum autem illud Judæ Ischariotis nolo existimetis a Domino, nisi de caritate datum, & ante sciebat illum proditorem futurum. Sciebat plane; amoris pignus & ideo non negavit; pietatis enim genus est non negare extrema oscula perituris, & his, quos diliximus, ultimum persolvisse solatium. Simul etiam ipso delectionis officio eum voluit emendare, ut admonitus pietate non desereret amantem, non traderet osculantem; atque ideo quasi ad judicium Judæ illud osculum datum est, ut si emendaret, esset pacis vinculum discipulo; si traderet, esset sceleris testimonium proditori. Ait ergo Dominus: *Juda osculo filium hominis tradis*? Ubi est subtilitas factionum, ubi latentes doli? Ecce deprehenditur nequitiæ omne secretum, & proditur proditor, antequam prodat. *Osculo*, inquit, *Filium hominis tradis*, hoc est: amoris pignore vulnus infligis; officio caritatis sanguinem fundis; mortem irrogas pacis indicio. Rogo quæ ista dilectio est? Osculum porrigis, & minaris? Non sunt ista oscula, sed venena, per quæ servus Dominum, Discipulus Magistrum, electus prodit Auctorem.

SERMO IV.

In Pascha.

VEneranda Passio Salvatoris nostri, atque ab Inferis ejus mirabilis reditus, attestatur, divinam illi, humanamque fuisse substantiam. Quis enim dubitet ineffabiliter eum Filium Dei, filiumque esse hominis, qui potuit & mortem perpeti, & morte devicta semetipsum suscitare de tumulo? Nam suscepta carne de Virgine, ne quam in fide nostræ Confessionis nebulam pateremur, toto prædicationis suæ tempore verum se revelabat Deum, perfectum ostendebat & hominem. Flebat quippe, ut nostro dolore mœrens, sed ut sua virtute potens miseratus cæcorum tenebras, huic needum formatos faciebat oculos, illi reddebat amissos, navigans cum discipulis suis somno hominis dormiebat in puppi, sed conscientiæ majestatis imperio insurgentium fluctuum moles, minacesque ventos serena protinus

tran-

tranquillitate compescuit. Moriturum se, ut temporalis vitæ homo, sæpissime testabatur, sed ut æternus Deus refuso in corpora vitali spiritu ad lucem mortuos redire præcepit. Ut filio hominis ingerebantur convicia blasphemantium, sed ut ignara mortalitas insolentiam credendi disceret veritatem, quasi unicum filium suum Pater alloquebatur e cœlo. Si ergo credis, o homo, indigna, quæ pertulit Christus, cur non magis credis miranda quæ præstitit? Ita sane incomprehensibiliter caro in Deo, & in carne Deus, ut neque Deum ab homine passio separaret, neque per hominem Deus humanis passionibus subjaceret. Quod vero adnuntiatur, Filius Dei natus est de Virgine, tanto in miraculo non debet humana fluctuare fragilitas, quia stupendæ huic novitati Deum, cui opus omne possibile est, confiteatur auctorem. Beatus namque David omnipotentiam Dei Sancto Spiritu revelante decantat dicens: *Omnia, quæcumque voluit, Dominus fecit in Cœlo, & in terra*. Qui ergo fecit, quæ voluit, fecit ut Virgo conciperet. Qui fecit omnia, quæ voluit, fecit quod nobis omnibus subveniret. *Omnia*, inquit, *quæ voluit, Deus fecit*. Voluit ex nihilo formare mundum? fuit ei tam magni operis effectus in Verbo. Voluit hominem figurare de pulvere? virtus tantæ non defuit voluntati. Voluit inter ipsa Cœli, terræque primordia virili de corpore educere feminam? E latere mox Adæ mater humani generis Eva processit. Voluit de viro, & femina utriusque sexus homines nasci? Lege voluntatis ejus replevit orbem jussa fecunditas. Voluit, ut dictum est, Virginem parere? Et obumbratione majestatis ejus nullo Virginei pudoris damno Christus processit ex Maria. Et inde est, quod Philosophi gentium, prudentesque mundi, qui omnia sibi propria volunt disceptatione constare, dum terreno sensu divina discutiunt, sapientia sua desipientes, ad plenitudinem non perveniunt veritatis. Qui hanc igitur deludunt habere doctrinam, ut quod ipsi advertere nequeunt, superbo tumentes Spiritu, Deum aut non recte velle, aut non posse contendunt. *Qui*, ut ait Apostolus, *dicentes se esse sapientes, stulti facti sunt*. Et iterum. *Evanuerunt in cogitationibus suis*. Quis enim ita demens in illo conceptu virgineo semen quærat humanum, ubi agitur Cœleste mysterium? Quanta vecordia in illo nascendi genere generalitas mortalis obtenditur, ubi opere omnipotentis pro vita pereuntium partus salutaris effloruit? Se fortasse perfidus occurrit, & dicit: Nemo unquam ita est natus. Nemo revera, quia nullius præter hanc caro unita cum Deo est. Quid incassum disputas? Quid retractas? Qui solus dedit hominibus nasci per conjuges, solus voluit prodire de Virgine. Mirabiliter natus est Christus; & obstinatione perfida non credis Deum? Quid faceres, si communi esset lege conceptus? Inanis ergo, & stulta causatio est, nullum ita fuisse natum, quia Sacramentum fecundæ Virginis, quod unicum Dei est opus. Neque habere ante se potuit, nec post se reliquit exemplum. Unde & tu, Frater, si sapienter incomprehensa rimarie, quod

sin-

singulare pervides, crede divinum. Denique cum a Discipulis suis, quis esset, & ab hominibus crederetur, Salvator inquireret: Beatissimus tum Petrus sacrata voce respondit, dicens: *Tu es Christus Filius Dei vivi*. Ecce, Fratres, loquitur lingua hominis, quod cor hominis ignorabat. Loquitur Apostolus, quod non meditatione didicit, sed revelatione cognovit. Unde enim sciret terrenus mortalisque homo incomprehensae generationis arcanum, nisi & Pater ipse, cujus verus erat Filius, non revelasset e coelo? ut ait ad illum Dominus: *Beatus es Simon Bar Jona, quia non Caro, & sanguis revelavit tibi, sed Pater meus, qui est in Coelis*. Quod enim praecipuus Apostolorum Redemptorem omnium vivi Dei Filium dicit, paternae in eo Deitatis substantiam confitetur; quod eundem Christum pronunciat, materni inesse corporis adserit veritatem. Sic revera Beatissimus Petrus utramque in Christo naturam sub una est appellatione complexus, ut ineffabilis mysterii Sacramentum brevissimo sermone delibans, neque geminata divideret, neque unita confunderet. Ut autem plenius adverteremus in Salvatore nostro neque a Deo hominem, neque Deum ab homine separandum, ait gloriosissimus Magister Fidei Paulus Apostolus dicens: *Misit Deus Filium suum factum ex muliere, factum sub lege*. Non utique factus est Filius Dei, ut mitteretur, sed ad id quod missus est, Filius factus est hominis. Salva enim divinae proprietate naturae, naturam in se suscepit humanam, non facta confusione, sed unitione perfecta. *Misit*, inquit, *Deus Filium suum*, misit non creaturali conditione subjectum, sed naturali caritate concordem. Ipse enim Dominus ait: *Ego & Pater unum sumus*. Qui ergo unum sunt, non possunt a se invicem impari potestate distare. Misit Pater proprium Filium, non a se discedentem, sed ad nos nostra pro salute venientem. Venit autem Dei Filius, non ut mittentis tantum Patris exsequeretur imperium, sed ut communem peregeret voluntatem. Venit Dei Filius, non qui de loco transiret ad locum, sed in loco, quo vellet, propositi sui munus impleret. Et revera Deus, cum ubique semper sit, atque omnia gremio suae majestatis includat, illuc tamen ire, aut venire creditur, ubi se revelare dignatur. Haec, Frater, nisi Fide sequaris, nulla mundani sensus ratione concipies. Tantum enim abest ab operibus Dei intelligentia mortalis ingenii, quantum distare potest ab aeternitate mortalitas. Sed optima homini ratio est, ut in his, quae non potest mente complecti, cedat mentis Auctori. Scire ergo debemus, Karissimi, quia Nativitatem, Passionemque Dominicam non nobis ejus dedit conditio, sed voluntas. Nostri nimirum exegit causa negotii, Christum Dominum pudorem ventris non declinare feminei, sordentem pannis infantiam perpeti, crescentem per moras expectare pueritiam, convalescentem temporibus agere juventutem, & cum omni patientia Judaici furoris injurias, caedesque perferre. Neque vero superfluae voluntatis erat, aut vacuae, ut Dei

Fi-

Filius per tantarum dedecora passionum materia humanitatis moreretur in terris, qui coelesti in Regno paterna Deitate vivebat, nisi nasci illum remedii nostri necessitas flagitasset. Quid Deus ad carnem? Quid immaculatus ad Crucem? Quid aeternus ad mortem? Essent quidem Dei Filio verba ac vulnera omniaque inlata Passionis opprobria reputanda, nisi universa, quae passus est, Resurrectio mox secuta curasset. Quis ergo ita desipiens retractando decolorare praesumat, quod crucifixus est Christus, qui tot virtutibus, tantisque miraculis mirabilior factus est sua passione? Quis illi triduanam exprobrare audeat sepulturam, cujus cum sempiterno Patre permanens aeternitas praedicatur? Immo quis non toto stupore miretur Infernum illum fuisse dignatum, qui virtute propria & ad vitam potuit redire post mortem, & Coelum non dubitavit ascendere post Inferos? Et ideo Fratres illud unum nobis est salutare, ut metientes nos metipsos, & pectoris nostri angustia, quae ultra modum se efferunt, castigantes, veri Dei, cujus potentiam probamus, sequamur in omnibus voluntatem, qui vivit, & regnat in saecula saeculorum. Amen.

SERMO V.

In Pascha.

IN Paschali Festivitate, Fratres Karissimi, qua Dominum nostrum rediisse ab Inferis exultamus, est nobis gaudium commune cum Coelo. Laetantur enim Angeli, inimicum Domini sui, & Tyrannum coelestis imperii, legitimi, atque aeterni Regis virtute deletum. Mortales etiam, infirmique homines gloriamur munere Dominicae Passionis, Diaboli tandem servitute deposita, in libertatem nos vivendi, atque in jus paternae pietatis esse revocatos. Hoc est nimirum illud, quod ait Beatus David: *Laetentur Coeli, & exultet terra*. Unum profecto, atque id ipsum factum est gaudium coelestibus, atque terrenis, quia unus, idemque est Dominus, qui vicit in terris, & qui regnat in Coelo. Et iterum idem: *Hic est*, inquit, *dies, quem fecit Dominus, exultemus, & laetemur in eo*. Sic dicit: *hic est dies, quem fecit Dominus*, quasi sit aliquis dies, quem non fecerit Deus? Omnem quidem diem Dominus dedit, sed hunc specialiter fecit, qui perpetuo fulgens lumine vicissitudinem non recipit tenebrarum. Hic est dies, qui discussa scelerum nube caligantibus mortalium oculis lucem perpetuitatis irradiat. Hic est dies, quo vitae Dominus ingressus Infernum, saevientem mortem aeternae noctis horrore terribilem nova improvisaque majestatis suae claritate deterruit. *Exultemus*, inquit sermo Propheticus, *& laetemur in eo*, quasi non sufficeret dixisse: *Exultemus*, nisi adjiceret: *Et laetemur*. Sed idcirco Prophetica praescientia spiritualium nobis gaudiorum verba congeminat, ut omni mortis tristissimo moerore deterso, & praesentis vitae laetitiam praedicet, & futuræ. Exultemus ergo nunc redempti, ut postea possimus gaudere salvati. Exultemus resurgente Domino, ut possimus eodem regnante lætari. Et recte gaudebimus, Fratres, si nos vera Fidei munera, & præstita jam Redemptio, & Resurrectio promissa lætificet. Cur autem, Karissimi, de omnipotentis beneficiis ambigamus? Numquid sine causa homo est factus ex femina, qui incomprehensibiliter de Deo natus est Deus? Numquid frustra vagire in cunis voluit, qui terrificis tonitruum suorum vocibus terram, Cœlumque tremefacit? Numquid incassum flevit, qui a nativitate cæcum novis oculis sputamenti sui virtute ditavit? Numquid otiose potatus aceto, cibatus est felle, qui vastissima in heremo sitientibus de petra rivos, & esurientibus de cœlo potuit manna præbere? Numquid inanis ejus est Passio, qui in investigabili voluntatis suæ secreto de cœlestibus descendit ad crucem? Et ideo quia crassitudine carnalis ingenii Passionum ejus mysteria comprehendere non valemus, credulitate rectæ Fidei, quæ præstitit, teneamus. Tenebimus autem, capiemusque dona gloriæ ejus, si vitam nostram Fides muniat, & a Fide vita non discrepet. Et sicut ille nobis voluit placere moriendo, ita nos gestiamus ei non displicere vivendo, ipso præstante, qui cum Patre &c.

SERMO VI.

De Pascha.

JUstissime, Fratres, generali hodie gaudio mundus exultat, quandoquidem revertente a mortuis Christo cunctis ubique mortalibus ipse orta est resurgendi. Et necesse est, ut creaturarum Domino triumphante, inlustrata per eum creatura lætetur. Gaudet itaque Cœlum, quia videt jamdiu peccatis sordentem terram Domini sui cruore purgatam. Gaudet multitudo cœlestis exercitus, quia confixo Regis sui omnis inimici Principis debellata militia est. Gaudet etiam Sol, quia lugubres illas tenebras, quas Domino moriente pertulerat, lætioribus radiis, & perpeti gratulatione compensat. Inter ista, Karissimi, præcipue nos convenit exultare, quorum causa Unigenitus Dei, & ipse Deus, humanam induit carnem, quatenus per carnem hominis veniret ad crucem, per crucem susciperet mortem, per mortem spoliaret Infernum. An non lætandum nobis est, quibus novi mysterii Sacramento peccata tolluntur, cœlum datur, redditur Paradisus? Denique latroni tunc in Cruce pendenti, cum Fidem ejus nec sua, nec Christi pœna turbaret, ait ipse Dominus: *Amen dico tibi: Hodie mecum eris in Paradiso*; dicebat enim latro: *Memento mei Domine, cum veneris in Regnum tuum*. Quam mira hæc fides est, Fratres, ut latro, qui vitam non merebatur habere præsentem, inter supplicia sua spem perpetuitatis adsumeret, eamque sibi a Crucifixo crederet posse præstari? Et quam juste tantæ promissionis munus

nus latro fidelis accepit, qui tunc regnum confessus est Christi, quando & Apostoli turbabantur? Atque ideo omnia Latronis antecacta scelera unius meritum confessionis absolvit, & quidquid longa aetate deliquerat, brevissimo sermone delevit. Nec latrocinii eum sui apud Deum sanguis damnavit, quia Christi sanguinem regnum credidit esse, non poenam. Quod factum, Karissimi, universo hominum generi profecisse non dubium est. Nam quis de Dei gratia absoluto Latrone desperet, si tamen supplicantum preces Latronis condolitas subsequatur? Habemus & aliud magnificum Dominicae pietatis exemplum, quo omnem mortiferae disperationis formidinem deponentes de ineffabili Redemptoris nostri indulgentia confidamus. Cum enim condemnatus ab impiis penderet Christus in Cruce, furorque Judaicus illuderet Crucifixo, omnipotentem Patrem pro interfectoribus suis ipsa inter vulnera pius suffragator orabat dicens; *Pater dimitte illis. Nesciunt, quid faciunt*; & cum in manu esset ejus vivorum, mortuorumque judicium, veniam tamen pereuntibus precabatur; sed ea, ut arbitror, ratione, ut indubitanter ostenderet, & se ejus tam nefarium relaxare delictum, & a suo illos Patre non esse damnandos, quibus ipse parcebat, si tamen ad nomen Christi repudiata perfidia convenirent. Nam quis revera de petitionis cunctetur effectu, ubi remedium miseris bonus poscit a bono? *Nesciunt*, inquit, *quid faciunt*. Sciebant quidem Judaei, sanguinem se fundere innocentis, sed nesciebant peccata omnium illo cruore deleri. Sciebant acerbissimo se Crucis supplicio punire Christum; sed nesciebant Dei Filium triumphare per Crucem. Sciebant, eum esse moriturum, sed surrecturum a mortuis ignorabant. Unde egregie a Domino dictum est: *Nesciunt, quid faciunt*. Nesciebant profecto Judaei, illa sua impietas quantae esset ministerium pietatis. At vero Dominus virtutis suae sibi conscius, errores miseratus humanos, plenissime sciens supplicia illa quae quantaque gaudia sequerentur, crucifigentium facinus & inter tormenta benignus absolvit, mortemque suam vitam voluit esse occisorum, & damnationem fieri noluit occidentium. Rediens autem ab Inferis sic suos requisivit Apostolos, ut inesse sibi & potentiam divinitatis, & veritatem carnis ostenderet. Et ideo, Fratres Karissimi, Christo a mortuis resurgente laetemur, carnemque illum suam ab Inferis revocasse credamus, ut possimus & Apostolicam gratiam, & Dominicae Resurrectionis desiderabile consortium promereri.

SERMO VII.

De Pascha.

ANnua quidem nobis, Fratres Karissimi, Dominicae Resurrectionis festivitas redit, sed ubi Religionis est veritas, novum semper est Fidelibus sacramentum, ut ait Beatissimus Paulus: *Vetera transierunt, [illegible] omnia nova*. Nec immerito semper novus credendus est Dei Filius, qui nullam sentit prætereuntium temporum vetustatem; novus quippe est, Fratres, in quo ætatis nulla mutatio est, nec aliquando aliud novit esse, quam natus est. Deus enim procedens de Deo, ut nativitatis non habet tempus, ita finem non potest habere vivendi, ut ait ad eum gloriosissimus Patriarcha David: *Tu autem idem ipse es, & anni tui non deficient.* Et non solum ipse homo Christus, qui cum Deo factus est unum, semper est novus; sed, sicut videri datur, spiritalium aquarum fomento, & cœlestis Fidei nutrimentis humani generis labentem renovat senectutem dicente B. David: *Emitte Spiritum tuum, & creabuntur, & renovabis faciem terræ.* Renovatur nimirum facies terræ hominis, cum vetusta Diaboli captivitate deposita, novam novi Regis induit libertatem. Ipsius namque Domini sententia est dicentis: *Si vos Filius liberaverit, vere liberi eritis.* Et recte, Carissimi, solus Dei Filius peccatores liberat, quia solus liber est a peccato, ut ipse de se testari dignatus est per Prophetam dicens: *Factus sum sicut homo sine adjutorio inter mortuos liber.* Sine adjutorio utique tunc videtur effectus, cum sæviendi in eum acciperet furor Judaicus potestatem. Extitit vero inter mortuos liber, quia inter omnes mortales solus causas moriendi non habuit. Propter quod & victa per eum mors retinere eum non potuit resurgentem. Videte autem, Carissimi, quantum sit in Christi humilitate mysterium, qui cum æternus sit ab æterno, & Dominus universitatis, servorum tamen suorum perficiat libertatem. Gaudet injuriis, exultat opprobriis, omnisque ei triumphus in Cruce est, admirandoque remedii genere Diabolum patiendo superat, & hominem moriendo vivificat. Quæ omnia pro nobis Unigenitus Dei pietate adgressus est, virtute sustinuit; humilitate Esaias Propheta dicens: *Sicut Agnus coram tondente se sine voce; sic non aperuit os suum in humilitate sua.* Quam speciosa, Fratres, comparatio ista, atque accommoda veritati. Sicut enim cum tondetur agnus, nescit reclamare tondenti; ita cum crucifigeretur Christus, non restitit vulneranti. Spoliatur Agnus, & silet; occiditur Christus, & tacet. Silentium agni lanigero detonso vellere hominem vestit. Taciturnitas Christi cunctis credentibus æternæ salutis indumenta prætexit. *Non aperuit*, inquit, *os in humilitate sua*, idest quod inter opprobria, & maledicta tacuit Christus, non fuit miseriæ, sed virtutis. Tali enim proposito Dei Filius mundum redempturus advenit, ut superbos humilitate, contumaces modestia, maledicentes silentio triumpharet. Ita sane & legitur: *Cum malediceretur, non maledicebat.* Nec dubitandum hæc, Fratres, quia maledicere vera benedictione sciebat; neque enim terrenis moveri poterat maledictis, qui benedictiones venerat præstare de Cœlo. Et recte sapientia Dei Christus, nulla maledicentibus maledicta referebat, quia omne maledictum patientia repercussum in suum redit auctorem. *Humiliavit itaque se Christus*, ut ait Apostolus, *factus obediens usque*

ad

ad mortem, mortem autem Crucis. Usque ad mortem se crucis humiliat, ne cælestis hostia vili aliqua, & consueta morte succumberet. Sed ut Dei, atque hominum mediator in medio Cœli, & terræ susceptæ mortis perficeret Sacramentum. Auctor itaque vitæ nostra conditione est mortuus, ut nos illius privilegio viveremus. Crucifixus ergo est Dei Filius, non ut Crux Christum fœdaret, sed ut Sacramento Christi Crux nostræ fieret insigne victoriæ. Denique nos omnes, qui Christi confessione gaudemus, Crucis signaculo gloriamur. Neque vero Christiana quis potest militia censeri, nisi fideli manu vexillum erexerit Crucifixi. Ob hanc Crucis mortem, sicut legitur, exaltavit Omnipotens Christum suum, nomenque illi super omne nomen dedit. Dedit illi nomen super omne nomen, cum ditioni, potestatique ejus cœlestia tradidit, mundum, & inferna subjecit, ut ait ipse Salvator: *Omnia mihi tradita sunt a Patre meo in Cælo, & in terra*. An non videtur tenere super cuncta dominatum, an non habere principatum, quem, sicut legitur, creatura omnis flexo curvata genu tremit, & suspicit imperantem? Denique nonnullæ jam gentes, cum inter se diversitate vivendi, & linguarum varietate diffideant, in confessione tamen Christi uno pariter ore concordant. Et licet aliqui ex eis suasione pessima de ejus a nobis discrepent Deitate, nobiscum tamen & passum illum, & redisse a mortuis confitentur. Et ideo nos, dilectissimi, Resurrectionem Christi Regnumque credentes, castis mentibus, & sancta devotione lætemur, quatenus quod universitas credit, nos quoque non discredere fide, & operibus adprobemus.

SERMO VIII.

De Pascha.

PRophetarum præcipuus Beatissimus Esaias, qui mysteriis Nativitatis, Resurrectionisque Dominicæ clarissimis vocibus intonavit, ait inter cætera: *Lætare Cœlum, & exultet terra, erumpant montes jucunditatem, & colles justitiam, quia misertus est Deus populo suo, & humiles populi sui consolatus est*. Hoc præconium, Fratres, ad nos quam maxime pertinere dies, festivitatemque prænunciare Paschalem, & ex ipsius lectionis advertimus serie, & ex consequentibus edocemur. Recte igitur nunc Cœlestia in omnem lætitiam provocantur, quando Unigenitus Altissimi, contritis Inferni portis, dejectoque Diabolo, mœstissimis mortalibus gaudia beatæ perpetuitatis invexit. Quomodo autem poterat non gaudere Cœlum, cum videret Dominum suum peracto salutis nostræ prœlio ad sedem majestatis suæ, & ad dexteram Patris sedere victorem? Gaudet Cœlum, quod Dominus suus, proposito paternæ voluntatis impleto, ac triomphi sui merito Regnum universitatis accepit. *Lætare*, inquit, *Cœlum*, & *exultet terra*. Exultat nimirum humani generis terra, quæ sanguine

Agni

Agni cœlestis aspersa non solum redditur Paradiso, sed regnatura cum Domino vocatur ad Cœlum. Exultet & caro nostra, quæ vere est terra, quoniam glorificata per Christum societatem divinitatis emeruit: *Erumpant*, ait, *montes jocunditatem*, *& colles justitiam*. Hos montes, collesque, qui excitantur ad gaudia, Patriarchas dici non inconvenienter accipimus, sicut & in David Sancto legimus: *Inluminas tu mirabiliter a montibus æternis*; & alibi: *Montes exultaverunt*, *& arietes*, *& colles*, *sicut agni ovium*. Nec immerito justi quique montes nuncupantur, & colles, qui terrenæ conversationis humilia relinquentes, ad superiora Cœlestis vitæ Fidei suæ verticem sustulerunt. Justissime itaque venerabiles Patriarchas adsumere jocunditatem sermone Prophetico commonentur. Quorum proles, idest Christus Dominus, mortis suæ resurrectionisque mysterio, etiam præteriti sæculi Patribus vitam refudit amissam. Jocundantur omnimodis Patriarchæ, quorum de germine natus Dei Filius, universam mundi faciem Diabolicis dudum impietatibus sordidatam immaculati corporis sui novo cruore detersit. Et ideo, Fratres, quia lætari Cœlum, exultare terra, montes, collesque gaudere cognoscimus, nos quoque religiosa Deo nostro gaudia deferamus; celebremus Pascha Domini, ut ait Apostolus, *non in fermento malitiæ*, *& nequitiæ*, *sed in Azymis sinceritatis*, *& castitatis*. Celebrabis, Frater, Pascha in Azymis sinceritatis, & castitatis, si sensus tui redolentes Dominicum panem, nullo vitiorum fermento, nulla Diaboli aspersione coalescant. Celebrabis Pascha, & claritatis ejus splendore fulgebis, si in corde tuo nullæ tenebræ cogitationis adulteræ tanti Sacramenti lumen obscurent. Celebrabis Pascha in Azymis veritatis, si ad Ecclesiam Dei castus, si sobrius, si justus, si pacificus, si plenus fraternæ Caritatis adveneris. Nemo enim potest, vita inemendabili, corde impœnitens, & cum Diabolo scelerum habere consortium, & cum Christo sanctitatis celebrare mysterium. Deponamus itaque omne iniquitatis fermentum, ut possimus vere participes hujus esse lætitiæ, ad quam per Spiritum Sanctum voce Prophetica montes convocantur, & colles, ad quam etiam Cœlum invitatur, & terra. Quis enim ita sensu hebeti stupet? quis ita mersis in terram oculis tenebrosa mente cæcatus est, qui non hæc totius orbis vota omni cum exultatione concelebret, in quibus remissio peccatorum, regenerationis gratia, Redemptionis mysterium, Resurrectionis gloria, spes æternitatis adridet?

SERMO IX.

De Pascha.

REdemptionis nostræ mysterium, Fratres Karissimi, quod de Cœlo veniens salutem nostram operatur in terris, tanta se majestate, tantaque dignatione circumsecit, ut virtus ejus, & veritas occul-

occulta ſit perfidis, manifeſta credentibus. Ut enim quod eſt ſanctum Fidelibus innoteſcit, ita rem Fidei videre non poteſt perfidia. In examinandis namque cœleſtibus rebus omnis ſapientia infatuatur humana, atque omne cor mortale torpeſcit, ut ait glorioſiſſimus Doctor Paulus Apoſtolus: *Sapientia hujus mundi ſtultitia eſt apud Deum.* Ipſe etiam Dominus, ac Salvator noſter mundi hujus ſapientiam reprobans dicebat: *Gratias tibi ago Pater, quia abſcondiſti hæc a Sapientibus, & prudentibus, & revelaſti ea parvulis.* Diſcite itaque per hæc, Fratres, ſacramenta vitæ noſtræ non philoſophicis adſequenda doctrinis, ſed parvulorum ſimplicitate credenda, quia profundo illo Dei noſtri, magnoque judicio, quod ſapientibus conditur, parvulo revelatur. Parvulus enim dicitur, non cui ætas ſit imperfecta, ſed qui myſteriis neſcit contraire divinis. Et recte parvulus nuncupatur, qui voluntati Dei ſui non parat argumenta, ſed Fidem. Abſconditur ergo ſapienti, ne manifeſta videat, quod ſuperbe, & imprudenter elatus plus ſe ſapere, quam Deum poſſe, contendit. Et ideo quæſtiones ſæcularis ſapientiæ refutantes, teneamus Fidem, quæ parvulis revelatur, incunctanter credentes operatione Cœleſti Virginem concepiſſe, atque edito Filio Virginem manſiſſe poſt partum. Nec dubitemus eum natum de Virgine, quem ſola digne potuit parturire Virginitas. Et hoc eſt, Kariſſimi, in quo a mundi hujus Sapientibus diſcrepamus, quia illi in Chriſto immoderatis diſceptationibus ſuis partus feminei deſpiciunt vilitatem. Nos vero, inluminati Fide, Virginalis uteri ſuſpicimus Sacramentum. Chriſtus enim Deus, ac Dominus noſter ita in ſemetipſo quod habebat de Patre, & quod de matre ſumebat, ineffabili ſocietate devinxit, ut Incarnationis ejus profundum, repulſa procul ſapientum prudentia, ſimplicitas inſpiceret parvulorum. Denique ut ad ſequentia veniamus, rident Gentes, quod crucifixus eſt Chriſtus, non intendentes, quia per Crucem illius Mundus intremuit, clauſus eſt dies, & quod nullis antea contigit ſæculis, Cœli Dominum Inferna viderunt. Adjiciunt etiam dicentes: Quomodo Chriſtus veſter, ut Deus, a vobis colitur, qui timuit mori? Si ergo noſti, quia mori timuit Chriſtus, cur ignoras, non ignaviæ, ſed myſterii fuiſſe, quod timuit? Timuit quidem Chriſtus, ſed ut timere aut vellet, aut poſſet, de noſtri illud corporis infirmitate ſuſcepit. Inde enim timuit, unde & eſurivit, unde triſtis erat, unde dormivit, unde doluit, unde flevit. Quid hoc rei eſt? Vides Chriſtum timentem mori, & non aſpicis eum triumphali manu captivæ mortis ſpolia detrahentem? Vides, quod timuit mortem, & videre detrectas, quod mortuum ſuſcitavit? qui peragratis Inferis ſibimet ipſi vitam reddidit poſt ſepulcrum? Noli ergo illum deſpicere mortuum, qui ſepulturam ſuam Reſurrectione glorificat. De Matre enim traxit, quod mortem ſuſceperat; a Patre detulit, quod mortuum ſuſcitaret. Surgens autem ab Inferis, ut oſtenderet ſibi ineſſe ſuſcitati ſui corporis veritatem, ait ad Diſcipulos ſuos

dicens:

dicens: *Palpate, & videte, quia Spiritus carnem, & ossa non habet, sicut me videtis habere*. Ossa sua ostendit, & carnem, ut nullus ambigeret ipsum rediisse de tumulo, qui clavis fuerat transfixus in ligno. *Palpate*, inquit, *& videte*, idest palpate manu, videte Fide, quia inest mihi & corporis mei veritas, & proprietas Deitatis. Spiritus, inquam, carnem, & ossa non habet, sicut me videtis habere. Idest non est naturæ, ut spiritus vel ossa possit habere, vel carnem; meo vero mysterio factum est, mea Patrisque mei virtute, ut & caro mea in Spiritu, & Spiritus in carne semper mihi inseparata constarent. Videte ergo, videte, quia ego ipse sum, qui clavis, lanceaque transfossus mortem timendo non timui, qui vulnera mea non medicinalis artis industria, sed moriendo curavi, qui in corpore meo clavorum vestigia non mihi, sed vestræ Fidei reservavi. Volui enim salutaris illius Passionis in me non delere memoriam, ut in cordibus vestris Resurrectionis meæ veritas permaneret. Et ideo, Fratres, honoremus Domini morientis mysterium, ut possimus gloriam resurgentis accipere. Veneremur Crucifixum, ut mereamur eum videre Regnantem. Elegit enim mori, non ut illum sibi vindicaret Infernus, sed ut mortuos a mortuis liberaret.

SERMO X.

De Pascha.

SUpernæ voluntatis, ac dispositionis profunda, Fratres Karissimi, nisi fide sequamur, intelligentia interturbatur humana, & in magnitudine operum divinorum nisi omnipotentis Dei terreremur arbitrio, mortalis ingenii ratio velut infirma succumbit. Et ideo quæ Deus agit, non sunt rimanda verbis, sed devotione credenda. Nam in Christum Dominum nostrum ita Dei, hominisque Sacramenta concurrunt, ut sub quodam gemino actionis officio, & in majestate ejus humilitas fulgeat, & regnet in humilitate majestas. Erat quippe ipse Christus sub unitate substantiæ diversæ, per mysteria Redemptionis nostræ, homo potens, & humilis Deus; sed secundum propositum gloriæ suæ humilitas Dei homo est, & potentia hominis Deus est. Humilis sane dicitur Deus, ubi prærogativam propriæ divinitatis inclinans Cruci suum corpus adfigi, mundo ipso lugente, permisit; & potens est homo in Deo suo, cum verbi ejus imperio infirmitates discedunt, sanitates languentibus redeunt, immundi fugiunt spiritus, & Angeli obsequuntur. Itaque cum novi hominis hujus sit tanta potentia, debemus advertere, quia omnis illa Dei humilitas dignationis est pietas, non defectio potestatis. Per hoc nimirum Sacratissimum Incarnationis mysterium ita in unum Dominum, unamque personam caro convenit, & Verbum, ut & Deus putaretur natus e femina, & homo crederetur venisse de Cœlo, secundum quod ait ipse Salvator dicens: *Nemo ascendit in Cœlum, nisi qui descendit*

scendit de Cœlo Filius hominis, qui est in Cœlo. Quæso nunc, quomodo ante Passionem suam Christus, cum necdum glorificatus properasset ad Patrem, in Cœlo esse se dixit, ascendisse etiam vel descenduisse de Cœlo? Quomodo, Fratres, nisi quia ipse erat Filius hominis, qui Filius Dei? Nec possumus seorsum aut hominem sine Deo, aut Deum sine homine confiteri. Nonne videtur cœlum transcendisse homo, quando in utero Virginis unitus est Dei Verbo? & tunc descendisse de cœlo, quando nihil sibi de genuina majestate sua vindicans, hominem suum pœnali tradidit passioni? Atque ideo in Cœlo erat Christus, cum potestate cœlesti miranda faciebat; erat nihilominus & in terris, cum mitis, & humilis terrenas per impios pateretur injurias. Inde etiam erat, quod dum inter concertantes Judæos de ipso Domino populorum ferveret diversa sententia; alter illum despiciebat ut hominem, alter mirabatur ut Deum. Inde erat, ut alii illum crucifigerent, alii adorarent, sicut & Latrones illi pariter crucifixi, unus illum tanquam consortem supplicii, ut perfidus increpabat, alter ut Deum sentiens precabatur. Et hoc ideo, Fratres, quia erat tunc simul in Christo & Regnantis dominatio, & ministerium servientis. Nam, *cum in forma Dei esset*, ut docet Paulus Apostolus, formam induit servitutis. Erat revera in forma Dei Christus, cum aquas in vino vertendo creaturarum se esse Dominum revelabat. In forma Dei erat, cum præcepto ipsius de obsessis corporibus, ac vetustis e sedibus reclamantes Dæmones pellebantur. Erat in Dei forma, cum mediis in fluctibus unda solidata, nec tamen sine timore, venerandis ejus vestigiis serviebat. In forma autem servi erat, cum itineris fatigatione lassatus velut requiescens super os putei sedebat. Formam servi agebat, cum in eum insultantes impii sordidissimi oris sui sputamenta projicerent. Servi formam susceperat, cum faciem suam, quam intueri credentibus pavori erat, a palmis, & ictibus ludentium non vertit, & quod his, qui vere sunt servi, perpeti erat turpissimum, etiam scapulas suas, quibus nostra venerat peccata portare, verberantium manibus inclinavit. Quasi servus utique erat, cum salutare ipsius caput inimicorum contexta manibus spinea corona fœdabat. Itaque, Fratres, cum unus, idemque Dei Filius mira fecerit, fœda pertulerit; unus idemque erat & servus, & Dominus. Totum enim ut Dominus poterat, & totum patiebatur ut servus. Sed jam videamus, quibus potissimum virtutibus, quibusque gradibus ille, qui servus erat, Deum se esse suis discipulis confirmavit. Primo omnium fidelissimi Centurionis necessarium famulum, cum lethali urgeretur incommodo, rogatus ab ejus domino, absens absentem, ut vere Deus, missa sanitate curavit, & ægrotum illum, quem paulo longius decumbentem corporaliter non videbat, Deitatis suæ oculo visitavit. Deinde miserandæ viduæ unicum Filium, cum jam sepeliendus lecto portaretur ad tumulum, jussione vivificantis imperii suscitatum, vitæ simul ac matri, medias inter turbas, & morte ipsa teste, restituit. Post hæc Sacerdotum Principe pro salute filiæ suæ supplicante; ipse qui vitam nascenti dederat, defunctæ puellæ animam propriam reduxit in corpus. Ac ne de miraculis recentioris obitus apud impios confudii remaneret ulla suspicio, & putarentur non esse mortui tam velociter suscitati, ad Beati Lazari pergitur sepulturam, qui quadriduanus, & fœtidus, vinculis insuper, ut moris est, colligatus, ad præceptum Christi vocantis exiliens, factus est continuo Domino suo in colloquio particeps, & in mensæ societate conviva. Quæ omnia facta sunt idcirco, Karissimi, ut nemo penitus de ejus reditu ab Inferis disputaret, qui probabatur tanta gloria suscitasse defunctos. Et ideo credamus Domino Deo nostro tam stupenda mirabilia facienti. Amemus eum tam magna nobis beneficia conferentem, suscitantem mortuos. Veneremur ab Inferis resurgentem; colamus, adoremus etiam ad Patris dexteram considentem, atque omni devotione vivorum mortuorumque venturo Judici serviamus, qui cum Patre, & Spiritu Sancto &c.

HOMILIA
SANCTI MAXIMI TAURINATIS EPISCOPI.

De Natali Sanctorum Martyrum.

Sicut scimus, Fratres, vota semper Domini subsequitur festivitas servulorum. Unde recte post Sanctum Pascha Christi Domini Natalis celebratur Martyrum Beatorum, scilicet, ut quem subsecuti sunt similitudine Passionis, etiam comitentur & gloria Resurrectionis. Comitantur autem eum & gloria Resurrectionis dicente Apostolo: *Quod si socii passionum estis, & resurrectionis eritis*. Est ergo Sanctis Martyribus cum Christo in ejus Resurrectione societas; est plane, quia etsi nondum surrexerunt, certe jam merito, etsi adhuc non sumpserunt sua membra, sumpsere jam gratiam. Si nondum liberati sunt ab Inferis, liberati sunt a peccatis; hæc est enim prima Resurrectio peccatorum evasisse tenebras, lucem possidere justitiæ. Veruntamen etiam fortasse plurimi ex hisdem Beatis Martyribus cum Domino Resurrectionem corporaliter vel consequuntur, vel fuerint consecuti. Nam si legimus in prima Resurrectionis festivitate suscitante se Domino multa Sanctorum corpora suscitata revixisse, & introisse in Sanctam Civitatem, cur non quotienscumque Resurrectionis ejus Festivitas celebratur, totiens resurgere credamus & Sanctos? Ubi enim votorum jugis est solemnitas, gratia jugis est & donorum. Sed fortasse quis dicat: Sepulcra clausa sunt, monumenta constructa, quemadmodum prodire exinde potuerunt? Ut taceamus, quia omnia possibilia sunt Deo, & quod clausi tumuli penetralibus possit spiritale corpus educere, ut hæc omnia prætermittam, (*) Johannis tamen Apostoli

(*) Nota de S. Joanne Evangelista.

stoli habemus exemplum, quem tumulus susceptum claudere potuit, custodire non potuit; nam depositum corpus perdidit, non absumsit: Sic enim clauso e tumulo gratia Resurrectionis ablatum est, ut constaret sepultura, non inveniretur sepultus. Denique cum Sacerdotes honorandi causa corpus inquirerent, reserato adito tumulus non potuit reddere, quem suscepit. Hostias ergo secum suas Salvator suscitat, cum resurgit.

SERMO XII.

De Ascensione.

RElígiosis admodum gaudiis, devotaque lætitia, Fratres Karissimi, hodierni misterii nobis est celebranda festivitas, quia Christus Dominus noster, cui inter primordia congressionis suæ temptator ille dicebat: *Si Filius Dei es, dic ut lapides isti panes fiant*, Cœlum hodie penetrans omnem credentem vivi lapidis confirmat munimine, & cœlestis panis refectione vivificat, & quem totius doli artifex explorabat dicens: *Si Filius Dei es, mitte te deorsum*, non solum deorsum non corruit, sed suoptis æternæ gloriæ pennis victor æmuli sui volavit ad cœlum. *Ascendit* enim, sicut scriptum est, *super Cherubim, & volavit, volavit super pinnas ventorum*. Et cui tunc Diabolus, si ab eo esset adoratus, regna & potestates sæculi promittebat, spreta vanitate temptantis, Dominatum mundi, & sempiternum Cœli accepit imperium, ut ait ipse: *Omnia mihi tradita sunt a Patre meo in Cœlo, & in terra*. Nec immerito beatissimo remuneratus est regno, qui legitimi Regis animum gerens, tyrannica promissa despexit. Magnis igitur, adprobatis, incomprehensisque miraculis mysteria nobis Christi, virtutesque succrescunt. Nam quem maternus uterus in usum præsentis vitæ humana per incrementa produxit, ingenito consœderatus Patri dexteræ ejus perpetuus Dominator adsedit, & quem terris persequentum vox impia blasphemabat, obsequentium nunc Angelorum laudatio indefessa concelebrat, sicut scriptum est: *Laudatio ejus manet in sæculum sæculi*. Lætemur itaque, Fratres, & exultemus in Domino, quia hodie Cœli alta transcendens ad paternæ sedis incogitabilem majestatem Christus ascendit, & hominem, quem invidia malignantis inimici prima illa Paradisi habitatione depulsum, projectumque in hunc mundi laborem secerat esse peregrinum, Angelica in patria collocavit, & Paradisi exulem civem cœlestium fecit. Propter quod, Karissimi, immensa nobis est gratulatione lætandum, quia quos temptator elisit, Salvator erexit, & quos peccatum Diaboli vinxerat, Christi gratia liberavit, sicut ait Beatissimus Paulus Apostolus: *Ubi abundavit peccatum, superabundavit & gratia*. Vere superabundans gratia, quæ delicto homini mortem transfudit ad vitam, & pœnam vertit in præmium. Nam quod revera potest majus esse præmium peccatori; quam quod ejus

ejus caussa Unigenitus Dei induit carnem, Crucem pertulit, sepulturam dignatus est, inferna non horruit, damnatoque ipso auctore delicti susceptum hominem portavit in Cælum? Intendite itaque, dilectissimi, quia plus profuit homini culpa, quàm nocuit; nam qui prævaricationis humiliatus lege captiva Diabolico jugo colla subjecerat, omnia tyrannicæ captivitatis vincula a Dei Filio captus evasit, sicut ait de ipso Domino Redemptore nostro venerandus David: *Ascendens in altum captivam duxit captivitatem, dedit dona hominibus*. Quid ergo prodest nobis, si captivitatem nostram captivam sursum Dominus duxit, ut quod captum a Diabolo erat non desineret esse captivum? Per omnia nobis prodest, Karissimi, & inæstimabiliter prodest, quia in captura Diaboli dura est servitus, & beata in Christi captivitate libertas. Nec dubium, quia omnis captus a Diabolo, traditus Inferni tenebris semper in luctu est, & in lumine cælestis Regni Christi captivus exultat. Ait ergo Beatus David: *Captivam duxit captivitatem, dedit dona hominibus*. Videte, & advertite, quam nos expediat Christi esse captivos, qui captis suis non solum æternam tribuit libertatem, sed & ineffabilia cælestium munerum dona largitur. Ideoque alio in loco Patriarcha decantat: *Converte Domine captivitatem nostram, sicut torrens in Austrum*. Converte, ait, non averte, id est præsta Domine ut qui jamdudum capti a Diabolo sumus, tui tandem mereamur esse captivi. Scimus enim, quia Diabolo esse subjectum peramara conditio est, & inexpleta tibi Domine servire jocunditas. Nec ambiguum hoc, Fratres, quia ipse Dominus ait: *Jugum meum suave est, & onus meum leve*. Idcirco disrumpentes infidelitatis vincula, & projicientes a cervicibus nostris jugum Diaboli, omni cum devotione colla nostra Dominico subdamus imperio, quia magnam credentibus confert Evangelicum jugum, & Christi captivitas suavitatem. Qui cum Patre &c.

SERMO XIII. (*)

De Ascensione.

HOdierni diei festivitatem, Fratres Karissimi mysterium nobis Dominicæ Ascensionis instituit, ut Unigenitum Dei, quem pro Redemtione omnium ad terras venisse gaudemus, pro æternitate nostra Cælorum lætemur ingressum; nam hæc est veritas Fidei salutaris, ut cujus passionem credimus, gloriam non negemus. Nec magni sane miraculi res est, quod ad Cælum redit, qui venit e Cælo, sed quod hominem, quem suscepit e terra, pervexit ad Patrem. Ait Beatus David: *Lætentur Cæli, & exultet terra*, quod eum de Sacramento Christi cecinisse non dubium est; nam exultat terra, quæ regnare suum videt in cælestibus Redemptorem. Lætatur Cælum, quia & & Deum suum, quem habuit, non amisit, & hominem, quem non habebat, accepit. Gaudet terra, Filium Dei descendisse de Cælo, sed

(*) Ejusdem.

sed non minus exultat Cœlum Filium hominis ascendisse de terra. *Sedit*, inquit, *ad dexteram Patris*. Quam necessarium erat, Karissimi, ut caro hominis, quæ jamdiu erat peccato dominante captiva, illic vivendi acciperet libertatem, quo culpa transire non possit? Ascendit ergo ad Patrem Salvator, ut & ipse debito potiretur imperio, & nobis æternitatis promissæ spes integra permaneret. Nec dubitandum, Fratres, de hoc Domini, quem prædicamus, ascensu. Nam si Helias quondam Dei famulus ob castitatis, & Fidei merita curru flammeo, & equis igneis usque ad cœlum est elevatus, cur non tota devotione credamus, Christum nostrum cœlos supergredi potuisse, qui sempiterni Patris & Verbum est, & voluntas? De hoc nempe dictum est per Spiritum Sanctum: *Regna terræ psallite Domino, qui ascendit super Cœlos Cœlorum ad Orientem*. Et iterum: *Dominus in Cœlo paravit Sedem suam, & regnum ejus omnibus dominabitur*; & alibi: *Dominus ascendit super Cœlos, & tonat*. Aut quomodo poterat non in Cœlum recipi, qui humanum genus vocabat ad Cœlum? Exultemus itaque, Dilectissimi, & lætemur, quia ibi esse nostrum novimus Redemptorem, unde cuncta & prospicere possit, & regere, & quia illic ereptum ab Inferis hominem collocavit, ubi non arbor scientiæ boni, & mali mortifera poma prætendat, sed salutaris, ac simplicis bonitatis inhabitat plenitudo.

SERMO XIV. (*)

De Ascensione.

QUantus & quam investigabilis sit in operibus suis Unigenitus Omnipotens Dei, ineffabilium mysteriorum ejus magnitudo declarat, qui suscepto adversus mundi Principem prælio, pugnando in homine, & vincendo per hominem, terrarum incolam cœli, terræque Dominum fecit. Qui etiam corpus illud humilitatis nostræ, quod fragili adsumpsit e femina, variis persequentum objecit injuriis, Cruci etiam permisit adfigi, elevatis æternalibus portis secum, & in se hodie evexit ad Patrem. Denique Beato David instruente cognovimus, colloquentibus inter se Virtutibus Cœli hæc prædicta mortalibus; ait enim: *Tollite portas Principes vestri, & elevamini portæ æternales, & introibit Rex gloriæ*. Recte Karissimi, æternales elevatæ sunt portæ, quia gloriosissimo Regi, & æternitatis Domino, mirabilis ad superna parabatur ingressus. Adnunciatur ergo per Patriarcham, eumdemque Prophetam, elevatas æternales portas, ut advertamus præconte illo Christo, Cœlum jam patere mortalibus. Patebunt, dilectissimi, portæ illæ Fidelibus, & semper patebunt, quas devicta morte, triumphatoque Diabolo, ad Patrem pergens prævius Salvator aperuit. Mirantibus autem, & percunctantibus, quis esset iste Rex gloriæ? ita protinus respondetur: *Dominus fortis, & potens, Dominus potens in prælio*. Ideo ergo potens, quia fortis. Et illa revera est

(*) *Unde supra*.

est prædicanda potentia, quæ non alienis fulta viribus, sed sua sibi per omnia potestate subsistit; quæ a Domino, & Redemptore nostro non ambitione præsumpta est, non munerum redempta commercio, non ulla adulatione quæsita, sed perfecta, & simplici virtute possessa. Nam quod *Patri obediens fuit usque ad mortem Crucis*, sicut ait Apostolus, *dedit illi nomen, quod est super omne nomen, ut in nomine Jesu omne genu flectatur cœlestium, & terrestrium, & infernorum*. Hic enim cum dicit: *Dominus fortis, & potens*, non genuina Christi a Patre potentia, sed invicta novi hominis fortitudo laudatur. Neque vero magnum erat, fortem dici illum, per quem creata sunt omnia, & qui omnipotens ab omnipotente processit. Fortis ergo, & potens in prælio, Dominus. Fortis non quia inimicos suos potenter occidit, sed quia pro nobis patienter occisus est. Potens, quia inter opprobria, & supplicia passionum tantæ sibi virtutis conscius, ut ministerium Redemptionis impleret, suam noluit ostentare potentiam. *Qui enim in forma Dei esset, non rapinam arbitratus est esse se æqualem Deo, sed semetipsum exinanivit, formam servi suscipiens*. Fortis itaque, potens est, & gloriosus. Fortis, dum a Diabolo in congressione non vincitur; Potens, dum subjugaturus mortem Inferni claustra disrupit. Gloriosus, dum immaculato Sanguine suo captivitatis nostræ chirographo ex lege deleto ad Sedem paternæ gloriæ cunctis cœlorum virtutibus adorandus ascendit. Quæ igitur est hujus profunditas Sacramenti, quam insuspicabile Divinæ operationis arcanum, quod is, qui ante sæcula prodivit a Patre, & ille, qui in fine temporum processit ex femina, unus factus est Deus? Atque hoc ideo, ut cum esset Unigenitus indivisus a Patre, haberet homo in Unigenito Dei paterna cum immortalitate consortium. Propter quod, Fratres, sic Dominum ascendisse confiteamur in Cœlum, ut non nos sine eodem relictos esse credamus, quia ipse sub momento Ascensionis suæ, ait Apostolis: *Ecce ergo vobiscum sum omnibus diebus usque in consummationem sæculi*. Nam qui ita descendit a Patre, ut apud Patrem inseparabilis permaneret, sic utique de terris ascendit in cœlum, ut non relinqueret mundum. Est enim hæc omnipotentia Deo nostro, est hujusmodi ejus, & tam indefinita potestas, ut eum pro immensitate sui omnis ubique habeat creatura præsentem. Cui honor, & gloria in sæcula sæculorum. Amen.

SERMO XV.

De Pentecoste.

Quanta sit omnipotentis Dei cura de salute mortalium, ipsa solemnitatum nostrarum frequentissima Sacramenta declarant. Nam primo omnium, ut in cœlestem gloriam natura transire possit humana, mortalis hominis corpus substantia divina suscepit, atque ut in hanc tantam beatitudinem mystici nos lavacri gratia præpararet, totius

fluen-

fluenta mundi suo Dominus Baptismate consecravit, & benedictio sacri corporis ejus cunctis ubique aquis regenerandi tribuit potestatem. Deinde ut Diabolum ipsum nostræ salutis, suæque voluntatis inimicum justus Dominus justo certamine triumpharet, crucifigi se ab eo sua, Patrisque sui voluntate permisit, ut inmaculati passio fieret damnatio persequentium. Moriendo etiam Christus sese mortalibus adæquavit, ut superata morte vitam mortalium repararet. Cœli nihilominus alta conscendit, ut spem credentium, quam blanda promissione nutriverat, mirabilis ascensus sui præmisso confirmaret exemplo. Sed quia hæc omnia specialiter quodammodo per Unigenitum Dei munera nobis delata vivebantur, Spiritus quoque Sanctus, cujus hodie salutarem celebramus Adventum, ut ejusdem se, qua Dei Filius erat, voluntatis, ac Deitatis ostenderet, redemtos Christi sanguine majestatis suæ virtute supplevit, ut qui in utero B. Mariæ corpus novi hominis, salva ejus virginitate, formaverat, Apostolorum quoque ejus & corda cœlesti vigore firmaret, & linguas novo ditaret eloquio, quatenus idem Spiritus, qui redemptioni omnium Christum Dominum femineo mirabiliter e ventre produxerat, præstita varietate linguarum cunctis cum gentibus per Apostolos prædicaret. Quis non advertat, Karissimi, Unigenito Dei, & Spiritui Sancto concordem in omnibus voluntatem; quandoquidem quos Christus elegit in terris, Spiritus visitaret e cœlo? Et ideo, quorum unam videmus in Apostolis gratiam, unam necesse est credamus & in Deitate virtutem. Sic revera Apostolorum pectora Paracletus adimplebat, ut & Christi eis præsentia non deesset; nam quorum indivisa sunt munera, est utique inseparata divinitas. Quod vero ingreditur Spiritus, in quos habitat Christus, non eis ad Deitatis crescit augmentum, sed ad Fidem proficit unitatis. Potuit nimirum Dei Filius, qui creaverat usum loquendi, discipulis suis diversitatem dare linguarum; sed reservata virtus est, per quam verus esse Deus etiam Spiritus probaretur. Hæc namque est, ut credimus, incomprehensa dispensatio Trinitatis, ut cum omnia simul Pater, & Filius, & Spiritus Sanctus ejusdem Deitatis effectu inseparabiliter operentur, quædam tamen specialiter a singulis tribuantur. Nam pro remedio vitæ nostræ Pater nobis largitus est Filium, Filius regenerationis præstitit gratiam, virtutem Spiritus ministravit, sicut doctrina Patriarchæ psallentis adnunciat, cum dicit: *Verbo Domini Cœli firmati sunt, & Spiritu oris ejus omnis virtus eorum*. Quam necessarie autem dedit Apostolis Spiritus scire gentium linguas, ut veritatem salutaris Fidei omnis per eos posset audire Gentilitas. Sed quod præstat Spiritus, præstat & Pater, quia totum cum Patre habet, qui totus semper a Patre procedit. Et quod præstat cum Patre Spiritus, præstat & Filius, quoniam de eodem Patre natus est Filius, a quo procedit & Spiritus: Ait enim Christus: *Omnia, quæ habet Pater, mea sunt*. Si omnia, quæ habet Pater, Filii sunt; ergo & quod Spiritus habet

cum

cum Patre, & Filio commune est. Et ideo quorum in nomine nulla divisio est, una eorum in omni operatione & voluntas credenda est, & potestas. Sic igitur in suis Fidelibus cœlestis Trinitas peragit Sacramenta, ut quamvis discreta videatur operatio, indiscretum tamen probetur imperium. Una itaque Filio, ac Spiritui Sancto cum Patre est Deitas, quia sicut de Deo nasci non potuit nisi Deus, ita dubium non est esse Deum, qui procedit a Deo. Qualiter autem ab uno, eodemque Patre, & Filius, qui erat, natus sit, & Spiritus, qui natus non est, procedat, ipsi soli Divinitati notum est, quæ ut est, sola se novit. *Nemo* enim, sicut lectum est, *novit Patrem, nisi Filius*. Quod ergo novit Filius, novit & Spiritus, cui cum Filio, & Patre unum nomen, ac una est Deitas. *Qui*, ut ait Apostolus Paulus, *scrutatur altitudines Dei*. Scrutari autem dicitur Spiritus altitudines Dei, non ut ipse quasi occulta sibi, ac abdita rimari videatur in altero, sed ut tu advertas inscrutabilia tibi esse, quæ Dei sunt. Perspice itaque, Frater, profunda Patris nisi Filium, qui de ipso est, & Spiritum, qui ab ipso est, scire neminem posse. Nec coneris intendere, quod nulli est videre concessum. Credere enim tibi id, quod est, justum est; non hoc ipsum, quod est, qualiter sit, investigare permissum. Acceperunt ergo Apostoli per Spiritum Sanctum diversitatem loquendi; sed unus Deus est, quem loquuntur. Et ob hoc ceperunt varietatem linguarum, ut diversitas gentium sermone multimodo Fidei disceret unitatem. Denique ut lectum est, disserente Beatissimo Petro, *tria millia hominum crediderunt*. Nec incredibile sit hoc nobis, quia idem Spiritus & Apostolorum erudiebat linguas, ut credenda loquerentur, & ut prædicantibus Apostolis crederetur, audientium pectora idem Spiritus præparabat. Qui dabat loquentibus sensum, præstabat audientibus intellectum, ut non dubitetur unius esse virtus in ore loquentium, & in corde credentium. In his, Karissimi, opus quidem visibile, sed invisibilis operator; manifestus virtutis effectus, sed efficientis occulta majestas. Rectissime igitur victoriam, Fidemque Christi Spiritus adnunciat, qui adventum ejus promiserat per Prophetas, qui eum Virgineo formavit in utero; qui Baptismo ejus cum testimonio paternæ vocis adfuit in columba. Credentes itaque, Patrem, & Filium, & Spiritum Sanctum unius semper esse voluntatis, & operis, vinculo etiam Christianæ pacis uniti in præcepta Divina vitæ nostræ semitas dirigamus, ut plenitudinem gratiæ Dei, ac visitationem Spiritus Sancti sanitate Fidei, & actuum nostrorum conversatione mereamur.

SERMO XVI. (*)

De Pentecoste.

POst festivitatem Dominicæ Ascensionis, Fratres Karissimi, sancta Pentecostis hodie mysteria celebramus, ut sicut lætati sumus,

cælum

(*) *Ejusdem.*

cælum pro nobis ascendisse hominem, ita nunc exultemus, nostri causa Spiritum Sanctum descendisse de Cælo. Perrexit Christus ad Patrem; Paracletus venit a Patre; ut non ambigamus omnia nobis salutis æternæ munera omnipotentis Patris dispositione, & voluntate conferri, a quo Spiritus venit, & ad quem Filius vadit. Ascendit ergo in Cælum novus homo, ut per ejus gratiam venire ad terras Spiritus dignaretur. Venit e Cælo Spiritus Sanctus, ut regnare cum Patre Christum mortalibus nunciaret. Nam quis alius habitantibus terram divinum poterat aperire secretum, nisi particeps Divinitatis venisset e Cælo? Lectum itaque est, ut audistis: *Et dum complerentur dies Pentecostes, erant omnes unanimes simul in eodem loco*. Et post pauca ait: *Repleti sunt omnes Spiritu Sancto, & cœperunt loqui variis linguis, prout Spiritus dabat eloqui eis*. Erant ergo unanimes Apostoli, & repleti sunt Spiritu Sancto. Ad unanimos venit, concordes visitat, pacificos muneratur, & libenter venerabilium Apostolorum replevit corda, quorum jam pectora auctor, & magister pacis Christus habitabat; *seditque*, ut audivimus, *Spiritus Sanctus supra unumquemque eorum*. Advertite, Karissimi, quia pacificorum pectus sedes est Dei, ut ait Beatus David: *Et factus est in pace locus ejus*. Nec dubitandum, Apostolos invicem erga se unanimitatis gratiam custodisse, quibus transiturus ad Patrem prædixerat Christus: *In hoc cognoscent omnes, quia discipuli mei estis, si dilectionem habueritis ad invicem*; & iterum: *Pacem meam do vobis, pacem meam relinquo vobis*. Non est ergo mirum, si in peccatoribus Apostolorum dilectio mutua, & pax Christi Spiritum Sanctum delectabat. Legimus etiam in Evangelio, Salvatorem dixisse discipulis suis: *Ego rogabo Patrem, & alium Paracletum dabit vobis*; & iterum ait: *Nam si ego non abiero, Paracletus non veniet ad vos; si autem abiero, mittam illum ad vos*. Quis itaque poterit impune non credere, vel Sanctum Spiritum esse Deum, qui per Dei Filium prædictus advenit, vel Christum Dominum, cujus salutare promissum Pater sempiternus implevit? Magnum hoc, Fratres, incomprehensumque est Sacramentum, cum de terris ad Cælum vadit homo, qui Deum nobis ad terras mittat e Cælo. Et est revera hæc pax, & consonantia Deitatis, ut & Christus adnunciante Spiritu nasceretur, & Spiritus Christo promittente descenderet. Invicem se loquuntur, invicem se mittunt, invicem sibi obediunt, quia non est in eis aut velle, aut posse diversum, & unum semper cum Patre agunt pro mortalium æternitate mysterium. *Expedit*, ait, *vobis, ut ego vadam*. Quam mirabile hoc nostræ salutis est munus! ut sicut expedivit nobis, Christum venire de Cælo, ita illum expedierit & redire. Expedivit illum venire, ut suum pro nobis sanguinem daret; expedivit nihilominus & redire, ut suum nobis Spiritum largiretur. *Repleti sunt* ergo, ut lectum est, *Spiritu Sancto, & cœperunt loqui variis linguis, prout Spiritus dabat eloqui eis*. Varietas ista linguarum divinitatis adnunciat unitatem. Diversus quidem, & multiplex sermo prodiebat a singulis, sed unus in omnibus spiritus loquebatur. Sonat Hebræus linguam, quam ante non didicit, ut possit fidem, quam ignorabat, audire Gentilis. Nec mirum, Karissimi, si Apostolis suis Christus per Spiritum Sanctum linguarum notitiam dedit, qui claudis gressum, cæcis oculos, mutis potuit reparare sermonem. Et ideo, Fratres, non dubitemus de his, sed tota cum devotione credamus, quia & Deo omnia sunt possibilia, & necesse erat, ut novam Fidem nova loquendi miracula confirmarent.

SERMO. XVII. (*)

De Pentecoste.

Manifestum est, Fratres, cunctisque perspicuum, quanta omnipotenti Deo Patri de universis sit cura mortalibus, cui parum fuit unicum morti filium tradidisse pro nobis, nisi in corda Fidelium suorum etiam plenitudinem Sancti Spiritus effudisset, sicut dictum est a Domino per Prophetam: *In novissimis diebus super servos, & ancillas meas effundam de Spiritu meo, & dabo prodigia in Cœlo sursum, & signa in terra deorsum. Sol convertetur in tenebras, & Luna in sanguinem.* Dat profecto Dominus prodigia in Cœlo, cum in nativitate Christi nova Chaldæorum oculis stella præfulget, & in Passione ejus repentina obscuritate fuscatus Sol meridianus occumbit. Dat etiam in terra signa, cum ipsa terra inconsuetis motibus contremiscit, cum rupta in partes saxa dissiliunt, cum etiam sepulcra refundunt luci corpora defunctorum. *Sol*, inquit, *convertetur in tenebras, & Luna in sanguinem.* Quid aliud est, Karissimi, si spiritalia contemplemur, converti in tenebras Solem, nisi cum Christus transit in mortem; aut commutari in sanguinem Lunam, nisi cum Sancta Ecclesia pro confessione Christi sui variis passionibus cruentatur? Traditur morti Christus, non ut in corruptione remaneat sepulturæ, sed ut post Inferi tenebras fulgentior clarescat. Vexatur Ecclesia manibus cruentorum, non ut inter supplicia, pœnasque deficiat, sed ut per multimodos victoriarum titulos in omnem pulchritudinem coore triumphantium Martyrum decoretur. Hæc vero omnia agit, & perficit una, atque eadem gratia concordantis Christi, & Spiritus. Christus utique, qui servorum suorum pectora in omne patiendi desiderium spe perpetuæ retributionis succendit. Spiritus nihilominus vigore virtutis Divinæ in contemptum mortis credentium corda confirmat. Et ideo postquam Dominus rediit victor ad Patrem, suumque se recepit in Regnum, paterna secum gratia largiente, dedit Apostolis suis Paracletum, quem promisit, ut fidem, quam in eis ipse plantaverat, veniens desuper Spiritus custodiret. Descendit ergo in Apostolos Spiritus promittente Christo, ut appareat, unam eorum esse in omnibus indissociabilem voluntatem. Quam congrue autem

* *Vide supra.*

autem ipſa ſe Divinitas alterno teſtimonio humanis inſerit ſenſibus, cum Chriſtus pronunciat Spiritum venturum eſſe de Cœlo, & regnare in Cœlo Chriſtum Spiritus atteſtatur! Quis autem dubitet, vocem eſſe veriſſimam, & ejus qui pergit ad Cœlum, & illius qui venit de Cœlo? *Repleti* itaque *ſunt* hodie *Apoſtoli*, ut lectum eſt, *Spiritu Sancto, & cœperunt loqui variis linguis, prout Spiritus dabat eloqui eis*. Illos nimirum replevit Spiritus Sanctus, quorum corda adventui ejus, ſanguis, & doctrina Chriſti purgaverat. Et hæc prima fuit Spiritus advenientis utilitas, ut hi viri, qui in ſalutem univerſarum gentium fuerant ordinati, ſermone omnium loquerentur. Tantaque Paracleti gratia Apoſtolorum & linguam replevit, & pectus, ut nec virtus verbis eorum deeſſet, nec verba virtuti. Neque ſane eſt aliud in divinis, humaniſque rebus, quod ita hominem faciat glorioſum, quam ſancti ſermonis perfectio, & cœleſtis fortitudinis plenitudo. Loquebantur ergo Apoſtoli per unum Spiritum variis linguis, ut in unam Chriſti fidem gentium varietas conveniret. Unde dubium non eſt, Sanctum hunc Spiritum Deum eſſe cum Patre, & Filio confitendum; nam quis hæc alius ageret, niſi Deus, ut Romanus homo, Parthus quoque, & Medus, & Phrygius, omniſque Barbarus linguam ſuam in Judæa peregrinus audiret, & vir Galilæus arcana Cœli non ſolum decore Græci, Romanique ſermonis, ſed etiam ſtridulo murmure, gementique conatu auribus barbaris loqueretur? Olim namque cum ad cœlum ire contendens turrem ſibi conſtrueret humana præſumptio, nec contumax haberet conatus effectum, unius ſermonis conſortium immiſſa ſubito linguarum varietate diviſum eſt, ut dum alter alterum non intelligit colloquentem, omnis illa protinus impietatis fabrica ſolveretur. Nunc vero, ubi Deus homini ad Cœlum parat aſcenſum, præconibus tantæ gratiæ cunctarum datur peritia linguarum, ne cujus gentis hominem tam magnum Dei poſſit latere promiſſum, ſicut ante multa ſæcula Prophetico Sermone dictum eſt: *Non ſunt loquelæ, neque ſermones, quorum non audiantur voces eorum*. Unde manifeſtum eſt, Kariſſimi, omnipotentis Dei Filium, qui univerſarum varietate linguarum æternæ ſalutis voluit myſterium prædicari, non unius tantum Judaici populi, ſed omnium veniſſe hominum Redemptorem. Et ideo, Fratres, quia bonitas Chriſti nullum vult perire mortalium, ab omni nos impudicitia, & iniquitate mundemus, ut in adjutorium vitæ noſtræ noſtra quoque benigniſſimus Dei Spiritus corda illuminare dignetur.

SERMO XVIII. (*)

De Pentecoſte.

QUanta pro ſalute mortalium, Fratres Kariſſimi, omnipotenti cura ſit Deo, quove dignationis affectu pericula miſeratus humana,

* Ejuſdem.

Diabolicam evacuaverit potestatem, hinc plenissime, & sine dubio possumus aestimare, quod & Filii sui sanguine ad Fidem nos veritatis adtraxit, & Sancti Spiritus visitatione concessa credentium corda firmavit. Christus enim nos ad vitam redemit, erigit ad virtutem, ut gratiam, quam Filio tradente suscepimus, Spiritu custodiente servemus. Videmus quidem, Karissimi, Unigeniti Dei, & Spiritus Sancti sub dispensatione mysterii beneficia esse distincta, sed eamdem in utroque voluntatem, atque unum pietatis advertimus sacramentum. Christus namque pro salute nostra de femina nascitur, sed hominem ipsum Spiritus cooperatur in Virgine, sicut dictum est ad B. Mariam: *Spiritus Sanctus superveniet in te, & virtus Altissimi obumbrabit tibi*. Baptizatur etiam pro nobis in Jordane Filius Dei, sed ad glorificandum ejus baptismum, adest de Coelis Spiritus Sanctus in columba. Usque adeo autem unum est illis propositum, unumque consilium, ut & Christus Spiritum repromittat hominibus, & Spiritus adnunciet Christum, dicente ipso Domino: *Cum venerit Paracletus, quem ego mitto vobis a Patre, Spiritus veritatis, qui a Patre meo procedit, ille testabitur de me*. Alternis nimirum se invicem testimoniis praedicant, qui indiscreta se noverunt majestate regnare. Denique ut manifestius cognoscamus nulla eos penitus divisione sejunctos, ipsos Paracletus visitat, & inlustrat, quos mysteriis suis idoneos Salvator elegit. Pro omni quidem hominum genere Dominus Jesus pependit in Cruce, sed non omnibus ejus inlotuisset Evangelium, nisi Sancti Spiritus dono, dum Apostolis variarum linguarum scientiam tribuit, Dominica Passio ad universarum gentium notitiam pervenisset. Parthi enim, & Medi, vel Elamitae, & caeterae, sicut lectum est, nationes propriis apud Judaeam audiunt linguis Dei magnalia, & vitae suae remedia praedicari. Quis igitur haec, nisi vere omnipotens Deus, implere potuisset, ut & ferae mentes religiosam discerent sanctitatem, & coelestem susciperet barbarus sermo doctrinam? Divino ergo, Fratres, cultu veneremur hunc Spiritum, cui plena regenerandi virtus, & peccata remittendi potestas est, sicut instruit Dominus discipulos suos dicens: *Ite, docete omnes gentes, baptizantes eos in nomine Patris, & Filii, & Spiritus Sancti*. Et alibi idem ait: *Accipite Spiritum Sanctum, quorum remiseritis peccata, remissa erunt, & quorum retinueritis, detenta erunt*. Quis igitur tam demens hunc ambigat esse Deum, cui cum Patre, & Filio inseparabilis gloria, & nomen est indivisum, qui dominatione communi & peccantis superbiam punit, & humilitatem confitentis absolvit?

SERMO XIX.

De Ipso Pentecosten.

AB initio saeculorum, Fratres Karissimi, per Patriarchas, ac Prophetas Filium Dei pro mundi Redemptione venturum Sanctus nobis

nobis Spiritum repromisit; ipse enim illum suscepta novi hominis carne de Virgine nasciturum, injurias ab impiis, probra, Crucemque passurum, Resurrectionem quoque ejus ab Inferis ante multa annorum millia prophetavit. Quo completo per Dominum nostrum Jesum Christum, perfectoque mysterio, Apostolorum ejus corda mirifico majestatis suae illuminavit adventu, ut cujus humilitatem prius, passionemque cecinerat, nunc triumphato Diabolo, & morte devicta, aeternam Regni ejus gloriam praedicaret. Quem tamen Paracletum ipse Redemtor noster ante non multos dies venturum esse de Coelis, & a Patre mittendum adnunciavit discipulis suis. Atque ita fit, ut dum Spiritus Christum Unigenitum Dei Patris prophetat, & dum Christus a Patre venturum Spiritum repromittit, mutuaque invicem se attestatione praenuncians, unum esse, unum velle, & unum semper posse credantur. Hic est, Karissimi, Spiritus Sanctus, qui secretioris operatione mysterii uterum Virginis coelesti foecunditate ditavit. Hic est Spiritus, qui Baptisma Christi Domini nostri, in specie columbae visus quidem a Johanne, sed tacitus, visitavit, nec suam credidit necessariam vocem tunc, cum Pater ipse loqueretur e coelo dicens: *Tu es Filius meus dilectus, in quo bene complacui*. Atque haec idcirco ita sanctarum Scripturarum testimoniis edocemur, ut personarum nobis indiscreta quidem majestas, sed distincta proprietas reveletur. Nam quantum ad Deitatis pertinet unitatem, in Verbo Patris consessus est Spiritus, & in sermone Spiritus voluntas est Patris. Quis enim Spiritum Sanctum, nisi forte aut impius Haereticus, aut perfidus Judaeus dubitet esse Deum, sine quo nec Baptismatis perficitur sacramentum, nec remissio tribuitur peccatorum? Quis illum ita demens abneget Deum, in quem blasphemasse ita est impium, atque mortiferum, ut blasphemantis peccatum nulla venia sequatur, pronunciante Salvatore nostro, ac dicente: *Qui dixerit Verbum in Filium hominis, remittetur ei; qui autem in Spiritum Sanctum, non remittetur ei neque in hoc saeculo, neque in futuro*. Hic, inquam, Spiritus Sanctus procedens a Patre, promissus a Filio, dona gloriae suae in Apostolos Christi est dignatus infundere, ita ut passionem regnumque ejus diversarum gentium sermone loquerentur. Hac profecto dignatione, ut quia olim hominum genus vocabatur ad vitam, dispensationem mysteriorum Dei totus ubique mundus audiret. Quanti illud, Fratres, miraculi fuit, quod Hebraeus homo subito erumpens in verba non sua, de Magnalibus Dei instruebat Graecum, docebat Romanum, alloquebatur Aegyptium, atque omnes barbaras nationes propriis earum linguis informabat ad fidem! Et ideo, Karissimi, omnipotentis Dei misericordiam imploremus, ut & nos de Deo annunciare, quae digna sunt, valeamus, & vos ea, quae dicuntur, audire, & intelligere debita veneratione possitis.

SERMO XX. (*)

De Pentecoste.

INæstimatæ bonitatis est gratia, Fratres Karissimi, quam nobis Deus omnipotens vel creando potenter tribuit, vel regenerando clementer indulsit. Creando namque præstitit, ut vivificato in homine pulvere operatione mirabili nos omnes, qui non eramus, essemus; regenerando autem contulit, ut ea, quæ prima nobis natura non dederat, nativitas secunda conferret. Quæ utique secunda nativitas per Baptismatis Sacramenta servos gignit in filios, & Cœlum Fidelibus pollicetur. Nobilis quidem prima illa hominum creatura; hæc vero subsequens non solum mysteriorum puritate nobilior, sed & Beati Spiritus consecratione cælestis est. Illa nativitas peccata suscipit, ista deponit. Ibi nascendo morimur, hinc vivimus moriendo. Denique ut hanc Christus nobilitatem generi præstaret humano, servilis pro nobis partus indigna suscepit, etsi conceptione dissimilis, simili tamen ratione nascendi. In quo quidem conceptu quamvis Pater æternus adfuerit, tamen neque Matri lex mutata est pariendi, neque nascenti puero defuit vagitus infantiæ. Tenuit nimirum suo Pater in Filio geminæ substantiæ virtutem, quatenus majestate virtutis ejus veneranda Puerpera unum eundemque Christum, & ut Deum conciperet, & ut hominem pareret. An non ille Dei Filius videtur esse conceptus, ubi carnali cessante germine, & homo creditur Virgineo formatus in utero, & Deus non dubitetur esse, qui natus est? Mirabilis partus Matris intactæ, sed multo est mirabilius Virginitatem parienti mansisse post partum. Nam, quod mirum sit dictum, caro nata de carne inviolata naturalis pudoris claustra servavit. Hæc vero tam sancta, tamque magnifica fecit ille Deus, cui omnia Cœli, terræque opera pro voluntate potestatis suæ respondent, cui incomprehensa facere, non in labore vel opere, sed in jussione consistit. Qui ut novum daret Virgini partum, illa egit virtute, qua cuncta fecit ex nihilo. Divini namque esse operis, quod Mundo huic fœcunditas Virginalis infulsit, Gabrihel Angelus missus ad Mariam revelavit dicens ad eam: *Spiritus Sanctus superveniet in te, & Virtus Altissimi obumbrabit tibi, ideoque & quod nascetur sanctum, vocabitur Filius Dei.* Sed & venerando illi Joseph dispensatione cœlesti semper sponso, nec umquam marito, Beata Maria intaminati veneris sui servans incorrupta signacula, non filium, sed Dominum parturivit. Cui Joseph dictum est ab Angelo: *Quod in utero habet Maria, de Spiritu Sancto est.* Et ideo hoc ipsum in aures Patriarchæ vox Angelicæ attestationis intonuit, ne forte tanto miraculo stupentis juvenis animum sinistræ suspicionis macula vulneraret, & femineam putaret culpam, ubi mirandum Angelis Sacramentum, ubi salutare nobis my-

(*) Ejusdem.

myſterium naſcebatur. Nec poterat, Fratres, aliter Sponſus ille innocens, atque ſolicitus tantam fructificantis uteri credere novitatem, niſi eidem parituræ ſponſæ pudicitiam virginalem miſſus ab alto prædicaſſet adſertor. Sanctus itaque Spiritus, ſicut legitur, in utero Virginis Unigenito Patris univit hominis carnem; univit, non artificis figurantis ingenio, ſed majeſtate formantis, quem Spiritum vere eſſe Deum virtus, & veritas novi operis atteſtatur. Nam quomodo in illa ſalutis noſtræ fabrica idem in conceptione Chriſti, ubi Pater non deerat, ubi inerat Filius, ubi caro noſtra divino conſortio fungebatur, idem Spiritus velut auctor adſeritur, niſi eſſet illi eadem cum Patre, & Filio & in natura poteſtas, & in voluntate communio? Videtis itaque, Fratres, quia cooperator Dei, niſi Deus eſſe non poterat. Erat enim ut eſt Spiritus Sanctus & indiviſus a Patre, & inſeparatus a Filio. Quibus utique ſicut ſacræ lectionis fidelis ſermo nos edocet, non eſt in virtute diſtantia, ſed in operatione diſtinctio. Ait namque de eo Chriſtus diſcipulis ſuis dicens: *Cum venerit Paracletus, quem ego mittam vobis a Patre, Spiritus veritatis, qui a Patre meo procedit, ille teſtabitur de me.* Item de ſe ipſo ait Salvator: *Ego ſum via, veritas, & vita. Ego ſum*, inquit, *veritas*; ſi ergo Filius, qui veritas eſt, Spiritum eſſe adſerit veritatis, quis illum negare poterit Deum, niſi qui veritati de veritate non credit? Itaque Spiritus verus eſt Deus, quem Chriſtus & a Patre procedere, & a ſe eſſe mittendum pari profeſſione teſtatur. Mittit autem Dei Filius Spiritum Patris ſui; mittit, non quaſi obedientem præcepto, ſed myſterio concordantem. Et ob hoc ipſe Spiritus procedens a Patre legitur miſſus a Filio, ne aut aliud eſſe, quam Pater eſt, aut quicquam diverſum velle, quam vult Filius, crederetur. Propter quod, Fratres, ſine cunctatione clareſcit, unam eſſe Patris, & Filii, & Spiritus Sancti voluntatem. Quandoquidem & Filius mittit, quod Patris eſt; & Pater, quod ſuum eſt, impertit, ut a Filio dirigatur. Hic igitur Spiritus unum cum Patre, ac Filio Redemptionis noſtræ peragens Sacramentum, univerſarum gentium linguis majeſtatem Chriſti mittentis adnunciat, non ut ſuperiori officium deferens, ſed imperium connregnantis inſinuans. Qui idcirco Apoſtolis dedit varietatem linguarum, ut per eos doctrina ſalutaris Fidei populorum omnium penetraret auditum. Erat revera ipſe Paracletus in ſermone multiplex, omnipotens in virtute, diverſus in ſingulis, & unus in omnibus. Miratur omnis auditor os gentis extraneæ non extraneum proferre ſermonem. Stupet & ipſe, qui loquitur, ab ore ſuo non ſua verba procedere. Et perinde factum eſt, ut dum ſermo varius unam per multos loquitur fidem, ad unius Fidei ſocietatem gentes diſſonæ convenirent. Et ideo, Fratres, declinantes vana Mundi, & breviſſimæ hujus vitæ oblectamenta calcantes, illum jugiter ſapiamus, atque ipſum ſemper loquamur, qui mortalibus cæleſtia ſapere, & terrenis loqui divina conceſſit. Cui honor, & gloria in ſæcula ſæculorum. Amen.

SER-

SERMO XXI.

De quinque panibus, & duobus piſcibus.

DE Feriarum votiva ſolemnitate ſolet dulcius eſſe quod remanet, & ſuavius ſapere conſueront reliquiæ de magno convivio, quæ ſuperſunt. Unde & nos celebrantes Dominicum Natalem, libentius debemus excipere ea, quæ nobis de apparatu ſunt ampliſſime reſervata. Non enim reliquiarum poſſumus timere faſtidium, quia epulæ Salvatoris ſemper ſunt integræ, ſemper ſunt inlibatæ, nec contaminatione aliqua minuuntur. Sed cum ex illis quicquam decerpſeris, rurſus vigore cœleſti in ſui gratia renovantur. Magnus ergo cibus, ubi & ſumis, quantum volueris, & integrum remanet omne, quod ſumpſeris. Scriptura enim divina ejus vigoris eſt, ut cum plurimum de ea dixeris, ſuperſit tamen amplius, quod dicatur, ita ut quantum ſeſe in profundum diſputatio prædicantis extenderit, in tantum mens ſancta altitudinem inveniat diſputandi. Unde ait Apoſtolus: *O altitudo divitiarum & ſcientiæ, & ſapientiæ Dei, quam inſcrutabilia ſunt judicia ejus, & inveſtigabiles viæ ejus!* Non igitur timere debemus, ne poſt tam grande convivium faſtidium, famemque patiamur. Totum quidem pro devotione expendimus; ſed pro gratia totum remanſit; & ne mirum ſit, quod dixi, expenſis omnibus omnia remanſiſſe, recordamini Scripturæ Evangelicæ, quæ nuper eſt lecta, & invenietis quod plus aufertur de menſa Domini, quam infertur. Quinque enim panes inlati ſunt, & duodecim fragmentorum coffini ſunt relati. Plus ergo inveniunt, qui reliquias colligunt, quam detulit, qui cibum convivio miniſtravit. Denique ſaturatis quinque millibus virorum vix duodecim Apoſtoli duodecim coffinos ſuſtulerunt, quod unus puer manu, antequam aliquid expenderetur, attulerat. Ita panis in manu Domini multiplicatur, dum frangitur; creſcit dum minuitur; dum erogatur augeſcit; atque utiliore diſpendio creatura cibi populos paſcit, & proficit; creſcit in ore comedentium, quod minus eſſe putabatur in manibus miniſtrorum. Denique ait S. Andreas: *Eſt puer unus hic, qui habet quinque panes, & duos piſces*, & reliqua. Mirum igitur in modum benedictione Chriſti Domini panis ſolida natura fluit, abundat, exuberat, & quodam vigoris irriguo comedentibus non jam aquarum ſons efficitur, ſed eſcarum. Legimus in Prophetis, quod idem Dominus potum ſitientibus de duro ſaxo protulerit. Ecce nunc eſurientibus de ſicco pane ſaturitatis fluenta produxit. Ibi petram reſolvit in fluctus, hic cibum multiplicavit in copias. Hæc igitur omnia Scripturis ſunt, ſicut dixi, Evangelicis figuraliter comparanda, quæ paucis verſiculis reficiunt populos Chriſtianos, nec aliquando deficiunt, quæ benedictione ſui paſcunt eſurientes animas, & cum ſatiaverint, plus abundant. Quis enim cum refectus fuerit mandatis Evangelicis, non his mandatis velut ditatus, gratiarum referat actionem, habens ſcilicet theſaurum, quo & ipſe laetetur ſemper, & poſſit eſurientis alter ei ſatiare?

SERMO XXII. (*)

QUantorum mirabilium operator ſit Dominus N. J. C., intelligere poſſumus ex hac Evangelica lectione, quae deſcribit tauta per eum beneficia &c. *Editus eſt inter Sermones S. Ambroſii.*

SERMO I.

In Natale S. Johannis Baptiſtae.

SOlemnitates nobis diverſorum Martyrum, Fratres Kariſſimi, vitae praeſentis occaſus &c.

SERMO II.

De Eodem.

CUnctorum quidem Prophetarum, Fratres Kariſſimi, veneranda recordatio eſt &c.

SERMO III.

De Eodem.

FEſtivitatem praeſentis diei, Fratres Kariſſimi, venerandi Johannis Baptiſtae genuina nativitas eſt &c.

Sunt editi hi tres Sermones inter S. Maximi opera.

SERMO IV.

De S. Johanne Baptiſta.

REligionis, devotioniſque noſtrae ratio exigit, Fratres, ut hodie de Beatiſſimi Johannis Baptiſtae nativitate laetemur, qui praedeſtinatus a Deo humani generis laetitiam, & Coeli gaudium praedicaturus advenit. Hic eſt, de cujus ore adeſſe Redemptorem noſtrum, adeſſe Agnum Dei, nova voce mundus audivit, qui ut tanti myſterii indubitatus & nuncius eſſet, & teſtis, deſperantibus de ſucceſſione parentibus per Angelum promittitur naſciturus. Quis autem prudentium non credat, eum divina adnunciaſſe myſteria, in quo procreando curam perviderct fuiſſe coeleſtem? qui cum needum eſſet filius, imperfectuſque adhuc in utero geſtaretur, praerogativa tamen indultae ſibi gratiae aeterno gaudio viſcera materna ſupplevit, & felicitatem dudum ſterilis ventris ante partum ſuum beata Mater agnovit? Ait enim, ſicut lectum eſt Heliſabeth ad Mariam: *Ecce ut facta eſt vox ſalutis tuae in auribus meis, exultavit in gaudium infans in utero*

(*) Lipſiens.

meo. Et unde hoc mihi, ut Mater Domini mei veniat ad me? Non mirum, dilectissimi, si anus haec praescientiae ditata est munere, quae Altissimi Dei erat paritura praeconem. Facta est autem sterilitate sua gloriosior, quae dum ejus differtur foecunditas, dono partus unius honorem totius posteritatis obtinuit. Quae dum velut infructuosa viro suo usque in aetatem ultimam congemiscit, subito non sibi tantum filium, sed universo mundo salutis aeternae nuncium parturivit, & hujusmodi nuncium, ut priusquam prodiret ex utero, privilegio jam futuri ministerii maternae linguae Prophetalem Spiritum propinaret, atque os Zachariae Patris, quod incredulitas clauserat, praedicti per Angelum nominis sui virtute reseraret. Conticuerat enim Zacharias, non ut mutus remaneret, sed ut divinitus ei loquendi usus redditus coeleste testimonium Prophetico perhiberet infanti. Ideo autem Sacerdos, qui universae plebi loquebatur obmutuit, ut quia publica erat taciturnitas Sacerdotis, ad totius populi notitiam sacratae nativitatis mysterium perveniret, & non credere ei nullus auderet. Quem quia nasciturum dubitaverat Pater, vindictam taciturnitatis incurrit: Ait etiam Evangelista de eo. *Non erat ipse lux, sed ut testimonium perhiberet de lumine, ut omnes crederent per illum.* Non erat quidem lux, sed erat totus in lumine, qui testimonium meruit vero lumini perhibere. Et ideo, Fratres, ob honorem Beatissimi Johannis hunc nativitatis ejus diem omni cum exultatione celebremus, qui ad propellendas Mundi tenebras, sempiternum Coeli lumen, & ante omnes agnovit, & primus ostendit.

SERMO V.

De S. Johanne Baptista.

MUltis, magnisque virtutibus, Fratres Karissimi, Deus, ac Dominus noster concurrentium ad se populorum animos, fidemque confirmat, qui electorum suorum non solum laudabilem vitam, sed etiam nativitatem fecit esse mirabilem, sicut de B. Johanne Baptista decursa Evangelii lectione cognovimus, cui tanta indulta est praerogativa nascendi, ut Propheticis, atque Evangelicis praenunciaretur vocibus nasciturus? Aut quomodo non omnibus erat mysteriis consecrandus, qui veniebat pro redemptione deficientis mundi Sacramentorum Dominum revelare? Concepit ergo eum, sicut audistis, de justissimo viro senissima, & sterilis femina, ut ex multiplici desperatione & nascentis pueri gloria, & potentia operantis Dei magnificentior appareret. Hic est, de quo praedictum legimus per Prophetam: *Vox clamantis in deserto.* Et ideo Zacharias Sacerdos sub sententia Angeli increpantis obmutuit, quia promissi magnitudine conturbatus futurum se patrem adnunciatae vocis esse non credidit. Quod quidem magna Dei dispensatione factum esse perspicimus, ut universa Judaeorum plebi, dum causam tanti silentii percunctatur, procreancreandi pueri discerct veritatem, & sanctæ conceptionis secretum magni Pontificis taciturnitas publicaret. Indicitur ergo silentium patri, ne præco cœlestis verbi per silentium nasceretur, quamquam altioris in hoc mysterii arcana pandantur. Nam in illo silentio Sacerdotis, adventante utique Christi gratia, & se veritas antiquæ legis obmutuit, & ritus omnis carnalium conticuit victimarum. Sed tamen ne quid in B. Johanne non esset mirabile, linguam patris, quam concipiendus vinxerat, natus absolvit, ut beatissimus senex, qui inter officia veterum traditionum usum sermonis amiserat, innovata per filium voce, nova mysteria prædicaret. Nec mirum, si hæc tam stupenda miracula per illius merita provenerunt, quem tanta Dei comitata est gratia, ut de advento Christi mensuram humanæ conceptionis egressus intra viscera adhuc materna gauderet. Ait enim, sicut audivimus, Helisabet ad Mariam: *Ecce ut facta est vox salutis tuæ in auribus meis, exultavit in gaudium infans in utero meo.* Tanta enim illum, etiam cum formaretur, jam virtus agebat, ut ad documentum Cœlestis mysterii, quod prædicaturum se humano generi sentiebat, nativitatem suam Prophetalibus indiciis præveniret. Quid ergo miramur, si Johannes venientem Christum ad Baptismum suum absque ulla hæsitatione cognovit, si eum necdum ipse prodisset in lucem, Virginali eum in utero adesse præsensit? Quæ vero eum intra alvum maternam exultatio commovisset, clarissima postmodum voce testatus est dicens: *Ecce Agnus Dei, ecce qui tollit peccata mundi.* Propter hanc vocem, Karissimi, omnia illa, quæ audistis in Johanne, præmissa sunt Sacramenta, propterea illius gloriosa conceptio, & vita est laudabilis præparata, ut de ore tam sancto absolutionis suæ vocem mundus audiret. Quam pulchre autem Christum Dominum nostrum Agni vocabulo nuncupavit, cujus fusi sanguine placandus erat Deus, & universa redimenda mortalitas! Dignum ergo est Fratres, ut pro honore tanti viri devotissimis semper Festivitatibus exaltemus, qui uno pariter testimonio & præsentiam Domini prodidit, & imminentia ejus remedia prophetavit.

SERMO VI.

De S. Johanne Baptista.

CONCEPTIO, atque Nativitas venerandi Johannis Baptistæ, quæ nunc Evangelica lectione decursa est, nativitatem Dominicam, cujus secretum mens humana non concipit, testatur esse credibilem, & fructus senilis ventris edocet fœcunditatem Virginalis uteri non negandam. Nam quis revera renuat credere nativitatem nascentis Christi, quandoquidem de vetustis parentibus procedit desperata successio? Ibi de senibus Propheticus editur puer, hic vero de Virgine Dominus nascitur Prophetarum. Ibi disceptatio de senecta eorum est; hic autem de unius puellæ Virginitate miraculum. Nec sane mirum, si illa sterilis, & hæc Virgo concepit, quia ibi salutaris mysterii nuncius, hic ipsum vitæ nostræ mysterium nascebatur. Ibi temporalis lucerna resplenduit, hic Sol perpetuitatis inluxit. Inde Johannes Propheta, & plusquam Propheta legitur natus, hinc autem novus homo, & plusquam homo salus omnium Christus advenit. Plus utique est quam Propheta, Johannes, qui & lucem mundi hujus ab aliis prophetatus ingreditur, & Christum Dominum materno prophetat in utero, eumdemque celebrato ejus Baptismo non solum ore prædicat, sed etiam ad plenitudinem testimonii circumstantibus populis velut digito monstrante consignat dicens: *Ecce Agnus Dei, ecce qui tollit peccatum Mundi*. Plus autem quam homo est Christus, immo magis homo, & Deus, & Christus. Plusquam homo est Christus, quia idem ipse Verbum, & caro unus est Dominus, atque unus idemque æternus, & novus est; æternus a Deo, novus a femina. Ibi incomprehensibiliter genitus ab ingenito; hic mirabiliter natus e Virgine. Ibi paterna majestate editus, hic Spiritus operatione formatus. Ibi simplex in genitore natura est; hic gemina in Redemptore substantia. Ibi totus impassibilis a Patre suo Deus est; hic autem tantus processit a matre, ut & pati non possit. Pati enim poterat, sicut & passa est caro nata de carne, & pati non poterat Deus natus in carne. Edidit namque nobis per uterum Virginis Deus carnem, & caro Deum. Nec ambigendum, Fratres, si ille Deus potuit esse, quod voluit, qui omnia, quod voluit fecit. Neque cunctandum si Dei Filius potuit hominem sibi sociare passibilem, quem poterat Passionis triumpho impassibilitatis gloria coronare. Si novum fuit, quod Deus est natus in terris, multo magis est novum quod homo regnat in Cœlo. Quibus inspectis perfectam gloriosissimi Johannis Baptistæ beatitudinem comprobamus, quem in tantam sublimitatem dignatio cœlestis evexit, ut mysterium salutis nostræ terris, cœloque mirabile, & necdum natus prophetare meruerit, & natus ostendere. Erat enim tunc Johannes dispensatione divina acerbus ad partum, maturus ad gratiam; nam qui nativitati propriæ nondum [illegible] idoneus, ortus Dominici factus est idoneus prædicator; cumque naturali lege totum adhuc hominem venter maternus includeret, jam tamen spiritum nascituri filii læta matris lingua prodebat; ait enim Helisabet, ut lectum est, ad B. Mariam dicens: *Ecce ex quo facta est vox salutis tuæ in auribus meis, exultavit in gaudium infans in utero meo*. Intendite, Fratres, quanta Beatis illis matribus conlata sunt munera, quibusque miraculis parituræ feminæ decorantur. *Infans*, inquit, *exultavit in utero matris suæ*; exultavit, ut pariter & suum meritum, & Virginei ventris gloriam revelaret. Nam inspirante Deo anilis ille uterus sensit adventasse Dominicum ventrem, novoque gaudio mortalibus nunciat, quantam mundo lætitiam Christus nasciturus inferret. Quis non stupeat, Fratres, quod

inter

Inter ministeria redemptionis humanæ, mirantibus matribus, nondum nata gaudet infantia! Nascitur inter hæc Johannes, & Christum nativitate præcedit, quatenus Domino suo, quem intra materna viscera per gaudia celebrabat, exhiberet famulantis obsequium. Hic ergo est Johannes, de quo dictum est a Propheta: *Vox clamantis in deserto: parate viam Domino*. Clamabat in solitudine, ut corda mortalium incredulitatis squallore deserta ubertate Prophetici sermonis excoleret. Hic est Angelus missus ante faciem Christi, qui populorum pectora monitis vitæ sanctioris instructa Salvatoris adventui Doctor sollicitus præparavit. Hic est ille Baptista, qui Dominum suum ob hoc baptizare meruit, ut sese magis illius baptizati sui virtute sentiret. Hic est præco Regis æterni, qui terris adesse Agnum Dei, ipsumque mundi peccatum tollere, sua quidem lingua, sed Deo loquente clamabat. Hic est, pronunciante Domino, inter natos mulierum major; & vere major, quia Dei Filium, ut Propheta, prælequitur, ut Præcursor antevenit, ut Baptista suscipit, ut testis ostendit. Et post omnia, hic est ille, quem nulla indumentorum oblectante mollities, cameli texta de pilis asperior tunica vestiebat, neque eum ulla voluptas epularum suavior, aut edacis gulæ temperamenta capiebant, sed tamquam vere censorem faucium suarum, & jejunii ventris Dominum per deserta gradiens arida locusta pascebat. Mel etiam sylvestre legitur manducasse, ut advertamus, eum non cibo humanæ sollicitudine præparato, sed pastu simplici, & inlaborata vixisse substantia. Et hæc ideo, ut arbitror, Fratres, ne adsertorem justitiæ a præconio veritatis aut speciosior vestis abduceret, aut oblectatio depravaret escarum. De hac profecto magnanimitate descendit, quod dum Herodem Regem de concubitu fraternæ conjugis confidenter incusat, nec gloriosam subire mortem, nec mundi lucem spernere formidavit. Neque tristis hanc vitam reliquit, quia semper custodiens Prophetalem rigorem, numquam penitus fuerat fallacis sæculi suavitate mollitus. Propter quod patientissime præcepto Regis injusti capite truncatur in carcere, qui, fortissimi obitus præmio remuneratore cœlestis imperii Rege, & caput se suum recepturum noverat, & salutem.

SERMO VII.

De S. Johanne Baptista.

SAncti Johannis Baptistæ natalem hodie prosecuturus, tacere vellim &c.

Est editus inter opera S. Ambrosii.

SERMO VIII.

De S. Johanne Baptista.

DIximus superiore Dominica, cum silentii nostri veniam peteremus &c.

Est editus inter opera Sancti Ambrosii.

SERMO IX. (*)

De S. Johanne Baptista.

IN Sancti ac Beatissimi Johannis Baptistae laudibus, cujus natalem hodie celebramus &c.

Est editus inter opera S. Ambrosii.

Hic deest pagina, deinde fragmentum hoc subsequitur:

. . . . . . *sum, via, veritas, & vita.* Eadem ergo die Johannis celebramus Natalem, qua & messis initia procuramus. Magna utraque Nativitas, quae & inopiam viscerum repulit, & famem abstulit peccatorum. Inde me jam tabida loca non macerant, hinc pestilens conscientia non absumit, refectionem pariter sentio sensibus, atque visceribus, immo ipse Johannes messis nostra est; nam de Prophetia ejus fructum salutis emittimus, & de verborum ejus tamquam gravi culmo granum salutis adsumimus. De quo grano in Evangelio scriptum est: *Nisi granum tritici cadens in terram morietur, ipsum solum manet*, & reliqua.

Quatuor subsequentes Sermones sunt editi inter opera Sancti Maximi.

SERMO I.

De Natale Apostolorum Petri, & Pauli.

GLoriosissimos Christianae Fidei Principes annuis solemnitatibus honorantes, Fratres Karissimi &c.

SERMO II.

De Eodem.

APostolici Natalis gaudio, Fratres Karissimi, Petri, & Pauli, quorum hodie beatissimis passionibus jucundamur &c.

SERMO III.

De Eodem.

BEatissimorum Apostolorum Petri, & Pauli, inseparabilem fidem, passionemque germanam &c.

SER-

(*) *Ejusdem*

SERMO IV.

De Eodem.

BEatissimorum Apostolorum passio, Fratres, quorum hodie natalem solemniter celebramus &c.

SERMO V.

De eodem Natale Apostolorum.

NEcessarie, Fratres Karissimi, de Venerabilium Apostolorum passionibus, atque obitu Patrum nostrorum annua festivitate lœtamur, quia fiducia Christianæ Fidei credimus, eos tormentis suis indeptos esse gloriam, & perpetuitatem vivendi vitæ suæ sine quæsisse. Quis enim dubitet, illos suo regnare cum Domino, qui sequentes ejus vestigia mortem moriendo vicerunt, aut quomodo non manifestum est apud illum Regem in cruciatibus esse victoriam, cui triumphus in Cruce est? Elegerunt itaque Ecclesiarum Principes ob honorem Fidei patienter occumbere, quos auctor vitæ præmisso suæ mortis exemplo mortem docuit non timere. Lætemur ergo, & exultemus, gloriosissimos Patres nostros obisse pro Christo, quia qui * primitus pro æterno ipso cruoris sui censu vitam sibi mercatur æternam. Æternitatis enim mercatus agitur, ubi non pecuniæ quantitas, sed sanguis fidelis in pretio est, ubi sic mors adimit vitam, ut inlatæ morti immortalis vita succedat. Et ideo, Fratres, cui amore Christi exosus est mundus, mundum non invitus amittit, sicut dicebat Beatissimus Paulus. *Mihi vivere Christus est & mori lucrum.* Quam pulchre ait: *& mori lucrum!* quoniam qui Christo vivit, si pro Christi honore moriatur, Cœli sibi regnum damno præsentis lucis adquirit. Mori namque pro Christo regnare cum Christo est. Qui religiosam mortem in lucrum sibi reputat, ostendit se morte sua proficere, non perire. Nam & Dominus, & Salvator noster ait: *Qui perdiderit animam suam propter me, inveniet eam.* Quid hoc est, Karissimi, qua ratione amissa semel anima suo poterit ab homine reperiri? Poterit, Fratres, poterit non ratione, sed Fide. Poterit sine dubio, quia resurrectionis beneficio reparato corpori anima servata reddetur. Quod enim Deo possibile est facere, homini non est possibile cogitare, ut ait futurorum conscius Paulus Apostolus. *Nec oculus vidit, nec auris audivit, & in cor hominis non ascendit, quæ præparavit Deus diligentibus eum.* Dicendo ergo Dominus: *qui perdiderit animam suam propter me, inveniet eam*, ostendit in illa adventus sui gloria, in quo omnis homo substantiæ suæ statum, vitamque recipiet, animæ nostræ corporisque consortium formandum; homo enim anima, & corpus est unum; sine altero disjuncta, ac dissipata natura est. Si removetur corpus, * amittit. Cum ergo dicitur: *Qui perdiderit animam suam, in-*

inveniet eam, revelatur nobis, cum secundum Dei nostri fidele promissum renovabitur mundus, & animam corpori, & corpus animæ esse reddendum. Ideo & Salvator dicebat: *Nolite timere eos, qui occidunt corpus, animam autem non possunt occidere, sed potius eum timete, qui potest animam, & corpus perdere in Gehenna*. Itaque potestas disperdenda animæ ostendit in Christo separandi hominis potestatem. Nec miremur, Karissimi, si perfidiam sævientis sæculi Paulus gladio, Petrus cruce damnarunt, quorum Dominus ipsum mundi Principem mirabilibus terruit, increpationibus arguit, passionibus triumphavit. Invenit quippe in eis Diabolus quod possit occidere, non tamen invenit, quod posset tenere captivum. Et quid mirum, si perimitur gladio servus occisi? Quid mirum si in crucem tollitur discipulus Crucifixi? Qui secuti sunt patientis exemplum, consecuti sunt regnantis imperium. Adsumpsit ergo Christus Petrum, & Paulum, unum piscantem, alium persequentem. Et Petro quidem regni sui claves, Paulo verbi sapientiam dedit. In utroque opus mirabile. In utroque Dei omnipotentis est gratia, ut & fidem adsereret persecutor, & Cœlum piscator aperiret. Nec incredibile hoc, quoniam qui aquam produxit e petra, Ecclesiam fundavit in Petro. Qui adorare compulit Magum, persecutorem docuit prædicare. In his duobus, Karissimi, quantum exiguis sentire fas est, gemina Ecclesiæ forma, & humani generis diversitas figuratur. Petrum namque commendat simplicitas, Paulum doctrina sublimat, ut advertamus in Ecclesia Dei & scientiam esse necessariam, & simplicitatem esse dilectam. Simplicitatem autem dico non illam, quæ ignaviæ stupore torpescit, sed illam quæ vigilanter incedens prodesse aliis noverit, nocere ipsa non possit, ut in uno eodemque sit homine casta simplicitas, & benigna prudentia, secundum illud quod dictum est: *Estote ergo astuti, ut serpentes, & simplices, ut columbæ*. Nam simplicitatem Petri & vigor vivacissimæ mentis armabat, & spiritalium consiliorum providentia muniebat. Simplici utique prudentique corde Petrus erat, cum Incarnationis Dominicæ Sacramentum non inquirendo confessus est, sed credendo, dicens. *Tu es Christus Filius Dei vivi*. Qua confessione, Karissimi, & pluribus universis, ut simplex, & opiniones non recte credentium repulit ut astutus. Igitur Doctrinæ gratia Cælum Paulus ingreditur, simplicitatis merito aperiendi Cæli Petrus accipit potestatem. Hæc nobis idcirco, Karissimi, ut intelligamus, a fide Dei nostri nec doctos repelli, nec simplices refutari. Quantum autem fidei veritas habet, manifestum est omnibus, simplicitatem Petri habuisse Paulum, ipsique Petro Pauli prudentiam non defuisse. Nam utrumque idem Spiritus edocebat. Hac ratione, Karissimi, & Paulus petra est Christi, & vas electionis est Petrus. Uterque enim velut cælestis lapis fortitudinem præstat infirmis, uterque velut vas electum sitientibus fidem Christi ab æterno fonte vitalis poculi fluenta profundit. Et ideo, quia una illis fides, una gloria, unus victricis

pilpassionis est dies, una utrumque devotio populorum omnium plena confessione veneratur.

SERMO VI.

De eodem Natale.

EXultemus, Fratres, & gloriemur in Domino Deo nostro, quia Apostolorum Natalis Ecclesiæ est nutrimentum; sicut enim parvulus quisque materni uberis lacte nutritur, ita tunc Ecclesiæ consurgentis infantia paterni sanguinis ubertate convaluit. Nam ex quo benedictionem fœcundi cruoris sterilis terra suscepit, innumera exinde per universum orbem multitudo credentium pullulavit. Quis ita demens Christianæ Fidei inesse abneget veritatem, quam tristitiæ non fatigant, supplicia non conturbant, neque ullus corporeæ mortis terror inclinat? Cui etiam in sempiternum gaudium persequentem tormenta proficiunt, cujus regnum per æternam, invictamque potentiam mundanis dominatur imperiis. Ut autem plenius advertamus, quanta sit cœlestis Regni, terrenique distantia, documenta nobis de præsentibus capiamus exemplis. Ecce Reges prætereuntis hujus sæculi devotionem erga se militum suorum in hac tantum vita honoribus, muneribusque conservant, nihil penitus habentes, quod possent suis, sibique præstare post mortem. Christus autem, Rex omnium sæculorum, electos suos labore, nuditate, fame, cruciatibus, morte insuper remittit affligi; quia potestas ei est suscitare defunctum, spoliatum præsenti vita Regni sui luce vestire, & remota lege mortis, perpetuitatem dare mortali. Quod autem nonnumquam a fidelibus viris Regum præmia renuuntur, quod eis abominatæ sunt omnes sæculi dignitates, quod ut vanum respuunt quidquid illis hic mundus obtulerit pretiosum; spes illa omnimodis facit, quia per gratiam Christi sui potiora sibi quandoque præstanda fides servata præsumit. Quis non stupet in voluntate Christi esse hoc tam mirabile Sacramentum, qui Sanctis suis sic sua promittit præmia, ut eis tormenta permittat; sic futuræ vitæ prædicat caritatem, ut præsentem doceat non amari? Hic religionis est veritas, ubi tristitia gaudium gignit, ubi inops nuditas incorruptionis vestimenta prætexit, ubi decorari gloria, ubi exuri refrigerium, ubi occidi triumphus est. Hæc est mors, Karissimi, si modo fidem nostram Sancti Spiritus erigat, & confirmet auctoritas, quam pueri non renuunt, juvenes non declinant, maturiores eligunt, senes ambiunt, feminæ non paverunt. In passione enim Martyrii, ubi Fides firmior regnat in homine, sicut sæpe jam factum est, nec ætas ulla se subtrahit, nec sexus excusat. Ibi, Fratres, ibi prætenditur infirmitas corporis, ubi Fides non habet firmitatem. Ideo gloriosissimus Petrus stabilitate Fidei suæ omni firmior petra, dum Christi Crucem prædicat, suam vicit, nec timuit crucifigi, quia Crucifixum timuit, & amavit.

Passus ergo est Petrus, ut optimus servus pro Domino, ut fidelis discipulus pro Magistro, & ut pro commissis sibi ovibus Pastor electus illius ad mortem secutus vestigia, cujus semitam sequebatur ad vitam; & quia consimilem Regis sui subiit passionem, cœlestis Regni clave suscepta similitudinem regnantis suscepit. Aut quomodo ille vitæ propriæ timeret occasum, qui probaverat Christum suum regnare post mortem? Quomodo refugeret crucem, qui in corpore Domini sui redeuntis a mortuis beatæ Crucis signa cognoverat? Quomodo crucifigentem vulnera recusaret, qui Redemptorem Mundi clavorum vestigia portasse secum sciebat ad Patrem? Ille pro suo Domino obitum formidaret, cui ipse vitæ auctor & mortem, & genus mortis pro scientiæ suæ ore prædixerat, ita dicens: *Cum esses junior, cingebas te, & ibas quo volebas; cum autem senueris, alius te præcinget, & ducet, quo tu non vis.* Hoc est dicere: cum esses junior, Petre, manus te propriæ ministerio succingens, tuam sequebaris in omnibus voluntatem. Cum autem senueris, manus te cinget extranea, & ducet quo tu non vis, ac juventutis tuæ libertatem mutabis in servitium senectutis. *Ducat*, inquit, *quo tu non vis*. Numquam nolebat Petrus pati pro Domino suo, cui ante jam dixerat: *Animam meam pro te ponam*. Volebat quidem ut devotus mori, sed quia velut ultro morti se ingerebat, quandam præsumentis habere videbatur audaciam; nam qui ut infirmus mori non vult, & idem ut confortatus a Deo non refugit passionem pariter in semetipso, & trepidæ carnis ostendit affectum, & fidelis animi implet officium. Igitur ubi Apostolus sponte morti se offerebat, ibi timuit mori, & ubi nolens est ductus ad crucem, non timuit crucifigi, quia illic humana fatigabatur infirmitas, hic cœlestis spiritus fortitudo vincebat. Omnis enim nostra devotio si quasi suis viribus fidat, continuo ut infirma lassescit. Si vero quis prece supplici divinæ gratiæ boni sui propositi commendet effectum, nulla illum cogent sæculi hujus adversa nutare. Cavendum itaque, Fratres, ne quid virtuti, prudentiæque nostræ de his, quæ recte gerimus, adrogemus docente Domino Apostolos suos, & dicente. *Quia sine me nihil potestis facere*. Qua sententia præmonente ab ipso nobis speranda sunt omnia. Consilia etiam, quæ prospere veniunt, illius reputanda muneribus, sine quo, ut ipse dicit, nullum penitus votorum nostrorum possumus habere successum. Denique quando præsumpsit Petrus dicere Domino: *Animam meam ponam pro te*, non longe post puellæ interrogatione turbatus respondit nescisse se hominem. Propter quod flevit amarissime; & ubi ait Christus Petrum ducendum esse, quo nollet, ibi victoriam triumphalis Passionis obtinuit. Non ergo est reprehendendus Apostolus, si pro Christi honore animosius optabat & mori, quia præsumptio illa, quæ de fervore Fidei venit, etsi laudabilis non videtur, magnam tamen habet ad Dominum ex ipsa conscientiæ suæ devotione fiduciam. Verum propter cautelam fidelium suorum, no-

stræstrèque infirmitatis perfugium dicebat Salvator discipulis suis: *Si vos persecuti fuerint in Civitate ista, fugite in aliam*. Hoc est dicere: declinate quidem passionem, ne forte per tormenta vincamini; capti tamen nolite cedere persequenti; volo enim servos meos mortem nec expetere, nec timere, quatenus inesse vobis sapientiam, nec deesse fidem stultus persecutor agnoscat; quia mortem non vitare, cum possis, temeritatis est vitium, perimenti autem non cedere fortitudo credentis est. Habet hoc ratio, & virtus Fidei nostræ, ut in confessione Christiani nominis nec optemus mortem, nec timeamus occidi. Sic ille Vas electionis gloriosissimus Paulus, ne a Gentilibus vel virgis macularetur, clamabat civem se esse Romanum, & injuriam corporis sui sæcularium legum præscriptione submovit, ereptumque se de periculis, ac mortibus scripta exultatione gaudebat. Quod si ut curiosus inquiras, cur privilegio Gentium sese tuebatur Apostolus, scito hoc Apostolici fuisse consilii, ut illos, qui Dei nostri reverentiam non habebant, propriis eorum legibus territos confutaret, nec data sibi a Domino potestate voluit in eos exercere vindictam, qui se missum ad salutem noverat persequentum. Nam quid virtus possit Apostoli, sensit Magus ille cæcatus, & de muliere divinante Piton probavit ejectus. Sed tamen ubi dispensatione Dominica tempus ei passionis advenit, confidenter Gentili ferro fidelia colla subjecit, & qui dudum verbera respuebat, gladium non refugit. Hæc enim sancta, perfectaque mensura credendi, hæc inreprehensa devotionis est sanitas in certamine Fidei & nolle mori, & patienter occumbere, quia Deus noster non mortem nostram requirit, sed illam mentem quam mors superare non possit.

SERMO VII.

De Eodem.

NAtalem Beatissimorum Petri, & Pauli hodie celebrantes diversis epulis &c.

Est editus inter opera S. Ambrosii.

SERMO VIII.

De Eodem.

NOtum omnibus vobis est, Fratres, & universo mundo notissimum, quod Beatissimorum &c.

Editus inter opera S. Ambrosii.

SERMO I.

In Natale S. Laurentii Levitæ, & Martyris.

Beatissimi Laurentii Martyris, cujus natalem hodie celebramus, passionem nosse vos credo &c.

Est editus inter opera Sancti Ambrosii.

SERMO II.

De Eodem.

Sanctum est, Fratres, ac Deo placitum, ut natalem Beati Laurentii præcipua devotione veneremur &c.

Editus inter opera S. Maximi.

SERMO III.

De Eodem.

Sicut Patrum nostrorum, Fratres Karissimi, non incerta relatione didicimus, cum venerabilis &c.

Est editus inter opera S. Maximi.

Desunt quædam paginæ, & sequitur fragmentum . . . . *Sermonis secundi de Sancto Cypriano.*

. . . .

. . . . custodivit, pacem verbis suasit; pacem corde servavit, omniaque vitia sancto ore respuit, mente sanctiore damnavit; sic pullulantes diversorum scelerum sentes acutissimo linguæ suæ mucrone descecuit, ut magis ea inculpabilis vitæ integritate truncaret. Erat etiam, ut vere spiritalis magister, amarus vitiis, virtutibus blandus, & tranquillitatem peccatoris sui medicamento acrioris remedii condiebat, ut quos bonitatis ejus clementia minime coercebat, increpantis linguæ censura terreret. Sic acrimoniam suam admixtæ lenitatis dulcedine molliebat, ut sæpe solet unda ferventior aquæ frigidæ stillicidio temperari. Nonnullos sane animo duriores armati oris sui salutiferis jaculis sauciabat, ut quibus cura placida prodesse non poterat, spiritalia vulnera subvenirent. Et hoc peritissimi more medici, qui cum in corpore hominis lethalia altius ulcera repererit desedisse, cum bonus, atque optimus sit, velut adsumpta crudelitate, ferro adgreditur noxias emortuæ carnis desecare putredines, & summam medendi artem non parcit, ut parcat, irascitur ut succurrat, & pro ægroti sui necessitate sævitiam prætendit, ut sanet; nam & sapientissimus Salomon ait: *Suaviora sunt vulnera amici, quam voluntaria oscula inimici*. Hæc vita, hic animus Beatissimum Cyprianum &

Sa-

Sacerdotio provexit, & Martyrio consecravit. Hæc illum mentis, sermonisque perfectio clarum sæculo, & Cœlo reddit gloriosum. *Pretiosa*, inquit, *in conspectu Domini mors Sanctorum ejus*. Recte, Fratres, venerabilis Cypriani pretiosa mors facta est, quam sibi a Domino Deo suo multiplici virtutum suarum pretio comparavit. Vere pretiosa mors ejus, cujus commercio hæreditatem sibi Cœli, & regnum emit æternum. Et ideo, Karissimi, tam magnificum hoc Martyrium ejus omni cum devotione, & reverentia celebremus, quia ad omnem illum gloriam vita locuples, lingua ditissima, & mors pretiosa sublimat in Christo Jesu Domino nostro, qui cum &c.

SERMO III.

De S. Cypriano.

IN Martyrio Beatissimi Cypriani, Fratres Karissimi, universa nobiscum exultat Ecclesia &c.

Est editus inter opera Sancti Maximi.

SERMO IV.

De S. Cypriano.

NOn immerito, Fratres Karissimi, speciali quadam celebritate frequentissimo concursu Beatissimo Martyri Cypriano præcipua exhibetis obsequia, quem & ad summi Sacerdotii apicem prærogativa vitæ præcedentis evexit, & Pontificii ejus fidele ministerium ad palmam Martyrii sublimavit. Justum revera, dignumque est, ut memoriam confessionis ejus devotiore colat Christi honore Ecclesia, cujus non minus doctrina, quam sanguine gloriatur. Quid enim apud Ecclesiasticos viros Martyre sanctius? Doctore clarius? Sacerdote sublimius? *Pretiosa*, inquit S. David, *in conspectu Domini mors Sanctorum ejus*. Quanta ergo, Fratres, a Fidelibus hic veneratione est honorandus, cujus non solum in conspectu Domini pretiosus occasus, sed sub abundantia Fidei & vita locuples fuit, & sermo ditissimus? Recte, ut reor, ejus vita locuples prædicatur, cujus sancta conversatio bonorum copia morum, & variarum semper virtutum est lætata thesauro. Nec incongrue illius ditissimus, ac splendidus dicitur sermo, cujus tanto lumine præfulgidum radiavit eloquium, ut inter iniquorum minas, persequentiumque terrores Fideles erigeret, confirmaret dubios, incredulos confutaret. Neque enim ullo avocari poterat metu, quominus illam doceret Fidem, pro qua de Christi promissione securus non formidabat occidi. Quæ autem Fidei ejus confidentia fuit, & virtutis! quanta constantia! qui non solum semetipsum contra impetum sæculi vigore generosæ mentis armavit, sed complures Fidelium spem futuræ Beatitudinis adstruendo mortem docuit non timere. Unde apparet, Karissimi, quanta inter Angelicus cos Choros nunc claritate resplendeat, qui & propria passione est mirabilis, & aliorum confessionibus gloriosus. Tanta enim ejus fuerunt spiritalium ornamenta verborum, & cœlestium sententiam censuratam vehemens, ut credentium mentes plus ejus adhortatio, quam sævientis inimici gladius permoveret. De Beato autem Cornelio quid ego memorem? cui ad omnem hoc sufficit laudem, quod Apostolicam Sedem, quam merito indeptus est, venerandi cruoris munere decoravit.

SERMO V.

De S. Cypriano.

QUanti meriti, Fratres Karissimi, Beatus Cyprianus, quantæque sit gloriæ, & venerabile ejus Martyrium, & nota omnibus doctrina testatur. Nec enim extraneis eget laudibus, quem apud omnes homines magnificentia proprii sermonis inlustrat. Denique ut tantus ad nostram quoque perveniret ætatem, admiranda eloquentiæ ejus monumenta fecerunt; nam dum eruditos sibi populos in observantiam cœlestium mandatorum solitus Magister erudit, suam ad posteros vitam, fidemque transmisit. Quod ita esse omnis mecum studiosus agnoscit, quoniam in libris ejus advertitur, quanta in illo fuerit castitatis puritas, sanctitas bonitatis, Fidei magnitudo. Nam dum peccantum vitia severa objurgatione castigat, dum Sanctorum merita digna laude prosequitur, cœlestem inesse cordi suo aperuit disciplinam. Unde hic sine dubio ex illis est Fratribus, de quibus dictum est per Prophetam: *In omnem terram exivit sonus eorum, & in fines orbis terræ verba eorum.* Exivit utique in omnem terram sonus Beatissimi Cypriani, quoniam sub universo cœlo, & Passionis ejus innotuit gloria, & clarissimæ linguæ ejus tuba personuit. Et vere tubæ modo sermonis ejus clangor increpuit, cum Ecclesiam Dei spiritali prœlio decertantem adversus minas, terroresque Gentilium sonitu cœlestis eloquii accendit, & ne videretur plebem Dei in contemptum præsentis vitæ eloquens magis quam fortis armare, mortem quam prædicando docuerat non timendam, suscepta pro Christi nomine passione calcavit; atque ita factum est, ut omnem Fidelem ad subeunda pro Religione tormenta non solum sanctorum adhortatione verborum, sed fortissimo sanguinis sui provocaret exemplo. Vere hic ab omnibus, ac toto orbe venerandus, qui tanta perfectione divinæ virtutis opus & asseruit, & implevit.

SERMO VI.

De S. Cypriano.

QUanta sit, Fratres Karissimi, Christianæ Fidei magnitudo; quæve fiducia, hinc vel maxime nos discere oportet, quod inter mi-

miranda cœlestium promissorum munera votivum nobis oritur gaudium de morte Sanctorum. Nec enim naturæ nostræ, sed Religionis est ratio, quod occasus hominis, ubi Deus est causa moriendi, Infidelium contristat mentes, & pectora Christiana lætificat. Ideo denique peremptorum Martyrum obitus in Ecclesia Dei velut genuinus Natalis excolitur, quia novo nascendi ordine ad novam Cœli vitam morte parturiente nascuntur. In hujusmodi enim morte, quæ pro veritate salutaris Fidei venit, quia vivo, ac vero creditur Deo, spe sæculi melioris pulsa procul affectatione carnali, locum non habet pater, nec mater inclamat, filius suspiria consolatur sua, mœrorem frater repellit, tristitiam maritus abjurat, & dilecti conjugis calcat uxor affectum. Cedit namque, cedit terreni amoris calor, ubi Christiani mentem flamma divinæ Caritatis accenderit. Hoc profecto igne succensus ardentissimus Cyprianus Sacerdotium, vitamque suam in Passione contempsit, ut ipsa eum passio gloriosiorem Christo redderet Sacerdotem. Quid hoc magnificentius viro, cujus non minus mors est admiranda quam vita? Fuit enim ei fideli in sermone confessio, & mirabilis in confessione Martyrium. Fuit in eo cordis, ac linguæ simplex consensus, atque indivisa societas; nam quidquid ori ejus cordis ipsius Spiritus intulisset, hoc cunctis audientibus sancta ejus lingua dictabat, ut ait Salvator: *Bonus homo de bono thesauro cordis sui profert bona*. Et quis potest habere bonum mortali in corde thesaurum, nisi cujus pectus Christus inhabitat, sicut docuit gloriosissimus Paulus dicens: *Habemus thesaurum istum in vasis fictilibus, ut sublimitas virtutis Dei sit, & non ex nobis*. Hic est, Fratres, boni cordis thesaurus, qui servorum Dei os bonum, & linguam divitem facit. Hic est thesaurus, cujus pretio omnis fidelis beatam sibi Paradisi sedem, & regnum mercatur æternum. Hoc thesauro venerabilis Cyprianus unumquemque credentem profusa linguæ suæ largitate ditavit, nullam tamen ipse, dum legitur omnibus, divitiarum suarum sentiens paupertatem. Tanta enim thesauri hujus est copia, ut & totum consequatur accipiens, & qui dederit, nil amittat, in modum lucernæ ardentis, quæ & flammam suam admotis sibi lampadibus præstat, & ipsa nihilominus sine damno traditi luminis perseverat. Novi, Fratres, novi miraculi res est, quæ habeas dare, & eadem dando non amittere; totum transfundere, & nullum sentire defectum. Propter quod Beatissimus Cyprianus cunctorum est Fidelium devotione celebrandus, qui largiendo populis, quæ habebat, ac retinendo, quæ dederat, laudabilem vitam suam & clarissimo sermone extulit, & pretiosissimo sanguine consecravit, quatenus universo orbi loquentis fidem virtus patientiæ ostenderet. Rectissime de hoc dicetur illud Davidicum: *Os ejus meditabitur sapientiam, & lingua ejus loquetur judicium, & lex Dei ejus corde ipsius*. Erat utique in perfectione Sacerdotii ejus cor sanctum, os sapiens, lingua terribilis. Terribilis nimirum erat

Cy-

Cypriani lingua, quæ & integritatem pectoris ejus; & illa omnipotentis Dei tremenda judicia peccantibus ingerebat, qui se ita totum sancto in sermone fundebat, ut nihil penitus in secreto sui pectoris relinqueret, quod lateret. Latet autem intra semetipsum, latet peritus quisque, nisi sapientiam cordis ejus docta dicendi lingua prodiderit. Quid non in illo viro præcipuum, quid non mirabile, in cujus ore sapientia, in cujus lingua judicium, in cujus corde lex Dei, quæ justitiæ mater est, permanebat? Nec otiose, Karissimi, consequens Psalmi ipsius ordo subtexuit dicens: *Et non subplantabuntur gressus ejus*. Non sunt revera Cypriani subplantata vestigia, quia in ejus corde lex Dei viget. Qui in ore, ac lingua sua cœlestem sapientiam, divinumque judicium meditatur, gressus ejus lapsum sentire non possunt. Aut quod in illo umquam peccati tempus, quodve momentum Diabolica potest reperire subreptio, cujus os, cujus lingua per omne spatium noctis, ac diei voluntatem Dei & sapit, & loquitur, secundum illud, quod dictum est a Propheta: *Et in lege ejus meditabitur die, ac nocte*? Credite, Fratres, quia numquam inter adversa hujus sæculi movebuntur ejus pedes, cujus pectus a tramite veræ Fidei non declinat. Et quia omnia virtutum genera Beatissimus Cyprianus, ut Sacerdos, ut justus, ut Sapiens possidebat, inconcusso pede constantem moveri sua in passione non potuit. Et inde est, quod ab uno eodemque viro & inoffensam recte vivendi regulam, & fortissimum Martyrii tenemus exemplum. Ille enim nos Deo vivere, & pro Deo mori non solum sermone docuit, sed & opere confirmavit.

SERMO VII.

De S. Cypriano.

ANte dies cum Beatissimi Martyris Cypriani celebraremus natalem &c.

Editus inter opera S. Ambrosii.

SERMO VIII.

De S. Cypriano.

SAncti Cypriani festivitatem, sicut omnibus notum est, hodie celebramus &c.

Editus inter opera S. Ambrosii.

SERMO IX.

De Natale Sanctorum, præcipue in S. Cypriani.

QUoticumque, Fratres, Sanctorum Martyria celebramus, toties laudes Salvatoris dicimus, & quoties eorum adserimus passio-

passiones, totiens Christi gloriam prædicamus. Non enim suscipimus, quod passi sunt, sed propter quem passi sunt, admiramur. Igitur non pœna in laude, sed Fides est in honore. Magnificamus ergo Martyres, non quia gravibus subjacuere suppliciis, sed quia justitiæ causa eadem toleravere supplicia. Nam plurimos sceleratorum pejores pœnas vidimus esse perpessos; sed nihil eis prosunt, quia Martyres causa justificat, sceleratos conscientia sua damnat. Summo igitur, & præcipuo loco propter fidem habendi sunt Beati Martyres. Videte autem, quem iidem locum apud homines mereantur, qui apud Deum locum sub altario meruerunt. Dicit enim S. Scriptura: *Vidi subtus aram Dei animas occisorum propter verbum Dei, & propter testimonium, quod habebant, & clamaverunt*, & reliqua. *Sub ara*, inquit, *Dei animas occisorum*. Quid reverentius, quid honorabilius dici potest, quam sub illa ara requiescere, in qua Deo Sacrificium celebratur, in qua offeruntur hostiæ, in qua Dominus est Sacerdos, sicut scriptum est: *Tu es Sacerdos in æternum secundum ordinem Melchisedech*? Recte ergo sub ara Martyres collocantur, quia super aram Christus imponitur. Recte sub Altario justorum animæ requiescunt, quia super altare Domini Corpus offertur. Nec immerito illic pro justis vindicta sanguinis postulatur, ubi etiam pro peccatoribus Christi sanguis effunditur. Convenienter igitur, & quasi pro quodam consortio ibi Martyribus sepultura decreta est, ubi mors Domini cotidie celebratur, sicut ipse ait: *Quotiescumque hæc feceritis, mortem meam annunciabitis, donec veniam*. Scilicet ut qui propter mortem ejus mortui fuerunt, sacramenti ejus mysterio quiescant. Non immerito, inquam, velut consortio quodam illic occisis est tumulus constitutus, ubi occisionis Dominicæ membra ponuntur, ut quos cum Christo unius passionis causa devinxerat, unius etiam loci religio copularet. Legimus plerosque justorum Abrahæ sinibus refoveri, nonnullos Paradisi amœnitate lætari; nemo tamen melius præter Martyres meruit, hoc est ibi requiescere, ubi & hostia Christus est, & Sacerdos. Scilicet ut & propitiationem de oblatione hostiæ consequantur, & benedictionem, perfunctionemque Sacerdotis excipiant. Inter cæteros igitur Martyres, quos sub ara Dei consistere prædicamus, etiam B. Cyprianus adsistit, & cunctorum vindictam facundia uberiore prosequitur; neque enim dubitandum est, eum in Martyrio plura præ cæteris exorare, qui in Sacerdotio præ cæteris plura conscripsit. Et licet cum omnibus stolam splendidæ remunerationis acceperit, tamen fortasse eloqui minus cessat, quo plus se intelligit promereri. Dicitur ergo illis vindictam postulantibus post datum munus, ut quiescant, atque sustineant, donec impleatur numerus conservorum illorum, & reliqua. Videtis ergo, quoniam propter nos Martyrum vindicta differtur. Dum enim nos retardamus, horum sanguis inultus est. Sed hoc contingit nostra desidia, qui non, sicut dignum est, religiose vivimus, qui non pie, sicut congruit, operamur. Nam si, bonorum ope-

operum ad Deum justitia nostra praecederet, jam conservorum numerus, qui expectatur, esset impletus. Nulli autem dubium est, vindictam post judicium Martyres percepturos, qui etiam ante judicium praemiis caelestibus honorantur.

SERMO I.

In S. Alexandri.

CUm omnes Beatos Martyres, quos nobis tradit antiquitas, honorificentia digna miremur, praecipue tamen Sanctos Alexandrum, Martyrium, & Sisinnium, qui temporibus Nostris passi sunt, debemus tota veneratione suscipere. Nescio quo enim pacto majorem circa hos habemus affectum, quos conscientia novit propria, quam quos docet historia. Illos enim extitisse Martyres lectione, istos oculorum contemplatione cognoscimus. Illorum passiones fama nuntiante condiscimus, istorum supplicia vultus testimonio continemus. Majorem ergo affectum ibi debeo, ubi credulitatem meam mea cogit contemplatio, quam ubi fidem meam hortatur opinio. Majorem, inquam, affectum illic debeo, ubi per ea, quae vidi, compellor devotius credere etiam illa, quae non vidi. Nam cum audita aliquanta mihi impossibilia viderentur, coepi ea credere potuisse fieri, dum similia facta esse conspexi. Et ideo temporis nostri Passio hoc nobis praestitit, ut praesentem conferret gratiam, & fidem praeteritam confirmaret. Supra dictos igitur Beatos viros tota debemus veneratione suspicere, primum quia dies vitae nostrae pretioso sanguine suo inlustrare dignati sunt. Deinde quod praerogativam nobis apud Deum non minimam contulerunt, ostendentes, qualis esset aetate nostra in Christianis fides, de quorum consortio existere Martyres mererentur. Tertio quod iidem tam sanctae conversationis fuerint, ut coronam Martyrii tempore pacis invenerint. Cum enim nullus Rex persecutor urgeret, nullus sacrilegus tyrannus insisteret, fecit eos Confessores non publica persecutio, sed Christiana devotio. Nam cum in Ananniae regione proprio sumptu Ecclesiam construentes ejus Sancto Altario praesiderent, siquidem unus ex his Diaconatus, duo Clericatus officio fungerentur, & ejus regionis homines, apud quos Christianum nomen cognitum antea non fuisset, adsueto sacrilegio, quod lustrum dicunt, loca vellent universa polluere, ac Sancti viri arguerent eos, erroresque eorum manifestantes rationabili castigatione convincerent, tunc illi inebriati plus furore, quam vino rapuerunt eos, & caede crudelissima sanciarunt, ita ut unus ex his post multa supplicia semivivus expectaret, ac videret suae mortis exitium; nam destructa Ecclesiae fabrica pyram de ejus trabibus construentes flammis Beata corpora tradiderunt. Vere Beata corpora, quae non ad poenam Idoli funestus ignis adsumpsit, sed ad requiem Dominicae Domus sancta flamma suscepit. Sancta plane flamma, quae ideo suscepit cœpit Martyres, non ut eos noxio ardore consumeret, sed ut ab his manus sacrilegas prohiberet. Tali autem incendio Beatorum consecrata sunt viscera, non cremata. Convenit huic passioni, quod ait Apostolus: *Ipse autem salvus erit, sic tamen quasi per ignem*. Salvi enim isti facti sunt, dum venerabilis confessionis sunt incendio concremati. Haec ergo tota causa passionis est, Fratres, propter quam morti addicti Sancti viri cursui similes esse cæteros hortarentur; nam exhortatio illorum in tantum profecit, ut illis e sæculo recedentibus fides eorum regionis ipsius loca universa pervaserit. Ita Christus, ubi tunc in tribus Martyribus persecutionem passus est, nunc illic plurimis Christianorum exultet in populis.

SERMO II.

De Eodem.

ANte dies cum Sanctorum Alexandri, Martyrii, & Sisinnii Natalem, festivissime curaremus, hoc præcipue in eorum passione laudavimus, quod dum sacrilegis resistunt, esse Martyres meruerunt, & dum eorum superstitionibus contradicunt, palmam justitiæ sunt adepti. Non enim ea causa morti addicti sunt ab his, cur Christiani essent, sed propterea magis ad pœnam rapti sunt, quod increparentur sacrilegi, cur Christiani, devotique non essent. Pacis ergo tempore, quo nullus Rex persecutor urget, Sanctos viros Martyres fecit non publica persecutio, sed religiosa devotio. Non enim timuerunt salutis propriæ subire discrimen, dum saluti cupiunt providere multorum. Nam cum perspicerent in regione sua Gentiles homines adsueto sacrilegio, quod lustrum vocant, funestis circuitionibus loca universa polluere, & innocentes quosque, vel absentes, si non conscientia, vel conniventia maculare; maculat enim conniventia eum, qui cum contradicendo prohibere potuit, ne fieret, ut fieret quasi dissimulando permisit: Cum igitur hæc Beati viri cernerent, increpaverunt eos constanter, fideliter objurgarunt, & hos præstiterunt, ut ibi Martyres fierent, & persecutores suos Christianos efficerent. Ergo, Fratres, quia habemus exemplum, imitemur Sanctos viros, si non Passionis Martyrio, vel certe Christianitatis officio. Et quia audimus lustrum a nonnullis sacrilegis mitti solere exemplo sanctorum, objurgemus impios, castigemus errantes; portio enim Martyrii est fecisse, quod Martyres. Cæterum si videntes hæc tacemus, silemus, & patimur, reos nos statuimus, si non operatione sceleris, attamen dissimulationis adsensu. Nam sicuti obviare sacrilegiis contradicentem justificat, ita dissimulare quæ videris, maculat reticentem. Solent enim plerique miseri dicere: Nescio; non jussi, causa mea non est, non me tangit. Sed hæc, ut dixi, loquitur miser quisque vel tepidus; negat enim se jussisse fieri, qui noluit jubere ne fieret. Nam utique malum, quod de consuetudine venit, cum non coercentur; admittitur. Causa, inquit, mea non est. Falleris, & ignoras. Nescis, quia causa Dei causa cunctorum est, & quod ab uno peccatur, in pluribus vindicatur. Nam sicut unius sanctificantur sanctitate multi, ita unius sacrilegio plurimi polluuntur. Et ideo malum, quod licet ab altero te tamen sciente committitur, tangit te, dum tua conscientia tenetur inclusum. Nescio autem, Fratres, quid illud sit, quod Dei praecepta tam dissimulanter exequimur, qui quod Principes saeculi jusserint, omnes solicite obaudiunt, omnes eorum vigilanter jussa custodiunt. Deus praecipit, & ad ejus praecepta dormimus. Quotiens mandavit idem Deus Idolorum sacrilegia destruenda, & numquam ad hanc partem soliciti esse volumus? Semper dissimulavimus, semper sprevimus. Postea nos admonuit Imperiale praeceptum. Videte quanta divinitatis sit derogatio haec humanae potestatis adjectio. Aut quid de nobis judicatur, qui quam religiose vivere non devotione cogimur, sed terrore? Principes quidem tam boni Christiani leges pro Religione promulgant, sed eas exsecutores non exerunt competenter. Et ideo exuto a culpa Principe exsecutor remanet in reatu, qui si acrimoniam legis exercet, & ipse peccato absolvitur, & pro salute multorum aeterna mercede donabitur.

HOMILIA S. MAXIMI

De S. Eusebio Martyre Vercellensi.

AD Sancti Martyris Eusebii laudem aliquid addere velle, decerpere est &c.

Edita est inter Opera S. Ambrosii. Desunt heic paginae quaedam, & subsequitur fragmentum sermonis primi S. Maximi de eodem S. Eusebio, qui pariter editus est, sed mutilus; in fine enim post ea verba: Et passibilem carnem, & impassibilem Deitatem, *haec subsequuntur:*

Inter ista, Karissimi, de Machabaeis fratribus quam maxime exultare nos convenit, quorum moesta quidem Passio, sed laeta victoria hodiernae nobis festivitatem multiplici gaudio cumulavit. Quandoquidem propugnator Evangelicae Fidei, custodesque paternae legis unum confessi Dominum sub unius Dei certamine triumpharunt. Sicut enim Machabaei ob honorem Dei omnipotentis tyrannica vincere tormenta, ita Beatum Eusebium Dei sui injuriam refellentem persequentum non potuere superare supplicia. Atque ideo nos praesenti die Sanctorum de morte gaudemus, quia perpetuam non dubitamus eos vitam meruisse post mortem.

SERMO VI.

Item dictum Vercellis.

DUm ad obſequia venerandæ recordationis communis Patris noſtri Euſebii confeſſionis ejus honore concurrimus, religioſum reddimus famulatum perpetuo Confeſſorum auctori. Quidquid enim erga electos Dei devotionis impendimus, Deo totum, qui electos ſuos ſanctificat, exhibemus. Quis autem Sanctorum memorias Confeſſorum non pleno, perfectoque amore veneretur, de quibus Dominus, ac Salvator noſter ait: *Qui me confeſſus fuerit coram hominibus, confitebor & ego eum coram patre meo, qui eſt in Cælis.* Valde ergo nobis eſt ſalutare, quod B. Euſebii ſuſpicimus merita, quem pro retributione ſervatæ Fidei apud ſempiternum Patrem coæternus filius confitetur. Advertite itaque, Kariſſimi, quantam Beato Euſebio paraverit gloriam vixiſſe Chriſto, & mortem non timuiſſe pro Chriſto, ut ait Apoſtolus: *Mihi autem vivere Chriſtus eſt, & mori lucrum.* Erat utique vita illi Chriſtus, quia per ſpiritalium virtutum tramitem gradiens, abſque Chriſto vivere neſciebat. Erat ei & mori lucrum, quia ſi damno præſentis vitæ tranſiret e ſæculo, ad Chriſtum pergens cœli ſe noverat divitias lucraturum. Unde & glorioſiſſimus iſte Confeſſor Chriſtum Dominum & vivens quæſivit, & moriens adquiſivit. Quæſivit vivens Chriſtum, cum ſalutaria ejus præcepta cuſtodiens indiviſam Verbi cum Patre adſeruit unitatem. Adquiſivit eum moriens, cum ad ſocietatem Regni ejus corporis morte tranſivit; & quia unam Patris, Filiique, ſicut eſt, ſubſtantiam non negavit, exilia, carcerem, verbera, famem, ſitimque ſuſtinuit, quæ omnia fideliter ſuperans, vitam, quam dilexit, invenit, & mortem, quam non timuit, triumphavit. Nam quid aliud eſt calcare mortem, quam vivendo fideliter vitam poſſidere poſt mortem, & obeundo cum Fide perpeti ſancti nominis tenere memoriam? Ecce tempora temporibus cedunt. Generationes generationum ſucceſſione prætereunt. Beatus vero Euſebius ætatum noſtrarum curricula cuncta tranſcendens, & in Chriſti eſt confeſſione perpetuus, & in noſtra devotione continuus. Nec ſane eſt dubium, quod pie, ſancteque viventem & indeficiens vita comitetur, & honor ſubſequatur æternus. Hic eſt, Fratres, venerandus Euſebius, qui dum peregrinantem apud perfidos Fidem fideli ſua peregrinatione defendit, ad patriam veræ Fidei tendens, conſortium cæleſtis emeruit civitatis. Pulſus quidem eſt Eccleſia manibus iniquorum, ſed vir fideliſſimus ſecum, quocumque ibat, portabat Eccleſiam. Aut non in illo erat Eccleſia, cujus Catholicum, fortiſſimumque pectus æternus Eccleſiæ auctor habitabat? Sed jam videamus, quos pro Fide Confeſſor egregius agones egerit, laboreſque pertulerit. Fertur namque ita parvuli quadam habitatione concluſus, ut homine brevior eſſet domus, & carcerato carcer anguſtior, suor, quatenus tali illo in ergastulo stanti, jacentique esset ferale supplicium, ut quidquid cruciatuum sancto de corpore exigere possit tortor immitis, hoc tristissimæ mansionis illius operarentur angustiæ. Inedia super hæc affligebatur, & siti; sed nesciebat propugnator salutaris Fidei penuriæ necessitate lassescere. Nesciebat, inquam, Eusebius cibi, ac potus inopia superari, cui verbum Dei vivus erat panis, & quem Sanctus Spiritus effuso desuper ubertatis suæ rore potabat. Nam quæ illi poterat animi corporisque deesse substantia; qui omnipotentis patris, & Unigeniti ejus, & Sancti Spiritus unam, & consempiternam Deitatem confessus in æternum partum Evangelicis uberibus lactabatur? Quid ergo de Martyrio huic defuit, qui tot Martyrii certamina desudavit? Accedit etiam in augmentum lætitiæ nostræ, quod pariter hodie Machabæorum fratrum celebratur Natalis, quos mater fœcunda Deo religioso partu edidit, pio lacte nutrivit, fideli educatione provexit, ut appareat nobilissimam matrem pignoribus suis non solum terreni corporis contulisse naturam, sed etiam cælestis animi transfudisse propositum; & cum diversa in fratribus ætas etiam membrorum varietate distaret, in confessione tamen divini nominis concors in eis nescivit discrepare germanitas. Propter quod mirabilis femina gloriosius se amittere filios, quam genuisse gaudebat. Quæ de Dei sui certa promissis, suaque secura de fide, inter tormenta morientium pignorum interrita, & invicta consistens junioris nati vitam, etiam tyranno offerente, contempsit, sciens cum præsentis mercede mortis indefiniti perennis vitæ tempora mercatorum, docuitque laudabilius mater, ubi Dei agitur de honore, filiis ut recte parcatur, non esse parcendum. Quis non hujusmodi feminam toto attonitus stupore miretur, quæ acerbissimo tantorum in obitu filiorum, naturalis dilectionis oblita, immobilem Deo servavit affectum? Quid adhuc de fortissimis adolescentibus loquar, vel quo potissimum sermone dicetur, quantæ illud virtutis, quantæque fuerit fidei, magis illos obedisse matri mortem suadenti, quam cessisse Regi nunc inferenti vulnera, nunc munera promittenti? Mirabiles quidem de suppliciis suis juvenes, sed propriis quisque cruciatibus urgebatur; multo vero mirabilior mater, quæ potuit insimul persistere, cum tantorum eam pariter filiorum tormenta torquerent. Nam primus ex illis succensa flammis sartagine frigebatur; sed magis matrem totis visceribus igne genuino ardens frigebat affectio. Alterius caput, ut lectum est, cute cum capillis detracta miserabiliter nudabatur; at illa, ne pœnis talibus filius vinceretur, velut a vertice innodata crinibus maternæ pietatis metu suspensa pendebat. Alii lingua perfidorum manibus, & ferro est impietatis abscissa; sed adversus furentem tyrannum fortior in matre truncati filii lingua vivebat. Et quid plura, Karissimi, quæ omnium filiorum suorum mater est afflicta tormentis, ita omni adornata victoriis, quæ Gentili mox perempta gladio, optabili te decessit, ut quam docebat pro Dei honore moriendam, ipsa Deum suo honoraret occasu. Et ideo totis nunc gaudiis exultemus, quia hunc nobis diem in omnem lætitiam, & pro defensione paternæ legis Machabæa progenies, & Evangelicæ veritatis adsertor beatissimo obitu semper Deo fidelis Eusebius consecravit.

SERMO VII.

Item de S. Eusebio, & de Machabæis, quod primo dictum est Vercellensis.

Licet me, Fratres, debitum Karitatis vestræ exhibere sermonem imperitiæ, pudorque revocet, & trepida semper rudimenta deterreant, dat tamen fiduciam trepidanti amor venerabilis viri præsentis Antistitis; affectionis etiam vestræ ab incunabulis admodum meis probata dilectio omnem pavidi vim terroris excludit, & super omnia gratia me beatæ recordationis Domni, patrisque nostri Confessoris impellit; quem pro cœlestium institutione virtutum pium magis devotionis oblectat officium, quam pompa verborum. Cui quamvis a me exigua, & parva dicantur, placitura non dubito, quæ dicuntur ab eo, quem ipse in Ecclesia sua natum, & generatum spiritalis uberis vitali lacte nutrivit. Etenim pios parentes cum primum parvulos eorum natura provocat ad loquendum, suaviore quodam gaudio infantiæ ipsius inlimatæ linguæ balbutiens sermo delectat. Et tunc eorum loquendi est dulcior, * cum adhuc trepidantibus labiis per infracta verba nequeunt explicare, quod cupiunt. Unde, Fratres, quamquam tenuis sensu, & linguæ paupere, cœlestia reverentissimi viri merita æquiparare non valeam, illa me tamen ratio quam maxime consolatur, quia impossibilitatem stupentis ingenii mei magnitudo dilectionis excusat, nec aliqua me offensio de præsumptione mordebit, ubi imperitiam commendat devotio, & ubi amor verecundiam vincit. Quis itaque, Karissimi, in laudes B. Eusebii non tota animositate prorumpat, cujus gloriam etiamsi nostra lingua reticeat, toto pene orbe innumerabilium virtutum ejus monumenta testantur? Hic namque est [illegible] quo tanta fuit divini prærogativa
judicii, ut sicut [illegible] Fide [illegible] Patrum in nostram quoque noti-
tiam pertulit, [illegible] adrena, concordantibus
repente popul[illegible], & pater noster fieret
Civitatis. N[illegible] potuit, quod videbatur
i[illegible] [illegible] am, omnipotentis Dei
[illegible] tis nosse, quam specia-
[illegible], ecce dedit eum vitæ
[illegible] n Sacerdotem, & glorio-
[illegible] ius diversori septum va-
[illegible] mordiam; tantaque apud
[illegible], ut cotidiano adcrescente
pro-

profecto habitaculum illud non jam diversorum congregatio Clericorum, sed Consacerdotum Collegium videretur in tantum, ut tamquam de seminario optimi germinis per complurimas Civitates expetentibus populis largiretur lectissimos de sua institutione Pastores. Erat enim in omnibus, tanto principe praecedente, spiritalium officiorum indefessa sedulitas, parsimoniae, sobrietatisque sanitas, caritatis dulcedo, mansuetudinis gratia, custodia castitatis. Quae omnia, Fratres, etsi generatio nostra adimplere non praevalet, habet tamen in Patre optimo posteritas, quod miretur. Quid illud dicam? quod peregrinationem perpeti, exilia poenasque multiplices, salutaris Fidei adsertione, promeruit, quod jejuniorum, vigiliarumque exercitiis roboratus, nec a via veritatis inflexus, constantissimo vigore pectoris de perfidiae auctoribus triumphavit. Et inde est, Karissimi, quod mors ejus omni vita est clarior inde, quod Sacerdotium ipsius devotione Fidelium perdurante communem mortalium non sentit occasum. Quid etiam de beatissimis septem Fratribus Machabaeis potissimum dicam? Qui dum furentis Antiochi terrore calcato, legalia Testamenti veteris praecepta non deserunt, ad consortium Regis aeterni, & beatam Evangelii gloriam pervenerunt. Et sicut fuit illis unius uteri germana nativitas, ita facta est eis unius Fidei fraterna victoria. Qui in modum candelabri illius, quod septeno lumine quondam lucebat in templo, septem Passionum suarum lampadibus mundi faciem radiarunt. Et sicut illi tunc candelabro, Sacerdotis cura oleum pro luminis perseverantia ministrabat, ita his omnipotens Dominus ad inluminandam eorum fidem de thesauro gloriae suae sancti Spiritus profudit unguentum. Inter haec mater venerabilis talium filiorum morte laetissima, una & sola maerebat tristitia, ne qui dulcium pignorum suorum pro sanctificatione divinae legis aut nollet, aut timeret occidi. Illa vero quanti miraculi res est, quod ad augmentum praesentis laetitiae in unum diem adsumptio Sancti Eusebii nostri, & Machabaeorum victoriae convenerunt! Quam similis eorum pugna! quam indifferens est triumphus! Illos enim Antiocho saevienti anxia obtulit mater, hunc insaniente Diabolo in spiritale certamen credentium omnium mater sollicita produxit Ecclesia. Machabaei multimoda tormentorum genera patienter, ac fortiter pertulerunt, ne porcinis carnibus, quae tunc habebantur inlicitae, devota Deo corda pollucrent. Beatissimus autem Pater Eusebius innumeros, gravissimosque haereticorum sustinuit cruciatus, ne Arrianae inquinamento perfidiae purissimi pectoris sui conscientiam macularet. Primus ex illis septem fratribus, ut audistis, quia immobilis perstitit, manibus pedibusque truncatus est. Eusebius autem in veritate Fidei perseverans haereticae voluntati nec itinere pedum, nec manuum subscriptione consensit. Secundus ex eis, ne caput verae salutis amitteret, contentus est capitis sui cute nudari. At venerandus Eusebius, dum caput suum pro membris Ecclesiae persecutoribus objicit, tegimentum caelestis capitis non amisit. Tertius Machabaeorum

posto-

[illegible] linguam [illegible] profanis impiorum manibus abscin-dendam; ut quam pro toto corpore [illegible] [illegible], totum corpus [illegible] praeiret ad Deum. Eusebius vero linguam suam adversus Tyran-[illegible] [illegible], & expugnationem Diabolici erroris armavit, non timens amittere, quam sciebat [illegible] & amissam, perire non posse. Quarto [illegible], quantus, sic fortes, ut lectum est, sine descriptione [illegible] [illegible] Antiochum Regem [illegible] [illegible]. Eusebium [illegible] [illegible] inter [illegible] tormenta, ac diversa supplicia, [illegible] forti-[illegible], magnifica est [illegible], et interrogatione verborum ejus impia per-fidorum [illegible] [illegible]. Septimus etiam in paterna legis defensione [illegible] Antiochum [illegible], honores, ac divitias pro-[illegible] [illegible] [illegible] contempsit. Eusebius autem non [illegible] [illegible] a parte [illegible], [illegible] [illegible] diversis [illegible] [illegible] [illegible] divinas con-[illegible], & [illegible] [illegible] [illegible] servavit; Gloriosissima etiam mater [illegible] filiis [illegible] superavit Antio-chum; & Ecclesia [illegible] Eusebio [illegible] perfidiam, ipsam impie-tatis auctorem Diabolum [illegible] [illegible]. [illegible] est igitur [illegible] Confessori [illegible] Machabaeis Fratribus, certaminis gloriaeque [illegible] [illegible] [illegible] [illegible] [illegible] [illegible] [illegible] [illegible] [illegible] [illegible] veteris [illegible], & novi Evangelii propa-[illegible] [illegible].

[illegible]

[illegible]

[illegible]

[illegible] de S. [illegible] [illegible] [illegible]

AB [illegible] [illegible] [illegible] [illegible], [illegible] nos [illegible] [illegible] [illegible] [illegible] [illegible] invitat. Quam nos habere [illegible] [illegible] [illegible], & victoria Con-fessoris [illegible] [illegible] [illegible] per Machabaeos [illegible] generale cum [illegible] [illegible] S. [illegible] [illegible] [illegible] [illegible], per [illegible] [illegible] usque nunc [illegible] [illegible] [illegible] [illegible] pro [illegible] legis [illegible] Eusebius [illegible] [illegible] certaverit; [illegible] [illegible], qui legem dedit, & qui Evan-gelium revelavit; [illegible] [illegible], unum fuisse [illegible] [illegible] [illegible] [illegible] [illegible], his per ipsa legis Domino [illegible] [illegible] [illegible] [illegible], Karissimi, quae specialiter Machabaeis [illegible] [illegible] causa certandi. Igitur cum [illegible] [illegible] [illegible] [illegible] Dei Diabolicae in-vidiae [illegible] Gentilitas [illegible] [illegible], & Antiochi [illegible] Re-gis ferocissimum pectus impia [illegible] [illegible], Machabaeos Fratres, eorumque Religiosissimam matrem (*) raptos ad feralе jubet tribunal ad-

(*) Vercellinam se esse ostendit.

[illegible], quatenus eos [illegible] mortis, [illegible] in suam [illegible] errorem. At [illegible] tatem [illegible] mundi a Deo suo revocant, [illegible] blandimenta [illegible]. Itaque primus ex illo divinae dispositione [illegible] certaminis coelestis adgreditur, [illegible] ascendi ordo teneret in Fratribus ordinem [illegible]. Hic igitur [illegible] Fratribus, [illegible] frigi [illegible] a Rege, sed refrigeratur a Deo. [illegible] pedibusque [illegible], sed [illegible] de sui integratione [illegible], quia pro illius [illegible] se noverat [illegible] pe[illegible] credebat [illegible] corpore [illegible] testatur. Et ob hoc [illegible] corpore [illegible] concidit, [illegible] Deo [illegible] membra [illegible] diversam varietatem [illegible] ergo in [illegible] vitiam [illegible] virtutibus [illegible] credebat [illegible] cruenti [illegible] ipsa [illegible] impietas [illegible] conversusque [illegible] quaestionis [illegible] tortor & tortori [illegible]. Caesis itaque per haec, prostratisque Rex Fratribus, [illegible] junior examinandus [illegible], quem Rex ille Tyrannus, [illegible] expertus fetiles supplicio, [illegible] promittit opes, offert honores, [illegible] si [illegible] a puero [illegible] perfidiam. Sed [illegible] Regem, & Regis dona despiciens, Paradisum [illegible], & coelum mente percurrens, supplicia sibi [illegible] commodiora [illegible] munera, elegitque mori pro Deo, quam vivere [illegible] Tyranno. Nec sane poterant eum regia inclinare promissa, quem [illegible] ta non [illegible], [illegible] quinque [illegible] per in ea [illegible] parte [illegible], quod [illegible] instar [illegible] de [illegible]. Quis haec audiens [illegible] se [illegible] laboribus [illegible] saeculi [illegible] supplicia. [illegible] igitur [illegible] ipsa etiam sprevit [illegible] gnum, revera [illegible] Martyrum [illegible]. Post illa, Fratres, [illegible] jamdiu [illegible] perfectis [illegible] esse [illegible] moriendo Martyres facti sunt, [illegible] viventes. An [illegible] suo temporibus [illegible] egisse martyrium, qui [illegible] poti, castitate luxuriem, continentia voluptatem, [illegible] superbiam, [illegible] moderatione vincebat? Numquid non [illegible] adeptus est gloriam, qui spiritali praelio [illegible] suspirans, occultas [illegible] Diabolicas [illegible] dias? Hic illum animus, Fratres, hoc propositum, vita hujusmodi

Perfi-

Patribus dudum nostris Pontificem dedit, qui tantis Sacerdotium suum virtutibus sublimavit, ut inter [illegible] Ecclesiae ornamenta, velut gemma pretiosior lumine clariore fulgeret. Fecit ergo eum, Karissimi, morum probitas Sacerdotem, & plenitudo Fidei Confessorem. Nam cum impetus Arriana Ecclesias Dei profunda quiete pacatas Regali pa[illegible] [illegible], & ignaros quosque, vel trepidos [illegible] [illegible] [illegible] in sua traxisset jura captivos, Eusebii nostri [illegible] [illegible]. Sed vir iste [illegible], non ig[illegible] [illegible] pro Fide Christi [illegible] acumine Apostoli [illegible] [illegible]. Mart[illegible] res per [illegible] [illegible], Arrianorum terrore despecto, caelestis vi[illegible] [illegible] [illegible] portum [illegible] [illegible] tempestate quaesivit, [illegible] corpus suum procellis subjicere, [illegible] [illegible] [illegible] [illegible] Fidei naufragium sustinere. Et [illegible] [illegible] prodere veritatem [illegible] exsultare. Sed ubi illo exul, ubi esse peregrinus, qui [illegible] a Deo [illegible] [illegible] [illegible] reliquit, de [illegible], qui Christus ubique erit [illegible] [illegible]. Ut autem mihi videtur, illi tunc [illegible] in [illegible] loco manebant, e quibus separabatur Eusebius. Recensemus [illegible] [illegible] possumus, quae Beatissimus Pater noster pro Fidei confessione pertulit, ut [illegible] [illegible] cum [illegible] [illegible] [illegible] confessionis gloriam protexerunt. (*) [illegible] [illegible] [illegible] nos [illegible] hic noster raptus ex Urbe Scythopolim [illegible], [illegible] [illegible] traditur Arrianis. Non est [illegible], quantum passus, exercere nequitiam inimico [illegible] [illegible] [illegible] itaque [illegible], [illegible] [illegible] celo, ut [illegible] [illegible] corona [illegible] [illegible] [illegible] ga[illegible] [illegible]. Sed [illegible] [illegible] tolerabat, [illegible] Jonam [illegible] [illegible] [illegible] in [illegible] [illegible] [illegible] [illegible] [illegible] [illegible] [illegible] [illegible] [illegible] [illegible] [illegible] [illegible] vivebat Dei, ad [illegible] [illegible] suo [illegible], & Fidei [illegible] [illegible] [illegible] [illegible] [illegible] [illegible], quia in ipso [illegible] [illegible] [illegible] [illegible] exemplum. Et [illegible] [illegible] [illegible] [illegible], [illegible] [illegible] [illegible], & [illegible] [illegible] [illegible] [illegible] [illegible] [illegible] [illegible] Domini, ac Deo [illegible] [illegible] [illegible] [illegible], ad [illegible] [illegible] [illegible] [illegible] perseverent, [illegible] [illegible] cum Sacerdotem, [illegible] [illegible]. Unde [illegible] [illegible], & redditis [illegible]

(*) *Nota quod iste Vercellinus est.*

SERMO IX.

De S. Eusebio.

QUamquam, dilectissimi Fratres, Beati Patris nostri summi Sacerdotis, & Confessoris Eusebii indignus sim filius, & minimus servus, insignibus tamen meritis, ac virtutibus vel exiguam impendo pro viribus servitutem (*). Etsi haec ille in caelestibus agens, & aeternis adsociatus Evangelico non requirit, nos tamen nostri memores ingerimus, quod debemus. Quod quidem illa quam maxime confidentia audeo, quia non dubito eum, quamvis a me humilia, & parva dicantur, famuli ac nutriti sui sermonem, non examinantis judicio, sed diligentia affectione pensare. Atque ideo omni cum gaudio obsequium Patri, officium Sacerdoti, honorem deferimus Confessori. Hic itaque cum in hac Urbe, dispensante Deo, summi gradum Pontificii suscepisset, ut universo Clero suo spiritalium institutionum speculum se caeleste praeberet, omnes illos secum intra unius septum habitaculi congregavit, ut quorum erat unum; atque indivisum in Religionis propositum, fieret vita, victusque communis. Quatenus in illa sanctissima societate vivendi invicem sibi essent conversationis suae & judices, & custodes; & dum alter alterius humilitatem praefert, continentiam stupet, suspicit castitatem, patientiam laudat, miserantis animi praedicat bonitatem, jejunia, vigiliasque miratur, omnes ab omnibus discerent, quod in se singuli non habebant. Quae cum ita essent, in universorum tamen pectora honorum omnium plenitudo magni ejus Eusebii de fonte manabat, atque ita fiebat, ut dum in divina praecepta exemplis se mutuis excitant, in diversorio illo non tam hominum esset congregatio, quam virtutum. Cum vero Christianam Fidem & Ecclesiasticam pacem toto orbe Arriana turbaret impietas, & divinitatis rebelles terrore Regio, exiliis, diversisque suppliciis in consensum perfidiae suae blasphemos quosque cogeret Sacerdotes, Eusebius noster supra petram suam confitendi fundamentum, tantus, ac talis emicuit, ut eum inter fremitus fluctuum mundanorum nullus error involveret, potestas nulla terreret. Nam, ut relatio paterna nos docuit, ita humili angustoque carcere clausus refertur, ut neque stans neque jacens haberet porrigendi sui corporis libertatem. Premebatur quidem habitatione poenali, ne inclinatum caput erigeret, sed passionis ipsius merito verticem suum attollebat in caelum. Arctabatur nihilominus carceris brevitate, ne lassitudinem in requiem genua relaxaret, sed veritatis grandiendo semitas per amoena Paradisi incorruptae Fidei suae vestigia dilatabat. Subtrahebantur etiam illi, ut ipsius scripta testantur, cibi, potusque ministeria; sed nulla ille carnalis escae fatigabatur inedia, qui confitendo aeter-

nita-

(*) Nota quod Vercellinus est iste.

unitatem Christi cœlestis verbi pane vivebat. Nec cogi umquam potuit, ut imperio perfidorum necessitate corporea [illegible] fidelis animæ subjugaret. Et quamvis B. Eusebius in tanto Fidei prælio adversa omnia, Deo, cui militabat, juvante, superaret omnes tamen illas patiendi angustias, atque illam famis inopiam tolerabilius perferebat, qui exercuerant illum [illegible] durior, & sanctioris propositi continuata jejunia. Hic vere cum Apostolo Paulo & dicit, & docet: *Quis nos separabit a caritate Christi? tribulatio, an angustia? an persecutio? an fames?* & reliqua. Et recte non potuit a Christo tribulationibus, & angustiis separari, qui non potuit cogi, ut a Patre Filium separaret. Et quamquam de suavitate gestorum ejus nulla sit [illegible] nobis dicendi, audiendique fastidium, non Beatissimorum tamen Machabæorum silentio est prætereunda victoria, quia & ipsos hic idem dies quondam sæculo magno cum triumpho transmisit ad Cœlum. Et quamvis chorus ille fortissimus ad Deum suum inter tormenta transierit, non tamen impar est Eusebius, qui constantia perfectus ad eumdem Deum victor post tormenta migravit. Et, ut nobilissime advertamus Eusebii nostri inferiorem non fuisse victoriam, illi veteri pro lege certarunt, hic novo pro Evangelio dimicavit. Illi pro præceptis quidem Dei subjacuere suppliciis; Eusebius autem pro Dei Filio [illegible] consistit. Restiterunt illi Antiocho Regi, ne infidelia [illegible] cordibus vulgerentur; obstitit iste Diabolo, ne hæretici sermonis [illegible] [illegible] nobis Dominicum maculare. Exultemus itaque, Fratres, Deo nostro agentes gratias quia sub hac præsentis diei devotione geminam festivitatem habemus. Eusebii quippe suspicientes triumphum, & victoriam Machabæorum [illegible] miramur; An non mirabilem Machabæi [illegible] [illegible] [illegible] consortia & apud [illegible] [illegible], & in Cœlo videmus esse germanos qui [illegible] [illegible] ab utero & substantiam vivendi, & vincendi summam virtutem? In tantum enim perfectiorem lacte sui [illegible] [illegible] [illegible] [illegible], esset & in [illegible] [illegible], & in [illegible] fortitudo. Denique Antiochum [illegible] [illegible] [illegible] [illegible] [illegible] confunderet, et a [illegible] [illegible] [illegible] supplicia non magnis [illegible] [illegible]. Tamen quum [illegible] vigore, tamen in [illegible] [illegible] erat in responsione [illegible], ut spectando [illegible], & [illegible] impia Regem & tortorem [illegible], & [illegible] [illegible] mater [illegible] pariili, & [illegible] [illegible] [illegible] ad [illegible] sua de hoc sæculo [illegible] migravit. Nec [illegible] [illegible] Regis in [illegible] ipsam [illegible] [illegible], quæ [illegible] [illegible] potuit, & in filiis sustinere. Vere beata mulier, [illegible] omnium prosequenda [illegible], quam per fidem Dei [illegible] [illegible] filiorum nulla [illegible] fregit affectio, & a tormentis [illegible] corporis nec sexus [illegible] potuit, nec senecta. Hæc ergo sunt, Carissimi, diei hujus gaudia votiva venit, cum non coercentur; admittitur. Causa, inquit, mea non est. Falleris, & ignoras. Nescis, quia causa Dei causa cunctorum est, & quod ab uno peccatur, in pluribus vindicatur. Nam sicut unius sanctificantur sanctitate multi, ita unius sacrilegio plurimi polluuntur. Et ideo malum, quod licet ab altero te tamen sciente committitur, tangit te, dum tua conscientia tenetur inclusum. Nescio autem, Fratres, quid illud sit, quod Dei praecepta tam dissimulanter exequimur, qui quod Principes saeculi jusserint, omnes solicite obaudiunt, omnes eorum vigilanter jussa custodiunt. Deus praecipit, & ad ejus praecepta dormimus. Quotiens mandavit idem Deus Idolorum sacrilegia destruenda, & numquam ad hanc partem solicisi esse voluimus? Semper dissimulavimus, semper sprevimus. Postea nos admonuit Imperiale praeceptum. Videte quanta divinitatis sit derogatio haec humanae potestatis adjectio. Aut quid de nobis judicatur, qui quum religiose vivere non devotione cogimur, sed terrore? Principes quidem tam boni Christiani leges pro Religione promulgant, sed eas exsecutores non exerunt competenter. Et ideo exuto a culpa Principe exsecutor remanet in reatu, qui si acrimoniam legis exeruit, & ipse peccato absolvitur, & pro salute multorum aeterna mercede donabitur.

HOMILIA S. MAXIMI

De S. Eusebio Martyre Vercellensi.

AD Sancti Martyris Eusebii laudem aliquid addere velle, decerpere est &c.

Edita est inter Opera S. Ambrosii. Desunt heic paginae quaedam, & subsequitur fragmentum sermonis primi S. Maximi de eodem S. Eusebio, qui pariter editus est, sed mutilus, in fine enim post ea verba: Et passibilem carnem, & impassibilem Deitatem, *haec subsequuntur:*

Inter ista, Karissimi, de Machabaeis fratribus quam maxime exultare nos convenit, quorum moesta quidem Passio, sed laeta victoria hodiernam nobis festivitatem multiplici gaudio cumulavit. Quandoquidem propugnator Evangelicae Fidei, custodesque paternae legis unum confessi Dominum sub unius Dei certamine triumpharunt. Sicut enim Machabaei ob honorem Dei omnipotentis tyrannica vincere tormenta, ita Beatum Eusebium Dei sui injuriam refellentem persequentum non potuere superare supplicia. Atque ideo nos praesenti die Sanctorum de morte gaudemus, quia perpetuam non dubitamus eos vitam meruisse post mortem.

SERMO VI.

Item dictum Vercellis.

DUm ad obſequia venerandæ recordationis communis Patris noſtri Euſebii confeſſionis ejus honore concurrimus, religioſum reddimus famulatum perpetuo Confeſſorum auctori. Quidquid enim erga electos Dei devotionis impendimus, Deo totum, qui electos ſuos ſanctificat, exhibemus. Quis autem Sanctorum memorias Confeſſorum non pleno, perfectoque amore veneretur, de quibus Dominus, ac Salvator noſter ait: *Qui me confeſſus fuerit coram hominibus, confitebor & ego eum coram patre meo, qui eſt in Cœlis*. Valde ergo nobis eſt ſalutare, quod B. Euſebii ſuſpicimus merita, quem pro retributione ſervatæ Fidei apud ſempiternum Patrem coæternus filius confitetur. Advertite itaque, Kariſſimi, quantam Beato Euſebio paraverit gloriam vixiſſe Chriſto, & mortem non timuiſſe pro Chriſto, ut ait Apoſtolus: *Mihi autem vivere Chriſtus eſt, & mori lucrum*. Erat utique vita illi Chriſtus, quia per ſpiritalium virtutum tramitem gradiens, abſque Chriſto vivere neſciebat. Erat ei & mori lucrum, quia ſi damno præſentis vitæ tranſiret e ſæculo, ad Chriſtum pergens cœli ſe noverat divitias lucraturum. Unde & glorioſiſſimus iſte Confeſſor Chriſtum Dominum & vivens quæſivit, & moriens adquiſivit. Quæſivit vivens Chriſtum, cum ſalutaria ejus præcepta cuſtodiens indiviſam Verbi cum Patre aſſeruit unitatem. Adquiſivit eum moriens, cum ad ſocietatem Regni ejus corporis morte tranſivit; & quia unam Patris, Filiique, ſicut eſt, ſubſtantiam non negavit, exilia, carcerem, verbera, famem, ſitimque ſuſtinuit, quæ omnia fideliter ſuperans, vitam, quam dilexit, invenit, & mortem, quam non timuit, triumphavit. Nam quid aliud eſt calcare mortem, quam vivendo fideliter vitam poſſidere poſt mortem, & obeundo cum Fide perpeti ſancti nominis tenere memoriam? Ecce tempora temporibus cedunt. Generationes generationum ſucceſſione prætereunt. Beatus vero Euſebius ætatum noſtrarum curricula cuncta tranſcendens, & in Chriſti eſt confeſſione perpetuus, & in noſtra devotione continuus. Nec ſane eſt dubium, quod pie, ſancteque viventem & indeficiens vita comitetur, & honor ſubſequatur æternus. Hic eſt, Fratres, venerandus Euſebius, qui dum peregrinantem apud perfidos Fidem fideli ſua peregrinatione defendit, ad patriam veræ Fidei tendens, conſortium cœleſtis emeruit civitatis. Pulſus quidem eſt Eccleſia manibus iniquorum, ſed vir fideliſſimus ſecum, quocumque ibat, portabat Eccleſiam. Aut non in illo erat Eccleſia, cujus Catholicum, fortiſſimumque pectus æternus Eccleſiæ auctor habitabat? Sed jam videamus, quos pro Fide Confeſſor egregius agones egerit, laboreſque pertulerit. Fertur namque ita parvuli quadam habitatione concluſus, ut homine brevior eſſet domus, & carcerato carcer anguſtior, ftuor, quatenus tali illo in ergastulo stanti, jacentique esset ferale supplicium, ut quidquid cruciatuum sancto de corpore exigere possit tortor immitis, hoc tristissimæ mansionis illius operarentur angustiæ. Inedia super hæc adfligebatur, & siti; sed nesciebat propugnator salutaris Fidei penuriæ necessitate lassescere. Nesciebat, inquam, Eusebius cibi, ac potus inopia superari, cui verbum Dei vivus erat panis, & quem Sanctus Spiritus effuso desuper ubertatis suæ rore potabat. Nam quæ illi poterat animi corporisque deesse substantia; qui omnipotentis patris, & Unigeniti ejus, & Sancti Spiritus unam, & consempiternam Deitatem confessus in æternum partum Evangelicis uberibus lactabatur? Quid ergo de Martyrio huic defuit, qui tot Martyrii certamina desudavit? Accedit etiam in augmentum lætitiæ nostræ, quod pariter hodie Machabæorum fratrum celebratur Natalis, quos mater fæcunda Deo religioso partu edidit, pio lacte nutrivit, fideli educatione provexit, ut appareat nobilissimam matrem pignoribus suis non solum terreni corporis contulisse naturam, sed etiam cælestis animi transfudisse propositum; & cum diversa in fratribus ætas etiam membrorum varietate distaret, in confessione tamen divini nominis concors in eis nescivit discrepare germanitas. Propter quod mirabilis femina gloriosius se amittere filios, quam genuisse gaudebat. Quæ de Dei sui certa promissis, suaque secura de fide, inter tormenta morientium pignorum interrita, & invicta consistens junioris nati vitam, etiam tyranno offerente, contempsit, sciens eum præsentis mercede mortis indefiniti perennis vitæ tempora mercaturum, docuitque laudabilius mater, ubi Dei agitur de honore, filiis ut recte pareatur, non esse parcendum. Quis non hujusmodi feminam toto attonitus stupore miretur, quæ acerbissimo tantorum in obitu filiorum, naturalis dilectionis oblita, immobilem Deo servavit affectum? Quid adhuc de fortissimis adolescentibus loquar, vel quo potissimum sermone dicatur, quantum illud virtutis, quantæque fuerit fidei, magis illos obedisse matri mortem suadenti, quam cessisse Regi nunc inferenti vulnera, nunc munera promittenti? Mirabiles quidem de suppliciis suis juvenes, sed propriis quisque cruciatibus urgebatur; multo vero mirabilior mater, quæ potuit insilem persistere, cum tantorum eam pariter filiorum tormenta torquerent. Nam primus ex illis succensa flammis sartagine frigebatur; sed magis matrem totis visceribus igne genuino ardens frigebat affectio. Alterius caput, ut lectum est, cute cum capillis detracta miserabiliter nudabatur; at illa, ne pœnis talibus filius vinceretur, velut a vertice innodata crinibus maternæ pietatis metu suspensa pendebat. Alii lingua perfidorum manibus, & ferro est impietatis abscissa; sed adversus furentem tyrannum fortior in matre truncati filii lingua vivebat. Et quid plura, Karissimi, ut omnium filiorum suorum mater est adflicta tormentis, ita omnium adornata victoriis, quæ Gentili mox perempta gladio, optabili morte te decessit, ut quæ docebat pro Dei honore moriendum, ipsa Deum suo honoraret occasu. Et ideo totis nunc gaudiis exultemus, quia hunc nobis diem in omnem lætitiam, & pro defensione paternæ legis Machabæa progenies, & Evangelicæ veritatis adsertor beatissimo obitu semper Deo fidelis Eusebius consecravit.

SERMO VII.

Item de S. Eusebio, & de Machabæis, quod primo dictum est Vercellensis.

Licet me, Fratres, debitum Karitatis vestræ exhibere sermonem imperitia, pudorque revocet, & trepida semper rudimenta deterreant, dat tamen fiduciam trepidanti amor venerabilis viri præsentis Antistitis; affectionis etiam vestræ ab incunabulis admodum meis probata dilectio omnem pavidi vim terroris excludit, & super omnia gratia me beatæ recordationis Domni, patrisque nostri Confessoris impellit, quem pro cœlestium institutione virtutum piæ magis devotionis oblectat officium, quam pompa verborum. Cui quamvis a me exigua, & parva dicantur, placitura non dubito, quæ dicentur ab eo, quem ipse in Ecclesia sua natum, & generatum spiritalis uberis vitali lace nutrivit. Etenim pios parentes cum primum parvulos eorum natura provocat ad loquendum, suaviore quodam gaudio infantiæ ipsius inlimatæ linguæ balbutiens sermo delectat. Et tunc eorum loquendi est dulcior, * cum adhuc trepidantibus labiis per infracta verba nequeunt explicare, quod cupiunt. Unde, Fratres, quamquam tenuis sensu, & lingua paupere, cœlestia reverentissimi viri merita æquiparare non valeam, illa me tamen ratio quam maxime consolatur, quia impossibilitatem stupentis ingenii mei magnitudo dilectionis excusat, nec aliqua me offensio de præsumptione mordebit, ubi imperitiam commendat devotio, & ubi amor verecundiam vincit. Quis itaque, Karissimi, in laudes B. Eusebii non tota animositate prorumpat, cujus gloriam etiamsi nostra lingua reticeat, toto pæne orbe innumerabilium virtutum ejus monumenta testantur? Hic namque est, de quo tanta fuit divini prærogativa judicii, ut sicut relatio Fidelium Patrum in nostram quoque notitiam pertulit, cum ignotus huc properasset advena, concordantibus repente populorum votis, & Sacerdos Christi, & pater nostræ fieret Civitatis. Nec illud in electione ejus obesse potuit, quod videbatur incognitus, quoniam qui judicia latebat humana, omnipotentis Dei latere præscientiam non potuit. Denique vultis nosse, quam speciali supernæ vocationis sit gratia consecratus, ecce dedit eum vitæ integritas, fideique perfectio, & præcipuum Sacerdotem, & gloriosissimum Confessorem. Hic docuit intra unius diversorii septum varios cohabitantium mores in unam coire concordiam; tantaque apud illum fuit mensura, & disciplina vivendi, ut cotidiano adcrescente pro-

profecto habitaculum illud non jam diversorum congregatio Clericorum, sed Consacerdotum Collegium videretur in tantum, ut tamquam de seminario optimi germinis per complurimas Civitates expetentibus populis largiretur lectissimos de sua institutione Pastores. Erat enim in omnibus, tanto principe præcedente, spiritalium officiorum indefessa sedulitas, parsimoniæ, sobrietatisque sanitas, caritatis dulcedo, mansuetudinis gratia, custodia castitatis. Quæ omnia, Fratres, etsi generatio nostra adimplere non prævalet, habet tamen in Patre optimo posteritas, quod miretur. Quid illud dicam? quod peregrinationem perpeti, exilia pœnasque multiplices, salutaris Fidei adsertione, promeruit, quod jejuniorum, vigiliarumque exercitiis roboratus, nec a via veritatis inflexus, constantissimo vigore pectoris de perfidiæ auctoribus triumphavit. Et inde est, Karissimi, quod mors ejus omni vita est clarior inde, quod Sacerdotium ipsius devotione Fidelium perdurante communem mortalium non sensit occasum. Quid etiam de beatissimis septem Fratribus Machabæis potissimum dicam? Qui dum furentis Antiochi terrore calcato, legalia Testamenti veteris præcepta non deserunt, ad consortium Regis æterni, & beatam Evangelii gloriam pervenerunt. Et sicut fuit illis unius uteri germana nativitas, ita facta est eis unius Fidei fraterna victoria. Qui in modum candelabri illius, quod septeno lumine quondam lucebat in templo, septem Passionum suarum lampadibus mundi faciem radiarunt. Et sicut illi tunc candelabro, Sacerdotis cura oleum pro luminis perseverantia ministrabat, ita his omnipotens Dominus ad inluminandam eorum fidem de thesauro gloriæ suæ sancti Spiritus profudit unguentum. Inter hæc mater venerabilis talium filiorum morte lætissima, una & sola mœrebat tristitia, ne qui dulcium pignorum suorum pro sanctificatione divinæ legis aut nollet, aut timeret occidi. Illa vero quanti miraculi res est, quod ad augmentum præsentis lætitiæ in unum diem adsumptio Sancti Eusebii nostri, & Machabæorum victoriæ convenerunt! Quam similis eorum pugna! quam indifferens est triumphus! illos enim Antiocho sævienti anxia obtulit mater, hunc insaniente Diabolo in spiritale certamen credentium omnium mater solicita produxit Ecclesia. Machabæi multimoda tormentorum genera patienter, ac fortiter pertulerunt, ne porcinis carnibus, quæ tunc habebantur inlicitæ, devota Deo corda pollucrent. Beatissimus autem Pater Eusebius innumeros, gravissimosque hæreticorum sustinuit cruciatus, ne Arianæ inquinamento perfidiæ purissimi pectoris sui conscientiam macularet. Primus ex illis septem fratribus, ut audistis, quia immobilis perstitit, manibus pedibusque truncatus est. Eusebius autem in veritate Fidei perseverans hæreticæ voluntati nec itinere pedum, nec manuum subscriptione consensit. Secundus ex eis, ne caput veræ salutis amitteret, contentus est capitis sui cute nudari. At venerandus Eusebius, dum caput suum pro membris Ecclesiæ persequentibus objicit, tegimentum cœlestis capitis non amisit. Tertius Machabæorum

poste-

postestatem linguam constantissime protulit, impiorum manibus abscindendam; ut quae pro toto corpore fuerat praedicata, totum corpus [illegible] praeiret ad Deum. Eusebius vero linguam suam adversus Tyrannum Fidei, & expugnationem Diabolici erroris armavit, non timens amittere, quam sciebat filii & amissam perire non posse. Quartus [illegible], quantus, & fortis, ut lectum est, sine descriptione [illegible] rum Antiochum Regem verbis acrioribus increparunt. Eusebius nihilominus inter innumera tormenta, ac diversa supplicia, tam fortis, tam magnifica est [illegible], ut interceptione verborum ejus impia perfidorum pectora [illegible]. Septimus etiam in paternae legis defensione [illegible] Antiochum doli plenum, honores, ac divitias promittentem [illegible] magnanimitate contempsit. Eusebius autem nec [illegible], nec [illegible] a recta Fidei [illegible] sed per sanctum [illegible] ineffabiles divitias conquisivit, & Sacerdotium [illegible] ipsius [illegible] servavit: Gloriosissimus etiam [illegible] caelestibus filiis [illegible] superavit Antiochum, & Ecclesiae Christi [illegible] perfidiam, ipsam impietatis auctorem Diabolum, reddita mundo veritate, calcavit. Hinc est igitur Beatissimo Confessori cum Machabaeis Fratribus certaminis, gloriaeque communio. [illegible] dies [illegible] annis omnibus multiplex [illegible] de [illegible] solemnitate, in quo [illegible] & adversarios [illegible] veteris testamenti [illegible] & novi Evangelii propugnatores [illegible].

SERMO VIII.

Item de S. Confessore Eusebio post Machabaeos.

AD celebritatem [illegible] Fratres dilectissimi, cum nos cum [illegible] festivitatis invitat. Quam nos habere [illegible] Machabaeorum [illegible], & victoria Confessoris [illegible] generale cum [illegible] per [illegible] Eusebius Evangelica pro veritate certavit, idem [illegible], qui legem dedit, & qui Evangelium [illegible] unum fuisse [illegible] pro ipso legis Domino [illegible]! Diligentius [illegible], Karissimi, quae specialiter Machabaeis [illegible] Eusebio fuerit causa certandi. Igitur cum apud [illegible] in servos Dei Diabolicae invidiae [illegible] Gentilitas [illegible] fervere, & Antiochi praecipue Regis ferocissimum pectus impia suppleret insania, Machabaeos Fratres, eorumque Religiosissimam matrem, raptos ad feralem jubet tribunal ad-

(*) Vercellinum se esse ostendit.

[illegible], quatenus eos metu mortis, terrore [illegible], [illegible] in suum transferendos errorem. Ad [illegible] totum nec minus mundi a Deo suo revocant, [illegible] blandimentis [illegible]. Itaque primus ex illis divinae dispositione [illegible] certaminis crudelis aggreditur, [illegible], [illegible] cederet, & nascendi ordo teneret in Fratribus ordinem [illegible]. Hic igitur primus e Fratribus, [illegible] frigi [illegible] a Rege, sed refrigeratur a Deo. [illegible] pedibusque [illegible], sed [illegible] de sui integratione [illegible], quia pro illius [illegible] se moverat [illegible] [illegible] esse credebat [illegible] corporis [illegible]. Et ab hoc [illegible] fortiorem juvenis [illegible] [illegible], ut [illegible] Deo [illegible] quot membra. [illegible] diversam varietatem [illegible] [illegible] virtutum [illegible] crudelitas [illegible] menbra, cruenti tabescunt [illegible], [illegible] ipsa jam se [illegible], conversoque ordine quaestionis [illegible] torter, & tortori suo [illegible]. Caesis itaque per haec, prostratisque [illegible] Fratribus, septimum, qui & junior examinandus ingreditur, [illegible] ille Tyrannus, [illegible] expensis frustra suppliciis, [illegible] promittit opes, offert honores, [illegible], si [illegible] a puero [illegible]. [illegible] Regem, & Regis dona despiciens, Paradisum [illegible], & caelum mente percurrens, supplicia sibi [illegible] mun.ra, elegitque mori pro Deo, quam vivere cum Tyranno. Nec [illegible] poterant eum regis inclinare promissa, quem [illegible] ta non [illegible], [illegible], [illegible] in ea [illegible], quod [illegible] [illegible] [illegible]. Quis haec audiens [illegible] [illegible] [illegible] sexus, [illegible] filios [illegible] supplicia. [illegible] igitur [illegible], ipsa etiam [illegible] [illegible] gnum, revera [illegible], [illegible] Martyrum [illegible]. Post ista, Fratres, quod [illegible] [illegible] jam [illegible] non [illegible], [illegible] persecutionis [illegible] [illegible] fuisse [illegible], [illegible] [illegible] suis temporibus [illegible] egisse martyrium, qui [illegible] poti, castitate luxuriam, continentia voluptatem, humilitate superbiam, [illegible] vincebat? Numquid non Martyrum [illegible] [illegible] est gloriam, qui spiritali praelio quotidiano [illegible] suspirans, occultas [illegible] Diabolicae [illegible] insidias? Hic illum animus, Fratres, hoc propositum, vita hujusmodi

Patri-

Patribus dudum nostris Pontificem dedit, qui tantis Sacerdotium suum virtutibus sublimavit; ut inter [illegible] Ecclesiæ ornamenta, velut gemma pretiosior lumine clariore fulgeret. Fecit ergo eum, Karissimi, morum probitas Sacerdotem, & plenitudo Fidei Confessorem. Nam cum impetus Arriana Ecclesiae Dei profunda quiete pacatas Regali pa[illegible] [illegible], & ignaros quosque, vel trepidos [illegible] [illegible] in sua traxisset jura captivos, Eusebii nostri [illegible] [illegible]. Sed vir iste fortissimus, non ig[illegible] pro Fide Christi, [illegible] acumine Apostoli [illegible] Martyres per [illegible], Arrianorum terrore despecto, cælestis vi[illegible] [illegible] tempestate quæsivit, [illegible] [illegible] Fidei naufragium [illegible]. [illegible] veritatem [illegible]. Sed ubi [illegible] esse peregrinus; qui [illegible] a Deo? [illegible] reliquit; [illegible] Christo ubique erit [illegible]. Ut autem mihi videtur, illi tunc [illegible] [illegible] loco agnobeat, [illegible] quibus [illegible] possumus, [illegible] Pater noster pro Fidei confessione [illegible] [illegible] gloriam provexerunt. (*) [illegible] hic nostra raptus ex Urbe [illegible] traditur Arrianis. Non est [illegible] [illegible] nequitiam inimico [illegible] itaque brevi, [illegible] [illegible] illico [illegible] solebat, [illegible] in [illegible] [illegible] tam etiam [illegible] magis vivebat [illegible] ad [illegible] & Fide. Cæsus [illegible] [illegible], quia in ipso [illegible] exemplum. [illegible] Domini, [illegible] [illegible] & reddidit [illegible]

(*) Nota quod iste Vercellinus est.

SERMO IX.

De S. Eusebio.

Quamquam, dilectissimi Fratres, Beati Patris nostri summi Sacerdotis, & Confessoris Eusebii indignus sim filius, & minimus servus, insignibus tamen meritis, ac virtutibus vel exiguam dependo pro viribus servitutem (*). Etsi haec ille in caelestibus agens, & cum Angelis consociatus Evangelico non requirit, nos tamen nostri memores ingenii, quod debemus. Quod quidem illa quam maxime confidentia audeo, quia non dubito eum, quamvis a me humilia, & parva dicantur, famuli ac nutriti sui sermonem, non castigatione judicare, sed diligenti affectione pensare. Atque ideo omni cum gaudio obsequium Patri, officium Sacerdoti, honorem deferimus Confessori. Hic itaque cum in hac Urbe, dispensante Deo, summi gradum Pontificii suscepisset, ut universo Clero suo spiritalium institutionum speculum se caeleste praeberet, omnes illos secum intra unius septum habitandi congregavit, ut quorum erat unum, atque indivisum in Religione propositum, fieret vita, victusque communis. Quatenus in illa sanctissima societate vivendi invicem sibi essent conversationis suae & judices, & custodes; & dum alter alterius humilitatem praefert, continentiam stupet, suspicit castitatem, patientiam laudat, miserantis animi praedicat bonitatem, jejunia, vigiliasque miratur, omnes ab omnibus discerent, quod in se singuli non habebant. Quae cum ita essent, in universorum tamen pectora honorum omnium plenitudo magni ejus Eusebii de fonte manabat, atque ita fiebat, ut dum in divina praecepta exemplis se mutuis excitant, in diversorio illo non tam hominum esset congregatio, quam virtutum. Cum vero Christianam Fidem & Ecclesiasticam pacem toto orbe Arriana turbaret impietas, & divinitatis rebelles terrore Regio, exiliis, diversisque suppliciis in consensum perfidiae suae impelleret, quosque ... Sacerdotes, Eusebius noster supra petram fidei constitutus fundamentum, tantus, ac tantus enituit, ut eum inter frementia flumina mundanorum nullus error involveret, potestas nulla terreret. Nam, ut relatio paterna nos docuit, ita humili angustoque carcere clausus refertur, ut neque stans neque jacens haberet porrigendi sui corporis libertatem. Premebatur quidem habitatione parvuli, ne inclinatus caput erigeret, sed passionis ipsius meritis verticem suum attollebat in caelum. Arctabatur nihilominus carceris brevitate, ne lassatus in requiem genua relaxaret, sed veritatis grandiendo semitas per amoena Paradisi incorruptae Fidei sua vestigia dilatabat. Subtrahebantur etiam illi, ut ipsius scripta testantur, cibi, potusque ministeria; sed nulla ille carnalis escae fatigabatur inedia, qui confitendo aeter-

nita-

(*) *Nota quod Vercellensis est iste.*

nitatem Christi caelestis verbi pane vivebat. Nec cogi umquam potuit, ut imperio persecutorum [illegible] corporeae [illegible] fidelis animus subjugaret. Et quamvis B. Eusebius in tanto Fidei praelio adversa omnia, Deo, cui militabat, juvante, superaret omnes tamen illas sitiendi angustias, atque illam famis inopiam tolerabilius perferebat, qui exercuerant illum [illegible] durior, & sanctioris propositi continuata jejunia. Hic vere cum Apostolo Paulo & dicet, & docet: *Quis nos separabit a caritate Christi? tribulatio, an angustia? an persecutio? an fames?* & reliqua. Et radicitus non potuit a Christo tribulationibus, & angustiis separari, qui non potuit cogi, ut a Patre Filium separaret. Et quamquam de suavitate gestorum ejus nulla sit sufficiens nobis dicendi, audiendique satietas, nec Beatissimorum tamen Machabaeorum silentio est praetereunda victoria, quia & ipsos hic idem dies [illegible] secundo magno cum triumpho transmisit ad Caelum. Et quamvis chorus ille fortissimus ad Deum suum inter tormenta transierit, non tamen impar est Eusebius, qui confortatus per[illegible] ad eumdem Deum victor post tormenta migravit. Et, ut [illegible] advertamus Eusebii nostri inferiorem non fuisse victoriam, illi veterem pro lege certamen, hic novo pro Evangelio dimicavit. Illi pro [illegible] quidem Dei subiere supplicium, Eusebius autem pro Dei [illegible] confitetur. Restiterunt illi Antiocho Regi, [illegible] obstitit iste Diabolo, ne [illegible] sermonis [illegible] nobis Dominicum [illegible]. Exultemus itaque, Fratres, Deo nostro agentes gratias quia sub hac praesentis diei devotione [illegible] festivitate laetamur, Eusebii quippe suspicientes [illegible], & victricem Machabaeorum [illegible]; An non [illegible] Machabaeos [illegible], [illegible] & apud [illegible], & in Caelo videamus esse germanos qui [illegible] ab [illegible] & [illegible] vivendi, & vincendi [illegible] virtutem? In tantam enim perfectionem [illegible] ut [illegible] esset & in [illegible] & in corpore fortitudo. Denique Antiochus [illegible], ut [illegible] non magna [illegible]. Tertius enim [illegible] vigor, tantus in [illegible] spiritus, [illegible] erat in responsione [illegible], ut spernendo [illegible], & [illegible] impii Regis & [illegible] rem [illegible], & [illegible]. Venerabilis hujus mater [illegible] parili [illegible] ad [illegible] sua de hoc saeculo [illegible]. Nec mirum [illegible] impii Regis in [illegible] ipsum [illegible], quae [illegible] potuit, & in filiis [illegible]. Vera beata [illegible] quae [illegible], quam per fidem Dei [illegible] filiorum nulla [illegible] fregit affectio, & a tormentis proprii corporis nec sexus revocare potuit, nec senecta. Haec ergo sunt, Carissimi, diei hujus gaudia voti-

va

va fidelium. Illum semper illum Eusebio, & gloriosissimis Machabaeis exhibemus obsequia, quos in aeternum Regnum tempus quidem diversum, sed Fides eadem, & dies una provexit.

SERMO X.

De Machabaeis.

QUid priorum, karissimi, de Machabaeis Fratribus, quorum hodie Natalis est, aggrediar praedicare? Quo me in laudes eorum sermone circumferam, quorum mihi insignia merita nec explicare possibile est, nec sequi probabile? Ut enim una resplenduit in omnibus fides; ita multiplex claruit in singulis fortitudo. Vere venerabiles, atque ore omnium celebrandi fratres, apud quos & in verbis confessio, & triumphus est in virtute. Hi igitur, dum illicitis vesci, & communicare prohibitis metu regio, & tormentorum acerbitate coguntur, una sibi omnes moriendi voluntate succedunt, quia omnibus erat post obitum spes una vivendi. Quam specioso autem judicio, laudabilique constantia porcinas carnes, quae caelesti tunc interdictu habebantur immundae, contingere perhorrescunt, quorum devotio ad immaculati se Agni praeparabat adventum! Rapiuntur ergo fortissimi juvenes ad iniqua, & vetita variis membrorum cruciatibus impelluntur. Persistunt tamen viriliter, nec furori tyrannico cedunt, ut omnipotentis Dei dispensatione mirabili, quos carnis generatio temporales, mortalesque ediderat fratres, aeternos faceret poena germanos. Quis revera non tota admiratione suspiciat, quod pro auctoritate divinae legis pueri sapientiam praeferunt, adolescentes tormenta non metuunt, juvenes & munera Regis, & vitae ipsius blandissima contemnunt? Incipit ergo artifex persecutor a primore natu, ut in principio suo seniorum supplicio subsequentium animos infirmaret. Sed quod impius argumentabatur, ad metam fortibus proficit, & excitabilius intelligit unusquisque eorum, quid sit, & debere se vincere, quo vigore germanitas mentis, & fraterna fuerant religione educata. Sed quid [illegible] de venerabili eorum matre sermonis [illegible], qui de tam numerosa [illegible] gaudio votiva [illegible], quae tot [illegible] quot pignoribus levabatur? Ecce Beata femina genitrix quodammodo mutrem; nam quos lege [illegible] sustinet vitae, fortitudine spiritus perpetuis saeculis parturivit. Quis non mortalium miretur, Fratres, cujus non commoverit affectus, vere matrem [illegible] visceribus, ne quis filiorum superesset in tam magnifico certamine aut timeret, aut non mereretur occidi? Atque inter illa parentum [illegible] parvulorum [illegible] in pectore non solum nullus [illegible] gemitus fuit, sed [illegible] pietatis affectum [illegible] de eorum victoria mater mirabilis, quae se sciebat, non minus fide nutrisse, quam lacte. Transit ergo nativitatis ordo in ordinem passionis,

nis, ut justissima Martyrii regula transiret, quos eos quondam acceperat, transmitteret ad cælum. O novum pietatis affectum! torquentur filii, & mater exultat, atque ita se in martyribus Domini veram mater credidit adprobandam, si inter tam diversa supplicia numerosæ sobolis suæ, inflexo pectore, & siccis oculis astitisset. Imo sibi ipsa congaudet, quod alacritatem mentis suæ suis in pignoribus recognoscit, & quod ei tali morte parturire contigit filios, ut nihil sibi de eis videatur inferius. Sed postquam omnia stupenda mulier eadem, quæ filii, confessione defendit, sacram subsequitur, quam tam devota præmisit. Justissimeque in conspectu Domini fuit, ut tot Martyrum mater de hoc mundo non sine Martyrii consummatione transiret. Nec requirendum, Fratres, qua pretiosissimam [illegible] gloriosissimam clauserit diem, cum omnia, quæ audivimus, supplicia filiorum maternas torserint viscera, & sola omnia senserit, quidquid singuli pertulerunt.

SERMO XI.

De Machabæis.

UNum esse spiritum novi, ac veteris Testamenti, etiam Machabæorum magnanimitas, satisque declarat, qui de æternitatis gloria Deo promittente securi, cruenti Regis sævitiam pia morte vicerunt. Nam Dominum nostrum Jesum Christum, quem testimonio Evangelii omnis [illegible] de Cælo credit venisse Gentilitas, [illegible] in terris esse de Virgine universa didicit per Legem; atque Prophetas Judæa [illegible] est, [illegible] Fratres qui reverentia legis [illegible] se passionibus subdiderant, quam legis Dominus præcepit. Inde, quod prius desperaverant mortem, quam per Christum vincerent inferos; inde, quod antea pro honore Redemptoris proprium dederant sanguinem, quam suum pro eis cruorem Redemptor effunderet. Quis autem dubitet viris [illegible] mundi præsentis mala nec adire eos, nec tolerare potuisse, nisi fide plenissima de bonis futuri sæculi credidissent? Nemo, Fratres, nemo Tyrannum spernit, nisi qui [illegible] negligitur; nemo mortem præferet vitæ, nisi qui vitam æternam esse post mortem; nemo tormenta volens perpetitur, nisi qui sperat præmia post tormenta. Igitur cum Antiochus in servos Dei effrenatis sæviret insania, septem germanorum religiosissimorum [illegible] ad forum jubet tribunal cum matre perduci, ut [illegible] pœnis cruciata supplicia vinceretur, aut si quem forte ex parte proprium non terruisset interitus, mors fraterna vinceret. Sed errabat in minis, virtutem Religionis ignorans, in qua est illis vel maxima pietas, Deum fratribus, Deum filiis, Deum præferre parentibus. Præcipit ergo eos contra decreta Cælestia manducare carnes porcinas. Recusantibus adhibet genera diversa pœnarum. Sed nesciunt corda fidelium voluptatibus per-

perfidorum. Agitur itaque [illegible] ferro, flammis, variisque suppliciis. Huic caput ante [illegible], huic lingua praeciditur, frigitur ille manibus pedibusque truncatus. Sed inter tam funesta [illegible] manus nec filios infantia matris inclinat affectio, nec matrem morientium frangit cura filiorum. Atque ita in germanis pueris, & muliere [illegible] pro lege Dei spem vocat moriendi, ut & ipsa videatur filios spiritu magis genuisse, quam carne; & illi [illegible] non tam solam substantiam de matre sumsisse, quam Fidei. Quis non perfidorum, fideliumque miretur, quod [illegible] tot dulcium pignorum non congemiscit interitum? quis non obstupescat, quod de tam crudelibus filiorum suppliciis saevienti Regi [illegible] mater insultat, illisque potius perfectior magnanimitate [illegible], quam meditatione [illegible] [illegible] ordinata decernere? Nam quod supra omne miraculum est, [illegible] lio mater, quem a Rege susceperat inclinandum, sic ait: *Peto fili, ut condignus fratribus tuis effectus suscipias mortem, ut in illa misericordia Dei cum fratribus tuis te recipiam.* Vere gloriosissimae mulieris incomparabilis fides! Adstat in conspectu Regis secura de mortuis, trepida de vivente. Sciebat enim hunc [illegible] filium perditurum, si solus timuisset occidi. Sed non [illegible] juvenis, qui [illegible] [illegible] ter [illegible], matrem [illegible], & [illegible] Regem non solum non tacuit, sed [illegible] incorporatione castigat. Et hanc, Karissimi, mirabilis [illegible], certa de filiorum triumpho, certa de remuneratione caelesti, [illegible] Regi, exsultabat in Domino, quia se [illegible] beatius pariturum, cum videret filios suos gloriosa ad Deum morte pervenire. Et supplicia quidem multiplicabat Antiochus; sed fidelis [illegible] illa temporalium [illegible] multitudinem [illegible] numerabat [illegible], post quorum [illegible] inter dulcissima corpora . . . . .

[illegible] pagina, [illegible] fragmentum, [illegible] inter Opera S. Ambrosii . . . . .

. . . . . . quae & Dominum [illegible]. Notas [illegible] viam [illegible] ejus [illegible] sunt, ita experimentur & vitae; scriptum est enim in Psalmo: *Notas mihi fecisti vias vitae*. Hoc utique in Resurrectione ex persona dicitur Salvatoris, quod, dum post mortem ab inferis redit, ad superos incipit notam habere viam vitae, quam ante habebat ignotam. Ignota enim erat ante Christum via vitae, quod nullius adhuc resurgentis fuerat temerata vestigio. At ubi Dominus resurrexit, nota facta solo, trita est plurimorum, de quibus Sanctus Evangelista ait: *Multorum corpora Sanctorum resurrexerunt cum eo, & introierunt in Sanctam Civitatem*. Unde cum Dominus in Resurrectione sua clamarit: *Notas mihi fecisti vias vitae*, possumus & nos jam dicere Domino: Notas fecisti nobis vias vitae. Ipse enim nobis notas fecit vias vitae,

qui

qui nobis ſemitam manifeſtavit ad vitam ; notas enim mihi feciſti vias vitæ, cum me docuit Fidem, miſericordiam, Juſtitiam, caſtitatem ; his enim pervenitur itineribus ad ſalutem. Et licet nos ſui reſolutione corporis mortis umbra circumdet ; tamen greſſus ſuos vita non deſerit, ſed inter ipſas medias Inferni leges inconcuſſanter Chriſti virtutibus ambulamus. Unde ait Propheta: *Nam etſi ambulavero in medio umbræ mortis, non timebo mala, quoniam tu mecum es.* Quod manifeſtius Dominus ait de fideli dicens: *Qui autem credit in me, non morietur, & licet moriatur, vivet.* Ergo, Fratres, cum Sanctis Martyribus Paſchæ Domini gloriam conferamus. Conferamus, inquam, & licet melius noverint omnia, tamen nos illis prædicemus, quemadmodum de ſepulcri gremio reſurrexit ad ſuperos. Illi nobis revelent, quo pacto de Inferi profundo remeaverit ad ſepulcrum. Notum, inquam, nobis faciant, quemadmodum in exanime etiam corpus, & frigidum ſeſe calor inſinuaverit, ſpiritus ingeſſerit, ſanguis infuderit, & gelatas humore venas priſtini vigoris pulſus agitaverit. Notum, inquam nobis faciant, quemadmodum organum corporis diſſipatum in priorem ſtatum nervorum rurſus coaptaverit reſoluta compago, & armoniam viſcerum jam ſilentem in veterem conceptum ſpiritus vivificans animaverit Sacerdotes. Ergo prædicent, quæ Salvator poſt Reſurrectionem mirabilia geſſit ad ſuperos. Martyres revelent, quanta in ipſa morte refrigeria operatus ſit in defunctis.

SERMO

De Natale Sanctorum Octavii, Adventi, & Solutoris, qui Taurinis paſſi ſunt.

CUm omnium Sanctorum Martyrum feſtivitatem Fratres, devotiſſime celebrare debeamus &c.

Editus eſt inter Opera S. Maximi.

SERMO

De Barbaris non timendis.

SÆpe dixiſſe me memini, quod hos tumultus bellicos timere minime debeamus &c.

Eſt editus a Mabillonio ſub nomine S. Maximi in Muſ. Ital. ex hoc Codice.

SERMO II.

Item ſequentis.

MIrum forſitan videatur, quod ante dies Sancti Heliſæi gratiam deſcribentes diximus &c.

Editus itidem a Mabillonio ſub nomine S. Maximi ex hoc Codice.

SERMO XXII.

De tumultibus bellicis.

MOvet fortasse vos, Fratres, quod tumultus bellorum, & incursiones præliorum &c.

Editus est inter opera S. Ambrosii.

In hoc codice ad ea usque verba procedit Sermo: Et ad plenam tuitionem urbium portas principum. *Tum deficiente pagina subsequitur fragmentum.*

. . . . recte autem Moysen & Prophetas micas possumus nominare, quoniam integer panis ipse Salvator est juxta quod idem de se dicit: *Ego sum panis, qui de Cælo descendi*. Cujus panis refectionem Cananæa illa mulier cum rogaret, dicit illi Dominus: *Non est bonum tollere panem filiorum, & dare canibus*, hoc est gentibus. Quod intelligens illa mysterium respondit dicens: *Domine, nam & canes de micis Dominorum suorum edunt*. Cujus fidem Salvator mirans statim filiam ejus perfectæ sanitatis medicina donavit. Ita mulier magna dum fide micas quærit, panem salutis invenit, & dum catulorum fragmenta desiderat, filiorum epulis saginatur. O beata Domini vulnera, quæ perpetuum a nobis excludunt dolorem! o uberes micæ, quæ repellitis jejunium sempiternum! Quisquis enim ulcera Salvatoris ore suo foverit, ipse ulterius non dolebit, quicumque panis ejus micas sumserit, famem non sentiet sempiternam.

SERMO XXIX.

De Kal. Gentilium.

BEne quodammodo Deo providente dispositum est, ut inter medias Gentilium festivitates &c.

Editus est ex hoc Codice a Mabillonio sub nomine S. Maximi in Museo Italico.

SERMO XXX.

De defectione Lunæ.

ET ipsi videtis, Fratres, quod mea non cessat humilitas &c.

Editus est inter Opera S. Maximi.

SERMO XXXI.

Sequentia de eadem re.

Ante dies persecuti sumus, Fratres, adversus illos &c.
Editus est a Mabillonio sub S. Maximi nomine in Mus. Italico ex hoc Codice.

SERMO XXXII.

De Idolis auferendis de propriis possessionibus.

Ante dies commonueram caritatem vestram, Fratres, ut tamquam Religiosi, & Sancti Idolorum omnem pollutionem de vestris possessionibus auferretis, & ernueretis ex agris universum Gentilium errorem. Fas enim non est, ut qui Christum habetis in cordibus Antichristum in habitaculis habeatis; cum vos Deum adoretis in Ecclesia, vestri Diabolum venerentur in Fanis. Nec se aliquis excusatum putet dicens: Non jussi fieri, non mandavi. Quisquis enim intelligit, in re sua exerceri sacrilegia, nec fieri prohibet, quodammodo ipse praecipit; tacendo enim, & non arguendo consensum praebuit immolanti. Dicit autem B. Apostolus, criminosos esse non solum qui faciunt, sed etiam qui consentiunt facientibus. Tu igitur, Frater, cum suum sacrificare rusticum cernis, nec prohibes immolare: peccas, si non data copia, attamen permissa licentia; si non jussio tua in crimine, attamen voluntas in culpa est. Dum enim taces, placet tibi quod facit rusticus tuus, quod si non faceret, forsitan displiceret. Non autem sibi tantum peccat subditus, cum sacrificat, sed & Domnedio, qui non prohibet, qui si prohiberet utique non peccaret. Grande igitur malum est Idolatria, polluit exercentes, polluit habitantes, polluit intuentes, penetrat ad ministros, penetrat ad conscios, penetrat ad tacentes. Immolante enim rustico inquinatur Domnedius. Non potest non esse pollutus, ubi cibum capit, quem sacrilegus cultor exercuit, terra cruenta edidit, tetrum horreum conservavit; omnia enim ibi inquinata, omnia sunt nefanda, ubi Diabolus habitat in aedibus, in agris, in rusticis. Nihil ibi liberum est ab scelere, ubi totum versatur in scelere. Cum cellam ingressus fueris, reperies ibi pallentes cespites, mortuosque carbones, dignum sacrificium Daemonis, cum mortuo Numini rebus mortuis supplicatur. Et si ad agrum processeris, cernis aras ligneas, & simulacra lapidea, congruens mysterium, ubi Diis insensibilibus aris putrescentibus ministratur. Cum maturius vigilaveris, & videris saucium vino rusticum, scire debes, quoniam sicut dicunt, aut Dianaticus aut aruspex est; insanum enim Numen amentem solet habere Pontificem; talis enim Sacerdos parat se vino ad plagas Deae suae, ut dum est ebrius, poenam suam miser ipse non sentiat. Hoc autem non solum de intemperantia, sed & de arte faciunt, ut minus vulnera sua doleant, dum vini ebrietate jactantur. Vanus plane vatis est, qui putat crudelitate adstruere pietatem. Quam misericors in alienos Deos ille, qui in suos est Pontifices tam cruentus! Nam ut paulisper describamus habitum vatis hujusce, est ei adulterinis criniculis hirsutum caput, nuda habens pectora, pallio crura semicincta, & more gladiatorum paratus ad pugnam ferrum gestat in manibus, nisi quod gladiatore pejor est, quia ille adversus alterum dimicare cogitur, iste contra se pugnare compellitur. Ille aliena petit viscera, iste propria membra dilaniat; & si dici potest, ad crudelitatem illum Lanista, istum Numen hortatur. Hoc igitur indutus habitu, hac cruentus caede, judicate utrum gladiator sit, an Sacerdos. Ergo sicut gladiatorum publicum facinus religiosa Principum devotione sublatum est, ita & amentes gladiatores isti Christianitatis observatione de propriis domiciliis auferantur.

SERMO XXXIII.

De eadem re.

NOn parum tractatu Dominicae superioris profecisse vos credimus, siquidem praedicatio nostra ab omni Idolorum inquinamento corda vestra purgavimus. Nostra enim corda mundantur, cum Diaboli sordibus polluta nostra conscientia non tenetur. Pollutam autem is conscientiam non habet, qui exerceri sacrilegia in sua possessione non patitur. Caeterum qui scit in agro suo Idolis immolari, nec prohibet, quamvis ipse longe in Civitate consistat, pollutio tamen illum nefanda contingit. Et licet aris adsistat rusticus, ad Dominum contaminatio execranda regreditur. Particeps enim ejus efficitur, si non conscientia, certe notitia. Profecisse ergo vos credidimus, cum sacrilegii cultum in vestris possessionibus inhibent; dicimus enim, ut Christiani hominis, hoc est mundi viri, sit munda possessio. Ait autem Salomon: *Possessio pretiosa vir mundus.* Si ergo vir purus possessioni pretiosissimus comparatur, quanto ipsa possessio majoris est pretii, si sit sinceris, & pura, nec aliqua Diaboli contagione vilescat? Cur autem vir mundus possessio munda dicatur, scire debemus, scilicet quia pretiosum illum facit non fragilitas corporis, sed sinceritas honestatis, & quia eum pro ipsa puritate mentis Dominus possidere dignatur, sicut ait Propheta ex persona Sanctorum &c.

Heic desunt aliquot paginae, sequitur fragmentum.

. . . . . suscipit, sed alios excutit in profundum, alios sublimat ad coelum, aliis lapsum tribuit ad ruinam, aliis resurrectionem operatur ad gloriam, sicut scriptum est in Evangelio dicente ad Mariam Sancto Symeone: *Ecce positus est hic in ruinam, & resurrectionem multorum.* Ruit enim a Christo, qui mandata ejus praeteriens, lapsum, dum

eva-

evagatur, incurrit; resurgit in Domino, qui præcepta ejus metuens, a peccatis se erigit ad virtutem. Sic igitur iste hæreticus ruinam in ipso itinere patitur, dum viam veræ Religionis ignorat; Catholicus incedit sine offendiculo, quia recto Fidei tramite graditur ad salutem.

SERMO XXXVIII.

De Speculatore posito filiis Israhel.

INterdum, Fratres, cum prædicamus, plerisque sermo noster videtur asperior, & ea, quæ secundum regulam prosequimur, ita a nonnullis accipiuntur, quasi nostræ severitatis austeritate promantur. Dicunt enim: quam dure, & amare prædicavit Episcopus, ignorantes quod Sacerdotibus dicendi necessitas major est dicendi, non quod verum prosequendi desit voluntas, sed quia tacendi silentium statuti pœna depellitur. Necessitatem patimur, dum timemus, ac per hoc cogimur plus posse, quam velle, & metuenda aliis ingerimus, dum ipsi saluti propriæ formidamus. Hæc autem est conditio prædicantis, ut non alterius peccata taceat, si sua volt declinare peccata, & emendet objurgando fratrem, ut in se possit non perdere Sacerdotem. Cæterum si voluerit dissimulare; silere, celare, & illum tacendo non corrigit, & se non prædicando contemnit. Melius est igitur increpando emendare peccantem, quam silendo peccantis delicta suscipere. In hoc enim positi sumus, ut si delinquentibus non eorum scelera dixerimus, scelerum ipsorum etiam nos reatus involvat. Nam sic utique dicit Dominus per Prophetam: *Et tu fili hominis speculatorem te dedi domui Israhel, & audies ex ore meo verbum, cum dicam peccatori: morte morieris, & non loqueris, ut caveat impius de via sua, ipse iniquus in iniquitate sua morietur, sanguinem autem ejus de manu tua exquiram*, & reliqua. Evidens plane, & manifesta sententia, quæ speculatorem, cur tacuerit, sanguine polluit criminosi; nec contenta est, quod iniquum sua damnat iniquitas, nisi & illum reum statuat, qui eamdem iniquitatem noluit increpare. Videte ergo, quantum malum sit delinquentis; delinquens ipse peccat, & Sacerdos arguitur. Ipse se delictis suis jugulat, & de manu Episcopi sanguis exquiritur. Loquendum est igitur, & clamandum, ne silentium nostrum in die judicii idem peccator excuset, & qui nunc dissimulat esse particeps sanctitatis, tunc socium criminetur erroris: *Et tu*, inquit, *fili hominis speculatorem te dedi domui Israhel*. Quid est speculator? Speculator utique dicitur, qui velut in quadam sublimi arce consistens, adjacenti populo prospicit, ne quis in eum subito hostis obrepat, sed illo sollicite curam agente plebs pacis dulcedine potiatur, qui si aliquid adversi repente conspexerit, mox indicet, constanter adnunciet, ut & civis ad cavendum periculum sit paratus, & hostis fugiat deprehensus. Cæterum si ingruente adversario speculator dissimulaverit, tacuerit, neglexerit, tunc fit ut inopinatos præ-

occu-

occupetur populus, & inimicus superveniens debacchetur, atque ideo omnis culpa ei adscribitur, qui loqui noluit, ut salvaret plurimos, sed tacere maluit, ut periret ipse cum pluribus. Hos ergo Speculatores a Domino constitutos quos esse dicimus, nisi *Beatissimos* Sacerdotes, qui velut in sublimi quadam arce sapientiæ collocati ad tuitionem populorum supervenientia mala eminus intuentur, & adhuc longe positi contemplantur futura supplicia, non oculi carnalis intuitu, sed prudentiæ spiritalis aspectu. Et ideo tacere non possunt, sed clamare coguntur, ne per silentium gregem Christi Diabolus hostis invadat. Ecce enim prævidemus diem advenire judicii, & peccatorum pœnas jam ipsa cogitatione sentimus. Atque ideo adnunciamus unicuique, ut avertat se a via impietatis suæ, scilicet temulento ut sobrietatem sectetur, quoniam ebrietati comes est inimica luxoria; avaro ut pecunias suas eroget, ne custodiendo eas, non ad utendum, sed ad colendum videatur habere divitias; quisquis enim quod diligit hoc colit, tuetur, & quodammodo veneratur. Unde ergo, avare, ne vascula mensæ tuæ tibi cedant pro Idolio, dum his non uteris ut Dominus, sed ea recondita custodis ut servus?

SERMO XXXIX. (*)

De eadem re.

CUm semper, Fratres, non cessaverim vos paterna pietate corripere, miror nihil vos tot meis commotionibus profecisse, & doleo quod frequens prædicatio mea non vos profecto aliquo salutis corrigat, sed quadam contestationis pœna constringat. Prædicatio enim Sacerdotis in plebe salvandis est correctio, contestatio judicandis. Contestamur enim illis ante judicii diem, quid illos maneat in ipso judicio, ut tunc omni excusatione summota & rei sint de peccatis, & obnoxii de contemptu. Unde & ego interdum parcens vobis tacere velim, sed malo vos contumaciæ causas reddere, quam me negligentiæ sustinere judicium. Comperi enim, Fratres, quod per absentiam meam ita rari quique ad Ecclesiam veniatis; ita pauci admodum procedatis, quasi me proficiscente mecum pariter veniretis, & quasi cum a necessitatibus ego pertrahor, vos mecum traxerit ipsa necessitas. Pariter ergo a Domo Dei absentes sumus; sed hoc interest quod me absentem necessitas efficit, vos voluntas. Nescitis quia etsi ego ab Ecclesia desum, Christus tamen ab Ecclesia sua, qui est ubique, non deest; Venis frater ad Ecclesiam, non invenis ibi Episcopum; sed, si fideliter venis, invenis ibi Episcoporum Episcopum Salvatorem. Nam Christianus, qui tunc tantum procedit ad Ecclesiam, quando Episcopus præsens est, non tam Dei causa videtur processisse, quam hominis, nec implesse Christianæ mentis officium,

sed

(*) *Ejusdem.*

ſed amici deferentis obſequium. Quid autem ego vos arguo, cum poſſitis me uno ſermone convincere? Convincor enim, cum in hac parte Clericos vobis magis video negligens. Quomodo enim poſſum corrigere filios, cum fratres emendare non poſſim? aut qua fiducia ſuccenſeam Laicis, cum a conſortibus pudoris verecundia conticeſcam? Ego autem, Fratres, non de omnibus loquor. Sunt certi, quique devoti ſunt; & alii negligentes. Ego neminem nomino, conſcientia ſua unumquemque conveniat.

SERMO XL. (*)

De eadem re.

AMarior fortaſſe fuerit, Fratres, prædicatio mea ſuperiore Dominica, quod pleroſque de veſtris acrius magiſteriis, & veritate convenerim, & ſim proſecutus, quæ aliquantis blandimenta non deferant, ſed triſtitiam irrogarent. Verum nihil mea intereſt; ego enim gaudeo, ſciens diſcipuli triſtitiam magiſtri eſſe lætitiam. Tunc enim auditor proficit, quando auſteriora adnunciat prædicator; tunc ei ſalus gignitur, quando triſtitia emendationis ingeritur. Dicit enim B. Apoſtolus: *Nam quæ ſecundum Deum eſt triſtitia, ſalutem ſtabilem operatur*. Recte ergo lætor, quia ſalutem operor, cum objurgo. Licet mœreat filius mei aſperitate ſermonis, me tamen delectat, cum proficere illum intelligo per mœrorem. Ait Salomon Sanctus: *Quis eſt autem filius, quem non verberat pater*? non enim ſemper pater oſculatur filium, ſed & aliquando caſtigat. Ergo quando caſtigatur qui diligitur, tunc circa eum pietas exercetur; habet enim & amor plagas ſuas, quæ dulciores ſunt, cum amarius inferuntur. Dulcior enim eſt religioſa caſtigatio, quam blanda remiſſio, unde ait Propheta: *Dulciora ſunt vulnera amici, quam voluntaria oſcula inimici*. Igitur, Fratres quia poſt tot increpationis meæ utilia verbera credo vos benignitate ſenſuum profeciſſe, de ſacris literis aliqua conferamus; ſicut enim fons, qui non ſolito humore deſtillat, exagitatur ſurculis, & ita largior invenitur; ac primum ex eo turbida aqua producitur, ut unda purior ſubſequatur; ſic & ſanctitas veſtra exaſperata quidem fuerat auſteritate ſermonis; ſed devotior facta eſt dulcedine pietatis. Turbulentum enim quiddam veſtri animi forſitan retinebant, ſed jam ex veſtris moribus profluit omne, quod parum eſt. Videamus ergo quid ſit quod ait ad diſcipulos ſuos Dominus: *Vos autem quem me dicitis*? Non igitur tamquam ignarus interrogat Dominus, quid de eo populi, diſcipulique ſentirent: ſed tamquam ſciens univerſorum mentes, fidem manifeſtare voluit ſingulorum, ut quod corde credebant, ore narrarent. Alii enim Heliam eſſe credebant Dominum, alii Hieremiam, alii Johannem Baptiſtam. Petrus ſolus Christum Dei filium confitetur. Gradus quidam ſunt Fidei,

(*) *Unde ſupra.*

dei, & qui devotius credit, religiosius confitetur. Pro hac devotione dicitur Petro: *Beatus es tu Simon Bar Jona, quoniam caro, & sanguis non revelavit tibi, sed Pater meus, qui est in Cælis; & ego dico tibi: Tu es Petrus, & super hanc petram ædificabo Ecclesiam meam.* Cum vocaretur ergo Simon, pro hac devotione nuncupatus est Petrus. Legimus dicente Apostolo de ipso Domino: *Bibebant de spirituali petra; petra autem erat Christus.* Recte igitur quia petra Christus, Simon nuncupatus est Petrus, ut qui cum Domino Fidei societatem habebat, cum Domino haberet & nominis Dominici unitatem, ut sicut a Christo Christianus dicitur, ita & a petra Christo Petrus Apostolus vocaretur. Sed nec populorum opinionem possumus reprobare, qui unum de Prophetis Dominum æstimabant. Nam ideo nonnulli velut Heliam Salvatorem forsitan putaverunt, quia ad cœlos Helias, sicut Salvator, ascenderit. Sed non sicut Helias Christus est; ille enim ad Cœlos rapitur, iste regreditur. Ille tamquam infirmus ignea quadriga subvenitur; hic tamquam Deus propria virtute portatur. Ille sicut homo ducitur, hic sicut Salvator ascendit. Ille ducente sequitur Angelo; comitantes sibi Angelos iste præcedit. Denique iidem Angeli remeantes in terram a Domino Salvatore dixerunt ad Apostolos: *Viri Galilæi, quid statis aspicientes in Cælum? Hic est Jesus, qui receptus est a vobis. Sic veniet, quemadmodum vidistis euntem eum in cælo.*

SERMO XLI.

De unitate Caritatis.

LEgimus in libro, qui Apostolorum Actibus adscribitur &c.
Editus est inter Opera S. Maximi.

SERMO XLII. (*)

De eadem re.

REtinet Sanctitas vestra, Fratres, ante dies cum plebis ejus, qua sub Beatissimis Apostolis &c.
Est editus inter Opera S. Maximi.

Tum desunt paginæ, & sequitur fragmentum.

. . . . git, & commendat. Nam pro illa tantum aqua datarum se pretium spondet, quam servulis ejus, qui utique in hoc sæculo minimi reputantur, manus religiosa porrexerit. Et ipsa fit aqua acceptabilior Deo, quæ credentibus Christo pro nominis ejus fuerit honore delata. Ait itaque: *Quicumque potum dederit calicem aquæ frigidæ tantum in nomine meo.* Multos videmus, Fratres, non tam gratis

(*) *Ejusdem.*

[illegible]

virorum praedicantium Deum credula aure susceperint, omnia inte-

[illegible] fidei [illegible] tenebr[illegible] relaxit [illegible] qui est [illegible] saluatoro Domino [illegible] ture [illegible] re, & [illegible] ritatis adscribe [illegible] superinfundat [illegible] copiosissima [illegible] tas. [illegible] cordiam [illegible] & [illegible] obedientiam [illegible] retribuere [illegible]

SERMO LXX.

De eo quod scriptum est: *Venite ad me omnes* [illegible] *& onerati estis*, [illegible]

CUm omnipotentis Dei Unigenitus, qui [illegible] infestare [illegible] vellet, & bonitatis suae [illegible] aperire [illegible], *Omnia mihi tradita sunt a Patre meo, &* [illegible] *Filius, & cui voluerit Filius* [illegible] que [illegible] ostendit [illegible] stantiam [illegible] Fratres, [illegible] & apud Dominum [illegible] nostrum divina [illegible] caelestique [illegible], & clementissimi ejus pectoris incomparabilis [illegible] semper [illegible]

[illegible] de [illegible] supplicia, & [illegible] de superbis. [illegible] ergo [illegible] Christus [illegible] severioribus [illegible] commititur [illegible] scelera, aut indulgentiam [illegible] perpetrata [illegible] *super vos, & discite a me, quia* [illegible] *sum, & humilis corde*. Vere [illegible] est Christus, qui [illegible] de Caelo [illegible] suae [illegible] mortalibus indulgentiae [illegible] est [illegible], qui ut [illegible] pro [illegible] est consolari [illegible]: *Mitis sum*, inquit, *& humilis corde*. [illegible] se esse [illegible] Dominus, profitetur, qui [illegible] est, quae [illegible] profitetur [illegible] de vitioso [illegible] exultante [illegible] ait, [illegible] *[illegible] fide*. Quia [illegible] [illegible] [illegible] [illegible] hospitalitatis [illegible] [illegible] [illegible] [illegible], ut ad [illegible] [illegible] [illegible] quia facit [illegible] [illegible] [illegible] Christi [illegible] [illegible] *[illegible]* [illegible] [illegible]. Jugum Christi [illegible] [illegible] [illegible] [illegible] [illegible] [illegible] convenit. Jugum Christi [illegible] [illegible] gravis [illegible] [illegible] Christi concordiam [illegible] vinculis in [illegible] [illegible] [illegible] [illegible] de onere Dominico [illegible], quod quidem hujusmodi [illegible] [illegible] [illegible] [illegible] [illegible] Christi [illegible] [illegible] [illegible] Christi [illegible] [illegible] [illegible] Christi [illegible] [illegible], & pro [illegible] [illegible] [illegible] [illegible] [illegible] [illegible] Salvator [illegible] [illegible] [illegible]. Atque ideo devoti [illegible] [illegible] [illegible] [illegible] [illegible] [illegible] [illegible] [illegible] [illegible] [illegible] omnipotens [illegible] [illegible] [illegible] Dominico [illegible] [illegible] ab onere [illegible] [illegible], & vero [illegible] [illegible] crucis, & [illegible] [illegible].

[illegible]

De eo [illegible] [illegible] ait: *[illegible] [illegible] [illegible] [illegible]*.

CUm [illegible] [illegible] praeceptis Dominus, & Salvator noster [illegible] [illegible] [illegible] replesset, [illegible] [illegible] inter [illegible]: *Intrate per angustam portam*. Quam lata porta, & spatiosa est via, quae ducit ad [illegible], & multi sunt, qui intrant per eam; & quam [illegible] [illegible] difficilis via, quae ducit ad vitam, & pauci sunt, qui [illegible] [illegible]! [illegible], [illegible], *per angustam portam*. Angusta [illegible] est. [illegible] quicquid adquiri [illegible] est per laborem. A[illegible] [illegible] [illegible] est via, quam [illegible] nobis [illegible] [illegible] [illegible] [illegible]. Sed angustiae istius [illegible] Paradisi [illegible] [illegible] Regni coelestis aperiant. Spatiosa itaque [illegible] [illegible] [illegible] est iter castitatis. [illegible] [illegible] [illegible] [illegible] [illegible] angusto nimis [illegible] [illegible]. Jejuniorum autem, vel [illegible] [illegible] quidem via, sed [illegible] [illegible] [illegible] [illegible] iter, qui [illegible] [illegible] [illegible] per [illegible] [illegible] [illegible] [illegible] [illegible] [illegible] videtur [illegible], qui sibi [illegible] [illegible] [illegible], in eleemosinas cum distribuit egenorum. Latum agit iter, qui linguam suam in vaniloquia, & maledicta [illegible]. Angustas incedit semitas, qui amore Dei os suum ab omni fallacia, & insipienti sermone custodit. Latas ingreditur vias, qui [illegible] libidinoso oculos suos in feminam dirigit aspectum. Angustam graditur viam, qui [illegible] in lasciviam oculos suos pudicitiae [illegible] lege [illegible], a semetipso religiosa [illegible] sui vigore corripit, & emendat, ne aspiciendo turpia [illegible] aeternam [illegible] luminum caecitatem. Angustum [illegible] iter, qui Christi nomine [illegible], [illegible] oppressus, persequentium furorem, verbera [illegible], [illegible], vincula, [illegible] facultatum damna, & [illegible] corporis tormenta perpetitur. Angustum nimirum [illegible] hujus ingressi sunt iter [illegible] Christi Martyres, ille, vel ille, quos ob honorem Dei [illegible] gladius Gentilis occidit; ne Idolis serviendo impie viverent, elegerunt servantes Deo fidem cum pietate succumbere. Unde necesse est, Fratres, divino [illegible] judicio, ut eos, qui hic in [illegible] fide agunt, futuro in saeculo, loca [illegible] ardor [illegible]; eos vero, qui in praesenti vita ob honorem Christi [illegible] angusta sustinent, [illegible], & [illegible] ampla suscipiant. In quo [illegible] exemplo [illegible] sunt, Evangelio [illegible], di[illegible], & pauper. Nam ille dives, qui apud [illegible] sine misericordia [illegible] assuevit, in inferno perpetuo, ut lectum est, crematur [illegible]. Pauper autem, quem apud saeculum [illegible] coopertum [illegible], & epulantis divitis inhospitalitas [illegible]gebat, in Patriarcharum requie, atque omnium Sanctorum consortio celebratur. Et ideo, Carissimi, solicite nobis cavendum est, ne nos ampla hujus saeculi carnalium deliciarum oblectamenta decipiant. Aggrediamur itaque iter angustum, difficiliores semitas expetamus, fugiamus [illegible] voluptatum impias latas, ut mereamur in retributione [illegible] delectabile cum pauperibus Christi habere consortium.

SERMO LXXI.

De eo quod in Evangelio scriptum est: *Vos [illegible] [illegible] terrae.*

COElestis prudentiae Dominus Redemptor [illegible] [illegible] Dei, qui sapientiam saeculi stultitiam reputat [illegible] mundi sapientiam esse pronunciat, discipulos suos [illegible] salis adloquitur, dicens: *Vos estis Sal terrae*, [illegible], [illegible] vestri terrenorum hominum stultitia conditur; [illegible] veniam, atque ore Apostolico praedicata, suavi[illegible] mortalibus condimentum. Quidquid revera stoliderum [illegible] Diabolus [illegible], Apostolici Salis [illegible]. Nam sicut aqua [illegible], nisi salibus [illegible] subjaceat, ut fœtori: ita omnis homo post spiritalium aquarum lavacrum, ubi vigorem Apostolici sermonis acceperit, mundi mox corruptionibus derelinquit. Ait iterum Apostolis suis: *Vos estis lux mundi*. Quam proprie a Domino Patres nostri comparationibus intelliguntur, ut sales dicantur, per quos Dei sapientiam discimus, & lux vocentur, per quos prioribus nostris tenebrosis perfidiæ cæcitas submoveretur! Meritoque beati Apostoli lux nuncupantur, qui inter obscura sæculi, lumen cœli, & splendorem æternitatis adnunciant. Numquid non mundo huic, cunctisque mortalibus lux factus est Petrus, cum Domino diceret: *Tu es Christus filius Dei vivi*! Aut quod majus genus hominum lumen potuit aspicere, quam ut per Petrum disceret vivi Dei filium sum esse lucis auctorem? Et Beatissimus nihilominus Paulus magnum lumen est mundi, qui cum universus orbis impietatem tenebris obcæcaretur, ad cœlum pergens, & rediens æternæ claritatis mysteria revelavit. Et ideo nec latere, sicut civitas fundata super montem, potuit, neque abscondi sub modio, quia cum ut electum lucernam repletam Sancti Spiritus dono majestatis, Christum declaravit. Propter quod, Fratres, si mundi est, ut deponentes vana mundi, saporem cœlestis sapientiæ requiramus, Apostolico de sale gustantes. Si illuminari sensus nostros radiis supernæ lucis optamus, ad Dominica festini monita concurramus, quia, ut scriptum est: *Præceptum Domini lucidum, illuminans oculos*; & alibi: *quia lux præcepta tua super terram*. Semper ergo, Fratres, expetamus Evangelicum salem: nulla in cordibus nostris cogitatio stulta prævaleat; intendamus ad lumen verum, ut longius tenebras, & noctem perfidiæ declinantes, filii lucis, & Dei effici mereamur.

SERMO LXXII.

De eadem re.

CUm Redemptor humani generis Christus Dei Filius ipse perfecta sapientia, & ipse sit lumen verum, discipulos tamen suos sapientiæ, & luminis dignatur adornare præconiis, dicens eis inter cætera: *Vos estis sal terræ*, & iterum: *Vos estis lumen mundi*. Justissime, Fratres, ministros suos Dominus sal esse pronunciat, quibus se noverat saporem cœlestis intelligentiæ, ac perfectiora sapientiæ inspirasse. Et quam congrue veritatis præcones sal terræ esse dicuntur, qui ut homines stultorum superstitionum longa vanitate desipientes mystico salis condirent, plenitudinem sapiendi ab ipso sapientiæ fonte sumpserunt! Vere ergo sal terræ sunt, qui perversa iniquorum studia vigore justitiæ, & prædicatione divinæ veritatis emendant. Sal terræ sunt, cum per eos paradisum cœlestium voluptatum: & terrenis lavantium pollutionem, medicamentum cœlestium condimentis, & sui sermonis aspersione curantur. Nam & Beatissimus Paulus in hoc ipsum prium nos [illegible] dicens: *Sermo vester sit sale [illegible]*. Lumen [illegible] mundi sunt, cum caliganti perfidia nubila [illegible] [illegible] discutiunt. Lumen mundi sunt, per quos universus orbis [illegible] mortifera Diaboli obscuritate [illegible] [illegible] Solis inluminatione resplendunt. Lumen mundi sunt, qui purgantes tenebrosam mortalitatis aspectum, ad intuendam promissorum caelestium claritatem novos credentibus oculos addiderunt. An non videtur novum lumine contulisse mortalibus B. Johannes cum dicit: *In principio erat Verbum, & Verbum erat apud Deum, & Deus erat Verbum. & Verbum caro factum est*? Numquid non novus videtur corruscasse radius, quo gloriosissimus Petrus ait Domino: *Tu es Christus Filius Dei vivi*? Videtis, Karissimi, quia Johannes locutus est, quod caelestis [illegible] & Petrus [illegible], quod humana caper, cordi non [illegible] [illegible] sunt [illegible], quibus [illegible] [illegible] veritatem Dei omnipotentis, & sapere didicit, & videre. Dicendo enim Johannes: *[illegible] Verbum erat apud Deum, & Deus erat Verbum, & Verbum caro factum est*, ostendit hunc, qui [illegible] humanam, divinam habere naturam. Nam cum Deus esset apud Deum, & homo factus est, & Deus esse non destitit. Hunc ergo, qui dicitur Verbum, [illegible] factus est caro, [illegible] esse Dei Filium Petro confitente [illegible], cum dicit ad Dominum: *Tu es Christus Filius Dei vivi*. [illegible] es Christus, qui Verbum factus es caro, & tu es Filius Dei, qui Deus es apud Deum. Hoc, dilectissimi, Beati Petri responsio [illegible] lumen est mundi, qua [illegible] edocti & Christum, & Verbum unum [illegible] Dei Filium confitemur. Quis enim inter carnem, & Verbum, inter Christum & Filium velut caecus erraret, nisi [illegible] haec omnia [illegible] Spiritu Petrus ante vidisset? Denique ait illi Dominus: *Beatus es Simon Bar Jona, quia non caro, & sanguis revelavit tibi, sed Pater meus, qui est in Caelis*. Non inquit: Caro, & sanguis revelavit tibi, sed Pater meus, qui est in Caelis. Non inquit: Caro, & sanguis revelavit tibi: Nec [illegible], si mysterium [illegible] Dominicae carnalis sensus revelare non potuit, quia qualiter de carne est natus Dei Filius, nec ipsa [illegible] scire caro, quae peperit. Sed solum revelat hoc Pater, qui mysterii sui Filiique naturae solus testis est, solus est conscius. Et ideo [illegible] omnino potest esse cunctatio, hanc veram possime esse Fidem, quam Pater revelat, & Filius attestatur. *Nemo enim*, ut legitur, *novit Filium, nisi Pater, neque Patrem quis novit, nisi Filius*. Igitur quod Pater de Filio novit per naturam, hoc Petro [illegible] videmus per gratiam. Ob hanc [illegible] confessionem [illegible] B. Apostolus Dominico ore promeruit: *Tu es Petrus, & super hanc petram aedificabo Ecclesiam meam, & tibi dabo claves Regni Caelorum*. [illegible] primus in [illegible], quo is in Caelo Regnoque [illegible] [illegible] habere primatum. Et quid justius, Fratres, quam ut supra eum sunfundaretur Ecclesia, qui tamen dedit Ecclesiae fundamentum? Quid fieri potest fortius, quam ut ille [illegible] ipse illis & Coeli januas reseraret? Propter quod, dilectissimi, Evangelico jam Sale conditi, atque Apostolico lumine radiati, caveamus, ne unquam nobis vel vana, vel tenebrosa subripiant; decet enim semper Ecclesiae Filios justis operibus, & vera Fide [illegible], & inter obscura fulgere.

SERMO LXXIII.

De eadem re.

N[illegible] doctrinae Magister, & vere incomparabilis [illegible] Unigenitus Dei Filius, cum vidisset discipulos suos ab omni mundanarum curarum vanitate purgatos, devotissimo semper corde consistere, ait illis, sicut audistis: *Vos estis Sal terrae.* Quid est, Karissimi, sal [illegible], nisi terrenorum hominum condimentum? Quid est esse salem terrae, nisi insipido pectori gratiam prudentiae [illegible] infundere? Vile est quidem, parvique pretii species salis; sed ille, qui [illegible] de parvis magna componere, magna revelat in parvis. Numquid hujusmodi magnificentius sale, cujus [illegible] suavitate in eisdem Christi universus saporatus est orbis? Pulcherrime itaque Redemptor noster Apostolos suos comparat sali, qui [illegible] mundum [illegible] vitiis, & corruptionibus vanescentem.

Reliqua desiderantur.

FINIS LIBRI.

IN ANTIPHONARIUM Monasterii BENCHORENSIS.

EX Codice MS. Ambrosianae Bibliothecae num. 40. Lit. C. describendum per me fuit hoc Opusculum. Mutilus est Liber non uno in loco; vetustatem autem illius ad Annos prope mille ascendere compertum, characteribus ad Saxonicum accedentibus, litterisque maiusculis maxime distinctis. Celebre autem olim fuit in Ultonia Hiberniae Provincia Benchorense, seu Bencorense Monasterium diversum ab altero Bencornensi Coenobio in Wallia Angliae Provincia. Ussherius in Britannicarum Ecclesiarum Antiquitatibus pag. 476. & seqq. [illegible] Constitutio [illegible] e Lib. 2. Cap. 2. [illegible] Bedae, [illegible] & [illegible] plurimi. [illegible] de Monasterio Bancor, in quo tantus fertur fuisse numerus Monachorum, ut, quum in septem portiones esset, cum praepositis sibi [illegible] Monasterium divisum, nulla harum portio minus quam trecentos homines haberet, qui omnes de labore manuum suarum vivere solebant. Slatha [illegible] Gentilium Monachos [illegible] in Vita S. Augustini Cantuar. Episc. At hoc [illegible] Ipsum, ad alterum Coenobium Bencornense in Angliae Provincia Wallia [illegible], postea dicta C. 7. [illegible] [illegible] in Notis ad [illegible] Vitam S. Augustini [illegible] a [illegible] Mabillonio Tomo 1. Act. SS. Ord. S. Benedicti. Et revera [illegible], Benchorensium Monachorum, [illegible] Bedae commemoratum in eo Monasterio contigisse, cui praefuerat Dinooth Abbas, de quo tamen nullam mentionem habet Catalogus priorum Benchorensium in Hibernia Abbatum, qui in Antiphonario nostro occurrit. At Ussherius [illegible] S. Comgallo [illegible], quem ipse adfert pag. 474. Ita vero scribit [illegible] de diversis Monasteriis, & adhuc tria millia Monachorum sub cura S. Patris Comgalli fuerunt; sed major & nominatior ceteris praedictum Monasterium: Benchor est Ch. [illegible] [illegible] Bernardus Claraevallensis Abbas in Vita S. Malachiae Cap. VI. laudes Hibernici Benchorensis Monasterii prosequutus, eique adscribit, quae Bencornensi tribuere videtur Beda loco citato.

Ad usum itaque insignis illius Monasterii in Hibernia olim fuit Antiphonarium nunc a nobis evulgatum. E Bobiensi autem Coenobii Bibliotheca in Ambrosianam transiit Codex cura amplissimi Cardinalis Friderici Borromaei, cui Bibliotheca illa suum ortum debet, Urbs, & Archiepiscopatus Mediolanensis, innumeraque Literati plurima aeternam debebunt. Neque mirum, quod in Bobiensi Coenobio [illegible] hoc adservaretur. Celeberrimi hujus Monasterii institutor fuit S. Columbanus Abbas, qui ut Jonas Bobiensis Monachus in ejus vita testatur, non alibi Monachorum alio nomine primum dederat, quam in Monasterio, cujus est Vocabulum Benchor, illo nempe, quod in Hibernia situm fuisse diximus. Proinde inter Bobienses & Benchorenses Monachos magna in posterum quoque necessitudo, intercessit, ac mutuis commerciis. Et quamquam excogitare non possimus, ab ipso S. Columbano delatum in Italiam Antiphonarium istud fuisse, quum ibi quaedam habeantur, quae aliquot decennia post ejus mortem acciderunt; attamen ejus discipulis, proximisve Successoribus id factum esse haud abnuerim.

Quando autem in usu Benchorensium fuerit hocce Antiphonarium, conjicere possumus ex ipsius postremis horis, ubi Memoria Abbatum nostrorum celebratur. Primus Benchorensis Monasterii Abbas ibi numeratur S. Comgillus, qui S. Columbani Magister acta traditione fertatis Pater fuit. Ita de Columbano loquitur Jonas: Dehinc deinde migravit, ut Monachorum consortium sociaretur, & Monasterium, cujus est vocabulum Benchor, petiit, in quo virtutum Praesul ubertate clarebat B. Commogellus, egregius inter suos Monachorum Pater. Quamobrem S. Comgillum floruisse circiter Annum Ch. DLXXX. & adhuc Benchorensi Monasterio praerat, quum S. Columbanus ex Hibernia in Gallias processit, nova Monasteria instituturus: quod paullo ante Annum Ch. DXC. accidisse Mabillonius conjecit in Notis ad eamdem S. Columbani Vitam Sec. II. Act. SS. Ord. S. Benedicti. Baleus Centur. I. Cap. 57. Script. Britann. S. Comgalli aetatem nimium anticipat, quum illum Coenobio Benchorensi praepositum Anno Ch. DXXX. scribat, eique regradem Britannicum, non vero Hibernicum, Benchorense Monasterium tribuat. Ussherius ejus mortem figit in An. Ch. DCI. pag. 494. Antiq. Britannicarum. Succedunt in Antiphonario Abbates Beognus, Aedeus, Sinlanus, Finmennus, Mochlaisrenus, Segenus, Beracnus, Cummeneus, Columba, Aidanus, Baithenus, Crotanus, Cammanus, & Cronanus. De postremo hæc ibi leguntur,

Christo suum fulti supremus
Hymnus eorum quindecimus
Zoen ut carpat Cronanus,
Conservet eum Dominus.
Quem convocabit Dominus
Cælorum Regni sedibus.

Quæ sane indicare videntur, Cronanum tunc etiam temporis in vivis fuisse, quum ei *Zoe*, idest *vita*, optetur, & dicatur *convocandus* ad Cælorum Regni Sedes. Attamen quum scriptum ibi sit *quem convocabit*, non vero *quem convocavit*, vehemens oborta mihi dubitatio est, ne *convocabit* idem sit atque *convocavit*, quod in superioribus repetitum vides; & præcipue quum postremus etiam ex his Abbatibus inter Sanctos invocandos enumeretur.

Quod si revera Cronanus Abbas tunc vivebat, tempus, quo Antiphonarium illud concinnatum fuit, aut in usu erat, divinare fortasse liceret. In antiquo Catalogo *Sanctorum Hiberniæ*, quem Usserius publici juris fecit, Pag. 473. laudati Operis, Cronanus nescio quis Presbyter Sanctus enumeratur. Tres vero Cronanos deinde agnoscit Usserius ipse pag. 501. Primus An. Ch. 640. vixisse in Hibernia fertur. Secundus An. Ch. 665. mortem obiisse dicitur in Hibernicis Annalibus. Tertius Abbas fuit magnificique Monasterii fundator in Tipperariensi Comitatu. Videndus etiam Bollandus ad diem primam Januarii, ubi refert Vitam S. Mochua, sive Cronani, quem facit discipulum S. Comgalli, & Abbatem. Nos in Catalogo Benchorensium Abbatum duos Cronanos reperimus. A vero non abhorret, recentiorem inter eos floruisse circiter An. Chr. 660. quamquam si recte memini, Gabriel Bucelinus in Libro de Sanctis Viris Ord. S. Benedicti, quem olim vidi, scribit, Cronanum Benchorensem Abbatem vixisse circiter Ann. Ch. 636. Quæ tamen ita dicta velim, ut non putem propterea, Codicem ipsum, quo sum usus, ad eam ipsam ætatem esse referendum, quum exemplar in Ambrosiana adservatum, & certe vetustissimum, ex antiquiore tamen Codice describi facile per Monachos Bobienses, sive Benchorienses potuerit.

Quod est ad reliquos Abbates, eruditis locus erit inquirendi eorum tempus ac memoriam in antiquis Annalibus, atque Hagiologiis, ac potissimum in vastis Bollandistarum Libris, eamque in rem plurimum opis conferent, quæ de Sanctis Hiberniæ viris vagantur, sed magni tamen facienda, eruditione congesta memoratus Usserius in Libro Antiquitatum Britannicarum. Hoc interim adnotasse juvabit, priorem Hymnum, qui in hoc Antiphonario occurrit, tribui S. Hilario Pictaviensi Episcopo, illis verbis: *Hymnus S. Hylarii de Christo*. Et profecto compertum est inter eruditos, teste S. Hieronymo, Hymnorum Librum a S. Hilario fuisse compositum. Ex iis etiam nonnullos in Ecclesia decantari solitos fuisse tradit Concilium Toletanum IV. Anni 633. At in Hymno nunc a nobis producto majorem fortasse elegantiam desiderabunt nonnulli, ut eum S. Hilario adscribant.

Ad hæc legimus in Antiphonario nostro *Hymnum S. Patricii Magistri Scotorum*. Memini autem, Cl. Virum P. D. Bernardum de Montefaucon, dum olim Mediolani ageret, conspecta Codicis hujus, ac monumenti vetustate, mihi ostendenti fuisse gratulatum. Narrabat quippe, in Gallis nonneminem eruditum quemdam, cui nata suspicio fuerat, non ipsum solum S. Patricii res gestas, sed eumdem S. Patricium inter Fabulas Romanenses esse amandandum: tantis nempe antiquis commentis decerpta fuerat Sancti illius Episcopi Historia. At profecto nunc hic Hymnus satis esse potest ad confirmandam veritatem tum insignium Patricii operum, tum celebritatis famæ, quæ de S. Viro ad nostra usque tempora permanavit. Tu uberiora, etsi non pari antiquitate, ab Usserio pete Cap. XVII. pag. 813. & seq. Britannic. Antiquitatum.

IN NOMINE DEI SUMMI.

Canticum Moysi.

Audite Cœli, quæ loquor &c.

Hymnum S. Hilarii de Christo.

Hymnum dicat turba fidelium
Hymnum cantus personet . . .
Christo Regi concinnentur
Laudes . . . .

Tu Dei de . . . .
. . . .
. . . .
. . . .

Dextra Patris, mons, & Agnus,
Angularis tu lapis,
Sponsus idem, vel columba,
Flamma, Pastor, Janua.

In Prophetis inveniris
Nostro natus sæculo
Ante sæcla tu fuisti
Factor primi sæculi.

Factor cœli, terræ factor,
Congregator tu maris,
Omniumque tu creator
Quæ Pater nasci jubet.

Virginis receptus membris,
Gabrielis nuntio
Crescit alvus prole sancta
. . . . . . erius credere.

. . . . visam
. . . .
. . . .
. . . .

Cum jubet parvos necari,
Turbam fecit Martyrum;
Fertur infans occulendus,
Nili flumen quo fluit.

Qui refertur post Herodem
Nutriendus Nazareth.
Multa parvus, multa adultus
Signa fecit cœlitus.

Quæ latent, & quæ leguntur
Coram multis testibus,
Prædicans cœleste regnum
Dicta factis adprobat.

Debiles fecit vigere,
Cæcos luce illuminat,
Verbis purgat lepræ morbum,
Mortuos resuscitat.

Vinum, quod deerat Hidriis,
Mutari aquam jubet,
Nuptiis mero retentis
. . . . populo.

. . . .
. . . . bino
. . . .
. . . .

Turba ex omni discumbente
Jugem laudem pertulit,
Duodecim viros probavit,
Per quos vita diditur.

Ex quibus unus invenitur
Christi Judas traditor,
Instruuntur missi ab Anna
Proditoris osculo.

Innocens capitur tenetur,
Nec repugnans ducitur,
Sistitur falsis, grassatur
Offerentes Pontio.

Dicerent Christum negandum;
Turpis Sanctus traditur;
Impiis verbis grassantur;
Sputa, flagra sustinet.

Scandere Crucem jubetur
Innocens pro noxiis;
Morte carnis, quam gerebat,
Mortem vicit omnium.

Tum

Tum Deum clamore magno
  Patrem pendens invocat
  . . . . membra Christi
  . . . .

Vela templi scissa pendent;
  Nox obscurat seculum;
  Excitantur de sepulchris
  Dudum clausa corpora.
Adfuit Joseph Beatus;
  Corpus myrra perlitum
  Linteo rudi ligatum
  Cum dolore condidit.
Milites servare corpus
  Anna Princeps præcipit,
  Ut videret, si probaret
  Christus, quod spoponderat.
Angelum Dei trementes
  Veste amictum candida,
  Quo candore claritatis
  Vellus vicit sericum.
Demovit saxum sepulchro
  Surgens Christus integer;
  Hæc videt Judæa mendax,
  Hæc negat, cum videret.
F . . . .
  . . . .
  . . . .
  . . . .

Seque a mortuis paterna
  Suscitatum dextera
  Tertia die rediisse
  Nuntiat Apostolis.
Mox videtur a beatis,
  Quos probavit, fratribus,
  Quod rediisset ambigentes,
  Intrat januis clausis.
Dat docens præcepta legis,
  Dat divinum Spiritum,
  Spiritum Dei perfectum,
  Trinitatis vinculum.
Præcipit totum per orbem
  Baptizari credulos,
  Nomen Patris invocantes,
  Confitentes Filium.
Mystica fide revelat
  Tinctos sancto Spiritu,
  Fonte tinctos innovatos,
  Filios factos Dei.
Ante lucem turba . . . .
  Concinit . . . .
  . . . .
  . . . .

Galli cantus, galli plausus
  Proximum sentit diem
  Nos canentes, & precantes
  Quæ futura credimus.
Majestatemque inmensam,
  Concinnemus uniter;
  Ante lucem nuntiemus
  Christum Regem seculo.
Ante lucem nuntiemus,
  Christum Regem sæculo.
  Qui in illum recte credunt
  Regnaturi cum eo.
Gloria Patri ingenito,
  Gloria Unigenito
  Simul cum Sancto Spiritu
  In sempiterna sæcula.

Hymnum Apostolorum.

PRecamur Patrem
  Regem omnipotentem,
  Et Jesum Christum,
  Sanctum quoque Spiritum,
    Alleluja.
Deum in una
  Perfectum substantia
  Trinum . . . .
  . . . .

Universorum
  Fontis jubar luminum
  Æthereorum,
  Et orbi lucentium.
Hic enim dies
  Velut primogenitus
  Cœli ab arce
  Mundi olim micuit.
Sic Verbum caro
  Factum a principio

Lumen æternum
Missum Patre sæculo.
Illeque proto
Vires adimens Caho,
Tum improviso
Noctem pepulit mundo.
Ita æterno
Ille hoste subacto
Polum nodoso
Solvit mortis vinculo.
Tenebræ super
Ante erant abyssum,
Quam radiaret
Primus dies dierum.
Hæc quum prodiret
Vera lux mortalis
Contexit alta
Corda ignorantia.
Eodem die
Rubrum, ut ajunt, mare
Post tergum liquit
Liberatus Israhel.
Per hoc docemur.
Mundi acta spernere,
Et in deserto
Virtutum consistere.
Summerso sævo
Cieri cantum æmulo
Certatim Deo
Laudes Duci ignea.
Sicque erepti
Nequam jubemur fretis
Laudare Deum
Explosis inimicis.
Et sicut ille
Lucis fuit initium,
Ita & isti
Salutis exordium.
Loquatur primus
In tenore diei
Secundus vero
In calore Fidei.
In fine mundi
Post tanta mysteria
Adest Salvator
Cum grandi clementia.
Tamque aperte
Elementa prætendunt,
Quam verum hora
Lucide concelebrant.
Natus ut homo
Mortali in tegmine
Non deest cœlo
Manens in Trinitate.
Vagit in pannis,
Veneratur a Magis,
Fulget in stellis,
Adoratur in Cœlis.
Statura vili
Continetur præsepi,
Cujus pugillo
Potest orbis concludi.
Primumque signum
Portendit discipulis
Aquæ conversæ
In sapore nectaris.
Tum per Prophetam
Completur ut dictum:
Saliet claudus
Ut cervus perniciter.
Planaque fatur
Absoluto vinculo
Lingua mutorum
Imperante Domino.
Surdi sanantur,
Cæci, atque leprosi,
Fune retroso
Suscitantur mortui.
Totidem panes
Quinque dividit virum
Saturatis
Procul dubio millibus.
Post tantas moles
Divinæ clementiæ
Exosus ille
Stimulo invidiæ.
Qui invidere
Et odire animam
Pro inimicis
Prorogans . . . .

Ad-

Adversus eum
Initur consilium,
Qui magni dictus
Consilii est nuntius.
Accedunt ei
Ut latroni cum gladiis
Fures æternis
Traditori cæstibus.
Tandem humano
Traditur judicio
Mortali Rege
Damnatur perpetuus.
Cruci confixus
Polum mire concutit,
Lumenque Solis
Tribus obtondit horis.
Saxa rumpuntur,
Velum scinditur templi;
Vivi consurgunt
De sepulchris mortui.
Conrosum nodis
Annos fere millibus
Extricat senis
Inferni feralibus
..... to-plaustum
...., osa soboles,
Abjecta mali morte
Sæva nutrice.
Quemque antiquum
Paradiso incolam
Recurso suo
Clementer restituit.
Exaltans caput
Universi corporis,
In Trinitate
Locavit Ecclesiæ.
In hoc cælitus
Jubet portas Principes
Regi cum sociis
Eternales pandere.
Errantem propriis
Evehens certissimum
Supernis ovem
Humeris ovilibus.
Quem expectamus
Adfuturum Judicem
Justum cuique
Opus suum reddere;
Rogo quanti tantis
Talibusque donariis
Vicem condigno
Possumus rependere?
Quid tam mortales
Temptamus micrologi
Narrare, quivit
Quæ nullus edicere?
Solum oramus
Hoc, idemque maximum:
Nostri æterne
Miserere Domine. Alleluja.

Canticum Sancti Zachariæ.

BEnedictus Dominus Deus Israhel &c.

Canticum.

CAntemus Domino, gloriose enim honorificatus &c.

Benedictio trium puerorum.

BEnedicite omnia opera Domini Dominum, hymnum dicite, & superexaltate eum in secula &c.

Hymnus in Die Dominico.

LAudate pueri Dominum, laudate nomen Domini. Te Deum laudamus, te Dominum confitemur.
Te æternum Patrem omnis terra veneratur: Tibi omnes Angeli, tibi Cœli, & universæ potestates.
Tibi Cherubin, & Seraphin incessabili voce proclamant: Sanctus, San-

Sanctus, Sanctus Dominus Deus Sabaoth.

Pleni sunt cœli, & universa terra honore gloriæ tuæ.

Te gloriosus Apostolorum chorus, te Prophetarum laudabilis numerus.

Te Martyrum candidatus laudet exercitus. Te per orbem terrarum sancta confitetur Ecclesia.

Patrem immensæ majestatis. Venerandum tuum verum, unigenitum Filium.

Sanctum quoque Paraclitum Spiritum. Tu Rex Gloriæ Christe.

Tu Patris sempiternus es filius. Tu ad liberandum mundum suscepisti hominem.

Non horruisti Virginis uterum. Tu devicto mortis aculeo aperuisti credentibus regna Cœlorum.

Tu ad dexteram Dei sedens in gloria Patris judex crederis esse venturus.

Te ergo quæsumus nobis tuis famulis subveni, quos pretioso sanguine redemisti.

Æterna fac cum Sanctis gloria munerari.

Salvum fac populum tuum Domine, & benedic hereditati tuæ, & rege eos, & extolle illos usque in sæculum.

Per singulos dies benedicimus te, & laudamus nomen tuum in æternum, & in sæculum sæculi. Amen.

Fiat Domine misericordia tua super nos, quemadmodum speravimus in te.

Hymnum quando communicarent Sacerdotes.

Sancti venite,
Christi Corpus sumite,
Sanctum bibentes,
Quo redempti, Sanguinem.
Salvati Christi
Corpore & Sanguine,
A quo refecti
Laudes dicamus Deo.
Hoc Sacramento
Corporis & Sanguinis,
Omnes exuti
Ab Inferni faucibus.
Dator salutis
Christus Filius Dei
Mundum salvavit
Per Crucem, & Sanguinem.
Pro universis
Immolatus Dominus
Ipse Sacerdos
Existit, & hostia.
Lege præceptum
Immolari hostias,
Qua adumbrantur
Divina Mysteria.
Lucis indultor
Et Salvator omnium
Præclaram Sanctis
Largitus est gratiam.
Accedant omnes
Pura mente creduli,
Sumant æternam
Salutis custodiam.
Sanctorum custos
Rector quoque Dominus
Vitæ perennis
Largitur credentibus.
Cœlestem panem
Dat esurientibus
De fonte vivo
Præbet sitientibus.
Alpha & Omega

Ipse

Ipse Christus Dominus
Venit venturus
Judicare homines.

Hymnus quando Cereus benedicitur.

IGnis creator igneus
Lumen donator luminis,
Vitaque vitæ conditor
Dator salutis, & salus.
Nec noctis hujus gaudia
Vigil lucerna deserat,
Qui hominem non vis mori,
Da nostro lumen pectori.
Ex Ægypto migrantibus
Indulges geminam gratiam,
Nubis velamen exhibes,
Nocturnum lumen porrigis.
Nubis columpna per diem
Venientem plebem protegis,
Ignis columpna ad vesperum
Noctem depellis lumine.
E flamma famulum provocas,
Rubum non spernis spineum,
Et cum sis ignis concremans,
Non uris quod inluminas.
Fusco depasto nubilo
Tempus decoctis sordibus
Fervente Sancto Spiritu
Carnem lucere cereum.
Secretis jam condis favi
Divini mellis alitus
Cordis repurgans intimus
Verbo replesti cellulas.
Examen ut fœtus novi
Ore præelectum, spiritu
Relectum cœlum faremis
Quærat securis pinnulis.
Gloria Patri ingerito,
Gloria Unigenito,
Simul cum Sancto Spiritu
In sempiterna secula.

Hymnus mediæ noctis.

MEdiæ noctis tempus est,
Prophetica vox admonet,
Dicamus laudes Deo
Patri semper, ac Filio,
Sancto quoque Spiritui;
Perfecta enim Trinitas,
Uniusque substantiæ
Laudanda nobis semper est.
Terrorem tempus hoc habet,
Quo cum vastator Angelus
Ægypto mortem intulit,
Delevit primogenita.
Hæc justis hora salus est,
Et quos ideo tunc Angelus
Ausus punire non erat
Signum formidans sanguinis.
Ægyptus flebat fortiter
Tantorum diro funere;
Solus gaudebat Israhel
Agni protectus Sanguine.
Nos vero Israhel sumus,
Lætamur in te Domine,
Hostem spernentes & malum,
Christi defensi Sanguine.
Ipsum profecto tempus est
Quo voce Evangelica
Venturus Sponsus creditur,
Regni cœlestis conditor.
Occurrunt Sanctæ Virgines
Obviam tunc adventui,
Gestantes claras lampades
Magno lætantes gaudio.
Stultæ vero remanent,
Quæ extinctas habent lampades,
Frustra pulsantes januas
Clausas jam Regni Regiæ.
Quare vigilemus sobrii
Gestantes mentes splendidas,
Adventui ut Jesu
Digne curramus obviam.
Noctisque medio tempore
Paulus quoque, & Sileas

Chri-

Christum vincti in carcere
Conlaudantes soluti sunt.
Nobis mundus hic carcer est.
Te laudamus Christe Deus,
Solve vincla peccatorum
In te sancte credentium.
Dignos nos fac Rex agie
Futuri Regni gloriæ
Æternis ut mereamur
Te laudibus concinere.
Gloria Patri ingenito,
Gloria Unigenito,
Simul cum Sancto Spiritu
In sempiterna sæcula.

Hymnum in Natale Martyrum, vel Sabbato ad Matutinam.

SAcratissimi Martyres summi Dei
Bellatores fortissimi,
Christi Regis potentissimi
Duces exercitus Dei,
Victores in cœlis,
Deo canentes: Alleluja.
Excelsissime Christe,
Cœlorum Deus Cherubin,
Cui sedes cum Patre sacra.
Angelorum ibi, & Martyrum
Fulgens chorus,
Tibi sancti proclamant.
Magnifice tu prior
Omnium passus crucem
Qui devicta morte resurrexisti
Mundo, ascendisti ad cœlos
Ad dexteram Dei,
Tibi Sancti proclamant.
Armis spiritalibus
Munita mente Apostoli
Sancti te sunt secuti,
Qui cum ipsa crucis
Paterentur morte
Tibi sancti canebant.
Christe Martyrum tu es
Adjutor potens prœliantium
Sancta pro tua gloria,
Qui cum victores
Exirent de hoc sæculo,
Tibi sancti canebant.
Illustris tua Domine
Laudanda virtus, quæ per Spiritum
Sanctum firmavit Martyres,
Qui consternerent Zabulum,
Et mortem vincerent,
Tibi sancti canebant.
Manu Dei excelsa
Protecti contra Diabolum
Steterunt firmati,
Semper Trinitati fidem
Toto corde servantes,
Tibi Sancti canebant.
Vere regnantes erant
Tecum Christe Deus,
Qui passionis merito coronas
Habent, & centenario
Fructu repleti gaudent,
Tibi Sancti proclamant.
Christi Dei gratiam
Supplices obsecremus,
Ut in ipsius gloriam
Conformemur, & in sanctam
Hierusalem Civitatem Dei
Trinitati cum Sanctis
Dicamus Alleluja.

Hymnum ad Matutinam in Dominica.

SPiritus divinæ
Lucis gloriæ
Respice in me
Domine.
Deus veritatis
Domine Deus Sabaoth,
Deus Israhel
Respice.
Lumen de lumine
Referemus Filium Patris
Sanctumque Spiritum
In una substantia.

Re-

Respice.
Unigenitus, & primogenitus,
A te obtinemus.
Redemptionem nostram.
Respice.
Natus ex Spiritu Sancto
Ex Maria Virgine
In idipsum in adoptionem
Filiorum, qui tibi
Procreati ex fonte vivunt.
Respice.
Hæredes, & cohæredes
Christi tui, in quem,
Et per quem cuncta creasti,
Quia in prædestinatione
A sæculis nobis est
Deus Jesus, qui nunc cœpit.
Respice.
Unigenito ex mortuis
Deo obtinens corpus,
Claritatem Dei, manens
In sæcula sæculorum
Rex æternorum.
Respice.
Quis nunc cepit, qui semper
Fuit naturæ tuæ Filius,
Divinæ lucis gloriæ tuæ,
Qui est forma, & plenitudo
Divinitatis tuæ frequens.
Respice.
Persona Unigeniti,
Et primogeniti,
Qui est totus a toto
Diximus lux de lumine.
Respice.
Et Deum verum a Deo vero
Semper semper confitemur,
Tribus personis
In una substantia.
Respice in me Domine.

Hymnum Sancti Patritii Magistri Scotorum.

Audite omnes amantes
Deum sancta merita
Viri in Christo beati
Patrici Episcopi
Quomodo bonum ob actum
Similatur Angelis,
Perfectamque propter vitam
Æquatur Apostolis.
Beata Christi custodit
Mandata in omnibus
Cujus opera refulgent
Clara inter homines
Sanctumque cujus sequuntur
Exemplum mirificum,
Unde & in cœlis Patrem
Magnificant Dominum.
Constans in Dei timore
Et fide immobilis
Super quem ædificatur,
Ut Petrum Ecclesia
Cujusque Apostolatum
A Deo sortitus est,
In cujus portæ adversum
Inferni non prævalent.
Dominus illum elegit
Ut doceret barbaras
Nationes, & piscaret
Per doctrinæ retia,
Et de sæculo credentes
Traheret ad gratiam
Dominum qui sequerentur
Sedem ad æthereum.
Electa Christi talenta
Vendit Evangelica,
Quæ Hibernas inter gentes
Cum usuris exigit,
Navigii hujus laboris
Tum operæ pretium
Cum Christo Regni cœlestis
Possessurus gaudium.
Fidelis Dei minister,

Insignisque nuntius
Apostolicum exemplum,
Formamque praebet bonis,
Qui tam verbis, quam & factis
Plebi praedicat Dei,
Ut quem dictis non convertit
Fructo provocet bono.
Gloriam habet cum Christo,
Honorem in saeculo
Qui ab omnibus, ut Dei
Venerator Angelus,
Quem Deus misit ut Paulum
Ad Gentes Apostolum,
Ut hominibus ducatum
Praeberet Regno Dei.
Humilis Dei ob metum
Spiritu & corpore,
Super quem bonum ob actum
Requiescit Dominus,
Cujusque justa in carne
Christi portat stigmata,
Et cujus sola sustentans
Gloriatur in cruce.
Impiger credentes pascit
Dapibus coelestibus,
Ne qui videntur cum Christo
In via deficiant,
Quibus erogat ut panes
Verba Evangelica,
Et cujus multiplicantur
Ut manna in manibus.
Kastam qui custodit carnem
Ob amorem Domini,
Quam carnem templum paravit
Sanctoque Spiritui,
A quo constanter cum mundis
Possidetur actibus,
Quam & hostiam placentem
Vivam offert Domino.
Lumenque mundi accensum
Ingens Evangelicum,
In candelabro levatum
Toto fulgens saeculo,
Civitas Regis munita
Supra montem posita,
Copia in qua est multa,
Quam Dominus possidet.
Maximus namque in regno
Caelorum vocabitur,
Qui quod verbis docet sacris,
Factis adimplet bonis,
Bono praecedit exemplo,
Formamque Fidelium
Mundoque in corde habet
Ad Deum fiduciam.
Numen Dei audenter
Adnuntiat gentibus,
Quibus lavacris salutis
Aeternam dat gratiam,
Pro quorum orat delictis
Ad Deum cotidie,
Pro quibus ut Deo dignas
Immolatque hostias.
Omnem pro divina lege
Mundi sprevit gloriam,
Qui cuncta ad cujus mensam
Aestimat quisquilia,
Nec ingruenti movetur
Mundi hujus fulmine,
Sed in adversis laetatur,
Cum pro Christo patitur.
Pastor bonus, & fidelis
Gregis Evangelici,
Quem Deus Dei elegit
Custodire populum,
Suamque pascere plebem
Divinis dogmatibus.
Pro qua ad Christi exemplum
Suam tradit animam.
Quem pro meritis Salvator
Provexit Pontificem,
Ut in coelesti moneret
Clericus militia,
Coelestem quibus annonam
Erogat cum vestibus,
Quod in divinis impletur,
Sacrisque affatibus.
Regis nuntius invitans
Credentes ad nuptias
Qui ornatur vestimento

Nuptiali indutus,
Qui cœleste haurit vinum
In vasis cœlestibus,
Propinansque Dei plebem
Spiritale poculum.
Sacrum invenit thesaurum
Sacro in volumine,
Salvatorisque in carne
Deitatem pervidet,
Quem thesaurum emit sanctis,
Perfectisque meritis,
Israhel vocatur hujus
Anima videns Deum.
Testis Domini fidelis
In lege Catholica
Cujus verba sunt divinis
Candida oraculis
Ne humanæ putent carnes
Æsæque a vermibus,
Sed cœlesti alleantur
Sapore ad victimam.
Verus cultor, & insignis
Agri Evangelici,
Cujus semina videntur
Christi Evangelia,
Quæ divino serit ore
In aures prudentium,
Quorum quoque corda, ac mentes
Sancto arat Spiritu.
Christus illum sibi elegit
In Terris Vicarium,
Qui de gemino captivos
Liberat servitio,
Plerosque de servitute
Quos redemit hominum,
Innumeros de Zabuli
Absolvit dominio.
Hymnos cum Apocalypsi
Psalmosque cantat Dei,
Quosque ad ædificandum
Dei tractat populum,
Quam legem in Trinitate
Sacri credit nominis,
Tribusque personis unam
Docetque substantiam.
Zona Domini præcinctus
Diebus ac noctibus,
Sine intermissione
Deum orat Dominum,
Cujus ingentis laboris,
Percepturus præmium
Cum Apostolis regnabit
Sanctus super Israhel.
Patricius Episcopus
Oret pro nobis omnibus,
Ut deleantur protinus
Peccata quæ commisimus.
Patricii laudes
Semper dicamus,
Ut nos cum illo
Semper vivamus.

Hymnum Sancti Comgilli
Abbatis nostri.

Recordemur justitiæ
Nostri patroni fulgide
Comgilli Sancti nomine
Refulgentis in opere,
Adjuti Dei flamine
Sancto claroque lumine,
Trinitatis celsissimæ
Cuncta tenentes regmine,
Quem Deus ad æthera
Conduxit habitacula,
Ab Angelis custodita,
Permansura in sæcula.
Audite pantes ta erga
Allati ad Angelica
Athletæ Dei abdita
A juventute florida
Aucta in legis pagina,
Alta Sancti per viscera
Apta fide justitia,
Ad Dei ducta gaudia,
Alti adlata merita
Affatim concordantia,
Ab Angelis.
Bonam vitam, justitiam

Benignitatem floridam,
Caritatem firmissimam,
Deo primo adhibitam,
Juxta mandatum solidam
In regno præstantissimam,
Proximis sæpe debitam,
Corde sereno placitam
Efficiebat cognitam
In futuro fructiferam,
Quem Deus.
Contemptum mundialium
Voluptatum, præsentium
Vitiorum firmissimum
Infirmos devastantium
Verborum cogitaminum
Parte læva versantium
Continebat per viscerum
Secreta vigilantium
Ab Angelis.
Doctus in Dei legibus
Divinis dictionibus
Ditatus sanctis opibus,
Deo semper placentibus,
Dedicatus in moribus,
Dei Stephanus agios
Docebat sic & cæteros
Dicta docta operibus
Quem Deus.
Elegit a primordio,
Quod erat in principio,
Æternum Verbum paterno
Eructatum sanctissimo
Corde verum altissimo
Carus eidem lucido
Pignus præclaro animo
Constans opere placido.
Ab Angelis.
Fulgebat alti fulgore
Solis vice in vertice
Rutilantis meridie
Fidei claritudine.
Confirmatus ex viscere
In Dei semper fidere
Confidens sanctimoniæ
Præcipuo munimine.
Quem Deus.
Gaudium Sancti Spiritus
Habebat in visceribus
Regnum quo est sublimibus
Deo dignum, & fortius.
Gladium quoque Spiritus
Levatum ad nequissimus
Quo prosterneret superbos
Tenens Sanctis in manibus.
Ab Angelis.
Humilis, Sanctus, benignus
Probus in Dei legibus
Humanus, justus, commodus,
Laudabilis in moribus,
Hilaris vultu, sobrius,
Caritatis in floribus,
Decoratus ordinibus,
Factus palam mortalibus
In Scripturis eruditus,
Inspiratus divinitus;
In Sacramentis providus,
Canonicis affatibus
Testamenti præfulgidus,
Fervens spiritu, placidus
Deo carus, & piissimus.
Ab Angelis.
Kalcavit mundum subdolum
Karitatis per studium
Kastitatis firmissimum
Contemnens omne vitium,
Inserens agrum floridum,
Pectus adornans lucidum,
Divinum habitaculum
Trino nomine sancitum.
Quem Deus.
Lampadem sapientiæ
Constituit in pectore
In thesauro sapientiæ
Condito Dei munere,
Inflammatus magnopere
Luce veræ justitiæ,
Exaltatus munimine
Legis, Spiritus, Literæ.
Ab Angelis.
Magnum adprehendit bradium
Æter-

Æterna vita condignum,
Adeptus sanctum præmium
Post laborem firmissimum,
Cujus perfectum meritum
Vocamus in auxilium,
Ut mereamur omnium
Vitiorum excidium.
Quem Deus.
Notus Sanctorum cœtibus
Abbatem in ordinibus
Monachorum militibus
Anachoretarum sensibus
Synodum Sanctis plebibus
Immo vir Apostolicus
Clarus cunctis in fortibus,
Adauctus in sublimibus
Ab Angelis.
O petram solidissimam
In fundamento positam,
O contemptorem omnium
Rerum nequam præsentium,
O ducem sanctum militem
Domino militantium,
O Tyronem fortissimum
Domino totum deditum.
Quem Deus.
Positus muri ferrei
Vice in luce populi
Dissipare, disperdere,
Cuncta mala destruere,
Ædificare, plantare
Bona tota in commune
More Sancti Hieremiæ
Constituti in culmine.
Ab Angelis.
Quis contempsit præsentia
Hujus ævi decidua?
Quis ascendit ad superna
Toto animo gaudia?
Quis volebat in æthera
Carne volare posita?
Qualiter iste talia
Adeptus sancta merita.
Quem Deus.
Rexit sanctam Ecclesiam
Catholicam per regulam,
Retinens fidem solidam
Malam contra nequitiam,
Suam exercens animam
Sanctæ legis per paginam,
Cujus excepto gratiam
Mihi adornat animam.
Ab Angelis.
Sapiens suos internos
Sanctos elevans oculos
Deducebat ad superos
Capite sancto intentos,
Parte sancta in dextera
Collocans sua viscera,
Centurionis opera
Habens sancta per studia.
Quem Deus.
Tulit suam memoriam
Ad mansionem supernam
Caram Deo, & floridam
Suam exercens animam,
Contemptnens terram subdolam,
Vanam omnem insaniam
Domans cum Abraham
Ad terram illam optimam.
Ab Angelis.
Vitam æternam fulgida
Adeptus est sub corona,
Ubi adsumet præmia
Permansura in sæcula
Comitaturus agmina
Angelorum præcipua
Inquirens semper talia
Vigilans in Ecclesia.
Quem Deus.
Christum orabat Magistrum,
Summum ornans obsequium,
Christi gerens officium
Actum per Apostolicum.
Hujus sequens vestigium
Docens Deo exercitum
In sanctum habitaculum
Trinitatis sedilium.
Ab Angelis.
Hymnum Deo cum cantico
Im-

Immolabat Altissimo,
Diei noctis circulo
Orans sæpe cum triumpho
Nunc cantavit sub numero
Canticum novum Domino
Junctus choro Angelico
Summo Sanctis in jubilo.
Quem Deus.
Zona cinctus justitiæ
Castitatis eximiæ
Mundo opertus sindone
In signo castimoniæ
Fœminalia lucidæ
Habens toto ex viscere,
Cujus sancto pro opere
Reddetur merces condigne.
Quem Deus ad æthereas
Conduxit habitacula
Ab Angelis custodita
Permansura in secula.

Per merita, & Orationes S. Comgilli Abbatis nostri omnes nos Domine in tua pace custodi.

Hymnum Sancti Camelaci.

AUdite bonum exemplum
Benedicti pauperis
Camelaci Cumiensis
Dei justi famuli.
Exemplum præbet in toto,
Fidelis in opere,
Gratias Deo agens,
Hylaris in omnibus,
Jejunus, & mansuetus;
Kastus hic servit Deo,
Lætatur in paupertate,
Mitis est in omnibus,
Noctibus, atque diebus
Orat Dominum suum,
Prudens, justus ac fidelis,
Quem ingrati diligunt.
Regem Deum aspexit,
Salvatoremque suum
Tribuit huic æternam
Vitam cum fidelibus.
Christus illum insinuavit
Patriarchæ Abrahæ.
In Paradiso regnabit
Cum Sancto Eleazaro.

Collect. ad Secundam.

ESto nobis protector in ista die, Domine sancte Pater omnipotens æterne Deus, & miserator, & misericors, & auxiliator, & dux nobis, & illuminator cordium nostrorum. Custodi Domine cogitationes, sermones, opera, ut possimus placere in conspectu tuo Domine, & perficere voluntatem tuam, & ambulare in via recta toto nostræ vitæ tempore.

Item alia ad Secundam.

TE oramus altissime
Exorto solis lumine
Christo oriens nomine,
Adesto nobis Domine
Qui regnas in secula.

Ad Tertiam.

CHristi per horam tertiam
Deprecamur clementiam
Uti nobis perpetuam
Suam tribuat gratiam
Qui regnas.

Ad Sextam.

TUis parce supplicibus
Sexta hora orantibus
Qua fuisti pro omnibus
Christe in Cruce positus.
Qui regnas.

Ad

Ad Nonam.

EXaudi preces omnium
Nona hora orantium,
In qua Christe Cornelium
Visitasti per Angelum.
Qui regnas.

Ad Vesperas.

VEspertino sub tempore
Te invocamus Domine,
Nostris precibus annue,
Nostris peccatis ignosce.

In hora dimidii noctis.

NOctis tempus exegimus
Christe in tuis laudibus,
Miserearis omnibus
Te ex corde precantibus.
Qui regnas.

Ad Nocturnum.

JEsu clementer visita
Nocte orantes media,
Qua divina potentia
Petri solvisti vincula.
Qui regnas.

Ad Matutinum.

DEus subveni omnibus
Te ter sanctum laudantibus
Unumque confitentibus
Sacris hymnorum cantibus.
Qui regnas.

Item ad Matutinum.

GAllorum Christe cantibus
Te deprecor sonantibus
Petri ob quondam fletibus
Nostris intende precibus.
Qui regnas.

Item alia ad Matutinum.

DEus qui pulsis tenebris
Diei lucem tribuis,
Adventum veri luminis
Tuis effunde famulis.

Item ad Secundam.

EXaudi nos Domine supplices tuos, qui in hac hora prima diei referimus tibi gratias Domino Deo nostro, qui nos redemisti tuo Sancto Sanguine, ut preces, ac petitiones nostras vice primitiarum tibi oblatas pie, clementerque suscipias. Qui regnas.

Ad horam Tertiam.

TIbi subnexis precibus Christo Domino supplicamus, qui in hora tertia diei Spiritum Sanctum Apostolis orantibus emisisti, ejusdem gratiae participationem nobis poscentibus jubeas concedi. Qui regnas.

Ad horam Sextam.

OMnipotens aeterne Deus, qui nobis magnalia fecisti, sexta hora sanctam Crucem ascendisti, & tenebras mundi inluminasti, sic & corda nostra inluminare digneris. Qui regnas.

Ad horam Nonam.

NOna agitur diei hora. Ad te Domine directa supplicatione, qua cultoribus tuis divina monstranſtrantur miracula, noſtra quoque eorum imitatione corda inlumina. Qui regnas.

Ad Veſpertinam.

VEſpertina oratio noſtra aſcendat ad aures divinæ majeſtatis tuæ, & deſcendat benedictio tua Domine ſuper nos, quemadmodum ſperavimus in te. Qui regnas.

Ad initium Noctis.

DEus, qui inextricabiles tenebras inlumines noctium, denſitatem caliginis inluſtras, corda noſtra in opere mandatorum tuorum, te oramus Domine, cuſtodias. Qui regnas.

Ad initium noctis.

EVolutis nunc diei temporibus, nocturniſque ſpatiis ſupervenientibus, Dei miſericordiam deprecemur, ut ſuppleti divinis ſenſibus, tenebrarum operibus renuntiare poſſimus. Qui regnas.

Ad pacem celebrandam.

INjuſte egimus. Redemiſti nos Domine Deus veritatis in tuo ſancto ſanguine, nunc adjuva nos in omnibus Jeſu Chriſte, qui regnas.

PAx multa diligentibus, pax tua Domine Rex cœleſtis permaneat ſemper in viſceribus noſtris, ut non timeamus a timore nocturno. Qui regnas.

Incipit Symbolum.

CRedo in Deum Patrem omnipotentem inviſibilem, omnium creaturarum viſibilium, & inviſibilium conditorem.

Credo & in Jeſum Chriſtum Filium ejus unicum Dominum noſtrum, Deum omnipotentem, conceptum de Spiritu Sancto, natum de Maria Virgine, paſſum ſub Pontio Pylato, qui crucifixus, & ſepultus deſcendit ad Inferos, tertia die reſurrexit a mortuis, aſcendit in cœlis, ſeditque ad dexteram Dei Patris omnipotentis exinde venturum judicare vivos, ac mortuos.

Credo & in Spiritum Sanctum Deum omnipotentem unam habentem ſubſtantiam cum Patre & Filio. Sanctam eſſe Eccleſiam Catholicam, abremiſſa peccatorum, Sanctorum communionem, carnis reſurrectionem. Credo vitam poſt mortem, & vitam æternam in gloria Chriſti. Hæc omnia credo in Deum. Amen.

Oratio Dominica.

PAter noſter &c.

Ad Nocturnum.

PEr horam mediæ noctis tunc gaviſi ſunt Angeli de nativitate Domini N. J. C. Ita & nos lætari debemus in tua ſancta pace omnipotens Deus, qui vivis &c.

Ad Matutinum.

TU es Domine inluminator caliginum, conditorque elementorum, remissor criminum; misericordia tua Domine magna est super eos, qui te toto corde requirunt. Majestas tua Domine mane nos exaudiat, & deleat delicta nostra, quæ tibi non sunt abdita. Qui regnas &c.

Item ad Matutinum.

TU es spes, & salus. Tu es vita, & virtus. Tu es adjutor in tribulationibus. Tu es defensor animarum nostrarum. Deus Israhel in omnibus. Qui regnas &c.

Oratio communis Fratrum.

NE memineris iniquitatum nostrarum antiquarum. Cito anticipent nos misericordiæ tuæ, quia pauperes facti sumus nimis. Adjuva nos Deus salutaris noster propter gloriam nominis tui. Domine libera nos, & propitius esto peccatis nostris propter nomen tuum. Ne tradas bestiis animam confitentem tibi. Animas pauperum tuorum ne obliviscaris in finem. Respice in testamentum Domine. Deus in adjutorium meum intende, Domine ad adjuvandum me festina. Festina Domine liberare nos ex omnibus peccatis nostris.

Pro Baptizatis.

SAlvum fac populum tuum Domine, & benedic hæreditati tuæ, & rege eos, & extolle Domine illos usque in seculum. Miserere Ecclesiæ tuæ Catholicæ, quam in tuo sanguine redemisti. Qui regnas.

Exurge Domine in requiem tuam. Tu es arca sanctificationis tuæ. Sacerdotes tui induantur justitiam, & sancti tui &c. Qui &c.

Lætentur in te Domine omnes Sancti tui, qui sperant in te in omni veritate.

Pro Abbate.

DOminus conservet eum, & vivificet eum, & beatum faciat eum in terra. Dominus custodit te ab omni malo, custodiat animam tuam Dominus. Dominus custodiat introitum tuum ex hoc nunc, & usque in sæculum;

Custodi nos Domine ut pupillam oculi, sub umbra alarum tuarum protege nos.

Protegere, & sanctificare digneris omnibus omnipotens. Qui regnas &c.

Pro Fraternitate.

TU Domine servabis nos, & custodies nos a generatione hac in æternum.

Exaudi orationes nostras pro Fratribus nostris, ut illi Deus misereatur.

Pro pace populorum, & Regum.

DOminus virtutem populo suo dabit. Dominus benedicet populo suo in pace.

Pacem præstare digneris omnipotens Deus. Qui regnas &c.

In Blasphemantibus.

DOmine misericordia tua in sæculum, opera manuum tuarum ne despicias.

Domine Deus virtutum ne statuas illis hoc in peccatum.

Pro Impiis.

JUdica illos Deus, decedant a cogitationibus suis; usque irritaverunt te Domine.

Confundantur illi, qui confidunt in se, & non nos Domine, qui confidimus in te.

Pro iter facientibus.

ODomine salvum fac, ò Domine bene prosperare. Prosperitatem itineris præsta famulis tuis. Qui &c.

Confiteantur tibi Domine omnia opera tua, & Sancti tui confiteantur tibi.

Tibi gratias agunt animæ nostræ pro innumeris beneficiis tuis. Qui regnas &c.

Pro Eleemosynariis.

DIspersit, dedit pauperibus. Justitia ejus manet in sæculum sæculi, cornu ejus exaltabitur in gloria.

Eleemosynas facientibus in hoc mundo retribue Domine in regno tuo Sancto.

Pro Infirmis.

EXclamaverunt ad Dominum, cum tribularentur, & de necessitatibus eorum liberabit eos.

Tribue Domine tuis famulis sanitatem mentis, & corporis.

Exurge Domine, adjuva nos, & redime nos propter nomen tuum.

Adjutorium nostrum in nomine Domini.

Salvare nos digneris per invocationem Sancti tui nominis. Qui regnas &c.

Deus qui sanctis Martyribus, & electis tuis coronam Martyrii præstitisti, te oramus Domine, ut eorum meritis obtineamus veniam, qui tantam gloriam non meremur. Qui regnas &c.

Ad te Domine clamabo. Deus meus ne sileas a me.

Dominus virtutum nobiscum, susceptor noster Deus Jacob.

Adjutor noster Deus Jacob miserere nobis Domine. Qui regnas &c.

Ad collectas.

SAnctus in sanctis, Agnus immaculatus, gloriosus in Cœlis, mirabilis in terris, præsta nobis Domine secundum magnam misericordiam tuam Deus, quam te petimus, & oramus. Qui regnas.

Ad Martyres.

Æternum virtutis tuae nomen omnipotens Deus oramus, uti nos Martyrum, & omnium Sanctorum tuorum meritis socios fide pares, devotione strenuos, passione consimiles in resurrectione felicium facias coaequari. Qui regnas &c.

Miserere mei Deus secundum magnam &c.

Tribue Domine petentibus te ex fide secundum magnam misericordiam tuam Deus, qui regnas &c.

Ad Nocturnum.

Media nocte clamore facto, ut nos inveniamur parati sponso, qui regnas &c.

Ad Matutinum.

Deus Deus noster ad te de luce vigilare debemus, & tu excita de gravi somno, & libera de sopore animas nostras, & in cubilibus nostris compungamur, ut tui esse memores mereamur. Qui regnas &c.

Tu es spes & salus. Tu es vita, & virtus. Tu es adjutor in tribulationibus. Tu es defensor animarum nostrarum Deus Israhel in omnibus. Qui regnas &c.

Ad Matutinum.

O Qui in altis habitas, & humilia respicis in caelo, & in terra, in mari, & in omnibus abyssis, de profundo cordis te deprecamur, ut firmes manus nostras ad praelium, & digitos nostros ad bellum, quo possimus in matutino interficere omnes peccatores terrae nostrae ac nos indefico mereamur & templum sanctum tuum Christe. Qui regnas &c.

Ad Martyres.

Deus, qui Sanctos tuos cum mensura approbas, & sine mensura glorificas, cujus praecepta finem habent, & praemia terminum non habent, exaudi per illorum merita preces nostras, & tribue, ut eorum patrocinia adjuvent nos ad Fidei profectum, ad bonorum operum fructum, ad prosperitatis bonum, ad salubritatis commodum, ad Religionis cultum, ad divini timoris augmentum per Dominum N. J. C. Filium tuum, qui est Rex regum, & Dominus dominantium, & gloria futurorum, regnans, & permanens una cum aeterno Spiritu Sancto in saecula saeculorum.

Collectio post Canticum.

Deus, qui exeunti ex Ægypto populo tuo maria divisisti, & suspensis utrinque marginibus in specie muri erigi fluenta jussisti, animas quoque nostras a diluvio peccatorum liberare digneris, ut transire vitiorum gurgitem valeamus hoste contempto, Salvator Mundi, qui cum aeterno Patre vivis, dominaris ac regnas cum Spiritu Sancto in saecula saeculorum.

Collectio post benedictionem puerorum.

EXaudi preces nostras omnipotens Deus, & præsta, ut sicut in decantato Hymno beata puerorum instituta sectamur, ita tuo munere peccatorum laqueis absoluti æterni ignis non ambiamur incendiis, Salvator Mundi, qui cum Patre vivis &c.

Collectio post tres Psalmos.

TE Domine de Cœlis laudamus, tibi ut canticum novum cantare mereamur. Te Dominum in sanctis tuis venerabiliter deprecamur, ut omnia nostra vota suscipias, peccata dimittas Salvator Mundi. Qui regnas &c.

Collectio post Evangelium.

EXultantes gaudio pro reddita nobis hujus diei luce omnipotenti Deo laudes gratiasque referamus, ipsius misericordiam obsecrantes, ut diem Dominicæ Resurrectionis nobis solemniter celebrantibus, pacem, & tranquillitatem, lætitiam præstare dignetur, ut a vigilia matutina usque ad noctem clementiæ suæ favore protecti, exultans lætitia perpetua gaudeamus per Dominum N. J. C. &c.

Super Hymnum.

SAncte Domine, inluminatio, & salus vera credentibus, Resurrectio Dominicæ claritatis, inlumina cor nostrum, ut Trinitatis scientia, & Unitatis cognitione, filii lucis, & membra Christi, ac templum Sancti Spiritus esse mereamur, qui regnas in sæcula sæculorum.

De Martyribus.

HI sunt Domine, qui felici cruore perfusi, dum blandientem mundi hujus inlecebram gloriosa passione despiciunt, mortem morte vicerunt, considerantesque tenebras hujus lucis certo termino, ac fine caituras, sumpserunt de pœna vitam, & de morte victoriam. Rogamus te Christe, ut eorum precibus adjuvari mereamur, quorum consortes esse non possumus per te Christe, qui cum Patre vivis, dominaris, & regnas.

Super Cantemus Domino gloriose.

DEus, qui cotidie populum tuum jugo Ægyptiæ servitutis absolvis, & per fluenta spiritalis lavacri in terram repromissionis devicto hoste transducis. Da nobis de vitiorum impugnatione victoriam, & devictis tenebris nostris deducas hæreditatem in Sanctuario, quod præparaverunt manus tuæ, Salvator mundi, qui cum æterno &c.

Super benedictionem trium puerorum.

SAncte Domine, & gloriose mirabilium virtutum effector, qui tribus pueris inter supplicia constitutis adfuistis, cui factum facile est ignium temperare naturam, & vim quodammodo exæstuantium coercere flammarum, ut inter incencendia frigida hymnum tibi canentes cum magna victoria exultarent, eamdem nunc Domine ad liberandos, ac protegendos nos dona virtutem Salvator Mundi.

Super Laudate Dominum de Cœlis.

QUem cuncta canite elementa Dominum laudent. Cujus confessio sacra eadem in Cœlo, & Terra, & pignora Sion novum tonanti dicite hymnum, factori judicium nefandiis in fine conscriptum, perstrepite diversis spiritales melodiæ modis, ut Christum conlaudent spiritus per sæcla omnes, qui cum Patre vivit.

Super Canticum.

DEus, qui impiam Ægyptum diennis corruptionibus multatas, & diviso mare planum iter populo præstas, preces exaudi quæsumus nostras, & nos nostris taliter hostibus Salvator Mundi. Qui regnas &c.

Post benedictionem trium puerorum.

DEus, qui pueris fide ferventibus fornacis flammam frigidam facis, & tribus invictis morte devicta quartus adsistis, precamur nobis æstibus carnis talem virtutem præstes adustis per te Jesu Christe, qui regnas &c.

Post Laudate Dominum de Cœlis.

DEus noster, Deus omnium animarum, te adoramus, ut in hac vigilia solempnitatis ad missa pervenire præstes, quousque tenebræ iniquitatis nostræ convertantur in lumine, sicut Sol in meridie splendescit, Salvator Mundi, qui regnas &c.

Post Evangelium.

DOminicam, nostræ Resurrectionis initium, venerantes, Trinitati Deo nostro debitas laudes, & grates unito referamus affectu, obsecrantes misericordiam ejus, ut nobis Domini, & Salvatoris nostri beatæ Resurrectionis participium tam in Spiritu, quam etiam in corpore concedat, qui cum Patre vivit &c.

Post Hymnum.

REspice Domine ad preces nostras, qui infirmitates visitasti humanas, & tuam nobis sanctificationem largire, & immortalitatem Christe, qui regnas &c.

Item post Canticum.

SUmmerso in mari Pharaone liberator Israhel. Nos quoque per Baptismi gratiam, & Crucis triumphum ab omni malo quæsumus liberari per te Christe &c.

Item post Benedicite.

DEus, qui tres pueros de fornace eripuisti, sic nos eripias de suppliciis inferni, qui regnas in sæcula.

Post

Post Laudate Dominum de Cælis.

TE laudamus Domine cum Sanctis tuis, ut preces nostras suscipere digneris, qui regnas &c.

Post Evangelium.

REsurgentem in hoc diluculo Dominum deprecamur, ut & nos in vitam æternam resurgamus per omnia sæcula sæculorum.

Post Hymnum.

REsurrectionem tuam Christe veneramur, per quam in æternum salvari mereamur per omnia sæcula.

Christe Deus, qui in salutem populi tui Israhel adjutor, & protector fuisti, quem per siccum mare ab Ægypto duxisti, salva nos hoc modo ab jugo peccati. Qui regnas in sæcula.

Post Hymnum trium Puerorum.

TE enim omnipotens Deus benedicimus jure, qui tres pueros liberasti ab igne, nos quoque de supplicio mortis æternæ propter misericordiam tuam eripe, qui regnas &c.

Post Laudate Dominum de Cælis.

DEus altissime Rex, Angelorum Deus, laus omnium elementorum, Deus gloriæ, & exultatio Sanctorum, custodi animas servorum tuorum, qui regnas in sæcula.

Post Evangelium.

CAnticis spiritalibus delectati nos Christe consonantes canimus tibi, quibus tua majestas possit placari oblata laudis hostia spiritali, qui tecum vivit &c.

Item post Evangelium.

DIluculo lucis auctore resurgente exultemus in Domino devicta morte, quo peccata possimus semper obire, vitæque ambulemus in novitate, qui tecum vivit &c.

Post Hymnum.

LUx orta est in luce prima, a exordio dierum antiquo facta, Unigenitus tuus Domine, qui nostra ablucre venit per Crucem peccata, qui tecum vivit &c.

De Martyribus.

TRiumphalium memores Martyrum tuorum, qui pro te toleravere vexilla passionum, precamur, ut per sancta merita ipsorum nostrorum veniam mereamur peccatorum. Qui regnas &c.

Post Cantemus.

PLebs Israhel in figuram nostri liberatur in transitu maris. Nos ergo per gratiam Baptismi libera tu ab exitiis mundi. Qui regnas &c.

Post Benedicite.

UT tres pueros in flamma salvasti descensu in fornacem coelestis nuntii, sic nos per Angelum magni consilii liberare digneris ab igne Inferni. Qui regnas.

Post Laudate Dominum de Cœlis.

DEus, quem exercitus canit cœlorum, quemque Ecclesia laudat Sanctorum, quem hymnizat spirituum universorum, miserere obsecro omnium nostrorum, qui regnas &c.

Super Cantemus.

CAntemus tibi Domine exercituum Christe, orantes, ut quemadmodum exemisti dilectum populum tuum captivitatis acerrimæ jugo, iter demonstrante eis nubis columpna per diem, eadem ignis quoque per noctem. Finditur ergo mare dextera, lævaque in abruptum; digestis aggeribus stupens unda solidatur; tuus populus navigat plantis. Mira res! nec ejus nec eques potest sequi, nec ratis. Maria tympanum quatit, hymnus illic canitur, grex peculius tuetur. Ita & nos ab insectatione veteris inimici, & ab omni periculo mundi liberare digneris Salvator mundi, qui cum æterno Patre vivis, dominaris, ac regnas una cum æterno Spiritu Sancto in sæcula sæculorum.

Super benedictionem trium puerorum.

TRes Hebrei venerabiles numero, Sacramento muniti, ætate teneri, sed Fidei soliditate robusti, amore divino religionis Regis adorare imaginem contempserunt, utpote qui ipsum contempserant Regem, qui ira sufflatus solito septies amplius caminum jussit incendi, ac pice, & stoppa armatum citari incendium æstuantibus globis. Erubescit quoque ipsum alienis ignibus cœlum. Illo præcipitantur insontes, ibidemque te, propter quem præcipitantur, inveniunt Christe. Taliter & nos ex Tyranni intellectualis furore, & ab ingenito igni digneris liberare, Salvator mundi, qui cum æterno Patre vivis &c.

Post Laudate Dominum de Cœlis.

LAudent te Domine Angeli; Virtutes, Sydera, Potestates, & quæ ortum suum tibi debent officio tuæ laudationis expleant, ut per universitatis armoniam tibimet concinnentem fiat, ut in Cœlo, ita & in terra voluntas tua. Sit tibi precamur Domine beneplacitum in populo tuo, ut per exaltationes tuas in ejus faucibus collocatas, maneat in singulis & verbi tui armatura, qua doceas, & vitæ nostræ veritas, qua semper adspicias, & falsus, qua mansuetos exaltes, quia secundum multitudinem magnitudinis tuæ te laudamus Domine gratia laudationis ostensæ immolatione ne per Psalterium, mortificatione per tympanum, congregatione per chorum, exultatione per organum, jubilatione per cymbalum, ut semper misericordiam tuam habere mereamur Christe Salvator mundi, qui cum æterno Patre vivis, &c.

Super Cantemus Domino.

DOmine, qui Cinchrim fugientes toeris bis senas per invisa tribus æmulum itinera, prius fluctibus in binis montium utrimque redactis celsorum, ceu jugis abrupte arentibus talis æquore morum quasi & de petra lymphas producens; mergatur ergo ut olim piorum supplicium hostis æterni quæsumus fautores currum, quod est cujus afflatus, actusque cum cogitatu celeri nequam sit Pharaoni Rex Israhelem verum, quæ unda salvat, ut Christo carmina canat, per sæcla, qui cum Patre vivit.

Versiculi familiæ Benchuir.

BEnchuir bona regula,
Recta, atque divina;
Stricta, sancta, sedula,
Summa, justa, ac mira.
Munther Benchuir beata
Fide fundata certa,
Spe salutis ornata,
Caritate perfecta.
Navis numquam turbata,
Quamvis fluctibus tonsa,
Nuptiis quoque parata
Regi Domino sponsa.
Domus deliciis plena
Super petram constructa,
Nec non vinea vera
Ex Ægypto transducta.
Certe civitas firma,
Fortis, atque munita,
Gloriosa, ac digna,
Supra montem posita.
Arca Cherubin tecta
Omni parte aurata,
Sacrosanctis referta
Viris quatuor portata.
Christo Regina apta
Solis luce amicta,
Simplex, simulque docta,
Undecumque invicta.
Vere regalis aula,
Variis gemmis ornata,
Gregisque Christi caula,
Patre summo servata.
Virgo valde fœcunda,
Hæc & Mater intacta,
Læta, ac tremebunda,
Verbo Dei subacta.
Cui vita beata
Cum perfectis futura,
Deo Patre parata,
Sine fide mansura.
Benchuir bona regula.

Collectio super hominem, qui habet Diabolum.

DOmine sancte Pater omnipotens æterne Deus expelle Diabolum, & gentilitatem ab homine isto de capite, de capillis, de cerebro &c.

Oratio de Martyribus.

DEus, qui Martyribus tuis largitus es regnum, nobis autem peccatoribus veniam præstare digneris. Hi coronam suam passione per Fidem meruerunt; nos vero pro iniquitatibus, & prævaricationibus nostris remissionem

a te,

a te, & misericordiam postulamus per te Jesu Christe.

Incipit Antiphona in Natale Domini super: Domine refugium ad Secundam.

AB hodierno die nox minuitur, dies crescit, conentiantur tenebræ, lumen augetur, & in lucro lucis nocturnæ dispendia transferentur.

Incipiunt Antiphonæ super: Cantemus, & Benedicite.

EDucti ex Ægypto Patres nostri & pertransierunt, pedibus rubrum mare, dixeruntque laudem Domino nostro.

Tres pueri in camino missi sunt, & non timuerunt flammam ignis, dixeruntque laudem Domino nostro.

Filii Hebræorum penetraverunt, Israhelitæ plebes transierunt per siccum mare, laudemque dixerunt.

Tres pueri te orabant de medio ignis, ad te clamabant ex una voce, hymnumque dicebant.

Gloriosus in Sanctis, mirabilis in majestatibus, faciens prodigia.

Benedicamus Deum Patrem, & Filium, & Spiritum Sanctum Dominum.

Dextram, lævamque Moyses aspexit viam regalem, (*) polum eduxit, ad littus maris usque perduxit.

Fornacis flammas pueri contempserunt, Christo jugiter immolaverunt, viam iniquam dereliquerunt.

Super Laudate Dominum de Cœlis.

DE cœlis Dominum laudate, psalterium pependum immolate, laudate eum in sono tubæ.

Pharao demersus est in Rubrum mare. Moyses pertransit in sicco pede maris, dixit Deo cantate.

De Martyribus.

POst ignes & laminas, cruces, atque bestias Sancti cum magno triompho vehuntur in regno, & in refrigerio.

In invocatione Sanctorum Martyrum miserere Deus supplicum tuorum.

Super: Domine refugium in Dominicorum die

COnvertere Domine usquequo, & deprecabilis esto super servos tuos.

Item alia.

REspice in servos tuos, & in opera tua Domine.

Item alia.

REpleti sumus mane misericordia tua.

Alia cotidiana.

SIt splendor Domini Dei nostri super nos.

(*) fort. populum.

strantur miracula, nostra quoque eorum imitatione corda illumina. Qui regnas.

Ad Vespertinam.

VEspertina oratio nostra ascendat ad aures divinæ majestatis tuæ, & descendat benedictio tua Domine super nos, quemadmodum speravimus in te. Qui regnas.

Ad initium Noctis.

DEus, qui inextricabiles tenebras illuminas noctium, densitatem caliginis illustras, corda nostra in opere mandatorum tuorum, te oramus Domine, custodias. Qui regnas.

Ad initium noctis.

EVolutis nunc diei temporibus, noctturnisque spatiis supervenientibus, Dei misericordiam deprecemur, ut suppleti divinis sensibus, tenebrarum operibus renuntiare possimus. Qui regnas.

Ad pacem celebrandam.

INjuste egimus. Redemisti nos Domine Deus veritatis in tuo sancto sanguine, nunc adjuva nos in omnibus Jesu Christe, qui regnas.

PAx multa diligentibus, pax tua Domine Rex cœlestis permaneat semper in visceribus nostris, ut non timeamus a timore nocturno. Qui regnas.

Incipit Symbolum.

CRedo in Deum Patrem omnipotentem invisibilem, omnium creaturarum visibilium, & invisibilium conditorem.

Credo & in Jesum Christum Filium ejus unicum Dominum nostrum, Deum omnipotentem, conceptum de Spiritu Sancto, natum de Maria Virgine, passum sub Pontio Pylato, qui crucifixus, & sepultus descendit ad Inferos, tertia die resurrexit a mortuis, ascendit in cœlis, seditque ad dexteram Dei Patris omnipotentis exinde venturum judicare vivos, ac mortuos.

Credo & in Spiritum Sanctum Deum omnipotentem unam habentem substantiam cum Patre & Filio. Sanctam esse Ecclesiam Catholicam, abremissa peccatorum, Sanctorum communionem, carnis resurrectionem. Credo vitam post mortem, & vitam æternam in gloria Christi. Hæc omnia credo in Deum. Amen.

Oratio Dominica.

PAter noster &c.

Ad Nocturnum.

PEr horam mediæ noctis tunc gavisi sunt Angeli de nativitate Domini N. J. C. Ita & nos lætari debemus in tua sancta pace omnipotens Deus, qui vivis &c.

Ad Matutinum.

TU es Domine inluminator caliginum, conditorque elementorum, remissor criminum; misericordia tua Domine magna est super eos, qui te toto corde requirunt. Majestas tua Domine mane nos exaudiat, & deleat delicta nostra, quae tibi non sunt abdita. Qui regnas &c.

Item ad Matutinum.

TU es spes, & salus. Tu es vita, & virtus. Tu es adjutor in tribulationibus. Tu es defensor animarum nostrarum, Deus Israhel in omnibus. Qui regnas &c.

Oratio communis Fratrum.

NE memineris iniquitatum nostrarum antiquarum. Cito anticipent nos misericordiae tuae, quia pauperes facti sumus nimis. Adjuva nos Deus salutaris noster propter gloriam nominis tui. Domine libera nos, & propitius esto peccatis nostris propter nomen tuum. Ne tradas bestiis animam confitentem tibi. Animas pauperum tuorum ne obliviscaris in finem. Respice in testamentum Domine. Deus in adjutorium meum intende, Domine ad adjuvandum me festina. Festina Domine liberare nos ex omnibus peccatis nostris.

Pro Baptizatis.

SAlvum fac populum tuum Domine, & benedic haereditati tuae, & rege eos, & extolle Domine illos usque in saeculum. Miserere Ecclesiae tuae Catholicae, quam in tuo sanguine redemisti. Qui regnas.

Exurge Domine in requiem tuam. Tu es arca sanctificationis tuae. Sacerdotes tui induantur justitiam, & sancti tui &c. Qui &c.

Laetentur in te Domine omnes Sancti tui, qui sperant in te in omni veritate.

Pro Abbate.

DOminus conservet eum, & vivificet eum, & beatum faciat eum in terra. Dominus custodit te ab omni malo, custodiat animam tuam Dominus. Dominus custodiat introitum tuum ex hoc nunc, & usque in saeculum:

Custodi nos Domine ut pupillam oculi, sub umbra alarum tuarum protege nos.

Protegere, & sanctificare digneris omnibus omnipotens. Qui regnas &c.

Pro Fraternitate.

TU Domine servabis nos, & custodies nos a generatione hac in aeternum.

Exaudi orationes nostras pro Fratribus nostris, ut illi Deus miserearis.

Pro pace populorum, & Regum.

DOminus virtutem populo suo dabit. Dominus benedicet populo suo in pace.

Pacem præstare digneris omnipotens Deus. Qui regnas &c.

In Blasphemantibus.

DOmine misericordia tua in sæculum, opera manuum tuarum ne despicias.

Domine Deus virtutum ne statuas illis hoc in peccatum.

Pro Impiis.

JUdica illos Deus, decedant a cogitationibus suis; usque irritaverunt te Domine.

Confundantur illi, qui confidunt in se, & non nos Domine, qui confidimus in te.

Pro iter facientibus.

O Domine salvum fac, o Domine bene prosperare. Prosperitatem itineris præsta famulis tuis. Qui &c.

Confiteantur tibi Domine omnia opera tua, & Sancti tui confiteantur tibi.

Tibi gratias agunt animæ nostræ pro innumeris beneficiis tuis. Qui regnas &c.

Pro Eleemosynariis.

DIspersit, dedit pauperibus. Justitia ejus manet in sæculum sæculi, cornu ejus exaltabitur in gloria.

Eleemosynas facientibus in hoc mundo retribue Domine in regno tuo Sancto.

Pro Infirmis.

EXclamaverunt ad Dominum, cum tribularentur, & de necessitatibus eorum liberabit eos.

Tribue Domine tuis famulis sanitatem mentis, & corporis.

Exurge Domine, adjuva nos, & redime nos propter nomen tuum.

Adjutorium nostrum in nomine Domini.

Salvare nos digneris per invocationem Sancti tui nominis. Qui regnas &c.

Deus qui sanctis Martyribus, & electis tuis coronam Martyrii præstitisti, te oramus Domine, ut eorum meritis obtineamus veniam, qui tantam gloriam non meremur. Qui regnas &c.

Ad te Domine clamabo. Deus meus ne sileas a me.

Dominus virtutum nobiscum, susceptor noster Deus Jacob.

Adjutor noster Deus Jacob miserere nobis Domine. Qui regnas &c.

Ad collectas.

SAnctus in sanctis, Agnus immaculatus, gloriosus in Cœlis, mirabilis in terris, præsta nobis Domine secundum magnam misericordiam tuam Deus, quam te petimus, & oramus. Qui regnas.

Ad Martyres.

Æternum virtutis tuæ nomen omnipotens Deus oramus, uti nos Martyrum, & omnium Sanctorum tuorum meritis socios fide pares, devotione strenuos, passione consimiles in resurrectione felicium facias coæquari. Qui regnas &c.

Miserere mei Deus secundum magnam &c.

Tribue Domine petentibus te ex fide secundum magnam misericordiam tuam Deus, qui regnas &c.

Ad Nocturnum.

Media nocte clamore facto, ut nos inveniamur parati sponso, qui regnas &c.

Ad Matutinum.

Deus Deus noster ad te de luce vigilare debemus, & tu excita de gravi somno, & libera de sopore animas nostras, & in cubilibus nostris compungamur, ut tui esse memores mereamur. Qui regnas &c.

Tu es spes & salus. Tu es vita, & virtus. Tu es adjutor in tribulationibus. Tu es defensor animarum nostrarum Deus Israhel in omnibus. Qui regnas &c.

Ad Matutinum.

O Qui in altis habitas, & humilia respicis in cœlo, & in terra, in mari, & in omnibus abyssis, de profundo cordis te deprecamur, ut firmes manus nostras ad prælium, & digitos nostros ad bellum, quo possimus in matutino interficere omnes peccatores terræ nostræ ac nos indefico mereamur & templum sanctum tuum Christe. Qui regnas &c.

Ad Martyres.

Deus, qui Sanctos tuos cum mensura approbas, & sine mensura glorificas, cujus præcepta finem habent, & præmia terminum non habent, exaudi per illorum merita preces nostras, & tribue, ut eorum patrocinia adjuvent nos ad Fidei profectum, ad bonorum operum fructum, ad prosperitatis bonum, ad salubritatis commodum, ad Religionis cultum, ad divini timoris augmentum per Dominum N. J. C. Filium tuum, qui est Rex regum, & Dominus dominantium, & gloria futurorum, regnans, & permanens una cum æterno Spiritu Sancto in sæcula sæculorum.

Collectio post Canticum.

Deus, qui exeunti ex Ægypto populo tuo maria divisisti, & suspensis utrinque marginibus in speciem muri erigi fluenta jussisti, animas quoque nostras a diluvio peccatorum liberare digneris, ut transire vitiorum gurgitem valeamus hoste contempto, Salvator Mundi, qui cum æterno Patre vivis, dominaris ac regnas cum Spiritu Sancto in sæcula sæculorum.

Collectio post benedictionem puerorum.

EXaudi preces nostras omnipotens Deus, & præsta, ut sicut in decantato Hymno beata puerorum instituta sectamur, ita tuo munere peccatorum laqueis absoluti æterni ignis non ambiamur incendiis, Salvator Mundi, qui cum Patre vivis &c.

Collectio post tres Psalmos.

TE Domine de Cœlis laudamus, tibi ut canticum novum cantare mereamur. Te Dominum in sanctis tuis venerabiliter deprecamur, ut omnia nostra vota suscipias, peccata dimittas Salvator Mundi. Qui regnas &c.

Collectio post Evangelium.

EXultantes gaudio pro reddita nobis hujus diei luce omnipotenti Deo laudes gratiasque referamus, ipsius misericordiam obsecrantes, ut diem Dominicæ Resurrectionis nobis solemniter celebrantibus, pacem, & tranquillitatem, lætitiam præstare dignetur, ut a vigilia matutina usque ad noctem clementiæ suæ favore protecti, exultans lætitia perpetua gaudeamus per Dominum N. J. C. &c.

Super Hymnum.

SAncte Domine, illuminatio, & salus vera credentibus, Resurrectio Dominicæ claritatis, illumina cor nostrum, ut Trinitatis scientia, & Unitatis cognitione, filii lucis, & membra Christi, ac templum Sancti Spiritus esse mereamur, qui regnas in sæcula sæculorum.

De Martyribus.

HI sunt Domine, qui felici cruore perfusi, dum blandientem mundi hujus illecebram gloriosa passione despiciunt, mortem morte vicerunt, considerantesque tenebras hujus lucis certo termino, ac fine ruituras, sumpserunt de pœna vitam, & de morte victoriam. Rogamus te Christe, ut eorum precibus adjuvari mereamur, quorum consortes esse non possumus per te Christe, qui cum Patre vivis, dominaris, & regnas.

Super Cantemus Domino gloriam.

DEus, qui cotidie populum tuum jugo Ægyptiæ servitutis absolvis, & per fluenta spiritalis lavacri in terram repromissionis devicto hoste transducis. Da nobis de vitiorum impugnatione victoriam, & devictis tenebris nostris deducas hæreditatem in Sanctuario, quod præparaverunt manus tuæ, Salvator mundi, qui cum æterno &c.

Super benedictionem trium puerorum.

SAncte Domine, & gloriose mirabilium virtutum effector, qui tribus pueris inter supplicia constitutis adsistis, cui factum facile est ignium temperare naturam, & vim quodammodo exestuantium coercere flammarum, ut inter incencendia frigida hymnum tibi canentes cum magna victoria exultarent, eamdem nunc Domine ad liberandos, ac protegendos nos dona virtutem Salvator Mundi.

Super Laudate Dominum de Cælis.

QUem cuncta canite elementa Dominum laudent. Cujus confessio sacra eadem in Cælo, & Terra, & pignora Sion novum tonanti dicite hymnum, factori judicium nefandiis in fine conscriptum, perstrepite diversis spiritales melodiæ modis, ut Christum conlaudent spiritus per sæcla omnes, qui cum Patre vivit.

Super Canticum.

DEus, qui impiam Ægyptum diennii corruptionibus mulctas, & diviso mare planum iter populo præstas, preces exaudi quæsumus nostras, & nos nostris taliter hostibus Salvator Mundi. Qui regnas &c.

Post benedictionem trium puerorum.

DEus, qui pueris fide ferventibus fornacis flammam frigidam facis, & tribus invictis morte devicta quartus adsistis, precamur nobis æstibus carnis talem virtutem præstes adustis per te Jesu Christe, qui regnas &c.

Post Laudate Dominum de Cælis.

DEus noster, Deus omnium animarum, te adoramus, ut in hac vigilia solempnitatis ad missa pervenire præstes, quousque tenebræ iniquitatis nostræ convertantur in lumine, sicut Sol in meridie splendescit, Salvator Mundi, qui regnas &c.

Post Evangelium. ⁊

DOminicam, nostræ Resurrectionis initium, venerantes, Trinitati Deo nostro debitas laudes, & grates unito referamus affectu, obsecrantes misericordiam ejus, ut nobis Domini, & Salvatoris nostri beatæ Resurrectionis participium tam in Spiritu, quam etiam in corpore concedat, qui cum Patre vivit &c.

Post Hymnum.

REspice Domine ad preces nostras, qui infirmitates visitasti humanas, & tuam nobis sanctificationem largire, & immortalitatem Christe, qui regnas &c.

Item post Canticum.

SUmmerso in mari Pharaone liberatur Israhel. Nos quoque per Baptismi gratiam, & Crucis triumphum ab omni malo quæsumus liberari per te Christe &c.

Item post Benedicite.

DEus, qui tres pueros de fornace eripuisti, sic nos eripias de suppliciis inferni, qui regnas in sæcula.

Post

Post Laudate Dominum de Cœlis.

TE laudamus Domine cum Sanctis tuis, ut preces nostras suscipere digneris, qui regnas &c.

Post Evangelium.

RESurgentem in hoc diluculo Dominum deprecemur, ut & nos in vitam æternam resurgamus per omnia sæcula sæculorum.

Post Hymnum.

REsurrectionem tuam Christe veneramur, per quam in æternum salvari mereamur per omnia sæcula.

Christe Deus, qui in salutem populi tui Israhel adjutor, & protector fuisti, quem per siccum mare ab Ægypto duxisti, salva nos hoc modo ab jugo peccati. Qui regnas in sæcula.

Post Hymnum trium Puerorum.

TE enim omnipotens Deus benedicimus jure, qui tres pueros liberasti ab igne, nos quoque de supplicio mortis æternæ propter misericordiam tuam eripe, qui regnas &c.

Post Laudate Dominum de Cœlis.

DEus altissime Rex, Angelorum Deus, laus omnium elementorum, Deus gloriæ, & exultatio Sanctorum, custodi animas servorum tuorum, qui regnas in sæcula.

Post Evangelium.

CAnticis spiritalibus delectati nos Christe consonantes canimus tibi, quibus tua majestas possit placari oblata laudis hostia spiritali, qui tecum vivit &c.

Item post Evangelium.

DIluculo lucis auctore resurgente exultemus in Domino devicta morte, quo peccata possimus semper obire, vitæque ambulemus in novitate, qui tecum vivit &c.

Post Hymnum.

LUx orta est in luce prima, exordio dierum antiquo facta, Unigenitus tuus Domine, qui nostra ablucre venit per Crucem peccata, qui tecum vivit &c.

De Martyribus.

TRiumphalium memores Martyrum tuorum, qui pro te toleravere vexilla passionum, precamur, ut per sancta merita ipsorum nostrorum veniam mereamur peccatorum. Qui regnas &c.

Post Cantemus.

PLebs Israhel in figuram nostri liberatur in transitu maris. Nos ergo per gratiam Baptismi libera tu ab exitiis mundi. Qui regnas &c.

Post

Post Benedicite.

UT tres pueros in flamma salvasti descensu in fornacem cœlestis nuntii, sic nos per Angelum magni consilii liberare digneris ab igne Inferni. Qui regnas.

Post Laudate Dominum de Cœlis.

DEus, quem exercitus canit cœlorum, quemque Ecclesia laudat Sanctorum, quem hymnizat Spiritum universorum, miserere obsecro omnium nostrorum, qui regnas &c.

Super Cantemus.

CAntemus tibi Domine exercituum Christe, orantes, ut quemadmodum exemisti dilectum populum tuum captivitatis acerrimæ jugo, iter demonstrante eis nobis columpna per diem, eadem ignis quoque per noctem. Finditur ergo mare dextera, lævaque in abruptum; digestis aggeribus stupens unda solidatur; tuus populus navigat plantis. Mira res! nec ejus nec eques potest sequi, nec ratis. Maria tympanum quatit, hymnos iste canitur, grex peculius tuetur. Ita & nos ab insectatione veteris inimici, & ab omni periculo mundi liberare digneris Salvator mundi, qui cum æterno Patre vivis, dominaris, ac regnas una cum æterno Spiritu Sancto in sæcula sæculorum.

Super benedictionem trium puerorum.

TRes Hebrei venerabiles numero, Sacramento muniti, ætate teneri, sed Fidei soliditate robusti, amore divinæ religionis Regis adorare imaginem contempserunt, utpote qui ipsum contempserant Regem, qui ira sufflatus solito septies amplius caminum jussit incendi, ac pice, & stuppa armatura citari incendium æstuantibus globis. Erubescit quoque ipsum alienis ignibus cœlum. Illo præcipitantur insontes, ibidemque te, propter quem præcipitantur, inveniunt Christe. Taliter & nos ex Tyranni intellectualis furore, & ab ingenito igni digneris liberare, Salvator mundi, qui cum æterno Patre vivis &c.

Post Laudate Dominum de Cœlis.

LAudent te Domine Angeli, Virtutes, Sydera, Potestates, & quæ ortum suum tibi debent officio tuæ laudationis expleant, ut per universitatis armoniam timimet concinnentem fiat, ut in Cœlo, ita & in terra voluntas tua. Sit tibi precamur Domine beneplacitum in populo tuo, ut per exaltationes tuas in ejus faucibus collocatas, maneat in singulis & verbi tui armatura, qua doceas, & vitæ nostræ veritas, qua semper adspicias, & salus, qua mansuetos exaltes, quia secundum multitudinem magnitudinis tuæ te laudamus Domine gratia laudationis ostensæ immolatione ne per Psalterium, mortificatione per tympanum, congregatione per chorum, exultatione per organum, jubilatione per cymbalum, ut semper misericordiam tuam habere mereamur Christe Salvator mundi, qui cum æterno Patre vivis, &c.

Super Cantemus Domino.

DOmine, qui Cinchrim fugientes tueris bis senas per invisa tribus æmulum itinera, prius fluctibus in binis montium utrimque redactis celsorum, eo jugis abrupte arentibus talis æquore morum quasi & de petra lymphas producens; mergatur ergo ut olim piorum supplicium hostis æterni quæsumus statores currum, quod est cujus afflatus, actusque cum cogitatu celeri nequam sit Pharaoni Rex Israhelem verum, quæ unda salvat, ut Christo carmina canat, per sæcla, qui cum Patre vivit.

Versiculi familiæ Benchuir.

BEnchuir bona regula,
Recta, atque divina,
Stricta, sancta, sedula,
Summa, justa, ac mira.
Munther Benchuir beata
Fide fundata certa,
Spe salutis ornata,
Caritate perfecta.
Navis nunquam turbata,
Quamvis fluctibus tonsa,
Nuptiis quoque parata
Regi Domino sponsa.
Domus deliciis plena
Super petram constructa,
Nec non vinea vera
Ex Ægypto transducta.
Certe civitas firma,
Fortis, atque munita,
Gloriosa, ac digna,
Supra montem posita.
Arca Cherubin tecta
Omni parte aurata,
Sacrosanctis referta
Viris quatuor portata.
Christo Regina apta
Solis luce amicta,
Simplex, simulque docta,
Undecumque invicta.
Vere regalis aula,
Variis gemmis ornata,
Gregisque Christi caula,
Patre summo servata.
Virgo valde fecunda,
Hæc & Mater intacta,
Læta, ac tremebunda,
Verbo Dei subacta.
Cui vita beata
Cum perfectis futura,
Deo Patre parata,
Sine fide mansura.
Benchuir bona regula.

Collectio super hominem, qui habet Diabolum.

DOmine sancte Pater omnipotens æterne Deus expelle Diabolum, & gentilitatem ab homine isto de capite, de capillis, de cerebro &c.

Oratio de Martyribus.

DEus, qui Martyribus tuis largitus es regnum, nobis autem peccatoribus veniam præstare digneris. Hi coronam suam passione per Fidem meruerunt; nos vero pro iniquitatibus, & prævaricationibus nostris remissionem

a te,

a te, & misericordiam postulamus per te Jesu Christe.

Incipit Antiphona in Natale Domini super: Domine refugium ad Secundam.

AB hodierno die nox minuitur, dies crescit, concutiuntur tenebræ, lumen augetur, & in lucro lucis nocturnæ dispendia transferentur.

Incipiunt Antiphonæ super: Cantemus, & Benedicite.

EDocti ex Ægypto Patres nostri & pertransierunt, pedibus rubrum mare, dixeruntque laudem Domino nostro.

Tres pueri in camino missi sunt, & non timuerunt flammam ignis, dixeruntque laudem Domino nostro.

Filii Hebræorum penetraverunt, Israhelitæ plebes transierunt per siccum mare, laudemque dixerunt.

Tres pueri te orabant de medio ignis, ad te clamabant ex una voce, hymnumque dicebant.

Gloriosus in Sanctis, mirabilis in majestatibus, faciens prodigia.

Benedicamus Deum Patrem, & Filium, & Spiritum Sanctum Dominum.

Dextram, lævamque Moyses aspexit viam regalem, (*) polum eduxit, ad littus maris usque perduxit.

Fornacis flammas pueri contempserunt, Christo jugiter immolaverunt, viam iniquam dereliquerunt.

(*) fort. populum.

Super Laudate Dominum de Cælis.

DE cælis Dominum laudate, psalterium pendum immolate, laudate eum in sono tubæ.

Pharao demersus est in Rubrum mare. Moyses pertransiit in sicco pede maria, dixit Deo cantate.

De Martyribus.

POst ignes & laminas, cruces, atque bestias Sancti cum magno triumpho vehuntur in regno, & in refrigerio.

In invocatione Sanctorum Martyrum miserere Deus supplicum tuorum.

Super: Domine refugium in Dominicorum die

COnvertere Domine usquequo, & deprecabilis esto super servos tuos.

Item alia.

REspice in servos tuos, & in opera tua Domine.

Item alia.

REpleti sumus mane misericordia tua.

Alia cotidiana.

SIt splendor Domini Dei nostri super nos.

Ad communicare.

Corpus Domini accepimus, & Sanguine ejus potati sumus, ab omni malo non timebimus, quia Dominus nobiscum est.

Item alia.

IN labiis meis meditabor hymnum Alleluja; cum docueris me, ego justitias respondebo. Alleluja.

Item alia.

GUstate, & videte Alleluja, quam suavis est Dominus, Alleluja.

Alia.

HOc sacrum corpus Domini, & Salvatoris sanguinem sumite vobis in vitam perennem. Alleluja.

Item alia.

QUam dulcia faucibus meis eloquia tua Domine.

Item alia.

HIc est panis vivus, qui de Cœlo descendit. Alleluja Qui manducat ex eo, vivet in æternum. Alleluja.

Item alia.

REfecti Christi corpore, & sanguine tibi semper Domine dicamus. Alleluja.

Ad Vesperum, & ad Matutinam.

GLoria in Excelsis Deo, & in in terra pax &c.

Memoria Abbatum nostrorum.

SAncta Sanctorum opera Patrum,
Fratres, fortissima
Benchorensi in optima
Fundatorum Ecclesia,
Abbatum eminentia
Numerum, tempora, nomina
Sine fine fulgentia,
Audite magna merita,
Quos convocavit Dominus
Cœlorum Regni sedibus.
Amavit Christus Comgillum
Bene & ipse Dominum,
Carum habuit Beognoum;
Domnum ornavit Ædeum,
Elegit Sanctum Sinlanum
Famosum mundi Magistrum;
Quos convocavit Dominus
Cœlorum Regni sedibus.
Gratum fecit Finienanum,
Heredem, almum, inclytum;
Illustravit Machlaisreum,
Kaput Abbatum omnium,
Lampade sacra Seganum
Magnum Scripturæ medicum.
Quos &c.
Notus vir erat Beracnus,
Ornatus & Cumenenus,
Pastor Columba congruus,
Querela absque Aidanus,
Rector bonus Baithenus,
Summus Antistes Crunanus.
Quos &c.
Tantis successit Camanus
Vir admirabilis omnibus.
Christo nunc sedet supremus
Hym-

Hymnos canens quindecimus,
Zoen ut carpat Cronanus,
Conservet eum Dominus.
Quos convocabit Dominus
Cœlorum Regni sedibus.
Horum Sanctorum merita
Abbatum fidelissima
Erga Comgillum congrua
Invocamus altissima,
Uti possimus omnia
Nostra delere crimina
Per Jesum Christum æterna
Regnantem in secula.

F I N I S.

IN MANEGALDI

Opusculum.

EX Codice MS. 303. in. S Ambrosianæ Bibliothecæ descriptum est hoc Opusculum. Ejus Auctor nomine tantum, ac Magistrali munere mihi notus; cetera ignotus, de illo nihil afferentibus celebrioribus Historiæ Litterariæ Scriptoribus. Neque porro mihi est satis otii ut exquiram, aut satis Librorum, ut inveniam aliquam de illo, & de Wolfelmo Coloniensi fortasse ampliorem notitiam. Quod meminerim me legisse olim, in Clariss. Baluzii Miscellan. Tom. IV. memoratur *Manegoldus* quidam, qui vixisse & scripsisse censendus videtur circiter An. Ch. 1130. In Schedis quoque meis MSS. reperio brevem catalogum Librorum nondum editorum exhibitum olim eruditissimo Holstenio Bibliothecæ postea Vaticanæ Præfecto, ubi hæc habentur: *Manegaldus, vel Manegoldus Latinus Historicus: Historia Ecclesiastica. Qui plurima e Trogo Pompejo, & Justino quasi probans transcripsisse videtur. Initium Operis hoc est: Assyriorum Regum potentissimus olim fuit Ninus, qui bellorum finitimis inferens Regibus &c.* Sequentes adnotatio. *Lucas Holstenius. Io credo che sia un Manigoldo. Auctor nullius famæ, aut pretii, quorum centuriæ reperiuntur passim in Bibliothecis Monasteriorum, qualis Petrus Comestor, Vincentius Bellovacensis, aliique ejus farinæ consarcinatores, qui quum nullum suis Historiis initium reperire possent, ab exordio Mundi exorsi sunt, ut mali Poetæ Trojanum bellum gemino ordiuntur ab ovo. Forte sub finem ad posteriorem alicujus gentis Historiam, & ad sua tempora delabitur, quæ usui esse possent ad illorum temporum cognitionem: quod de promisso, & in præsenti desperandum.* At incertum mihi, an illa ad Manegaldum, sive Manegoldum nostrum aliqua ex parte pertineant.

Quo tamen tempore Scriptor hic floruerit, conjectura aliqua non difficile possumus. Agit ille de celeberrimis Gregorii VII. Pontificis Maximi controversiis cum Henrico IV. Imperatore, atque ita agit, ut rem non antiquam, sed recentem, & litem ante paucos annos agitatam, non obscure innuat. Carpit enim Cap. 22. in Wolfelmo, ejusque sociis *contentiones, & dissensiones, quibus nos oportuit certe maxime totis his temporibus studuisse*. Tum Cap. seq. apertius de his agit, Gregorii VII. causam defendens, atque inter cetera scribit: *Non defuerunt eo tempore viri magni, & Religiosi, quibus mysticus certe non placuit; Indeque supersunt in eodem Regno* (Theutonico) *quam plurimi, qui miserante Deo genua Baal non curvaverunt &c.* Infra subdit: *Pudori saltem vestro sufficere poterant discreti viri in circuitu vestro consiliari &c. Schisma vestrum libere detestationi oppugnantes*. Schismatum igitur adhuc sejuncti erant ab Apostolica Sede Germani Henrico faventes, & adhuc multæ fere Civitates, ut ipse ait, *in tota Latinitate* erat, quæ non haberet divisum in varia studia populum, his pro Gregorio VII. jam vita functi memoria, illis vero pro Henrico IV., ut reor, viventi pugnantibus. Addit insuper Manegaldus: *Vos ad irritandum Altissimum, & augmentum profanationis, in Sacrificiis vestris pro Wiperto tamquam Patre & Pontifice animarum vestrarum divinam clementiam imploratis*. Quæ omnia suadere videntur, adhuc in vivis fuisse Guibertum Antipapam, quum hæc scriberet Manegaldus. Reliqua legantur, quæ idem Auctor habet Cap. Primo, & postremo, ac tandem, ni fallor, ita tenetur, compositum fuisse Opusculum istud ante Annum Ch. Millesimum & centesimum primum (quo verisimilius est e vivis excessisse Pseudopapam Guibertum) aut saltem non longe ab iis temporibus. In eam itaque sententiam ferar, non alium fuisse Opusculi hujus Scriptorem a Manegaldo, cujus mentionem facit olim in Annalibus Ptolomæi Lucensis pag. 951. Tom. 25. Biblioth. Patr. Ita vero scribit Historicus ille ad Annum Christi 1090. *Per idem tempus floruit in* Theutonia quidam Philosophus, cui nomen Manegaldus, cujus uxor, & filiæ in Philosophia fuerunt peritissimæ.

Juvabit autem hinc discere Cap. 4. rationem, cur veteres Christiani Antipodas negandos sibi censerent. Nimirum qui eos statuebant, Tellurem excogitarunt in quatuor habitabiles partes divisam, quarum duæ saltem a reliquis præcise ita essent casis interpositæ Zonæ torridæ, ut nullum hominem inter eas commercium intercedere posset? Quare his positis excidebat certissimum, divinitusque traditum, Dogma de humani generis ex Adamo propagatione, & de annunciando Evangelio per totum terrarum Orbem. At Columbus, ac ceteri Americæ Indiarumque Illustratores primi, tum Ethnicorum Hypothesim, tum Christianorum metum hac de re omnem sustulere. Deinde Cap. 23. discas, Historiam rerum gestarum a Gregorio VII. Papa elucubratam fuisse per Salisburgensem Archiepiscopum, quem Gebhardum, sive Gebehardum fuisse arbitror, in Bertoldi Annalibus memoratum. An autem Historia hæc idem sit ac *Epistola S. Gebhardi Archiep. Salisburg. ad Hermannum Metensem*, quæ a Tengnagelio edita est Ingolstadii An. 1612. inter *Vetera Monumenta contra Schismaticos* &c. aliorum erit inquirere. Iterum habes Cap. 24. auctorem Epistolæ cujusdam dolosæ admodum & calumniosæ contra Gregorium VII. fuisse Wiricum Trevirensem Magistrum, qui Virdunensis Episcopi personam induit. Tu reliqua ad Theologiam, & Philosophiam spectantia perpende.

MAGI-

MAGISTRI MANEGALDI

Contra

WOLFELMUM COLONIENSEM

Opusculum.

QUum nuper in hortis Lutenbac conveniremus, & more Scholarium de Scriptoris, quæ tunc inter manus erant, sermo mihi contra te oriretur, multa oratione decursa in hoc quasi quemdam nodum incidimus, & trahere cœpimus contentionis funem, ut tu pauca, quæ tibi displicerent, Philosophos, atque Macrobium de Somnio Scipionis, de quo tunc verbum erat, dixisse contenderes; ego e contra plurima Fidei, & saluti nostræ contraria in ipsis me invenisse assererem; ac eo usque cursus verborum prolapsus est, ut facile patere posset, aut te parum divinis literis eruditum, innata feritate & studio contradicendi, quæ nescires velle defendere, aut si ita sentires, ut dicebas, plane a rationibus sinceræ Fidei deviasse. Et quia contingere solet, quosdam strepitum verborum, & superficiem narrationis attendere, non expendere sensum mentemque scribentis, velut qui sine gustu, & odoratu radicem quidem rerum, sed vim saporis, & odoris sensu perdito non discernunt; quosdam vero per orationum sonum sensuum secreta rimari, & sicut frigida exterius seponunt a calidis, ita interius bona secernunt a malis, quæ tanto validius reprobant, quanto in bonis fuerint delectati: ideo accessi propius, & per te ipsum cognovi morbum tuum, obtestans, utrum ita tibi in perceptione illarum sententiarum adquiescerca, ut eas credentibus non intelligeres esse damnosas: heic satis temerarie respondens subjecisti, nescire te quicquam in eis, quod multum tuus animos asperaretur. Itaque multis a te conviciis lacessitus furibundum, minantemque reliqui. Propono ergo aliquid inde ad te scribere, ut in eorum libris, & sensibus, de quorum errore dissimulas, manifeste cognoscas hæreticam pravitatem contineri. Simul etiam arbitratus sum de Domno Papa Gregorio, quem polluto ore laceras, aliquid adnectendum, ut recogites, quia amplioris peccati causa solet esse præcedens peccatum.

CAP. I.

PRimum diſcretionem legentium volumus eſſe præmonitam, nos id nequaquam de Philoſophis ſuſcepiſſe, ut omnes eorum ſententias damnabiles ſentiamus, quarum quaſdam pro ſua ſubtilitate vix penetrare ſufficimus, quaſdam vero a ſanctis viris ſuſceptas non ignoramus. Verum temeritatem tuam velle compeſcere, qui ſic eorum ſubtilitates commendas, ut multifarios errores figmentis illis implicitos non attendas. Neque enim illis uſque adeo primi parentis culpa dotem naturæ damnaverat, quin ſecundum humanas rationes quarumdam rerum communitates, & diſcrepantias diligenter ſatis commodeque diſtinguerent, quantum homo de ſe ipſo præſumere poterat. Sed quia ſine Spiritu illius erant, qui *docet omnem veritatem*, *cujus ſapientia attingit a fine uſque ad finem fortiter, ac diſponit cuncta ſuaviter*, neceſſe erat ſicut homines, & ideo mendaces, eos interdum fines veritatis excedere, & ſemel ſuſcepto patrocinio falſitatis per varia deceptionum argumenta raptari. Inde fuit, quod Pythagoras inter primos Duces hujus traditionis, quibuſdam utiliter inventis & traditis, cum tandem rationalis animalis ſcrutaretur arcanum, & eam naturam, quæ ſine auctore naturæ male ſciri poteſt, mortali ratione perſequi, & comprehendere niteretur, exinanitum ejus ingenium ad tantam demum beſtialitatem redactum eſt, ut humanam animam perpetua ratione donatam aliquando irrationabilem fieri mentiretur. Eo ſcilicet modo, quo a ſimplicitate ſui dimota voluntate incorporandi ad hæc infima laberetur; quæ quidem ſi in primo corpore male viveret in præſenti ſeculo, vel aliquo ſeculorum futurorum, quorum infinitam ſeriem promittebat, corpus deterius ſortiretur, & ita multiplicatis ſceleribus ad hoc ultimum deveniret, ut qui ante fuerat homo, ad vivificandum quodlibet fœdiſſimum corpus, horribili carcere truderetur. Ecce ad quem proventum ſublimis Meditatio illa evaſerit, qualemque neceſſitatem ſecundum ſtultitiam cordis ſui illi creaturæ, quæ ad imaginem, & ſimilitudinem Creatoris omnium condita eſt indicere non expavit. Dic quæſo, ſi a ſententia iſta non diſſides, quid honeſtæ ſpei concipere potes, quidve de illorum beatitudine expectas, qui in perfecta corporum, & animarum reſurrectione duplicem ſtolam recepturi ſunt, ſecundum ea quæ interim oculus videre non ſufficit, nec auris audire, quæ videlicet in abundantia gratiæ & gloriæ ſuæ præparat Deus diligentibus ſe? Hoc enim ſenſu philoſophico fit, ut tu, & ceteri complices tui in Regno Theutonico conſtituti, qui ab Apoſtolica Sede, & obedientia Sancti Papæ Gregorii diſſenſiſtis, & ob innumera flagitia damnationis ſententiam excepiſtis, a præſenti corpore ſeparati in futurum ſeculum corpore turpius ſubintretis, quod quum rurſus ferina contagione polluerit-

per

per infinitas species animandorum corporum præcipitati, ad ultimum in visceribus terræ, ac sordidis locis conclusi æterna salute in perpetuum carentis.

CAP. II.

VErum nec in tempore illo a succedentibus Philosophis, qui dignius de se ipsis senserunt, crudelitas * ista approbata est, sed per leviores insanias temperata, inter quos Plato acutius ceteris rerum primordia perscrutatus compositionem animæ quibusdam involucris prægravavit, & ex individua, & dividua essentia, natura eadem, & diversa, eam constare affirmans, sic cœlestia, & terrestria corpora per ipsam vivificari commentatus est, ut ille vigor perpetui ignis pro natura corporum a se vivificatorum propriæ virtutis dispendia pateretur. Quod Macrobius Ciceronem, Virgilium, & alios Latinos Philosophicæ disciplinæ sectatores sensisse testatur, sicut manifestius cognoscere poterit, qui tractatum ejus *de Somnio Scipionis* videre curabit. Hic itaque sicut per introductum discipulum suum Timeum commemorat, ut per quædam quasi deliramenta a numeris tracta considerations eamdem animam quodlibet animatum corpus indistanter penetrare & vivificare ostenderet, quum de Deo fabricante animam loqueretur, prædictarum essentiarum commixtionem fermentum appellans: *Primum*, inquit, *ex omni fermento partem tulit, hinc sumsit duplam partem primis, tertiam vero hemioliam secundæ*, & alia quædam, quæ pro nihilo ad memoriam reduceremus, quoniam ipsa suæ obscuritatis insolentia animum auditoris obtundunt. Si quis vero ea audire desiderat, ab eodem Platone, sive a Macrobio, qui easdem tenebras quodammodo elucidandas suscepit, hæc animadvertere poterit; mirum tamen erit, si non audita contemnat.

CAP. III.

HAbes ibidem conductos Pythagoram, Platonem, Xenocratem, Aristotelem, Possedonium, Hippocratem, Heraclitum, Zenonem, Democritum, alium Heraclitum, Crisolaum, Hypantum, Anaximenem, Empedoclem, Parmenidem, Xenophontem, Boetem, atque Epicurum, quorum plures diversis errorum spiritibus devii, & sensu carnis suæ inflati, tamquam per quædam abrupta dispertiti, contra se dissonas, & controversas sententias in animæ suæ judicio ediderunt. Quorum Plato, quod ad verum satis videtur accedere, animam definivit essentiam se moventem, alius numerum se moventem, alius Entilechiam, quod interpretantur corporis formam; alius harmoniam, alius ideam, alius exercitium quinque sensuum, alius tenuem spiritum, alius lucem, alius stellaris essentiæ scintillam, alius spiritum concretum corpori, alius spiritum insertum atomis, alius de quinta essentia, alius ignem, alius aerem, alius

(*) leg. crudelitas.

CAP. I.

PRimum discretionem legentium volumus esse præmonitam, nos id nequaquam de Philosophis suscepisse, ut omnes eorum sententias damnabiles sentiamus, quarum quasdam pro sua subtilitate vix penetrare sufficimus, quasdam vero a sanctis viris susceptas non ignoramus. Verum temeritatem tuam velle compescere, qui sic eorum subtilitates commendas, ut multifarios errores figmentis illis implicitos non attendas. Neque enim illis usque adeo primi parentis culpa dotem naturæ damnaverat, quin secundum humanas rationes quarumdam rerum communitates, & discrepantias diligenter satis commodeque distinguerent, quantum homo de se ipso præsumere poterat. Sed quia sine Spiritu illius erant, qui *docet omnem veritatem, cujus sapientia attingit a fine usque ad finem fortiter, ac disponit cuncta suaviter*, necesse erat sicut homines, & ideo mendaces, eos interdum fines veritatis excedere, & semel suscepto patrocinio falsitatis per varia deceptionum argumenta raptari. Inde fuit, quod Pythagoras inter primos Duces hujus traditionis, quibusdam utiliter inventis & traditis, cum tandem rationalis animalis scrutaretur arcanum, & eam naturam, quæ sine auctore naturæ male sciri potest, mortali ratione persequi, & comprehendere niteretur, exinanitum ejus ingenium ad tantam demum bestialitatem redactum est, ut humanam animam perpetua ratione donatam aliquando irrationabilem fieri mentiretur. Eo scilicet modo, quo a simplicitate sui dimota voluntate incorporandi ad hæc infima laberetur; quæ quidem si in primo corpore male viveret in præsenti seculo, vel aliquo seculorum futurorum, quorum infinitam seriem promittebat, corpus deterius sortiretur, & ita multiplicatis sceleribus ad hoc ultimum deveniret, ut qui ante fuerat homo, ad vivificandum quodlibet fœdissimum corpus, horribili carcere traderetur. Ecce ad quem proventum sublimis Meditatio illa evaserit, qualemque necessitatem secundum stultitiam cordis sui illi creaturæ, quæ ad imaginem, & similitudinem Creatoris omnium condita est indicere non expavit. Dic quæso, si a sententia ista non diffides, quid honestæ spei concipere potes, quidve de illorum beatitudine expectas, qui in perfectu corporum, & animarum resurrectione duplicem stolam recepturi sunt, secundum ea quæ interim oculus videre non sufficit, nec auris audire, quæ videlicet in abundantia gratiæ & gloriæ suæ præparat Deus diligentibus se? Hoc enim sensu philosophico fit, ut tu, & ceteri complices tui in Regno Theutonico constituti, qui ab Apostolica Sede, & obedientia Sancti Papæ Gregorii dissensistis, & ob innumera flagitia damnationis sententiam excepistis, a præsenti corpore separati in futurorum seculum corpus turpius subintretis, quod quum rursus ferina contagione pollueritis

per

per infinitas ſpecies animandorum corporum præcipitati, ad ultimum in viſceribus terræ, ac ſordidis locis concluſi æterna ſaluto in perpetuum carcatis.

CAP. II.

VErum nec in tempore illo a ſuccedentibus Philoſophis, qui dignius de ſe ipſis ſenſerunt, crudelitas * iſta approbata eſt, ſed per leviores inſanias temperata, inter quos Plato acutius ceteris rerum primordia perſcrutatus compoſitionem animæ quibuſdam involucris prægravavit, & ex individua, & dividua eſſentia, natura eadem, & diverſa, eam conſtare affirmans, ſic cœleſtia, & terreſtria corpora per ipſum vivificari commentatus eſt, ut ille vigor perpetui ignis pro natura corporum a ſe vivificatorum propriæ virtutis diſpendia pateretur. Quod Macrobius Ciceronem, Virgilium, & alios Latinos Philoſophicæ diſciplinæ ſectatores ſenſiſſe teſtatur, ſicut maniſeſtius cognoſcere poterit, qui tractatum ejus *de Somnio Scipionis* videre curabit. Hic itaque ſicut per introductum diſcipulum ſuum Timeum commemorat, ut per quædam quaſi deliramenta a numeris tracta conſideratione eamdem animam quodlibet animatum corpus indiſtanter penetrare & vivificare oſtenderet, quum de Deo fabricante animam loqueretur, prædictarum eſſentiarum commixtionem fermentum appellans: *Primum*, inquit, *ex omni fermento partem tulit, hinc ſumſit duplam partem prioris, tertiam vero hemioliam ſecundæ*, & alia quædam, quæ pro nihilo ad memoriam reduceremus, quoniam ipſa ſuæ obſcuritatis inſolentia animum auditoris obtundunt. Si quis vero ea audire deſiderat, ab eodem Platone, ſive a Macrobio, qui eaſdem tenebras quodammodo elucidandas ſuſcepit, hæc animadvertere poterit; mirum tamen erit, ſi non audita contemnat.

CAP. III.

HAbes ibidem coadunatos Pythagoram, Platonem, Xenocratem, Ariſtotelem, Poſſedonium, Hippocratem, Heraclitum, Zenonem, Democritum, alium Heraclitum, Criſolaum, Hypontum, Anaximenem, Empedoclem, Parmenidem, Xenophontem, Boetem, atque Epicurum, quorum plures diverſis errorum ſpiritibus devii, & ſenſu carnis ſuæ inflati, tamquam per quædam abrupta diſperſi, contra ſe diſſonas, & controverſas ſententias in animæ ſuæ judicio ediderunt. Quorum Plato, quod ad verum ſatis videtur accedere, animam definivit eſſentiam ſe moventem, alius numerum ſe moventem, alius Entelechiam, quod interpretantur corporis formam; alius harmoniam, alius ideam, alius exercitium quinque ſenſuum, alius tenuem ſpiritum, alius lucem, alius ſtellaris eſſentiæ ſcintillam, alius ſpiritum concretum corpori, alius ſpiritum inſertum atomis, alius de quinta eſſentia, alius ignem, alius aerem,

(*) *fort. credulitas.*

CAP. I.

PRimum discretionem legentium volumus esse præmonitam, nos id nequaquam de Philosophis suscepisse, ut omnes eorum sententias damnabiles sentiamus, quarum quasdam pro sua subtilitate vix penetrare sufficimus, quasdam vero a Sanctis viris susceptas non ignoramus. Verum temeritatem tuam velle compescere, qui sic eorum subtilitates commendas, ut multifarios errores figmentis illis implicitos non attendas. Neque enim illis usque adeo primi parentis culpa dotem naturæ damnaverat, quin secundum humanas rationes quarumdam rerum communitates, & discrepantias diligenter satis commodeque distinguerent, quantum homo de se ipso præsumere poterat. Sed quia sine Spiritu illius erant, qui *docet omnem veritatem*, *cujus sapientia attingit a fine usque ad finem fortiter, ac disponit cuncta suaviter*, necesse erat sicut homines, & ideo mendaces, eos interdum fines veritatis excedere, & semel suscepto patrocinio falsitatis per varia deceptionum argumenta raptari. Inde fuit, quod Pythagoras inter primos Duces hujus traditionis, quibusdam utiliter inventis & traditis, cum tandem rationalis animalis scrutaretur arcanum, & eam naturam, quæ sine auctore naturæ male sciri potest, mortali ratione persequi, & comprehendere niteretur, exinanitum ejus ingenium ad tantam demum bestialitatem redactum est, ut humanam animam perpetua ratione donatam aliquando irrationabilem fieri mentiretur. Eo scilicet modo, quo a simplicitate sui dimota voluntate incorporandi ad hæc infima laberetur; quæ quidem si in primo corpore male viveret in præsenti seculo, vel aliquo seculorum futurorum, quorum infinitam seriem promittebat, corpus deterius sortiretur, & ita multiplicatis sceleribus ad hoc ultimum deveniret, ut qui ante fuerat homo, ad vivificandum quodlibet fœdissimum corpus, horribili carcere traderetur. Ecce ad quem proventum sublimis Meditatio illa evaserit, qualemque necessitatem secundum stultitiam cordis sui illi creaturæ, quæ ad imaginem, & similitudinem Creatoris omnium condita est indicere non expavit. Dic quæso, si a sententia ista non dissides, quid honestæ spei concipere potes, quidve de illorum beatitudine expectas, qui in perfecta corporum, & animarum resurrectione duplicem stolam recepturi sunt, secundum ea quæ interim oculus videre non sufficit, nec auris audire, quæ videlicet in abundantia gratiæ & gloriæ suæ præparat Deus diligentibus se? Hoc enim sensu philosophico fit, ut tu, & ceteri complices tui in Regno Theutonico constituti, qui ab Apostolica Sede, & obedientia Sancti Papæ Gregorii dissensistis, & ob innumera flagitia damnationis sententiam excepistis, a præsenti corpore separati in futurum seculum corpora turpius subintretis, quod quum rursus ferina contagione pollueritis

per

per infinitas species animandorum corporum præcipitati, ad ultimum in visceribus terræ, ac sordidis locis conclusi æterna salute in perpetuum careatis.

CAP. II.

VErum nec in tempore illo a succedentibus Philosophis, qui dignius de se ipsis senserunt, crudelitas * ista approbata est, sed per leviores insanias temperata, inter quos Plato acutius ceteris rerum primordia perscrutatus compositionem animæ quibusdam involucris prægravavit, & ex individua, & divídua essentia, natura eadem, & diversa, eam constare affirmans, sic cœlestia, & terrestria corpora per ipsam vivificari commentatus est, ut ille vigor perpetui ignis pro natura corporum a se vivificatorum propriæ virtutis dispendia pateretur. Quod Macrobius Ciceronem, Virgilium, & alios Latinos Philosophicæ disciplinæ sectatores sensisse testatur, sicut manifestius cognoscere poterit, qui tractatum ejus *de Somnio Scipionis* videre curabit. Hic itaque sicut per introductum discipulum suum Timeum commemorat, ut per quædam quasi deliramenta a numeris tracta consideratione eamdem animam quodlibet animatum corpus indistanter penetrare & vivificare ostenderet, quum de Deo fabricante animam loqueretur, prædictarum essentiarum commixtionem fermentum appellans: *Primam*, inquit, *ex omni fermento partem tulit, hinc sumsit duplam partem prioris, tertiam vero hemioliam secundæ*, & alia quædam, quæ pro nihilo ad memoriam reduceremus, quoniam ipsa suæ obscuritatis insolentia animum auditoris obtundunt. Si quis vero ea audire desiderat, ab eodem Platone, sive a Macrobio, qui easdem tenebras quodammodo elucidandas suscepit, hæc animadvertere poterit; mirum tamen erit, si non audita contemnat.

CAP. III.

HAbes ibidem condemnatos Pythagoram, Platonem, Xenocratem, Aristotelem, Possedonium, Hippocratem, Heraclitum, Zenonem, Democritum, alium Heraclitum, Crisolaum, Hypontum, Anaximenem, Empedoclem, Parmenidem, Xenophontem, Boetem, atque Epicurum, quorum plures diversis errorum spiritibus devii, & sensu carnis suæ inflati, tamquam per quædam abrupta dispertiti, contra se dissonas, & controversas sententias in animæ suæ judicio ediderunt. Quorum Plato, quod ad verum satis videtur accedere, animam definivit essentiam se moventem, alius numerum se moventem, alius Entelechiam, quod interpretantur corporis formam; alius harmoniam, alius ideam, alius exercitium quinque sensuum, alius tenuem spiritum, alius lucem, alius stellaris essentiæ scintillam, alius spiritum concretum corpori, alius spiritum insertum atomis, alius de quinta essentia, alius ignem, alius aerem,

(*) Vat. crudelitas.

CAP. I.

PRimum discretionem legentium volumus esse præmonitam, nos id nequaquam de Philosophis suscepisse, ut omnes eorum sententias damnabiles sentiamus, quarum quasdam pro sua subtilitate vix penetrare sufficimus, quasdam vero a sanctis viris susceptas non ignoramus. Verum temeritatem tuam velle compescere, qui sic eorum subtilitates commendas, ut multifarios errores figmentis illis implicitos non attendas. Neque enim illis usque adeo primi parentis culpa dotem naturæ damnaverat, quin secundum humanas rationes quarumdam rerum communitates, & discrepantias diligenter satis commodeque distinguerent, quantum homo de se ipso præsumere poterat. Sed quia sine Spiritu illius erant, qui *docet omnem veritatem, cujus sapientia attingit a fine usque ad finem fortiter, ac disponit cuncta suaviter*, necesse erat sicut homines, & ideo mendaces, eos interdum fines veritatis excedere, & semel suscepto patrocinio falsitatis per varia deceptionum argumenta raptari. Inde fuit, quod Pythagoras inter primos Duces hujus traditionis, quibusdam utiliter inventis & traditis, cum tandem rationalis animalis scrutaretur arcanum, & eam naturam, quæ sine auctore naturæ male sciri potest, mortali ratione persequi, & comprehendere niteretur, exinanitum ejus ingenium ad tantam demum bestialitatem redactum est, ut humanam animam perpetua ratione donatam aliquando irrationabilem fieri mentiretur. Eo scilicet modo, quo a simplicitate sui dimota voluntate incorporandi ad hæc infima laberetur; quæ quidem si in primo corpore male viveret in præsenti seculo, vel aliquo seculorum futurorum, quorum infinitam seriem promittebat, corpus deterius sortiretur, & ita multiplicatis sceleribus ad hoc ultimum deveniret, ut qui ante fuerat homo, ad vivificandum quodlibet fœdissimum corpus, horribili carcere traderetur. Ecce ad quem proventum sublimis Meditatio illa evaserit, qualemque necessitatem secundum stultitiam cordis sui illi creaturæ, quæ ad imaginem, & similitudinem Creatoris omnium condita est indicere non expavit. Dic quæso, si a sententia ista non dissides, quid honestæ spei concipere potes, quidve de illorum beatitudine expectas, qui in perfecta corporum, & animarum resurrectione duplicem stolam recepturi sunt, secundum ea quæ interim oculus videre non sufficit, nec auris audire, quæ videlicet in abundantia gratiæ & gloriæ suæ præparat Deus diligentibus se? Hoc enim sensu philosophico fit, ut tu, & ceteri complices tui in Regno Theotonico constituti, qui ab Apostolica Sede, & obedientia Sancti Papæ Gregorii dissensistis, & ob innumera flagitia damnationis sententiam excepistis, a præsenti corpore separati in futurum seculum corpus turpius subintretis, quod quum rursus ferina contagione pollueritis, per infinitas species animandorum corporum præcipitati, ad ultimum in visceribus terræ, ac sordidis locis conclusi æterna salute in perpetuum carentis.

CAP. II.

Verum nec in tempore illo a succedentibus Philosophis, qui dignius de se ipsis senserunt, crudelitas * ista approbata est, sed per leviores insanias temperata, inter quos Plato acutius ceteris rerum primordia perscrutatus compositionem animæ quibusdam involucris prægravavit, & ex individua, & dividua essentia, natura eadem, & diversa, eam constare affirmans, sic cœlestia, & terrestria corpora per ipsam vivificari commentatus est, ut ille vigor perpetui ignis pro natura corporum a se vivificatorum propriæ virtutis dispendia pateretur. Quod Macrobius Ciceronem, Virgilium, & alios Latinos Philosophicæ disciplinæ sectatores sensisse testatur, sicut manifestius cognoscere poterit, qui tractatum ejus *de Somnio Scipionis* videre curabit. Hic itaque sicut per introductum discipulum suum Timeum commemorat, ut per quædam quasi deliramenta a numeris tracta consideratione eamdem animam quodlibet animatum corpus indistanter penetrare & vivificare ostenderet, quum de Deo fabricante animam loqueretur, prædictarum essentiarum commixtionem fermentum appellans: *Primam*, inquit, *ex omni fermento partem tulit, hinc sumsit duplam partem prioris, tertiam vero hemioliam secundæ*, & alia quædam, quæ pro nihilo ad memoriam reduceremus, quoniam ipsa suæ obscuritatis insolentia animum auditoris obtundunt. Si quis vero ea audire desiderat, ab eodem Platone, sive a Macrobio, qui easdem tenebras quodammodo elucidandas suscepit, hæc animadvertere poterit; mirum tamen erit, si non audita contemnat.

CAP. III.

Habes ibidem condamnatos Pythagoram, Platonem, Xenocratem, Aristotelem, Possedonium, Hippocratem, Heraclitum, Zenonem, Democritum, alium Heraclitum, Crisolaum, Hypantum, Anaximenem, Empedoclem, Parmenidem, Xenophontem, Boetem, atque Epicurum, quorum plures diversis errorum spiritibus devii, & sensu carnis suæ inflati, tamquam per quædam abrupta dispertiti, contra se dissonas, & controversas sententias in animæ suæ judicio ediderunt. Quorum Plato, quod ad verum satis videtur accedere, animam definivit essentiam se moventem., alius numerum se moventem, alius Entelechiam, quod interpretantur corporis formam; alius harmoniam, alius ideam, alius exercitium quinque sensuum, alius tenuem spiritum, alius lucem, alius stellaris essentiæ scintillam, alius spiritum concretum corpori, alius spiritum insertum atomis, alius de quinta essentia, alius ignem, alius aerem, alius

(*) lege crudelitas.

IN MANEGALDI
Opusculum.

EX Codice MS. 705. lit. S Ambrosianæ Bibliothecæ descriptum est hoc Opusculum. Ejus Auctor nomine tantum, ac Magistralis munere mihi notus; cetera ignotus, de illo nihil afferentibus celebrioribus Historiæ Literariæ Scriptoribus. Neque porro mihi aut satis otii est requirere, aut satis Librorum, ut inveniam aliquam de illo, & de Wolfelmo Coloniensi fortasse ampliorem notitiam. Quod memini me legere olim, in Clariss. Baluzii Miscellan. Tom. IV. memoratur *Manegaldus* quidam, qui vixisse & scripsisse nonnulla videtur circiter An. Ch. 1130. In Schedis quoque meis MSS. reperio brevem catalogum Librorum nondum editorum exhibitum olim eruditissimo Holstenio Bibliothecæ postea Vaticanæ Præfecto, ubi hæc habentur: *Manegoldus, vel Menegaldus Latinus Historicus: Historia Ecclesiastica. Qui plurima e Trogo Pompeio, & Justino quoad profana transcripsisse videtur. Initium Operis hoc est: Assyriorum Regum potentissimus olim fuit Ninus, qui bellum finitimis inferens Regibus* &c. Sequitur adnotatio. *Lucas Holstenius. Io credo che sia un Manigoldo. Auctor nullius judicii, aut pretii, quorum centena reperiuntur passim in Bibliothecis Monasteriorum, qualis Petrus Comestor, Vincentius Bellovacensis, aliique ejus farinæ consarcinatores, qui quum nullum suis Historiis initium reperire possent, ab exordio Mundi repetebant, ut modo Paris Trojanum bellum gemino ordiuntur ab ovo. Forte sub finem ad posteriorem alicujus gratiæ Historiam, & ad sua tempora delabitur, quæ usui esse possent ad illorum temporum cognitionem: quod de proximo, & in præsenti desperandum*. At incertum mihi, an illa ad Manegaldum, sive Manegoldum nostrum aliqua ex parte pertineant.

Quo tamen tempore Scriptor hic floruerit, conjectura assequi non difficile possumus. Agit ille de celeberrimis Gregorii VII. Pontificis Maximi controversiis cum Henrico IV. Imperatore, atque ita agit, ut rem non antiquam, sed recentem, & literis ante paucos annos agitatam, non obscure innuat. Carpit enim Cap. 22. in Wolfelmo, ejusque sociis *contentiones, & dissensiones, quibus nos operarii otiosi maxime nostis his temporibus studuistis*. Tum Cap. seq. apertius de his agit, Gregorii VII. causam defendens, atque inter cetera scribit: *Non defuerunt eo tempore viri magni, & Religiosi, quibus iniquitas tanta non placuit; indeque supersunt in eodem Regno* (Theutonico) *quam plurimi, qui miserante Deo mundum Baal genua curvaverunt*, &c. Infra subdit: *Pudori saltem vestro sufficere poterant discreti viri in circuitu vestro constituti* &c. *Schisma vestrum libera detestatione impugnantes*. Schismate igitur adhuc sejuncti erant ab Apostolica Sede Germani Henrico faventes, & adhuc *nulla fere Civitas*, ut ipse ait, *in tota Latinitate* erat, quæ non haberet divisum in varia studia populum, his pro Gregorii VII. jam vita functi memoria, illis vero pro Henrico IV., ut reor, vivente pugnantibus. Addit insuper Manegaldus: *Vos ad irritandum Altissimum, & augmentum profanationis, in Sacrificiis vestris pro Wiperto tamquam Patre & Pontifice animarum vestrarum divinam clementiam imploratis*. Quæ omnia suadere videntur, adhuc in vivis fuisse Guibertum Antipapam, quum hæc scriberet Manegaldus. Reliqua legantur, quæ idem Auctor habet Cap. Primo, & postremo, ac tandem, ni fallor, dicetur, compositum fuisse Opusculum istud ante Annum Ch. Millesimum & centesimum primum (quo verisimilius est e vivis excessisse Pseudopapam Guibertum) aut saltem non longe ab iis temporibus. In eam itaque sententiam feror, non alium fuisse Opusculi hujus Scriptorem a Manegaldo, cujus mentionem forte offendi in Annalibus Ptolemæi Lucensis pag. 952. Tom. 25. Biblioth. Patr. Ita vero scribit Historicus ille ad Annum Christi 1090. *Per idem tempus* floruit in Theutonia quidam Philosophus, cui nomen Manegaldus, cujus uxor, & filiæ in Philosophia fuerunt permaximæ.

Juvabit autem hinc discere Cap. 4. rationem, cur veteres Christiani Antipodas negandos sibi censuerint. Nimirum qui eos illustrabant, Tellurem excogitarunt in quatuor habitabiles partes divisam, quarum duæ saltem a reliquis præcise ita essent causa interpositæ Zonæ torridæ, ut nullum hominum inter eas commercium intercedere posset. Quare his positis excidebat certissimum, divinitusque traditum, Dogma de humani generis ex Adamo propagatione, & de enunciando Evangelio per totum terrarum Orbem. At Columbus, ac ceteri Americæ Indiarumque lustratores primi, tum Ethnicorum Hypothesim, tum Christianorum metum hac de re omnem sustulere. Deinde Cap. 23. discas, Historiam rerum gestarum a Gregorio VII. Papa elucubratam fuisse per Salisburgensem Archiepiscopum, quem Gebhardum, sive Gebehardum fuisse arbitror, in Baronianis Annalibus memoratum. An autem Historia hæc idem sit ac *Epistola S. Gebhardi Archiep. Salisburg. ad Hermannum Metensem*, quæ a Tengnagelio edita est Ingolstadii An. 1612. inter *Vetera Monumenta contra Schismaticos* &c. aliorum erit inquirere. Iterum habes Cap. 24. auctorem Epistolæ cujusdam dolose admodum & calumniose contra Gregorium VII. fuisse Wincarum Trevirensem Magistrum, qui Virdunensis Episcopi personam induit. Tu reliqua ad Theologiam, & Philosophiam spectantia perpende.

MAGI-

MAGISTRI MANEGALDI

Contra

WOLFELMUM COLONIENSEM

Opusculum.

QUum nuper in hortis Lutenbac conveniremus, & more Scholarium de Scripturis, quæ tunc inter manus erant, sermo mihi contra te oriretur, multa oratione decursa in hoc quasi quemdam nodum incidimus, & trahere cœpimus contentionis funem, ut tu pauca, quæ tibi displicerent, Philosophos, atque Macrobium de Somnio Scipionis, de quo tunc verbum erat, dixisse contenderes; ego e contra plurima Fidei, & saluti nostræ contraria in ipsis me invenisse assererem; ac eo usque cursus verborum prolapsus est, ut facile patere posset, aut te parum divinis literis eruditum, innata feritate & studio contradicendi, quæ nescires velle defendere, aut si ita sentires, ut dicebas, plane a rationibus sinceræ Fidei deviasse. Et quia contingere solet, quosdam strepitum verborum, & superficiem narrationis attendere, non expendere sensum mentemque scribentis, velut qui sine gustu, & odoratu radicem quidem rerum, sed vim saporis, & odoris sensu perdito non discernunt; quosdam vero per orationum sonum sensuum secreta rimari, & sicut frigida exterius, seponunt a calidis, ita interius bona secernunt a malis, quæ tanto validius reprobant, quanto in bonis fuerint delectati: ideo accessi propius, & per te ipsum cognovi morbum tuum, obtestans, utrum ita tibi in perceptione illarum sententiarum adquiescere, ut eas credentibus non intelligeres esse damnosas: heic satis temerarie respondens subjecisti, nescire te quicquam in eis, quod multum tuus animus aspernaretur. Itaque multis a te conviciis lacessitus furibundum, minantemque reliqui. Propono ergo aliquid inde ad te scribere, ut in eorum libris, & sensibus, de quorum errore dissimules, manifeste cognoscas hæreticam pravitatem contineri. Simul etiam arbitratus sum de Domno Papa Gregorio, quem polluto ore laceras, aliquid adnectendum, ut recogites, quia amplioris peccati causa solet esse præcedens peccatum.

CAPITULATIO SEQUENTIUM.

I. *Quod non omnes Philosophorum sententiæ abjiciendæ sint, sed illæ, in quibus decepti sunt, & decipiunt, & de Pythagoræ sententia de anima valde detestanda.*

II. *De Platone, & ejus involucris, quibus ostendit, ex quibus constet anima, & quod in distantia penetret corpus.*

III. *De diversis sententiis Philosophorum de Anima.*

IV. *Quod in mensurando Solem, & Lunam, & habitabilibus maculis decepti sint, & si quis inde Macrobio crediderit, in Fide facile periclitetur.*

V. *Quod secundum Apostolum talia probanda sunt, & ad sobrietatem Christianæ regulæ resecanda.*

VI. *De non sana eorum confessione, & de Casu Origenis, qui se nimis eorum dogmatibus affecit.*

VII. *De Sancto Spiritu, & ejus fama, & moderata doctrina, quod superbos deserat, & immundo Spiritui dissecandos permittat.*

VIII. *Quod Philosophi Patriarcharum benedictionibus privati nihil digne de Trinitatis Mysterio sentire meruerint.*

IX. *Quod Spiritu Maligno talia orta sint, & divisionis auctor Idololatriam multis argumentis texuerit.*

X. *Quod ipsi sunt Ægyptii a nobis deprædandi, & quod nobis eloquiorum thesauros & ornatus paraverint.*

XI. *De Deo, quem habemus loquendi materiam, & de recta confessione, & creatione Angelorum, & hominum, circa quorum casum sententia Domini misericorditer temperata est.*

XII. *De Præceptis obediendi, quibus homo reparatur contemptor mandati, quæ reparatio multis modis designata sit, ita ut casus priorum Patrum ad designandam magnitudinem Gratiæ permissi sunt, sicut David, de cujus genere Auctor veniæ natus est.*

XIII. *De Prophetis duos adventus prævidentibus, ac desiderantibus.*

XIV. *Quod ordinatis, quæ oportuit, Deus de Virgine natus sit, destructa Philosophorum consequentia.*

XV. *Quo proœmio natus sit.*

XVI. *De Deo nato quod omnis veritas Scripturarum ab eodem aperta sit, & de suscitatione animarum, & doctrina humilitatis.*

XVII. *De simplicitate Petri Apostoli, & merito fidei suæ.*

XVIII. *De duobus Sacramentis regenerationis, & refectionis ante passionem in cœna institutis.*

XIX. *Quod in Cruce Jesu Christi sit remissio peccatorum, & redemptio omnium, & priorum Sanctorum.*

XX. De

XX. *De Gloria Resurrectionis, & quod Discipuli, non ad philosophandum, sed ad vitam æternam annunciandam vocentur.*

XXI. *De Adventu Spiritus, & quid in eis effecerit. & quod in præsentibus non sit perfectio, sed inchoatio Beatitudinis.*

XXII. *Quod breviter de istis dictum sit, ut ostendatur, quantum periculum sit adquiescere illorum scripturis, qui nihil de corporum resurrectione noverunt, & quod eorum definitio destructa sit, & hoc Spiritus carni subditur non capit.*

XXIII. *Quod Theutonici quidam ab obedientia, & unitate Romanæ Ecclesiæ exciderint, dicentes se non habere Pontificem, nisi Cæsarem.*

XXIV. *De Epistola ab eis contra Sanctum Papam Gregorium facta; & quod ei Epistolæ per gratiam Dei respondendum sit.*

CAP.

CAP. I.

PRimum discretionem legentium volumus esse praemonitam, nos id nequaquam de Philosophis suscepisse, ut omnes eorum sententias damnabiles sentiamus, quarum quasdam pro sua subtilitate vix penetrare sufficimus, quasdam vero a Sanctis viris susceptas non ignoramus. Verum temeritatem tuam velle compescere, qui sic eorum subtilitates commendas, ut multifarios errores figmentis illis implicitos non attendas. Neque enim illis usque adeo primi parentis culpa dotem naturae damnaverat, quin secundum humanas rationes quarumdam rerum communitates, & discrepantias diligenter satis commodeque distinguerent, quantum homo de se ipso praesumere poterat. Sed quia sine Spiritu illius erant, qui *docet omnem veritatem*, *cujus sapientia attingit a fine usque ad finem fortiter, ac disponit cuncta suaviter*, necesse erat sicut homines, & ideo mendaces, eos interdum fines veritatis excedere, & semel suscepto patrocinio falsitatis per varia deceptionum argumenta raptari. Inde fuit, quod Pythagoras inter primos Duces hujus traditionis, quibusdam utiliter inventis & traditis, cum tandem rationalis animalis scrutaretur arcanum, & eam naturam, quae sine auctore naturae male sciri potest, mortali ratione persequi, & comprehendere niteretur, exinanitum ejus ingenium ad tantam demum bestialitatem redactum est, ut humanam animam perpetua ratione donatam aliquando irrationabilem fieri mentiretur. Eo scilicet modo, quo a simplicitate sui dimota voluntate incorporandi ad haec infima laberetur; quae quidem si in primo corpore male viveret in praesenti seculo, vel aliquo seculorum futurorum, quorum infinitam seriem promittebat, corpus deterius sortiretur, & ita multiplicatis sceleribus ad hoc ultimum deveniret, ut qui ante fuerat homo, ad vivificandum quodlibet foedissimum corpus, horribili carcere truderetur. Ecce ad quem proventum sublimis Meditatio illa evaserit, qualemque necessitatem secundum stultitiam cordis sui illi creaturae, quae ad imaginem, & similitudinem Creatoris omnium condita est indicere non expavit. Dic quaeso, si a sententia ista non diffidis, quid honestae spei concipere potes, quidve de illorum beatitudine expectas, qui in perfecta corporum, & animarum resurrectione duplicem stolam recepturi sunt, secundum ea quae interim oculus videre non sufficit, nec auris audire, quae videlicet in abundantia gratiae & gloriae suae praeparat Deus diligentibus se? Hoc enim sensu philosophico fit, ut tu, & ceteri complices tui in Regno Theutonico constituti, qui ab Apostolica Sede, & obedientia Sancti Papae Gregorii dissensistis, & ob innumera flagitia damnationis sententiam excepistis, a praesenti corpore separati in futurum seculum corpus turpius subintretis, quod quum rursus ferina contagione pollueritis

per

per infinitas species animandorum corporum praecipitati, ad ultimum in visceribus terrae, ac fordidis locis conclusi aeterna salute in perpetuum careatis.

CAP. II.

VErum nec in tempore illo a succedentibus Philosophis, qui dignius de se ipsis senserunt, crudelitas * ista approbata est, sed per leviores insanias temperata, inter quos Plato acutius ceteris rerum primordia perscrutatus compositionem animae quibusdam involucris praegravavit, & ex individua, & dividua essentia, natura eadem, & diversa, eam constare affirmans, sic coelestia, & terrestria corpora per ipsam vivificari commentatus est, ut ille vigor perpetui ignis pro natura corporum a se vivificatorum propriae virtutis dispendia pateretur. Quod Macrobius Ciceronem, Virgilium, & alios Latinos Philosophicae disciplinae sectatores sensisse testatur, sicut manifestius cognoscere poterit, qui tractatum ejus *de Somnio Scipionis* videre curabit. Hic itaque sicut per introductum discipulum suum Timeum commemorat, ut per quaedam quasi deliramenta a numeris tracta consideratione eamdem animam quodlibet animatum corpus indistanter penetrare & vivificare ostenderet, quum de Deo fabricante animam loqueretur, praedictarum essentiarum commixtionem fermentum appellans: *Primam*, inquit, *ex omni fermento partem tulit, hinc sumsit duplam partem prioris*, *tertiam vero hemioliam secundae*, & alia quaedam, quae pro nihilo ad memoriam reduceremus, quoniam ipsa suae obscuritatis insolentia animum auditoris obtundunt. Si quis vero ea audire desiderat, ab eodem Platone, sive a Macrobio, qui easdem tenebras quodammodo elucidandas suscepit, haec animadvertere poterit; mirum tamen erit, si non audita contemnat.

CAP. III.

HAbes ibidem condemnatos Pythagoram, Platonem, Xenocratem, Aristotelem, Possedonium, Hippocratem, Heraclitum, Zenonem, Democritum, alium Heraclitum, Crisolaum, Hypantum, Anaximenem, Empedoclem, Parmenidem, Xenophontem, Boetem, atque Epicurum, quorum plures diversis errorum spiritibus devii, & sensu carnis suae inflati, tamquam per quaedam abrupta dispertiti, contra se dissonas, & controversas sententias in animae suae judicio ediderunt. Quorum Plato, quod ad verum satis videtur accedere, animam definivit essentiam se moventem, alius numerum se moventem, alius Entelechiam, quod interpretantur corporis formam; alius harmoniam, alius ideam, alius exercitium quinque sensuum, alius tenuem spiritum, alius lucem, alius stellaris essentiae scintillam, alius spiritum concretum corpori, alius spiritum insertum atomis, alius de quinta essentia, alius ignem, alius aerem, alius

(*) leg. credulitas.

alios sanguinem, alios ex terra & igne, alios ex terra & aqua; alios ex aere, & igne & spiritu mixtam. In tam varia igitur divisione considera, si te unum omnibus sano sensu accommodare possis; ac si consentire potes, animam tuam jure sanguinem nuncupari, dic rogo, quæ Cœlorum Regna expectes? Hoc enim modo tu constans, sanguis & caro, Regnum Dei possidere non potes.

CAP. IV.

QUod autem de Sphæra, & orbibus, & Cœlesti harmonia, de fallaci mensura Solis, & Lunæ, & orbis terræ, de quatuor habitabilibus maculis in circuitu terreni puncti secundum fidem tui Macrobii constitutis, & de Antipodis, seu Antœcis per eas incommeabiliter dispositis affirmatur, in quantum periculum talia dicantur, parum mihi attendisse videris. Suscepto enim semel, quatuor habitationes hominum esse, quorum ad se invicem nulla penitus possit esse per naturam commeandi licentia, dic age, quomodo verum erit, quod Sancta, & Apostolica rationabiliter confitetur Ecclesia, Salvatorem videlicet, per primos Patres de ipsis, ut ita dicam, hujus Mundi cunabulis præsignatum, & a Patriarchis, & Prophetis consequenter multifarie, & multis evidentibus modis præfiguratum, tandem in plenitudine temporis, ineffabilibus humilitatis, & caritatis suæ operibus cognitum, ac clarificatum, in salutem totius humani generis advenisse, si tria hominum genera excepta sunt, quæ prædictus Macrobius præter hanc habitabilem, quam incolimus, secundum Zonarum Cœli, & Terræ temperiem, posse esse persuadet, ad quæ tantæ salubritatis notitia pervenire non potuit? Ubi est, quod ille fidelis, quem invenit Dominus virum secundum cor suum, in spiritu veritatis clamat: *Ante conspectum gentium revelavit justitiam suam Deus*. Et ibidem: *Videbunt omnes fines terræ salutare Dei nostri*, si aliqui fines terræ sunt ab hominibus inhabitati, ad quos sonus Prophetarum, & Apostolorum nostrorum prohibente natura per inaccessibiles aquarum, frigorum, calorumve distantias transire nequivit?

CAP. V.

EQuidem legi hæc tecum, & ut recordor frequenter dicere solebam, hæc ita debere accipi, ut Speræ tantum notitia haberetur, non ut veritate munita crederentur, quia secundum Apostoli præceptum omnia probanda sunt, & puro mentis intuitu examinanda; quoniam sicut in his, quæ sensibus subjecta sunt, ita quoque in intellectualibus, præsertim in scientiis, tam multæ & variæ species sunt, ut nisi Spiritus pietatis adsit, cujus regula dirigamur, cor hominis pravum, & inscrutabile, pronum sit verisimili ratione

seduci;

seduci; & nisi sobrietate quadam intelligentia refrænetur, aliquando in altum elata ipso tandem tumore in immensum crescente rumpetur, quandoque vero sinistrorsum nimis ad ima devergens in tenebras fatuitatis submergetur. Providebat hoc animus Apostoli Spiritus Sancti gratia illustratus, qui inter regulas Fidei, quas nobis imitandas præfixit, summopere admonuit: *non plus sapere quam oportet, sed sapere ad sobrietatem*. Proinde quum aliquid menti nostræ occurrit, quod ipsa sui sublimitate, atque probabilitate delectat, habemus quadraturam Christianæ doctrinæ, quam intellectis, & cognitis juxta ponere debemus, & si quid de meditationibus nostris excesserit, ad normam illius festinato judicio resecare. Ita & damnabilium errorum periculum devitari, & Philosophorum peritia, quæ tamquam superflua quædam immensitas nostris studiis apta est, commode salubriterque poterit famulari. Ut autem indissimulabiliter pernoscas, quam perniciosum sit eorum imitari fidem, quorum ingenium admiramur, aspice, quid prætendat in prima parte sui Philosophicæ confessionis assertio, quam ab eisdem sumtam Macrobius libro suo apponendam curavit his verbis.

CAP. VI.

DEus, qui prima causa & est, & vocatur, unus omnium, quæ sunt, quæque videntur esse, princeps & origo est. Hic Deus superabundante majestatis fecunditate de se mentem creavit. Hæc mens, quæ *νοῦς* vocatur, qua patrem inspicit, plenam similitudinem servat auctoris; animam vero de se ipsa creat posteriora respiciens. Rursus anima *νοῦν* patrem qua intuetur induitur, ac paulatim regrediente respectu in fabricam corporum in corporea ipsa degenerat. Nonne si horum verborum sensibus adquieveris, denuo suscitare videris multos errores, qui in primo statu Ecclesiæ vigili solertia Patrum convicti, & suffocati sunt? Inter quos Arius inæqualitatem personarum in simplicitate Divinitatis inducit. Manichæus autem partem Divinitatis degenerem Diabolum, eumdemque malarum creaturarum conditorem affirmat, quorum nefanda perversio quantas strages Fidei dederit, quantumque fructum malitiæ fecerit, nullus, qui Ecclesiasticas Historias legit, ignorat. Cujus Philosophicæ muscipulæ laqueum Origenes magnus vir in Ecclesia, & divinorum eloquiorum mirabilis tractator, tremendo Dei judicio evadere non meruit; sed quum post multos tractatus, quos utiliter, & excellenter ad honorem sanctæ Ecclesiæ edidit, ad enodanda demum Cantica accessisset, asseruit, Patrem a Filio, Filiumque a S. Spiritu non videri. Quod B. Hieronymus in Epistolis suis significans, & tanti Doctoris casum graviter ingemiscens: *Origenes*, inquit, *quum in aliis ceteros vicisset, in Canticis Canticorum se vicit*. Cujus laudabile ingenium quamdiu caritate duce incaluit, & ab Apostolicæ Doctrinæ lumine non recessit, per directum gradiens, altitudinem spiritualem intellectus salubriter aliis ministravit; ubi vero profunditatem sapientiæ, & scientiæ Dei incomprehensibilem, & homini per se fatuo non potestate, sed dignatione capabilem, profanis Græcorum dogmatibus, quibus se fortassis prius nimis affecerat, commiscere tentavit, sicut quando de Resurrectione tractans soliditatem, & veritatem resurgendorum corporum denegavit, miseranda humanæ fragilitatis sorte, vir egregius; & sublimis considerationis, quasi de altissima specula lapsus gravissime corruit, exemplumque posteris factus est, cum quanta reverentia, & timore, divini consilii celsitudo, & profunditas mysteriorum Dei attingenda sit, & ut quisque de se sciat, quia quanto velocior est animæ suæ motus, tanto paratior illi casus est, nisi cum cautela, & cœlesti præsidio moveatur. Quod Salvator discipulis indicat, quum ante potestates mundi, quarum timore, vel amore de Spiritu Sancto facile labi possent, præ testimonio Fidei sistendos præmunit. *Nolite cogitare, quomodo aut quid loquamini; non enim vos estis, qui loquimini, sed Spiritus Patris vestri, qui loquitur in vobis.*

CAP. VII.

Hic est ille Spiritus, qui Disciplinæ effugit fictum, quem corpus peccatis subditum non meretur, qui unde vult recedit, & sine difficultate loci, & temporis quocumque vult venit, & signaculum sui veniens secum adfert; quod enim suggerit, rectum, & pium est; quod emittit, robustum, & sanum; quod fructificat, suave & jocundum. In eo enim est gratia veritatis, per ipsum nobis est spes vitæ & virtutis. Quum habitaculum infantium ingreditur, disertos reddit; & quum frigenti, & tenebroso cordi supervenit, vitiorum sedem puritatis tribunal facit. In præsentia sua nihil fatuum, vel inutile esse potest, nihil diligit singulare, vel dissonum, nil immoderatum amat; ipse enim modus, & immensurabilis mensura est; omne donum ei sufficiens est, quia etsi desiderio meo parum videtur, quod mereor, in plenitudine tamen corporis Ecclesiæ, quam ipse Deus vivificat, totum possidens nullius egestatis detrimento confundor. Hic itaque Spiritus quum mentem de se præsumentem cernit, quia amator humilitatis est, superbiæ locum contemnit, & quia ipse unus, & idem, sic gratiarum suarum dona multiplicat, ut tamen per distributionem illam unum simplex & verum insolubilis caritatis corpus efficiat, scissuras, & scandala detestans. Quo fit ut animam sectionibus vacantem Spiritus immundus invadat, eamque suis qualitatibus, & potentiis informatam miserabiliter distrahat, & per varios errores discerptam ad perditionis interitum perducat.

CAP. VIII.

HOc contigit his, de quibus loquimur, quos prior ætas Gentilium Philosophos appellavit, quorum patres a Patriarcharum Israelitici populi genere profluentes, hereditariis benedictionibus privati, vera Domini Dei nostri notitia caruerunt, eamdemque ignorantiæ jacturam filiis suis reliquerunt, donec semen benedictum venit, cui hereditatio gentium debebatur. Interim ergo naturali fame torqueri cœperunt, & sicut qui panem incante, seu in silice aurum, vel Solem in cavernis terræ quærunt, ita in inquirenda natura rerum, & cognoscenda universæ fabricæ Mundi subsistentia, & elementorum concordi discordia alii occupati, alii autem in causarum proventibus dignoscendis, quos indici sibi fatali necessitate per concursum Planetarum, & Siderum opinati sunt, his quasi deviis disparati, circa summum bonum frustra consumtis multis studiis erraverunt. Quod si inter eos extiterunt, quos purior liberiorque ratio stimularet aliquid esse insistendum, quod antiquius, & melius ipsa creatura foret, cujus potentia totius creationis universitas ambiretur, cujus providentia sub certis ponderibus, & numeris conctorum existentium, contingenterque transeuntium series necteretur; tamen quum ad illud lumen inaccessibile, quod omne firmamentum, omnemque Cœlorum altitudinem excedit, perventum est, ineffabilis Trinitatis venerandam, adorandamque simplicitatem, ejusdemque simplicis Majestatis trinum Mysterium sentire nullatenus meruerunt. Unde factum est, ut tria sibi principia ponerent, Artificem, Formas, & Materiam intelligibilem esse, mundum in mente divina collocantes, qui exemplum hujus sensilis secundum numerorum rationem cuncta, quæ sub sensibus casura erant, in se intelligibiliter contineret; in quibus principiis omnipotentiæ Dei derogabant, nihil ex nihilo fieri sancientes. Hæc sunt, in quibus addiscendis te multam operam consumsisse gloriaris, quæ tecum ipse legi, & lecta ex maxima sui parte reprobare curavi. Habebant enim difficultatis plurimum, utilitatis parum, salutis nihil. Quum tamen experiendi causa, quorsum evaderent insectarer, quasi per quosdam fumorum orbes immensis tractibus involutum, quo tandem vellent ponere admirabar, nisi quia suspicabar profecto, quod nequaquam veritatis exitum promittebant.

CAP. IX.

TAlia sunt nimirum illius semina, qui per superbiam Deo suo esse similis affectavit, qui quum Gentilium mentes semel sibi permissas invasit, sublimia promisit, eduxit in altum, paravit casum. Nec potuerunt ad cavendos ejus dolos, & mille nocendi artes,

tes, mortalium corda sufficere, quia interdum inducendo impietatem, pietatis spem gerit, laxat jura imperii, ut fautores sui in quamdam partem ad virtutem se erigant, in altera parte premit, ut familiari sibi foeditati subjaceant, & pro tempore suum inficit eorum bonum miserandoque nimis commercio de pretioso alieno vilitatem suae confusionis circumtegit. Non locorum angustiae, non longitudo temporis incentivorum ejus spiculis renituntur. In promtu sunt ei secreta naturae, illam solam arcem subintrare veretur, cui praesidet ille Spiritus, qui diligit sanctitatem. Hic tam potens, & efficax, quum prostratam, & jacentem praedictae generationis massam conspiceret, coepit in ruinas, quas fecerat, debacchari, & sicut est discissionis actor, animalem hominem in varia dogmata, & contrarias sectas partitus est. Inde Socratici, Pythagorei, Platonici, & aliae innumerae professiones diversis tramitibus aberrarunt, & errores suos argutis inventionibus adjuverunt. Proficiente quoque, & invalescente Diaboli seminario, subsequuta est Poetarum turba, qui tamquam joculatores ad nuptias Idololatriae concurrentes, figmentis, & immodestis laudibus animos vana sectantium oblectati sunt; causa enim quaestus ad adulandum, & maledicendum parati sceleratos Principes, & violentes praedones deificando, & inflatorum verborum tinnitu, & sententiarum ornatu, nulla veri puritate munito, inutili memoriae, & inani gloriae serviendo, obscoena, & turpia quibusdam involucris adornarunt, & prout natura singulorum viguit, alii Comoedi, alii Lirici, Satyrici, Tragoedi effecti multis phantasmatibus animas peccantium seduxerunt, simpliciores quoque, qui honorem suae conditionis sub profunda nocte ignorantiae non intelligebant, comparabiles, imo deteriores jumentis usque ad culturam lapidum, & turpitudinum curvaverunt.

CAP. X.

Isti sunt Ægyptii, quos dispensatio Dei sanctae Ecclesiae depraedandos exposuit, quorum spoliis faciem templi Domini adornamus, & naturale donum, quod ipsi in superbia, & abusione ad damnationem suam detinuerunt, amatores humilitatis in usus debitos retorserunt, nihil de suis viribus praesumentes, nil adscribentes sibi, quaerentes quae sua sunt, sed gloriam Regni aeterni annunciantes, simpliciter prudentes, & prudenter simplices, armaturam perfidiae in cultu Fidei transtulerunt, & scientiam inflatam, & mortuam spiritu caritatis animaverunt. Hi sunt, de quibus ad nos dictum est: *Alii laboraverunt, & vos in labores eorum introistis*. Omnis sapientia quorum in altissimis quaestionum puteis devorata est, in quibus fons aquae salientis in vitam aeternam a perscrutantibus non inventus est, sed copiosae verborum divitiae, & eloquiorum thesauri nobis, quibus scientia salutis in remissione peccatorum per viscera misericordiae Dei donata

donata est, commodissime præparati. Itaque laqueos, & sensuum fraudes, quas velut aranea tabescentes, & interiora sua exhaurientes vane conturbati stultorum imitationi prætexebant, tamquam retiaculum Diaboli perrumpentes, cadaver Idololatriæ nudum reliquimus, & ornatum orationum, & quarumdam consuetudinum, quo vasa contumeliæ longo tempore morticinum suum celaverant, Salvatori, & Liberatori animarum nostrarum obtulimus.

C A P. XL.

MAteria vero, circa quam supellectilem verborum expendimus, idem ille nobis est, de quo numquam satis potest esse, quod dicitur, Sapientia videlicet Dei Patris, consubstantialis, & coæterna illi cum Spiritu Sancto, unus Deus immortalis, invisibilis, cujus solius honori, & gloriæ cuncta cœlestia, terrestria, & infera, voluntaria, vel invita famulantur. Qui quum omnia, quæcumque voluit, fecit in Cœlo, & in terra, in mari, & in omnibus abyssis circa miserabile genus humanum, misericordi prudentia reflexit justitiam voluntatis, & caritate temperavit fortitudinem potestatis. Non in aliqua parte sui aliquo modo degenerans, sicut insulsa Philosophorum confessio persuasit, numquam deficit; neque recipit aliquid essentialiter, quod ipse incipiat esse, & ante non fuerit; ubique totus, & nullas loci angustias sustinens; semper existens, sed conditor temporum, certus librator omnium numerorum, & ponderum. De quo tunc recte sapit rationalis homo, quum pertimendam, & laudabilem nimis ipsius magnitudinem recognoscit. Cujus sapientia, & providentia infatigabiliter, & sine errore non solum elementorum distinctionem, sed ex elementis constantium rerum causales proventus serie admiranda connectit. Hic est Dominus noster, & non est alius ad ipsum, qui quum in se perfectus foret, nec alieni favoris, vel laudis indigentiam pateretur, secundum beneplacitum voluntatis suæ Cœlum, Terram, & universa, quæ Cœli ambitu continentur, Dominus universorum de nihilo condidit. Inter quæ nil æquale quidem sibi, sed simile, rationalem Angelum creavit, & hominem, ut & in cœlestibus invisibili Deo per innumera assistentium Spirituum agmina æterna laus persolveretur, & in terris ab homine gratiarum nihilominus actiones pro facultate transitoria exhiberentur, & ipsa laudum exhibitio pro affectu expensa laudantium hoc tantum laudato Domino grata foret, quo ad consequendum æternitatis præmium laudantibus profuisset. Ab assiduitate cujus laudis prior ille destitit, qui cunctis sublimior factus erat; non enim cogente Conditore, sed ipso abundantia sui arbitrii abutente, & in superbia efferente, mentitus est sibi ipsi, immoderatam rapinam æqualitatis Dei arripere concupiscens. Unde quia altissimo Creatoris consilio irrecuperabiliter factus est casus ejus, cœpit universitatem creationis cir-

cuire

cuire quærens, quem ruinæ suæ adscisceret. Prætermisit legiones Angelicas, de quarum stabilitate diffidebat; irrationabilem creaturam neglexit, cujus finem velocissimum sentiebat. In solum hominem, quem sive staret, sive laberetur, æternitati propagatum videbat, totius malignitatis suæ argumenta contorsit, totis nisibus in eo contendens imaginem abolere factoris, ut sui similis effectus irrevocabilis damnationis judicio mulctaretur. Persuasit itaque, & auditus est; pugnavit, & vicit. Et licet pius Dominus figmento suo præter libertatem arbitrii, qua non precare poterat, cautelam contulisset mandati; sciens tamen deceptibilem limum aliunde consilium superbiendi accepisse, ita circa deceptum miserum severitatis suæ sententiam temperavit, quatenus & ex præcepto suo mortalitatis necessitas solveretur, & tamen infra mortis debitum per meritum obedientiæ resurgendi acquireretur facultas, quæ interim animæ præstanda foret; finito vero præsentis vitæ spatio, corpori, & animæ pariter restituenda.

CAP. XII.

OBediendi itaque documenta primis patribus ante Legem præfixit, & ut res magnas compendio transigamus, per Melchisedech Sacrificium, per Abraham Circumcisionem, & immolationem, per Jacob tituli erectionem in figuram summi Sacerdotii, veriique Sacrificii, quæ per Filium suum opportuno tempore Ecclesiæ exhibenda erant, præordinavit. Per Moysen quoque famulum suum præceptis, & legalibus institutis carnalem populum prægravavit, tantæ profunditatis mysteriis, ut in illis omnibus humanæ salutis, & adventus sui Sapientia Dei Patris multifariis modis Sacramenta signaret, & illius populi actiones veritatem in novissimis temporibus agendorum mystica denunciatione concluderent. Nec enim aliud insistit tota Tabernaculi, & Holocaustorum descriptio & Templi Domini cultus, nisi ut præsentis Ecclesiæ status, & futuræ figuretur. Porro quanta cura Deo fuerit, hominem exsuscitare ad sciendum, & intelligendum reparationis suæ Sacramentum, non servientis creaturæ secreta rimari nec animum sterili meditatione lassare, intueri licet etiam ex casibus virorum prioris populi, inter quos maxime David lapsum Sancti nostri altiori intuitu considerantes, magnum gratiæ revelandæ præconium continere arbitrati sunt, nec sine causa vel fidei, quæ in Patriarchis gloriose refulsit, commendatione factum esse intelligunt, quod post adulterii crimen, cui nulla ex Legis litera remissio debebatur, ad exemplum misericordiæ servatus est. A Domino quippe, qui non impulsor, sed ordinator malorum est, salubriter provideri debebat, ut qui per fidei meritum de imo ad Regni sublimitatem pervenerat, per libidinis culpam de sublimi dejiceretur in imum, & electus Domini specialis vicinæ gratiæ prædicator

cator experiretur in ſe ipſo, quantum indigeret miſerentis Dei auxilio miſer homo. Qui enim de carne ſua peccavit, fructum carnis, Abſalonem ſcilicet, perſequutorem ſuſtinuit; & qui obediendo Deo glorioſus extiterat, ſuperbientis carnis ſequutus laſciviam eo uſque ignominioſus factus eſt, ut ſervorum lapidibus impetitus, & laceſſitus maledictis, regalem dignitatem fugitivus amitteret. Verum poſtquam in ſe reverſus de gravi inferno, ad quem propinquaverat, humiliatus ad miſericordiæ fontem, de quo ſæpe prius potaverat, pudibundos oculos elevavit, & de profundo cordis clamavit ad multitudinem miſerationum Dei, qui nullam ſibi ſpem per Legem indultam ſentiebat, tamquam ſignifer ſubſequentis Salvatoris effectus, hauſtum gratiæ peccantibus ſe propinaturum promittit: *Docebo*, inquiens, *vias tuas iniquos, & impii ad te convertentur*, ut ex eo ad vaticinium Domini veniens ardentior reus fieret, quo de legali ſeveritate redemtus, nec infamis Regno, nec vita privaretur adulter. Imo tantæ dignitatis privilegio Rex humilis cumulatur, ut ſtupendo divinæ dignationis miraculo confitentis genus abundantia fidei juſtificatum, & gratia Spiritus Sancti, quem idem Propheta ad innovanda viſcera, & cor ſuum ſincero affectu popoſcerat, emundatum, aptum fieret miniſtrare virginalem illam creaturam, quam virga Aaron contribulis ejus ſine terreno fomento florens, & fructificans inſolito miraculo deſignarat, & Eſaias ſtatim evidenti Oraculo promonſtraturus erat, Spiritu operante ineffabiliter conceptum totius propitiationis fontem, & totum ſerviret gratiæ, quod de ſemine pœnitentis actor indulgentiæ naſceretur. Hoc verbum bonum, hoc opus ſanctum, hoc Canticum novum Cythariſta, qui pœnam Legis evaſerat, tamquam jam junctus futuro populo, & quaſi ante thalamum perpetuæ Virginis ſaltans, ſpirituali jubilo præcinebat: *Suſcepimus Deus miſericordiam tuam in medio Templi tui*, & alia plurima, quæ magis indicare videntur plenum gaudium aſſequuti, quam deſiderantis affectum.

CAP. XIII.

Nec tempus remiſſionis tantum Sancti Prophetæ prænunciare contenti ſunt, ſed alternatim ad duos adventus Filii Dei fideles oculos retorquentes, indicant humilitatis unum, alterum ſublimitatis, primum manſuetudinis, ſecundum poteſtatis. Et quia humana ſuperbia contemtui habere ſolet, quod humile eſt, cum quanta reverentia præcedens ſuſcipi debeat, oſtendunt per magnificentiam conſequentis, ut abſque omni præjudicio, qui indulgentiæ tempus contemſerit, terribilem in die iræ ſententiam mereatur. Hoc evangeliſans Eſaias, & Hieremias lamentans, prius vocationem Gentium, & compactos parietes in unum angularem lapidem ſignificant, & ſub deſtructione populi, & Hieroſolymitanæ Urbis, communis captivitatis ærumnas deplorantes, manentem Civitatem, in qua nos Dominum Majestatis cum carne nostra jam sedentem aspicimus, inquirunt. Hæc est repromissionis terra, & regio vivorum, non illa, inquam frequenter cecidere multa millia, & in qua prospiciebant filios, & nepotes suos, violentia Regum, fame, gladiis & aliis mortis generibus perituros, sed illa, de qua inter alios prædictus David clara veritate admiratur dicens: *Quam dilecta tabernacula tua Domine virtutum. Et Beati qui habitant in domo tua Domine, in secula seculorum laudabunt te.* Et ad quem animam suam converti hortatur, postquam Dominus benefecerit ei, quod tunc futurum intelligit, quum eripietur a morte, pedibus a lapsu, & oculis a lacrymis liberatis. Aspiciebant, inquam, & in obtentu illius summis desideriis suspirabant. Verum cum vident desertum Mundi plenum amaritudinibus, & convallem lacrymarum interjectam, in terra terrenæ repromissionis positi, validiorem, & meliorem Moysen assiduis gemitibus implorabant clamantes: *Veni Domine, & noli tardare: excita potentiam tuam Dominator Deus.* Nec ante venerabilis ordo illorum Patrum vociferari quievit, donec instante nativitate Jesu magni ducis perurgentibus gaudiis exultaret, & diceret: *Ecce advenit Dominator Deus, & Regnum in manu ejus, & potestas & imperium.* His & aliis talibus præparabant mentes carnalium ad suscipiendum Salvatoris humilem ortum veridici præcursores, certisque signis, & potentiæ suæ indiciis nascituri in salutem omnium magnitudinem notaverunt, ne perfidus Judæus, & vanus Gentilis dissimularet agnoscere, quem tot sibi præsagiis cerneret indicatum. Quorum Prophetarum scripta si secundum interiorem degustare curaveris, experieris profecto, summæ dementiæ fore, ita insistere mundanæ scientiæ studium, ut non colatur, & ametur spiritalium salubris profunditas Scripturarum.

CAP. XIV.

ORdinatis igitur, & decursis omnibus, quæ ad insinuandum novi hominis ortum figuraliter oportebat præmitti, secundum prædestinationem ante omnia secula apud misericordis Dei consilium habitam, in plenitudine temporis *misit Deus Filium suum in terris factum ex muliere, factum sub Lege*, ut non solum eos, qui sub Lege erant, redimeret, sed quia neminem perire volebat, neminem a salvatione excluderet. Quum autem audis: *Misit Deus*, non intelligas majoritatem mittentis, nec missi mutationem, quia Divinitas non recipit vicissitudinem; sed accipe bonam Patris voluntatem, & piam Filii obedientiam, completam per consubstantialis Spiritus cooperationem. In hujus Incarnationis opere si de modo quæris, nescio quid commode dici possit, quam quod ex inquirente Virgine, & Archangelo respondente percipitur, videlicet quod superveniente Spiritu, & obumbrante eam virtute Altissimi, cum virginea carne Di-

vinitas

vinitas uniretur, tanta efficientia ſanctitatis, ut Filius Dei, ante omnia tempora Deus de Deo genitus de Virgine ſub tempore naſceretur, credibiliter, non effabiliter factus caro, non confuſa ſubſtantia, ſed Dei, & hominis una perſona. Sic docet Vas Gratiæ, poſtquam ſquamæ perfidiæ ab ejus oculis ceciderant, qui raptus ad tertium Cœlum ea etiam arcana audivit, quæ homini loqui non licet. Ut enim indicaret, ex naturali, & inſito Patris, & Filii ſimpliciſſimam unitatem, *formam Patris* Filium appellavit, ubi nihil rapinæ intervenit propter ejuſdem Maieſtatis æqualitatem. Nec propter *formam* verbum, quod tibi ſignificat apud homines, aliquid a formato diverſum ſacias; in ſubjecta ſectione extendit nos Prædicator veritatis, & per Verbum ſenſibilibus commodatum ad ſapiendum ineffabile Verbum mortalium intellectum traducit, ut fide capiamur, quæ verbo humano enarrari non poſſunt. Qui ut Incarnationis myſterium ad ſalutem credentium aperiret, conſequenter ſubjecit: *Exinanivit ſemetipſum*, & ut exinanitionis Verbum circa immutabilem Deitatem non imminutionis verbum, ſed ſignificativum dignationis adverteres, circumſpecte ſubdidit: *Formam ſervi accipiens*. Utraque igitur, nativitas admirabilis eſt. In utraque humanæ inventionis argumenta deficiunt. Prima enim propter unitatem Trinitatis, Angelorum, & hominum ſupergreditur intellectum: ſecunda propter inſolitum naſcendi modum totius Philoſophicæ rationis evacuat firmamentum. Conſtanti namque conſequentia proponebant: ſi peperit, cum viro concubuit. Verum natus eſt puer fortis, Angelus conſilii, Philoſophus caſtitatis, & per venerandam de perpetua Virgine nativitatem prædictam propoſitionem caſſavit, quum de matre natus ſit, quæ virum non cognovit, & ideo nulla ratione cum viro concubuit.

CAP. XV.

QUo autem proventu novum iſtud ſuper terram factum ſit, redeamus ad Magiſtrum Gentium, qui hujus natalis effectum oſtendens: *Apparuit*, inquit, *gratia Salvatoris noſtri Dei omnibus hominibus, erudiens nos, ut abnegantes impietatem, & ſecularia deſideria, ſobrie, & juſte vivamus in hoc ſeculo, expectantes beatam ſpem, & adventum gloriæ magni Dei*. Itaque erudimur in novi hominis ortu, ut deſideria ſeculi, quæ ſalva pietate amari non poſſunt, abnegemus, & ſicut Patres Sancti prioris populi ſub deſiderio primi adventus anhelaverunt, ita nos, quibus jam veritas de terra orta eſt, ſub expectatione ſecundi gemamus, patienter beatam gloriam ſuſtinentes. Ante adventum gratiæ humanum genus ſoli vanitati, & ſuperbiæ vacans male ſecurum vivebat præter paucos Iſraelitas, quibus datum fuerat præſentire myſterium Regni Dei. Pro qua vera Rex humilitatis apparuit magna ſolicitudine manſuetudinem ejus ſequi,

sequi, & castitatem amplecti jubemur, ut jugiter Cruci ejus affixi membra nostra, quæ sub veteri homine immunditiæ servierant, in sanctificationem immobilia conservemus, & omni superbiæ humiliationis Dei signum tamquam vexillum victoriæ opponamus. Et licet huic signo stultitia Gentilium, & Judæi perfidia contradicat, quæ inæstimabilis bonitatis Dei ignara idcirco tantum ingrata fit, quia nimis propter se factus est humilis Deus; nos tamen, quia cum Apostolo audimus, quid ipse loquatur in nobis, signum vitæ superbiæ opponimus, respondentes Judæo cum eo electo ex Judæis Paulo: *Christus factus est pro nobis obediens usque ad mortem Crucis*; Gentili vero de inani scientia glorianti: *Nihil judicamus nos scire inter vos, nisi Jesum, & hunc Crucifixum, quoniam propter hoc exaltavit illum Deus, & dedit illi nomen, quod est super omne nomen, ut in nomine ipsius omne genu flectatur*; humilitatis enim finis exaltatio est, sicut superbientis casus.

CAP. XVI.

Inclinato ergo Rege Judæorum, & Gentium, & modo convenienti Deo per Virginem edito, utrum ipse esset, qui ex Lege, & Prophetis prænunciatus fuerat, singularis operationis privilegio declaravit, & prius legalem Circumcisionem passus est, ut præcedentis Testamenti probaretur non destructor, sed actor, & homicida Judæus interficientem literam persequens per observatum exterius ad interiorem vitam salubriter traheretur. Quapropter scriptum sustinuit, ut exhiberet sententiam; complevit literam, largitus est Spiritum, removit figuram, aperuit veritatem, & sicut in Mediatore duæ naturæ convenerant, ita in liberandis hominibus, & de tenebris ad lucem rapiendis quemdam ordinem conservavit, dum Lex completur, ut ingeratur Gratia, restituuntur vitæ mortui, ut vivorum animæ suscitentur, ut utrinque validissima probatione constaret ex subjectione Legis verus, & justus homo, ex doctrina, & operatione omnipotens Sapientia Deus. Hanc animarum suscitationem trium mortuorum resurrectio distincta significat, quoniam quæcumque anima peccatorum morte damnatur, aut intus adhuc est cum Archisynagogi filia, ut tamquam e vicino morti tradita vitæ facile reducatur, aut conscientiæ bonæ portas egressa turbis circumstantibus mortua deportatur, aut diuturniori morte jam fœtida clausa sub indurationis lapide coarctatur. Sed accedente omnipotente medico manus puellæ tenetur, & surgit; adolescentis loculus tangitur, & vocatus mortuus reviviscit: præmissis compatientis lacrymis tumulatus clamatur, & prodit; nullaque est passio animæ penitus morientis, quæ medentis Salvatoris superat facultatem, quia ipse est, *qui propitiatur omnibus iniquitatibus tuis, qui sanat omnes infirmitates tuas, qui redimit etiam de interitu vitam tuam*. Ut enim velit, propitiator est;

est; ut possit, dominus; qui potentia sua in suscitatis mortuis usus est, ut quod cernis in toto homine factum, in parte posse fieri non desperes, idcirco in paucis ut antequam tumuleris acceleres. Nec de indignitate, vel infirmitate sua metuat miser homo, quia nullus accedens indignus sanari videtur Deo, qui, ut omnes accessum habeant ad ipsum, dignatus est fieri pauper homo. Hæc est voluntas Patris, hæc est obedientia Filii, ut in assumta carne humilitatem veram, & spontaneam, cujus specialis doctor advenerat, edoceret, & superbum hominem ebrium vanis mundi, & inter corruptelas concupiscentiarum carnalium delirantem, ad se ipsum reduceret. Hoc egit nativitas de paupere, & humili Virgine, hoc angusti præsepis positio, hoc Circumcisionis, & oblationis legalis perfunctio, hoc susceptio Baptismi a Præcursore, & maligni Spiritus congressus, atque jejunii sanctificatio, & postremo electio discipulorum, quæ ita solo respectu humilitatis, & Caritatis facta est, ut omnis superbiendi occasio de discipulatu suo penitus amputaretur, quum illi præcipue electi sint, qui nequaquam possent de dignitatibus relictis, sive divitiis aliquando gloriari. In quo etiam magna eligentis providentia cautum est, ne consortio ejusdem gratiæ alios propter terrenorum pauperiem indignos arbitrarentur, in quibus de humana gloria nihil inventum est, unde eligi mererentur.

C A P. XVII.

Assumitur præterea Simon Barjona, mansueti conventus Magister, qui prærogativa simplicitatis, & amoris in Christum in sublimem illam speculationem erectus, non carne, & sanguine, sed Patre luminum revelante, puram de Salvatore confessionem, & universis Fidelibus tenendam, collegis hæsitantibus, festina responsione depromsit: *Tu es Christus Filius Dei vivi, qui in hunc Mundum venisti*. Propterea tam perspicacis fidei soliditas ab ipso Dei Fidei fundamentum Ecclesiæ facta est, super quod totius ædificii structura consurgeret, & ipse Petrus Divino testimonio Beatus Regni Cælorum clavigeratum suscepit, tanta plenitudine potestatis, ut quod ligaverit, ligatum, & quod solverit, solutum sit in Cælis pariter, & in Terris. Proinde quia revelationem illam in Petro Pater Deus per Spiritum Sanctum fecit, vis solutionis, & collata potestas, quæ ex merito confessionis descendit, secundum interiorem maxime expendenda est, quam experiri non potest, nisi qui fidei oculum adhibebit, quamquam ligationis pœna interdum in quibusdam, sicut in Anania, & Saphira, usque ad corporalem quoque damnationem proruperit. Quocirca si mundo corde credis, absolveris; si vero ore confiteris, salvaris, quia corde creditur ad justitiam, ore fit confessio ad salutem, & hoc modo ædificatus super fundamentum Apostolicæ confessionis justificaris, & justificatus ex fide vivis. Hujus profecto justi-

tes, mortalium corda sufficere, quia interdum inducendo impietatem, pietatis spem gerit, laxat jura imperii, ut fautores sui in quamdam partem ad virtutem se erigant, in altera parte premit, ut familiari sibi foeditati subjaceant, & pro tempore suum inficit eorum bonum miserandoque nimis commercio de pretioso alieno vilitatem suae confusionis circumtegit. Non locorum angustiae, non longitudo temporis incentivorum ejus spiculis renituntur. In promtu sunt ei secreta naturae, illam solam arcem subintrare veretur, cui praesidet ille Spiritus, qui diligit sanctitatem. Hic tam potens, & efficax, quum prostratam, & jacentem praedictae generationis massam conspiceret, coepit in ruinas, quas fecerat, debacchari, & sicut est discissionis actor, animalem hominem in varia dogmata, & contrarias sectas partitus est. Inde Socratici, Pythagorei, Platonici, & aliae innumerae professiones diversis tramitibus aberrarunt, & errores suos argutis inventionibus adjuverunt. Proficiente quoque, & invalescente Diaboli seminario, subsequuta est Poetarum turba, qui tamquam joculatores ad nuptias Idololatriae concurrentes, figmentis, & immodestis laudibus animas vana sectantium oblectati sunt; causa enim quaestus ad adulandum, & maledicendum parati sceleratos Principes, & violentes praedones deificando, & inflatorum verborum tinnitu, & sententiarum ornatu, nulla veri puritate munito, inutili memoriae, & inani gloriae serviendo, obscoena, & turpia quibusdam involucris adornarunt, & prout natura singulorum viguit, alii Comoedi, alii Lirici, Satyrici, Tragoedi effecti multis phantasmatibus animas peccantium seduxerunt, simpliciores quoque, qui honorem suae conditionis sub profunda nocte ignorantiae non intelligebant, comparabiles, imo deteriores jumentis usque ad culturam lapidum, & turpitudinum curvaverunt.

C A P. X.

Isti sunt Aegyptii, quos dispensatio Dei sanctae Ecclesiae depraedandos exposuit, quorum spoliis faciem templi Domini adornamus, & naturale donum, quod ipsi in superbia, & abusione ad damnationem suam detinuerunt, amatores humilitatis in usus debitos retorserunt, nihil de suis juribus praesumentes, nil adscribentes sibi, quaerentes quae sua sunt, sed gloriam Regni aeterni annunciantes, simpliciter prudentes, & prudenter simplices, armaturam perfidiae in cultu Fidei transtulerunt, & scientiam inflatam, & mortuam spiritu caritatis animaverunt. Hi sunt, de quibus ad nos dictum est: *Alii laboraverunt, & vos in labores eorum introistis*. Omnis sapientia quorum in altissimis quaestionum puteis devorata est, in quibus fons aquae salientis in vitam aeternam a perscrutantibus non inventus est, sed copiosae verborum divitiae, & eloquiorum thesauri nobis, quibus scientia salutis in remissione peccatorum per viscera misericordiae Dei donata

donata est, commodissime praeparati. Itaque laqueos, & sensuum fraudes, quas velut aranea tabescentes, & interiora sua exhaurientes vane conturbati stultorum imitationi praetexebant, tamquam retiaculum Diaboli perrumpentes, cadaver Idololatriae nudum reliquimus, & ornatum orationum, & quarumdam consuetudinum, quo vasa contumeliae longo tempore morticinum suum celaverant, Salvatori, & Liberatori animarum nostrarum obtulimus.

CAP. XL.

MAteria vero, circa quam supellectilem verborum expendimus; idem ille nobis est, de quo numquam satis potest esse, quod dicitur, Sapientia videlicet Dei Patris, consubstantialis, & coaeterna illi cum Spiritu Sancto, unus Deus immortalis, invisibilis, cujus solius honori, & gloriae cuncta coelestia, terrestria, & infera, voluntaria, vel invita famulantur. Qui quum omnia, quaecumque voluit, fecit in Coelo, & in terra, in mari, & in omnibus abyssis circa miserabile genus humanum, misericordi prudentia reflexit justitiam voluntatis, & caritate temperavit fortitudinem potestatis. Non in aliqua parte sui aliquo modo degenerans, sicut insulsa Philosophorum confessio persuasit, numquam deficit; neque recipit aliquid essentialiter, quod ipse incipiat esse, & ante non fuerit; ubique totus, & nullas loci angustias sustinens; semper existens, sed conditor temporum, certus librator omnium numerorum, & ponderum. De quo tunc recte sapit rationalis homo, quum pertinendam, & laudabilem nimis ipsius magnitudinem recognoscit. Cujus sapientia, & providentia infatigabiliter, & sine errore non solum elementorum distinctionem, sed ex elementis constantium rerum causales proventus serie admiranda connectit. Hic est Dominus noster, & non est alius ad ipsum, qui quum in se perfectus foret, nec alieni favoris, vel laudis indigentiam pateretur, secundum beneplacitum voluntatis suae Coelum, Terram, & universa, quae Coeli ambitu continentur, Dominus universorum de nihilo condidit. Inter quae nil aequale quidem sibi, sed simile, rationalem Angelum creavit, & hominem, ut & in coelestibus invisibili Deo per innumera assistentium Spirituum agmina aeterna laus persolveretur, & in terris ab homine gratiarum nihilominus actiones pro facultate transitoria exhiberentur, & ipsa laudum exhibitio pro affectu expensa laudantium hoc tantum laudato Domino grata foret, quo ad consequendum aeternitatis praemium laudantibus profuisset. Ab assiduitate cujus laudis prior ille destitit, qui cunctis sublimior factus erat; non enim cogente Conditore, sed ipso abundantia sui arbitrii abutente, & in superbia efferente, mentitus est sibi ipsi, immoderatam rapinam aequalitatis Dei arripere concupiscens. Unde quia altissimo Creatoris consilio irrecuperabiliter factus est casus ejus, coepit universitatem creationis circuire

cuire quærens, quem ruinæ suæ adsciscerent. Prætermisit legiones Angelicas, de quarum stabilitate diffidebat; irrationabilem creaturam neglexit, cujus finem velocissimum sentiebat. In solum hominem, quem sive staret, sive laberetur, æternitati propagatum videbat, totius malignitatis suæ argumenta contorsit, totis nisibus in eo contendens imaginem abolere factoris, ut sui similis effectus irrevocabilis damnationis judicio mulctaretur. Persuasit itaque, & auditus est; pugnavit, & vicit. Et licet pius Dominus figmento suo præter libertatem arbitrii, qua non peccare poterat, cautelam contulisset mandati; sciens tamen deceptibilem limum aliunde consilium superbiendi accepisse, ita circa deceptum miserum severitatis suæ sententiam temperavit, quatenus & ex præcepto suo mortalitatis necessitas solveretur, & tamen infra mortis debitum per meritum obedientiæ resurgendi acquireretur facultas, quæ interim animæ præstanda foret; finito vero præsentis vitæ spatio, corpori, & animæ pariter restituenda.

CAP. XII.

OBediendi itaque documenta primis patribus ante Legem præfixit, & ut res magnas compendio transfigamus, per Melchisedech Sacrificium, per Abraham Circumcisionem, & immolationem, per Jacob tituli erectionem in figuram summi Sacerdotii, verique Sacrificii, quæ per Filium suum opportuno tempore Ecclesiæ exhibenda erant, præordinavit. Per Moysen quoque famulum suum præceptis, & legalibus institutis carnalem populum prægravavit, tantæ profunditatis mysteriis, ut in illis omnibus humanæ salutis, & adventus sui Sapientia Dei Patris multifariis modis Sacramenta signaret, & illius populi actiones veritatem in novissimis temporibus agendorum mystica denunciatione concluderent. Nec enim aliud insistit tota Tabernaculi, & Holocaustorum descriptio & Templi Domini cultus, nisi ut præsentis Ecclesiæ status, & futuræ figuretur. Porro quanta cura Deo fuerit, hominem exsuscitare ad sciendum, & intelligendum reparationis suæ Sacramentum, non servientis creaturæ secreta rimari nec animum sterili meditatione lassare, intueri licet etiam ex casibus virorum prioris populi, inter quos maxime David lapsum Sancti nostri altiori intuitu considerantes, magnum gratiæ revelandæ præconium continere arbitrati sunt, nec sine causa vel fidei, quæ in Patriarchis gloriose refulsit, commendatione factum esse intelligunt, quod post adulterii crimen, cui nulla ex Legis litera remissio debebatur, ad exemplum misericordiæ servatus est. A Domino quippe, qui non impulsor, sed ordinator malorum est, salubriter provideri debebat, ut qui per fidei meritum de imo ad Regni sublimitatem pervenerat, per libidinis culpam de sublimi dejiceretur in imum, & electus Domini specialis vicinæ gratiæ prædi-

ctor

catur experiretur in se ipso, quantum indigeret miserentis Dei auxilio miser homo. Qui enim de carne sua peccavit, fructum carnis, Absalonem scilicet, persequutorem sustinuit; & qui obediendo Deo gloriosus extiterat, superbientis carnis sequutus lasciviam eo usque ignominiosus factus est, ut servorum lapidibus impetitus, & lacessitus maledictis, regalem dignitatem fugitivus amitteret. Verum postquam in se reversus de gravi inferno, ad quem propinquaverat, humiliatus ad misericordiæ fontem, de quo sæpe prius potaverat, pudibundos oculos elevavit, & de profundo cordis clamavit ad multitudinem miserationum Dei, qui nullam sibi spem per Legem indultam sentiebat, tamquam signifer subsequentis Salvatoris effectus, haustum gratiæ peccantibus se propinaturum promittit: *Docebo*, inquiens, *vias tuas iniquos, & impii ad te convertentur*, ut ex eo ad vaticinium Domini veniens ardentior reus fieret, quo de legali severitate redemtus, nec infamis Regno, nec vita privaretur adulter. Imo tantæ dignitatis privilegio Rex humilis cumulatur, ut stupendo divinæ dignationis miraculo confitentis genus abundantia fidei justificatum, & gratia Spiritus Sancti, quem idem Propheta ad innovanda viscera, & cor suum sincero affectu poposcerat, emundatum, aptum fieret ministrare virginalem illam creaturam, quam virga Aaron contribulis ejus sine terreno fomento florens, & fructificans insolito miraculo designarat, & Esaias statim evidenti Oraculo præmonstraturus erat, Spiritu operante ineffabiliter concepturam totius propitiationis fontem, & totum serviret gratiæ, quod de semine pœnitentis actor indulgentiæ nasceretur. Hoc verbum bonum, hoc opus sanctum, hoc Canticum novum Cytharista, qui pœnam Legis evaserat, tamquam jam Judæus futuro populo, & quasi ante thalamum perpetuæ Virginis saltans, spirituali jubilo præcinebat: *Suscepimus Deus misericordiam tuam in medio Templi tui*, & alia plurima, quæ magis indicare videntur plenum gaudium assequuti, quam desiderantis affectum.

CAP. XIII.

Nec tempus remissionis tantum Sancti Prophetæ prænunciare contenti sunt, sed alternatim ad duos adventus Filii Dei fideles oculos retorquentes, indicant humilitatis unum, alterum sublimitatis, primum mansuetudinis, secundum potestatis. Et quia humana superbia contemtui habere solet, quod humile est, cum quanta reverentia præcedens suscipi debeat, ostendunt per magnificentiam consequentis, ut absque omni præjudicio, qui indulgentiæ tempus contemserit, terribilem in die iræ sententiam mereatur. Hoc evangelizans Esaias, & Hieremias lamentans, prius vocationem Gentium, & compactos parietes in unum angularem lapidem significant, & sub destructione populi, & Hierosolymitanæ Urbis, communis captivitatis ærumnas deplorantes, manentem Civitatem, in qua nos Dominum Majestatis cum carne nostra jam sedentem aspicimus, inquiunt. Hæc est repromissionis terra, & regio vivorum; non illa, inquam frequenter occidere multa millia, & in qua prospiciebant filios, & nepotes suos, violentia Regum, fame, gladiis & aliis mortis generibus perituros, sed illa, de qua inter alios prædictus David clara veritate admiratur dicens: *Quam dilecta tabernacula tua Domine virtutum. Et Beati qui habitant in domo tua Domine, in secula seculorum laudabunt te.* Et ad quem animam suam converti hortatur, postquam Dominus benefecerit ei, quod tunc futurum intelligit, quum eripietur a morte, pedibus a lapsu, & oculis a lacrymis liberatis. Aspiciebant, inquam, & in obtentu illius summis desideriis suspirabant. Verum cum vident desertum Mundi plenum amaritudinibus, & convallem lacrymarum interjectam, in terra terrenæ repromissionis positi, validiorem, & meliorem Moysen assiduis gemitibus implorabant clamantes: *Veni Domine, & noli tardare: excita potentiam tuam Dominator Deus.* Nec ante venerabilis ordo illorum Patrum vociferari quievit, donec instante nativitate Jesu magni ducis perurgentibus gaudiis exultaret, & diceret: *Ecce advenit Dominator Deus, & Regnum in manu ejus, & potestas & imperium.* His & aliis talibus præparabant mentes carnalium ad suscipiendum Salvatoris humilem ortum veridici præcursores, certisque signis, & potentiæ suæ indiciis nascituri in salutem omnium magnitudinem notaverunt, ne perfidus Judæus, & vanus Gentilis dissimularet agnoscere, quem tot sibi præsagiis cerneret indicatum. Quorum Prophetarum scripta si secundum interiorem degustare curaveris, experieris profecto, summæ dementiæ fore, ita insistere mundanæ scientiæ studium, ut non colatur, & ametur spiritalium salubris profunditas Scripturarum.

CAP. XIV.

ORdinatis igitur, & decursis omnibus, quæ ad insinuandum novi hominis ortum figuraliter oportebat præmitti, secundum prædestinationem ante omnia secula apud misericordis Dei consilium habitam, in plenitudine temporis *misit Deus Filium suum in terris factum ex muliere, factum sub Lege*, ut non solum eos, qui sub Lege erant, redimeret, sed quia neminem perire volebat, neminem a salvatione excluderet. Quum autem audis: *Misit Deus*, non intelligas majoritatem mittentis, nec missi mutationem, quia Divinitas non recipit vicissitudinem; sed accipe bonam Patris voluntatem, & piam Filii obedientiam, completam per consubstantialis Spiritus cooperationem. In hujus Incarnationis opere si de modo quæris, nescio quid commode dici possit, quam quod ex inquirente Virgine, & Archangelo respondente percipitur, videlicet quod superveniente Spiritu, & obumbrante eam virtute Altissimi, cum virginea carne Di-

vinitas

vinitas uniretur, tanta efficientia sanctitatis, ut Filius Dei, ante omnia tempora Deus de Deo genitus de Virgine sub tempore nascerctur, credibiliter, non effabiliter factus caro, non confusa substantia, sed Dei, & hominis una persona. Sic docet Vas Gratiæ, postquam squamæ perfidiæ ab ejus oculis ceciderunt, qui raptus ad tertium Cœlum ea etiam arcana audivit, quæ homini loqui non licet. Ut enim indicaret, ex naturali, & insito Patris, & Filii simplicissimam unitatem, *formam Patris* Filium appellavit, ubi nihil rapinæ intervenit propter ejusdem Majestatis æqualitatem. Nec propter *formam* verbum, quod tibi significat apud homines, aliquid a formato diversum facias; in subjecta sectione extendit nos Prædicator veritatis, & per Verbum sensibilibus commodatum ad sapiendum ineffabile Verbum mortalium intellectum traducit, ut fide capiantur, quæ verbo humano enarrari non possunt. Qui ut Incarnationis mysterium ad salutem credentium aperiret, consequenter subjecit: *Exinanivit semetipsum*, & ut exinanitionis Verbum circa immutabilem Deitatem non imminutionis verbum, sed significativum dignationis adverteres, circumspecte subdidit: *Formam servi accipiens*. Utraque igitur, nativitas admirabilis est. In utraque humanæ inventionis argumenta deficiunt. Prima enim propter unitatem Trinitatis, Angelorum, & hominum supergreditur intellectum: secunda propter insolitum nascendi modum totius Philosophicæ rationis evacuat firmamentum. Constanti namque consequentia proponebant: si peperit, cum viro concubuit. Verum natus est puer fortis, Angelus consilii, Philosophus castitatis, & per venerandam de perpetua Virgine nativitatem prædictam propositionem cassavit, quum de matre natus sit, quæ virum non cognovit, & ideo nulla ratione cum viro concubuit.

CAP. XV.

QUo autem proventu novum istud super terram factum sit, recedamus ad Magistrum Gentium, qui hujus natalis effectum ostendens: *Apparuit*, inquit, *gratia Salvatoris nostri Dei omnibus hominibus, erudiens nos, ut abnegantes impietatem, & secularia desideria, sobrie, & juste vivamus in hoc seculo, expectantes beatam spem, & adventum gloriæ magni Dei*. Itaque erudimur in novi hominis ortu, ut desideria seculi, quæ salva pietate amari non possunt, abnegemus, & sicut Patres Sancti prioris populi sub desiderio primi adventus anhelaverunt, ita nos, quibus jam veritas de terra orta est, sub expectatione secundi gemamus, patienter beatam gloriam sustinentes. Ante adventum gratiæ humanum genus soli vanitati, & superbiæ vacans male securum vivebat præter paucos Israelitas, quibus datum fuerat præsentire mysterium Regni Dei. Pro qua vero Rex humilitatis apparuit magna solicitudine mansuetudinem ejus sequi, & castitatem amplecti jubemur, ut jugiter Cruci ejus affixi membra nostra, quæ sub veteri homine immunditiæ servierant, in sanctificationem immobilia conservemus, & omni superbiæ humiliationis Dei signum tamquam vexillum victoriæ opponamus. Et licet huic signo stultitia Gentilium, & Judæi perfidia contradicat, quæ inæstimabilis bonitatis Dei ignara idcirco tantum ingrata fit, quia nimis propter se factus est humilis Deus; nos tamen, quia cum Apostolo audimus, quid ipse loquatur in nobis, lignum vitæ superbiæ opponimus, respondentes Judæo cum eo electo ex Judæis Paulo: *Christus factus est pro nobis obediens usque ad mortem Crucis*; Gentili vero de inani scientia glorianti: *Nihil judicamus nos scire inter vos, nisi Jesum, & hunc Crucifixum, quoniam propter hoc exaltavit illum Deus, & dedit illi nomen, quod est super omne nomen, ut in nomine ipsius omne genu flectatur*; humilitatis enim finis exaltatio est, sicut superbientis casus.

CAP. XVI.

INclinato ergo Rege Judæorum, & Gentium, & modo convenienti Deo per Virginem edito, utrum ipse esset, qui ex Lege, & Prophetis prænunciatus fuerat, singularis operationis privilegio declaravit, & prius legalem Circumcisionem passus est, ut præcedentis Testamenti probaretur non destructor, sed actor, & homicida Judæus interficientem literam persequens per observatum exterius ad interiorem vitam salubriter traheretur. Quapropter scriptum sustinuit, ut exhiberet sententiam; complevit literam, largitus est Spiritum, removit figuram, aperuit veritatem, & sicut in Mediatore duæ naturæ convenerant, ita in liberandis hominibus, & de tenebris ad lucem rapiendis quemdam ordinem conservavit, dum Lex completur, ut ingeratur Gratia, restituuntur vitæ mortui, ut vivorum animæ suscitentur, ut utrinque validissima probatione constaret ex subjectione Legis verus, & justus homo, ex doctrina, & operatione omnipotens Sapientia Deus. Hanc animarum suscitationem trium mortuorum resurrectio distincta significat, quoniam quæcumque anima peccatorum morte damnatur, aut intus adhuc est cum Archisynagogi filia, ut tamquam e vicino morti tradita vitæ facile reducatur; aut conscientiæ bonæ portas egressa turbis circumstantibus mortua deportatur, aut diuturniori morte jam fœtida clausa sub indurationis lapide coarctatur. Sed accedente omnipotente medico manus puellæ tenetur, & surgit; adolescentis loculus tangitur, & vocatus mortuus reviviscit: præmissis compatientis lacrymis tumulatus clamatur, & prodit; nullaque est passio animæ penitus morientis, quæ medentis Salvatoris superat facultatem, quia ipse est, *qui propitiatur omnibus iniquitatibus tuis, qui sanat omnes infirmitates tuas, qui redimit etiam de interitu vitam tuam*. Ut enim velit, propitiator

est;

est; ut possit, dominus; qui potentia sua in suscitatis mortuis usus est, ut quod cernis in toto homine factum, in parte posse fieri non desperes, idcirco in paucis ut antequam tumuleris acceleres. Nec de indignitate, vel infirmitate sua metuat miser homo, quia nullus accedens indignus sanari videtur Deo, qui, ut omnes accessum habeant ad ipsum, dignatus est fieri pauper homo. Hæc est voluntas Patris, hæc est obedientia Filii, ut in assumta carne humilitatem veram, & spontaneam, cujus specialis doctor advenerat, edoceret, & superbum hominem ebrium vanis mundi, & inter corruptelas concupiscentiarum carnalium delirantem, ad se ipsum reduceret. Hoc egit nativitas de paupere, & humili Virgine, hoc angusti præsepis positio, hoc Circumcisionis, & oblationis legalis perfunctio, hoc susceptio Baptismi a Præcursore, & maligni Spiritus congressus, atque jejunii sanctificatio, & postremo electio discipulorum, quæ ita solo respectu humilitatis, & Caritatis facta est, ut omnis superbiendi occasio de discipulatu suo penitus amputaretur, quum illi præcipue electi sint, qui nequaquam possent de dignitatibus relictis, sive divitiis aliquando gloriari. In quo etiam magna eligentis providentia cautum est, ne consortio ejusdem gratiæ alios propter terrenorum pauperiem indignos arbitrarentur, in quibus de humana gloria nihil inventum est, unde eligi mererentur.

C A P. XVII.

ASsumitur præterea Simon Barjona, mansueti conventus Magister, qui prærogativa simplicitatis, & amoris in Christum in sublimem illam speculationem erectus, non carne, & sanguine, sed Patre luminum revelante, puram de Salvatore confessionem, & universis Fidelibus tenendam, collegis hæsitantibus, festina responsione depromsit: *Tu es Christus Filius Dei vivi, qui in hunc Mundum venisti*. Propterea tam perspicacis fidei soliditas ab ipso Dei Fidei fundamentum Ecclesiæ facta est, super quod totius ædificii structura consurgeret, & ipse Petrus Divino testimonio Beatus Regni Cælorum clavigeratum suscepit, tanta plenitudine potestatis, ut quod ligaverit, ligatum, & quod solverit, solutum sit in Cœlis pariter, & in Terris. Proinde quia revelationem illam in Petro Pater Deus per Spiritum Sanctum fecit, vis solutionis, & collata potestas, quæ ex merito confessionis descendit, secundum interiorem maxime expendenda est, quam experiri non potest, nisi qui fidei oculum adhibebit, quamquam ligationis pœna interdum in quibusdam, sicut in Anania, & Saphira, usque ad corporalem quoque damnationem proruperit. Quocirca si mundo corde credis, absolveris; si vero ore confiteris, salvaris, quia corde creditur ad justitiam, ore fit confessio ad salutem, & hoc modo ædificatus super fundamentum Apostolicæ confessionis justificaris, & justificatus ex fide vivis. Hujus profecto justi-

justificantis Fidei praevius est Apostolorum Princeps, cui primatum Coeli, & Terrae inter coelestos fidei copia contulit, hac excellentia dignitatis, ut gratiam Domini obtinere omnino indignus sit, qui Clavigeri hujus obedientiam non custodit, nec Regnum Dei intrare permittitur, cui non praestat introitum clavis Petri; cujus enim peccatum retinet, retentum est, & cujus dimittit, dimissum. Hoc coeleste munus, & spiritualis potentia, quamvis largiente Redemtore cunctis Apostolis data sit, specialius tamen in illo eminere videtur, qui & de amore an plus aliis Discipulis diligeret, saepius praetentatus est, & peculiarius de solicitudine ovium pascendarum admonitus.

C A P. XVIII.

Electis autem Discipulis, & in Regnum filiis adoptatis, miraculorum quoque signis, quae numquam posset facere tantum homo, & quae operatricem Divinitatem inesse corporaliter Filio hominis indissimulabili veritate arguerent, abundanter exhibitis, quum instaret hora, in qua ex hoc Mundo transiret ad Patrem, susceptae humilitatis, & caritatis propositum servans, ut coheredibus suis certam spem hereditatis relinqueret, novum in se ipso condidit Testamentum, secundum quod vetus homo in novam creaturam convertendus ablueretur per lavacrum regenerationis, postmodum de Christi corpore reficeretur, quod de Virgine sumtum erat. Hoc licet ante resurrectionem immortale tamen, & incorruptibile, potentia divina porrigitur, ut quum audis Dominum ad Coelos corporaliter ascendisse, non ideo aestimes, fideles suos tanto munere defraudari; sed licet irrevocabiliter sedeat ad dexteram Patris, eadem tamen potentia illud idem etiamnum accipit in Altari fidelis, quod tunc dedit Discipulis, quum adhuc inter eos appareret mortalis. Sicut enim in Baptismo Christo consepeliris in mortem, & baptizantis manus tamquam quaedam instrumenta exterius ministrant, medius autem stat, de quo dicitur: *Hic est, qui baptizat*, quem Fidelis videt, Infidelis ignorat, qui effectum operatur salutis; sic in mensa Christi ejusdem non figurativo, sed vero corpore reficeris, quantum fide capis visibiliter, quantum adest ille invisibilis Sacerdos propositae creaturae mutator, atque assumtor tanta efficacia sanctificationis, ut Sacerdote verba Domini, quae viva, & sanctificatoria sunt, proferente, attendendum, & sumendum sit, teste B. Ambrosio, non quod natura formavit, sed quod benedictio consecravit.

C A P. XIX.

Quo Sacramento cum Discipulis celebrato, & instituto post sermonem, mysteria caritatis, & unitatis capitis, & corporis inaestimabili dulcedine continentem, sicut S. Johannis Evangelistae narratio

ratio indicat, volens uti potestate, qua susceperat animam ad deponendum eam, ut eamdem resumeret, infirma quidem carne, sed prompto spiritu processit ad Crucem, ut fuso sanguine testatoris firmum fieret testamentum. De cujus sanguinis effusione, quid salutis contineat, quidve ab his, quorum redemtioni fusus est, mereatur, hoc sentiendum est, quod ad retribuendum omnis humanarum actio gratiarum inferior sit. Est tamen pia præsumtio Christiani, ut vitalem mortem pretium Redemtionis suæ continua memoria celebret, & intus applaudens Domino Deo suo tantum beneficium inconcussa fidei firmitate amplectatur, recolens pro se fuisse mortuum, quem surrexisse ex virtute Dei, & in Patris dextera consedentem omnis creatura rationalis adorat. Humilietur ante Crucem Domini sui, configens timore illius carnes suas, & si forte multitudine criminum gravatur, vel angustia temporis ad pendentem latronem elevet oculos. Sanguis enim ille semper lavat nos a peccatis nostris, qui nec in fundendo ab effectu salutis vacavit, dum sub ipsa damnationis pœna, & mortis articulo iniquitates longo tempore contractas absolvit, & cui præsens vita claudebatur ex scelere, aperta est per confessionis meritum requies æternitatis ex fide. Sanctificavit etiam tormentum suum Christus, & Crux, quæ ante fuerat ignominia damnatorum, eo faciente, apud quem blasphemantis conscientiæ horrendæ immunditiæ æstimantur, facta est terror immundorum spirituum, & gloria Salvatoris. Hanc quicumque Jesum sequi desiderat, se ipso abnegato, portabit, qua initiamur ad vitam, roboramur ad pugnam, & contra Mundi pericula superbiam calcatori præferimus, ut in quo Magister oblatus est, discipulus muniatur. Hoc libationis suæ signum quum Dominus ad inferna suos liberaturus descenderet, effractis portis mortis, & tenebrarum principe debellato, cognoverunt vasa Fidei, antiqui scilicet Sancti, qui sedebant in tenebris, & umbra mortis, expectantes ut viam pacis interclusam sibi per mortificantem Adam, per vivificantem reciperent; quibus utique ad hereditatem percipiendam quantum ad fidem nihil defuerat, quam quod nobis de præterito certum est, hoc illis spe certa de futuro constabat. Sed quos prius sub pædagogo positos servile jugum Legis gravaverat, conclusi sub peccato differebantur a Regno, donec Agnus ille verus levaretur in Cruce, cujus sanguine signatus Israeliticus populus liberaretur, sub quo Filio tamquam potentissimo conditorum Rege, seniori, & juniori populo eadem resurgendi facultas, & gratia præstaretur. Quod in quibusdam de prioribus jam contigisse, Evangelii testimonio comprobatur, quando creatoris virtutem morientis Salvatoris indicantibus, *Sol obscuratus est, & petræ scissæ sunt, & apertis monimentis multa corpora Sanctorum, qui dormierant, surrexerunt, & venerunt in Sanctam Civitatem Hierusalem, & apparuerunt multis.*

CAP.

CAP. XX.

GLorificata itaque mortui contumelia per gloriam resurgentis, tunc demum compleri cœpit, quod adhuc passibilis dixerat: *Quum exaltatus fuero, omnia traham ad me*; quoniam non solum priores Patres, ut diximus, qui adventum primum desideraverant, de tenebris evocati sunt, verum etiam Gentes, quæ in lacu miseriæ, & profundo vitiorum jacebant, mox post adventum Spiritus lumen Fidei susceperant, ut Apostolis nunciantibus virtutes ejus, qui in suscitato corpore suo evidentissime declaraverat, quid futura essent Fidelium corpora, firmiter sperarent de se ipsis, quod in eadem natura præcessisse constabat. Neque enim ob aliud Deus Verbum susceperat corpus, & animam nostram; nisi ut utrumque unumquodque in suo tempore suscitaret. Quocirca licet adhuc mortali homini dominetur primæ maledictionis sententia, qua mortis debitum solvit, tamen animæ humanæ resurrectionem, cui propter dignitatem sui velocius fuerat succurrendum, nulla cunctatione distulit misericordia Dei, sed clementissime, & ante Legem, & sub Lege per fidem Jesu Christi, quæ vita est, electorum animas suscitavit, quibus vivificatis nihil damni pateretur, etsi solveretur caro credentium, quum apud prædestinationem ejus in fine seculorum procul dubio futura esset resurrectio mortuorum. Cujus resurrectionis veritatem usque adeo nobis certam Dei Filius præparavit, ut corpus incorruptibile Discipulis contra naturam incorruptibilium palpabile exhiberet, & gemino documento dubitantibus sese videndum, & non videndum præstabat, ut ex altero dubii munirentur ad fidem, ex altero desiderium festinandi ad illam vitam conciperent, in qua oculis mutatis in melius, jucundissima visione Dominici Corporis semper fruerentur, quod heic interdum immortalitate beatificatum mortalibus oculis videre non possent, in qua sui ostensione nec Sanctarum fœminarum tactum refugit, sed sive contingendo, seu convescendo more suo humilitatis Dominus usque in diem, qua assumtus est, familiarium suorum animos loquendo de Regno Dei ad inquirendam illam patriam incitabat, in qua illi masculus, & femina, mutato quidem vitio, sed naturæ veritate servata, occursuri erant in mensuram ætatis plenitudinis suæ. Cujus Regni heic habemus initium per ipsum; in quo factæ sunt primitiæ resurgentium, & tunc perficietur in nobis, quum cœperit esse corona Sanctorum. Unde quum rudes adhuc Discipuli ab eodem de Baptismo Spiritus audirent, & in virtute illius temporale Regnum Israel restaurandum putarent, & quærerent: *Domine, si in tempore hoc restitues Regnum Israel?* *Non est vestrum*, inquit, *nosse tempora, vel momenta, quæ Pater posuit in sua potestate, sed accipietis virtutem supervenientis Spiritus Sancti in vos, & eritis mihi testes in Hierusalem, & omni Judæa, & Samaria, & usque*

ad

ad ultimum terræ. Non enim Creator temporis ad dimetiendas plagas Cœli, & Planetarum concursus sive motus siderum discernendos, seu ad mundanæ Philosophiæ studium, quod totum pæne circa peritura expenditur, amatores perennis vitæ vocabat, sed *Accipietis*, inquit, *supervenientem Spiritum ad testificandum nomen meum*. Tamquam pauperibus Spiritu, & mundi contemtoribus diceret: nolite inquirere Solis anfractus, vel evagationem Lunæ, quibus nimis mundi Philosophi studuerunt; sed ignari adhuc, quid vobis quærere, & amare utilissimum sit: *Expectate promissionem Patris, quam audistis per os meum, & sedete, donec induamini virtute ex alto. Quum enim venerit Spiritus veritatis, docebit vos omnem veritatem, & quæ ventura sunt, annunciabit vobis*.

CAP. XXI.

HAnc promissionem Christo ad Cœlos illis videntibus elevato, & ad Patris dexteram ultra omnem sublimitatem collocato, post completionem dierum Pentecostes accepere, facto repente de Cœlo sono tamquam Spiritus vehementis, apparentis illis in specie linguarum, & ignis. In quibus quid effecerit, non est pusillanimitatis nostræ disserere, sed adsit ipse & nobis, & doceat infantiam nostram, ut se digna sentire, & eloqui valeamus. Quis enim, nisi flumina de ventre ejus fluant aquæ vivæ, concipere sufficiat, qualiter adveniens Spiritus Sanctus eos baptizaverit, & purgans totius iniquitatis rubigine, repleverit omnium virtutum munere, ut repente fierent fortes ex timidis, ex fatuis prudentes, ferventes ex tepidis, ea abundantia pietatis, ut esset illi cor unum, & anima una, caritate Dei diffusa in cordibus eorum per divinitatem ejusdem Spiritus, qui copiose datus est eis? Tunc enim demum opere Dei confirmato in illis, veræ libertate donati, voluntaria munera Fidelium cordium Christo Domino obtulerunt, & qui prius sicut servi timuerant, vivificante eos Spiritu, magnalibus Dei edocti in conspectu malignantis Concilii injunctum resurrectionis testimonium virtute invincibili reddiderunt. Tunc vere Cœli enarraverunt gloriam Dei, & firmamento Apostolico opus Spiritus nunciante, vox majestatis desertum concutientis intonuit in virtute, & magnificentia. Nec fuere diversitates gentium, apud quas voces eorum non intelligerentur, ita ut divini ignis incendio scintillante in omnem terram sonus eorum exiret, & Spiritu omnia continente, ut ideo orbem replente terrarum; multis etiam nationibus vocis scientia traderetur. Hic *dona sua dividens, prout voluit, aliis genera linguarum contulit, aliis gratiam sanitatum, quibusdam discretionem spirituum*, omnibus in Salvatorem credentibus peccatorum remissionem, quod his excellentius est, indeficientem Dei, & proximi dilectionem. Inflammavit linguas docentium, & auditorum duritiem emollivit. Complevit loquentium ora,

& ad capiendum verbum vitæ corda prævenit discentium; ut esset magisterium sine mora, disciplina sine difficultate, doctrinæ salutaris verax, & jucunda perceptio. Tunc compleri cœpit illa effusio, quam per Joel Dominus Deus ante prædixerat dicens: *Effundam de Spiritu meo super omnem carnem*; & filiis Judæorum, Sanctis videlicet Apostolis, vitam futuram prophetantibus. Hinc Synagoga perdidit cruorem animalium, illinc gentilitas culturam Idolorum, quoniam Spiritus, qui per latibula Prophetarum signaverat adventum suum, emissus a Patre & Filio, discusso Legis velamento, processit in publicum, ut nova creatione facta terræ faciem renovaret, & remotis Idololatrarum sordibus disparatores parietes in unam domum Domini coadunaret, & fieret *gens sancta, populus adquisitionis, electum genus, regale Sacerdotium*, omnibus vocatis admirabile lumen Domini J. C. Hoc Paraclito suggerente omnia, & efficiente per Apostolicam manuum impositionem, sacrorum Ordinum institutum & Sacramentum, & venerandi Concilii pia collatio. Quam formam sequentes Patres imitarentur, quatenus eodem Spiritu illustrati subrepentes Hæreses devitarent, & pro temporum, atque locorum ratione sancirent regulas moderamine mansueto. Hoc ipso animati tam Apostoli, quam Apostolici viri constanter caducorum Regum superaverunt tormenta, & fide, verbis, moribus Deum in se glorificantes robustiori amoris æstu exustiones corporum contemserant, in patientia sanctas animas possidentes, & usque ad hujus vitæ exitum, & coronam Martyrii, thesaurum Fidei in vasis fictilibus conservantes. Hujus inspiratio est, quod ubique sentit Catholica confessio Sacerdotum, & quicumque de incarnato Verbo, sive ad aliorum eruditionem, seu ad sui consolationem sano intellectu loquuti sunt, non aliunde quam ab illo hauserunt; nemo enim amat Dominum Jesum Christum, nisi in Spiritu Sancto, qui adveniens electorum cordibus, in amorem coæterni sibi verbi accendit, & postulare eos facit gemitibus inenarrabilibus, & cum Psalmista gemere: *Notum fac mihi Domine finem meum, & numerum dierum meorum, qui est, ut sciam, quid adhuc* citra mortis debitum commoranti *desit mihi*. Ad hunc manentium dierum numerum infinitum transilire quandoque nos facit Spiritus pietatis, & unctione sua, quæ docet de omnibus, suggerit, ne totum nos comprehendisse arbitremur, sed præsentibus Sacramentis initiati, cum Apostolo in ea, quæ ventura sunt, extendamur ad bravium supernæ vocationis Dei, memores illius hereditatis, in qua de manu omnium inimicorum invisibilium, seu visibilium liberati, in sanctitate & justitia coram ipso corporaliter præsentati, omni tempore serviemus ei. Sicut enim priora significativa sunt præsentium, ita ista effectiva quidem salutis sunt, sed præsentatio futurorum; spe enim salvi facti sumus, & videmus nunc per speculum, tunc autem facie ad faciem visuri sumus, quum apparuerit Christus vita nostra, & cœperit apparere, quid erimus.

CAP.

CAP. XXII.

Breviter longam seriem operum Dei attigimus, & subjecimus conspectui tuo Ecclesiæ statum, ut exinde judicares, quam inconvenientes in plerisque, & dissonæ sint cœlestis institutio, & humanorum versutiæ figmentorum. Quamvis enim in morali discretione præter ea, quæ ad Fidem sanctificantem cuncta pertinent, in pluribus Philosophicæ rationes a Catholico sensu non discrepent, sicut in descriptione virtutum, quas politicas, purgatorias, & purgatas appellant, & aliis multis, ex quibus Ecclesiastici rectores, & gubernatores divinæ Reipublicæ quædam sumsere; tamen cum ad corporum nostrorum disputationem ventum est, miserabiliter desipuerunt, statuentes sibi perniciosas sententias, quæ veniunt contra Resurrectionis mysterium, circa quod maxime divitiæ bonitatis, & humiliationis Dei versantur, quod nimirum nec natura duce comprehendere, nec inspirante Deo cognoscere meruerunt. Corpus namque ex elementis compactum arbitrantes, quod ipsius ponderosum erat opinabantur in terram inevitabili necessitate redire, ut spiritu ad stellam comparem redeunte, singula, ex quibus concretum corpus constiterat, in matrices essentias retexerentur; unde nihil aliud corpus, quam carcerem, & sepulcrum pœnitentiæ animæ æstimabant. Proinde quicumque illarum scripturarum sensibus, sicut veris, adquieverit, quæ reparationem corporum in æterna vita impossibilem esse contendunt, tamquam veritas reputans, quod ab Ethnicis sancitum sit, omnia scilicet pondera suo nutu in terram ferri, iste absque dubio hostis est sui ipsius, & ingratus elementorum Auctori, qui omnia quæcumque voluit fecit, cui pro certo tam facile est unum in supremo locare, quam facile fuit in prima creatione compugnans Chaos elementaria distinctione stabilire. Et in hoc, ut opinor, mecum convenis, quod omnia, quæ volt, possit Deus. Sed fortassis inquies: licet cuncta faciat, quæcumque velit, nec aliud faciat, & aliud velit, sed ea etiam velit, quæ facit, quia voluntatem ejus nemo compellit, philosophanti tamen in dubio manet, utrum ipse voluerit, quod cum voluisse, & fecisse beata simplicitas Fidelium credit. Hic quæstionis nodus, sicut non credenti difficilis, ita facilis est credenti, & quantum in homine est, ut existimo, insolubilis, nisi adsit clavis David, quæ claudit, & nemo aperit, aperit, & nemo claudit. Nobis autem hoc solutum est in fideli Abraham, in cujus semine etiam credens Philosophus benedicitur, in columna nubis, & ignis tempore Moysi, in divisione maris rubri, & ceteris a nobis superius comprehensis, in quibus consuetudo naturæ totiens victa est, ut jam ipsa de se naturam parum confidere possit. Ad ultimum natus est homo Deus de perpetua Virgine, idemque homo sepultus resuscitatus est in æternum cum vero corpore, qui prius in argumentum virtutis suæ fœtidum cadaver Lazari veraciter restituerat mortali vitæ. Mentitur ergo Philosophus enuncians, omnem hominem esse animal rationale mortale, quia Christus resurgens ex mortuis jam non moritur, mors illi ultra non dominabitur. Ac pro hoc quidam homo factus est animal immortale, qui salutare dogma imitatoribus suis confert, & in disputando adjuvat, quatenus Diabolo, qui extinctor Fidei est, & membris ejus viriliter resistentes, credant, & clament, velociter futurum esse, ut collata homini immortalitate, qua Deus differebat ab eo, removeat mortalitatem, qua homo miser recedebat a Deo, & sic per Christi sapientiam, & gratiam sub una definitione conveniant, quos mortalis Philosophus per infatuatam prudentiam transitoria qualitate dividebat. Hoc non percipitur, postquam Spiritus subjectus est carni, quoniam quum caro adversus spiritum concupiscat, si spiritus abnegatis fructibus suis; qui sunt secundum Apostolum Gentes cohortantem, caritas, gaudium, pax, fides, continentia, castitas, & alia talia, quæ cogenti legi non subjacent, sub dominio carnis transierit, & turpissimus servus lascivientis dominæ pressus imperio, sensualitatis jugum portare consueverit, statim longanimitate, qua mansura bona sustinentur, abjecta, implicatur, & confunditur operibus carnis, quæ sunt fornicatio, immunditia, avaritia, quæ est Idolorum servitus, sub qua Idololatria comprehenditur inobedientiæ scelus, contentiones etiam, & dissensiones; quibus vos operarii carnis maxime totis his temporibus studuistis, qualia qui agunt, Regnum Dei non consequuntur, sicque privatus gratia Dei, quæ est vita æterna, militat stipendiis peccatorum, quæ sunt mortis perpetuæ indeficientia tormenta. Sicut enim carnem Spiritus magisterio virtutum, & sanctorum exercitio morum ad capessendam immortalitatis stolam erudire, & promovere debebat, ita caro eumdem excæcatum, & præfocatum demergit secum ad recipienda præmia Inferorum. Hinc denique perit fides, quæ per dilectionem operatur, fortissimum argumentum futurorum bonorum, & succedit perfidia desperationis creatrix, extinctisque oculis rationis, quibus verum honestum, & purum utile discerni solet, vivitur in servitute sensuum, ut appetatur quicquid inhonestum, & turpe est, quicquid damnosum ametur, & homo in honorem Dei conditus jumentis insipientibus similis redigitur in dedecus bestiale. Sine differentia namque de vitio itur in vitium, ubi etiam peccati causa fit præcedens peccatum, & assidua peccandi delectatio reprobum sensum in profundum pertrahit peccatorum, ut jam nulla videatur sibi posse fieri remissio delictorum. Tunc quod omni victima potius est, obedientiæ bonum contemnitur, ubi nimirum defuncto timore Dei, soli dominanti libidini obeditur.

.CAP.

CAP. XXIII.

CONfusionis tantæ barathrum, nisi major Dei misericordia perditioni vestræ subvenire dignabitur, vobis, & sibi præparasse videntur, non qualescumque personæ, sed quos Archiepiscopos, & Episcopos appellatis, quorum furor in tantum abundante iniquitate despuit, ut non dubitarent contemnere salubres admonitiones, & Canonica decreta Sancti viri, videlicet Gregorii VII. Romanæ Sedis Episcopi, & abrumpere se a visceribus Apostolicæ Ecclesiæ universorum matris. Quum enim ab eodem Gregorio pro suis criminibus Canonicis rationibus urgerentur, & vel damnati, vel metuentes damnari nullum sub prudenti, & instanter agenti viro, impietati suæ evadendi aditum cernerent derelinqui, involverunt eadem damnatione Regem suum Henricum, quem sicut actorem Hæresis suæ habuerant, ita & defensorem haberent. Crevit rabies Regni Theotonici in immensum, & ultra modum peccantes, imitatores Judaicæ perfidiæ facti estis, dum objicientibus vobis his, qui de parte Catholicorum stabant, non sic agendum esse contra Magistrum totius Ecclesiæ, summæ Sedis Episcopum, posthabita totius divini cultus reverentia, sæpe clamare non erubuistis: non habemus Pontificem, nisi Cæsarem. Ut tamen corpus Sathanæ suam integritatem obtineret, petiistis virum homicidam donari vobis, Wipertum scilicet Exarchiepiscopum Ravennatem, quem pro certis, & publicatis sceleribus prius in plenaria Synodo, eodem Gregorio Pontifice præsidente, Romana Ecclesia condemnaverat. Discipulum vero Jesu, qui in hoc se totum impendebat, ut Sancta Ecclesia ad debitum honorem, & necessariæ libertatis statum repararetur, quantum in vobis fuit, expellendum, & crucifigendum votis & actionibus nefariis postulastis. Verum quia novit Dominus, qui sunt ejus, & in omni gente elegit viros acceptabiles sibi, qui eum timeant, & operentur justitiam, non defuerunt eo tempore viri magni, & religiosi, quibus iniquitas tanta non placuit, hodieque supersunt in eodem regno quam plurimi, qui miserante Deo nondum Baal genua curvaverunt, qui præclaras dignitates pretiosiores quam salutem suam facere neglexerunt, sed cuncta quasi stercora reputantes, ut Christum lucrifacerent, ad Apostolorum Principem, & Successorem ejus Gregorium se pro defensione Fidei contulerunt. Contra quem quam impie etiam secundum leges seculi actum sit * totius quoque gestionem negotii, in quo decennio, & eo magis in Vita Sancti Papæ non sine gravi quassatione Sanctæ Ecclesiæ laboratum est, ex Historia, quæ viri in illas partes illustris, & apprime in eadem re pro justitia fatigati, Salisburgensis Archiepiscopi esse dicitur, manifestius cognoscetur. Ex quo magis mirandum est super imprudentia tua, & aliorum, qui in causa Ecclesiæ contra rationes Fidei tam frequentes,

tes, & inanes verborum pugnas facitis, nescientes penitus, quid loquamini, vel de quibus affirmetis. Si enim Scripturæ sacræ, quas duritia vestra intelligere non meretur, minus satisfaciunt vobis, & Salvatoris verba testantia non esse discipulum supra Magistrum: Spiritus Sancti quoque auctoritas, qua statutum est, summum Pontificem a nemine judicandum, & præterea concordia decretorum, quæ non solum impiis manibus vestris judicii gladium, quo Patriarcham Christianitatis jugulare intenditis, extorserunt, sed cervicositatem vestram jugo obedientiæ ipsius modis omnibus subdiderunt: Pudori saltem vestro sufficere poterant discreti viri in circuitu vestro constituti, eruditi in lege Domini, legales quoque Principes Deum honorantes, postremo Monachi, Heremitæ, omnium propositorum Religiosi, Schisma vestrum libera detestatione impugnantes. Quod enim Canones Canonibus objicitis, vecordis imperitiæ est, præsertim ubi res nulla ambiguitate implicita est, quo minus, ubi volueritis, vero judicio demonstretur; uti autem velle viribus, ubi judicia manifesta sunt, violentorum est, & de justitia desperantium. Ita namque usque in hodiernum diem duæ Civitates, quarum una est Christi, altera Diaboli, a principio negotii hujus in suis Civibus distinctæ manserunt, ut nulla fere Civitas in tota latinitate sit, quæ non habeat hujus causæ oppositos defensores, quorum alii cum sanguinario Chain in spicis coram Deo offerunt aristas exacerbationis, alteri cum Abel justo in simplici agno innocentiam veritatis. Unde est etiam, quod vos ad irritandum Altissimum, & augmentum profanationis in Sacrificiis vestris pro Wiperto tamquam patre, & Pontifice animarum vestrarum divinam clementiam imploratis. Nos eumdem hominem Hæreticum, qui vivente patre, & Domino nostro per cruentam manum facinorosi, & excommunicati Regis ad obligandas obligationes in peccatis, sacratissimam Sedem Apostolorum usurpare, & polluere conatus sit, damnatissimum execramur. In quo nihil medium est: aut vos, si verum dicimus, tamquam qui perniciosissime Diabolum pro Christo colunt, indissimulabili condemnatione teneri; aut nos, si mentimur, intolerabili, & nimis odiosa super innocentis præjudicio presumtione seduci. Restat itaque, ut eo probato, quod objicimus, aut furor & indignatio Dei vos perseverantes corripiat, aut misericordia respiciat pœnitentes. Sed ut existimamus, nullus vestrum, qui ipsius patrocinium suscepistis, adeo atritæ frontis erit, ut quod de invasione dicitur, audeat diffiteri, quum universus pæne Romanus orbis his veluti diffamatis, & publica notitia convictis attestetur. Quum igitur protervitatem vestram in hoc validissime coarctari sentiatis, insumitis aliud suffragium evadendi, sicut fures deprehensi, qui pernegant quicquid sibi nociturum prævident, confingunt autem quicquid putaverint profuturum, mentientes illum numquam fuisse Papam, quem sancte, & religiose in gremio ejusdem Ecclesiæ a puero educatum,

catum, in tempore necessitatis quando ingruentibus vitiis virum plenum fide, & Spiritu Sancto ad suscitandos Canones oportebat assumi, eadem Catholica Mater per celebrem electionem eorum omnium, qui pro instantia temporis interesse debuerant, & potuerant, præfecit sibi rectorem, & gubernatorem omnium in Christo regeneratorum. Hunc non solum Gallicanæ Ecclesiæ, sed Theutonicæ, & Hispanæ, postremo Græcæ, & Latinæ sine contradictione cum debita veneratione susceperunt, & usque in præsentem diem se tantum Pontificem habuisse non sine gratiarum actione reminiscuntur. Talia eos Canones docuerant. Hoc Spiritus, qui a Patre procedit, columbæ suæ, quam sine ruga, & macula esse cupit, inviolabiliter servandum mandavit, ut Successores illius, qui Barjona, idest filius columbæ, a Domino dictus est, Summi Pontifices haberentur, in quos sicut succedenter ejusdem Apostoli semel suscepta potestas transfundebatur, ita honor Ecclesiastici culminis, & aliorum negotiorum pondera referrentur, nec in dandis judiciis de Apostolica dignitate quicquam adimeret vita inferior succedentis, ubi per Catholicam ordinationem adessent & Spiritus Sancti gratia, & Petri merita præsidentis. Utrum autem vos eumdem receperitis aliquando Summum Pontificem, arguit post primam excommunicationem satisfactio Regis vestri facta in Italia, quando rerum desperatione compulsus nullus vobis miseriæ exitus occurrebat præter absolutionem ipsius, quem licet perfidis mentibus Pastorem tamen, & Dominum cognovistis. De quibus plura scribere omittimus, cum in præfati viri Historia de his omnibus plene lucideque digestum sit.

CAP. XXIV.

Illud vero prætermittendum nobis nulla ratione visum est, quod malignitas vestra confinxit de Epistola quadam ad corrumpendos minus intelligentes in eumdem Sanctum Gregorium composita, & ad persuadendum, & ingerendum scelus vestrum mentibus simplicium, quasi quod agitis, ex æquitatis Zelo non ex odii falsitate procedat, per diversas partes Regni directa*, ut indiscreti homines, qui non recogitant, utrum sit, sicut dicitur, sed creditur ita esse, quod sic scribitur, adjuvent partes vestras, & mendaciorum, quæ intenditis, horrore permoti inauditam crudelitatem vestram excusabilem opinentur. In qua liquidum est recte sapienti, quod vos, per quorum ora pater mendacii ex propriis loquutus est, ex patre Diabolo estis, qui veritate non stetit, sed talia de Christo Domini, & Beatorum Apostolorum Successore, vos dicere, & scribere compulit, quæ nec verisimile est in quemlibet plebejum hominem cadere potuisse. Sed quia in toto malignantium conventu, in quo Treveris, ut audivimus, consilium opprimendi justi habitum est, nemo illorum, qui in Cathedris pestilentiæ sederunt, idoneus inventus est, qui sciret ad inciecrepandum innocentem, & subvertendam justitiam verba componere, & ornate detrahere sermonibus veritatis, injuncta fertur esse hujus negotii cura cuidam homini grammatico Wirrico Treverensi Magistro, qui sub persona Eliphat Temanitis, Virdunensis scilicet Episcopi, fraudolentis verbis, & dolosa percunctatione augeret dolorem sancti Job in sterquilinio mundanae tribulationis sedentis, & scaturientes vitiorum vermes de Corpore Ecclesiae radentis compassionis manu, & testa veritatis. Ille vero Grammaticus ad exprobrandum Deo viventi de Philisthaeorum castu electus, gaudens suscepit operam, atque more Scholasticorum Rhetorum, qui in suscepto themate non attendunt quid gestum, vel non gestum sit, sed in fictis causis praeacuentes linguas, tantum eloquuntur, quantum quilibet vel inferre injuriam, vel ipse sustinere potuerit, fecit Epistolam contumeliis Sanctae Ecclesiae redundantem, cui velocius respondere deliberamus, adjutorium nobis praestante ipsius gratia, cujus dono scimus discernere, quid sit superbia, & obedientia, quid turpitudo, & castitas, quid distet a falsitate veritas, & Angelum Sathanae, quum transformat se in Angelum lucis. Ita enim introductus Episcopus in verbis illius Epistolae amicum se simulat, ut tamen sub habitu inquirentis totum inimicorum virus effundat. Qui si verus amicus foret, non pateretur sub suo nomine sacrilegorum blasphemias publicari, quum facile illi esset, si curaret, refellere calumnias objectorum. Sed optimus amicus maluit Domini, & Magistri sui ficta convicia decantare, quum offendere impiorum consessum; quae, si pie saperet, combureret debitis flammis potius, quam susciperet deleganda. Et praedictus quidem Domini servus Gregorius absconditus in abscondito faciei Dei a conturbatione vestra, & protectus in tabernaculo ejus a contradictione linguarum vestrarum perfruitur decore Domus Dei, cujus honorem, & libertatem amavit, praedicavit, & docuit in verbo veritatis, & virtute Dei, cum praedecessore suo B. Paulo in conspectu hominum incedens armatus justitia per infamiam, et bonam famam, ut seductor, et verax, quasi moriens, et ecce vivit, ad horam contristatus, semper autem amodo gaudens, et locum habitationis gloriae Dei adeptus, inebriatus ubertate gratiae ejus, & torrente voluptatis aeternae potatur, experiens cum fideli David, quam magna multitudo dulcedinis tuae Domine, quam abscondisti timentibus te. Ideoque, linguis vestris adhuc per terram serpentibus, benedicit Dominum, qui mirificavit misericordiam suam sibi in Civitate munita, superna scilicet Hierusalem, ad quam stultitiae, & maledicta vestra aspirare non possunt, quia ibi praesidet veritas Patris, quae de loco Sancto suo prodit omnes, qui loquuntur mendacium; propugnatores vero aequitatis, & defensores Christianismi sui indubitanter animat, ut confidant, quia ipse vicit mundum. Quoniam etsi differt, non deficit, sed praesens auxilium omnipotentiae suae semper illis communicat, quibus dicitur: *Ecce ego vobiscum sum in consummationem seculi.* IN

IN VITAS
PATRIARCHARUM AQUILEJENSIUM
Prolegomena.

Ferdinandus Ughellus V.C. Tomo V. Italiæ sacræ Aquilejensium Patriarcharum seriem, ac vitas proxime elapso seculo nobis dedit, eoque in labore illum præcesserant Dandulus, Sigonius, Panvinius, Sabellicus, Leander, Doglionus, Claudius Robertus, & fortassis omnium diligentissime Johannes Candidus. Supervacaneum itaque videri possit, post tot Scriptores in eodem stadio versari, atque eruditis oculis materiem minime novam rursus exhibere. Dignitas tamen Aquilejensis Ecclesiæ facit, ut libenti animo suscipiendum speremus & hunc libellum. Siquidem in eo quædam non contemnenda habentur, aliis ignota, & digna profecto, quæ ad posteros transeant. Quis Opusculi Auctor fuerit, prorsus ignoro, quum nullius nomen in Ambrosiano Codice appareat, unde illud exscripsi. Tempus autem, quo vixerit, conjecturis nonnullis assequi possumus. Quum Catalogum suum perducat hic Scriptor usque ad Nicolai Patriarchæ mortem, scilicet usque ad Annum Christi 1358. nihilque referat de Ludovico Turriano illius Successore, veri mihi videtur simile, sub eodem Ludovico, aut non longe postea, conscriptum fuisse Opusculum. Certe ante Annum 1420. hæc literis mandata fuerunt, ut illinc discere possumus, ubi de S. Marco legitur: *Evangelium propria manu scripsit, quod HODIE in Aquilejensi Ecclesia omnibus videre volentibus demonstratur.* Eruditissimus vero Fontaninus in Epistola quadam, apud Cl. V. P. Bernardum de Montfaucon legenda in Diario Italico pag. 56., ostendit, vetustissimum Evangelii memorati Codicem Venetias, ubi nunc servatur, circiter annum 1420. fuisse delatum. Quare intelligas, ante ea saltem tempora Scriptorem nostrum hæc literis consignasse. Quanta vero fide, ac fidelitate in his referendis usus ille fuerit, non vacat in præsentia disquirere. Laudato Fontanino hujusmodi curam, ac studium relinquere juvat, quippe qui Forojuliensium res, patriæque suæ Historiam amplissimis nunc & elaboratis commentariis persequitur. Uberius ille nos docebit, quantum ab Historiæ veritate differant, quæ heic de anticipata Patriarcharum appellatione, & de duobus *Peregrinis*, & Gotfredo Patriarchis, habentur; reliqua vero pro sua eruditione aut corriget, aut novis luminibus augebit.

PATRIARCHARUM AQUILEJENSIUM VITÆ.

IN nomine Domini Jesu Christi. Amen. Post ipsius sacratissimam Ascensionem ad Patrem omnes Apostoli, missis sortibus, per Mundi elementa ad prædicandum Verbum, per quod omne genu flectitur Cœlestium, terrestrium, & infernorum, & in quo salvamur, & salvi sumus, dispersi sunt; & licet Beatissimo Principi Apostolorum Petro, data fuerit super universalem Ecclesiam, ligandi, atque solvendi in Cœlo, & in Terra plena potestas, Spiritus tamen, qui ubi vult spirat, eumdem Apostolum Principem una cum Apostolo Paulo, super quos velut super firmas bases Ecclesia Dei fundata est, Romam deduxit. Ubi quidem Apostoli miraculis, & doctrinis prædictam Ecclesiam sub Nerone illuminarunt. Quorum discipulus B. Marcus Evangelista, qui ab ore Petri Evangelium scripsit ex præcepto dicti Petri ad Urbem Aquilejam famosissimum caput Italiæ, Pontificatus ab eodem Petro accipiens baculum venit, & per plures annos verbum salutis ibidem prædicans, & affirmans cum Apostolo: *Quoniam hic est Christus*, Evangelium propria manu scripsit, quod hodie in Aquilejensi Ecclesia omnibus videre volentibus, quia tale lumen sub modio poni non debet, sed super candelabrum, ut luceat, demonstratur. Et sic primus prædicator in Aquileja fuit B. Marcus Evangelista, qui prædicationis suæ rugitu infinitis populis ad Fidem Christi conversis, & jam fundata Ecclesia, vultum Petri magistri sui videre desiderans, & ire Romam, populum occulte dimittere satagebat. Sed Dei intuitu vociferante populo, & omni turba Pastorem petente, B. Hermagoras iter cum B. Marco arripiens Romam pervenit, & a B. Petro baculum accipiens Pontificatus, & velamen sacrum suscipiens, Proto-Episcopus Provinciæ Italiæ ordinatur, & super omnes Ecclesias Italiæ primatum obtinet. Et reversus ad Urbem Aquilejam, Ecclesiam suam miro componens moderamine, Seniores, & Levitas ordinavit, quos ad Civitates alias transmittebat. Tandem xx. annorum ab ipsius ordinatione decurso curriculo, omissis ejus sacris operibus, & miraculis gloriosis, quæ in ipsius Legenda declarantur, sub Sevasto Præside in prædicta Urbe Aquilejensi, Nerone Monarchiam gubernante, per diversa tormentorum genera cum S. Fortunato Diacono suo decollatus, Aquilejensem Ecclesiam sacro Martyrio decoravit, præmittens ad palmam nobiles sacratissimas Virgines Hufoniam, Dorotheam, Teclam, & Herasmam, quas propriis manibus baptizavit. Hæ Virgines post Christi Passionem primo per Martyrii palmam immaculato Agno sua corpora tradiderunt, quæ in

Eccle-

Ecclesia Aquilejensi quotidie gloriosis coruscant miraculis, & hujus S. Præsulis precibus Aquilejensis provincia est ab invasione Dæmonum liberata, nec aliquis de hac Provincia, ubicumque fuerit, a Dæmone vexari potest, nec periclitari morsibus scorpionum.

Huic Beatissimo Præsuli successit B. Hilarius Patriarcha, qui sibi commissum populum in Fide Christi verbo confortans, & opere, expletis ordinationis suæ x. annis sub Numeriano Principe una cum Taciano Archidiacono suo, & aliis tribus SSS. Dionysio, Hilario, & Felice, bonum certamen certantes cursum gloriosum Martyrio consummarunt. Hilario successit Grisogomus Patriarcha, qui completis annis x. suæ ordinationis, mirifice protexit, & rexit Ecclesiam suam; postea in pace vitam in Domino consummavit. Grisogomæ successit Theodorus Patriarcha, qui plenus bonis operibus IX. annos ordinationis suæ mirificus pugnator pro Fidei Catholicæ nomine in pace migravit ad Christum. Grisogonus Patriarcha sedit annos XII. Agapetus Patriarcha sedit annos XV. Valerianus Patriarcha sedit annos XVIII. Benedictus Patriarcha sedit annos XXV. Hi omnes quatuor, licet sub magnis Infidelium persequutionibus, Fidelium tamen auxerunt Ecclesiam eorum sacris precibus, prædicationibus, moribus, & exemplis. Post hos suprascriptos successit B. Cromatius Patriarcha Doctor mirificus, contemporaneus egregii, & primi Doctoris B. Hieronymi, quem Cromatium idem Hieronymus natus in Oppido Stridonis in Dominio Ecclesiæ Aquilejensis sito, inter viros illustres commemorat. Et in quadam Epistola scripsit Domino suo Cromatio beatissimo Episcopo Aquilejensi Doctor eximius, qui librum de Historia scholastica composuit, & multos alios de Græco in Latinum, & Hebraico transtulit. Fuit hujus tempore Rufinus Presbyter Aquilejensis, qui & multas epistolas direxit Hieronymo, & Hieronymus ipsi. Sedit autem annos XVIII. & plenus bonis moribus in Christo quievit. Cromatio defuncto successit Augustinus Patriarcha, qui post annos XVIII. ab ordinatione sua, audito populo Dei, in pace æterna quievit. Adelphus Patriarcha sedit annos IX. Maximianus Patriarcha sedit annos XX. Janueius Patriarcha sedit annos VIII. Secundus Patriarcha sedit annos III. De istis quatuor nihil reperitur propter Schisma, & persequutionem Infidelium. Niceta Patriarcha sedit annos XXXII. cujus tempore regnante secundo Theodosio Augusto circa annos Domini CDXXV. Attila flagellum Dei cupiens sibi Romanum Imperium subjugare, & debellatus a Romanis, quibus adhærebant fere omnes populi Occidentales, ubi occisa sunt CLXXX. millia hominum, reversus in Pannoniam, & reassumtis viribus, iterum intravit Italiam. Et primo veniens in Forum Julii destruxit omnes munitiones, & fortilicia ejus, & postea Castrum Forjuliense, quod nunc Civitas Austriæ appellatur. Et obsedit Urbem Aquilejam tribus annis, & collem, ubi nunc est Castrum Utini, pro sui tuitione manualiter fieri fecit. Tandem peccatis exigentibus post trium annorum obsedionem, infra quod tempus multa millia hominum Aquilejæ occisa sunt, Aquilejam cepit, & destruxit, dictum Nicetam Patriarcham inhumaniter jugulando. Deinde ad partes alias Italiæ progrediens Civitatem Concordiam, Altinum prope Tervisium, Opitergium, Patavium, & alias multas delevit Civitates. Attamen precibus B. Leonis Papæ Primi idem Attila judicio Dei extinctus est. Post Attilæ necem sedit in Aquilejensi Sede Marcellianus Patriarcha annos XXVIII. Hujus tempore Zenon Romanus fastigium gubernabat. Odoacer Ruthenorum Dux, occiso quodam Augustulo, qui Romanum Imperium invadere præsumserat, Romam ingreditur, & totius Italiæ per XIII. annos obtinuit Principatum. Quem Theodoricus Rex Gothorum ad Italiam properans, cui dictus Odoacer occurrit cum innumerabili exercitu, juxta Aquilejam, & in campis Uberinis debellavit. Post Marcellianum Marcellinus in Sede instituitur Patriarchali, quam rexit annos XV. & VI. menses. Et non modico tempore Anastasii Augusti reformavit Ecclesiam suam, videlicet Urbem Aquilejensem, quam propter invasionem, & destructionem Attilæ invenit plurimum deformatam, & quasi totaliter destructam, & ibi quasi nemine permanente.

Post Marcellinum sedit Stephanus Patriarcha in Aquilejensi Sede annos XV. Hic sub Justino Christianissimo Imperatore, & Theodorico regnante in Italia, qui erat Ariana infectus Hæresi, & Arianos protegebat, multa pro Fide Catholica perpessus est. Sed, Christo protegente, non solum Ecclesiam, verum etiam totam Provinciam a peste liberavit, & mirifice rexit Ecclesiam suam.

Maxentius Patriarcha sedit annos IV. menses V.

Macedonius Patriarcha vir clarus, & pius successit Stephano, qui Justiniani Augusti assumtus temporibus, vitam ducens laudabilem, & Provinciam Italiæ peragrans, fratres mirabiliter in Christo confortabat, & alebat. Tandem post annos XXVI. ab ordinatione sua felici cum pace in Domino requievit.

Huic successit Paulus gloriosus Antistes tempore Justini Imperatoris. Ejus tempore Longobardi Narsetis Patricii ductu Italiam intraverunt, quorum Historiam Paulus Historiographus, qui fuit natione Civitatensis, diligentius scribit. Et dicti Longobardi primo Forum Julii intrantes, Civitatem Austriam, quæ tunc Castrum Forliviense dicebatur, depopulati sunt, & totaliter destruxerunt. Qualiter autem, & quomodo, & quid de Ducissa, & filiis, & filiabus accidit, & in cujus ductu Longobardi Italiam intraverunt, ipsa declarat Historia. Hic Paulus Patriarcha timore dictorum Longobardorum ductus, cum thesauro, & reliquiis Ecclesiæ ad Gradensem Insulam se contulit, quam novam Aquilejam appellavit, & ibi XII. sui Pontificatus annum finivit in Domino in prædicta sua Civitate nova.

Probinus Patriarcha Paulo successit, qui anno uno apud Gradum vitam finivit. De ipso nihil invenitur, nec dicitur, quia parum vixit, & ibi quiescit.

He-

Helias Patriarcha sedit annos XXII. Hic quia tria capitula Chalcedonensis Concilii suscipere noluit, tamquam Hæreticus reprobatus est. Sed Pelagius Papa Secundus eidem misit Epistolam satis utilem, quam B. Gregorius, dum adhuc esset Cardinalis scripsit. Tunc Helias Patriarcha ab errore revocatus, de prædicti Papæ Pelagii consensu XX. Episcoporum Synodum convocavit, & Gradensem Insulam, quæ, ut prædicitur, nova Aquileja vocata fuit, totius Venetiæ etiam Metropolim constituit. Ad quem Heraclius Augustus, devotione ductus, B. Marci Sedem, quam dudum Helena mater Constantini tulerat de Alexandria, Aquilejam direxit, & ibi hactenus veneratur apud B. Hermagoræ Sedem, ubi primo prædicaverat verbum Christi. Venetiæ quippe duæ sunt. Prima est illa, quæ in antiquis Historiis continetur, quæ a Pannoniæ termino usque ad flumen Danubii extenditur, cujus Aquileja, olim Civitas maxima, caput est. Secunda est Venetia, quæ apud Insulas maris Hadriatici ex collectione populorum propter rabiem Attilæ, deinde Longobardorum, infra aquas, & paludes maris fundata est.

Severus Patriarcha successit Heliæ apud Aquilejam novam, & annos XV. menses VI. sedit, quem Smaragdus Patricius, nolentem Ravennati Episcopo hærere, cum tribus Episcopis de Grado violenter abstrahens eum, injuria Ravennam duxit, compellens dictum Severum Ravennati Episcopo in tribus damnationis Capitulis adhærere. Sed justo judicio Dei Smaragdus Patricius a Dæmone correptus, Constantinopolim remeavit. Severus vero, expleto anno uno, ad Gradum cum tribus Corpiscopis rediens, non est receptus a populis. Nec illi voluerunt alii Episcopi communicare, quia errore Ravennati Episcopo communicaverat. Sed convocata Synodo X. Episcoporum in Mariano idem Severus, dato erroris sui libello, a fratribus benigne in Patriarcham receptus est. Ipsi autem, qui dictæ Synodo interfuerunt, fuerunt Petrus de Altino, Clarissimus de Sablona, Angelus Tridentinus, Junior Veronensis, Horatius Vicentinus, Laurentius Bellunensis, Rusticus Tervisinus, Folcherius Feltrensis, Angelus Cenetensis, Maxentius Juliensis, & Hadrianus Polensis. Hujus etiam tempore, sæviente multitudine Longobardorum, & imperante Mauritio Augusto, fames maxima, & mortalitas per universam Italiam, ac clades maxima perpessa fuit.

Post obitum Severi Patriarchæ Joannes Abbas cum consensu Regis & Agisulfi Duci Forjuliensis in Patriarcham in veteri Aquileja ordinatur. In Grado quoque Candianus caput Schismatis a Romanis instituitur. Candiano defuncto apud Gradum, Epiphanius non sine schismate ordinatur, & ex tunc incipit appellari Patriarcha Gradensis. Qui Epiphanius erat primus Notariorum Imperialium Romanorum.

Martianus Patriarcha sedit annos VIII.

Fortunatus Patriarcha sedit annos XIII.

Johannes Patriarcha sedit annos X.

Pe-

Petrus Patriarcha fedit annos X. & nota, quod a Severo Patriarcha usque ad Callistum, qui sequitur, Patriarchæ propter incursionem Romanorum non audebant stare in Aquileja; sed habitationem sibi elegerant in Cormono.

Serenus Patriarcha sedit annum unum, de quo nihil reperitur.

Sublato itaque Patriarcha Sereno, successit Callistus vir egregius, & Ecclesiæ Tarvisinæ Archidiaconus, qui adjuvante Luitprando Longobardorum Rege, regimen Aquilejensis Ecclesiæ suscepit. Hoc vero tempore in Castro Foro-Juliano, quod nunc Civitas Austriæ appellatur, Peno Dux præerat. Callistus vero Cormoni habitabat de consensu, & voluntate Ducum priorum. Federicus in Castro Foro-Juliano Episcopus instituitur. Ipso decedente Amator subrogatur. Callistus vero, qui erat vir nobilitate conspicuus, videns quod in Diœcesi sua cum Duce suo, & Nobilibus Amator Episcopus habitaret, & ipse Callistus rurali vulgo sociatus vitam duceret, valde sibi displicuit. Et ad prædictam Civitatem veniens, Amatorem de Foro Julii expulit, & domum ejus sibi habitationem statuit. Qua de causa inter Callistum Patriarcham, et Penonem Ducem discordia orta est. Quid ultra? Dux Peno contra Patriarcham cum multis Longobardis Nobilibus consilium iniit, et apprehensum eumdem Patriarcham ad Castellum Pucini super mare, ut submergeretur, duxit, quod tamen Deo prohibente non fecit. Attamen ipsum diebus multis, tribulationibus, pane, et aqua in carcere fovit. Quod Rex Luitprandus audiens, contra Penonem Ducem in iram exarsit, et de Ducatu deposuit. Peno timore Regio in Sclavorum patriam cum suis fugit. Rex vero dicti Penonis filios, et omnes, qui Penoni hæserant, longo tempore carceribus cruciavit. Posthæc Patriarcha de Carceribus ad Civitatem rediens, ibi Ecclesiam, et Baptisterium S. Johannis, & Palatium Patriarchale construxit, et Regis suffultus favore Ecclesiam strenue gubernavit. Postea, XL. suæ ordinationis anno exacto, in pace quievit. Cujus corpus in prædicta, quam construxit, Ecclesia, quiescit in Domino.

Signualdus Patriarcha de genere Grimoaldi Regis sedit annos XLII. natione Civitatensis. Ibi habitavit & Ecclesiam suam prospere, & laudabiliter gubernavit.

S. Paulinus Patriarcha sedit annos XV. Qui finito jam Regno Longobardorum, & in captivitate ducto Desiderio Rege ipsorum una cum uxore, & filiis, ad gloriosum Carolum Magnum Imperatorem pro juribus Ecclesiæ ampliandis profectus est. Et vir iste miræ sanctitatis ab Imperatore Carolo multa privilegia obtinuit. Et rediens in Civitate Austriæ multis in vita miraculis claruit, & in morte. Ejus corpus in prædicta Ecclesia Civitatensi quiescit, & veneratur.

Ursus Patriarcha sedit annos V. Hic primus cœpit proclamationem facere de Grado Insula plebe Synodali jure subjecta Aquilejensi Ecclesiæ. In qua quidam Venerius Patriarchæ nomen irrationabiliter usurpavit.

Ma-

Maxentius Patriarcha sedit annos XXVI. Ad ejus preces B. Augostinus Papa, & Lodovicus Imperator ad instantiam Lotharii filii dicti Ludovici universalem Synodum Mantuæ celebraverunt, in qua eodem Maxentio reclamante, quod quidam Venerius falso sibi nomen Patriarchæ in Grado Insula plebis Aquilejensis usupaverat, & retracta hujusmodi causa per dictam Synodum declaratum fuit, Gradum esse plebem Synodali jure Ecclesiæ Aquilejensi subjectam.

Et deposito Venerio supradicto, Andreas Patriarcha sedit annos X. Hic similiter de Grado plebe Aquilejensi ad Lotharium Imperatorem proclamavit; qui Lotharius una cum Papa Leone vocato Concilio, iterum adjudicavit Gradensem plebem esse Aquilejensis Ecclesiæ.

Venantius Patriarcha sedit annos III.

Theotmanius Patriarcha sedit annos XXI. Hic supradicto Lothario, & Domino Ludovico ejus filio regnantibus, Ecclesiam mirabiliter gubernavit, & pro Gradensi plebe reclamavit, & a Ludovico obtinuit Papiam.

Lupus Patriarcha sedit annos III. Hic similiter a prædicto Ludovico in protectione susceptus est, & coram dicto Papa, & ipso definitum est, Insulam Gradensem esse Aquilejensis Ecclesiæ.

Walpertus Patriarcha sedit annis XXVII. Hic Carolum Secundum filium Ludovici, & coronatum a Papa Joanne VIII. Romam sociavit, & ab ipso multas gratias impetravit.

Federicus Patriarcha sedit annos LIII. Hic mirabiliter auxit, & protexit Ecclesiam. Hujus tempore imperante Carolo III. magna Ungarorum gens a Syria egressa in quandam Provinciam, quæ adjungitur fimbriis Ecclesiæ Aquilejensis, primitus venit, et ibi habitare cœpit; erat enim gens crudelissima, carnem comedens, et sanguinem bibens pro potu. Quos dictus Federicus Patriarcha repressit, et longius fugavit, reddens pacem Hesperiæ, quæ est caput Ecclesiæ. Corpus ipsius in Aquileja quiescit, et supra ejus sepulcrum scriptum est tale Epitaphium.

Conditur inferius nitido Patriarcha lapillo,
  Præclarum nomen cui Federicus erat.
Pannoniæ rabiem magno moderamine pressit,
  Et pacem afflictæ contulit Italiæ.
Egregius Pastor mittens dum pasceret agnos
  Semper utrique gregi pabula lecta dedit.
Annosæ ætatis post cursum in luce quiescit
  Et cumulata capit præmia pro meritis.
Hunc Deus omnipotens proprio ditavit honore,
  Post hæc Angelicis associando choris.
Tu quoque Præcursor Christi Baptista Johannes
  Pontifici meritis auxiliare tuis.

Leo Patriarcha sedit annos XXII. Hic quia pro libertate Ecclesiæ stræ suæ laborabat, a quodam Roaldo Longobardorum Duce Fori Julii occisus est. Propter quod omnia ejus bona per sententiam Principum confiscata fuerunt, ut inferius apparebit.

Ursus Patriarcha sedit annos XXIII. Hic tempore Berengarii secundi totus Deo deditus multas graves solicitudines pro Ecclesia sua Aquilejensi pertulit. In Civitate Austriæ felici pace quievit, et hoc fuit circa annos Domini DCCCCXXXI.

Lupus Patriarcha, sicut in antiquis Chronicis legitur, sedit annos LVI. Sed non ita in autenticis privilegiis reperitur, quum Berengarius Tertius, qui fuit sub annis Domini DCCCCXXXI. multa privilegia concesserit Patriarchæ Hengelfredo; nec non Rodaldus successor suus largas sibi fecerit donationes, et Ecclesiæ suæ prædictæ.

Hengelfredus Patriarcha sedit, ut dicitur, annos LVII. Sed non certe reperitur. Verum Berengarius, et Otto primus multa privilegia Ecclesiæ Aquilejensi tempore istius contulerunt, et quod valde bonus, et utilis fuit Ecclesiæ suæ, bene reperitur.

Rodaldus almificus Patriarcha nobilis genere, sed nobilior opere, qui pro exaltatione Ecclesiæ suæ ubique laborans ab Ottone Secundo, et Tertio plura privilegia, et plures gratias, et largitiones obtinuit. Et inter cetera quidquid quidam Longobardus nomine Rodaldus, qui Leonem Patriarcham interfecerat, de quo supra mentionem feci, habebat inter Placum, et Liquentiam, Ecclesiæ Aquilejensi tradidit. Sed quantum sederit, pro vero non reperitur. Sed fertur, quod annos LVIII. sederit.

Johannes Patriarcha successit eidem, seditque annos XIX. Hic ab Ottone Tertio plura privilegia habuit, et de Grado Insula in qua erat quidam Patriarcha Urso nomine coram Henrico Primo Imperatore contra eum reclamavit. Qui Henricus Secundus appellabatur. Ejus uxor fuit Beata Conegundis.

Popo Patriarcha venerabilis sedit annos XXIV. Hic Cancellarius magni Conradi Imperatoris, qui totum orbem pacificavit, in Patriarcham assumtus est. Hic gloriosus Antistes Templum Aquilejensis Ecclesiæ de novo construxit, quod una cum B. Papa Johanne XVIII., & aliis S. R. E. Cardinalibus, & aliis Episcopis Suffraganeis suis consecravit. Monasterium B. Mariæ Virginis extra muros Aquilejæ construxit. Et tam Templum, quam ipsum Monasterium mirabiliter dotavit, innumerabiliaque bona ipsi Ecclesiæ fecit, quæ brevitatis causa omitto. Hic apud prædictum Papam Johannem, & Conradum Imperatorem fieri Romæ Concilium procuravit, & deinde Ravennæ, in quorum itaque proclamatione facta de Grado plebe sua, & citato Ursone, qui sibi falso nomen Patriarchatus assumserat, & contumaciter in dictis duobus Conciliis non comparente, dicta Insula adjudicata est, plebem esse Aquilejensis Ecclesiæ, et falso Patriarchatus titulum sibi inesse. Et ipso procurante armata manu omnes

The-

Thesauri Ecclesiæ Aquilejensis, qui portati erant per Dominum Paulinum olim Patriarcham, reportati sunt per dictum Dominum Poponem. Et huic Patriarchæ B. Papa Johannes super XVI. Episcopatus potestatem contribuit una cum præfato Imperatore, et alia multa privilegia, et largitiones Ecclesiæ Aquilejensi, quæ nimis prolixum esset narrare per singula. Cujus corpus jacet in Ecclesia Aquilejensi in medio. Et vere in medio Ecclesiæ aperuit Dominus os ejus. In ejus sepulcro marmoreo hi versus ab omnibus leguntur:

Popo Sacerdotum lux, & decus Ecclesiarum,
Gloria Romani spes simul Imperii.
Constrictus vinclis humanæ conditionis
Ecce sub hac mole fit cinis ex homine.
Instruit ut Paulus, fuit omnibus omnia factus,
Ferre studens Domino dupla talenta suo.
Hic locus est testis, quibus ille resplenduit actis,
Ille quidem donis, moribus atque probis.
Exornans istam Christo fundaverat aulam,
Ultima principio quem dedit hora suo.
In libra Phœbo duodena parce beato
Agne Dei, Domino, te rogo, parce meo.

Heberardus Patriarcha huic successit. Dies vero ordinationis suæ fuerunt anni V. Et de ipso nihil dicendum invenitur.

Gotpoldus Patriarcha successit huic, & sedit annos XVII. Qui etiam de Grado Insula proclamationem maximam fecit. Cui tam per Alexandrum Papam Secundum, quam per Henricum Imperatorem Tertium dicta plebs cum Insula adjudicata est Ecclesiæ Aquilejensi, et per utrosque est sibi data potestas super XVI. Episcopatus, videlicet Tarvisinum, Paduanum, Vicentinum, Mantuanum, Brixiensem, Tridentinum, Crapolanum, Concordiensem, et sic de singulis. Sub cujus tumba marmorea hoc Epitaphium scriptum est:

Hoc ego Gotpoldus jaceo miser in monumento,
Heic Præsul dictus nomine, non merito.
Sed quia mortalis me pejor non erat ullus,
Fili Christe Dei, nunc miserere mei,
Ora pro famulo Sancta Maria tuo,
Perpetua a morte libera me, Domina.
Crux mihi sit requies, Crux mihi sancta salus.

Ravangerus Patriarcha successit eidem, et sedit annos IV. menses X. dies XVIII. De quo nihil reperitur.

Sigbardus Patriarcha sedit annos IX. menses IV. Huic Henricus Quartus dedit Marchiam Carniolæ, et alia multa privilegia. Concessit eidem Ecclesiæ Aquilejensi Regaliam super XVI. Episcopatus, quos Urbanus etiam Papa Secundus confirmavit. Qui Urbanus fuit circa annos Domini MXCVIII.

Henricus Patriarcha successit, & sedit annos VI. & menses VI. de quo nihil reperitur.

Federicus Patriarcha successit eidem, seditque annum unum, & menses VI. de quo nihil reperitur.

Vodolricus Patriarcha primus successit eidem, et sedit annos XXXVII. menses VII. dies VII. Hic cum Henrico Quarto Imperatore Romam vadens pro ipsius coronatione, propter aliquam dissensionem inter Paschalem Papam, & ipsum Henricum Imperatorem, Paschalis Papa cum Cardinalibus capitur, & ipsi Patriarchæ in custodia traditur. Tandem factis compositionibus Henricus coronatur, & post aliquod tempus procurante dicto Patriarcha pax firma inter dictos Papam, & Imperatorem facta est. Propter quod idem Imperator multa Privilegia Aquilejensi Ecclesiæ dedit, dataque, & concessa confirmavit. Ejus corpus in præsenti in Aquilejensi Ecclesia requiescit.

Gerardus Patriarcha sedit annos IX. Qui bonis moribus, & bonis operibus plenus in dicta Civitate Austria feliciter migravit ad Christum, & optime rexit Ecclesiam suam antedictam.

Peregrinus Patriarcha primus sedit annos XXXI. Tempore istius fuit Henricus Secundus in Aquileja. Hujus etiam tempore Lotharius a Papa Innocentio Secundo coronatur, cui coronationi interfuit idem Peregrinus Patriarcha, & de Regalibus largitionibus ab ipso Henrico Imperatore investitus fuit.

Peregrinus Patriarcha II. sedit annos XX. menses VII. dies III. Hic cum Conrado II. Imperatore Cruce signatus ad prædicationem B. Leonardi Confessoris circa annos Domini MCXXXVIII. una cum Rege Franciæ mare transivit ad Infideles, & rediens cum eodem, vitæ suæ in Aquileja diem in Domino clausit extremum.

Gotfredus Patriarcha sedit annos XXII. De Regali prosapia fuit. Ecclesiam, & totam suam provinciam mirabiliter auxit, ditavit, & honoravit. Hujus tempore Federicus Primus anno Domini MCLIII. per Papam Hadrianum IV. est coronatus Imperator, & hic Patriarcha huic coronationi interfuit.

Vodalricus Patriarcha sedit annos XX. menses VII. dies VII. Qui Legatus Apostolicæ Sedis factus est, & Federicus Imperator primi consanguineus. Ab Hadriano IV. & Alexandro Tertio confirmationes privilegiorum suorum obtinuit. Huic etiam dictus Federicus omnia privilegia Imperialia, & Regalia confirmans, sibi etiam Marchiam Histriæ, & Carniolæ Ducatum, & Comitatum Fori Julii, & multa alia loca, & castra, & terram inter Plavim, & Liquentiam jacentem confirmavit. Dedit etiam Ecclesiæ Aquilejensi de Imperiali largitione Montem Silicis, qui est juxta Paduam per X. miliaria cum omnibus suis appendiciis. Et post reconciliationem factam inter Alexandrum Tertium, & ipsum Dominum Imperatorem ipse Alexander fecit dictum Voldaricum per totam Italiam Vicarium suum generalem. Hic duplici legatione, scilicet Papali, & Imperiali coronatus fuit. Jacet in Aquilejensi Ecclesia, in cujus monumento infrascripti versus descripti, & sculpti sunt:

Alter

Alter Volricus jacet heic Patriarcha benignus.
Flatibus illæsam schismatis Ecclesiam
Rexit, ditavit, Fratres hos ipse beavit,
Cum justis maneat, gaudia multa habeat.

Peregrinus Tertius Patriarcha sedit annos XIV. menses VII. dies III. Iste reædificavit Ecclesiam Civitatis Austriæ, quæ cum omnibus libris, & thesauris exusta fuit, fecitque in ea tabulam argenteam, & alia mirabilia Clavodia auro argentoque contexta, & eam multis bonis ditavit. Sed pulchriorem fecit in Aquilejensi Ecclesia, quæ pignorata longo tempore per incuriam Pastoris fuit Venetiis, & quam Veneti hodie servant pro pretioso thesauro. Iste primus cœpit amicitiam, & pacta contrahere cum Venetis.

Volkerus Patriarcha Beatus sedit annos XIII. menses VII. Hic ab Henrico V. & Ottone IV. confirmationes privilegiorum Ecclesiæ suæ obtinuit, & coram eis, & coram Federico Secundo Marchionatum Histriæ, quem Dux Bavariæ, Ludovicus nomine, tenebat, per Principum sententias obtinuit. Et facta eidem resignatione per dictum Dominum Ducem de hoc Marchionatu, per omnes tres Imperatores successive præfatus Dominus Patriarcha investitus est. Cui etiam Otto prædictus Montem Silicis donavit cum omnibus juribus suis. Hic multa sanctitatis opera in vita sua fecit, quæ Deus post ipsius mortem mirabiliter ostendit usque in hodiernum diem: nam ejus arca marmorea in Aquilejensi Ecclesia in aere pendebat visibiliter stans circumquaque per quatuor digitos super terram. Et nunc ab uno angulo terram tangit modicum, aliis tribus angulis minime terram tangentibus. Tempore vero ruinationis Ecclesiæ prædictæ ab omnibus partibus manet super terram usque in hodiernum diem.

Bertoldus Patriarcha sedit annos XXIII. menses IV. Iste filius Ducis Moraviæ, patruus fuit B. Helisabet, quæ filia fuit Regis Ungariæ, cujus B. Helisabet mater fuit soror dicti Patriarchæ Bertoldi. Hic Archiepiscopus Collocensis existens in Patriarcham assumtus est. Qui Federico Secundo adhærens usque ad ejus depositionem, multos honores, multaque privilegia, & gratias obtinuit ab eodem. Et multa bona una cum patre, & matre, Ecclesiæ contulerunt, & potissimo in Carinthia, & Marchia Carniolæ. Cui prædictus Imperator etiam Montem Silicis inter alia tradidit. Hujus tempore Ezelinus de Romano tyrannidem exercebat. Et licet idem Bertoldus indignationem, eo quod adhærebat Federico Imperatori, Sedis Apostolicæ incurrisset, ad Romanam Curiam cum magna Baronum, & Nobilium comitiva accessit, & ibi magnalia multa ostendens, ab Innocentio IV. gloriose susceptus, gratiam, & benedictionem obtinuit. Et rediens de Curia Romana post aliquod tempus multa dimittens de proprio patrimonio Ecclesiis, in Aquileja felici pace quievit. Cujus corpus jacet in introitu Ecclesiæ memoratæ infra Ecclesiam. Et dicitur, quod quando primo Ecclesiam intravit, ubi nunc est monumentum ipsius, cepitavit fortiter, & statim ibi dixit: Hæc requies mea in seculum seculi, heic habitabo, quoniam elegi eam. Hic etiam Civitatem Austriæ ampliavit, & refecit. Necnon Ecclesiam B. Odorici ædificavit in Utino.

Gregorius de Monte longo sedit annos XIV. menses VIII. Hic factus Patriarcha per Innocentium IV. anno Domini MCCLIII. venit ad ipsam suam Ecclesiam. Hic, antequam esset assumtus ad Patriarchalem dignitatem, existens Notarius Papæ, missus fuit Legatus contra Federicum jam depositum de Imperio. Qui dum Parmam obsideret, Parmenses videntes auxilium sibi paratum, egrediuntur, & idem Gregorius una cum Parmensibus exercitum Federici aggressi sunt, & spoliis acceptis ipsum Federicum cum exercitu suo non sine magno damno, & opprobrio expulerunt. Hic gloriosus Antistes multa laudabilia opera operatus est: multas guerras pro libertate Ecclesiæ suæ cum Comitibus Goriciæ perpessus est, & tandem Ecclesiam suam, dum vixit, potenter protexit. Mortuus est in Civitate Austriæ, quam intime super aliis locis diligebat. Cujus corpus in pace quiescit juxta corpus B. Paulini Patriarchæ anno Domini MCCLXIX.

Eodemque anno electus fuit Philippus Dux Charintiæ, quem Dominus Gregorius Decanus voluit confirmare. Sed factus fuit generalis Capitaneus Ecclesiæ Aquilejensis. Et vacavit Sedes annos IV. Hujus tempore capta fuit Civitas Austriæ proditorie per Federicum de Pinzano Vicarium supradicti Philippi, faventibus sibi omnibus Castellanis, & nonnullis intrinsecis. Expulsi vero fuerunt fere omnes boni populares, & alii capti, alii gladio interemti, & omnia bona sua sibi abstulerunt. Eo autem tempore, & anno Rex Bohemiæ Vassallus Ecclesiæ Aquilejensis habens ab hac Feudum Spirituale, pro redemtione Civitatis Austriæ misit Vicarium suum cum magno exercitu, qui tandem Civitatem obsedit, quia Deus superbis resistit, humilibus autem dat gratiam. Intrinseci proditores ad pacta venientes, terram, & libertatem propriam, & pristinam, restituerunt cum honore.

Raimundus Patriarcha sedit annos XXV. menses II. dies VI. Hic existens Episcopus Comanus, creatus est Patriarcha per Dominum Gregorium Papam X. anno Domini MCCLXXIII. Iste in adventu suo cum Alberto Comite Goriciæ pacem fecit; sed modicum duravit. Anno vero Domini MCCLXXVII. accessit ad Illustrem Dominum Rodulphum Regem Romanorum, & habito colloquio cum eodem ad primum est reversus. Et quia Veneti cœperunt occupare Terras Histriæ, incœpit graves facere guerras cum eisdem. Quæ quidem guerra incœpit MCCLXXIII. de mense Martii, & duravit fere annos XI. Hoc tempore Veneti obsederunt Tergestum, & fecerunt terram unam juxta Tergestum, quam Romagnam vocaverunt. Ipse autem Patriarcha cum exercitu suo valido, & potentissimo Venetos debellavit, spoliaque infinita tulit, & Romagnam prædictam destruxit, & tandem

dem sub annis Domini MCCXCI. pax inter partes facta fuit, & publice proclamata. Mortuus autem præfatus Raimondus Patriarcha in Castro Utini, & Aquilejam portatus, ac sepultus in Capella S. Ambrosii, quam ipse construi, ac fabricari fecit anno Domini MCCXCIX. Ejus anima requiescat in pace.

Petrus Patriarcha sedit annum unum, & menses VII. dies XXVI. Hic licet magnanimus fuerit, & antiquus dierum, ideo modicum supervixit. Ejus corpus in Utino jacet in Capella S. Mariæ Castri Utini. Defunctus est anno Domini MCCCI. De cujus gestis nulla fit mentio.

Ottobonus Patriarcha sedit annos XIII. menses II. dies XVII. Qui dum esset Episcopus Paduanus, creatus est Patriarcha a Sede Apostolica, videlicet per Dominum Bonifacium Octavum sub annis Domini MCCCII. Hic mirabiliter regere cœpit. Multa solvit debita Romanæ Curiæ. Salinas Mariani cœpit, & fecit. Cœpitque Castrum Manzani, & pretio, antequam veniret in Sede, emit Salicetum. Hujus tempore sub annis Domini MCCCV. Ricardus de Camino cum exercitu suo valido expugnavit Spinginbergum, ipsumque habuit sub certis pactis anno Domini MCCCII. Idem Patriarcha cœpit Castrum Budii fortissimum & bene muratum, gentibusque, & victualiis munitum; sed justo Dei judicio mirabiliter captum est, de gentibus ipsius Domini Patriarchæ nemine læso; omnes autem intrinseci captivi facti sunt sub ipsius Domini Patriarchæ misericordia; & relicto vexillo S. Ecclesiæ Aquilejensis in Castro prædicto, ad propria cum gaudio, & honore est reversus. Eodem autem anno obsedit Castrum de Urimisporch, ipsumque obtinuit. Eodemque anno Sacilum recuperavit detentum per dictum Dominum Ricardum de Camino. Insuper anno Domini MCCCIX. idem Dominus Patriarcha destruxit, & removit muros Terræ Venzoni; necnon eodem anno Ricardus de Camino fuit debellatus in Utino, & unus Nobilis de Spinginbergo fuit interfectus gladio, ac multi alii Nobiles rebelles præfato Domino Patriarchæ tunc captivati sunt. Et multa alia fecit, quæ causa brevitatis heic omittuntur. Postremo currentibus annis Domini MCCCXIV. præfatus Patriarcha pergens ad Curiam Romanam, quadam oppressus infirmitate in loco, qui dicitur Arquà Comitatus Placentiæ, Domino tradidit spiritum.

Castonus de la Turre Mediolanensis Diœcesis eidem successit, seditque in Patriarchali Sede annum unum, menses VII. dies XX. & non pervenit ad Ecclesiam suam; sed veniendo de Curia migravit ad Christum in Florentia, & ibi requiescit in pace.

Paganus Patriarcha successit eidem, seditque in Patriarchali Sede annos XII. menses VIII. diem unum. De cujus gestis non fit mentio in præsenti. Bavarus Dux Bavariæ, & Marchio Bramburgensis a tribus eligentibus ad Imperium Laicis, duobus vero Clericis Archiepiscopis non consentientibus, cupiens Imperium usurpare sub anno Domini

mini MCCCXXXI. manu forti, & animo ingenioso, & tanto intravit Italiam, Romae cupiens coronari ex quorumdam sapientum sibi adhaerentium consilio tempore Johannis Papae. Iste Bavarus in Romana Civitate Papam fieri fecit, & Cardinales, & multos Praelatos, contraque Apostolicam Sedem multa gessit, & ab ipsis Coronam accepit Imperii contra Ecclesiae voluntatem, a quo Papa tunc depositus, & excommunicatus fuit, & similiter a Papa Benedicto, & Clemente VI. subsequentibus. Tandem ab Ecclesia misericordiam consequutus tempore dicti Clementis, ab excommunicatione solutus, migravit apud Ducatum sui. Cui successit quidam ejus filius, cum quo Carolus Rex Bohemiae multas habuit guerras propter Comitatum Tirolensem in dotem per praefatum Bavarum datum cuidam suae filiae in matrimonium traditae cuidam Domino Johanni fratri . . . . in uxorem postmodum a viro suo separatam nonnullis legitimis occasionibus. Idem Carolus habuit contra eum bella maxima, & obtinuit. Tandem bonis meritis a Christo exigentibus praefatus Carolus, faventibus sibi Papa Clemente praedicto, & Domino Philippo Rege Francorum ab eligentibus ab Imperium communiter est electus Imperator.

Isto autem tempore electo Carolo, & confirmatione a praefato Clemente Papa, & Romana Ecclesia comprobata, & roborata, in S. Aquilejensis Ecclesiae Sede residebat tunc Bertrandus Patriarcha de S. Ginesio Doctor miri Juris, vir bonus, pius, sanctus, & justus, cujus opera, & probitates multae fuerunt, quae alibi in loco suo statum sibi clare vendicant. Cui Carolo adeo tamquam pater erat una cum filio intime dilectus, de quo Patriarcha multa erant scribenda, quae in praesenti capitulo brevitatis causa omittuntur. Idem autem Patriarcha sedit annos XV. menses XI. dies VI. Qui crudeliter ab inimicis Ecclesiae apud Villam, quae est in Richiniult juxta Tulmentum ipso a Sacilo cum suis militibus, & gentibus Utinum veniente, gladio penetrante occisus est, et Utinum ductus, apud cujus sepulcrum marmoreum historiatum in S. Maria Majori in Utino per eum a Domino miracula fiunt. Et, ut supra praedici debebat, fabricavit Sacilum ex muris Cavolani acquisiti per eum, & recuperavit Cadubrium armata, & potenti manu, quod tenebat Ecclesiae suae violenter quidam Hengilinarus, & alia infinita notabilia, & bona opera fecit; dum in hac luce, & regimine vixit, sed in opusculo hoc nihil ad praesens tractatur.

In cujus S. Sede successit Nicolaus Patriarcha supradicti Caroli IV. Imperatoris frater anno XI. Clementis Papae VI. videlicet MCCCL. Hic Patriarcha contra Johannem Franciscum de Castello perpeti rebellem suum, & Ecclesiae Aquilejensis, victoriam una cum Nobilibus, & Communitatibus suis, & D. Marinardo Comite Goriciae sibi favente obtinuit. Castrum Terenti obsedit, ac funditus diruit, consumtis omnibus, & fossatis planatis, ac duobus ejus filiis captis,

postmo-

postmodum liberatis. Castra eorum Terecenti perierunt, et ibi rebelles Ecclesiæ persistentes, per ipsum Patriarcham obsessa sunt, et capta, ac funditus diruta, uno ipsorum fratrum capto, & perpetuo carceribus mancipato. Postquam idem Johannes Franciscus capitur, mirifice in Civitate Caprularum per nonnullos Furlanos, & ligatus Utinum ductus est, & ibidem a filio primitus sententiato, & a multis aliis capitalem subiit sententiam. Cujus caput in hasta, per medium diem in platea omnibus ipsum videre volentibus permansit. Hic quoque Patriarcha similiter alias multas contra rebelles Aquilejensis Ecclesiæ obtinuit victorias, multosque per judicium decollari fecit. Castellasium, & alia loca funditus dirupta sunt. Et heic brevitatis causa omittuntur, quæ alibi declarabuntur. Hic etiam Patriarcha decoravit Cameram, quæ omnia, sive eorum major pars, restaurata sunt post ejus mortem. Hic tulit brachium S. Viti de Marano, quod etiam post ejus obitum recuperaverunt. Et tandem divino judicio ipso eunte, vel fugiente cum Reliquiis, & rebus antedictis in Civitatem Feltrensem, seu Bellunensem, crudeliter, & turpiter extremum vitæ suæ clausit diem. Et sic, ut prædicitur, supradicta omnia fuerunt restaurata. Multa etiam alia dicenda forent, quæ nunc omittenda duximus. Cujus corpus sepultum fuit in Ecclesia Majori B. Mariæ de Utino.

F I N I S.

E P I S T O L A

LUDOVICI ANTONII MURATORII

Serenissimi Ducis Mutinae Bibliothecae Praefecti

A D

Joannem Burchardum Menckenium Serenissimi Electoris Saxoniae, Regis Poloniae Consiliarium.

In Dissertationem JUSTI FONTANINI *De Corona Ferrea.*

Data Mutinae

Q*Uod una cum Dissertatione Fontaniniana* de Corona Ferrea *jam Romae edita Anno* 1717. *publicis typis Lipsiae traditus iterum fuerit & meus* de Corona Ferrea *Commentarius, quem adolescens Anno* 1698. *Mediolani Tom. II. Anecdotorum meorum evulgaveram: id mihi gloriae verto, multumque debeo hominibus tanti meos qualescumque labores facientibus. Si id ante editionem rescivissem, certe non excidisset mihi occasio aliquid ad te, Vir Clarissime, scribendi de opposita mihi Fontanini sententia. Attamen pauca nunc habeto, quae ad rectum judicium ferendum de controversia inter nos agitata praesto tibi esse possunt. Contendit ille, Modoetiensibus concors, Coronae Ferreae insertum Dominicae Crucis Clavum, unde illi* Ferreae *appellatio accessit. Contra ego, opinionem hanc nulla antiqua Traditione, nullis firmis argumentis niti, olim scribebam. Quid quaeso tanti ponderis nunc Fontaninus adfert, ut me potius, quam Modoetienses, falli ostendat? Bugatum, Resistium, Morigiam, Zucchium, Ripamontium, Collium, Coronam, Quaresmium, & si qui sunt alii Scriptores, omnes fere mihi notos, & a me laudatos, qui post Annum Christi* 1586. *suos Libros luce donarunt, quid attinet in hanc rem testes advocare? De Corona Modoetiensi, quae fama aevo suo fuerit, ii quidem edocere nos possunt; sed eamdem famam apud veteres obtinuisse, profecto testes adeo recentes, parum Critici, nulloque rei examine instituto scribentes, nunquam nobis persuadere poterunt. Quum nulli antiquorum decus hoc Coronae Ferreae innotuerit, nullus memoraverit, qui tamen saepissime de ea mentionem fecere, justae suspicioni locus fuit, & erit, Seculo solum XVI. ex ingenio bonorum hominum causam perquirentium, cur addita Coronae aureae Modoetiensi lamina ferrea fuerit, opinionem prodiisse de inserto sacro Clavo, eamque sensim, ut de tot aliis piis opinionibus accidit, apud Modoetienses invaluisse, additamentum gloriae minime aversantes.*

Sed Gumberum Fontaninus Cap. IV. laudat, quo teste Lib. 8. Ligu-

vit Fridericus I. Anno 1158. *Modoetiæ* SACRO DIADEMATE crines induit. *Accedit Matthæus Villanius, quo narrante res sui temporis Lib.* 4. *Cap.* 39. *Historiæ Italicæ Carolus IV. Anno* 1355. il di della Santa Epifania del Mese di Gennajo fu coronato della SANTA CORONA del Ferro. *Bene cessit, quod Villanio hæc exciderint; non mirum est, quanta supersluant uni huic verbo eruditus Modoetiensium patronus, & quoties ante oculos Lectorum & Judicum hunc Villanii locum ingeniosus vir obversari faciat. Et tamen quid quæso inde exsculpunt prudentes rerum æstimatores? Nihil recte. Nam ut Carolus Paschalius de Coronis Lib. X. Cap. VII. antea monuit*, Insignia Regalia inter Sacra censeri video. Sunt autem Thronus, Sceptrum, Diadema. Ergo Corona Regia, aut Imperatoria, vix ab alio contrectatur, quam ab illo, cui id juris in Ecclesia concessum &c. *Ac propterea Coronæ Cæsari, & Regibus adhibendæ, in Sacris Templi adytis religiose servari solent, & Sacris Ministris commendantur: quod nemo ignorat. Ut proinde mirari cogamur, Fontaninum ex eo, quod Henricus VII. ad Canonicos Modoetienses scribens, eos ad se venire jusserit*, qui sciunt, quid opus sit ad collationem Coronæ Ferreæ, *ita disserere Cap. V. Dissertationis suæ*: Viden, Imperatorem de re Sacra, & præcipuo cultu habita, tractantem, ad Canonicos, & rerum Sacrarum ministros, non ad civiles Modoetiæ Magistratus scripsisse? *quasi hinc Lectores monere velit, Coronæ illi insitum Dominicæ Crucis Clavum. Verum, & sine sacro illo pignore sacris rebus accensetur Ferrea Corona, & uti reliqua Regum insignia in Templo, & a sacris Ministris servatur; ideoque ad Canonicos erat de hujusmodi negotio scribendum. Accedit, quod Godefridus Viterbiensis in* Chron. Par. 18. *in fine de* Henrico VII. *adhuc adolescente scribit his verbis*:

Henrico Sexto SACRA sunt DIADEMATA præsto . . .

Idem etiam Scriptor Par. 17. *pag.* 459. *apud Pistorium significare videtur, ideo Sacrum esse Diadema, quia sacro Oleo inunctum.*

Sic oleo non corporeo Diadema sacratur &c.

Ad hæc ipsemet Guntherus Lib. IV. Ligurini, coronationem Romanam Friderici I. enarrans, paria habet:

Sacra redimitus veste Sacerdos
Summus ad alta sacri ducens Altaria Petri,
Innexum digitis mundi totius honorem
Imposuit, pressitque SACRO DIADEMATE crines.

En ut ipse Guntherus sibi, seu potius Fontanino ejus verba invita in suam causam trahenti, respondet. Quid plura? sibi ipsemet Fontaninus respondere potuisset, nisi elaberentur, quæ ipse præ oculis & manibus habet. Nam ante paucas paginas eodem Cap. IV. hos Corippi versus de coronatione Justini II. Augusti laudavit:

Cœlique potentem
Exorans Dominum, SACRO DIADEMATE jussit
Augustum vincire caput, summoque Coronam
Imponens apici feliciter &c.

Quid

Quid aliud quærimus, ut tandem pateat, nil amplius Modoetiensi olim Coronæ tributum, quam ceteris Regalibus inter Sacra computatis? Quod enim ad istos versus subsistens Fontaninus, tacito meo nomine, me compellat, scribens: Erras, Critice, erras, nam Diadema proprie sumtum cum Corona proprie sumta confundis. Nos tibi Corippum opponimus, qui Justino II. & Diadema, & Coronam impositam ita describit: *Equidem vereor, ut risum teneant Lectores doctissimi, quibus perspicuum est, promiscue usurpari vocabula* Diadematis, & Coronæ, *idque vel ex paucis allatis locis constare; neque apparere, duas res diversas a Corippo enarrari, sed potius Poetica amplificatione unum idemque duabus phrasibus explicari. Itaque frustra pro opinione Modoetiensium de Clavo Dominico proferuntur Guntherus, & Villanius. Et sane apud istum alibi memoratam animadvertas, hoc est Lib. 4. Cap. 27. & 39. Coronam Ferream, sed absque titulo* Sanctæ, *idemque esse apud illum* la Sacra Corona, *ac* la Santa Corona; *nam Cap. 62. ipsi laudantur* la Santa memoria dello Imperatore Arrigo, *ac subinde* il Santo Imperio. *Imo Cap. 54. & alibi, quod nos* Sacra Majestas *alloquendo Cæsares dicimus, ipse* Santa Corona *dicit.*

Quibus ex rebus jam videas, nullum a Modoetiensibus veterem Scriptorem, aut testem proferri suæ opinioni faventem. Contra jam nos phalangem, ut ita dicam, Auctorum laudavimus, aliosque superaddere possimus, qui ante medium Seculum XVI. Coronam Ferream memorarunt, contrectarunt etiam, atque descripserunt, & ne hilum quidem de Clavo Dominico dixerunt. Silentium hocce tot hominum, tot Seculorum, quid aliud est, quam loqui contra Modoetienses, eorumque recentem opinionem novitatis & falsitatis arguere? Atqui hoc argumentum est Negativum, inquit Fontaninus; illudque non uno in loco is videt. Siquidem viguisset olim fama de Clavo, quem intextum nunc volunt, id multi ex iis Scriptoribus novissent; si vero novissent, non tacuissent. Præcipuum hoc erat illius Coronæ decus, & describentibus minime excidisset. De ea loquuti sunt complures antiqui Scriptores Mediolanenses *&* Æneas Sylvius, *qui Mediolani aliquamdiu est versatus. Ipsam quoque non semel commemoravit* Bonincontrus Morigia *in Chronico Modoetiensi, atque ipse* Balthassar Fidelis Modoetiensis Basilicæ *olim* Archipresbyter. *Hi sane rerum illarum peritiores, quam Villanius Tuscus, fuere. Atque hi, ut cum Melchiore Cano loquar, tantam Prærogativam* non omissuri erant, si scivissent; scituri autem erant, si fuisset. *Neque est, quod Fontaninus elabi se posse putet Cap. VII. in dubium vocando, num* Fidelis vix umquam Modoetiæ substiterit. *Certe tamdiu ibi substiterit necesse est, ut colligere potuerit* Prærogativas *multiplices Basilicæ suæ, quas Anno 1514. Leoni X. P. M. dicatas Libro in folio vulgavit. Sed ut brevius agam, litem hanc dirimere una Bononiensis Coronatio Caroli V. potest. Quid ibi actum, qui ritus servati, non tantum Paulus Jovius insignis Historicus, & oculatus testis, verum & ipse Pontificius rituum Præfectus Blasius Cæsenas literis mandarunt; imo uterque Coronam ipsam Ferream describit, ille in sua*

Historiis, hic apud Raynaldum in Annal. Eccles. ad Annum 1530. §. 12. *Procul dubio si quisquam rescire debuit, num sacrum Dominicæ Passionis pignus intextum Coronæ Ferreæ foret, is fuit ea occasione Blasius Cæsenas, ad quem spectavit Coronationis seriem recte deducere, & nosse si quid venerationis impendendum esset Modoetiensi Diademati. At ille nullum peculiarem honorem Coronæ ejusmodi adhibitum scribit, nullum venerationis signum. Imo Coronam ipsam delineans ita loquitur:* Hæc Corona, ut habeatur aliqualiter ejus cognitio & ejus forma, circularis & latitudine quinque digitorum est, vix coronam unius Episcopi circuiens, nec capiti firmari poterat. Ex Modoetia delata fuit &c. *Lege reliquam narrationem. Quæ Cap. VIII. suæ Dissertationis reponat Fontaninus, ut se a Jovii, & Cæsenatis auctoritate expediat, sunt, ut benigne loquar, tam levia, ut vim argumentationis nostræ nulla ex parte elevare possint. Ii Coronationi interfuere, ii Coronam ipsam, ejusque usum intuiti sunt, & descripserunt; ii ergo satis nos docent, se de Clavo Dominico nihil accepisse, nullaque veneratione exceptam tunc fuisse ejusmodi Coronam. Et tamen audire nunc cogimur, qui Jovio, & Cæsenati a sacris Cæremoniis ipsius Pontificis, testibusque oculatis, nunc opponant & præferant Ripamontium, uno fere Seculo a Caroli V. coronatione remotum, Scriptoremque parum Criticum, & fidei non usquequaque certæ, qui narrat, ad conspectum Coronæ Ferreæ* subito perfusam horrore concionem obriguisse &c. *Rem tantam nescit immensus Populus tum Bononiæ coactus: & soli Jovius, Rituumque Præfectus, ceterique Scriptores eorum temporum ignorarunt?*

Non hic ultra immorabor. Nuperas vero testes, a Modoetiensibus, eorumque patrono Fontanino prolatos, excutere non est hujus loci. Id unum regero. Amplissimos Cardinales Borromæos, Sanctum nempe Carolum, & Fridericum, Mediolanenses Archiepiscopos, de veritate Clavi Dominici minime dubitantes chorus ille testium nobis exhibet. Et tamen eximii Præsules illi, qui, si vera hæc forent, Coronam utpote sacrarum rerum Modoetiensis Basilicæ pretiosissimam, & præ ceteris cultu dignam, honore publico donare putassent, imo debuissent, ii, inquam, ipsam in latebris, atque inhonoratam prorsus reliquere. Quid hoc significet, prudentes viri non indigent ut a me edoceantur. Addo, exsistere adhuc in Archivo Archiepiscopali Mediolanensi Librum jussu celeberrimi Card. Friderici Borromæi die 26. Junii Anno 1621. scriptum hoc titulo: Dello Stato della Chiesa di Monza. *Accurate ibi recensentur singulæ sacræ Reliquiæ in Modoetiensi Basilica adservatæ, & publica veneratione donatæ, nihilque ibi de sacro Clavo occurrit. Tum pag. 45. habetur,* Nota del Tesoro della Chiesa Collegiata di S. Giovanni Batista di Monza. La Corona Ferrea del Regno d'oro. La Croce dello stesso Regno con il suo pendente ec. *Et ne hic quidem ullum de Clavo Dominico verbum, nullumque cultus signum Coronæ Ferreæ impensum. Num dormitabant Modoetienses? dormitabant ipsi accuratissimi & piissimi Archiepiscopi, qui ingloriam & confusam cum reliquis Thesauri Modoetiensis non sacris rebus non tamdiu Coronam patiebantur, quam tamen, si Modoetiensibus credimus, sanctissi-*

ma

rem pignore auctam & ipsi credebant? Vix fieri potuit, ut suo cultu, sua veneratione tam insigne pietatis monumentum ipsi fraudarent. Sed tandem Anno 1655. *increbrescente apud Modoetienses dulci fama de Clavo Dominico suae Coronae inserto, illius Oppidi Clerus ipsum Diadema publicae venerationi exponere coepit: quod consilium subinde Archiepiscopalis Curia turbavit, ut constat: novitatem nempe rei animadvertit, ac minime tulit.*

Quae quum ita sint, videant qui pro Modoetiensium opinione pugnant, quam causam protegendam susceperint. Ubi de cultu sacrarum antiquissimarum rerum agitur, aut antiquam Traditionem *afferre opus est, aut immemorabilis temporis* Possessionem. *Atqui Modoetienses* Traditione *destituuntur, quum nullum ex antiquitate testem laudent; & contra ita veteres de Corona Ferrea loquuntur, ut ipsam sacro Clavo insignitam numquam se novisse significent. Rursum neque* Possessionem *antiquam publici Cultus ostendere possunt, imo ejusmodi Cultus initium perquam recens ostenditur. Quid ergo nobis persuadeat ille Populus, se non tantum celeberrima Corona, sed etiam pretiosissimo Dominicae Passionis monumento frui? Equidem per me illis liceat colere, quod bona fide se possidere putant: at credere quid ipsi putant, mihi reluctantibus melioris Criticae Regulis, integrum non est. Quod si eorum patronus Fontaninus in fronte Basilicae Modoetiensis magnis characteribus inscribendam vult hanc Vincentii Lirinensis epigraphen, qua suam Dissertationem claudit,* Desinat incessere novitas vetustatem: *ego epigraphen hanc, utpote Basilicae illi, & causae, quam is tractat, incongruam, inde auferrem, in ipsius tantum Fontaniniana Dissertationis fronte inscribam, & aequius ibi atque aptius collocatam, si opus fuerit, rursus commendam. Tu interea &c.*

Mutinae XII. Kal. Decembr. MDCCXIX.

LETTERA
DI
LUDOVICO ANTONIO MURATORI
INTORNO AL CONGRESSO NOTTURNO DELLE LAMMIE
DIRETTA
ALL' ABATE SIGNOR GIROLAMO TARTAROTTI.

Da Modana 18. Giugno 1749.

DA Venezia ho ricevuto il Trattato di VS. Illustrissima intorno alle Lammie, che avendomi trovato sequestrato in casa per varj incommodi della mia sanità, è stato la mia ricreazione per alcuni giorni, avendolo io avidamente letto tutto. Finora non ho potuto sapere, se sia dono del Pasquali, o di lei. Se di lei, me le protesto infinitamente obbligato. E quand' anche fosse dell' altro, non posso contenermi dal portarle le mie più vive congratulazioni per sì nobil fatica. Quand' anche altr' Opera non avesse ella fatto, o fosse per fare, che questa, basterebbe essa ad assicurare dell' immortalità il suo nome. Io soglio misurare il pregio de' Libri dall' utilità, che possono recare al Pubblico, se pur non son fatti unicamente per dilettare. Ora non si può abbastanza dire, quanto utile possa derivare da questo Trattato a sì gran parte dell' Europa. Non avrei io mai immaginato, che sì perniciosa illusione abbracciasse tanto paese, avesse avuto tanti protettori, avesse cagionato tanti mali. (a) Ha VS. Illustrissima manipolato un sodo ed efficace antidoto a questa

(a) *Adnotatio Hieronymi Tartarotti.*

Sembra, che il Chiarissimo Autore ritratti con queste parole quando disse già nel Cap. X. pag. 127. (*) *del suo Trattato della* Forza della Fantasia Umana, *ove parlando degl' Incubi, e Succubi, e delle Conventicole de' Demonij colle Streghe, così avea scritto*: Basterà alli Saggi Lettori il ricordar quì brevemente, che Opinioni sì fatte oggidì sono in tal maniera screditate, che non v' ha più se non la Gente rozza, che se le bee con facilità, e le crede, come fa di tante altre vanissime relazioni, e fole.

(*) *Hac pagina est in hac editione pag. 61. §. 2. dicti Cap. X. ejusdem Tractat. qui adest in Tom. II.*

questa sì dilatata Epidemia; e però converrebbe, che questo Libro fosse tradotto in Tedesco, in Unghero, e in varj altri Linguaggi, dove tuttavia dura sì pazza Opinione. Gran fortuna è stata la sua nell' aver avuto alla mano tanti Autori, de' quali s' è poi sì utilmente servita; e vo' ben credendo, che non si vedrà alcun Delriista, che osi entrare in campo contra di lei, perchè l' argomento è posto in lume tale, che si farebbe deridere chi tuttavia volesse sostenerlo. Sicchè torno a rallegrarmi con lei tanto benemerito del Pubblico, e per un Libro, che fa onore non meno all' Autore, che all' Italia tutta. E s' io avea tanta stima del di lei valore, non posso già tacere, che questa s' è ben' aumentata oltre modo. Mi favorisca ella di continuare il suo amore verso di me con sicurezza del mio, e qui con tutto l' ossequio mi confermo ec.

F I N E.

www.ingramcontent.com/pod-product-compliance
Lightning Source LLC
Chambersburg PA
CBHW051239300426
44114CB00011B/814
9783741176807